Zeit für Engel
... Zeit für dich

Für meine Kinder

Für alle Kinder dieser Welt

Für alle, die an eine lebens-und liebenswerte Welt glauben
... und für alle, die es nicht tun

Impressum

Zeit für Engel
.... Zeit für dich

Subina Giuletti

ISBN: 978-3-945098-15-8

©Subina Giuletti/ Dast-Verlag
Mai 2018

License Notes

Impressum:
Dast Verlag
Kirschäckerstraße 25
96052 Bamberg

info@dast-verlag.de
Internet:**www.subina-giuletti.de.**
E-Mail: **info@subina-giuletti.de**

Korrektorat/Lektorat: Manuela Müller kreativsein@web.de
Korrektorat: Andreas Pöschl, E-Mail: Andreas.Poeschl@web.de
Korrektorat: S.Seidelmann E-Mail: Sarah.Seidelmann@gmx.de

Coverdesign:
Anelia Savova (Ann_RS)
Email: ann_savova@abv.bg

Der Inhalt des Buches basiert auf einer erfundenen Geschichte. Jede Ähnlichkeit mit lebenden oder verstorbenen Personen wäre rein zufällig. Alle Handlungen, Geschehnisse und Charaktere meiner manchmal überbordenden Fantasie entsprungen.

Druck: www.druckterminal.de
KDD Kompetenzzentrum Digital-Druck GmbH
Leopoldstraße 68 * D-90439 Nürnberg

♩ ♩ ♩

**Wenn du glaubst, die Welt sei schlecht, dann bedenke,
dass auch Menschen wie du darin leben.**

Mahatma Gandhi

♩ ♩ ♩

♫ Ab ovo ♫
Joep Beving

Stella schaute auf die Uhr und dachte: *Es ist sieben Euro und dreißig Cent.*
Die Bedeutung dieses Gedankengangs wurde ihr sekundenlang nicht klar – im Gegenteil. Ihr Gehirn wiederholte ihn: *Es ist sieben Euro und dreißig Cent.* Erst nach einer Minute drang die Blödsinnigkeit der Aussage in ihren Kopf und sie griff sich mit beiden Händen ins Gesicht.
Gott!, dachte sie resigniert. *Ich werde wahnsinnig.*
Ihre Augen glitten durch Küche und Esszimmer, über Flaschen und Gläser auf dem Couchtisch, über das Geschirr in der Küche … eine unaufgeräumte Wohnung nach einer wilden Feier … folgten der Kleiderspur, die von hier bis zum Schlafzimmer führte: High Heels, eine Bluse, eine Hose, ein BH an der Türklinke – Spuren einer Nacht, die der Feier in nichts nachgestanden war.
Müde wandte sie sich ab. Es war still im Zimmer. Zu still.
Eine Uhr tickte. Ihr Geist versuchte sie mit der Frage abzulenken, woher im digitalen Zeitalter denn das antiquierte Geräusch einer tickenden Uhr käme, forderte sie penetrant auf, diesen Urzeit-Wecker zu finden, als ob er ein Topf mit Gold wäre, der ihr Leben auf magische Weise wieder in Ordnung bringen würde.
Aber sie blieb sitzen. Schloss die Augen. Lauschte dem Ticken. Sekunden, die hörbar verflossen. Und mit jeder Sekunde veränderte sich die Welt. Sie war vor ihrem Lidschlag eine andere gewesen als jetzt, und würde sich mit dem nächsten Augenaufschlag erneut gewandelt haben.
In genau dieser Sekunde starben Menschen und Kinder wurden geboren, hatte sich die Erde ein wenig gedreht, Planeten sich verschoben, Menschen gelacht und geweint, Orgasmen gehabt, Frust erlebt, Freude gefühlt, Müll produziert, Höchstleistungen erbracht, sich zu Tode gegrämt oder gelangweilt. Unaufhörlich wurden Myriaden an Gedanken in die Welt gesetzt. Wie viele wurden im Durchschnitt pro Sekunde von Menschen gedacht? Wie viele geistige Samen sanken damit in den Boden der Welt, bereit, Realität zu werden? Wie viele Sekunden lagen zwischen diesem Morgen und der letzten Nacht? Wie sehr hatte sich die Welt in dieser Spanne verändert?
Wieder glitt ihr Blick auf die lautlose Zeitanzeige ihres Smartphones. *Sieben Euro und zweiunddreißig Cent.*

Sie spann den Gedanken weiter. Bis Mitternacht hätte sie vierundzwanzig Euro auf ihrem Lebenskonto. Und Punkt Mitternacht würde alles wieder gelöscht werden und bei null beginnen. Ja, da war sie wieder.

Bei Null.

♫ Catch And Release ♫

Matt Simons and Deepend

Die Abflughalle des Flughafens war überfüllt mit Menschen. Stella wartete vor einer hauptsächlich aus Frauen bestehenden Gruppe, die schnatternd und unsensibel den Durchgang zum Check-in-Schalter verstopfte. Beunruhigt über die Anzahl der Passagiere vor ihr und mit äußerst nervösem Blick auf ihre Uhr stellte sie sich hinten an. Aber nichts bewegte sich vorwärts. Sie brauchte eine geschlagene Viertelstunde, bis sie begriff, dass die Gruppe vor ihr gar nicht einchecken wollte, und fluchte innerlich. Verflixt, schon wieder Zeit verloren! Sie war ohnehin spät dran!

Missbilligend ließ sie ihre Augen über die Frauenschar wandern. Brüste quetschten sich aus Ausschnitten, feuchte Lippen in allen erdenklichen Farbtönen … Hotpants, High Heels, falsche Wimpern, Haar-Extensions und Schaufel-Nägel … das reinste Ersatzteillager, wohin das Auge nur blickte. Was wollten die hier?

Das Gegacker und die gute Laune der Mädels machten die ihrige nicht besser. Stella wurde fast aggressiv davon, ging es ihr doch gerade überhaupt nicht gut – sie konnte das Glück anderer kaum ertragen. Genervt versuchte sie, ihren Koffer unfallfrei durch die spärlich bekleideten, intensiv parfümierten Körper zu manövrieren und wurde mit jedem, der sie daran hinderte, gereizter.

»'Tschuldigung, 'tschuldigung, 'tschuldigung«, quengelte sie mit einer steilen Falte zwischen den Brauen. »Kann ich mal durch … sorry, 'tschuldigung, ich hab's eilig … halloho … ich muss zum Check-in … Danke!«

Provokant blitzte eine Schwarzhaarige sie an, die wie ein Klotz mitten im Weg stand.

»He, hinten anstellen!«, nölte sie. »Vordrängeln gilt nicht!«

Verwirrt hielt Stella inne. Standen die doch an? Wenn ja, dann würde sie unter Garantie ihren Flug verpassen! Bis die alle durch waren! Panisch sah sie sich um, als ein Arm sie packte und irgendetwas mit »Foto« an ihr Ohr drang. Der Arm gehörte einem Mann, geschätzt Ende zwanzig, blond, mit in der Mitte gescheiteltem halblangem Haar, leichten Stoppeln im Gesicht und einem extrem charmanten Lächeln, das eine Reihe weißer Zähne entblößte. Entgeistert blickte Stella von der Hand auf ihrem Arm zurück zu ihrem Besitzer.

Lautsprecherstimmen dröhnten durch den Raum, die Frauen, die um den Typen herumstanden, quietschen laut und schrill, als er Stella am Arm ergriff. An seinen Lippen konnte sie ausmachen, dass er etwas zu ihr sagte, aber die Geräuschkulisse war zu durchdringend – sie verstand nur einzelne Brocken. Er wedelte mit seinem Handy und deutete auf das ihrige.

»Bitte?«, schrie sie verständnislos in den Lärm hinein. »Sie wollen ein Foto mit mir?«

Er lachte verdutzt. »Ob ich … ein Foto … mit dir …?«

»Keine Chance!«, fuhr Stella ihn gereizt an und riss sich los. »Ich habe null Zeit! Weniger als null!«

Mit Panik hörte sie, dass das Boarding für ihren Flug aufgerufen wurde – und sie war noch nicht mal eingecheckt! Sie stürmte zum Schalter, gerade als die Dame dahinter aufstand und gehen wollte.

Hektisch knallte Stella ihren Ausweis und das Ticket auf den Tresen.

»Bitte«, flehte sie. »Ich weiß, ich bin knapp dran, aber ich muss unbedingt noch in den Flieger …!«

Just, als die Worte ihren Mund verließen, wusste sie schon gar nicht mehr, ob sie das wirklich wollte und fast hoffte sie, dass es zu spät dafür war.

Einen abwehrenden Zug um die Lippen musterte die Dame Stellas Buchung. Aber als sie deren verzweifeltes Gesicht, das von rotblonden, kringeligen Locken umrahmt war, registrierte, wurden ihre Züge ein wenig weicher.

»Okay«, gab sie nach und setzte sich wieder. »Ich rufe eben mal durch, dass Sie noch kommen.«

»Oh, ich danke Ihnen«, seufzte Stella erleichtert. »Normalerweise bin ich immer pünktlich, wirklich! Es ist das erste Mal, dass ich die Letzte beim Einchecken bin. Der Verkehr war heute so schrecklich und ich stand im Stau und …« Sie brach ab und wurde rot, weil das nicht der Wahrheit entsprach.

Es war kein Stau gewesen, der sie erst in letzter Minute am Flughafen hatte eintreffen lassen.

»Kein Problem«, beschwichtigte die Bodenstewardess. »Sie sind nicht die Letzte … wir warten noch auf einen weiteren Fluggast.«

»Jetzt noch? Oh, Gott sei Dank!«

Stella atmete aus – wie ihr schien, zum ersten Mal an diesem Tag – und sie wurde etwas ruhiger. Doch mit dem nächsten Atemzug spürte sie einen leichten Hauch an ihrem Nacken und der Duft eines

Aftershaves stieg ihr in die Nase. Die Körperwärme und prickelnde Präsenz eines Mannes erreichten sie, und das so intensiv, dass sie am Schalter erstarrte. Es war wie ein Break in der Hetze des bisherigen Tages, eine Mini-Aromatherapie. Langsam drehte sie sich um. Der Typ von vorhin stand hinter ihr. Verschmitzt lächelnd steckte er eine Strähne seines glänzenden, halblangen Haars hinters Ohr, hielt sein Handy hoch und schenkte ihr erneut ein betörendes Lächeln.

»Hey«, fing er an. »Ich …«

Barsch fiel ihm Stella ins Wort:

»Schon mal was von Diskretionsabstand gehört!?«, giftete sie. »Sie schon wieder! Sie kriegen kein Foto von mir!«

Er lachte, unendlich amüsiert.

»Was macht dich so sauer?«, fragte er. »Kann mir vorstellen, dass du ohne diese Stirnfalten besser aussiehst!«

»Das sind keine Stirnfalten! Das ist ein Sixpack vom Denken!«, fauchte sie genervt zurück.

»Oh, Mann, du bist vielleicht mies drauf! Burn-out? Vielleicht, weil du so oft deinen Denk-Sixpack trainierst?«

»Burn-out ist was für Anfänger, ich bin schon beim ›Fuck off‹!«

Wieder lachte er. »Ist das deine Art, dich interessant zu machen?«

»Mich interessant machen? Für wen denn?«, entfuhr es ihr. Die Dame hinter dem Schalter lächelte verhalten und der Typ bekam kugelrunde Augen.

»Hast du noch mehr solcher Hämmer auf Lager?«

»Jede Menge!«, knurrte Stella mit Blick auf die aufgemopsten Frauen hinter ihm. »Vielleicht schreckt es Sie ab, dass ich weder Designertitten noch eine Designer-Vagina habe?«

Die Bodenstewardess zuckte kurz zusammen, dem Unbekannten entgleisten die Gesichtszüge; Stella wurde blutrot und biss sich auf die Lippen. Verdammt! Hätte sie nicht einfach mal die Klappe halten können? Oder vorher denken und dann erst sprechen? Dauernd platzte sie mit peinlichen Ansagen heraus!

Aber der Blonde brach in lautes Lachen aus. Seine Augen blitzten angeregt und sein Blick glitt über ihre dralle Gestalt. Stella war das zuwider. Oh, wie hasste sie diesen Körpercheck des männlichen Geschlechts! Unwillkürlich verglich sie ihre üppige Marilyn-Monroe-Figur mit dem tadellosen Körperbau so mancher Frauen, die den Typen begleiteten. Schlank. Flachbäuchig. Langbeinig. Abrupt wandte sie sich ab, einen missfälligen Ausdruck im Gesicht.

Die Dame am Schalter händigte ihr die Bordkarte aus, umkreiste die Nummer des Gates mit dem Kugelschreiber und schickte sie zur Handgepäckkontrolle.

Stella würdigte den Kerl keines Blickes mehr und konzentrierte sich nur noch auf die Schilder, die ihr den Weg in die Sonne zeigten. Hoffentlich.

♫ Baby ♫
Warpaint

Mit entschuldigendem Blick nahm sie ihren Platz zwischen einer hageren Geschäftsfrau und einem Asiaten ein. Alle anderen Fluggäste saßen bereits und die Ansage des Flugbegleiters, dass das Personal noch auf einen weiteren Passagier warte, entrang den Insassen unisono ein ärgerliches Grummeln. Insgeheim froh, dass das nicht ihr galt, schnallte sich Stella an und sah missmutig aus dem Fenster. Draußen war es grau und stürmisch – nasser Frühling in Deutschland. Oh, wie hatte sie sich auf diesen Urlaub gefreut! Er hatte die Belohnung für einen beruflichen Meilenstein sein sollen.

Nach ihrer Ausbildung als Einzelhandelskauffrau hatte sie sich noch mal für ein Studium entschieden, wovon ihre Mutter wenig begeistert gewesen war.

»Was fängst du denn jetzt noch mal ein Studium an, wo du endlich eigenes Geld verdienst?«, hatte sie genörgelt.

»Weil ich mit dem jetzigen Job zu schnell an die Decke stoße«, hatte Stella geantwortet. »Und weil ich auf eigenen …«

»Du hast doch Rafael!«

»Mama! Das ist doch kein Argument! Du müsstest als Erste wissen, dass man sich auf einen Mann nicht verlassen sollte!«

Das war der Moment, in dem ihre Mutter stets ihre Lippen zusammenkniff und auf beleidigt machte. Stellas Eltern hatten eine kalte Ehe geführt. Stoisch hatten sie abgewartet, bis Stella mit der Schule fertig geworden war und sich dann zügig getrennt. Beides war für Stella desillusionierend gewesen: die Art der Ehe, wie auch die Trennung. Die Stimmung zuhause war oft unterkühlt gewesen; ihr Vater bestach durch Unzuverlässigkeit, seine Seitensprünge waren offensichtlich und allzu oft wirkte er wie im falschen Film, wenn sie zusammen Weihnachten feierten – das einzige Fest im Jahr, wo sie gemeinsam in angestrengt fröhlicher Stimmung um den spärlich geschmückten Baum saßen.

Stellas ältere Schwester Karen war beizeiten ausgezogen, lebte ihr eigenes Leben und blieb, da sie nie wirklich Familie kennengelernt hatte, auf Abstand – auch zu ihrer kleinen Schwester. Stella war sechs Jahre nach Karen zur Welt gekommen und ihre Mutter hatte sie zeitlebens spüren lassen, dass sie ein Unfall war, ein unliebsames Ereignis, das sie an einen Mann band, der nur Schwierigkeiten machte und sich vor jeglicher Verantwortung scheute.

»Always look on the bright side of life«, war ihres Vaters Wahlspruch und sein steter Kommentar für jedes Problem, mit dem er konfrontiert wurde – Probleme, deren Bewältigung er einfach wegschob. Er nannte das »Optimismus«.

Ihre Mutter hingegen war eine vom Leben verbitterte Frau, die keine Gelegenheit ausließ, um über die Welt zu schimpfen, zu hetzen und zu nörgeln und ihren Mann für alles und jedes zum Sündenbock stempelte – vor allem für ihren eigenen Gemütszustand. Stets fühlte sie sich überlastet: vom Mittagessenkochen, vom Haushalt, von der Kindererziehung, die eigentlich keine war, und ganz allgemein vom Leben. Im Gegensatz zu Stellas rundlichen Formen war sie hager und mit den Jahren kippte ihre Stimmung von negativ zu depressiv. Alles, was sie wollte, war, »ihre Schäfchen im Trockenen« zu wissen, damit sie »endlich wieder ihr Leben leben konnte«. Sie lebte also nicht, solange ihre Tochter im Haus war – und so hing Stella zwischen dem unduldsamen Pessimismus ihrer Mutter und dem fadenscheinigen Optimismus ihres Vaters.

Als Stella nach dem Abitur den wohlhabenden Rafael kennengelernt hatte – nach etlichen Pleiten dazwischen – und fest in ihrem Job stand, kommentierte ihre Mutter:

»Endlich habe ich dich untergebracht!«

Es war also kein Wunder, dass sie alles andere als begeistert war, als Stella genau diesen Job schmiss, um ein Studium zu beginnen.

»Jetzt fängt das schon wieder an! Wenn du glaubst, du bekommst finanzielle Unterstützung von mir, dann hast du dich getäuscht!«, ereiferte sie sich.

»Schon klar«, grummelte Stella. »Habe ich vielleicht um etwas gebeten?«

»Und wie willst du das finanzieren?«

»Ich arbeite eben nebenbei. Und es gibt ja auch BAföG.«

»Na super, dann fängst du dein Berufsleben mit Schulden an!«

»Ach, Mama«, erwiderte Stella. »Du bist wie immer echt aufbauend.« Und dann setzte sie trotzig hinzu: »Vielleicht gibt mir ja Papa was!«

»Der? Der wird die Hölle tun! Sobald du den um Geld fragst, rennt er zu seinem Steuerberater und kaschiert seine Bilanzen!«

Leider hatte sie damit recht. Ihr Vater ließ sein Geschäft über seine zweite Frau laufen und konnte jedes Mal dem Finanzamt weismachen, er nage mehr oder weniger am Hungertuch – nur, um sein Geld für sich behalten zu können.

Dass ihr Vater nie Kontakt zu ihr, Stella, suchte, verletzte sie sehr. In einem der wenigen Treffen hatte er ihr erklärt, dass seine neue Frau das nicht wolle, was alles andere als tröstlich war. Warum ließ er eine fremde Frau darüber bestimmen, ob er Vater sein durfte? Warum hatte er nicht genug Arsch in der Hose, um auf Kontakt zu seiner eigenen Tochter zu bestehen? Stella konnte darüber nur Vermutungen anstellen. Ihr Vater hatte sich denselben Typ Frau wieder gesucht, der wie ihre Mutter war: dominant, nörgelnd und nie zufrieden. Und in manch lichtem Moment erkannte sie, dass sie ungewollt die Denkweise ihrer Eltern kopierte: Die lapidare, unverbindliche »wird sich hoffentlich alles von alleine lösen«-Einstellung ihres Vaters, und die sich beschwerende, die Schuld ständig in der Außenwelt suchende Haltung ihrer Mutter.

Oh ja – Stella konnte verstehen, dass ihre Schwester abgehauen war! Im Grunde wollte sie das auch. Weg von dieser Unverbindlichkeit, weg von diesen Gefühlsduschen ... hin zu Stabilität und Verlässlichkeit.

Doch keine ihrer Beziehungen hielt lange. Im Alter von dreiundzwanzig Jahren hatte sie bereits sechs ernsthafte Partnerversuche hinter sich – alle waren kläglich gescheitert. Nach außen sah es immer so aus, als würde sie sich relativ schnell fangen, aber innerlich gefror sie jedes Mal ein Stückchen mehr und ging in die nächste Beziehung mit noch größerer Angst. Angst, allein zu sein, Angst, nicht geliebt zu werden, Angst, nicht gut genug zu sein.

War es ihre Sehnsucht, aus all dem auszubrechen oder einfach Schicksal – jedenfalls traf sie auf Rafael. Und der spielte in einer ganz anderen Liga als ihre bisherigen Partner. Er war intellektuell und sah auch so aus, mit seiner schwarz umrandeten, stylishen Brille, dem hochgekämmten Haar und seinen Anzügen. Was aber Stella am meisten faszinierte: Er hatte eine erfrischend bejahende Einstellung zum Leben. Für ihn gab es nichts, was man nicht schaffen konnte, und mit ihm begann Stella den Unterschied zwischen falschem und echtem positiven Denken zu erahnen. Rafael praktizierte eindeutig Letzteres: Er schob Probleme nicht weg, sondern sah sie als Aufforderung zum Handeln. Etwas klappt nicht? Nicht kuschen, angreifen! Das war neu, das war ermutigend! Ja, mit Rafael war alles anders. Er hatte ein gutes Zuhause, liebende Eltern, war ehrgeizig, plante eine tolle Zukunft für sich und war ein wesentlicher Faktor für ihren eigenen Weg an die Uni gewesen. Stella wollte seiner würdig sein.

Kurz entschlossen schrieb sie sich für ein Management-Studium ein, absolvierte ein Auslandssemester in Irland, danach neun Monate Praktikum in einer Firma, teilweise ebenfalls im Ausland – und hatte deshalb mit Rafael über weite Strecken eine Fernbeziehung führen müssen …

Der Lautsprecher knackte, eine Stimme riss sie aus ihren Gedanken, mit einer Entschuldigung für die Verspätung, der Mitteilung, dass das Boarding nun completed sei und man endlich auf die Startbahn rolle. »Wir bitten Sie, alle elektronischen Geräte abzuschalten, bis wir unsere Reiseflughöhe erreicht haben.«

Stella griff in die Tasche und holte ihr Handy hervor. Da standen sie. Die WhatsApp-Nachrichten. Die Icebuckets. Eine nach der anderen:

»Liebe Stella, ich weiß, es ist feige, aber ich schaffe es nicht anders: Ich fliege nicht mit.«

»Ich mache Schluss. Und nein – es hat keinen Sinn, dass wir reden.«

»Ich habe seit einem halben Jahr eine andere. Dachte, meine Gefühle flammen wieder auf, wenn du zurückkommst. Ist aber leider nicht passiert.« Zerknirschter Smiley.

Rafael hatte ihr fünf Minuten Zeit bis zur nächsten Nachricht gegönnt, dann war ein: »Verdau das erst mal«, gekommen, das wohl fürsorglich wirken sollte.

»Ich wünsche dir ehrlich viel Spaß im Urlaub. Du hast ihn dir verdient!«

Nach diesem Text hatte sie ihn geradezu vor sich gesehen, wie er am Handy saß und krampfhaft überlegte, was er denn noch absondern konnte. Bing! Und da war das Ergebnis auch schon auf ihrem Display erschienen:

»Bin echt glücklich und hoffe, du wirst es auch. Vielleicht sieht man sich mal wieder.«

Ihre Hand krampfte sich um das Handy und sie vergaß, den Flugmodus einzuschalten. Ihr Gehirn rekapitulierte die erlittene Schmach, die Sekunden, als sie die Nachrichten empfangen hatte – nach ihrer Abschluss-Party, an der Rafael sie noch so heftig geküsst hatte, weil sie endlich wieder da war. Sie hatte nichts gespannt, gar nichts. Er war, einen Blumenstrauß in der Hand, auf ihre Feier gekommen, die ihren buchstäblichen Höhepunkt erfahren hatte, als die Gäste gegangen waren und Rafael ihr eine Nacht beschert hatte, die ihr trotz seines miesen Abgangs jetzt noch erotische Schauer über den Rücken jagte.

Aber als sie aufgewacht war, war die Betthälfte neben ihr leer gewesen. Noch ahnungslos hatte sie in die Luft geschnuppert. Kein Kaffeeduft. Ihr Blick war durchs Zimmer gestreift. Keine Kleidungsstücke von ihm auf dem Boden.

Beunruhigt war sie aufgestanden, hatte nach ihm gerufen, das Badezimmer gecheckt. Seine Toilettenartikel waren vom Regal verschwunden. Blick auf die Uhr: Es war sieben Euro und dreißig Cent. Eine Sekunde – und die Welt war eine andere.

Rafael war weg. Ohne Erklärung, ohne Nachricht. Ihre verzweifelten Anrufe blieben unbeantwortet. Erst am späten Vormittag hatte er seine WhatsApp-Messages geschickt und ihre Welt endgültig zusammenstürzen lassen.

♫♫♫

Drei Tage lang grub sie sich in ihre Wohnung ein, hatte selbst ihre Freundin Eileen, die wohl von Rafael informiert worden war, nicht hereingelassen. Aber Eileen war hartnäckig geblieben und schließlich hatte Stella ihr die Tür geöffnet.

»Ich will nicht reden, okay?«, erklärte sie abweisend.

»Alles gut, ich habe nur gedacht, ich mache uns ein Frühstück und wir trinken einen Kaffee zusammen.«

Auffordernd hielt Eileen eine verführerisch duftende Papiertüte in die Höhe, drängte sich resolut an Stella vorbei, kochte Kaffee, stellte Brötchen, Croissants, Marmelade und Butter auf den Tisch und setzte sich dann Stella gegenüber.

Eine ganze Weile lang blieben sie stumm, bis Eileen die Stille durchbrach:

»Stella, das Blödeste, was du jetzt tun kannst, ist, dich hängen zu lassen.«

»Das ist das Einzige, wozu ich gerade fähig bin.«

»Und es ist das, was Rafael über dich sagt.«

»Was?« Stellas Kopf zuckte hoch. »Was sagt er?«

»Dass du ohne ihn nicht klarkommst. Dass du ohne ihn nichts bist. Dass du ohne ihn immer noch Einzelhandelskauffrau wärst ... ohne ihn das Studium nicht bestanden hättest ... und ohne ihn auch keinen Job findest ... dass du ohne ihn ... ja ... nicht überlebensfähig bist.«

Auf Stellas fassungslosen Blick hielt Eileen ihr einen kopierten WhatsApp-Verlauf hin. Eine Unterhaltung zwischen Rafael und einem gemeinsamen Freund, der den Gesprächsverlauf an Eileen geschickt hatte.

Erschüttert las sich Stella durch den Chat und wurde mit jedem Satz wütender. Aggression und Resignation stritten gleichermaßen in ihr.

»Hör mal, Stella«, erklärte ihre Freundin beschwörend. »Das passiert nicht umsonst! Das soll dir einfach zeigen, dass Rafael nicht der Richtige sein kann. Nicht für dich! Und es soll dir zeigen, dass du erst recht die Hinterbacken zusammenkneifen solltest!«

Noch immer stumm starrte Stella sie an. Wie oft hatte sie das schon getan? Die Hinterbacken zusammengekniffen und weitergemacht? Ihre Kehle war verstopft.

»Komm schon, Stella«, drängte Eileen. »Das Beste, was du tun kannst, ist wegfliegen. Die Sonne tut dir gut! Wenn du in diesem tristen Wetter hierbleibst, macht das deine Laune nicht besser.«

»Allein im Urlaub zu sein, ist erst recht nicht der Brüller«, erwiderte Stella erstickt.

»Das weißt du nicht. Vielleicht ist es ganz gut, wenn du erst mal Abstand gewinnst.«

»Ach, Eileen, vielleicht sollte ich mir einfach so schnell wie möglich einen Job suchen. Allein, um diesem Fatzke zu beweisen, dass ich ...« Sie brach in Tränen aus. »Das ist alles ein schlechter Scherz! Das kann nicht wahr sein! Wir waren über drei Jahre zusammen! Alles, was ich anfasse, geht schief!«

»Das ist doch Quatsch! Hast du nicht gerade alle Prüfungen bestanden?«

»Ja, schon, aber ich bin jetzt siebenundzwanzig! Da verdienen die meisten schon richtig satt Geld, während ich Schulden aufgebaut habe!«

»Stopp – das ist negatives Gedudel! Was soll das? Du hast dir die Voraussetzung für ein gutes Gehalt geschaffen! Damit zahlst du dein BAföG im Handumdrehen zurück!«

Mutlos ließ sich Stella nach hinten sinken. »So wie ich mich und mein Schicksal kenne, lande ich sowieso in einer Hinterhoffirma, die mir nicht mehr bezahlt als ich vorher verdient habe.«

»Das ist das, was Rafael prophezeit«, platzte Eileen heraus und schlug sich, als sie Stellas Gesichtsfarbe registrierte, die Hand vor den Mund. »Oh, sorry, Liebes ... aber nimm es als Anreiz. Ich weiß, es tut weh, aber wer weiß, wofür es gut ist?«

»Ja, genau«, konterte Stella verbittert. »Um sich im Verzweifeln zu üben?«

»Na, komm schon, Kopf hoch! Sarkasmus bringt dich auch nicht weiter.«

»Ich habe wohl jedes Recht, sarkastisch zu sein. Es ist das siebte Mal in Reihe, dass mich einer absägt! Im nächsten Leben werde ich Kaffeemaschine! Man wird geliebt, bekommt den ganzen Tag Aufmerksamkeit und ständig wird man gedrückt!«

»Stella ...« Eileen setzte sich dicht vor sie hin und sah sie intensiv an. »Zynismus ist die falsche Reaktion. Das alles muss doch was bedeuten!

16

Du gehst eine Beziehung nach der anderen ein, ohne etwas in dir zu ändern. Du verliebst dich zu schnell! Und ja, du denkst zu wenig nach! Du willst nur, dass alles ganz schnell wieder gut wird, und das ist nicht der Weg.«

»Nein, ich bin ganz einfach optimistisch«, verteidigte sich Stella grollend, weil ihre Freundin ihr kein Mitleid entgegenbrachte. Aber Eileen blieb unerbittlich:

»Du bekommst jetzt von mir ausdrücklich Männerverbot, bis du wirklich etwas in dir verändert hast.«

»Und wie soll das gehen?«

»Indem du über dich nachdenkst.«

Stella verdrehte genervt die Augen. »Wie wäre es mit einer Runde Mitgefühl?«

»Genau das kriegst du gerade! Und kein billiges Mitleid!«

Schmollend verschränkte Stella ihre Arme vor der Brust und stierte ihre Freundin unzufrieden an.

»Komm schon, Stella, du weißt, was ich meine.«

»Es ist nicht so leicht, das zu ändern«, murmelte sie und stierte unglücklich auf den Boden. »Ich traue meinen Impulsen nicht, weil sie nicht mehr sind als ein automatisiertes Programm. In den meisten Fällen merke ich erst hinterher, dass ich wieder mal auf derselben Schiene abgefahren bin.«

»Ja, ich weiß, es ist nicht leicht. Und genau deswegen brauchst du Abstand. Territorial und überhaupt … okay? Noch mal: Du hast ausdrückliches Männerverbot!«

♫♫♫

Bis kurz vor Schluss hatte Stella vorgehabt, von der Reiserücktrittsversicherung Gebrauch zu machen, doch dann verursachten der Dauerregen und die gefühllose Reaktion ihrer Mutter einen Kurzschluss:

»Was? Du gehst nicht mehr mit Rafael? So eine Super-Partie lässt du sausen? Wie blöd kann man sein!? Glaub bloß nicht, dass du ins Hotel Mama einziehen kannst!«

Stella war so sauer gewesen, dass sie den Hörer auf die Gabel geworfen, weitere Anrufe ihrer Mutter nicht mehr entgegengenommen, in einem Wutanfall ihren Koffer gepackt hatte, um sich hernach von Tini mit halsbrecherischer Geschwindigkeit zum hundertachtzig

Kilometer entfernten Flughafen bringen zu lassen und sich nun im Flugzeug nach Ibiza wiederzufinden.

»Verzeihung …«

Die Stimme der Flugbegleiterin riss sie aus der Erinnerung der letzten Tage und schuldbewusst blickte Stella auf die Frau und dann auf ihr Handy.

»Äh … ich höre nur Musik, der Flugmodus ist aktiviert«, log sie und deckte mit der Handfläche das Display ab.

»Fein, aber ich komme nicht deswegen, sondern weil wir ein Upgrade für Sie hätten. Ich wollte fragen, ob Sie das in Anspruch nehmen wollen.«

»Ein Upgrade?«, wiederholte Stella ungläubig.

»Ja, im Businessbereich ist noch ein Platz frei – wenn Sie den haben möchten …?«

»Ja, super! Natürlich will ich den haben!«, sprudelte Stella überrascht hervor. Sie schnallte sich ab, der Asiate links von ihr erhob sich brav, sie nickte ihm freundlich zu und lief der Stewardess hinterher, die Worte Eileens im Ohr:

»Steck den Kopf wegen einer scheinbaren Tragödie nicht in den Sand. Vielleicht ist es ja gar keine Tragödie. Vielleicht wäre es eine geworden, wenn du länger daran festgehalten hättest! Bestimmt kommt noch was viel Besseres nach!«

Stellas Herz weitete sich ein wenig und zum ersten Mal seit Tagen lächelte sie. Die Flugbegleiterin schlug den dicken Vorhang zurück. Mit Entzücken bemerkte Stella die breiten, bequemen Sitze, die edlen Menükarten … ihr Lächeln vertiefte sich – bis sie vor ihrem Platz stand und es schlagartig erlosch.

Der Blonde von vorhin saß da, zwei Sektgläser vor sich, und grinste sie breit an.

»Hey, Süße«, sagte er. »Wie wär's jetzt mit nem Foto?«

War es sein siegesbewusstes Grinsen … oder die zwei Sektgläser … oder sein anzüglicher Blick über ihren Ausschnitt … oder alles zusammen – jedenfalls flammte Eileens »MÄNNERVERBOT!« in signalroten Lettern vor Stellas inneren Auge auf. Ohne ein Wort drehte sie sich auf dem Absatz um und stiefelte wieder zurück zu ihrem Platz.

Erneut stand der Asiate höflich auf, die Geschäftslady nahm, sichtlich enttäuscht, dass der freie Platz neben ihr nun doch keiner war, ihre Tasche weg. Stella ließ sich wieder in den Sitz plumpsen, starrte auf die Kotztüte in der Gepäcktasche vor ihr, auf der stand: »Keine Angst, wir nehmen es nicht persönlich« – und war weit davon entfernt, darüber lachen zu können.

Stumm harrte sie die vier Stunden Flugzeit nach Ibiza aus – sie kamen ihr ewig vor. Eigentlich wollte sie gar nicht ankommen. Am liebsten wäre sie nach Hause zurück und hätte sich in ihrer Wohnung vergraben. Sie wollte den Duft von Kaffee in der Nase haben, etwas Süßes futtern und ungehemmt Mieses denken! Der Gedanke, dass ihre Figur neben den Hungerhaken am Strand ohnehin nicht würde bestehen können, ließ ihre Laune in den Keller sinken. Und da blieb sie auch. Vorerst.

♫ ♫ ♫

Stella war nicht selbstbewusst. Das wusste sie auch. Das Studium war ein Versuch gewesen, das zu kompensieren. Aber mittlerweile war ihr klar, dass weder eine gute Note noch ein guter Abschluss ihr dauerhaftes Selbstvertrauen bescheren konnten.

Und das mit den Männern ... das entwickelte sich stets zum Desaster. Sie war nicht dick, aber auch nicht schlank. Die Bezeichnung »kurvig« beschrieb sie wohl am besten. Sie hatte ein wunderschönes Dekolleté, das sie eigentlich selbst sehr mochte und unter dem sie gleichzeitig litt, weil alle, Frauen wie Männer, darauf starrten. Ob sie nun eine hochgeschlossene Bluse trug oder etwas mit Ausschnitt – die Leute glotzten auf ihre Brust. Es war eine Zwickmühle, denn einerseits hatte sie nun mal eine Oberweite, die außerordentlich reizvoll aussah, andererseits konnte sie sicher sein, dass ihr kaum jemand in die Augen blickte, sobald sie vor ihm stand. Immer wanderte der Blick ein wenig tiefer ... und blieb dort hängen.

Rafael hatte extrem darauf reagiert. Er hatte sich nie beherrschen können, wenn er auch nur mit dem Finger über die hervorquellende Pracht in ihrem Ausschnitt gefahren war. Sie hatten so tollen Sex gehabt! Es hatte doch so wunderbar zwischen ihnen funktioniert!

Stella sah alles andere als übel aus. Ihr dickes Haar kringelte sich in süßen, rotblonden Locken um ihr Gesicht, ihre Lippen waren breit und voll, die Augen stahlgrau. Nein, sie war kein Model, aber es konnte doch nicht sein, dass man Model sein musste, um eine gute Beziehung haben zu können, oder?

Das sagte sie sich ständig. Und ja, da hatten ihre Freundinnen leider recht – sie war erpicht darauf, sich und dem anderen Geschlecht zu beweisen, begehrenswert zu sein. Bei jeder Beziehung war sie froh, dass es jemanden gab, der sie attraktiv genug fand – eine Einstellung, die ihre selbstbewusste Freundin Eileen in den Wahnsinn trieb.

»Das darfst du gar nicht erst denken!«, rief sie, wenn es wieder mal so weit war. »Das spüren doch die Kerle, wenn du glaubst, sie tun dir einen Gefallen! Was für eine Kacke ist das? Das muss raus aus deinem Hirn!«

»Mann, du hast gut reden«, regte Stella sich dann ihrerseits auf. »Du mit deinen Modelmaßen hast nicht die geringste Ahnung, wie sich das anfühlt, wenn man so aussieht wie ich!«

Eileen war wunderschön – ihr braunes Haar fiel ihr lang und glatt über die Schultern, ihre Augen waren groß und dunkel, ihre Lippen klar konturiert und auch figurmäßig war sie von Gott mehrfach geküsst worden: lange Beine, schmale Taille, der Busen nicht zu groß und nicht zu klein, aber richtig schön prall. Mit anderen Worten: Eileen hatte in solchen Dingen überhaupt kein Mitspracherecht!

Allerdings konnte Stella Eileens Logik nicht leugnen. Sie wusste, dass sie ihre Einstellung und nicht unbedingt ihre Figur ändern musste. Allein … sie schaffte das nicht, weder das Eine noch das Andere. Irgendwie schoben sich die Kilos auf die Hüften und diese selbstzersetzenden Gedanken immer wieder in den Kopf. Vor allem, *wenn* sie in einer Beziehung war – denn dann hatte sie tierische Angst, ihr Partner würde sie wieder verlassen. Bis jetzt hatte sich die von Eileen angedrohte selbsterfüllende Prophezeiung auch jedes Mal bewahrheitet.

An dieser Stelle mit ihren Gedanken angekommen, spürte Stella zum ersten Mal den echten Wunsch, etwas zu ändern. Dieser blöd grinsende Typ mit den blonden Haaren … ihre Weigerung, sich neben ihn zu setzen … das war doch schon mal ein guter Anfang! Das hatte sie noch nie so gemacht!

Sie richtete sich ein wenig auf und schaute aus dem Fenster. Gerade hatten sie eine Wolkenfront durchflogen. Das triste, undurchdringliche Grau lag hinter ihnen und ein strahlend klarer Himmel umfing das Flugzeug mit sommerlichen Postkarten-Blau. Und just, als Stella aus dem Fenster sah, traf ein Sonnenstrahl auf den Flügel und ließ das Licht flimmern. Kurzum: Es wirkte verheißungsvoll.

Aufatmend lehnte sich Stella in ihrem Sitz zurück. Ja, vielleicht war Eileens Ratschlag gar nicht so falsch: Vorerst sollte sie wirklich keine Beziehung mehr eingehen. Keine Kerle mehr. Das klang entspannend. Sie musste niemandem gefallen.

♫♫♫

Es war Anfang April, das Hotel geschmackvoll und der »weißen Insel« gemäß in dieser Farbe gehalten, was die bunten Lampenschirme, Kissen und Pflanzen wunderbar hervorhob. Es lag direkt am Strand Playa d'en Bossa, ein gutes Haus, das sich Stella vom Mund abgespart und mit Nebenjobs finanziert hatte. Eigentlich hatte ihr Rafael die Hälfte dazugeben sollen, aber dazu war es ja nun nicht mehr gekommen. Auch ihre Mutter hatte angedeutet, sich bei bestandenem Abschluss zu beteiligen – was sie angesichts der Info, dass Rafael nun nicht mehr als Schwiegersohn zur Verfügung stand, geflissentlich unerwähnt gelassen hatte. Stella hätte sich lieber die Zunge abgebissen, als das zur Sprache zu bringen, und betrachtete nun den Luxus des Zimmers mit gemischten Gefühlen.

Den Mittelpunkt bildete ein Doppelbett mit roten Herzkissen darauf. Alles war hell, freundlich, sonnig und es gab sogar einen kleinen Balkon. Sanft bewegte sich der Vorhang im Wind und sie sah aus dem Fenster. Ein tiefblaues Meer leuchtete ihr entgegen, Wellen schwappten sacht und einladend ans Ufer. Trotz Vorsaison war der Strand belebt. Auf der stylish gestalteten Poolebene standen breite Liegeflächen zum Aneinanderkuscheln. Das Hotel war gut besetzt mit Paaren aller Altersklassen und gerade beobachtete Stella ein Pärchen, das sich gut gelaunt mit einem leuchtend orangefarbenen Aperol Spritz zuprostete.

Verdrießlich wandte sie sich ab. Wie schön wäre es gewesen, das alles mit jemandem teilen zu können! Wenn wenigstens Eileen hier wäre! Das Gefühl des Verlassenseins überschwemmte sie und ihr kam der Gedanke, ihrer Freundin Fotos vom Zimmer zu schicken und zu fragen, ob sie nicht doch kommen wolle. Natürlich hatte sie es ihr angeboten, aber Eileen hatte abgelehnt, weil sie der Meinung war, Stella müsse über sich nachdenken. Über sich nachdenken! Was brachte es denn schon, über Katastrophen nachzudenken! Mit einem Mal wurde ihr klar, dass sie volle zwei Wochen hier sein würde – allein! Wie, verdammt noch mal, sollte sie diese Zeit überstehen?

Wie immer schob Stella die unangenehmen Gedanken beiseite und versuchte, sich auf Positives zu konzentrieren. Also! Was gab es?

Draußen lachte die Sonne von einem wolkenlosen Himmel und die Wärme tat nach dem kühlen Dauerregen in Deutschland ausnehmend gut. Sie riss sich zusammen, packte ihren Koffer aus, zog sich einen Bikini an, ein Sommerkleid darüber und ging hinunter zum Strand. Eine sanfte Meeresbrise umfing sie, spielte mit dem leichten Stoff ihres Kleides, umschmeichelte ihre nackten Beine und sie atmete tief durch. Ja, das fühlte sich gerade gut an! In diesen Sekunden ahnte sie, dass es schön sein konnte, mit sich allein zu sein, dass es so einiges an

Unbewussten zu entdecken geben könnte – und sie nahm sich zum tausendsten Mal fest vor, ihr Leben zu ändern. Sport zu treiben, gesund zu essen, auf Süßigkeiten zu verzichten – und vor allem auf Männer.

Aber schon, als sie ein paar Stunden später zum Abendessen hinunterging, gerieten ihre Vorsätze ins Wanken. Diese Wahnsinnsauswahl am Buffet! Das hatte sie doch bezahlt! Wie blöd war sie eigentlich, sich ausgerechnet im Urlaub auf Diät zu setzen? Dafür war hinterher doch wirklich noch genügend Zeit! Sie konnte einfach nicht widerstehen, doch mit jedem Gang zum Buffet gewann sie den Eindruck, alle starrten sie an, weil sie als einzige Begleitung lediglich einen E-Reader dabeihatte. Sie begann, sich unwohl zu fühlen, und ging früher als geplant wieder hoch in ihr Zimmer. Oben angekommen, sah sie auf die Uhr und erschrak. Es war gerade mal neun Uhr abends! Da hatte das Nightlife auf Ibiza noch nicht mal im Ansatz angefangen. Und sie saß mit überfülltem Magen allein im Zimmer und langweilte sich! Mit Mühe tröstete sie sich mit dem Gedanken, dass in den nächsten Tagen alles anders werden würde.

Das wurde es auch. Rasant anders.

♫ Sweet Revenge ♫
Nashville Cast

Ein weiterer sonniger Tag begrüßte Stella am nächsten Morgen. Am Abend zuvor hatte sie ihren Ibiza-Reiseführer studiert und sich einen ungefähren Plan für die erste Woche entworfen.

Sie frühstückte in Ruhe, verkniff sich die Blicke auf andere Paare und Familien und machte sich tapfer allein auf nach Ibiza-Stadt.

Buntes Treiben empfing sie. Ibizas Hafen war gut gefüllt mit imposanten Jachten, an denen sie staunend vorbeischlenderte. Unauffällig blieb sie bei einer Reisegruppe stehen, deren Guide gerade erklärte, dass die hundertdreiundsechzig Meter lange Jacht des russischen Oligarchen Abramowitsch auf dem Weg hierher sei – die längste Privatjacht der Welt. Ihr Preis werde auf bis zu achthundertfünfzig Millionen Dollar geschätzt, verfüge, Gerüchten zufolge, über zwei Hubschrauberlandeplätze, ein Kino, eine Disco, hätte neun Decks und sogar ein eigenes Raketenabwehrsystem. Allein für Unterhaltskosten müsse man zehn Prozent des Kaufpreises veranschlagen – angesichts der erwähnten achthundertfünfzig Millionen eine Zahl, die Stella enorm frustrierte. *Ungerechte Welt!*, dachte sie. Der Typ hatte alles – und sie noch nicht mal einen Job!

Sie verließ den Hafen, steuerte die breite Fußgängerzone an, traf auf gut gelaunte Menschen, die Eis schleckten, in einem der vielen Straßencafés Espresso oder Cappuccino tranken, sich in den Läden tummelten und Souvenirs und Klamotten kauften.

Ziellos wanderte sie durch die Straßen und Geschäfte, aber nichts konnte sie begeistern. Sie fühlte sich einsam. Gegen Mittag setzte sie sich an eines der Tischchen vor einem Restaurant, bestellte etwas zu essen und aus Trotz ein Glas Prosecco, obwohl sie Alkohol während des Tages schlecht vertrug. Als alles vor ihr auf dem Tisch stand, fotografierte sie es und rief Facebook auf, um das Bild zu posten. Doch als sich die Startseite öffnete, fiel ihr fast der Bissen Fisch aus dem Mund.

Ein ausgelassener Rafael strahlte ihr entgegen. Er sah so glücklich und unbelastet aus, dass Stella es nicht fassen konnte. Anscheinend war auch er in den Urlaub gefahren, denn er posierte in Badehose an einem Strand, einem viel schöneren Strand, einem sehr weißen Strand – und prostete dem Fotografen und allen Facebookbesuchern mit einem Cocktail in der Hand zu. Kommentar darunter:

»Ey, Leute, das Leben ist so schön! Und ich bin so HAPPY!«

»Alter, wo bist du denn gerade? Lädst du mich auf nen Cocktail ein?«

»Nee, du, hab die Nacht meines Lebens hinter mir … und die nächste Nacht meines Lebens vor mir! Da störst du nur! ^^«

»Ach ja, Stella ist ja wieder hier! Schön, dass es euch so gut geht!«

»MIR geht es gut – frag nicht nach Stella … Ob die mal wieder auf die Füße kommt …«

»Du liebe Zeit!« Dreckig grinsender Smiley: »Hast du sie so rangenommen? ^^«

»Ey, Bro, ist alles ein bisschen anders. Ich schreib dir über WhatsApp!«

Stella verschluckte sich fast vor Frust und Ärger, als sie das las. Wütend kippte sie den Prosecco auf ex nach hinten, knallte das Glas auf den Tisch und orderte einen neuen. Ihre Augen waren dunkel vor Wut.

»Ja, Wahnsinn, scheint schon wieder nicht dein Tag zu sein!«, hörte sie eine belustigt klingende Stimme. Finster hob Stella den Blick: Der Blonde vom Flughafen stand vor ihr und grinste sie an. Ihre Finger umklammerten wie ein Schraubstock das Handy mit Rafaels Bild darauf, der ihr höhnisch sein Cocktailglas entgegenzuhalten schien – und eine Wutwolke qualmte in ihr nach oben.

»Wahrscheinlich wieder der falsche Zeitpunkt für ein Foto, was?«, gluckste der Unbekannte.

»Im Gegenteil«, fauchte sie. »Es könnte keinen besseren geben!«

Abrupt stand sie auf, stellte sich dicht neben ihn, packte seinen Arm, schlang ihn um ihre Taille, legte ihren Kopf kokett an seine Schulter und hielt das Handy hoch in die Luft.

»Und jetzt sag schön ›Affenscheiße‹«, kommandierte sie erbost und grinste selbst so breit wie möglich in die Kamera.

Ein hilfsbereiter Kellner kam angeschwirrt und fragte: »Soll ich Fotos für Sie machen?«

»Aber ja!«, säuselte Stella grimmig und händigte ihm ihr Smartphone aus. »Liebend gern!«

Dann sah sie dem verdutzten Blonden verbissen ins Gesicht.

»Darf ich?«

Ohne seine Antwort abzuwarten, nahm sie ihm die Sonnenbrille ab und blickte in grüne, fragende Augen. Augen, die ihr einen Stich gaben, die wissen wollten, was sie da vorhatte. Oh, sie wusste genau, was sie vorhatte! In Stella wogte wieder eine heiße Welle hoch und ihre Augen schossen Blitze – Blitze, die einen Funken in den Augen ihres Gegenübers entzündeten. Der ungewohnte Alkoholgenuss, die Sonne, die Flirtstimmung auf der Insel, vor allem aber die Wut versetzten sie in einen tollkühnen Aktionsmodus. Entschlossen schlang sie ihre Arme um den Unbekannten und drückte ihren Kopf gegen seine Brust. Er fühlte sich gut an, er roch angenehm. Sie schmiegte sich dichter an ihn und merkte, wie er auf die Wärme und Weichheit ihres Körpers reagierte. In der Hoffnung, sie würde das alles erklären, sah er auf sie hinunter, aber Stella schaute in die Kamera und so fiel sein Blick zwangsweise auf ihren Ausschnitt. Ihre Brüste hoben sich verführerisch aus dem Stoff – und sie spürte an der Bewegung in seinem Schritt, dass ihn das erregte. Seine Hände griffen plötzlich zu, seine Hand fuhr zart ihren halb nackten Rücken hinunter, bis sie in der Biegung ihrer Taille zur Ruhe kam. Und diese Hand war fest, sie war bestimmt. Unwillkürlich erbebte Stella und ein Strom von Erregung fuhr ihr durch den Körper. Der Alkohol zirkulierte in ihrem Blut, ihr Puls beschleunigte sich auf Höchstleistung und ihr Kopf war leer. Sie gab sich nur noch diesem Körperempfinden hin, der Wärme dieser Hand und diesmal war ihr Lächeln fast echt.

Der Ober hatte vier, fünf Mal auf den Auslöser gedrückt und hielt ihr nun das Handy wieder entgegen.

»Oh, warten Sie, würden Sie noch ein Foto von uns machen?«, bat sie atemlos. Der Kellner lachte und rollte vielsagend mit den Augen.

Bevor Stella nachdenken konnte und darüber den Mut verlor, nahm sie das Gesicht des Blonden in ihre Hände und drückte entschlossen ihren heißen Mund auf den seinen. Ihm entfuhr ein überraschtes Keuchen, das seine anfangs geschlossenen Lippen öffnete, und dreist drängte Stella ihre Zunge dazwischen, liebkoste seinen Nacken, presste ihren Busen an seinen Körper, forcierte erneut eine körperliche Reaktion von ihm – eine, die ihr die Luft nahm, denn er packte sie wild und bog mit beiden Händen ihren Kopf nach hinten. Nun war er es, der seine Zunge in ihren Mund stieß. Seine Hände glitten rechts und links an ihren Brustkorb und mit dem Daumen berührte er unauffällig ihren Brustansatz. Stella versank. Ihre Knie wurden weich. Ihr Gesicht war erhitzt, ihr ganzer Körper loderte vor Feuer und sie meinte, in diesem endlos scheinenden Kuss schier zu vergehen. Die Kamera klickte und klickte, dann gab ihr der Ober mit einer bedauernden Geste und dem Hinweis, er müsse weiterarbeiten, das Handy zurück.

Sie nahm es in Empfang, stand immer noch in der Umklammerung des Unbekannten. Er ließ sie nicht los. Seine Hand war an ihrem Rücken, drückte sich durch den leichten Stoff, erzeugte Hitze auf ihrer Haut. Hitze überall. Stella fühlte sich total benommen und zwischen ihren Beinen pulsierte es. Widerstrebend löste sie sich von ihm und lenkte ihren Blick in die Augen ihres Kusspartners.

»Danke«, sagte sie leise. »Du hast mich gerade ins Leben zurückgeholt.«

♫♫♫

Völlig überrumpelt stand er vor ihr und sie musste lächeln.

»Darf ich dir auf den Schock etwas zu trinken spendieren?«

»Ist das eine Bezahlung für den Kuss?«

»Der war unbezahlbar!«, erwiderte sie. Ihre Wangen glühten, ihre Augen glänzten, die dicken Locken umrahmten in verführerischer Unordnung ihr Gesicht, einzelne Kringel fielen ihr in die Stirn und sie wirkte in diesen Sekunden gerade so, als hätte sie eine Liebesnacht hinter sich. Ihre Ausstrahlung war dermaßen erotisch, dass er seine Augen nicht von ihr lassen konnte und es war spürbar, dass er ihr am liebsten noch mal nahegekommen wäre. Stella hingegen fühlte sich herrlich beschwipst und frei und der Gedanke an Rache ließ ihre Augen umso mehr blitzen. »Ich weiß gar nicht, ob ich das überhaupt jemals wieder gutmachen kann!«, sprudelte es aus ihr heraus.

»Und was war das jetzt eben?«, fragte er. »Eine Revanche wegen des Upgrades? Das war ganz sicher nicht so gemeint, wie du das aufgefasst hast!«

»Wie war es denn gemeint?«, fragte sie zurück.

»Ich wollte einfach nur nett sein!«

Stella lachte. »Fein, ich wollte gerade auch einfach nur nett sein!«

Noch immer hatte er sich nicht gesetzt und stand unentschlossen vor ihr.

»Was ist?«, hakte sie nach. »Trinkst du was mit mir? Einen Kaffee vielleicht?«

»Hatte ich schon. Zuviel Kaffee ist nicht gut.«

»Kaffee ist nur schädlich, wenn dir ein ganzer Sack aus dem fünften Stock auf den Kopf fällt«, erwiderte sie und nickte mit dem Kopf zum zweiten Stuhl am Tisch.

Er lachte leicht: »Okay, wenn du zahlst … Ich habe kein Geld mit.«

»Kein Problem. Das ist das Mindeste, was ich tun kann. Setz dich doch.«

»Wie heißt du überhaupt?«

»Stella. Und du?«

Er nahm den Stuhl, drehte ihn um, setzte sich rittlings darauf und legte die Arme auf die Lehne.

»Wie, du kennst mich nicht?«, fragte er und diesmal war er es, der frech lächelte. Dann deutete er mit dem Kopf auf ein Standplakat, das am Eingang der gegenüberliegenden Bar aufgestellt war.

»Das bin ich. Sam Miller.«

♫♫♫

Eigentlich hieß er ganz profan Samuel Müller, woraus er den Künstlernamen Sam Miller gestrickt hatte. Er war ein Star, beziehungsweise wollte einer werden. Erst jetzt bemerkte Stella die Plakatständer, die entlang der Fußgängerzone aufgestellt waren. Eine Ankündigung hing auch im Fenster des Restaurants, in dem sie gerade saßen. »Livemusik! See-Star – Sam Miller & Band« stand darauf. Sam war vorbeigekommen, um mit dem Besitzer und dem Personal Details für den Auftritt zu besprechen.

»Okay«, sagte Stella und wurde rot, als sie an ihre erste Begegnung zurückdachte, bei der sie geglaubt hatte, er wolle ein Foto mit ihr. »Du bist also Musiker … Deswegen waren diese Tussen um dich herum!«

»Groupies«, verbesserte er. »Nicht Tussen. Jeder anständige Musiker hat Groupies, da kommt man nicht drum herum. Die Fangemeinde will gepflegt werden.«

»Hört sich anstrengend an, wenn du vorhast, die alle zu pflegen«, erwiderte sie stirnrunzelnd. »Ich meine, zwischen einem Fan und einem Groupie ist ja wohl ein Unterschied.«

»Für mich nicht«, entgegnete er und lächelte rotzfrech und selbstbewusst. »Ein Groupie ist schon mal ein Fan und jeder Fan könnte ein Groupie werden.«

Damit lehnte er sich zurück und taxierte sie.

Stella wurde vorsichtig. Ihr Alkoholflash war nach einem doppelten Espresso ziemlich verflogen und sie betrachtete ihn etwas nüchterner. Dabei trat das, was sie bei ihrer ersten Begegnung vor lauter Frust und Wut nicht wahrgenommen hatte, klar zutage: Sam war eindeutig ein Sahnetörtchen. Er war nicht zu groß, hatte schmale Hüften, keinen übertrieben muskulösen Oberkörper und in den ausgewaschenen Jeans steckte mit Sicherheit ein anbetungswürdiger Hintern. Sein blondes, halblanges Haar schimmerte, die grünen Augen blitzten mit den weißen, regelmäßigen Zähnen um die Wette und sein Lächeln war zum Dahinschmelzen schön – keine Frage, Prince Charming saß vor ihr. Und er wusste, dass es so war.

Dauernd fiel ihr Blick auf seine Hände, die sie so fest gehalten hatten, und mühsam unterdrückte sie ein Beben, ermahnte sich, sich davon nicht einlullen zu lassen, vor allem nach seinen Bemerkungen über Groupies und Fans. Aber ihr zweiter Gedanke galt dem geplanten Facebook-Post und da konnte es ihr nur recht sein, dass Sam so oberrattenscharf aussah! Was er von ihr hielt, wollte sie lieber nicht wissen.

»Okay, du gibst also Konzerte«, unterbrach sie seine Musterung. »Tut mir leid … aber ich habe wirklich noch nichts von dir gehört.«

»Wird sich noch ändern, Honey, da kannst du sicher sein.«

»Wie lange machst du schon Musik?«

»Mein ganzes Leben lang. Bisher solo, aber Anfang dieses Jahres habe ich ein paar coole Leute getroffen, mit denen ich mich auf Anhieb verstanden habe – wir versuchen es mal zusammen.« Er wandte den Blick in Richtung Fußgängerzone. »Ist nicht so einfach, weißt du … Wir müssen uns ja um alles kümmern … Auftritte organisieren, Plakate drucken lassen … Publicity … Kostet alles Zeit und eigentlich wollen wir auch eigene Songs schreiben.«

»Hm, ja … hört sich tatsächlich nicht leicht an«, bestätigte Stella. »Eine Agentur ist wohl zu teuer, was?«

»Für die sind wir noch zu unbekannt«, gab er zu und funkelte sie mit seinen grünen Augen an.

»Welche Musikrichtung spielt ihr?«

»Grunge, Punk, Metal … Hardrock … und was sonst gerade an Inspiration vom Himmel fällt.«

»Uuh«, machte Stella. »Nicht mein Ding.«

»Okay, und was ist dein Ding?« Sein Ton war leicht sarkastisch. »Schlager? Zucker im Kaffee? Oder das Techno- House- und Trance-Gerutsche, das sie hier an jeder Ecke spielen?«

»Nein, darauf stehe ich genauso wenig«, erwiderte sie. »Ich fürchte, ich bin langweilig, was Musik angeht – ich mag einfach melodische Songs, Balladen, Stimmungsvolles … bin halt ein Mädchen … und fast blond.«

Entschuldigend zupfte sie an ihren Haaren, ein wenig angekratzt, weil Sam dauernd in die Fußgängerzone schielte und immer weniger ihre Augen suchte.

»Musst du weg?«, fragte sie ihn geradeheraus. »Lass dich nicht aufhalten … Ich muss auch langsam los.«

Damit winkte sie dem Kellner, beglich die Rechnung, stand auf und schulterte ihre Tasche. Sam blieb sitzen und betrachtete sie nachdenklich von oben bis unten.

»Du bist wie ein Dauerlutscher.« Er lächelte sie an. »Unglaublich süß. Irgendwas hast du an dir, was mich verrückt macht.«

Stella wurde rot.

»Hey, Sam, alles klar … ich kann mir schon denken, was das ist. Ich meine … das mit vorhin … also … das war schön und … äh … danke, dass du nicht sauer bist, aber …«

»Aber …?«

»Ich bin nicht erpicht darauf, eine deiner Kategorien zu besetzen – weder als Fan und als Groupie schon gar nicht.«

Er lachte: »Tja, sind ja nicht die einzigen Kategorien! Kommst du mal auf ein Konzert?«

»Grunge macht mich nicht an, sorry.«

Verlegen klammerte sie ihre Hand um den Henkel ihrer Tasche. »Also, nochmals Danke für deine Improvisationsbereitschaft …« Zwei reizende Grübchen erschienen auf ihren Wangen. »… vielleicht sieht man sich ja mal wieder.«

»Das hoffe ich doch schwer, Prinzessin«, antwortete er. Lässig hockte er auf dem Stuhl und nickte zum Plakat an der Fensterscheibe des Lokals. »Du weißt ja, wo du mich findest. Solltest du mich suchen.«

Stella hob die Hand, lächelte schief, dann drehte sie sich um und ging davon. Sobald sie konnte, verschwand sie in einem Shop, nur um aus seiner Sichtweite zu kommen. Sie hatte das Gefühl, sein Blick brenne auf ihrem Rücken wie Feuer.

♫♫♫

Angeregt von diesem unerwarteten Verlauf des bisherigen Tages, kehrte sie schließlich ins Hotel zurück und machte es sich auf einem der dickgepolsterten Liegestühle bequem, um die Fotos zu checken. Sie konnte kaum glauben, was sie sah. Himmel, das sah sexy aus! Sehr sexy! Sam wirkte umwerfend und auch sie, im bunten Sommerkleid mit dem verheißungsvollen Ausschnitt, der Sonne, dem lachenden Mund … das war einfach nur … wow!

Ihre Laune hob sich schlagartig und mit Genuss suchte sie die heißesten Szenen aus, postete sie in Vorfreude auf Rafaels dummes Gesicht mit dem Kommentar: »Andere Mütter haben auch schöne Söhne«, und schickte die Fotos zusätzlich per WhatsApp an Eileen.

Befriedigt presste sie die Lippen zusammen, bestellte sich einen alkoholfreien Cocktail, genoss die Sonne und versuchte zu lesen. Aber ihre Gedanken schweiften ab. Immer wieder betrachtete sie die Bilder auf ihrem Smartphone. Das Lachen darauf, das ihr in den ersten Sekunden so schwergefallen war, wirkte echt. Und noch immer fühlte sie Sams Hand auf ihrem Körper, seine Erregung, die er nicht hatte unterdrücken können, seine fordernde Zunge in ihrem Mund … Vielleicht würde sie doch mal auf eines seiner Konzerte gehen?

Wohlig rekelte sie sich in ihrem Stuhl und schloss die Augen – für gerade mal fünf Minuten, um fiebrig erneut zu prüfen, ob schon erste Reaktionen auf ihren Post vorhanden waren.

Mit einem Mal wurde ihr bewusst, wie sehr die Rachsucht den Schmerz über die fiese Trennung zu lindern vermochte. Es stimmte schon: Brave Mädchen kommen in den Himmel, böse überall hin!

Vielleicht ist das die Änderung, die ich durchziehen muss, dachte sie. *Einfach nicht mehr nett sein. Mich was trauen. Egal, was die anderen sagen.*

♫ Should Have Known Better ♫

Sufjan Stevens – Carrie & Lowell

Ihr Hochgefühl hielt den ganzen Nachmittag an. Sie schlief auf ihrer Liege ein, wachte mit einem leichten Sonnenbrand auf, entschied sich, auf dem Zimmer zu essen, erstens, weil sie dann nicht von der Fülle des Buffets verführt werden würde und zweitens, weil ihr damit der Spießrutenlauf durch all die glücklichen Paare erspart blieb. Nach dem Essen wollte sie sich in Schale werfen, sich an die Bar setzen und sich verdammt noch mal gut fühlen! Wieder erinnerte sie sich an die heiße Kussszene mit Sam und der Gedanke, dass sie durchaus in der Lage war, auf jemanden wie ihn zu wirken, war nicht der schlechteste.

Zum x-ten Mal ging ihr Blick auf das Handy, aber ihr Finger, der den Button drücken wollte, verharrte in der Luft. Nein, entschied sie, Rafis Reaktion würde sie sich definitiv als Gute-Nacht-Geschichte aufheben!

Sie genoss ihr Essen, stieg unter die Dusche und pimpte sich auf. Auf gefährlich hohen Peeptoes stakste sie eine Stunde später in die Bar, fand einen kuscheligen Zweier-Tisch, bestellte sich ein Glas Rotwein und blickte unauffällig in die Runde. Paare, Paare, Paare … Familien … Paare … Paare … f…! Und nochmals Paare … Ihre Laune sank, vor allem, weil der Ausdruck im Gesicht so mancher Frauen, die ihren Rundblick mitbekommen hatten, Bände sprach. Von einer Sekunde auf die andere sah Stella ihr Erscheinungsbild mit deren Augen: Eine kurvige, aufgedonnerte Rothaarige in einem blutroten, tief ausgeschnittenen Kleid, das die Brüste ein bisschen zu sehr zur Geltung brachte, dunkel geschminkten Lippen, fettem Lidschatten, mit dem sie nicht ganz so zurechtgekommen war, den sie aber gemäß ihrer neuen Prämisse, einfach mal etwas zu wagen, nicht abgeschminkt hatte … oh, was gab sie für ein Bild ab! Frustriert klappte sie den Taschenspiegel zu, kam sich jäh vor wie eine Prostituierte auf Männerfang und erahnte mit einem miesen Gefühl im Bauch, dass ihr Umfeld exakt das von ihr annahm. Sie las es in den Augen der Gäste und aus dem Verhalten des reservierten Kellners, der ihr Lächeln kaum erwiderte, sie zügig bediente und so schnell wie möglich wieder abschwirrte.

Tatsächlich kamen auch Männer an ihren Tisch. Männer, die sie nicht haben wollte. Angetrunkene. Unverschämte. Manche liefen gewollt nah an ihrem Platz vorbei, schauten ihr betont auf die Brüste und hoben dabei auffordernd die Augenbrauen.

Stella fühlte sich nur noch schrecklich und instinktiv scrollte sie auf ihrem Handy nochmals die Fotos vom Nachmittag durch. Das war so anders gewesen! Auf diesen Bildern kam sie so frisch und natürlich rüber … und jetzt … Verdrossen verschanzte sie sich hinter ihrem Smartphone, tat so, als sei sie schwer beschäftigt, rief Facebook auf – und fiel fast in Ohnmacht.

Rafael hatte geantwortet. Aber nicht mit einem Kommentar unter ihrem Post, sondern ebenfalls mit einem Foto: Von sich – und Eileen – wie sie sich küssten. Ein Foto, das klarmachte, mit wem Rafael seit einem halben Jahr glücklich war. Ein Foto, das ihren letzten Glauben an die Menschheit zerstörte. Sekundenlang starrte Stella auf das Bild, dann erst bemerkte sie, dass Rafael ein ganzes Album online gestellt hatte. Eine Kavallerie an schwer bewaffneten Bildern stand ihr gegenüber und jedes von ihnen schoss ihr ins Herz.

Rafael hielt Eileen im Arm, schaute ihr verliebt in die Augen, surfte mit ihr im Meer (Karibik, wie Stellas benebelter Verstand anhand der Bildunterschriften erkannte), er saß mit ihr bei einem romantischen Dinner for two am Strand, Eileen in einem atemberaubenden, weil schlichten Abendkleid, das ihre Wahnsinnsfigur nur so betonte, Windlichter in Herzform um die beiden herum … Rafael, der Eileen von hinten umarmte, seine Wange an die ihre geschmiegt … und Eileen … verdammt … sie war so edel und natürlich! Sie war so verflucht schön! Mit zugeschnürter Kehle starrte Stella auf die Bildergalerie: Eileen, das Model, in einem knappen Bikini, kniend im Sand, während das Meer ihre Gazellenbeine umspült und Sandkörner an ihren braun gebrannten Flanken kleben … Eileen, im Vierfüßlerstand auf einem Kingsize-Bett mit mindestens hundert Kissen darauf … Eileen verführerisch und in zweideutiger Pose an den Bettpfosten gelehnt … Stella drehte sich der Magen um. Ihr Herz raste. Ihr war schwindlig und schlecht und dennoch klickte sie sich durch das Album … *Rafael und Eileen … Eileen und Rafael* … in der Südsee … in einem sündhaft teuren Hotel … Champagner im Eiskübel, während sie sich täglich fragte, ob sie sich einen Prosecco leisten könne! Ein Laut entfuhr ihrer Kehle und ihre Hand fuhr an ihre Schläfe.

»Nein«, flüsterte sie. »Nein, lieber Gott, lass das nicht wahr sein!«

Dann fiel ihr Blick auf den Kommentarverlauf unter dem Album:

»Herzlichen Glückwunsch, ihr zwei! Wie kommt's? Das ging aber flott!«

»Danke, danke, wir sind überglücklich, ist aber nicht so flott, wie du meinst … Sind schon seit über einem halben Jahr zusammen.«

»Ach … und Stella?«

»Kennst sie doch. Die tröstet sich schnell, kannst ja mal auf ihre Seite gehen – da siehst du's. Hat gleich am ersten Tag im Urlaub schon wieder einen Kerl aufgerissen.«

»Na, dann …«

Weitere Bemerkungen folgten. Glückwünsche, die Stellas betäubtem Gehirn endlich klarmachten: Eileen und Rafael hatten sich verlobt. Zitternd rief sie Eileens Profil auf. Die gleichen Fotos … aber natürlich auch die von Sam und ihr. Eileens Kommentar:

»Und ich blöde Kuh hab mir totale Gewissensbisse gemacht! Monatelang! Dabei hat die Rafael vergessen, sowie sie ins Flugzeug gestiegen ist!«

»Nicht dein Ernst!«

»Na, der Post spricht doch Bände! Guck doch mal, wie die ihre Brüste aus dem Ausschnitt hängen lässt! Ich hab ihr ja schon immer gesagt, dass sie zu oberflächlich ist. Sie kann nicht allein sein. Sie muss immer einen Kerl um sich haben. Egal wen.«

»Hätte sie gar nicht so eingeschätzt …«

»Na ja …« Eileen schien ein wenig zurückrudern zu wollen: »Sie ist ja lieb. Im Grunde ein armes Ding, aber halt beratungsresistent!« Genervter Smiley. »Sie lernt einfach nix dazu … so viele Beziehungen … und alle laufen nach dem gleichen Muster …«

Patsch, watsch – Stella fühlte geradezu, wie sie geohrfeigt wurde. Hektisch meldete sie sich von Facebook ab, weil sie sah, dass Eileen auch gerade online gekommen war. Völlig von der Rolle starrte sie ihr Rotweinglas an und stürzte den Inhalt ziemlich auf ex hinunter. Holte tief Luft, loggte sich erneut ein und deaktiverte ihren Chat, um unerkannt zu bleiben.

Ein Fausthieb traf sie, als sie zum zweiten Mal Eileens Seite aufrief:

»Wenn du sehen willst, was Eileen mit ihren Freunden teilt, sende ihr eine Freundschaftsanfrage.«

Beide, Eileen und Rafael, hatten sie aus ihrer Freundesliste entfernt.

♫♫♫

Sie wusste nicht, wie sie in ihr Zimmer gekommen war. Auf dem langen Weg durch das ewig lange Foyer hatte sie tatsächlich noch ein Mann angemacht, dem sie ein bissiges »Verpiss dich!« entgegen gefaucht hatte.

Sie konnte es kaum erwarten, die Tür hinter sich zu schließen, die blöden Schuhe abzustreifen und sich aus dem Kleid zu schälen. Ihr Hals fühlte sich an, als hätte sie eine Brennnessel verschluckt. Sie lief ins Bad und sah in den Spiegel. Eine grell geschminkte Fratze starrte sie an. Mit einem Aufschrei klatschte sie sich Wasser und Reinigungslotion ins Gesicht, wusch sich das Make-up herunter, riss die Duschtüre auf, stellte sich in das kleine Becken und bemerkte erst, als das Wasser ihren Körper hinunterlief, dass sie vergessen hatte, die Unterwäsche auszuziehen. Der BH sog sich voll, aber sie zog ihn nicht aus. Heulend kauerte sie sich unter dem warmen Wasserstrahl zusammen, als könne er die letzten Minuten einfach wegspülen. Doch die entsetzlichen Fotos mit den noch entsetzlicheren Bemerkungen glühten wie Brandzeichen in ihr.

Erst, als kein warmes Wasser mehr kam, stieg sie endlich aus der Dusche, wickelte ein Badetuch um sich und setzte sich in einen der zwei Sessel im Zimmer. Ihr Kopf war dumpf. Sie konnte nicht denken, wollte nicht denken. Ihre Hand griff nach dem Handy, wählte.

»Mama?«

»Herrgott, Stella! Weißt du, wie spät es ist?«

»Ja«, antwortete Stella und ihre Stimme knickte weg. »Ich weiß, wie spät es ist.«

»Und?«, fragte ihre Mutter. »Wie ist das Hotel?«

»Mama ... ich ... ich ...«

»Hoffentlich ist es sein Geld wert.«

Ihre Mutter wechselte schnell das Thema. Ihr schien einzufallen, dass sie eine Beteiligung angeboten hatte. »Schon was erlebt?«

»Ja«, flüsterte Stella. »Ich habe was erlebt. Mama ... Rafael hat sich verlobt. Mit Eileen.«

»Ach, nee! Woher weißt du das?«

»Er hat es auf Facebook gepostet.«

»So sind sie, die Männer«, ätzte Stellas Mutter. »Scheißkerle. War ja dein Vater schon so. Kannst keinem vertrauen.«

Stella schwieg. Wartete. Ihr Herz tat schrecklich weh und sie wünschte sich so sehr eine mitfühlende Seele, ein paar tröstende Worte. Aber ihre Mutter blieb stumm, hatte keine Ahnung, wie sie reagieren sollte, und wollte einfach nur raus aus diesem Gespräch. Das Schweigen wurde peinlich. Stellas Kehle verknotete sich. Leicht gereizt sagte ihre Mutter:

»Na ja, so ist halt das Leben. Was will man machen. Nichts für ungut, Stella, aber ich muss morgen zeitig aufstehen. Genieß wenigstens die Sonne, wenn sonst schon nichts geht.«

Wortlos klickte Stella sie weg.

♫♫♫

Es war noch nicht zu Ende. Den nächsten Tag verbrachte sie auf ihrem Liegestuhl auf dem winzigen Balkon in ihrem Zimmer und ließ eine Katastrophe nach der anderen über sich ergehen. Sie hatte ja »Freunde« und die informierten sie über alles, was sie ihrer Meinung nach wissen sollte: »… und da erzählt er, dass du im Leben nie einen Job bekommst und nur drauf aus bist, dir einen vermögenden Mann zu angeln …«

»Eileen meinte, du seist schrecklich naiv …«

»… ohne Rafi hättest du die Prüfungen nie geschafft. Er erzählt überall herum, dass er dir die Aufgaben erklären musste …«

»… du würdest dich nur immer bei anderen auskübeln und dann genauso weitermachen wie bisher … du hättest kein Durchhaltevermögen …«

Stella konnte es irgendwann nicht mehr hören. Solche Gespräche fingen immer mit einem mitleidigen »Wie geht es dir?« an, um sich dann mit einer manchmal leisen, manchmal deutlichen Schadenfreude künstlich aufzuregen, was dieser oder jener gesagt hatte. In diesen Tagen bekam sie ein Bild von sich gezeichnet, das sie bis in die Tiefen ihrer Seele verletzte – und gegen das sie sich wehrte. Sie wollte Facebook nicht aufrufen und tat es doch. Sie wollte die Mails nicht lesen und checkte trotzdem jede Stunde, ob wieder eine da war.

Schließlich wechselte sie auf die Poolterrasse, weil sie die Enge ihres Zimmers nicht mehr ertrug. Mit einer XXL-Sonnenbrille auf der Nase saß sie stumm auf der Liege und fürchtete sich vor dem Abendessen. Allein am Tisch zu sitzen war grässlich. Stets bildete sie sich ein, dass jeder ihr ansehen konnte, was ihr widerfuhr. Aber Zimmerservice kostete extra und weil sie Halbpension gebucht hatte, wollte sie auch nicht woanders essen. So ließ sie am folgenden Tag das Abendessen einfach aus, obwohl sie höllisch Hunger hatte. Leider gehörte sie zu der Fraktion, die sich Kummerspeck anfraß, statt den Appetit zu verlieren. Essen war schon immer etwas Tröstliches für sie gewesen.

Am dritten Abend brachen sich neben dem Elend weitere Gefühle Bahn: Hass auf Schickimicki-Rafael, Wut auf Verräter-Eileen, Groll auf ihre Mutter und ihren Vater. Ja, auch den hatte sie angerufen und natürlich war er völlig unfähig gewesen, auf sie einzugehen. Alles, was er hatte bringen können, war sein Standardsatz, den sie inzwischen hasste: »Always look on the bright side of life, Stella«, hatte er hilflos abgesondert und ein Lachen versucht. »Das Leben geht weiter. Du bist siebenundzwanzig. Und Männer gibt's wie Sand am Meer! Du bist doch am Meer! Also angel dir einen!«

Und weil ihr dieses empathielose Wortspiel und sein Gelächter darüber einen Eisenring um die Kehle schnallte, der eine Antwort unmöglich machte, hatte er täppisch nachgesetzt: »So ist das Leben, Stella ... denk dran, always look on the bright side of life ...«

Stella hätte sich am liebsten übergeben. Wie oft hatte er diesen Satz zu ihr gesagt? *Always look on the bright side of life* ... Schau nie auf das Negative! Das hatte sie immer gemacht! So oft hatte sie über ihre Probleme gelacht, sie weggewischt und einfach weitergemacht. Das war doch positiv, oder? Warum schlug ihr jetzt von allen Seiten die Behauptung entgegen, sie sei oberflächlich?

Doch mit der stereotypen Reaktion ihres Vaters begann ihr zu dämmern, dass zwischen Optimismus und Optimismus ein Unterschied bestehen könnte. Dass positives Denken nicht hieß, so zu tun, als ob das Problem nicht da wäre. Ein Hauch von Ahnung beschlich sie, doch noch steckte sie zu tief in ihrem Schmerz, viel zu sehr in ihren Gewohnheiten, als dass dieser Hauch an Substanz hätte gewinnen können. Vielmehr versuchte ihr Ego, sie zu schützen, und baute noch mehr Wut auf – Wut, die sie daran hinderte, nach innen zu blicken.

Vater und Mutter waren keine Hilfe, Rafael hatte sie betrogen und Eileen sie zu diesem Urlaub gedrängt mit der Empfehlung, sie solle über sich nachdenken. Das war der komplette Hohn! Sie hatte Stella nur so weit weg wie möglich wissen wollen!

Noch mehr Hass entzündete sich in Stella an diesem Abend, loderte hoch, fand ausreichend Nahrung in all den bereits erlittenen Enttäuschungen und negativen Erfahrungen, die sie in diesen einsamen Stunden hervorholte, bis das Feuer lichterloh brannte.

♪♪♪

Nachdem sie mindestens vier Aspiranten, die sich am Nachmittag ihrer Liege genähert hatten, böse verscheucht hatte, wurde dem Letzten klar, dass sie kein männerfressendes Monster war. Die weiblichen Gäste im Hotel wurden ein wenig freundlicher und lächelten ihr sogar ab und an zu und auch die Kellner hatten ihre Meinung geändert, das konnte Stella deutlich fühlen. Aber letztendlich war es nur wenig Balsam für ihre verwundete Seele. Mit Schrecken dachte sie wieder daran, dass sie vierzehn Tage gebucht hatte – und sie gerade mal dabei war, den zweiten Tag hinter sich zu bringen.

Den Urlaub abbrechen wollte sie aber auch nicht – was erwartete sie denn zu Hause? So lief sie alleine am Strand spazieren, blickte niemandem in die Augen, badete in unendlichem Groll, während ihr ihr Kopf gleichzeitig Rechtfertigungen für ihr Desaster aufzählte.

Nach drei Tagen fühlte sich Stella dem Wahnsinn nah und entschloss sich, am Abend am Strand entlang in die Stadt zu gehen. Das war ein Spaziergang von etwa zwanzig Minuten und dort konnte sie sich im Getümmel der Leute verlieren.

Einsam schlenderte sie durch die Straßen, kam an dem Bistro vorbei, an dem sie Sam so leidenschaftlich geküsst und Wunder weiß was gemeint hatte, wie toll und mutig sie doch gewesen wäre. Der Schuss war nach hinten losgegangen und selbst dieser kurze Racheakt ihr zum Verhängnis geworden. Niemand hatte verstanden, warum sie am ersten Urlaubstag schon einen anderen Mann geküsst hatte, niemand ihr geglaubt, dass sie wahrhaft um Rafael trauerte – sie hatte die Fotos längst wieder gelöscht. Eine nächste Welle an Zorn brandete in ihr hoch, als sie sich in Erinnerung rief, dass Rafael in ihrer letzten Nacht noch mit ihr geschlafen hatte – obwohl er doch mit Eileen zusammen war, und Schluss hatte machen wollen! Sie war schwer versucht gewesen, dieses Detail an ihre Bekannten weiterzugeben, um Eileen zu verletzen, um einen Keil zwischen die beiden zu treiben, aber es war ihr zuwider, schmutzige Wäsche in der Öffentlichkeit zu waschen. Irgendwie endete ohnehin alles immer damit, dass ihr die nächste Hiobsbotschaft um die Ohren flog – wie heute wieder, als ihr Meike mitgeteilt hatte, dass Rafael sich als Wahrsager betätigte und ihre Zukunft voraussagte: Billiger Job in einem billigen Büro, Mann angeln, Kinder kriegen, Soaps gucken, fett werden und schließlich depressiv.

»Ist alles schon angelegt«, hatte er gesagt. »Hab ich echt keine Lust drauf.«

In Stella brannte das wie Gift. Alles, was sie fühlen konnte, war der Wunsch, Rafael und Eileen genauso zu verletzen wie sie das mit ihr taten. Sie würde nie mehr nett sein!

Griesgrämig blickte sie durch die beleuchteten Fenster in das gemütliche Restaurant.

Sams Auftritt hatte vor zwei Tagen stattgefunden, aber das Plakat hing immer noch am Fenster. Sie wandte sich ab und machte sich auf den Rückweg zum Hotel. Doch am Strand dröhnte ihr aus den angesagten Beachbars Musik entgegen. Hier war die Partymeile, hier ging die Post ab! Die Insel, speziell dieses Stück Strand, war bekannt für das beste

Nachtleben der Welt. Hier gab es das berühmte Ushuaïa, Ibizas Open-Air-Venue Nummer eins, das Hï Ibiza, das Sankeys mit seinen Underground-Partys, das Swag Ibiza, das legendäre Hardrock Hotel – der Location schlechthin für Open-Air-Veranstaltungen mit Livemusik, das sie so unbedingt mit Rafael hatte besuchen wollen. Stella sah auf die Uhr. Es war halb elf, die Clubs öffneten erst um Mitternacht und die Aussicht auf das Doppelbett mit den Herzchenkissen machte sie nicht froh.

In ihrer Tasche steckte der E-Reader und obwohl sie wusste, dass sie darauf glotzen würde, ohne zu lesen, beschloss sie, sich in die nächste Bar zu setzen, und erwischte eine, die recht schnuckelig und romantisch gestaltet war. Bunte Glühbirnen waren am Dach entlang gespannt, kleine in die Palmen genestelte Lämpchen beleuchteten eine große Terrasse und im Innenraum standen Windlichter und Rosen auf den Tischen. Sie zögerte, sah sich unschlüssig um, da entdeckte sie ein Plakat von See-Star und lugte auf das Datum.

Das war heute! Nachdem das hier kein Club war, brauchte sie kein Ticket. Die Bar war für etwa hundert Leute ausgerichtet – und es waren noch Plätze frei. Vorne war eine kleine Bühne aufgebaut und die Musiker machten wohl gerade Pause – oder hatten noch nicht angefangen. Stella blickte sich um – die Bar war nur halb voll und so setzte sie sich an ein kleines, wackliges Tischchen in der Ecke und bestellte sich einen Cocktail.

Mit einem Mal wurde sie Sam gewahr, der in lebhafte Diskussion mit dem Barbesitzer verstrickt war – beide Parteien schienen angesäuert. Seine Bandmitglieder gruppierten sich um die beiden und diskutierten mit. Der Inhaber schüttelte mit zusammengepressten Lippen immer wieder den Kopf und beharrte offenbar auf seiner Meinung. Dann verschwand er hinter dem Tresen.

Sam und seine Bandkollegen argumentierten untereinander noch ein paar Minuten weiter, aber schließlich erklommen sie die Bühne. Als Sam ans Mikrofon trat, waren von ein paar weiblichen Gästen anfeuernde Pfiffe zu hören, die Sams Mundwinkel kurzzeitig ein wenig nach oben bewegten. Aber sein Ärger über das vorangegangene Gespräch blieb vorherrschend und strahlte in den Raum. Er brachte ein paar Jokes, die nicht ankamen, und kündigte schließlich einen Song an.

Gespannt saß Stella an ihrem Tisch – und wäre am liebsten schon bei den ersten Takten ausgerissen. Offensichtlich war Kurt Cobain mit seiner Band Nirvana Sams Vorbild – er hatte ja erwähnt, er spiele Punk und Grunge. Sam röhrte sich die Seele aus dem Leib und fetzte mit der Gitarre auf der Bühne herum, dass sein blondes Haar ihm nur so um den Kopf flog. Die Band war laut – man konnte sich nicht unterhalten, sondern war gezwungen, der Musik zuzuhören, die nicht gerade zum Tanzen einlud. Eigentlich war sie in diesem Ambiente für gar nichts gut und so verließen etliche während der Vorstellung die Bar, was der Inhaber mit Stirnrunzeln registrierte. Nur ein paar eingefleischte Fans tobten vor der kleinen Bühne herum, ließen ihren Kopf kreisen und spielten Luftgitarre. Sam nickte ihnen lächelnd zu, fixierte sich auf die vier, fünf Nirvana-Liebhaber und holte sich von ihnen die Bestätigung, weiterzumachen.

Sein Blick glitt über die wenigen Gäste und plötzlich entdeckte er Stella. Ihre grauen Augen leuchteten durch die Dunkelheit, ihr rotblondes Haar glänzte im dämmrigen Licht der Glühbirnen. Gleichmütig saß sie auf ihrem Stuhl und beobachtete die Gäste ringsum.

Als sie sich wieder der Bühne zuwandte, trafen sich ihre Blicke und sogen sich ineinander fest. Sams Gesichtsausdruck verlor ein wenig von seiner Anstrengung und wurde weich. Der Song ging seinem Ende zu und er wechselte, mit dem Blick auf Stella gerichtet, von dem frustigen »Territorial pissing« zu dem etwas sanfteren »Rape me«.

Obschon auch dieser Text düster war, wie so vieles, was die No-Future-Band Nirvana produziert hatte, war Sam zum ersten Mal an diesem Abend in der Lage, etwas anderes als Wut an die Leute zu transportieren. Seine Stimme wurde sanft, sie bekam Pathos und die Gäste horchten überrascht auf. Ihre Mienen änderten sich, sie hörten interessierter zu. Sam spürte das, spürte die Resonanz der Leute, spürte, wie seine Gefühle, die er aussendete, empfangen wurden und zu ihm zurückkamen und bedauerte zutiefst, dass der Song sich dem Ende zuneigte. Diesmal brandete nach seinem letzten Gitarrengriff mehr als höflicher Applaus auf. Irgendetwas war anders, irgendetwas hatte die Stimmung gedreht – das spürte jeder im Raum.

Ein wenig verwundert, als müsse er erst selbst rekapitulieren, was das gewesen war, fanden Sams Augen zu Stella zurück, und er lächelte ganz leicht. Stella fühlte einen Stich in ihrem Herzen – und etwas Sanftes floss heraus. Doch wie ein Schutzwall bauten sich die letzten Erlebnisse davor auf und verschlossen es wieder. Nein. Das hatte sie nun schon zu oft erlebt. Sie wollte nicht schon wieder die nächste Enttäuschung riskieren.

Wäre das eine echte Intention, eine echte Einsicht gewesen, hätte sie aufstehen und gehen können. Aber sie blieb sitzen.

♫ Close To You ♫

Michael Prins

Die Show war vorbei. Eines der Bandmitglieder hatte noch ein Solo-Medley gespielt, das um die sechs, sieben Minuten gedauert und richtig schön gewesen war, aber mit den restlichen Songs hatte die Band es geschafft, ziemlich alle aus der Bar zu treiben. Stella war eine der Wenigen, die ausgehalten hatte und Sam kam rüber, während seine Kollegen die kleine Bühne freiräumten.

»Hey, Stella.«

»Hey«, antwortete sie einsilbig. Er schnappte sich einen Stuhl. Er war unsicher.

»Schön, dass du gekommen bist«, wagte er sich schließlich vor.

»War Zufall.«

»Oh … okay.« Er wurde noch unsicherer.

Geistesabwesend blickte sie ihn an. »Ja … hab zufällig das Plakat gesehen und dachte mir, ich schau mal rein.«

»Okay«, sagte er wieder, um kurz darauf nachzusetzen: »Und? Hat es dir gefallen?«

»Nicht die Spur«, erwiderte sie ungnädig. »Um ehrlich zu sein: Es war grauenvoll.«

»Grauenvoll?«, wehrte er sich beleidigt. »Das kann nur einer sagen, der auf Discoschwof und Schlager steht.«

»Kannst ja nicht wissen, auf was ich stehe. Brauchst mich nicht im Vorfeld zu beleidigen.«

»Also, wenn das eine Beleidigung gewesen sein soll … was war dann das, was du gerade ausgeteilt hast?«

»Eine ehrliche Meinung.«

»Ah so, ganz klar.«

Er lehnte sich zurück. Stella trank ihren Espresso, schaute ihn nicht an, winkte, um zu bezahlen. »Du musst ja auch die Meinung von jemandem, der auf Discoschwof steht, nicht annehmen«, sagte sie leicht gereizt, während sie in ihrer Tasche wühlte. »Aber dann frag mich nicht, wie es mir gefallen hat.«

»Hey, schon gut, bleib locker. Hört keiner gern, dass er grauenvoll ist.«

Sie stockte kurz. »Nein«, sagte sie leise. »Das hört keiner gern. Tut mir leid. Ich hätte es nicht so krass ausdrücken sollen. Also: Nicht du bist grauenvoll, sondern die Musik hat mir nicht gefallen. Ich stehe nicht auf Nirvana.«

»War ja nicht alles Nirvana.«

»Ja, ein paar Songs waren echt melodisch. Gerade die letzten.«

Inzwischen waren seine Bandmitglieder mit dem Abbau fertig und gesellten sich zu Sam und Stella.

»Hey, Sam«, sagte sein Drummer auf Englisch. »Wir sind soweit.« Er war groß und stämmig, trug einen dieser mächtigen Holzfällerbärte, hatte heftig tätowierte Arme und wirkte auch insgesamt eher wie ein Waldarbeiter als ein Musiker. Neugierig schaute er Stella an, dann senkte sich sein Blick unwillkürlich auf ihr blütenweißes Dekolleté.

»Halleluja«, sagte er. »Hast du heute Abend schon was vor? Das sieht ja supertoll aus!«

Ostentativ stierte Stella daraufhin auf seinen Schritt. »Ich wünschte, ich könnte das Gleiche sagen«, fauchte sie bissig zurück.

Der Typ lachte – ein echtes Holzfällerlachen, dann streckte er ihr seine bärige Hand hin und schmunzelte: »Entschuldige, aber das passiert dir sicher öfter. Nimm's als Kompliment! Ich bin Derek.«

»Derek ist aus Liverpool«, erklärte Sam. »Wie die Beatles! Ist doch ein gutes Omen, oder? Und das hier sind Miguel und Jamie.«

Miguel kam aus Mexiko, Jamie war Schotte und die beiden hätten unterschiedlicher nicht sein können. Miguels Haar war glatt, schwarz und halblang, seine Haut rotbraun. Er hatte hohe Wangenknochen und wirkte arrogant, verletzlich und unnahbar, auf gewisse Weise sogar gefährlich. Flüchtig nickte er Stella zu und ließ seinen Blick Richtung Strand schweifen, als hielte er nach gefälligen Groupies Ausschau. Vermutlich tat er das auch.

Jamie hingegen war blutjung, rothaarig und blass. Er hatte süße Sommersprossen auf der Nase und ein absolut liebes und sympathisches Lächeln, das sogar Stellas verhärtete Emotionen aufweichte und sie unwillkürlich mitlächeln ließ.

»Schön, dich kennenzulernen«, sagte er mit einer Aufrichtigkeit, die sie schier umwarf. Er war der Einzige, der nicht auf ihre Oberweite, sondern ihr direkt in die Augen sah.

»Ebenso«, antwortete sie herzlich. »Dein Medley vorhin war sehr gut – mit das Beste heute Abend.«

»Oh, wow, danke«, errötete er mit schnellem Seitenblick auf Sam, aber der schaute stur auf den Tisch.

»Das solltet ihr öfter einbauen«, traute sie sich zu sagen. »Ich denke, so etwas hören die Leute doch gern und es passt eher zu …«

»¡pucha! Das Scheiße!«, fauchte Miguel in gebrochenem Deutsch dazwischen. »Wir nicht spielen, was alle spielen! Das nicht einzig! Das Masse!«

Stella zuckte mit den Schultern. »Tja, wer bin ich schon, dass ich euch Tipps gebe! Hab nur mitgeteilt, was mir am besten gefallen hat.« Sie wandte sich an Jamie: »Und das warst du.«

Er lächelte scheu, lugte wieder verhalten zu Sam und Miguel und schulterte seine Gitarre.

»Okay, Leute, wir sehen uns. Ich pack's dann.«

Auch Miguel und Derek verschwanden. Stella und Sam waren allein und standen voreinander.

»Und was hast du heute Abend noch vor?«, lächelte er.

Irgendwie störte sie die Frage genauso wie sein Lächeln. Es kam ihr vor wie ein »Lass uns etwas machen, was sich auf ›Stricken‹ reimt«-Grinsen und befeuerte alle minderwertigen Gedanken und Gefühle, die in ihr kämpften.

»Bin verabredet«, sagte sie kurz und wandte sich zum Gehen.

»Hey, du gehst doch nicht etwa?«, rief er ihr verdutzt hinterher.

Sie drehte sich zu ihm um und lief ein paar Schritte rückwärts. »Wonach sieht es denn aus?«, gab sie gereizt zurück, wandte sich damit endgültig Richtung Hotel, ohne auf seine letzte Frage: »Soll das jetzt etwa alles gewesen sein?«, eine Antwort zu geben.

Ja, fuck, dachte sie wütend bei sich. *Wenn du nichts anderes auf Lager hast, dann soll das alles gewesen sein.*

♫ Made For You ♫
One republic

Sie wusste, es war falsch, vor dem Zubettgehen noch mal den Rechner hochzufahren. Ihre Freundinnen Tine und Meike versorgten sie mit den aktuellsten Meldungen und obwohl es doch so schrecklich wehtat, war Stella begierig darauf, alles zu erfahren. So wusste sie, dass Eileen auf Brautkleidsuche war, dass sie einen Riesenjob in einer großen Firma bekommen hatte, dass Rafael damit prahlte, seine Zukünftige verdiene genauso viel wie er und sie untereinander Wetten abschlossen, wer schneller die Karriereleiter nach oben stieg … Stella wusste, dass eine Hochzeitsfeier in der Toskana geplant war – und gäbe es nicht die verletzenden Bemerkungen, die so ab und zu über sie, Stella, fielen, hätte man meinen können, es hätte sie in Rafaels und Eileens Leben nie gegeben.

Und da war sie auch schon, ihre Droge für die Nacht – eine E-Mail von Meike mit den Worten:

»Sorry, Süße, ist nicht schön, aber ich finde, du solltest das wissen. Vielleicht hilft es dir, über die Sache ein wenig schneller hinwegzukommen.«

Im Anhang befand sich eine Audiobotschaft. Meike hatte mit dem Handy eine Gruppenunterhaltung aufgenommen. Anwesend waren Rafael, Eileen und etliche ihrer Freunde.

Stellas Magen fühlte sich schon an dieser Stelle flau an, aber natürlich klickte sie auf den Lautsprecher und tat sich das alles an.

Eileen zeigte wohl gerade einen Prospekt von einem höchst feudalen Hotel in der Toskana herum.

Ihre Stimme erklärte begeistert Details. »Ist das nicht ein Traum? Ich freue mich so!«

Sandra: »Cool, bin froh, dass Stella das nicht sieht.«

Eileen: »Hat sie sich doch alles selbst zuzuschreiben.«

Meike: »Entschuldige mal … ihr habt sie beide ganz schön hintergangen. Du genauso wie Rafael.«

Rafael: »Das sehe ich anders. Ganz anders. Wir haben lediglich Rücksicht auf sie genommen, wegen ihrer Prüfungen. Am Schluss hätte sie behauptet, sie wäre durchgefallen, weil ich Schluss gemacht habe. Dabei wäre sie das ohne mich sowieso! Ich hab sie durch die Prüfungen gefrachtet und erst danach konsequent den Schlussstrich gezogen. Anständiger geht's nicht!«

Eileen: »Genau. Ohne Rafael hätte sie das nie gepackt. Aber dankbar sein ... das kann sie nicht. Sie jammert ja nur. Und weil wir schon dabei sind: Wie oft habe ich sie aufgebaut und ihr Mut gemacht! Und gleichzeitig musste ich die Zähne zusammenbeißen, weil Rafael so edelmütig sein wollte! Echt, du weißt nicht, was du sagst, Meike.«

»Ja, da bleibt mir doch auch glatt die Spucke weg«, antwortete Meike mit sarkastischem Unterton.

Rafael: »Ich weiß, dass wir jetzt die Bösen sind, aber das Ding hat mehr als zwei Seiten!«

»Ja, du Vollkoffer«, fauchte Stella in den Rechner. »Vor allem der Sex mit mir! Diese Seite hast du ohne jedes Problem mitgenommen! Obwohl du mit Eileen zusammen warst! Und wie du mich immer durchgevögelt hast, wenn du bei mir warst!«

Tini: »Die Prüfungen hat Stella alleine schreiben müssen, ohne den großen Guru Rafael neben sich – so doof, wie du sie darstellst, kann sie also schon mal nicht sein.«

»Aber sie ist total lebensuntüchtig«, ließ sich Eileen vernehmen. »Sie baut immer nur auf andere! Wie oft ist sie denn zu dir gerannt, wenn sie Probleme hatte!?«

»Na ja, dafür ist man doch ein Freund ... dass man sich gegenseitig hilft«, erwiderte Tini. »Ich kann ja auch umgekehrt zu ihr.«

»Wer braucht denn Rat von Stella?«, höhnte Rafis Stimme im Background. »Was hat *sie* denn zu sagen?«

»Genau! Alles, was sie tut, ist auszureißen, wenn ein Problem auftaucht und das nennt sie Optimismus! Sie weiß ja noch nicht mal, was sie will! Das Studium hat sie nur wegen Rafi gemacht! Stella und Manager? Ich lache mich schief! Die landet trotz Bachelor irgendwo als Putzhilfe, weil sie zu ängstlich und defensiv für alles ist.«

Eine Diskussion um ihre Fähigkeiten und Unzulänglichkeiten begann und jede Schwäche, die Stella per Audiobotschaft um die Ohren flog, war wie ein Fausthieb in ihre Magengrube. Ihr war übel und sie war kaum noch in der Lage, weiter zuzuhören.

»... und überhaupt verstehe ich nicht, weshalb ihr euch Sorgen um sie macht«, geiferte Eileen gerade. »Ihr habt doch auf Facebook gesehen, dass sie sich überaus schnell getröstet hat!«

Damit hatte sie wohl all ihren Verteidigern den Mund geschlossen. Die Aufnahme war zu Ende.

♫ ♫ ♫

Völlig zerstört saß Stella auf dem Bett und bekam kaum Luft. Ihr Verstand suchte nach Möglichkeiten, ihr Image wieder geradezurücken, und geriet von einer Sackgasse in die andere. Sie erstickte fast an all den Emotionen, die in ihr rumorten und wühlten. Das Zimmer wurde ihr zu eng, sie fühlte sich wie im Käfig und so ging sie noch einmal an den Strand, in der Hoffnung auf einen Platz, an dem sie allein sein konnte. Aber der Strand war voll mit fröhlichen, feiernden Menschen. Die Clubs waren geöffnet, es war zwei Uhr morgens und auf Ibiza war die Hölle los. Mit den Schuhen in der Hand lief sie, bis sie an eine Stelle kam, die vor den Blicken anderer ein wenig geschützt war. Müde ließ sie sich auf den Sand sinken, stützte ihre Arme auf ihre Knie, starrte mit brennenden Augen aufs Meer und wusste weder ein noch aus. Sie wusste in diesem Moment noch nicht einmal mehr, wer sie überhaupt war.

Denn die leise Ahnung, dass Eileen und Rafael mit ihrer Einschätzung nicht ganz unrecht hatten, lag wie ein unverdaulicher Bleiklumpen in ihrem Magen. Aber sie wollte nicht so über sich selbst denken, sie wollte das nicht glauben! Und so war das mächtigste Bedürfnis, nicht zuzulassen, dass andere diese Meinung teilten. Ihr Kopf verfing sich in rasenden Ideen, wie sie sich und der Welt beweisen könne, dass sie etwas wert sei, statt auf die kleine, leise Stimme in ihr zu hören, die ihr zuflüsterte, dass all diese Geschehnisse sie lediglich aufforderten, sich alles ungeschminkt anzusehen – um zu verstehen.

Nein!, schrie es in ihr. Ich will da raus! Irgendwie! Ich zeige es ihnen! Ihnen allen!

♫ ♫ ♫

Am nächsten Morgen setzte sie sich nicht auf einen der Liegestühle, sondern mit ihrem Rechner an einen Tisch auf der Terrasse, und checkte Stellenangebote in Deutschland, entschlossen, die restliche Zeit produktiv zu nutzen und die ersten Bewerbungen zu verfassen. Auch das hatte sie zusammen mit Rafael machen wollen, in der wohligen Gewissheit, dass er genau wusste, worauf es dabei und dem potenziellen Bewerbungsgespräch ankam. Das hätte er mit ihr geübt bis zum Umfallen. Entschlossen biss sie die Zähne zusammen. Sie würde das auch ohne ihn schaffen! Sie fertigte eine lange Liste mit möglichen Firmen an und war so in Aktion, dass sie gar nicht merkte, wie die Zeit verging.

»Wow, und ich dachte, du machst hier Urlaub!«, ließ sich eine Stimme vernehmen. Überrascht blickte sie auf – und sah in Sams Gesicht. »Du hast das Meer vor der Nase und guckst in einen Bildschirm?«

»Oh … du schon wieder«, erwiderte sie mit gerunzelter Stirn. Sie war gerade so schön in Fahrt gewesen und wollte sich nicht stören lassen. »Was gibt's?«

»Mann, du klingst echt einladend!« Er war sichtlich konsterniert. »Da wage ich ja gar nicht, zu fragen, ob du Zeit für eine Tasse Kaffee mit mir hast!«

Stella lugte auf die Uhr auf ihrem Computer und erschrak. Sie saß schon vier Stunden hier! Das gab ihr ein befriedigendes, arbeitsames Gefühl und etwas versöhnlicher sagte sie:

»Klar, warum nicht? Ich wollte sowieso gerade Pause machen. Hast du Hunger?«

»Nein, Kaffee reicht mir«, erwiderte er und lächelte sie an. In ihrem Inneren rutschte etwas nach unten … ein angenehmes Gefühl wie warmer Honig. Erneut wurde ihr bewusst, wie gut er aussah, wie sexy er wirkte mit seinem blonden Haar, der lässigen Jeans, aber vor allem mit diesem unwiderstehlichen Lächeln … Er zog die Blicke aller weiblichen Gäste auf sich und Stella konnte nicht verhindern, sich ein paar Sekunden darüber zu freuen, dass er ausgerechnet mit ihr zusammensaß – bis ihr wieder die Reaktionen auf ihren Facebook-Post einfielen und sie innerlich zur Ordnung riefen.

Sie bestellte sich etwas zu essen, er sich den Kaffee.

»Was machst du da?«, wollte er wissen und nickte zu ihrem Rechner. »Bist du aus beruflichen Gründen hier?«

»Nein, eigentlich wollte ich Urlaub machen …« Sie brach ab. Diesem Wonneproppen würde sie bestimmt nicht auf die Nase binden, gerade übelst abgesägt worden zu sein! »Aber nun muss ich doch etwas tun … Du weißt ja, wie das ist.« Sie räusperte sich, bemüht, ihn abzulenken.»Was machen deine Auftritte?«

»Läuft. Übermorgen sind wir bei José … kannst ja vorbeikommen, wenn du magst.«

»Nein, einmal reicht mir, um zu wissen, dass wir musikalisch nicht zusammenkommen.«

»War das echt so schlimm für dich?«

»Ja, bis auf den Song von Jamie und das von dir mittendrin. Das war schön.«

»Das ist hart zu hören.«

»Aber wahr. Du hast es doch auch an den Gästen gesehen. Die Hälfte ist während eurer Vorführung gegangen.«

»Weil die keinen Geschmack haben!«

»Weil sie einen anderen Geschmack haben«, stellte sie richtig und taxierte ihn. Er saß entspannt auf dem Stuhl, seine Hände spielten mit einem Zuckertütchen. Er hatte etwas an sich, was schlicht erregend wirkte.

»Vielleicht ist Ibiza nicht das Richtige für euch?«, schob sie ein wenig sanfter nach.

»Ja, das ist absolut das, was ich auch denke! Das ist das, was ich meinen Jungs immer sage!«, erwiderte er lebhaft. »England wäre viel besser, Schottland, Irland, Australien … da haben die Leute mehr Ahnung von Musik. Derek ist auch dieser Meinung. Jamie sowieso, der will eh wieder nach Hause.«

»Na, dann macht das doch«, sagte Stella leichthin und zerteilte das Gemüse auf ihrem Teller, in Gedanken bei ihrer Liste. In ihr brannte der Wunsch nach einem Job, nach etwas, was sie Eileen und Rafael gegen den Kopf brettern und womit sie diese blöden Stänkerer mundtot machen konnte!

»Was machst du eigentlich beruflich?«, fragte Sam und versuchte, sie mit seinem Blick festzuhalten. Er merkte, dass sie mit ihren Gedanken nicht bei ihm war. Das war ungewohnt für ihn und so betrachtete er sie mit Neugier und großem Interesse.

Stella wurde rot und es stand ihr gut. In diesen Tagen war ihr Haar von der Sonne gebleicht, die Haut leicht gebräunt, was ihre Augen noch intensiver aus ihrem Gesicht leuchten ließ, und sie trug ein leichtes Sommerkleid, dessen Stoff verführerisch um ihre Schultern drapiert war. Sam starrte sie an, als sähe er sie zum ersten Mal, dann schluckte er und sagte:

»Du bist wunderhübsch, Stella, das ist mir bei unseren ersten Treffen gar nicht so aufgefallen.«

»Da warst du ja auch von jeder Menge Silikonbrüsten und aufgespritzten Lippen umringt«, gab sie zurück. »Wie soll man da ein Auge für pummelige …«

»Du bist nicht pummelig«, unterbrach er und in seiner Stimme klang ehrliche Bewunderung, was Stella gerade unheimlich guttat. »Du hast genau an den richtigen Stellen die richtigen Kurven«, fuhr er fort. »Das finde ich total sexy.«

Sein Blick lag auf ihrem Gesicht, der Ausdruck in seinen Augen war ehrlich und warm. Stella schluckte. Die Hitzewelle, die in ihr aufstieg, schien sich über die Grenzen ihres Körpers auszudehnen, zu ihm zu schweben und sich mit seiner Körperwärme zu verbinden. Sam kam näher. Er beugte seinen Oberkörper über den Tisch, sah ihr noch tiefer in die Augen und sagte:

»Was hältst du davon, wenn wir einfach den verpatzten Anfang vergessen und so tun, als sähen wir uns gerade zum ersten Mal … Deal?«

Der Ausdruck in Stellas Augen veränderte sich rapide. Sams Blick war intensiv und seine Freundlichkeit umfing sie wie ein warmes Badetuch nach einer kalten Dusche. Stumm sah sie ihm in die Augen und sehnte sich in diesen Sekunden so sehr nach jemandem, der sie verstand, jemandem, dem sie ihr Herz ausschütten konnte, dass der ungefilterte Schmerz in ihrem Blick ihn ansprang wie ein wildes Tier – so stark, dass Sam zurückzuckte.

»Hey«, sagte er leise. »Was ist mit dir? Geht es dir nicht gut?«

Stella schluckte hart und senkte den Kopf. Sie wollte nicht weinen. Wollte sich keine Blöße geben. Wollte nicht, dass er von ihr dachte, was sie von sich dachte – und was die anderen von ihr dachten.

»Doch«, flüsterte sie mit rauer Stimme ihrer Cappuccino-Tasse zu. »Es geht mir gut.«

Sam schwieg. Es war klar, dass er ihr nicht glaubte. Aber sein Schweigen war wie Balsam. Es breitete sich aus, hüllte sie ein, war tröstend und verständnisvoll. Stellas Brustkorb hob und senkte sich heftig in dem Bemühen, sich zu beherrschen. Da hörte sie, wie Sam seinen Stuhl neben sie rückte, seinen Arm um sie legte und mit der anderen Hand ihren Kopf trotz ihrer Gegenwehr auf seine Brust drückte.

»Hey, Baby«, flüsterte er. »Ich weiß, wie sich das anfühlt. Ich weiß es genau. Wenn man eine Maske aufsetzt, weil man der Welt etwas vorspielen muss. Und weil man die Welt anders nicht erträgt. Wenn man eine Rolle spielt, die einen verzerrt … bis man nicht mehr weiß, wer man ist.«

Unwillkürlich schluchzte Stella auf und diesmal sank ihr Kopf widerstandslos gegen seinen Körper. Sam schlang seine Arme um sie und wiegte sie sacht hin und her, ohne ein Wort zu sagen. Seine Hand glitt zu ihrer weichen, anschmiegsamen Taille, fuhr über ihre runden, fraulichen Hüften, presste sie ein wenig fester an sich und schließlich vergrub er sein Gesicht in ihrem lockigen, duftenden Haar und wisperte in ihr Ohr:

»Komm, wir laufen ein wenig am Strand. Vielleicht magst du ja reden … und wenn nicht, ist das auch okay.«

Er schob sie ein wenig von sich weg und hob ihr tränennasses Gesicht mit beiden Händen an, sodass sie ihn anblicken musste. Stella spürte seine warmen Hände an ihrem Kopf, sah in diese grünen, glitzernden Augen, nahm den mitfühlenden Ausdruck darin wahr. Ihr Herz tat einen Sprung und ein warmer, lebendiger Strom durchfuhr ihren Körper. Ihre Augen waren verschleiert, ihr Mund mit den breiten, weichen, einladenden Lippen direkt vor ihm und Sam spürte ein animalisches Verlangen, in diesen Mund einzudringen. Beide bewegten sich instinktiv Millimeter aufeinander zu, verharrten kurz, dann aber setzte Sam mit einem leichten Keuchen ganz zart seine Lippen auf ihren Mund und sie ließ es zu. Seine Zunge spielte mit der ihren, lockte sie, verführte sie, bezauberte sie, ließ sie vergessen.

Stella versank in seinem Kuss. Sie fühlte sich einer Ohnmacht nahe, ihre Knie waren wackelig und alles an ihr wurde feucht. Wie beim ersten Mal vergaßen sie alles um sich herum, spürten nur noch sich.

Endlich löste sich Sam von ihr mit einem Ausdruck in den Augen, den sie nicht deuten konnte. Er schien Zeit zu brauchen, um zu realisieren, was da gerade abgelaufen war. Und auch Stella war verwirrt. Sie räusperte sich.

»Ähm … Strand?«, fragte sie zaghaft.

»Ja, gute Idee. Gehen wir.«

»Ich … ich gehe vorher noch mal kurz ins Zimmer …« Sie hob den Laptop an. »Den will ich nicht mitnehmen.«

Er sah zu, wie sie ihre Sachen packte, die Strandtasche … die Laptoptasche, und nahm ihr eine davon ab. »Ich helfe dir«, sagte er.

Stumm gingen sie zum Aufzug, stumm fuhren sie nach oben. Die Luft zwischen ihnen knisterte und beide bemühten sich, sie nicht zum Brennen zu bringen. Beide starrten auf den Boden, standen, so weit es ging, voneinander entfernt. Stella fühlte immer noch seine Lippen auf ihrem Gesicht, seine Hände an ihrem Körper und unterdrückte ein Beben. Aber das, was sie fühlte, was sie dachte, drang ungehindert nach außen, füllte die Kabine wie mit einem wollüstigen Parfüm, schuf eine erotische, hochexplosive Spannung, die kaum auszuhalten war. Eine Spannung, die sich steigerte, als sie den Gang entlangliefen.

Vor der Zimmertür nestelte Stella die Karte aus ihrer Strandtasche, öffnete und ließ Sam eintreten. Es duftete nach Zitrone, das Hausmädchen war längst hier gewesen. Er legte den Laptop auf den Sessel am Fenster und blickte sich um. Die Sonne flutete den Raum, schien direkt auf das Bett, auf dem die zwei roten Herzkissen lagen. Auf dem Beistelltischchen daneben befanden sich zwei Gläser und der Begrüßungschampagner, den Stella nicht angerührt hatte und der jeden Morgen mit frischem Eis gekühlt wurde. Von draußen drangen Kinderrufe und Geräusche von platschendem Wasser herein, Stimmen von Menschen, Musikfetzen … es hörte sich so unwirklich an. Da draußen, das war eine fremde Welt, hier drinnen gab es nur sie. Sie sahen sich in die Augen und Stella merkte, wie sie am ganzen Körper reagierte, wie ihre Brustwarzen sich fast schmerzhaft aufstellten, ihre Scheide pochte und pulsierte und sie wurde das verdammte Gefühl nicht los, dass Sam das alles mitbekam.

Mit einem Satz war er bei ihr, riss sie an sich, küsste sie mit einer Leidenschaft, die einen wahren Vulkan in ihrem Inneren entfachte. Stella brannte, zwischen ihren Beinen brannte es, ihre Brüste brannten, alles brannte. War es Trotz, war es einfach das Bedürfnis nach Nähe oder diese animalische Anziehungskraft zwischen ihnen – sie wollte, dass er sie berührte, wollte seine Haut fühlen, seinen Körper auf ihr, unter ihr, in ihr. Sam zog am Reißverschluss an ihrem Rücken, schob ihr Kleid nach unten, warf sie aufs Bett und vergrub sein Gesicht stöhnend zwischen ihren fülligen Brüsten.

»Oh mein Gott«, keuchte er. »Du machst mich rasend! Du machst mich wahnsinnig! Du …«

Seine Zunge umkreiste ihre Brustwarze, Stella bäumte sich auf und als sich sein warmer Mund um ihre harte Knospe schloss, explodierte sie schon fast alleine davon. Sie war schon immer leicht erregbar gewesen, aber die Sexualität, die zwischen ihr und Sam emporflammte, war jenseits von dem, was sie jemals mit einem Mann erlebt hatte. Wild und ungestüm suchte ihr Mund den seinen, drängte sie sich an ihn, knöpfte sie sein Hemd auf, fuhr sie mit ihren Fingern über seinen Brustkorb. Auch Sam war in höchster Erregung, und als ihre Brüste seine Haut berührten, war es vollkommen um ihn geschehen. Ein Rausch überfiel sie beide – ein wunderbarer, unglaublicher, heißer Rausch an Lust, der sie von einem Orgasmus zum anderen trieb, der die Leidenschaft immer wieder aufs Neue entfachte, obwohl sie jedes Mal glaubten, zu sterben, wenn ein Höhepunkt kam. Sam konnte nicht die Finger von ihr lassen und sie nicht von ihm und so dauerte es keine fünf Minuten, bis sie erneut erregt waren, es mit einem freudigen, ungezügelten Spieltrieb auf alle möglichen Arten taten, trunken vor Lust, süchtig nach dem Körper des anderen. Sie öffneten den Champagner, der ihre Hemmungslosigkeit auf ein Höchstmaß trieb, und Sam, unerschöpflich in seinen Ideen, träufelte Schampus auf ihre Brustwarzen, Schampus auf ihren Venushügel und schob ihre Beine auseinander. Langsam tropfte die prickelnde Flüssigkeit zwischen ihre Schamlippen und Sam machte sich daran, sie aufzusaugen, bis Stella vor Lust nicht mehr wusste wohin, und ihren Kopf unter ein Kissen wühlte, um ihre Schreie zu unterdrücken.

Es war Ekstase pur – eine nicht endenwollende Verzückung, ein unendlich scheinendes Meer an Leidenschaft.

Kurz bevor sie erschöpft einschlief, blitzten plötzlich in grellen Neonfarben Eileens Worte in Stellas Kopf auf: *Du hast Männerverbot!*

»Fuck you, Eileen«, murmelte Stella im Halbschlaf und nahm es ihrer ehemaligen Freundin übel, dass sie ihr ein schlechtes Gewissen verursachte. Sie schmiegte sich an Sams warmen Körper. Oh, ja, es tat so gut, dass jemand da war, dass sie nicht allein war. Eileen hatte gut reden! Sie war ja auch nicht allein – sollte sie doch ihre blöden Ratschläge für sich behalten!

♫♫♫

Innerhalb der nächsten vierundzwanzig Stunden wusste Sam so ziemlich alles von ihr und reagierte unglaublich mitfühlend auf die Sache mit Rafael.

»Ja, das tut weh«, murmelte er. »Ich kenne das. Das muss mit der Zeit heilen, aber das dauert.«

»Du kennst das? Obwohl du so aussiehst, wie du aussiehst?«

Sams Augen wurden dunkel. »Frauen wollen nicht nur das«, erwiderte er knapp. »Sie wollen, dass du so aussiehst und dass du ihnen ein Luxusleben bietest.«

Die unausgesprochene Aussage, dass er das nicht konnte, hing dicker in der Luft als seine Worte.

»Na ja, nicht jede«, wandte Stella vorsichtig ein. »Ich meine, es ist schön, wenn man sich keine Sorgen machen muss …«

»Weiß ich – und sagt ja keiner, dass ich nicht danach strebe. Aber die meisten wollen eben, dass es schon so ist und den steinigen Weg nicht mitgehen. Oder glauben nicht dran. Am Ende suchen sie sich dann doch einen reichen Dödel … und eine Musikerkarriere ist … na ja, lassen wir das. Ich will nicht davon reden. Nicht heute, nicht jetzt.«

Zärtlich sah er sie dann an. »Frühstück?«, lächelte er.

»Ja! Gern! Die beste Idee ever!«

Oh, es war so herrlich, mit ihm zusammen zum Frühstück zu gehen, das opulente Buffet zu genießen, Massen an Kaffee zu trinken, in der Sonne zu sitzen, sein Gesicht zu betrachten, seine Hände immer wieder zu spüren … Stella konnte nicht glauben, noch vor vierundzwanzig Stunden so mies drauf gewesen zu sein.

Nach dem Frühstück gingen sie am Strand spazieren, Sam nahm ihre Hand und es fühlte sich natürlich an. Alles war so leicht, so unkompliziert. Sie unterhielten sich, küssten sich, lachten miteinander. Es war, als wären sie schon seit ewigen Zeiten zusammen.

Stella konnte es kaum fassen. Der Schmerz über Rafaels und Eileens Verhalten war deutlich gemildert und dem Rachegefühl war ein vorsichtiger Triumph gewichen. Immer, wenn sie Sam ansah, sein klares Profil, das blonde Haar, seinen Mund, der sie am ganzen Körper so leidenschaftlich geküsst hatte, wurde ihr warm ums Herz. Und er wollte so viel von ihr wissen! Er fragte nicht nur viel, er ging ins Detail, hakte nach, war an ihrem Leben – und so schien es ihr – an ihrer Zukunft interessiert.

»Ich bewerbe mich gerade«, erzählte sie ihm. »Und ich möchte eine gute Anstellung mit Aufstiegschancen.«

»Ach … eine Karrierefrau bist du also!« Er lachte und drückte sie an sich.

»Nein, ich möchte eine werden!«, erwiderte sie fest und merkte, dass sie das wirklich wollte.

»Und wovon lebst du jetzt?«

»Mein Papa hatte eine Mini-Ausbildungsversicherung für mich abgeschlossen. Von dem Geld habe ich noch ein wenig auf meinem Konto. Plus Kommunion- und Konfirmationsgeld und eigener Verdienst. Das reicht für eine Wohnungseinrichtung, wenn ich weiß, wo ich unterkomme.«

Eine Weile liefen sie schweigend nebeneinander her, dann sah er auf die Uhr, was Stella einen ängstlichen Stich versetzte.

»Ich muss langsam los«, erklärte er.

Sie unterdrückte ihre Angst, er könne nicht wiederkommen und bemühte sich um Gleichmut.

»Ja, klar, nur zu«, erwiderte sie freundlich. »Lass dich nicht aufhalten.«

Er blieb stehen und nahm ihre Hand. »Hey, Stella … das mit dir … so etwas habe ich wirklich noch nicht erlebt … es war wie ein Hurrikan – einfach unglaublich!«

Sie wartete schweigend. Was kam jetzt? Eine höfliche Verabschiedung?

»Am Abend muss ich auftreten«, sagte er zögernd. »Kommst du?«

Sie war so erleichtert, dass sie ausstieß:

»Aber natürlich! Sag mir einfach, wo ich dich finde … und wann du anfängst!«, obwohl sie doch seine Musik überhaupt nicht mochte und die Aussicht, sich zwei Stunden lang dieses Gegröle anhören zu müssen, sie nicht gerade anmachte.

»Hast du … haben wir danach noch ein wenig Zeit für uns?«, fragte sie mit klopfendem Herzen nach.

»Aber Honey, was glaubst du denn? Darauf werde ich mich den ganzen verdammten Auftritt über freuen!«

Sie lachte befreit und schlang ihre Arme um ihn.

»Na, dann hoffe ich, dass du dich auf der Bühne nicht allzu sehr verausgabst! Du bist viel zu schade dafür, allein unter einer Decke zu liegen!«

Er bog ihren Kopf nach hinten, küsste sie leidenschaftlich und flüsterte ihr ins Ohr:

»Und du, Stella, bist der wahre Grund für die globale Erwärmung! Im Übrigen müsstest du gemerkt haben: Ich gebe immer hundert Prozent!«

»Das stimmt, allerdings! Mehr als hundert Prozent!«, seufzte sie in Erinnerung an die vergangenen Freuden. »Du hast völlig recht, das war ein Hurrikan, ein Orkan, ein Champagner-Tsunami mit dir … und es macht total süchtig!«

Sie lachten beide. Sie waren fast in Eivissa angekommen und Sam sah erneut auf die Uhr.

»Und du kommst?«

»Ja, hab ich doch gesagt!«

Er lächelte, erklärte ihr den Weg und küsste sie zum Abschied.

»Bis heute Abend, Stella! Ich freu mich!«

Sie blieb stehen. Er lief noch ein paar Schritte rückwärts von ihr weg, warf ihr eine Kusshand und sein atemberaubendes Lächeln zu, drehte sich um und verlor sich in der Menge.

Stella machte sich auf den Rückweg. Es war früher Nachmittag, sie würde sich noch ein wenig in die Sonne legen und sich dann für heute Abend richtig aufstylen. Endlich hatte sie wieder Motivation dafür! Diese unglaubliche Nacht jagte ihr eine Million Ameisen über ihre Haut und sie konnte es kaum erwarten, ihn wieder bei sich zu wissen. Auf dem Bett. Nackt. Und sie wusste schon genau, was sie mit ihm machen würde!

Weiter wollte sie nicht denken. Nicht jetzt. Nicht heute. Nicht die nächsten Tage. Sie wollte einfach nur genießen. Über alles andere wollte sie später nachdenken. Irgendwann.

♫ This Is Why I Need You ♫

Jesse Ruben

José's Bar lag im Norden der Insel und war besser besetzt als die von Sams letztem Auftritt. Auch das Publikum war ein anderes, nicht das Happy-Lifestyle-Volk vom Playa d'en Bossa, sondern eher etwas älter, hippiemäßig angehaucht, gemischt mit jungen Backpack-Touristen. Sowie sie den Raum betrat, war Stella klar, dass sie mit ihrem Cocktailkleid und den High Heels völlig overdressed war. Das war das Eine, was ihr unangenehm aufstieß. Das Andere war, dass Sam von Frauen und Mädchen umgeben war – was er sichtlich genoss. Schon jetzt fühlte sie sich deplatziert und wusste nicht, wie sie sich ihm gegenüber verhalten sollte. Ganz sicher wollte er nicht, dass sie ihn im Beisein seiner weiblichen Fangemeinschaft küsste und die Erinnerung an seinen Satz, dass aus jedem Fan ein Groupie werden könne, gewann konkrete Bedeutung.

Schon war sie aus ihrem rosaroten Himmel gestürzt, als Sam sie entdeckte. Mit einem strahlenden Lächeln ging er auf sie zu, umarmte sie ungeniert und flüsterte ihr ins Ohr: »Oh Jesus, du siehst so verdammt heiß aus!«, um sie danach heftig zu küssen.

Empörte Proteste drangen durch die Musik an Stellas Ohr und Sam flüsterte ihr zu:

»Hör nicht hin … am besten, du gewöhnst dich dran.«

Er nahm sie an die Hand und führte sie an einen Tisch vorne an der Bühne, den er für sie hatte reservieren lassen. Stella kam sich vor, als setzte er sie in einen Schaukasten und gleichzeitig jubilierte ihr Herz, weil er so offen zu ihr stand.

Ihr Mund lächelte, aber tief in ihr war eine warnende Stimme. Sie kannte Sam kaum, er hatte bisher wenig von sich preisgegeben, außer, dass er eben musikbesessen war, es auf die großen Bühnen dieser Welt schaffen wollte und genau deshalb mit seinen Eltern, die ihn lieber im heimischen Kfz-Betrieb gesehen hätten, gebrochen hatte. Er wollte ein Star werden, reiste in der Welt umher. Sie hingegen musste in einer Woche wieder zurück nach Deutschland. Was sollte das werden? Noch einmal so ein Desaster wie mit Rafael – nicht zu wissen, wo ihr Partner war, was er gerade machte, mit wem er zusammen war – wollte sie nicht haben. Sie sah auf die Szene, die sich ihr bot … Sam inmitten von diesen Chicks, die ihr abschätzende Blicke zuwarfen … Sam, der beschwichtigend auf sie einzureden schien, mit ihnen tändelte … Ihr wurde noch mulmiger zumute. Der Gedanke, dass er nur eine Urlaubsaffäre war, die sie nicht davor rettete, sich mit der Realität auseinandersetzen zu müssen, freute sie gar nicht.

Entzaubert bestellte sie sich einen Caipirinha und ließ ihre Blicke über die Menge schweifen. Sam schien hier ein Heimspiel zu haben, begrüßte fast alle mit Umarmung oder Handschlag und oft hörte Stella durch den Mix aus Stimmengewirr und Barmusik:

»Na, alle Jahre wieder, Alter?«

»Immer noch das gleiche Programm? Oder gibt es was Neues?«

»Schöne Tradition, das mit José …«

»Hi«, hörte sie da eine Stimme durch den Lärm. Jamie stand vor ihr. »Du bist ja auch hier!«

»Hi, Jamie«, sagte sie freundlich. »Wann tretet ihr auf? Musst du dich noch warmlaufen?«

»Nein, haben wir alles schon hinter uns. Wir warten nur, bis Sam seine Begrüßung endlich durch hat, danach geht's los.«

»Dann setz dich doch eine Weile zu mir. Spielst du heute wieder dein Medley?«

»Weiß nicht«, antwortete er und nahm Platz »Heute ist Sams und Miguels Programm dran. Sie wollen keine Schnulzen.«

»Wie schade, dein Song war wirklich am schönsten! Du solltest dich durchsetzen und ihn spielen … Das gefällt bestimmt allen Leuten hier.«

»Ja, aber Sam ist der Boss – und der Frontmann.« Jamie schaute ein wenig verdrießlich.

»Wie lange spielst du schon mit See-Star?«

»Erst ein paar Wochen, aber ich werde wohl bald gehen. Mir gefällt Ibiza nicht und außerdem will ich mein Ding machen. Grunge gehört nicht wirklich dazu.«

»Warum bist du dann überhaupt in der Band, wenn du das nicht magst?«

»Um zu überleben. Sam hat mir versprochen, dass es Gage gibt, aber …« Er brach ab und wurde rot.

»Alleine ist das sicher auch nicht einfacher«, sagte Stella ein wenig beunruhigt.

»Ja, eben … Sam ist halt der Aufreißer … ich meine, der Fan- und Club-Aufreißer«, verbesserte sich Jamie schnell, als er ihren Gesichtsausdruck bemerkte. »Die Mädels fliegen auf ihn und so haben wir immer ein wenig Publikum …« Wieder verstummte er.

»Aber …?« Stella war begierig, mehr zu erfahren.

»Na ja … als ich einstieg, hat Sam ein gemischtes Programm vorgeschlagen, auch mit meinen Songs, aber bisher hat er das nur an einem Abend zugelassen. Bei José tritt er jedes Jahr auf, die meisten Zuhörer sind Bekannte und Freunde, aber wir müssen ohne Gage spielen.«

»Heißt das, dass Sam hier lebt?«

»Auf Ibiza? Nein. Er lebt nicht hier. Wir sind Saisonspieler. Im Herbst geht er woanders hin.«

»Oh, okay«, erwiderte Stella und erneut wurde ihr bewusst, dass sie rein gar nichts von Sam wusste.

Dann kam Miguel, warf einen flüchtigen Blick auf Sam und übersah Stella demonstrativ.

Irgendwann standen die vier auf der Bühne und fuhren ihr Programm ab. Stella litt unter diesem Geschreie so dicht vor den Lautsprechern. In ihren Ohren klangen die Songs unmelodisch und aggressiv, und obwohl doch Fans von Sam anwesend waren, konnte sie beim besten Willen nicht feststellen, dass die groß mitgingen oder sich von der Show anstecken ließen. Eher wirkten sie so, als hätten sie das alles schon oft gehört und unterhielten sich trotz des Gedröhnes. Ein paar suchten auch neugierig das Gespräch mit ihr und so schrie sie Leute an, die sie nicht kannte, und die schrien zurück, um trotzdem nur die Hälfte zu verstehen. Es war furchtbar anstrengend. Nach einer Stunde ging Stella erschöpft nach draußen, aber wagte es nicht, allzu lange wegzubleiben. Sam wäre sicher beleidigt, so kehrte sie nach zehn göttlich ruhigen Minuten zu ihrem Platz zurück und betete, dass er keine Zugabe spielen würde.

Endlich war der Auftritt zu Ende. Stella hatte Kopfschmerzen, drei hochprozentige Cocktails intus und einen inzwischen gegen null tendierenden Bedarf an Sex. Aber mit der Show war der Abend noch lange nicht beendet. Nach seinem Auftritt unterhielt sich Sam mit diesem und jenem, zog Stella hierhin und dorthin und stellte ihr Leute vor.

»… und das hier ist John«, erklärte er gerade. »Jeder kennt John. Man kann sagen, er ist einer der Mitbegründer der Flower-Power-Zeit!«

Ein attraktiver Mann stand vor ihr mit langem, braunem, glattem Haar, einem jung gebliebenen Gesicht und intensiven, braunen Augen. Er erzählte ihr, dass er bereits fünfundsechzig sei und tatsächlich mit den Studentenrevolten auf die Insel gekommen war, als die Preise für Fincas noch erschwinglich gewesen waren. Sie erfuhr außerdem, dass der Norden Ibizas der ruhigste Teil war, bekannt für seine Hippie-Dörfer und für seine freundlichen Bewohner, die den Gedanken von Gewaltlosigkeit, Love, Peace and Harmony explizit lebten. Es gab hier Meditationskreise, Satsangs – Treffs, an denen Mantras gesungen wurden –, jede Menge Schamanen, Heilpraktiker, Osteopathen, Musiker, Philosophen und Künstler jeder Art. Allesamt waren sie

Aussteiger, die ihr eigenes Gemüse anpflanzten und ein krasses Gegenstück zur Lifestyle-Gesellschaft der übrigen Insel bildeten.

»Das habe ich gar nicht gewusst«, sagte Stella, »dass es so etwas hier gibt!«

»Ja, es ist schön bei uns«, versicherte ihr John. »Es ist eine kleine Oase, eine friedliche Gemeinschaft, die sich gegenseitig hilft. Wir gehen von der These aus: Wie kann man an das Gute in der Welt glauben, wenn man es nicht in sich selbst sieht und kultiviert? Das ist der Sinn unserer Meditationskreise.«

»Interessante Schlussfolgerung«, rutschte es ihr heraus. »Ist schwierig, wenn einem die Welt dauernd klarmacht, dass man nicht gut genug für sie ist.«

Überrascht sah John sie an. »Dann ist es umso wichtiger, in sich danach zu suchen«, erklärte er. »Denn wenn sich einem die Welt auf diese Weise präsentiert, würde das ja nur zeigen, wie wenig man von sich selbst hält.«

Obwohl er sie dabei offen und vorurteilsfrei anlächelte, fühlte sie sich getroffen und Johns Blick verriet ihr, dass er das durchaus wahrnahm. Behutsam fuhr er fort:

»Mooji hat gesagt …«

»Wer ist Mooji?«

»Das ist jemand, der sich mit den Veden auseinandergesetzt hat«, erwiderte er. »Uralte Schriften. Also, er hat gesagt: *Du siehst die Welt nicht so, wie sie ist, sondern so, wie du bist.* Ich finde, in diesem Satz liegt alles begründet. Wir wollen immer, dass andere uns verstehen, sind aber nie bereit, uns selbst zu erforschen.«

Stella wurde blutrot, ihre Gedanken flutschten wie so oft zu Eileen. John lachte freundlich und strich ihr über den Oberarm.

»Besuch uns doch mal«, lud er sie ein und sein Lächeln war so sympathisch, dass sie sich fest vornahm, diese Einladung wahrzunehmen. Überhaupt war John wie eine Insel inmitten des Lärms, der um sie herrschte, und im Gegensatz zu den anderen Gesprächen vorher war es nicht im Geringsten anstrengend, sich mit ihm zu unterhalten.

Sam befand sich nach wie vor im Zentrum des Trubels, aber Stella war müde und ihr Kopf schmerzte immer mehr. Die Überlegungen vom Beginn der Veranstaltung überfielen sie wieder, nebst einem schlechten Gewissen: Sie hatte mit jemandem geschlafen, den sie kaum kannte, und damit die Meinung, die ihr Umfeld von ihr hatte, nur bestätigt. Wieder ging ihr Blick zu dem von Frauen umlagerten Sam. Ganz sicher war sie für ihn nichts weiter als eine nette Gelegenheit.

Gott allein wusste, woher das kam – aber das Bedürfnis, sich jetzt sofort um ihre Zukunft zu kümmern, wurde übermächtig.

Sie drängelte sich bis zu ihm durch und zupfte ihn am Ärmel.

»Ich wollte mich nur kurz verabschieden, Sam«, teilte sie ihm mit. »Ich habe morgen viel vor.«

Seine Reaktion erstaunte sie. Bestürzt sah er sie an: »Du willst gehen? Und morgen hast du schon was vor? Ohne mich? Ich … ich dachte …«

»Was dachtest du denn?«

Sie kniff die Augen zusammen, so weh tat ihr der Kopf und ihre Stirn runzelte sich. Sam bezog das auf sich, drängte sie in eine kleine Nische, in der es etwas ruhiger war und sah auf sie hinunter. »Ich dachte, du würdest mit mir zusammen sein wollen«, sagte er leise. In seinen Augen stand Unruhe und er beugte sich noch ein wenig mehr zu ihr. »Ich hoffte, dass die letzte Nacht nicht alles gewesen war.«

Zärtlich hob er mit beiden Händen ihr Gesicht an und blickte ihr in die Augen. »Sag, dass ich nicht nur ein Abenteuer für dich war«, murmelte er. »Bitte.«

Völlig perplex sah sie zurück. Sollte das tatsächlich wahr sein? Hegte er tiefere Gefühle für sie? Aber ihr Kopf war nicht in der Lage, darüber nachzudenken, er hämmerte zu sehr – und so erwiderte sie:

»Ich denke, es ist ganz gut, wenn jeder von uns erst mal drüber schläft …«, und als das kurze Aufleuchten seiner Augen ihr klarmachte, welche Erwiderung er darauf hatte, fügte sie hinzu: »Allein.«

»Hey«, krächzte er. »Bitte tu mir das nicht an. Bitte lass es nicht so enden!«

»Ich will es doch nicht enden lassen. Ich will uns nur Zeit geben«, stellte sie richtig. »Und ich möchte jetzt dringend in mein Bett, Sam. Lass uns morgen drüber reden, okay?«

»Okay.« Zögernd gab er sie frei. »Aber wir sehen uns morgen? Und reden?«

»Musst du nicht auftreten?«

»Nicht die nächsten Tage.«

»Dann … dann komm doch zum Abendessen«, schlug sie vor. »Ich organisiere einen Tisch.«

Er nickte, enttäuscht, das konnte sie sehen, aber sie wollte so schnell wie möglich eine Tablette nehmen und einfach nur schlafen.

♪♪♪

Sich noch immer leicht unwohl fühlend, wachte sie am nächsten Morgen auf. Das Kopfweh war noch nicht verschwunden und sie fühlte sich ungeordnet und unruhig. Die Sache mit Sam … sie wurde rot, wenn sie daran dachte, was sie in diesem Bett alles getrieben hatten … *Männerverbot!*, kreischte Eileen in ihrem Kopf. *Du bist charakterlos! Du weißt nicht, was du willst! Du lässt dich einfach irgendwohin treiben! Du verliebst dich zu schnell!*

Wie unter Zwang öffnete sie Facebook und ihr Mail-Postfach – und Bing! – da waren sie, die Botschaften, auf die sie wohl instinktiv gewartet hatte: Eileens und Rafaels offizieller Hochzeitstermin stand fest. In der Einladung, die ihr Meike eingescannt und geschickt hatte, las sie, dass die beiden schon im Spätsommer Mann und Frau sein würden.

In Stella wütete in diesem Moment so vieles: unkontrollierbarer Groll, der heiße Wunsch nach Vergeltung und ihre wachsenden Gefühle für Sam. Sie war einfach furchtbar durcheinander und all das verdichtete sich zu einem unappetitlichen Knäuel in ihrem Magen. Wieder schaute sie auf die Mails und ihr wurde übel. Die Cocktails von gestern Abend, das Chaos in ihr … Ihr Körper reagierte, sie rannte ins Bad und übergab sich mehrmals.

Am Nachmittag durchforstete sie das Internet nach weiteren Unternehmen, studierte Musterbewerbungen und dazugehörige Tipps und überarbeitete ihr Anschreiben. Die Zeit verging schnell und ehe sie sich's versah, musste sie sich fürs Abendessen umziehen.

Während sie sich erneut in Schale warf, fing sie an, sich auf das Dinner mit Sam zu freuen. Sie hatte nun so oft alleine zu Abend gegessen, da war es eine Wohltat, eine attraktive Begleitung zu haben. Warum sollte sie ein schlechtes Gewissen haben? Ganz sicher nicht wegen Eileen und Rafael! Verdammt, sie war single! Trotzig schob sie die Unterlippe vor, als ihr Handy einen Signalton von sich gab. Sam hatte ihr eine WhatsApp-Message geschickt. Er war bereits hier und wartete unten in der Bar auf sie.

Nachdenklich begutachtete sich Stella im Spiegel. Sie sah gut aus, aber nicht glücklich. Das letzte Quäntchen, das eine Frau unwiderstehlich machte, fehlte. Die vielen negativen Bemerkungen über sie waren nicht spurlos an ihr vorbeigegangen und neben dem Trotz gab es immer noch diese leise Stimme in ihr, die ihr sagte, es sei nicht ratsam, von einer Beziehung zur nächsten zu flattern. Aber sie wusste nicht, wessen Stimme das war. Die von Eileen? Ließ sie sich davon gerade etwas Schönes kaputtmachen?

Trotzdem schien es ihr angebracht, auf diese Stimme zu hören und sie nahm sich vor, sich diesmal nicht von Sams Charisma und ihrer massiven beiderseitigen sexuellen Anziehung überrennen zu lassen.

Mit dem Aufzug fuhr sie nach unten, trat in die Bar, suchte Sam – und fand ihn nicht. Unruhig zog sie ihr Handy aus der Clutch, als plötzlich ein Mann in einem dunklen Anzug von einem der Barhocker rutschte. Er ging auf sie zu, nahm ihre Hand, lächelte sie an und sagte:

»Du siehst toll aus, Stella.«

Ihr blieb der Mund offen stehen. Sam hatte sein Haar nach hinten gegelt, trug einen maßgeschneiderten Anzug, Lackschuhe, dazu ein schwarzes Hemd, das am Kragen um zwei Knöpfe offen stand … Er sah aus wie Brad Pitt in seinen besten Jahren. Nein, noch besser!

Seine Hände hielten eine langstielige Rose, die er ihr nun galant überreichte. Er wirkte so überaus mondän und weltgewandt, dass es Stella nachhaltig die Sprache verschlug.

»Wow«, entfuhr es ihr endlich. »Ich … ich habe dich tatsächlich nicht erkannt, Sam. Das Kompliment kann ich voll zurückgeben: Der Anzug steht dir fantastisch!«

Er lachte und so ziemlich alle weiblichen Gäste in der Bar lugten zu ihm hin. Sein Charisma war unglaublich. Stella konnte im Spiegel der Bar sehen, wie sie beide beobachtet wurden.

»Danke für die Rose. Wusste gar nicht, dass du so ein Kavalier bist.«

»Du weißt vieles noch nicht.«

»Ja, womit wir doch schon ein Gesprächsthema für heute Abend hätten!«

»Wenn ich in der Lage bin, überhaupt etwas zu sagen«, gab er zurück, trat näher an sie heran und hauchte einen Kuss an ihr Ohr, der ein Beben durch ihren Körper schickte. »Weil mein Verstand aussetzt, wenn ich dich auch nur in meiner Nähe weiß.«

»Oh mein Gott!«, lachte sie errötend. »Nun wirst du auch noch poetisch!«

»Stell dir vor – das ist eines meiner Spezialgebiete! Lyrics kann ich richtig gut und wenn ich dich so anschaue … Ich glaube, ich schreibe heute Abend noch ein Liebeslied. Du bist für mich eine echte Inspiration!«

Sein Blick lag in ehrlicher Bewunderung auf ihr, auf ihrem so schönen Dekolleté, ihren hübschen Kurven, dem kringeligen, kupferroten Haar und ihren glänzenden Augen.

Stella lächelte verlegen – und aufgewühlt. War der Typ wirklich verliebt in sie? Dieser Brad Pitt? Ausgerechnet in sie, die gerade von einem schmalschultrigen Associate verlassen worden war? Ihre Wangen färbten sich rot, was Sam mit einem Lächeln quittierte. Sanft nahm er eine Locke zwischen seine Finger und strich sie ihr aus dem Gesicht. Dieser Ausdruck in seinen Augen! Stella schmolz und ergab sich vollständig in diesen Moment. Zum ersten Mal in diesen Tagen fiel eine Last von ihr, fühlte sie sich frei von jeder Negativität und strahlend lächelte sie zurück.

»Oh, Honey«, flüsterte Sam. »Du bist so abgrundtief verführerisch!«

Eine geradezu animalische Gier nach ihm überfiel sie, die ihre Knie zu Wackelpudding machte und ein kurzer Blick auf ihn bewies ihr, dass es ihm genauso ging. Doch tapfer hielt sie sich ihre Vorsätze vor Augen und trat einen Schritt zurück:

»Ich habe Hunger«, schmunzelte sie mit einem koketten Blick auf seinen Unterleib. »Ich denke, es wäre gut, wenn wir vorher etwas essen.«

Er lachte. »Könnte nicht schaden«, meinte er und bot ihr manierlich seinen Arm. »Mylady?«

»Ja, aber heute musst du mir ein wenig Rede und Antwort stehen«, warnte sie ihn. »Nachdem du so viel von mir weißt.«

»Ich erzähle dir alles, was du willst.«

Stella hängte sich ein und genoss jeden Zentimeter, den sie mit ihm durch die Tischreihen zu ihrem Platz lief, die Blicke etlicher Gäste auf sich und Sam gerichtet. Sie waren ein schönes Paar.

♫ Can't Fight This Feeling ♫

REO Speedwagon

Der Abend wurde einfach fantastisch.

»Was möchtest du wissen?«, fragte er, als sie vor einem Glas Prosecco saßen.

»Alles«, platzte sie heraus. »Ich frage dich ein Loch in den Bauch und wenn es dir zuviel wird, gibst du mir einfach ein Stoppzeichen, okay?«

»Okay. Aber mein Leben ist nicht spannend. Ich hoffe allerdings, dass es das noch wird.«

Ein Hauch von Melancholie fuhr über sein Gesicht.

»Wie sieht es aus mit Lebenspartnern? Hattest du welche?«

»Zwei oder drei, die man so nennen könnte, aber letztlich doch nichts Ernstes. Irgendwie wollen die Mädels nicht bei mir bleiben.«

»Komm schon, Sam. So, wie du aussiehst? Wie alt bist du überhaupt?«

»Neunundzwanzig«, erwiderte er. »Zwei Jahre älter als du ... passt doch gut, oder?«

Charmant grinste er sie an und erzählte ausführlicher von seiner Kindheit, den Kämpfen mit seinem Vater, mit seiner Mutter, die zwar wollte, dass ihr Sohn glücklich war, ihm aber dennoch klargemacht hatte, dass er als Musiker nie würde überleben können. Er berichtete von dem Dorf, aus dem er kam, von dem Unverständnis, auf das er ständig gestoßen war, weil er eben die Musik mochte, die er mochte, weil er Karriere machen wollte, weil er an etwas glaubte, was den übrigen Provinzlern vorkam wie ein Flug zum Mond.

»Kennst du das?«, fragte er sie. »Wenn du in einer Gemeinschaft von Leuten sitzt und das Gefühl hast, du hast nichts, aber auch gar nichts mit ihnen am Hut? Die eine Haltung zum Leben haben, dass es dich nur so friert? Die an gar nichts glauben? Die ihre Zeit damit verbringen, über andere zu klatschen und zu tratschen und die Träume junger Menschen totzureden? Die einfach sagen, dies und jenes wäre nicht möglich, nur, weil es in ihrem begrenzten Vorstellungsvermögen nicht existent ist? Die die Welt nach ihrer kleinen Denke bemessen?«

»Ja«, sagte Stella. »Ich kenne das. Sehr gut sogar. Schreib ein Lied darüber! Das ist doch ein prima Songtext!«

»Du bist die Erste, die mir das sagt«, erwiderte er rau. »Die Erste, die mich anspornt, meinen Gefühlen Ausdruck zu verleihen.«

»Kann ich mir gar nicht vorstellen«, gab sie zurück. »Das gibt einem Song doch erst Authentizität, wenn er über Erlebtes berichtet. Das haucht ihm Seele ein.«

Er lächelte sie zärtlich an, hob ihre Hand an seinen Mund und küsste sie innig.

»Erzähl weiter«, bat sie.

Nach der Schule und sobald er achtzehn geworden war, war er abgehauen. Hatte gejobbt, um über die Runden zu kommen, geübt wie ein Verrückter, Tag und Nacht, war in unzähligen Pubs und Bars in Europa aufgetreten, oft ohne Gage, nur, um bekannt zu werden oder jemanden auf sich aufmerksam zu machen.

»Das hört sich hart an«, warf sie ein. »Wovon hast du gelebt?«

»Nein, das war nicht hart«, widersprach er lebhaft. »Ich war zum ersten Mal frei, ich konnte heute in London und morgen in Liverpool sein, oder eben im Sommer auf Ibiza oder Mallorca und dann wieder woanders. Ja, ich weiß, es ist unkonventionell. Es ist nicht das, was man unter einem geregelten Leben versteht. Aber genau das ödete mich ja an! Genau das wollte ich nicht. Ich lebe für meinen Traum.«

Er schwärmte weiter von seinem Leben in Freiheit, von seinen Auftritten, gab zu, dass es schwer war, davon leben zu können, und wie stolz er war, dass er das bislang geschafft hatte, auch wenn es verdammt knapp war.

»Das ist keine Selbstverständlichkeit im Musikbusiness«, sagte er. »Alle wollen auf die große Bühne. Aber ich weiß, ich werde es schaffen. Das weiß ich einfach. Und weißt du warum? Weil ich es will.«

»Ich wünsche es dir«, sagte Stella leise. »Ich wünsche es dir von Herzen, Sam.«

Sie schämte sich unendlich, weil er für sein Ziel so viele Unannehmlichkeiten auf sich nahm, weil er dafür brannte, gegen den Strom schwamm und verglich das automatisch mit ihrem eigenen Verhalten. Allein mit diesen Worten hatte ihr Sam Respekt abgerungen, ihr Ehrgeiz eingeflößt und sie sah ihn nun mit völlig anderen Augen. Er konnte sich benehmen, er war so schön, er war ehrlich, er war sexy und er wollte etwas erreichen.

Ein warmes Gefühl stieg in ihr hoch, pochte in jeder Zelle ihres Körpers, pulsierte nach außen und erreichte ihn. Seine Augen leuchteten auf. Er nahm ihre Hand, streichelte sie, improvisierte nebenbei richtig gute Lyrics, die er auf die Serviette schrieb: Sinniges über die Welt, Brocken eines Liebesliedes für sie – Stella reimte mit. Zusammen saßen sie angeregt über die Serviette gebeugt, überschlugen sich mit Ideen und kicherten, wenn es gar zu blöd wurde.

Im Hintergrund spielte leise Musik. Es war so innig mit ihm und so ungemein romantisch. Stella schwebte im siebten Himmel, während Sam sie mit den Augen verschlang.

»Du bist so süß, Stella«, raunte er. »Ich habe mich seit Jahren nicht mehr so wohl gefühlt wie jetzt bei dir. Es ist, als ob du mich mit einem Zauberstab berührt hättest.«

Elektrisiert schrieb er wieder eine Zeile auf die schon volle Serviette und lächelte leicht entschuldigend: »Und ich war schon lange nicht mehr so inspiriert. Es ist unglaublich, wirklich. *Du* bist unglaublich!«

»Aber Sam, du bist der Künstler. Du schreibst doch das alles.«

Der Ober kam, räumte ab. Sie schwiegen eine Weile, dann sagte sie:

»Jamie hat mir gesagt, du lebst nicht hier auf Ibiza, du wärst nur den Sommer über hier. Was machst du danach?«

»Na ja, eigentlich lebe ich schon hier. Ich habe eine Mini-Wohnung, die ich für den Sommer nutze. Im Winter spiele ich in Schottland oder England. Da, wo ich eben Aufträge bekomme. Dann komme ich in B&Bs unter, in Hostels. Oder bei Freunden. Ich schlage mich durch.«

»Wow, ein echtes Vagabundenleben! Sehnst du dich manchmal nach einer festen Bleibe?«

»Das ist das Ziel«, erwiderte er. »Ich will ein großes Haus, eine Familie … Kinder, eine Frau, die auf mich wartet, wenn ich heimkomme … oder mich begleitet, wenn ich auf Tour bin … All das wünsche ich mir. Darauf arbeite ich hin.«

»Das … das hört sich ja richtig bodenständig an.« Ihr Herz hüpfte unwillkürlich bei dieser Aussage. »Hätte ich nie von dir geglaubt, als ich dich das erste Mal gesehen habe.«

»Ja, der Anfang war ziemlich verbaut wegen der Chicks, die da um mich rumstanden. Die sind vom letzten Auftritt übrig geblieben … Ich dachte wirklich, du wolltest ein Selfie mit mir. Tut mir jetzt noch leid, ich bin das einfach so gewohnt.«

»Schon gut«, lächelte sie. »Jetzt kann ich das ja einordnen.«

»Und du hast so gehetzt und so belastet gewirkt, da dachte ich, ich kann dich mit der Businessclass ein wenig aufheitern. Es war wirklich nicht böse gemeint.«

»War mein Zustand so offensichtlich?«, fragte sie erstaunt.

»Hey Baby, ehrlich, du warst ein Wrack. Das habe ich auf hundert Meter Entfernung erkannt.«

Sie schluckte. »Also, so langsam wirst du mir unheimlich.«

»Musiker sind eben sensibel.« Er grinste sie an. »Aber du hast mächtig Eindruck auf mich gemacht, als du dich einfach umgedreht hast und gegangen bist … Ich hab dich schon da nicht mehr aus meinem Kopf bekommen … und dann kurz danach dieser Kuss in der Fußgängerzone … Jesus … das war … das war einfach … es hätte nicht viel gefehlt und ich …«

Als hätte er auf einen Knopf gedrückt, spannte sich eine erotische Atmosphäre um sie auf wie ein Zelt und die Bilder der ersten Nacht liefen in Stellas Kopf ab. Ihre Erregung schoss von null auf hundert, wurde fast unerträglich und die Synchronität zwischen ihnen gab ihr die Gewissheit, dass er genau wusste, woran sie dachte. Ihre Blicke trafen sich. Er starrte auf ihre noch halb volle Espressotasse, fuhr mit den Augen ihren Körper ab, fixierte ihren Mund, bis ihre vollen Lippen zu zucken begannen. Stella brach der Schweiß aus. Sam ergriff ihre Hand, führte sie an seinen Mund, nahm die Spitze ihres kleinen Fingers zwischen seine Lippen und saugte daran. Ihr wurde schwindlig und sie schloss die Augen.

»Weißt du, was für dreckige Fantasien du mir gerade in den Kopf setzt?«, raunte er. »Weißt du, was ich dafür geben würde, jetzt mit dir allein zu sein?«

Stella keuchte leise. Ihr Finger war noch immer in seinem Mund und er knabberte ganz sacht, ganz konzentriert daran herum, massierte ihre Handinnenfläche, machte ihr mit wenigen Gesten klar, was er alles tun würde, wenn sie nicht in einem Raum voller Menschen säßen.

Die Erotik zwischen ihnen war so stark, dass sie meinte, alle anderen Gäste müssten die Glut sehen, die sie beide umgab.

»Ich … glaube, es ist Zeit, zu gehen«, sagte sie heiser und sah sich nach einem Ober um.

»Das ist mein Abend heute«, bestimmte er, stand auf, ging direkt zum Kellner, der gerade an der Bon-Maschine stand und regelte das mit der Rechnung.

Als er zurückkam, stand sie auf und er strich mit einem Finger über ihre Wange. Der Ausdruck in seinen Augen war unbeschreiblich. So unbeschreiblich, dass sie ihn entschlossen an der Hand packte und ihn zum Aufzug zog. Ungeduldig warteten sie, bis die Türen sich öffneten, traten ein und kaum hatten sie sich geschlossen, packte er ihre Arme, zog sie nach oben und hielt sie fest. Ihre Brust sprang ihm geradezu entgegen und er küsste sie mit einer Leidenschaft, dass ihr Hören und Sehen verging. Kurz bevor sie die Augen schloss, erhaschte sie einen Blick von ihnen beiden im Spiegel. Sie wirkten, als seien sie schon ewig zusammen und genauso fühlte es sich für Stella an.

In dieser Nacht bot Sam noch mehr als in der ersten und brachte Stella schon in den ersten Minuten in einen Zustand, der sie alles vergessen ließ. Noch nie in ihrem Leben war sie so zügellos gewesen und je mehr Sam einfiel, desto stürmischer wurde sie. Sie verstand das nicht. Sie hatte doch gar nicht so viel getrunken! Ein Prosecco während des Abendessens … und als sie ins Zimmer kamen, hatte Sam eine Halbliterflasche Rotwein geöffnet, zwei Gläser vollgeschenkt und ihr eines davon gereicht.

»Zieh dich aus«, flüsterte er und half ihr dabei. Ihr luftiges Maxikleid fiel auf den Boden und mit zwei Griffen befreite Sam ihre Brüste aus dem BH und zog ihr den Slip herunter.

Und von da an ging es los – rasant und heftig. Stella fühlte sich, als hätte ein Schleudersitz sie in den Olymp der Lust katapultiert.

Er drängte sie auf den Sessel, nackt wie sie war, spreizte ihre Beine, kniete sich dazwischen. Er selbst war noch im Anzug und das machte die Sache für Stella noch bizarrer, noch fantastischer. Sie war angeheizt bis zum Geht-nicht-mehr. Sam ließ sie aus dem Glas trinken, stellte es ab, schob den Sessel unters Fenster, band ihre Handgelenke mit seiner Krawatte zusammen, befestigte sie am Fenstergriff, und trieb sie danach fast in den Wahnsinn. Es war der Anfang einer wilden, einer sehr wilden, exzessiven, erfüllenden Nacht. Stella nahm sich in manchen Momenten gar nicht mehr richtig wahr, berauscht von Lust, bar jedes Gedankens. Es kam ihr vor, als erschüttere sie ein Orgasmus nach dem anderen. Sie konnte nicht aufhören, Sams Körper zu berühren und ihn – ebenso wie er sie – immer wieder zu reizen und zum Höhepunkt zu bringen.

Verausgabt schliefen sie in den frühen Morgenstunden ein und wachten erst gegen Mittag wieder auf. Stella ging ins Bad und Sam folgte ihr unter die Dusche, seifte sie ein, strich über ihren Körper mit weichen, sanften Bewegungen, reizte ihre erotischen Punkte, bis er sie da hatte, wo er sie haben wollte. Er nahm sie hart, fast wütend, und irgendwie genoss sie das. Wieder hielt er ihre Arme fest und stieß immer wieder zu, bis er kam, bis er keuchend gegen sie sank und seinen Kopf zwischen ihre Brüste bettete.

»Oh mein Gott«, stöhnte er, während das Wasser auf sie herunterprasselte. »Das ist Irrsinn. Was ist das nur mit dir?«

Stella fragte sich das Gleiche. Die Vertrautheit zwischen ihnen war immens. Sam benahm sich, als wäre er ihr langjähriger Freund – es gab nicht die geringste Scham oder Verlegenheit zwischen ihnen.

»Was hast du die nächsten Tage vor?«, wollte er wissen, als sie endlich frisch geduscht im Zimmer standen.

»Noch nichts Konkretes.«

»Ich könnte dir die Insel zeigen. Hast du Lust?«

»Ob ich Lust habe? Wie kannst du das fragen!?«

Er lachte. »Fein«, sagte er. »Ich kenne ein paar romantische Buchten und urige Lokale – das wird dir gefallen!«

Selig umarmte sie ihn. Sie verabredeten sich für den Nachmittag und Stella schwebte nur noch. Mit den letzten Stunden hatte sich alles gewandelt, war ihre Welt schöner als je zuvor. Und plötzlich fühlte sie die Freiheit, von der Sam gesprochen hatte.

Die Freiheit, gesellschaftlichen Zwängen Ade zu sagen. Die Freiheit, ihr Leben selbst zu bestimmen und sich nicht von dem, was man tat oder nicht tat, leiten zu lassen. Die Freiheit, ein Leben ohne Angst zu leben und die eigenen Träume zu verwirklichen – so wie Sam.

Welchen Traum hatte sie?

Sie war siebenundzwanzig – und es war das erste Mal, dass sie sich diese Frage stellte.

Doch wie stets schob sie den Gedanken beiseite, weil sie jede Sekunde mit ihm genießen wollte; weil sie sich freute, einfach drauflos leben zu können. Sie war fest entschlossen, das bis zur letzten Neige auszukosten

♫ Summertime Romance ♫
Johnnyswim

Es schien, als bekäme die Sonne in diesen Tagen noch mal einen extra Glanz, der speziell auf sie und Sam schien.

Die Tage mit ihm waren herrlich und verstärkten umso mehr den Duft nach Freisein. Sie lebten in den Tag hinein, aßen, wo es ihnen gefiel, planschten im Meer wie die kleinen Kinder, lagen am Strand, ließen sich von der Sonne trocknen, liebkosten sich und konnten es oft nicht erwarten, in die Intimität ihres Hotelzimmers zurückzukehren.

Sam schlenderte mit ihr durch Eivissa – Ibiza-Stadt –, durch weiße und sandfarbene Häuserkuben, die sich nach oben bis zur Festung staffelten. Eivissa war mit ihrer Festungsanlage, der Kathedrale und dem Kastell eine der schönsten Städte am Mittelmeer und über zweitausendfünfhundert Jahre alt. Sam präsentierte sie ihr von ihrer ursprünglichen Seite, zeigte ihr Dalt Vila, die Oberstadt, mit ihrer befestigten Akropolis aus den Zeiten der Phönizier, der Araber und Katalanen bis hin zur Renaissance. Sie besichtigten die Ruinen einer karthagischen Siedlung in Sa Caleta, die Grabrelikte der Karthager in Puig des Molins, wandelten durch schmale Gässchen, bunte Märkte und über sonnige Plätze. Stella war verzaubert. Ohne Sam hätte sie die Tage nur am Strand mit seinen typischen Touristenattraktionen verbracht und das alles nie gesehen.

Am schönsten war es, die vielen, kleineren und größeren Strände rund um die Insel zu erkunden. Im Süden gab es nur Dörfer, dafür umso mehr wildromantische, naturbelassene Buchten, in denen sich nur wenig Leute tummelten und wo es die ursprünglichen Chiringuitos oder Kioscos gab. Gleich dahinter befand sich der Beton-Apartment-Wulst für die unzähligen Touristen. Aber war man am Strand, konnte man das ausblenden und meinte oft, auf einer kaum besiedelten Insel zu sein. Sam fuhr mit ihr auch in den Osten, nach Santa Eulària und nach Sant Carles de Peralta, der Hochburg der Hippies, die sich einen Hauch der Sixties-Stimmung bewahrt hatte.

Im Nordosten war die Natur atemberaubend schön. Knorrige Olivenbäume und Rhododendren, Palmen, Bougainvillea-, Oleander- und Hibiskus-Büsche sowie die immergrünen Pinienwälder vereinten sich zu einem bukolischen Gesamtpaket und Sam wusste sogar, dass Naturalien auf Ibiza ohne Herbizide und Pestizide angebaut wurden.

An einem dieser Tage stellte Sam ein rotes Fahrrad vor sie hin. Auf dem Gepäckträger war ein Korb geschnallt, und als sie ihn fragte, wie er sich das vorstelle, lachte er, setzte sie auf den tiefen Lenker und radelte mit ihr durch die prachtvolle Natur Ibizas. Es war Leben pur, den Wind in den Haaren und am Körper zu spüren, die Blumen, die Kräuter, die Sonne in ihrer Fülle wahrzunehmen, und Stella bog ihren Kopf zu Sam zurück, um ihn zu küssen, breitete während der Fahrt wie Rose bei »Titanic« ihre Arme aus.

»Ich bin so glücklich!«, jubelte sie den Felsen und Olivenbäumen zu. »Ich bin sooo glücklich!«

Sam lachte mit ihr und schlang einen Arm um sie. Ständig ließ er sich neue Dinge einfallen.

An einem Abend organisierte er ein Picknick auf einem Plateau über dem Meer, breitete eine Decke unter den paar Pinien aus, die der Meeresbrise getrotzt hatten, und packte eine Flasche Rotwein, ein paar Salate und Snacks aus. Er hatte seine Gitarre dabei und spielte nur für sie. Einzelne Vögel zwitscherten dazu, Möwen segelten durch den klaren Abendhimmel, während die Sonne als großer Feuerball am Horizont ins Meer sank. Die Majestät dieser Stunden drang tief in Stellas Herz. In ihr wurde es still und es kam ihr vor, als färbe die Sonne auch sie ein, als greife etwas Erhabenes nach ihr, als wolle die Klarheit der Natur ihr etwas sagen.

Sam saß mit ihr auf den warmen Felsen, beide schauten sie in den Sonnenuntergang und er begann, sie nach ihren Eltern zu fragen. Stella erzählte. Ihr Ton war bitter. Sam hörte zu, legte den Arm um sie, drückte sie stumm an sich. Er musste nichts sagen, sie wusste, dass er sie verstand. In diesem Schweigen lag eine Innigkeit, die Worte nie geschaffen hätten. In Stella begann sich etwas zu regen, was sie in dieser Intensität noch nie gefühlt hatte: eine tiefe Liebe zu Sam.

Jede Minute, jede Stunde und jeden Tag verlor sie sich ein wenig mehr an ihn. Sie liebten sich in der Nacht, er schlief neben ihr ein, wachte neben ihr auf, sie frühstückten gemeinsam und zogen dann los. Um Stella war es restlos geschehen.

Es waren herrliche Tage, sonnige Tage, unbekümmerte Tage voller Glück und Freude – und sie schienen kein Ende zu nehmen.

♫♫♫

In Las Dalias besuchten sie den Hippiemarkt, holten sich danach in einer ursprünglichen Kneipe einen Kaffee und setzten sich damit nach draußen. Stella fragte, wo denn John wohne. Der langhaarige, sympathische Mann war ihr gut im Gedächtnis geblieben.

»Der lebt ganz im Norden, bei San Miguel«, erklärte Sam, während sein Handy piepste und er auf die eingehenden Nachrichten sah. »Da oben ist es total still, da gibt es nur ein paar Dörfer und fast gar keinen Tourismus. Viele gehen dahin, um Ruhe zu finden.«

»Hört sich toll an«, sagte Stella versonnen. »Ich freue mich schon auf diese Ecke.«

»Ja, das können wir in den letzten Tagen angehen.«

Sie schluckte ein wenig. Die letzten Tage. Drei waren noch übrig von ihrem Urlaub.

»Wo wohnst du überhaupt?«, fragte sie. »Du hast mir deine Wohnung noch gar nicht gezeigt!«

»Das ist auch nichts zum Vorzeigen. Es ist ein Mini-Apartment auf der anderen Seite der Insel. Ich brauche es ja eh nur für die paar Monate.«

»Und wann musst du wieder auftreten? Die Hauptsaison fängt doch langsam an – ich meine, ich will dich nicht von deinen Verpflichtungen abhalten.«

»Das ist schon okay. Du bist mir jede Sekunde wert.«

»Heißt das, du hast meinetwegen Auftritte abgesagt?«

Er zögerte mit der Antwort und ihr wurde mulmig zumute. »Das hättest du nicht tun sollen, Sam«, sagte sie. »Du brauchst doch das Geld.«

»Aber wir haben doch nur diese paar Tage«, erwiderte er leise. »Und dann bist du weg. Wahrscheinlich für immer.«

Sie schwieg. Wünschte sich so sehr, dass dieses sonnige, romantische Leben nie vorübergehen würde. Aber da war sie, die Realität.

»Trotzdem, Sam«, protestierte sie schwach. »Es geht um deine Existenz … und die der anderen auch.«

»Ja, ich weiß. Diese Woche war Jamie dran, Aufträge ranzuschaffen. Er hat die nächsten Tage was organisieren können. Das hat er mir gerade geschrieben.«

»Ähm … ihr habt gar keine festen Termine?«

»Nein, das läuft hier nicht. Wir kümmern uns um Gigs – jede Woche ist ein anderer dran, Aufträge reinzufahren … das muss uns über Wasser halten.«

»Hm. Hört sich an, als ob es nicht ganz so rund läuft.«

»Geht so«, murmelte er und sah aufs Wasser. Es war ihm peinlich, darüber zu reden. »Bin noch in der Aufbauphase«, schob er nach. »Habe ich ja erzählt. Das braucht nun mal Durchhaltevermögen, aber letztlich gewinnen die, die ihrem Stil treu bleiben.«

Stella sah das anders.

»Das heißt, du willst bei deinem Musikgenre bleiben?«, fragte sie vorsichtig. »Diesem Nirvana-Stil?«

»Hab ich vor. Ich will mich nicht in das einreihen, was andere machen, dann bin ich erst recht einer von vielen. Und hätte mich für den Erfolg vergewaltigt.«

»Aber wenn du Karriere machen willst, musst du zwangsläufig auch die wirtschaftliche Seite betrachten. Von irgendetwas musst du doch leben. Und wenn das, was du machst, nicht ankommt … ich meine …« Sie wurde rot, als sie Sams verschlossenen Blick bemerkte. »Hättest du denn eine Alternative, wenn es mit der Musik nicht klappt?«

»No way«, erwiderte er hitzig. »Das ist ganz ausgeschlossen! Ich will mir kein Hintertürchen offenhalten. Das wird sonst nichts. Ganz oder gar nicht!«

»Könntest du dir zumindest vorstellen, auch mal etwas anderes zu spielen? Ein gemischtes Programm? Nirvana ist doch sicher nicht das Einzige, was du magst.«

»Balladen singe ich manchmal ganz gern. Wenn ich in Stimmung bin.«

»Das ist doch super … das passt gut mit Jamie zusammen!«

»Ja, Jamie …«, entgegnete Sam heftig, unterbrach sich abrupt und fragte: »Und was ist mit dir? Du willst ins Management?«

»Ja, dafür bin ich ausgebildet. Außerdem glaube ich, dass ich das ganz gut kann.«

»Warum managst du nicht mich? Ich meine – uns?«

»Dich?«

»Warum denn nicht? Ich habe ja schon erklärt, dass wir uns um alles selbst kümmern müssen. Wir kommen nicht zum Songschreiben, wir kommen nicht dazu, mal was anderes einzuüben … Balladen zum Beispiel …« Er grinste schief. »Es ist verdammt schwer ohne Agentur. Und irgendwie braucht man auch jemanden, der einen pusht, der alles arrangiert, sich um den ganzen Orga-Kram kümmert – verstehst du, was ich meine?«

»Aber ich habe keine Ahnung von der Musikindustrie – und ich bin keine Agentur!«

»Ja, aber du hast Management studiert! Das reicht doch!« Elektrisiert von seiner Idee richtete er sich auf. »Du könntest uns managen!«

»Nee, du«, rutschte es ihr heraus. »Da müsste ich von euch überzeugt sein und das bin ich absolut nicht.«

»Du müsstest uns nur öfter hören!«

»Sam! Ich habe eure Performance zweimal gehört. Sie hat mir zweimal nicht gefallen!«

Ihr war ein wenig mulmig zumute, als sie das so offen aussprach, aber die Vorstellung, eine Band zu managen, die für ihren Geschmack grässliche Musik machte, war völlig absurd.

»Aber das Management muss die Musik nicht mögen«, widersprach er. »Weil …«

»Warte mal, Sam«, unterbrach sie ihn mit gerunzelter Stirn. »Erstens kenne ich keine Agentur, die nur eine Band verwaltet – davon kann doch keiner leben! Und zweitens …«

»Doch, davon könntest du schon leben! Wir können dich an den Gewinnen beteiligen – je mehr Auftritte, desto mehr springt raus … und wenn wir es schaffen, mal ein ganz großes Ding zu machen … du weißt schon, ein Stadion füllen oder so, dann wären wir gemachte Leute! Dann würde es sehr wohl reichen, nur eine Band zu managen!«

»Ein Stadion füllen!« Sie lachte kurz auf. »Deine Ziele in Ehren, Sam, aber …«

»Du glaubst nicht an mich!«, stellte er ernüchtert fest. »Du glaubst überhaupt nicht an mich.«

»Doch, ich … ich glaube an dich, Sam. Ich wünsche dir von Herzen, dass du den Erfolg hast, den du dir auch wünschst … wirklich!«

Es klang lahm und zweifelnd sah er sie an.

»Warum sollte ich denn etwas anderes für dich wollen?«, setzte sie nach. »Ich …« Sie brach ab und wurde rot. *Ich liebe dich doch*, hatte sie sagen wollen. Es lag auf ihrer Zunge, es lag in ihrem ganzen Sein. Sam beobachtete sie. Kam näher, als sie stumm blieb und auf den Sand zu ihren Füßen starrte. Er hockte sich dicht neben sie.

»Stella?«, fragte er leise. »Was war das, was du da gerade sagen wolltest?«

»Nichts«, wehrte sie mit hochroten Wangen ab. »Es … glaub mir, ich wünsche dir von Herzen Erfolg, aber ich kann nicht …«

»Hey Babe«, unterbrach er sie. »Hier ist ein Deal: Jamie hat für die nächsten drei Abende Gigs organisiert. Würdest du dabei sein? Und einfach mal ohne Vorurteil zuhören?«

»Das mache ich gern, Sam, allein schon, weil ich die Abende nicht ohne dich verbringen will.«

Sam schlang fast verzweifelt seine Arme um sie und drückte sie an sich.

»Ich wünsche mir so sehr, dass es nicht nur bei diesen Abenden bleibt«, sagte er halblaut mehr zu sich als zu ihr.

Sie standen an einer Klippe, ein Windstoß kam und trug Sams Worte übers Meer. Stella erwiderte nichts darauf. Sie war zerrissen. Sam konnte ihr im Grunde nichts bieten, aber musste er das? Die Tatsache, dass er sie liebte, seine Liebkosungen, seine Worte, seine Blicke … das zählte doch so viel mehr! Er hatte sie gerettet, hatte sie aufgefangen. Sie fragte sich schon nach diesen wenigen Tagen ernsthaft, was sie ohne ihn anfangen, wie sie ohne ihn leben sollte.

♫♫♫

Den nächsten Nachmittag verbrachte sie alleine. Sam musste proben und natürlich hatte sie jedes Verständnis dafür.

Am Abend kam sie zum Veranstaltungsort, aber so sehr sie sich auch um die von Sam erbetene Vorurteilsfreiheit bemühte – sie fand die Musik nach wie vor scheußlich und sie war beileibe nicht die Einzige, denn der Abend verlief wie der erste, sogar noch schlimmer. Die Gäste buhten teilweise, ihre Gesichter waren genervt. Es war zu laut, um sich unterhalten zu können, zu unschön, um mit zu grooven. Außerdem saßen sie in einer romantischen Bar am Strand und nicht in einem Open-Air-Konzert im Ushuaïa. Einer nach dem anderen zahlte und ging mit verärgertem Gesicht – im Barbesitzer brodelte es sichtlich. Er war nicht gewillt, seinen Umsatz den Bach runterlaufen zu lassen.

Stella tat der Misserfolg der Band fast körperlich weh und als sich die Sache am darauffolgenden Abend in der nächsten Bar noch steigerte, bat der Wirt nach der ersten Runde Sam unwirsch, abzubauen.

»He, Mann, du weißt doch gar nicht, was noch kommt!«, wehrte er sich.

»Die erste Runde reicht mir. Gestern wart ihr bei Pedro, der hat mich schon gewarnt. Noch mehr Gäste will ich nicht verlieren«, erwiderte der Wirt bestimmt. »Ihr bekommt die Hälfte eurer Gage und …«

»Hör mal, es ist nicht unser Problem, wenn du den Gig so Knall auf Fall abbrichst«, machte Sam ihn an. »Wir kriegen die ganze Gage. Wenn wir das gewusst hätten, hätten wir woanders gespielt!«

»Wo denn?«, gab der Wirt zurück. »Nimmt euch doch keiner mehr!«

Stella war es furchtbar peinlich, das mit anhören zu müssen. Sam schaute auch dauernd zu ihr hin, in der leeren Hoffnung, sie würde das Desaster nicht mitbekommen. Aber die Bar war nicht groß. Sie saß wie immer vorne und hörte jedes Wort mit. Sie spürte, dass es nicht gut war, wie Sam mit dem Besitzer umging, konnte ihn aber auch verstehen, dass er um die Gage kämpfte.

Die anderen drei Bandmitglieder standen um die beiden Kontrahenten herum. Dereks verdrießlichem, resigniertem Gesicht konnte Stella entnehmen, dass er solche Szenen wohl gewohnt war. Miguel fing an, den Wirt zu beschimpfen – die Stimmung kippte damit vollends und die Stimmen wurden lauter.

In diesem Moment fing Stella Jamies verzweifelten Blick auf – ein Blick, der sie bis in ihre Seele rührte und etwas in ihr umschaltete. Wie ferngesteuert stand sie auf und gesellte sich zu den Männern.

»Okay, Leute«, sagte sie an die Bandmitglieder gerichtet, und hatte keine Ahnung, woher diese Worte aus ihrem Mund kamen. »Am besten, wir setzen uns mal für ein paar Minuten zusammen, bevor das hier eskaliert.«

»Und wer bist du?«, fragte der Wirt.

»Ich manage die Gruppe.«

»Ah, ganz was Neues. Ein Manager. Wunderbar. Dann mach deinen Klienten klar, dass ihre Musik unter ›geschäftsschädigend‹ fällt und …«

»Nur die Ruhe«, erwiderte Stella, aber ihr Herz klopfte. »Wir klären das, okay?«

»Was mixt Bitch sich ein?«, geiferte Miguel und sandte ihr einen hasserfüllten Blick. Stella wurde rot, suchte Sams Augen und erntete einen entgeisterten Blick, der zwischen ihr und dem Barbesitzer hin und her ging. Nur Jamie blickte sie direkt an und der Ausdruck in seinen Augen machte ihr Mut. Mit einem charmanten Lächeln wandte sie sich an den Wirt:

»Geben Sie uns einfach ein paar Minuten Zeit, bitte?«

»Aber immer«, erwiderte der lakonisch. »Solange ihr nichts mehr spielt, ist alles okay. Ihr könnt euch mit dem Abbau gerne bis morgen Zeit lassen.«

Damit drehte er sich um, ging hinter den Tresen und schaltete demonstrativ seine Anlage an. Flamenco-Musik dudelte durch den Raum und Miguel fluchte heftig.

»Hey Mann, bleib ruhig«, sagte Derek. »Stella hat recht. Runterfahren ist auf jeden Fall eine gute Idee.«

Mit einem nervösen Blick auf die Gäste, die den Disput natürlich mitbekommen hatten, setzten sie sich an den kleinen, runden Tisch. Miguel drehte sich geflissentlich dem Publikum zu. Weg von Stella.

»Okay, Miss Manager«, sagte Derek belustigt und lockerte damit ungewollt die Spannung. »Was geht ab?«

»Also … das mit dem Manager war natürlich eine Notlüge«, sagte Stella unsicher und sah zu Sam. Aber der blickte auf den Boden. Sie konnte beim besten Willen nicht ergründen, was er dachte. So wandte sie sich an Jamie und Derek:

»Hört mal, das ist nur ein Vorschlag – aber ich habe euch jetzt oft genug gehört, um zu wissen, dass ihr den Allgemeingeschmack nicht trefft.«

»Ich wissen«, höhnte Miguel böse. »Masse … das alles, du kennst! Ich nicht spielen Masse!«

»Ja, stimmt absolut«, gab Stella verärgert zurück. »Ich habe einen Massengeschmack! Genau deswegen meine ich zu wissen, was ankommt und was nicht. Und heute und jetzt ist die Gelegenheit, das auszuprobieren! Ich meine, was habt ihr zu verlieren?«

»Alles!«, zischte Miguel. »Wir nicht ändern unsere Style! Wir uns nicht verkaufen!«

»Du verkaufst dich bei jedem Auftritt – und das auch noch schlecht! Da könntet ihr euch wenigstens heute Abend noch eure Gage verdienen … kann mir vorstellen, dass ihr sie braucht!«

Die Worte kamen schärfer aus ihrem Mund als beabsichtigt. Sie beugte sich ein wenig vor, in dem Bewusstsein, dass auch sie nichts zu verlieren hatte. »Und ich kann mir auch vorstellen, dass es euch mehr Spaß macht, wenn die Leute mal mitgehen, statt euch auszubuhen.«

Jamie stieß hörbar einen zustimmenden Seufzer aus und Stella wandte sich an ihn:

»Was hast du außer Grunge noch auf Lager?«, wollte sie wissen.

»Alles!«, kam es wie aus der Pistole geschossen von ihm. »Ich habe ein volles Repertoire, von Softrock bis hin zu Folks … Hört mal Jungs«, beschwor er seine Bandkollegen. »Lasst uns einmal vom Programm abweichen und sehen, was passiert. Stella hat recht!«

»Von mir aus«, sagte Derek, der sowieso alles mitmachte. »Sagt an – ich trommle. Kein Ding. Gage wär nicht schlecht, bin echt blank.«

Sein Blick heftete sich auf Sam, der noch immer wortlos zu Boden starrte.

»Sam?«, fragte Stella vorsichtig. Es dauerte ein paar Sekunden, bis er aufsah und als er es tat, glühten seine Augen.

»Okay«, presste er hervor. »Dieses eine Mal.«

Stellas Herz klopfte noch stärker, als sie sich weiter vorwagte:

»Was wollt ihr spielen? Lasst uns einen Ablauf gestalten … sagt mir, was ihr könnt und …«

»What? Das … fucking Bitch!«, brauste Miguel auf. »Du kein Recht, dich in Band zu mixen … du Mass-Pussi!«

»Kannst ja gehen, wenn du willst!«, blökte sie böse zurück. Es war ihr bewusst, dass sie überhaupt keine Befugnis dafür hatte, aber Miguel ging ihr schlicht auf die Nerven. Doch nun schaltete sich Sam mit gerunzelter Stirn ein:

»Okay … warte, Stella. Sag mal, bist du gerade dabei, unsere Band aufzulösen?«

»Nein gar nicht! Es geht nur um diesen Abend! Ich will nur klarmachen, dass Miguel nicht mitspielen muss, wenn er nicht will. Bin sicher, ihr seid so fair und teilt die Gage trotzdem durch vier.«

»Und wie ist das mit der GEMA?«

»Wir spielen diesen Abend auf Risiko, danach müsst ihr euch entscheiden und das unter euch regeln.«

Betretenes Schweigen machte sich breit, nur Jamie saß wie auf Kohlen. Aufgeregt zog er einen Kugelschreiber aus seiner Brusttasche und begann, Songtitel auf einen Bierfilz zu schreiben.

»Die Songs haben wir alle drauf«, erklärte er. »Wir müssen halt ein wenig improvisieren.«

»Oh, wow«, freute sich Stella, als sie die Liste sah. Jamie hatte moderne Songs von Sam Smith und Adele sowie Evergreens aus den Sechzigern und Siebzigern notiert.

»Was würdest du hören wollen?«, fragte er Stella eifrig, als ob die anderen nicht dabei wären. »Hier in dieser Bar, wenn du als Tourist reinkommst? Hilf mir mal mit deinem Massengeschmack!«

»Etwas, was die Masse mag, aber trotzdem untypisch für die Insel ist«, erwiderte sie. »Deine Auswahl ist großartig. Die Leute hier wollen nicht tanzen, sie wollen in eine romantische Stimmung kommen … Lagerfeuersongs … Songs, die man mitsingen kann, die jeder kennt … John Lennon … überhaupt die Beatles … mit ›Hey Jude‹, ›Yesterday‹ und so weiter …«

Miguel stöhnte laut auf und tat so, als ob er kotzen müsse. Derek lachte leise und Sam saß wie festgenagelt auf seinem Stuhl.

»Sam … was möchtest du singen?«, fragte Stella ihn provokativ. Er gab seine Starre nur widerstrebend auf und schnappte sich betont gleichgültig den Bierdeckel.

»Fangen wir an mit ›Hey Jude‹!«, warf Derek ein, bevor Sam etwas sagen konnte. »Da passt deine Stimme gut hin, Sam – oder die von Jamie.«

Der Satz schien ein Auslöser für Sam zu sein.

»Verdammt«, knurrte er und wollte aufstehen. »*Ich* singe das. Dann lasst uns das hinter uns bringen!«

In dieser Sekunde kam der Wirt und legte ihnen das Geld auf den Tisch.

»Nichts für ungut, Jungs«, sagte er. »Getränke gehen auf mich, aber das war's dann. Und versucht nicht, mit mir zu reden! Das ist chancenlos!«

Um das zu untermauern drehte er sich einfach um und ging.

»Okay, das war's dann wohl«, sagte Sam fast erleichtert. »Wir bauen ab.«

»Auf keinen Fall!«, begehrte Stella auf und wusste wieder nicht, welcher Teufel sie da ritt. »Ihr geht jetzt auf die Bühne und fangt einfach an! Bitte!«

»Hast du nicht gehört, was der Wirt gerade gesagt hat?« Verständnislos sah Sam sie an. »Der kommt am Ende noch mit der Mistgabel und treibt uns raus!«

Stella schluckte. Jamies Gesicht stand unter totaler Spannung, Derek war das alles egal und Sam und Miguel wollten nur noch weg.

»Okay, Jamie, dann geh du mit Derek alleine nach oben!«, entschied Stella. In diesem Moment warf ihr Sam einen Blick zu, der so voll war von undefinierbaren Gefühlen, dass es ihr einen gewaltigen Stich ins Herz gab. Er stand so abrupt auf, dass der Tisch wackelte, fauchte: »Der Frontmann bin immer noch ich! Los, Leute!«

Damit stapfte er auf die Bühne. Der Wirt, in der Meinung, sie würden abbauen wollen, dachte sich nichts dabei, aber als er sah, wie sich Derek hinters Schlagzeug setzte, Miguel ans Keyboard ging, und die anderen zwei sich ihre Gitarren umhängten, fiel ihm der Unterkiefer herunter und seine Augen verengten sich. Einige Gäste stöhnten auf und Stella hielt die Luft an, als der Wirt mit entschlossen zusammengepressten Lippen die Bühne stürmen wollte. Die Flamenco-Musik lief noch im Hintergrund, die Jungs standen da oben wie Statuen. Stella sprang auf die Füße und stellte sich dem Wirt frontal in den Weg.

»Warten Sie«, bat sie. »Nur drei Songs … bitte … nur noch diese Chance …!«

Sie klammerte sich an seinen Unterarm und sah ihn so verzweifelt an, dass er innehielt. In diesem Moment drehte einer der Kellner, der von der ganzen Sache nicht viel mitbekommen hatte, die Flamenco-Musik ab und dimmte die Lichter. Der Unterschied war so krass, dass die Leute unwillkürlich aufhorchten und die Geräuschkulisse auf ein Minimum sank.

Und in diese drei Sekunden Stille setzte Sam mit einer rauen, erotischen Stimme – einer Stimme, die Stella noch nie zuvor von ihm gehört hatte, einer Stimme voller Sehnsucht und Schmerz – sein »Hey Jude«.

Unwillkürlich erstarrte der Inhaber in seiner Bewegung – und lauschte.

Alle lauschten. Sam sang, als wäre etwas in ihm zerrissen und die Trauer seiner Seele vibrierte in den Silben, pulsierte in den Tönen, durchdrang die Melodie, erreichte die Zuschauer, berührte ihre Herzen, brachte sie zum Schwingen. Sein Gefühl resonierte im Raum, hüllte alle ein, vereinte die Menschen, die bewegt dasaßen und mit aufgestellten Härchen an Nacken und Armen stumm zuhörten. Als sich Jamies sanfte und doch markante, tiefe Stimme bei der zweiten Strophe dazugesellte, mit nicht weniger Emotion, ging unisono ein Raunen und ein wohliges Aufseufzen durch die Bar. Die beiden Männer sangen das Lied in einer Intensität, dass es Stella die Tränen nur so in die Augen trieb und sie erkannte, dass Sam ihr längst noch nicht alles erzählt hatte. Dass in ihm Geheimnisse schlummerten, die er, so ahnte sie, noch niemandem verraten hatte. Vielleicht noch nicht einmal sich selbst.

Sie hielt den Wirt noch immer am Arm, als die dritte Strophe begann. Sie merkten es beide, sahen sich an, dann nickte er, ließ sie los und stellte sich wieder hinter den Ausschank. Stella sah, wie Leute, die am Strand entlangliefen, vor der Bar stehen blieben und ihr Herz machte einen kleinen Satz.

So unauffällig wie möglich näherte sie sich Jamie und deutete auf einen Song auf dem Bierdeckel, den sie als Zweites singen sollten. Ohne sich mit den anderen zu verständigen und ohne dem Publikum Zeit für einen Applaus zu geben, schlug Jamie die nächsten Akkorde an, einen Song von Sam Smith, den er mit einer Leidenschaft sang, die unter die Haut ging. Die Mienen der Menschen waren weich, sie schwelgten in diesen sanften Tönen. Das Meer rauschte im Hintergrund, auf den Tischen standen Windlichter und immer mehr bekamen Lust auf ein zweites Glas Rotwein.

Stella schob Sam einen in Hast und Eile neu geschriebenen Bierdeckel mit einer Songabfolge zu. Er nickte kurz und legte den Filz so, dass Miguel und Jamie ihn sehen konnten. Sie spielten die Klassiker, »San Francisco«, »House of The Rising Sun«, »Hotel California«, Songs von Simon&Garfunkel, Lieder aus der Flower-Power-Zeit, und Stella staunte, wie schön Sams Stimme klang, wie perfekt er vor allem mit Jamie harmonierte, wie intuitiv alle Bandmitglieder die Stimmung des jeweiligen Leadsängers verstärkten, obwohl das doch ein improvisiertes Programm war. Aber genau darin lag die Schönheit ihrer Darbietung. Es war nicht diese ›wir auf der Bühne und ihr da unten-Sache‹, sondern eine echte Interaktion mit den Zuhörern.

Sam und seiner Band gelang es tatsächlich, eine zusammenrückende Lagerfeueratmosphäre zu schaffen, in der sich jeder wohlfühlte, jeder mitsang und in der sich ein Gemeinschaftsgefühl unter den Gästen entwickelte.

Stella staunte über diesen Effekt, staunte darüber, was passierte, wenn Menschen ihr Herz öffneten, denn genau das hatte Sam mit seinen ersten Tönen getan: Er hatte seinen Schmerz herausgelassen und bekam nun eine gewaltige, positive Resonanz.

Immer mehr Menschen blieben vor der Bar stehen, entschlossen sich, einzutreten und etwas zu trinken. Stella sah sich um. Die kleine Bar war nun gut besetzt und die Stimmung unglaublich getragen und pittoresk. Die Leute hatten leuchtende Augen, schwenkten Windlichter oder ihre Feuerzeuge zur Musik und sangen mit, was sie an Text konnten. Es schien, als ob die Musik alle Aggressionen wegwaschen würde. Der Zauber einer freundlichen, gewaltlosen Welt schwebte im Raum; ein erhabenes Gefühl von Liebe, Güte und Harmonie – vor allem, wenn sich die Stimmen der Gäste und die der Band für den Refrain eines Liedes vereinten.

Als die Band die Runde nach einer Stunde beendete, war die Bude gebrochen voll und es brandete ein so gewaltiger und ehrlicher Applaus auf, dass alle vier, wie sie auf der Bühne standen, vor Freude rot anliefen und sich immer wieder verbeugten.

Sam sagte kurz die Pause an, danach stellten sie ihre Instrumente ab und kamen an ihren Tisch. Sie hatten höllischen Durst.

»Jungs, ihr wart so super!«, jubelte Stella und drückte Sam an sich. »Ich habe gar nicht gewusst, was für göttliche Stimmen ihr habt! Das war einfach grandios! Wirklich! Grandios!«

»Hier, Frau Managerin«. Der Wirt stellte eine Flasche Prosecco auf den Tisch. »Die habt ihr euch verdient. Geht aufs Haus.«

Damit nickte er den Männern zu und machte sich wieder an die Arbeit.

»Was spielen wir in der letzten Runde?«, fragte Jamie aufgeregt und mit hochroten Wangen. »Kinder, das war so toll! Wir könnten doch auch ein paar von unseren eigenen Songs spielen!«

»Solange ihr in dieser Richtung bleibt«, sagte Stella. »Ihr seht doch, was los ist! Die Leute lieben euch!«

Miguel stieß einen angewiderten Laut aus, Sam blickte fast verwundert zu ihr hin, als erwache er gerade aus einem Traum, Derek freute sich einfach nur und Jamie schrieb den nächsten Bierdeckel voll.

»Lass mich mal sehen«, sagte Stella und studierte die Liste. »Ich habe eine Riesenbitte!«

»Und die wäre, Miss Red?«, schmunzelte Derek. Einige der Damen flogen wohl auf seinen mächtigen Holzfällerbart und er war schwer beschäftigt, den Mädels zuzuzwinkern. Auch Sam wurde ausgiebig beäugt und taute immer mehr auf.

»Ich habe einen Musikwunsch!«, sprudelte Stella hervor. »Könntet ihr als letzten Song ›Imagine‹ von John Lennon spielen? Und … darf ich ihn ansagen?«

»Ähm … okay«, sagte Sam, einmal mehr überrascht, aber in seinen Augen trat ein Leuchten, als ob er endlich begriffe, was dieser Abend bedeuten könnte. Was er in vielerlei Hinsicht bedeuten könnte. »Kannst du gerne machen.«

Sie gingen zurück auf die Bühne und wurden diesmal mit donnerndem Applaus willkommen geheißen.

Die Leute sangen mit, waren durchdrungen von der Musik und dem, was sie transportierte und erneut entstand diese Wohlfühl-Atmosphäre voller Verbundenheit.

Als Sam das Ende des Auftritts ankündigte, wollten die Leute sie nicht gehen lassen, schrien nach Zugaben, riefen ihnen Liederwünsche zu, umdrängten die kleine Bühne – es war schlicht unfassbar.

Das war der Moment, in dem Stella zu den Jungs auf die Bühne stieg.

»Hallo Leute«, flötete sie glücklich ins Mikro und die Stimmen ebbten ab zu einem Gemurmel. »Das war ›See-Star‹ mit Derek, Miguel, Jamie und Sam!« Und in den erneut aufbrandenden Applaus und den Pfiffen rief sie mit erhobener Stimme:

»Ihr wollt eine Zugabe? Könnt ihr gerne haben! Wenn ihr noch mehr von See-Star hören wollt, findet heraus, wo sie als Nächstes auftreten!«

Die Leute lachten und Jamie schrie den Namen des Pubs in sein Mikro, wo sie morgen sein würden.

»Aber einen Song haben wir noch für euch«, rief Stella mit glänzenden Augen und roten Wangen. »Einen ganz besonders schönen, den wir uns für den Schluss aufgehoben haben. Denn wisst ihr … als wir vorhin zusammen gesungen haben, da ist mir so bewusst geworden, was es heißt, *eins* zu sein. Und wie schön das ist. Es sind so viele unterschiedliche Stimmen hier in diesem Raum, wir kommen alle aus unterschiedlichen Ländern, aber wir können unsere Stimmen zu einer werden lassen. Eine, die für Liebe und Glück steht. Für Frieden und Harmonie. Für eine universelle Brüderlichkeit unter uns Menschen. Und es gibt einen Song, der das ganz besonders repräsentiert, ein Song für eine bessere Welt, für den Glauben daran, dass es möglich ist und das ist: ›Imagine‹ von John Lennon.«

Die Menschen stimmten ihr mit begeistertem Johlen und Klatschen zu, und Miguel begann die ersten Takte auf seinem Keyboard zu spielen. Er wiederholte sie wieder und wieder, bis die Leute ruhig wurden und sich auf die Melodie konzentrierten.

Und dann sang Jamie die erste Strophe mit so einfühlsamer Stimme und solcher Eindringlichkeit, dass manchen schon in den ersten Sekunden die Tränen in die Augen stiegen. Sam mit seiner heiser-erotischen Stimme folgte und beim Refrain des Songs mit der Zeile ›You may say I am a dreamer … but I am not the only one‹ wogte der ganze Saal mit, in einer plötzlich klar empfundenen Gewissheit, dass es möglich war, eine Welt voller Frieden und Liebe zu schaffen.

Stella saß auf ihrem Stuhl und war schlichtweg überwältigt. Sie weinte vor Glück und als die erste Träne auf ihre Hand tropfe, rollte eine Woge an Erkenntnissen in ihr hoch: Die Tatsache, dass sie noch nie vor Glück geweint hatte; die Offenbarung, wie wenig dazu nötig war; die Erkenntnis, wie sehr sich Menschen in ihren geistigen Konstrukten verloren, festhakten, um dann zu leiden, weil ihre Gedanken und Gefühle sie fest im Griff hatten – so wie sie sich im Groll über Rafael und Eileen gesuhlt hatte, der seltsamerweise in diesem Moment ganz weit weg war. Wie war das möglich? Es war nicht so, dass ihr Leid von etwas Schönem überlagert wurde, sondern dass sie plötzlich in sich eine Kraft spürte, die jenseits von Schmerz und Leid war. Es war ein Wust an neuen Impulsen und Einsichten – sie konnte das alles gar nicht greifen und behalten. Am liebsten hätte sie einen Scan von ihrem Gehirn gemacht, um diese wertvollen Inspirationen festhalten zu können. Es war ein Hauch von dem, was sie noch alles in ihrem Leben erfahren sollte, das Aufblitzen eines Lichts, das durch ihre Seele schimmerte, das ihr sagte, dass da so viel mehr war als das, was sie bisher in sich vermutet hatte. Sanft beleuchtete dieses Licht alles, was sich in ihr abgespeichert hatte und in der Wärme dieses Scheins war Stella zum ersten Mal bereit, sich all das anzuschauen.

Sie schloss die Augen. »Lieber Gott«, flüsterte sie. »Danke für diese schönen Tage, danke für diesen wunderbaren Moment. Ich verspreche dir, ich werde das nie wieder vergessen. Ich verspreche dir, dass ich das zur Grundlage in meinem Leben mache.«

Sie ahnte, dass dies eine wahre Sprosse zum Glück war. Eine echte Erhebung.

Und das Schicksal nahm sie beim Wort.

♫ The Departure ♫
Max Richter

Sie gingen noch in eine Disco irgendwo am Strand und feierten. Die Bandmitglieder wurden von dem einen oder anderen wiedererkannt und sonnten sich im Lob der Leute. Selbst Miguel war einigermaßen zugänglich, wenn er auch kein Wort an Stella richtete. Aber Jamie war ihr nach der Performance um den Hals gefallen und hatte sie lange gedrückt, während die Gitarre an seinem Rücken baumelte.

»Ich wünschte wirklich, du wärst unser Manager«, flüsterte er ihr ins Ohr. »Du bist die neutrale Person, die wir brauchen, damit wir uns nicht gegenseitig zerfleischen! Du würdest uns eine gute Richtung vorgeben.«

Sie lachte und sagte: »Jetzt wisst ihr doch, wie's geht! Und ich muss zurück nach Deutschland.«

Auch Sam hatte allen Widerstand aufgegeben und strahlte nur noch. Die Mädels umschwärmten ihn und Stella gönnte es ihm, denn er schaute immer wieder zu ihr. Immer wieder lächelte er ihr zu, schüchtern fast, und geradezu verwundert. Stella zeigte ihm, dass sie nicht eifersüchtig war, indem sie sich in der Menge verlor und sich die Seele aus dem Leib tanzte.

Schließlich ging sie allein ins Hotel zurück, weil sie Sam nicht mehr fand und hundemüde war.

Sie wachte zeitig auf und tastete unwillkürlich neben sich ins Leere. Panisch richtete sie sich auf. Der Morgen nach ihrer Abschlussfeier sprang reflexartig in ihren Kopf und sie brauchte eine Weile, um sich zu erinnern, dass Sam gestern nicht mit ihr ins Hotel zurückgekehrt war. Ihr Herz klopfte wegen der Angst, die sie einmal empfunden hatte – und die jetzt einfach in einer anderen Situation wiederkam. Sie hatte auch Angst vor dem, was sie in Deutschland erwartete, Angst vor der Konfrontation mit ihren Freunden und Bekannten – und Angst, Sam verlassen zu müssen. Langsam ließ sie sich auf das Bett zurücksinken. Heute war ihr letzter Tag auf Ibiza.

Als sie aus der Dusche kam, piepste ihr Handy:
»Frühstück?«

»Bin in zehn Minuten bei dir!« Sie schickte einen verschlafenen Smiley mit und hüpfte vor Freude. Er war da! So schnell sie konnte, machte sie sich zurecht und lief nach unten.

Er hatte bereits Kaffee für sie geordert, ein Körbchen mit Brötchen und Croissants gefüllt und ihr die Sachen vom Buffet geholt, von denen er inzwischen wusste, dass sie sie mochte.

»Hey Honey«, sagte er und drückte ihr einen Kuss auf die Wange. »Warum bist du gestern einfach verschwunden? Ich wäre doch mitgekommen.«

»Hab dich nicht gefunden und dachte, du willst noch ein wenig feiern.«

Ein wenig außer Atem strahlte sie ihn an, er schaute gerührt zurück und strich ihr eine Kringellocke aus dem Gesicht.

»Stella, das war so toll gestern …!«

»Ihr wart toll!«, unterbrach sie ihn. »Sam, ganz ehrlich, ich habe am Nachmittag noch zu dir gesagt, dass ich nicht von euch überzeugt bin, beziehungsweise eure Musik nicht mag … Aber als ich dich gestern habe singen hören, war mir klar, dass das was ganz Großes werden kann!«

Sam verschlug es sichtlich die Sprache. Er starrte sie an und brachte schließlich ein perplexes »Meinst du das ernst?«, zustande.

»Und wie! Du und Jamie, ihr harmoniert so super … und die Songs sind wie gemacht für euch! Diese Art von Veranstaltung könnte euer Sprungbrett werden!«

»Aber dann müsste ich dauerhaft meinen Stil ändern! Dann müsste ich immer nur dieses Zeugs spielen!«

»Dieses Zeugs! Sam – das war so schön! Hat es dir denn gar nichts gegeben?«

»Doch«, gab er zögernd zu. »Es … es war wirklich schön. Es war so anders. Aber ich würde mich trotzdem unwohl fühlen, wenn ich das dauernd tun müsste.«

Sie schnaufte tief. »Oh, verflixt, das ist eine echte Zwickmühle. Aber Sam – du hast eine so wundervolle Stimme! Ich bin fast zusammengebrochen, als du gestern ›Hey Jude‹ gesungen hast! Ist es nicht möglich, zweigleisig zu fahren? Wenn du das eine machst, um Geld zu verdienen und das andere, um Spaß zu haben?«

Sam wurde nachdenklich. »Hm. So habe ich das noch nie gesehen. Du hast da gestern ganz schön was losgetreten. Wir waren bis sechs Uhr früh am Diskutieren.«

»Oh«, entfuhr es Stella, einmal mehr glücklich, weil sie nun wusste, wie er die Nacht verbracht hatte. »Und was ist dabei herausgekommen?«, fragte sie neugierig.

»Na ja, Jamie will dich als Managerin. Er ist absolut von dir überzeugt. Derek ist auch dafür. Miguel ... ähm ... das ist ein wenig heikler ... und ich ...«

Ihr Herz klopfte, sie wartete, aber er blieb stumm.

»Na, los, Sam. Sag mir, was du denkst.«

Seine Augen richteten sich auf sie. Stellas Herz hämmerte noch ein wenig stärker.

»Ich will *dich*«, sagte Sam leise. »Ich will, dass du bleibst. Egal, ob du uns managst oder nicht. Ich möchte, dass du bei mir bleibst.«

»Sam«, antwortete sie leise. »Wir kennen uns kaum. Es ist Urlaub – und kein Alltag.«

»Doch, für mich ist dieses Leben hier Alltag«, erwiderte er. ihr Herz tat einen weiteren Satz. Ewig hier sein zu können ... in der Sonne, das Leben genießen, die Nächte genießen ... mit Sam ... Oh, das wäre so schön! Aber eine innere Stimme warnte sie. Sam war nur den Sommer über auf Ibiza und der Himmel würde nicht immer blau sein. Bis jetzt war er nach wie vor nur eine Urlaubsaffäre. Und sie ... sie musste sich einen vernünftigen Job suchen!

»Wann ... wann musst du fort?«, fragte er heiser, als sie nichts mehr sagte.

»Morgen früh um zehn.«

Für eine Weile blieben sie stumm. Schließlich räusperte er sich. In seinen Augen stand Verzweiflung.

»Ich lebe von der Hand in den Mund, Stella. Ich führe ein Vagabundenleben. Das ist nichts für ein Mädchen mit hohen Ambitionen und einem Bachelorabschluss.«

In Stella purzelten die Gedanken und Gefühle nur so umeinander. Ihr Verstand schrie: *Such dir einen Job, verdammt noch mal!* Ihr Herz schrie etwas anderes.

»Ich ... wünschte ja auch, ich könnte bleiben«, flüsterte sie endlich. »Aber ich muss mein Leben auf die Reihe kriegen, verstehst du? Eine Stelle finden ... Ich meine, ich muss von irgendetwas leben! Ich kann euch nicht managen.«

»Klar, verstehe ich.«

Sie schwieg und biss sich auf die Lippen. Ja, er konnte ihr nichts bieten ... Aber verdammt noch mal, sie konnte kaum den Gedanken ertragen, ohne ihn zu sein, ohne seine streichelnden Hände, ohne seinen Mund, der sie küsste, seinen Körper, an den sie sich so oft geschmiegt hatte. Und sowie sie daran dachte, flammte wieder das vertraute Verlangen nach ihm auf. Ihre Blicke trafen sich. Fünf Minuten später waren sie auf ihrem Zimmer. Sie hängte das »Bitte nicht stören-Schild« an die Tür – wo es blieb – bis zum frühen Nachmittag. Dann musste er los.

Die letzte Nacht. Eine andere Bar. Sie spielten fast das gleiche Programm wie am Abend zuvor und wieder waren die Gäste restlos begeistert. Die Band sonnte sich im Applaus und Stella ermunterte Jamie am Schluss, noch ein paar seiner eigenen Songs zu spielen.

Es wurde ein voller Erfolg und Stella freute sich für alle, freute sich für Sam, sah, wie die Mädchen ihn anhimmelten, und konnte kaum fassen, dass sie es war, zu der er nachher ins Bett kam.

Es war ihre letzte Nacht und er liebte sie, als ob er sie nie mehr wiedersehen würde.

Am nächsten Morgen stand er auf und ging. So hatten sie es vereinbart.

Stella weinte, als die Tür zuklappte und sie allein im Zimmer lag. Sie vermisste ihn mit jeder Faser ihres Herzens und flog fast genauso unglücklich zurück, wie sie hierhergekommen war.

♫♫♫

Deutschland. Regen, grau. Ein noch immer nasser Frühling und eine ungewisse Zukunft erwarteten sie. Am Flughafen hatte sie zum ersten Mal seit den Tagen mit Sam den Rechner wieder hochgefahren und war mit Mails, Instagram- und Facebook-Botschaften über Rafael und Eileen nur so überschüttet worden. Was er gesagt hatte, was sie gesagt hatte, welche Meinung beide von ihr hatten. Nadelstiche, von denen sie geglaubt hatte, sie würden nicht mehr schmerzen.

Sam meldete sich nicht. Sie hatte ihm eine kurze Nachricht geschickt, dass sie wohlbehalten zu Hause angekommen sei, aber keine Reaktion erhalten. Gut, bald war Hauptsaison auf Ibiza, er hatte sicher alle Hände voll zu tun. Trotzdem überfielen sie jede Menge Zweifel. War er der Nächste, hinter den sie einen Haken setzen konnte? Aus den Augen, aus dem Sinn?

Die Tage mit ihm erschienen ihr wie eine Sternschnuppe, die unaufhaltsam verglühte. Sie schrieb ein paar weitere, unverbindliche Zeilen an ihn, die ebenso unbeantwortet blieben.

Auf die zwei Häkchen starrend, die bestätigen, dass die Nachricht bei ihm gelandet war, schaltete Stella verdrossen ihr Handy ab und machte sich daran, eine Bewerbung nach der anderen abzuschicken. Am Abend klickte sie frustriert die Wetteranzeige an und checkte die Temperaturen auf Ibiza. Siebenundzwanzig Grad und wolkenloser Himmel.

Dann – endlich! – kam eine Nachricht von Sam. Eine, von der sie nicht wusste, was sie davon halten sollte. Eine, die ihre Lage beschrieb: »Ich versuche, dich zu vergessen. Es fällt mir schwer. Aber ich habe keine Wahl. Und ich weiß nicht, ob ich in Verbindung bleiben will, weil das nicht die Verbindung ist, die ich will.«

»Mir tut es genauso weh«, schrieb sie zurück.

»Vielleicht ist es besser, wenn wir uns nicht schreiben. Du musst dich auf dein neues Leben konzentrieren.«

Stellas Herz wurde schwer. Das war es dann wohl. Es gab keine Zukunft für sie beide.

Sie ergatterte Aushilfsjobs im Supermarkt und als Bedienung, um ihre kleine Wohnung weiter behalten zu können. Der Urlaub hatte mehr gekostet, als gedacht. Sie war mit zwei-dreihundert Euro weniger zurückgekommen, als sie kalkuliert hatte – wo war denn nur das Geld geblieben? Sie hatte doch nichts großartig gekauft? Aber das war jetzt nicht wichtig. Sam hatte es auf den Punkt gebracht: Sie musste sich auf ein neues Leben konzentrieren. Wie angekündigt meldete er sich nicht mehr. Und auch das tat weh.

Es war Anfang Mai. Eine Anstellung konnte sie frühestens im zweiten Quartal erwarten, ihr BAföG-Darlehen belief sich auf satte achtzehntausend Euro, die sie in ihren ersten Verdienstjahren zurückzahlen musste. Es war ein zinsloses Darlehen, ja, aber immerhin ein Darlehen, und sie mochte keine Schulden.

Eine Absage nach der anderen trudelte auf ihre Bewerbungen ein. Es gab zwar einige Firmen, bei denen sie blind hätte unterkommen können, aber weder Bezahlung noch Aufstiegschancen waren attraktiv. Trotzdem ... bevor sie gar nichts fand ...

Traurig lag sie mit offenen Augen im Bett und konnte nicht schlafen. Sie vermisste Sam. Sie vermisste die Sonne Ibizas. Vermisste das sorglose, glückliche Leben.

Alles deutete darauf hin, dass Eileen und Rafael mit ihren Zukunftsprognosen recht behielten.

♪♪♪

Einen Tag später bekam sie drei weitere Absagen und – zwei Nachrichten auf ihr Handy. Eine von Jamie. Und eine von Sam. Oh mein Gott, Sam! Er hatte ihr doch wieder geschrieben! Mit zitternden Händen öffnete sie die Message.

»Hey, Sweetheart, miss you so much! Kann machen, was ich will. Ich schaff's nicht, dich zu vergessen. Bitte ruf mich an!«

Und auch Jamie bat um Rückruf. Mit fliegenden Fingern klingelte sie zunächst bei Sam an und er nahm mit dem ersten Läuten ab:

»Stella! Darling! So schön, deine Stimme zu hören!«, begrüßte er sie freudig. »Wie geht es dir?«

»Super, danke«, log sie. »Und bei dir? Alles klar? Wie geht es euch?« Ihr Herz klopfte wie wahnsinnig und ihre Hand bekam fast einen Krampf, so fest hielt sie das Handy.

»Na ja, ziemlich durchwachsen«, erwiderte Sam mit seiner leicht heiseren Stimme, die so angenehm im Ohr kitzelte und ihr stets Ameisen über ihre Wirbelsäule laufen ließ. Die Stunden und Tage mit ihm erschienen vor ihrem inneren Auge, ihre Spaziergänge am Strand oder hoch über dem Meer, die Nachmittage und Nächte mit ihm –heiße Sehnsucht überfiel sie. Unwillkürlich sah sie nach draußen, wo es wieder zu nieseln angefangen hatte.

»Wem geht es denn durchwachsen?«, fragte sie nach. »Dir oder der Band?«

»Beiden. Mir geht es nicht gut, weil du nicht da bist. Ich vermisse dich schrecklich.« Er machte eine Pause. Es schien, als könne er nicht weiterreden und Stellas Herz setzte für einen Schlag aus, um dann unkontrolliert und aufgeregt weiter zu hüpfen.

»Du fehlst mir so«, sagte Sam leise. »Du fehlst mir, wie ich nie gedacht hätte, dass mir jemand fehlen könnte. Ich meine, ich war mein Leben lang unabhängig … und jetzt …«

»Und jetzt …?«, hauchte sie ins Telefon.

»Jetzt … Stella, ich weiß nicht … Glaub mir, mir ging es noch nie so, aber ich denke dauernd an dich …«

Er brach ab, als schäme er sich dieses Gefühlsausbruches, als hätte er wirklich so etwas noch nie zu einer Frau gesagt. Ihr Herz veranstaltete Purzelbäume – so heftig, dass es fast schmerzte.

»Sam«, sagte sie erstickt. »Ich …«

»Nein, sag noch nichts, Honey, bitte … lass mich weiterreden, sonst verlässt mich der Mut. Ich habe mir vorgenommen, dich etwas zu fragen, und bin immer wieder davor zurückgescheut.«

»Okay. Schieß los, Sam.«

Stella ging zum Spiegel, sah hinein. Ihre Augen leuchteten, zwei rote Flecken hatten sich auf ihren Wangen gebildet. Sam atmete hörbar ein und aus und nahm seinen ganzen Mut zusammen.

»Stella, ich würde alles dafür geben, wenn du wieder hier auf Ibiza wärst«, stieß er hervor. »Weil du mir guttust – und der Band auch. Diese Tage mit dir waren so wunderschön! Und übrigens: Ich habe dir einen Song geschrieben und Jamie hat ihn vertont. Wir haben ihn auch schon gespielt und er ist riesig angekommen. Aber trotzdem läuft das hier nicht so, wie wir wollen. Miguel spinnt rum, Derek tut nichts und alles bleibt an mir und Jamie hängen.«

»Aber Sam«, unterbrach ihn Stella und ihr Herz pumpte wie verrückt. »Wie hast du dir das vorgestellt? Ich kann doch nicht einfach …«

»Warum nicht?«, fiel er ins Wort. »Kannst du deine Bewerbungen nicht von Ibiza aus schreiben? Drucker und WLAN gibt es hier auch!«

»Sam, das überfällt mich jetzt etwas, ich …«

»Nur diese Saison, Baby«, beschwor er sie. »Danach sind wir ohnehin woanders! Aber deine Idee, zweigleisig zu fahren, geht mir nicht mehr aus dem Kopf. Nur brauche ich Zeit, das alles hinzukriegen und wir brauchen jemanden, der sich hier auf Ibiza um die Auftritte kümmert.«

»Sam, es sind ja nicht nur die Auftritte auf Ibiza. Ihr bräuchtet so viel mehr, um euch einen Namen zu machen. Eine Internetseite, regelmäßige Auftritte auf YouTube, ihr solltet eure Songs im Netz vorstellen … Interviews geben …«

»Oh mein Gott, Stella, eben! Das ist das, was ich meine! Wir sind Musiker, aber keine Geschäftsleute! Die zwei Abende, an denen du alles in die Hand genommen hast, die waren so super!«

»Ja, aber um das zu wiederholen braucht ihr mich doch nicht!«

»Offensichtlich schon«, gab er zerknirscht zu. »Wir streiten uns nur. Miguel stänkert, Jamie kotzt und Derek ist nur bemüht, sich aus allem rauszuhalten.«

»Miguel wird den Teufel tun und mich als Manager akzeptieren«, erwiderte sie stirnrunzelnd. »Er hasst mich.«

»Aber er liebt Erfolg. Und er hat es geliebt, als die Leute applaudiert haben. Dafür würde er so einiges akzeptieren.«

»Ich weiß nicht«, sagte sie zweifelnd, aber ihr Kopf raste. Zurück auf Ibiza! Warum eigentlich nicht? *Weil du kein Geld für so etwas hast!*, meldete sich ihr Verstand. *Weil du erst mal für deine Zukunft sorgen musst!* Und das war auch die Frage, die sie Sam stellte:

»Wovon sollen wir denn leben?«

»Wovon lebst du denn jetzt? Du sagst, du jobbst als Bedienung und im Supermarkt. Das kannst du auch auf Ibiza. Warum bewirbst du dich nicht hier für eine Anstellung? Hier gibt es doch auch Managerjobs! Und wenn du Vorstellungsgespräche in Deutschland hast, fliegst du zurück. Es ist doch nur für die eine Saison, Stella! Wer weiß, vielleicht hast du bis dahin alles schon so organisiert, dass du uns sogar von Deutschland aus managen kannst? Denk drüber nach. Gib der Idee eine Chance!«

Und als sie stumm blieb, setzte er leise hinzu: »Gib *uns* eine Chance, Stella. Bitte. Komm zurück. Zu mir.«

»Ich … ich überlege es mir, Sam, okay?«

»Ja, gut, aber du rufst mich an, sobald du dich entschieden hast, versprichst du mir das?«

»Natürlich, Sam, das ist das Mindeste.«

♫♫♫

Ihr Herz klopfte heftig, als sie auflegte und sie tat etwas, was sie schon lange nicht mehr gemacht hatte. Sie zog ihre Joggingschuhe an und lief in den Regen hinaus. Auf gar keinen Fall konnte sie mit diesem Gefühls- und Gedankenaufruhr zu Hause sitzen. Sie war nicht trainiert, aber der Sauerstoff, die warme Luft, der Nieselregen, der ihr erhitztes Gesicht kühlte, taten unglaublich gut und sie lief länger als geplant.

Das Durcheinander in ihr war immer noch da, als sie nach Hause kam, doch als sie dann mit Jamie telefonierte, änderte sich das. Er erzählte ihr von den Streitigkeiten in der Band, davon, dass Derek und Miguel keine Aufträge reinholten, ja, dass sie noch nicht einmal in der Lage waren, sich auf die Reihenfolge der Songs zu einigen.

»Ich habe dir schon mal gesagt: Wir brauchen jemanden, der klar vorgibt, was zu tun ist«, erklärte er ihr. »Ich weiß, ich habe kein Recht, das von dir zu verlangen, aber Sam hatte die Hoffnung, dass dein Job erst im Herbst losgeht, und vielleicht schaffen wir in diesem Vierteljahr die Grundlage für etwas richtig Großes. Wäre das nicht auch ein Pluspunkt in deinem CV?«

Das gab den Ausschlag. Jamie hatte recht. Eine Band zu managen war auf jeden Fall eine bessere Referenz als ein Aushilfsjob an der Kasse. Das war ein echtes Argument!

Stella setzte sich auf ihr Bett, wollte nachdenken und wusste, innerlich hatte sie sich ohnehin längst entschieden. Sie wollte zurück nach Ibiza! Zurück zu Sam! Zurück in die Sonne!

Was ist mit deinen Bewerbungsgesprächen?, meldete sich ihr Kopf. *Du kannst nicht dauernd hin und herfliegen … Du brauchst etwas Sicheres!*

Aber in ihr waren tausend Rechtfertigungen für ihr Herzensprojekt, für das, was sie eigentlich wollte – aller Vernunft zum Trotz.

Schließlich besprach sie sich mit Meike.

»Du hast einen Job auf Ibiza?«, fragte die mit großen Augen.

»Ja, total interessant, aber es ist ein befristeter – im Herbst komme ich zurück.«

Oder auch nicht, setzte sie in Gedanken hinterher. Sie kamen überein, dass Meike wichtige Post öffnen, einscannen, an sie senden und für Stellas Zimmer einen Untermieter suchen würde.

Als tags darauf wieder zwei Absagen von Firmen kamen, war das für sie ein Zeichen, Sams Ruf zu folgen und ein Beweis dafür, dass sie hier nichts mehr hielt.

♫ Off I Go ♫
Greg Laswell

Ein paar Tage später landete sie am Flughafen in Sant Jordi und warf sich freudestrahlend in Sams Arme. Er hielt sie fest, wiegte sie hin und her und küsste sie, wo sein Mund gerade hinkam. Auf den Scheitel, auf den Mund, auf ihre Hände, auf ihre Wangen. Er war außer sich vor Freude und Stella weinte fast vor Glück.

Mit der alten Klapperkiste eines Freundes fuhr er mit ihr Richtung Westen, nach Sant Antoni. Sie war mehr als gespannt, kannte sie doch weder den Westen noch Sams Wohnung.

Eine ausufernde, hässliche Urbanisation erwartete sie. An den teilweise unattraktiven, schmalen Stränden, wo die Leute Handtuch an Handtuch lagen, erhoben sich hohe Hotelkästen und im Hinterland türmten sich billige Apartmentkomplexe, auf die Sam nun zuhielt.

»Ist nichts Besonderes«, entschuldigte er sich und wirkte sehr nervös. »Du weißt ja, ich bin nur den Sommer über hier.«

»Mach dir doch keine Gedanken«, beruhigte sie ihn. »Hey, ich bin Studentin! Was meinst du, wie groß meine Bude ist!?«

Aber er blieb angespannt und langsam verstand sie, warum. Die Gegend wurde immer ungepflegter und das Hochhaus, vor dem er schließlich hielt, war alt und heruntergekommen. Ein billiger Aufzug fuhr sie in den fünften Stock, dann liefen sie einen langen, schmalen, übelriechenden Gang entlang, bis ans hinterste, dunkle Ende. Stella wurde es immer mulmiger zumute.

Sam stellte sich vor die abgewetzte Tür, ruckelte ziemlich daran, bis sie aufging und ließ sie wortlos eintreten.

Ein penetranter, ätzender Geruch empfing sie. Schockiert sah Stella sich um. Die Wohnung lag zur Straßenseite hin. Verkehrslärm und die Rufe betrunkener Touristen drangen durch das geschlossene, nicht gedämmte Fenster. Die rötlichen Fliesen am Boden waren gebrochen, wirkten versifft und schmierig. Es gab nur dieses eine Zimmer, ausgestattet mit einer ramponierten Spüle und zwei nicht minder demolierten Kochplatten mit wackligen Schaltern. An der Seite befand sich ein Uralt-Kühlschrank, dessen Emaillebezug an vielen Stellen abgeplatzt war und der laut stöhnte und surrte, als litte er unter der Hitze. Direkt daneben befanden sich ein Stuhl und ein Resopaltisch. Über allem lag dieser schwere, ätzende, undefinierbare Geruch. Stella schluckte und widerstand dem Drang, sich die Nase zuzuhalten.

»Ähm … und wo schlafen wir?«, fragte sie mit zugeschnürter Kehle.

Verlegen deutete Sam auf die Wand, an der eine Matratze lehnte, die ziemlich unansehnliche Flecken aufwies. »Wenn ich die liegenlasse, ist kein Platz mehr im Zimmer.«

Nervös beobachtete er, wie Stella die Tür zum Badezimmer öffnete und mit einem angewiderten Laut zurückfuhr. Es stank gotterbärmlich nach einem billigen, giftigen Desinfektionsmittel, das den Geruch von Ammoniak und menschlichen Exkrementen zu übertünchen versuchte. Die Mischung dieser Geruchsbomben war schlicht grauenvoll und Stella konnte sich beim besten Willen nicht vorstellen, jemals diese Toilette oder Dusche zu benutzen.

»Uff«, machte sie, schloss die Tür schnell wieder und versuchte zu lächeln. Das war wirklich etwas anderes, als das helle, freundliche Hotelzimmer mit dem großen, kuscheligen Bett! Das war sogar etwas anderes als ihre gemütliche Studentenbude, in der alles sauber und warm war, und in der sie eine geräumige Küche und ein anständiges Bad hatte!

»Stella, Baby«, sagte Sam beunruhigt. »Ich weiß, es ist scheußlich. Es tut mir so schrecklich leid, dass ich dir nichts anderes bieten kann.«

Sie biss sich auf die Lippen. »Was zahlst du für diese Bude?«

»Vierhundert Euro.«

»Vier …!« Ihr verschlug es die Sprache. »Für dieses Loch!?«

»Ibiza ist teuer. Es gibt wenig Land und viel Bedarf. Die günstigsten Wohnungen findest du eben hier, in Westend.«

»Westend! Wir sind in Westend!«

Sie hatte von dieser berüchtigten Hochburg gelesen, vergleichbar mit dem Ballermann auf Mallorca, nur dass diese Ecke von Briten okkupiert war – trinkfreudigen Briten –, die immer wieder für Unruhen und Schlägereien mit Polizeieinsätzen sorgten. Selbst der abgebrühte britische Diplomat Michael Birkett hatte es seinerzeit nur eineinhalb Jahre hier ausgehalten und gemeint, er habe geglaubt, der schlimmste Diplomatenposten sei die Hauptstadt der Mongolei, aber diese Sauereien hier in Westend auf Ibiza überböten alles.

»Inzwischen gibt es hier eine konstante Polizeipräsenz«, erklärte ihr Sam, der ahnte, was sie dachte. »Und jede Menge Videokameras. Es ist schon viel besser geworden.«

»Okay«, brachte Stella hervor. Panik stieg in ihr auf. Hier konnte sie nicht bleiben! Sie ekelte sich vor allem hier! Um die Katastrophe perfekt zu machen, schaute sie in den Kühlschrank, in dem sich, außer Schimmel, nichts befand, drehte die Knöpfe an den beiden Kochplatten und hielt ihre Hand darüber, sie wurden nicht heiß, öffnete die zwei abgewetzten Schränke unter der Spüle – auch sie waren schmutzig und leer. Und mit einem Mal wurde ihr klar, welche Kurzschlussentscheidung sie getroffen hatte.

Wieder einmal war sie unüberlegt in eine Situation gerutscht, die sie so nicht wollte. Eine Flut an Fragen bombardierte ihren Kopf – und zwar so viele auf einmal, dass sie davon richtig erschlagen war. Sie hatte überhaupt keinen Plan! Sie wusste gar nicht, was das hieß, eine Band zu managen! Sie hatte sich über rein gar nichts informiert! Wie oft wollte sie noch so blauäugig sein? Und ihr wurde auch klar, dass eine Band managen bedeutete, Geld zu investieren … Sie brauchten doch Dinge wie Flyer, Visitenkarten – und sie brauchte ein Auto! Das hatte sie alles nicht bedacht! Panik machte sich in ihr breit und vernebelte ihren Kopf.

Sam stand vor ihr, wusste nicht, wie er reagieren sollte, und fühlte sich schließlich von ihrem Verhalten in die Ecke gedrängt.

»Hör mal, ich habe dir gesagt, dass ich mir keine Hotelsuite leisten kann«, sagte er verletzt. »Keinem von uns geht es anders. Deswegen bist du doch hier!«

»Damit es euch besser geht?«, gab sie erstickt zurück.

»Ja, um uns zu managen!«

Ihr Kopf arbeitete. Noch konnte sie aus dieser Sache raus. Sie konnte den nächsten Flug buchen und wäre weg. Aber Sam erriet ihre Gedanken.

»Ist das alles, was du draufhast?«, rief er, bodenlos enttäuscht. »Abzuhauen, wenn es schwierig wird? Wenn nicht gleich alles von Anfang an rosarot aussieht? Ist es das, was du sonst auch machst in deinem Leben? Das, was alle machen?«

Getroffen sah sie ihn an. Dann sackten ihre Schultern nach unten.

»Du hast recht, Sam«, sagte sie leise und schluckte. »Aber … das hier ist erst mal ein Schock, das musst du verstehen.«

»Ja, klar, natürlich verstehe ich das«, erwiderte er. »Aber … ich verspreche dir, wir suchen etwas anderes, was Besseres. Und das bezahlen wir von dem Geld, das wir verdienen.«

»Ich weiß nicht, was Miguel davon halten wird, wenn er von seiner Gage unsere Wohnung mitbezahlen soll«, murmelte Stella. »Das müssen wir alles besprechen.«

Sie brach ab und wieder kam ihr, dass sie das vor ihrer Reise hätte tun sollen – um eine klare Basis zu haben. Doch alles, an was sie gedacht hatte, war die Sonne Ibizas und Sams erotischer Körper gewesen. Verdrossen biss sie sich auf die Lippen und sah unsicher zu Sam. Der sah genauso unsicher zurück.

♫♫♫

Sie wollte nur erst mal raus, so gingen sie in eines der vielen Fast Food-Restaurants. Beide waren sie schweigsam und die Stimmung angespannt.

»Und du lebst die ganzen Wochen in dieser Wohnung?«, fragte sie schließlich.

»Die meiste Zeit. Manchmal komme ich auch bei Freunden unter. Manchmal schlafe ich am Strand.«

Sie schluckte. »Und die anderen drei?«

»Die machen das genauso. Bei den wenigen Auftritten, die wir haben und den Gagen, die man uns zahlt, geht halt nicht mehr.«

Sie nickte und hatte das dringende Bedürfnis, allein sein zu wollen, um das alles noch mal neu zu überdenken. Wieder meldete sich eine Stimme in ihr: *Geh doch einfach! Du hättest nur die Flugkosten verloren und die waren nicht hoch. Du verdienst in Deutschland immerhin über tausend Euro mit deinen Nebenjobs! Du hast deine Wohnung noch! Flieg nach Hause, bevor sie untervermietet ist!*

Aber etwas hielt sie zurück. Waren es Sams weiche Lippen, war es sein bittender Blick oder seine Stimme, die sie aufforderte, einen Spaziergang mit ihm zu machen … etwas hielt sie zurück. Zweifelnd blickte sie aus dem Fenster des Fast Food-Ladens, auf die schon am Nachmittag besoffenen Touristen, die zwischen Billigläden, Kneipen und Restaurants umher grölten.

Sam nahm sie an die Hand und zog sie nach draußen. Er lief mit ihr in die Gegenrichtung. Weg von dem bunten Treiben und zu ihrer Überraschung offenbarte sich unweit der Betonkolosse der stille, ländliche Teil Ibizas.

Der Wechsel war krass. Ihr war, als ob sie von einem Bild ins andere stiege, von einer Welt in die nächste. Dort war das nach außen orientierte, von Sinnenfreuden und Gelüsten diktierte Leben, hier die fruchtbare, rote Erde, phönizischer Wacholder, Mandel-und Olivenbäume und – Ruhe. Die Natur tat ihren Job. Stella atmete tief durch und nach einer Weile ging es ihr besser.

»Okay«, sagte sie schließlich. »Wie geht das jetzt weiter? Wie denken Derek und Miguel über die Sache mit mir? Tretet ihr heute auf oder können wir uns treffen?«

»Wir haben zurzeit keine Gigs«, gab Sam zu. »Die letzten Tage haben wir nur gestritten.«

»Das heißt, Miguel ist nicht einverstanden, dass ich hier bin«, folgerte sie.

»Nein. Aber er organisiert auch keine Auftritte, auch Derek nicht, also haben die beiden kein Mitspracherecht.«

»Gut«, sagte sie. »Wir treffen uns so bald wie möglich, danach sehen wir weiter.«

Der Satz hätte vager nicht sein können, war aber gerade in seiner Unverbindlichkeit mehr als aussagekräftig. In Sams Augen stand Trauer. Bedrückt lief er neben ihr her und sie hatte das ungute Gefühl, dass er wusste, was sie im Kopf hatte. Aber er sagte nichts.

Schließlich machten sie sich auf den Rückweg.

»Was hast du heute Nachmittag vor?«, wollte sie wissen.

»Ich kümmere mich um das Treffen mit den anderen, danach komme ich zurück.«

Seine Finger strichen über ihren nackten Arm, aber zum ersten Mal entzündete seine Berührung kein Feuer in ihr. Sie nickte nur und sagte:

»Könntest du mir den Schlüssel für das Zimmer geben?«

»Ähm … das Schloss ist kaputt. Du musst nur kräftig dagegentreten, dann geht die Tür auf«, teilte er ihr mit. »Am Boden liegt ein kleiner Holzkeil, den schiebst du drunter, wenn du drin bist.«

»Du hast nicht abgeschlossen? Im Zimmer sind alle meine Wertsachen!«

»Weiß doch keiner, dass die Tür kaputt ist. Außerdem vermutet kein Mensch Wertsachen in so einer Bude.«

Als sie nichts darauf erwiderte, nahm er sie fest in die Arme und drückte sie an sich.

»Stella«, flüsterte er in ihr Haar. »Bitte … vielleicht kannst du das alles erst mal so sehen, dass wir am Anfang stehen – es ist der Anfang, nicht das, was bleibt!«

»Ist schon okay, Sam«, sagte sie erstickt.

»Nein, es ist nicht okay, ich spüre das!«

»Doch, es ist okay. Organisiere du erst mal das Treffen, dann wissen wir mehr.«

Er wollte sie nicht in dieser Stimmung verlassen, in seinen Augen stand der unbedingte Wunsch, es besser machen zu wollen und das revidierte Stellas starre Haltung etwas.

»Es ist wirklich, okay, Sam«, sagte sie deutlich weicher. »Wir kriegen das schon hin.«

»Ja, wir kriegen das hin!«, beteuerte er hoffnungsvoll. »Wir kriegen das hin! Mit dir bekomme ich alles hin, Stella … Ich bin so dankbar, dass du gekommen bist! Du weißt nicht, wie dankbar ich bin und …«

»Alles gut, Sam«, unterbrach sie seinen Redeschwall und legte ihm den Finger auf die Lippen.

»Also … dann bis heute Abend?« Seine Hand lag noch immer auf ihrem Arm, als hätte er Angst, sie wäre nicht mehr da, wenn er zurückkam. »Ich bin gegen halb acht wieder hier.«

»Ja, bis heute Abend, Sam.«

Er drehte sich um und ging. Aber immer wieder sah er sich nach ihr um. Sie stand in der Sonne und winkte ihm, dann ging sie nach oben. Sie wollte ihren Laptop holen und nach den billigsten Hotels googeln, denn nichts konnte schlimmer sein als dieses Loch hier! Sie wollte ihre Ersparnisse durchrechnen und das Für und Wider dieses wahnsinnigen Abenteuers abwägen.

♫♫♫

Sams Worte, sie reiße vor allem Unangenehmen aus, lagen wie Steine in ihrem Magen. Worte, die Eileen auch immer zu ihr gesagt hatte.

»Stella, so geht das nicht!« Wie oft hatte sie das gehört! »Du musst endlich wissen, was du willst – und es durchziehen. Du lässt dich von einem Ereignis zum anderen treiben und wunderst dich, dass du irgendwo landest, wo du gar nicht hinwolltest!«

Stella presste die Lippen zusammen. Ja, genau das war gerade eben passiert. Sie war dort gelandet, wo sie nicht sein wollte: In einem versifften Loch! Aber was wollte sie denn?

Fuck!, dachte sie wütend. *Ich will ganz einfach glücklich sein! Ich will so ein Leben wie Eileen haben! Ich will nicht die Pechmarie sein, während andere mit Gold überschüttet werden! Und ich werde das verdammt noch mal durchziehen hier!*

Zornig trat sie gegen die Tür der Bruchbude und atmete eine Sekunde später wieder dieses unerträgliche Gemisch aus Moder, Desinfektion und menschlichen Ausscheidungen ein. Sie sah sich um. Erneut entsetzt. Eileen hatte auch immer gesagt, wie innen so außen. Wenn ihr Inneres ein solches Außen produzierte, na, dann gute Nacht! Grimmig biss sie die Zähne zusammen. Sie würde das ändern. Sie wollte da raus! Genau wie Sam!

Wieder mal loderte der ernsthafte Wunsch in ihr hoch, ihr Leben zu ändern. Sie horchte in sich hinein. Oh ja, da war eine Menge Wut und Frust, eine Menge Neid und Eifersucht auf das Leben anderer, das Gefühl, unverschuldet auf der Schattenseite des Lebens zu stehen. Und oh ja, da fand sie das tiefe Bedürfnis, es allen, die nicht an sie glaubten, zeigen zu wollen – das tiefe Bedürfnis nach einem glücklichen Leben. Mit Sam! Das war ihr Motor, das Feuer, das ihr die Kraft zu agieren gab.

Sie schnappte sich ihre Laptoptasche, setzte sich in ein Café und suchte als erstes nach Alternativen für eine Unterkunft.

Zwei Stunden später war sie ziemlich ernüchtert. Selbst das billigste Hotel, kostete im Monat achthundert Euro, das konnte sie also knicken. Auch Ferienwohnungen, Fincas und WGs waren teuer. Solange ihr Zimmer nicht untervermietet war, musste sie ja auch dafür noch zahlen. Nein, also, das ging schon mal nicht.

Plan B war, die vorhandene Unterkunft auf irgendeine Weise aufzuwerten. Es bereitete ihr Bauchschmerzen, dort schlafen zu müssen, aber wenn sie eine neue Matratze, ein paar Decken und Bettwäsche kaufte sowie Putzmittel, um das Bad noch mal gründlich zu schrubben …?

Immer wieder kam der Drang, zurück nach Deutschland zu fliegen, in ihr hoch.

Nein, entschied sie. *Ich warte auf jeden Fall die Besprechung morgen Abend ab. Wenn wir zu keiner Einigung kommen, gehe ich.*

Wieder atmete sie tief ein und aus. Ja, das klang vernünftig. Aber die Erleichterung, die in ihr aufstieg, machte ihr klar, dass sie darauf hoffte, Miguels Bockigkeit würde ihr einen guten Grund für einen eleganten Rückzieher liefern.

Aber was war mit Sam? Was war mit ihnen? Es war eine vertrackte Situation.

An einem Souvenirstand kaufte sie ein Handtuch, lief am Strand spazieren, an den hässlichen Hotelbunkern entlang, die in den Himmel ragten. Schließlich entdeckte sie eine ruhige, kleine, idyllische Bucht, die von Felsen umrahmt war, setzte sich dort in eine Strandbar und entwarf ein Konzept, das sie der Band morgen präsentieren wollte. Mit dem Entwurf wurde ihr erneut klar, dass sie investieren musste, um die Band hochzuziehen. Sie brauchten Flyer, Plakate, Demo-CDs und, und, und … Sie ahnte, dass sich das keiner von den Jungs leisten konnte. Die Gefühle stritten in ihr. Sie wollte bei Sam sein, wollte aber auch ein geregeltes, sicheres Leben. Aber Sam würde niemals sein Musikerleben aufgeben! Er würde immer on tour sein.

Nachdenklich kaufte sie auf dem Heimweg noch einiges ein, unter anderem vier günstige Fleecedecken, um die Nacht auf der Matratze zu überleben – und wartete auf Sam.

♫♫♫

Er kam gegen acht Uhr abends, hatte eine Flasche Rotwein und einen Korb dabei, über dessen Inhalt ein sauberes, kariertes Tuch gebreitet war. Sowie er in das Zimmer trat, schien die Sonne noch mal aufzugehen. Strahlend lächelte er Stella an und war so erleichtert, dass sie noch da war, dass ihr die Knie weich wurden. Eilig stellte er die Sachen ab und umarmte sie zärtlich.

»Ich hatte solche Angst, dass du weg sein würdest, wenn ich zurückkomme«, murmelte er in ihre dichten, seidigen Locken. »Aber du bist da!«

Er drückte sie noch heftiger. Stella wurde es warm ums Herz, seine Worte tauchten alles in ein weicheres Licht und veränderten die Perspektive.

»Oh, wow … Du warst ja ganz schön aktiv!«, stellte er fest und blickte sich um. Sie hatte alles gründlich geputzt, die Matratze in die Ecke geschoben, Decken darauf gebreitet und ein paar Kleinmöbel verstellt. Im Bad lag eine Gummimatte auf dem Duschboden, ein Badeteppich auf den Ekel-Fliesen und ein Raumduftspray hatte den strengen Geruch wenigstens etwas gemildert.

»Hast du Hunger?«, fragte sie. »Ich habe Sandwiches gekauft und …«

»Warte!«, sagte er. »Ich habe uns doch was mitgebracht! Du wirst es lieben!«

Er nahm das Tuch vom Korb, dem ein verführerischer Duft entströmte. Knuspriges, noch warmes Bauernbrot lag darin, in Papier gewickelte frische Butter, tiefrote, sonnengereifte Tomaten, ein Bund Basilikum und ein kleines Fläschchen mit selbstgemachtem Knoblauchöl. Oliven, Pfirsiche, Granatäpfel und Feigen lagen appetitlich drapiert obenauf, zudem Servietten, Plastikbesteck, Pappteller und Becher. Der Anblick war so heimelig, dass Stella tatsächlich das hässliche Zimmer um sich herum vergaß. Sam öffnete die Flasche Rotwein, zündete eine Kerze an und stopfte sie auf eine leere Flasche. Stella legte das karierte Tuch auf den kleinen Tisch und stellte das Essen darauf, entdeckte im Korb sogar Stücke von einem leckeren, saftigen Apfelkuchen.

Das Essen schmeckte fantastisch. Obst und Gemüse waren frisch geerntet und alles andere, wie Sam betonte, hausgemacht. Er hatte es von einem Bauernhof im Norden geholt.

»Du bist extra so weit hochgefahren?«

»Ja, das war es mir wert. *Du* bist mir das wert. Und noch viel mehr. Für dich würde ich noch ganz andere Dinge tun, Stella.«

Gerührt nahm Stella den Pappbecher mit Rotwein entgegen, den er ihr reichte.

»Weißt du«, sagte er leise. »Als ich heute vor dieser Tür stand, hatte ich zum ersten Mal in meinem Leben das Gefühl, nach Hause zu kommen. Ich habe zum ersten Mal erlebt, wie das ist, wenn jemand auf mich wartet – jemand, der da ist, jemand, der nicht abhaut.«

Stella schluckte.

»Ich … dieses Gefühl kenne ich nicht«, fuhr er heiser fort. »Ich hatte das nie in meinem Leben. Es ist ein gigantisches Gefühl.«

»Ich … ich kenne das auch nicht wirklich«, erwiderte Stella leise. »Aber als du heute hier reingekommen bist, war das für mich wie ein Sonnenaufgang.«

»Dann lass diesen Abend den Beginn von etwas Wunderschönem sein«, flüsterte Sam. »Wir schaffen das, Stella. Ich bin so dankbar, dass du uns allen …, dass du mir diese Chance gibst. Ich verspreche dir ein besseres Leben. Ich werde alles dafür tun. Und ich werde nie vergessen, was du jetzt für mich tust.«

Um Stella war es geschehen. Sein Blick war so warm, so ehrlich. Sam glaubte an sie, obwohl es noch gar keinen Grund dafür gab. Aber er traute ihr all das zu. Rafael hingegen hatte ihr nie wirklich etwas zugetraut, auch, wenn sie durchaus bewiesen hatte, dass sie hart arbeiten konnte.

Die Gedanken vom Nachmittag minimierten sich gen null. Die Hoffnung, es mit Sam zu schaffen, die Liebe, die in seinen Augen brannte, und seine Hände, die nicht nur eine Gitarre zum Klingen bringen konnten, ließen sie alles vergessen.

♫♫♫

Miguel war ungewöhnlich zahm. Er begrüßte sie sogar, zwar zurückhaltend, aber immerhin. Derek schlug ihr auf die Schulter, wirkte wie stets, als hätte er mit seinem eigenen Leben nichts am Hut und Jamie fiel ihr mit einer Vehemenz um den Hals, die sie vor Freude rot werden ließ. Sein jungenhaftes Gesicht mit den Sommersprossen rührte sie zutiefst und die Hoffnung in seinen Augen radierte ihre latenten Pläne, einfach die Fliege zu machen, komplett aus.

»Oh, wie schön, dass du da bist!«, flüsterte er in ihr Ohr. »Ich bin so froh!«

Keiner von ihnen nahm Anstoß an der Qualität des Zimmers. Sie setzten sich auf die Matratze, auf die Stella Decken gebreitet hatte. Sam war dicht neben ihr.

»Also, Leute«, begann sie. »Schön, euch alle wiederzusehen. Wie ihr wisst, haben Jamie und Sam vorgeschlagen, dass ich euch manage. Aber das müssen alle wollen, sonst wird das nichts.«

Sie sah reihum. Jamie nickte erwartungsvoll, Miguel starrte auf die orangefarbene Decke. Dann griff er in seinen Beutel, der ihm um den Hals hing und drehte sich eine Zigarette. Stella war versucht, ihm zu sagen, er solle im Zimmer nicht rauchen, aber sie wollte ihn nicht provozieren und so hielt sie den Mund. Ein süßlicher Geruch breitete sich aus.

»Gut«, machte sie ein wenig unsicher weiter. »Um kalkulieren zu können, muss ich wissen, was ihr pro Auftritt so nehmt.«

Sie hoffte, es war nicht so wenig, wie sie an dem einen Abend mitbekommen hatte. Aber die Antwort war noch viel erschreckender. Sie erfuhr, dass sie oft umsonst auftraten, weil die Barbesitzer für die Gigs einer unbekannten Band nichts zahlen wollten und maximal ein Essen und Getränke spendierten. Stets wurde damit argumentiert, dass sie doch mit ihrem Auftritt Eigenwerbung betreiben könnten. Die Band hatte sich zu oft darauf eingelassen, was sich herumgesprochen hatte – und ein Nachfolge-Auftrag war nach ihrer Darbietung ohnehin nie zustande gekommen. Stella ahnte, dass der Ruf der Band auf Ibiza schon versaut war.

Das alles weckte wieder die dumpfen, warnenden Gefühle in ihr. Außerdem suchte sie Antworten auf so einige Fragen, die mit der Gelddiskussion aufgetaucht waren. Wie hatte Sam sich vor wenigen Wochen einen Flug in der Businessclass leisten können? Wie diesen teuren Anzug? Womit hatte er das Abendessen im Hotel bezahlt?

Aber dann erinnerte sie sich an den Moment, als er »Hey Jude« angestimmt hatte. Den Moment, der ihr klargemacht hatte, dass er es draufhatte – und der heftige Ehrgeiz, alles zu tun, um ihn jubeln zu sehen, alles zu tun, um ihn glücklich zu machen, übertünchte alles andere.

Entschlossen und ohne auf Miguels innere Abwehr zu achten, die im Raum stand wie eine abschussbereite Rakete, erklärte sie ihren Plan:

»Okay, Jungs – mein Job ist es, dafür zu sorgen, dass ihr Geld verdient. Daher würde ich sagen: Auf Ibiza spielt ihr das, was den Leuten gefällt, das Programm, mit dem wir schon mal Erfolg hatten. Der Plan ist, soviel zu verdienen, dass ihr euer eigenes Ding parallel dazu machen könnt. Das will ich euch ja nicht nehmen, nur lasst uns bitte die nächsten Wochen kommerziell denken.«

Miguel hob ein wenig den Kopf. Sam lächelte freudig: »Damit kann ich leben«, sagte er. »Und ihr?«

»Ich sowieso«, gab Jamie wie aus der Pistole geschossen zurück. »Du weißt, Grunge ist nicht mein Ding und ich bin nur zur Band gestoßen, weil du mir versprochen hast …«

»Das ist das Nächste, was ich vorschlagen möchte«, hakte Stella schnell ein. »Jamie, du komponierst wunderbare Songs, und Sam … du schreibst sagenhafte Lyrics … Ihr zwei solltet neue Lieder schreiben. Die mischen wir bei jedem Auftritt drunter und testen, wie das ankommt. Gibt es hier auf der Insel eine Möglichkeit, CDs aufzunehmen? Die könnten wir doch an Ort und Stelle verkaufen.«

»Ein Studio ist sauteuer«, gab Jamie zu bedenken, aber seine Augen leuchteten.

»Vielleicht könnten wir John fragen …«, schlug Derek vor. »Er hat kein professionelles Studio, aber für den Anfang würde es reichen.«

»Das hört sich doch prima an!«, stimmte Stella zu. »Ich drucke auf meine Kosten Flyer und Visitenkarten. Wir machen ein Fotoshooting und drehen kleine Clips, die wir auf YouTube veröffentlichen. Ich hoffe, euch entsprechend verlinken zu können. Das dauert alles ein Weilchen, aber wenn wir dranbleiben, sind vielleicht auch Werbeeinnahmen über

YouTube drin. Dafür bräuchten wir allerdings noch ein paar zusätzliche Ideen.«

Ihre Worte fielen wie Goldmünzen in den Raum. Sie klimperten und klingelten und erweckten selbst den gleichgültigen Derek zum Leben. Ermutigt machte sie weiter:

»Ich kümmere mich außerdem um die Beschaffung, Vorbereitung und Durchführung der Auftritte, um Werbemaßnahmen, PR-Aktionen und die GEMA. Wir werden mit jedem Barbesitzer einen Auftrittsvertrag schließen und ich hoffe, im Laufe der Zeit Eintrittspreise verlangen zu können. Damit bekommen wir mehr Engagements, weil die Veranstalter auch etwas davon haben. Wir nehmen die üblichen siebzig Prozent, sie kriegen den Rest. Was die Eintrittskarten angeht: kleine Preise. Zehn Euro pro Auftritt bei drei Runden mit maximal fünfundvierzig Minuten. Wenn wir den Laden mit hundert Leuten füllen sind das siebenhundert Euro für uns und ich würde vorschlagen, wir teilen das anfangs einfach durch fünf.«

Sie blickte um sich. Die Minen der Männer waren immer offener geworden und ihr Herz hüpfte ein wenig vor Aufregung.

»Ich hoffe, mindestens fünf Auftritte pro Woche für euch organisieren zu können, das wären dann für jeden von euch zwei- bis dreitausend Euro pro Monat. Vorausgesetzt, ich schaffe die Zahl. Vorausgesetzt, ihr macht mit. Falls ihr ankommt, können wir die Eintrittspreise erhöhen und ihr braucht weniger Auftritte für den gleichen Verdienst. Das liegt bei euch.«

»Oh mein Gott, Stella«, flüsterte Sam neben ihr. »Das ist ja … das wäre ja …«

»Aber«, schnitt sie ihm das Wort ab, »die Zeit läuft uns davon. Die Saison auf Ibiza ist kurz und ihr müsst diszipliniert sein. Ihr müsst üben. Ihr müsst Songs schreiben. Was heißt: Ihr müsst früh morgens aufstehen und arbeiten. Wenn ihr das nicht könnt, mache ich das hier nicht. Oder: Wer nicht mitziehen will, sollte jetzt gehen.«

Jamie grinste inzwischen über alle vier Backen. Ihm gefiel diese straffe, geregelte Organisation überaus gut.

»Das hört sich so super an!«, strahlte er. »Mein Wort hast du, Stella, ich hänge mich rein, so sehr ich kann!«

Derek guckte ein wenig verdrießlich, sagte aber auch zu. Sam war ohnehin dabei und am Ende waren alle Augen auf Miguel gerichtet.

Der hatte seine Zigarette während ihrer Ausführungen reihum gehen lassen und Stella hatte endlich gespannt, dass das ein Joint war. Aber wohlweislich verlor sie kein Wort darüber.

»Miguel?«, fragte sie ihn nun direkt.

Er sah sie an. Nachdenklich. Prüfend. Skeptisch. Statt einer Antwort sah er ihr zum ersten Mal direkt in die Augen und fragte spöttisch:

»Und was du machst, wenn Sommer ist weg?«

»Dann freue ich mich auf den Herbst, Miguel. Aber erst mal steht der Sommer an. Wir haben was vor. Bist du dabei oder nicht?«

Es war nur ein minimales Anheben seines Bechers, kaum erkennbar, aber er prostete ihr zu – ihre Zusammenarbeit war damit endgültig besiegelt. Stella nahm Sam den Joint aus der Hand und tat einen tiefen Zug.

♫ Longshot ♫
Newton Faulkner

Der Wecker klingelte um sechs Uhr morgens und Sam stöhnte, als er ihn hörte. Stella stand auf, duschte und setzte sich an den Rechner. Es gab hier natürlich weder WLAN noch Drucker, so wählte sie sich mit dem Handy ins Netz, teilte die Insel in Himmelsrichtungen ein und schrieb sich alle Bars, Kneipen und Clubs auf, die für einen Auftritt in Frage kamen.

Bis acht Uhr hatte sie schon richtig was weggearbeitet und weckte Sam, der wieder eingeschlafen war, und der sie nun packte und ins Bett ziehen wollte. Doch obwohl sein Körper so verführerisch bettwarm war und seine Hände virtuos genau die richtigen Stellen erwischten, widerstand sie ihm und sagte lachend:

»Los! Auf, auf! Wir frühstücken und danach musst du mit den Jungs üben – ich habe schon mal ein Programm für die nächsten Auftritte entworfen, das können wir gleich besprechen!«

»Fuck«, ächzte er. »Du machst ja wirklich ernst!«

»Allerdings«, flötete sie. »Ich bin jetzt dein Manager! Vergiss das nicht! Und in dieser Eigenschaft verordne ich dir erst mal eine Dusche und …«

»Und ich verordne dir eine erotische Pause«, entgegnete er, warf sie auf die Matratze, fuhr genießerisch über ihre prallen Formen und keuchte mit aufflammender Erregung: »Du hast einfach etwas an dir, was mich nicht in Ruhe lässt. Ich muss nur mit einem Finger hier drüberfahren und …«

»Ja, und deine Finger haben wohl auch etwas an sich, was mich nicht in Ruhe lässt«, seufzte sie, hätte ihm fast nachgegeben, aber wand sich heroisch unter ihm weg.

»Nichts da, Sam«, sagte sie resolut. »Ich muss aus diesem Loch hier raus! Ich brauche Sonne, Kaffee und frische Brötchen!«

Er lachte und etwa eine Viertelstunde später saßen sie in einem Café auf der Terrasse und frühstückten.

»Hast du Geld dabei?«, fragte Sam. »Ich glaube, mein Geldbeutel liegt im Zimmer, ich kann ihn aber auch schnell holen.«

»Nein, nein, schon gut«, erwiderte Stella. »Ich habe alles mit.«

Als sie zahlte, bemerkte sie, dass sie schon wieder mehr Geld ausgegeben hatte, als gedacht. Die am Flughafen gezapften Euronen waren nahezu verschwunden. Im Kopf rechnete sie die gestrigen Einkäufe zusammen … die Decken, das Essen, das Handtuch … Das war doch nicht so viel gewesen?

Sie vergaß es wieder. Heute war ihr erster Arbeitstag und sie hatte ziemlichen Bammel davor.

♫♫♫

Mit der Liste in der Hand klapperte sie am frühen Nachmittag eine Bar nach der anderen ab. Aber etliche Inhaber hatten schon ihre Live-Bands für den Sommer gebucht und sowie sie den Namen See-Star nannte, war der Ofen ohnehin aus.

»Nee, echt nicht. Die hatten wir schon mal, das war ja gar nichts«, war die stereotype Antwort.

»Sekunde, See-Star hat inzwischen das Programm komplett geändert und …«

»Da hab ich anderes gehört. Neulich bei Pedro …«

Frustriert hockte sie sich nach der fünften Absage an den Strand und starrte aufs Meer. Wie viele Auftritte hatte sie den Jungs versprochen? Fünf pro Woche? Sie hatte noch keinen einzigen in der Tasche! Sie waren in der zweiten Maiwoche, die Hauptsaison begann hier Mitte Juni und ging ziemlich genau drei Monate. Zwölf Wochen, sechzig Auftritte! Sie musste wahnsinnig gewesen sein! Die Band kam mit ihrem Programm ja auch nicht für jede Bar in Frage, da filterte sich noch so einiges aus.

Wieder überfiel sie der Wunsch, dem zu entfliehen und zurück nach Deutschland zu gehen, als ihr klar wurde, dass es nirgendwo einfacher sein würde. Dass es darum ging, Schwierigkeiten zu überwinden. Energisch klopfte sie sich den Sand vom Kleid und machte sich auf den Weg zur nächsten Kneipe.

»Hi«, grüßte sie. »Kann ich mal den Inhaber sprechen?«

Der Inhaber kam und sie spulte ihr Sprüchlein herunter: Eine Band mit neuem Programm, schafft besondere Stimmung, Image für Ihr Lokal ... Sie bemerkte den abwehrenden Blick des Inhabers und als der die übliche Frage stellte: »Um welche Band handelt es sich denn?«, blitzten zwei unfertige Ideen durch ihren Kopf.

»Wie gesagt, die Band ist neu, wir würden uns freuen, wenn Sie ihr eine Chance geben würden und ich habe auch ein Super-Angebot für Sie«, wich sie aus, um Zeit zu gewinnen.

»Name der Band?«, fragte der Mann kurz angebunden. Stella begann zu schwitzen, ihr Kopf raste, war ihr keine Hilfe und auf einmal hörte sie sich sagen:

»For a better World.«

»Noch nie gehört.«

»Sag ich doch!«

»Und das Super-Angebot?« Der Gastronom sah sie noch nicht einmal an, während er sprach, sondern sortierte Weinflaschen aus seinem Regal und machte ihr unmissverständlich klar, dass er kein Interesse hatte.

»Könnten Sie bitte mit mir reden, wenn ich mit Ihnen rede?«, entfuhr es Stella. Unglücklich sah sie ihn an. »Ich meine, Sie haben immer noch die Möglichkeit Nein zu sagen, wenn Ihnen unser Angebot nicht gefällt, aber reden Sie mit mir und nicht mit Ihren Weinflaschen!«

Überrascht sah er auf, stellte die Flasche ab, lehnte sich lässig mit einem Arm an den Tresen und musterte sie.

»Gut so?«, fragte er belustigt. Dann landete sein Blick, wie der so vieler Männer, auf ihrem Busen und seine Haltung wurde noch etwas lockerer, sein Gesichtsausdruck interessierter. Stella war das in diesem Moment völlig egal, wenn sie nur einen Auftrag reinfahren konnte!

»Mein Angebot ist: See ... ich meine For a better World tritt bei Ihnen auf, freie Getränke, ein Essen für jeden, Null Gage.«

Der Inhaber wurde hellhörig.

»Aber«, fuhr Stella fort, »wenn wir Erfolg haben, möchten wir einen Folgeauftrag und Sie verpflichten sich, uns innerhalb von zwei Wochen noch einmal mit Entgelt zu buchen.«

»Okay, und was ist *Erfolg*?«, wollte der Wirt wissen. »Woran messen Sie das?«

»Wir ... wir haben ein Applausometer«, flunkerte sie. »Und außerdem werden Sie ja wohl selbst merken, wenn es so ist. Wenn die Bude voll ist. Wenn Sie Umsatz machen.«

»Und wie hoch ist die Gage beim Folgeauftrag?«

»Fünfhundert Euro«, sagte sie schnell. »Oder Sie verlangen Eintritt, machen auf Ihrer Homepage Werbung, stellen Plakate auf und ...«

»Mal langsam, wer soll denn die Karten verkaufen? Das kostet mich Personal!«

»Das ist kein Problem«, antwortete sie und schwitzte immer mehr. Teufel! An diese Sachen hatte sie überhaupt nicht gedacht! Aber, den Blick fest auf den Inhaber gerichtet, machte sie auf coole Geschäftsfrau:

»Vorbestellungen können Sie übers Netz entgegennehmen und die Abendkasse übernehme ich. Dreißig Prozent für Sie, siebzig für uns. Plus Essen und Getränke.«

Der Inhaber sah sie lange an. Sein Blick senkte sich erneut auf ihr Dekolleté, das sich vor Aufregung verführerisch hob und senkte. Dann sagte er zu.

♫♫♫

»Sam!«, rief Stella aufgeregt ins Telefon. »Wo probt ihr? Ich muss euch unbedingt sprechen!«

»Wir sind oben in Sant Joan«, erwiderte Sam. »Bei John.«

»Wann kommt ihr zurück?«

»Kann länger dauern, Süße, wir streiten mal gerade wieder wegen der Songs.«

»Aber ihr übt das ein, was wir besprochen haben?«

»Ja, ja, keine Sorge. John ist ganz begeistert und hat unser Repertoire noch ein bisschen verfeinert.«

»Wann kann ich euch sehen? Ich muss etwas Dringendes mit euch besprechen … Können wir morgen alle zusammen frühstücken?«

»Das geht nicht, wir bleiben zwei Tage hier oben. Wir haben alles aufgebaut und ich kann nicht extra runterkommen.«

Sie biss sich auf die Lippen. »Du kommst gar nicht heute Nacht? Das hättest du mir doch sagen können.«

»Sorry, meine Kleine. Ich habe so lange allein gelebt … hab nicht dran gedacht.« Im Hintergrund konnte sie Stimmengewirr hören, Sam warf den anderen ein paar Sätze zu.

»Du, ich muss weitermachen«, sagte er. »Wie läuft es bei dir?«

»Ich konnte bisher erst einen Auftrag an Land ziehen, aber das ist nicht ganz so …«

»Ist doch hervorragend!«, unterbrach er sie begeistert. »Wow! Du bist einfach super!«

»Nein, es ist ein wenig anders, als du denkst – wir müssen reden. Check das mit den Jungs und schreib mir ne Nachricht, okay?«

Sie legten auf und Stella machte sich wieder an die Arbeit.

Den gesamten Nachmittag war sie am Playa d'en Bossa unterwegs. Sie stellte die Band nun mit dem neuen Namen vor, der ihr immer besser gefiel, und versuchte stets, zuerst einen normal bezahlten Auftrag zu bekommen. Erst, wenn das nicht klappte, kam sie mit ihrer Folgeauftrag-Idee, auf die sich ziemlich viele einließen. Ihr war klar, dass der eine oder andere das ausnutzen würde, aber auch dafür hatte sie einen Plan B.

Als der Abend kam, hatte sie sage und schreibe zehn weitere Aufträge in der Tasche. Vier normale und sechs mit Folgeaufträgen. Sie blieb gleich in der Bar sitzen, in der sie den letzten Vertrag hereingeholt hatte, und klappte ihren Rechner hoch. Die Jungs mussten siebzehn Auftritte in drei Wochen absolvieren, und wenn das mit den Folgeaufträgen so lief, wie sie sich das vorstellte, hätten sie alle mehr verdient als je zuvor.

Aber zeitlich wurde es eng und sie fing an zu kalkulieren. Sie brauchten ein Fotoshooting! Sie brauchten Plakate, Flyer ... und ein Applausometer! Und Aufnahmen für YouTube!

Ihre To-do-Liste wurde immer länger und die Ideen sprudelten nur so in ihrem Kopf. Sie rief ihre Freundin Tini an, die Grafikerin war, und bat sie um Hilfe wegen der Plakate und eines Logos. Und sie wusste genau, wie und wo sie das Fotoshooting machen würde. Fieberhaft erstellte sie eine Homepage, die sie mit eben diesen Fotos und Auftritten füllen wollte. Das Gefühl, etwas zu leisten, war großartig. Das Gefühl, zusammen mit Sam etwas aufzubauen war noch großartiger. Und das Empfinden, es diesmal alleine zu machen und sich nicht auf jemanden zu stützen, von dem sie glaubte, er könne alles besser als sie, war ungewohnt und das großartigste von allen.

Das Gefühl allerdings, die Nacht alleine in diesem Ekelzimmer verbringen zu müssen, war weniger großartig. Fest schob sie den Holzkeil unter die Tür und stellte zur Sicherheit noch ihren unausgepackten Koffer davor.

Am nächsten Tag setzte sie ihre Tour fort. Sie ergatterte weitere Aufträge und vergab daher das Angebot mit den Folgeaufträgen nur noch als Ausnahme. Der Kalender der Vier war voll, was Eindruck machte und den Leuten das Gefühl gab, eine angesagte Band zu buchen. Aber viele wollten auch Anschauungsmaterial: Fotokarten, Videomitschnitte und natürlich Referenzen.

Stella googelte Print-Dienstleister auf Ibiza, rechnete Kosten aus und checkte ihre Konten. Da lag der kleine Batzen Geld, der im Laufe ihrer Kind- und Jugendjahre zusammengekommen war. Fünftausend Euro. Sie atmete tief durch, erstellte eine Exceltabelle über alle Kosten, die anfielen, und hoffte, dass die Zahlungsmoral der Veranstalter ihr keinen Strich durch die Rechnung machte. Sie würde ihre Auslagen am Ende gegenrechnen.

♫♫♫

Sam schickte ihr eine Nachricht, dass sie sich zum Mittagessen am nächsten Tag treffen könnten, und sie verabredeten sich in einem Lokal.

Jamie war pünktlich auf die Minute, Sam und Derek trudelten mit ziemlicher Verspätung ein. Miguel tauchte gar nicht auf.

»Sorry, Babe«, sagte Sam und drückte ihr einen Kuss auf den Scheitel. »Ich musste mich noch um den Verstärker kümmern, der ging die Tage kaputt und wir brauchen ihn dringend für die Auftritte.«

Derek entschuldigte sich gar nicht, gähnte nur laut und mit offenem Mund und ließ sich auf einen Stuhl fallen.

»Eure Proben scheinen ja ziemlich anstrengend gewesen sein«, bemerkte Stella säuerlich. »Wo ist Miguel?«

»Keine Ahnung, der kommt schon noch.«

In ihr grummelte es gewaltig. Sie sah zu Jamie, der ebenfalls unzufrieden blickte. Er hatte sich ihr gegenüber schon mit ein paar Sätzen zu den Proben geäußert, was ihre Stimmung nicht hob.

Wortkarg bestellten sie sich etwas zu essen und Sam wollte wissen, wie es ihr ergangen sei.

»Ich berichte, wenn Miguel da ist, sonst muss ich alles zweimal erzählen«, erwiderte sie kühl. »Wir müssen ohnehin erst mal Grundsätzliches besprechen. Was macht eure Show?«

»Läuft. Die Songs sind ja nicht schwer. Daher haben wir schon ein wenig für den Winter geübt.«

»Für den Winter. Aha.«

»Ist was nicht in Ordnung?«, fragte Sam verdutzt, weil sie so kurz angebunden war und sogar ein wenig von ihm abrückte.

»Wir essen. Dann reden wir. Falls Miguel kommt.«

»Hey, Sweetheart, was hast du?«, bohrte Sam ehrlich erstaunt nach und sah sie an. »Ist's nicht gut gelaufen bei dir? Mach dir nichts draus … Wir kennen das, das wird schon noch.«

»Da bin ich mir nicht so sicher«, schnappte sie. In diesem Moment kam endlich Miguel angeschlappt. Er sah total ungepflegt aus, das schwarze Haar hing ihm fettig ins Gesicht, seine Jeans war schmutzig und er roch auch nicht gut.

»Ey, was geht«, grüßte er, übersah Stella wie stets und fläzte sich auf die rote Kunstlederbank. Mit geübtem Blick checkte er, was an Fast Food noch zu haben war und griff sich eine Tüte Pommes.

»No coffee?«, fragte er mit verächtlichem Blick, der an Stella hängen blieb.

»Doch«, antwortete sie betont gleichgültig. »Massenweise. Da drüben am Tresen.«

Miguel zog die Innentaschen seiner Jeans nach außen und schaute sie unverblümt an. Stella kochte, aber sie beherrschte sich.

»Was?«, fragte sie ihn süßlich. »Kein Geld? Ja, wie kommt denn so was?«

»Hey, komm schon«, wandte Sam beunruhigt ein. »Kein Streit«. Er warf Miguel ein paar Münzen hin. »Kauf dir den Kaffee und bring deinen Hintern so schnell wie möglich wieder hierher zurück. Wir haben schon genug Zeit verloren.«

Stella hatte eine bissige Bemerkung auf der Zunge, aber sie verkniff sie sich. Es half nichts, sie musste mit allen zusammenarbeiten – zumindest für diesen Sommer. Miguel war der Keyboarder und auf ihn konnten sie nicht verzichten. Aber sie nahm sich vor, sich umzutun. Es gab bestimmt jede Menge Kontaktmöglichkeiten im Internet.

Endlich hatte Miguel seinen Kaffee vor sich stehen und Stella konnte anfangen. Ihr Ton war frostig.

»Ich möchte vorab etwas klarstellen: An unserem ersten Treffen habe ich betont, dass ich nur mit einer disziplinierten Mannschaft arbeite. Ihr wollt, dass ich was leiste. Dann kann ich das auch von euch verlangen. Lange Rede, kurzer Sinn: Ich erwarte Pünktlichkeit. Und Arbeitseinsatz.«

Eine unangenehme Pause entstand nach ihren Worten, die sie vor Aufregung härter herausgebracht hatte als beabsichtigt. Und alle, bis auf Jamie, fühlten sich angepisst.

»Zum Zweiten: Wenn ihr meint, für den Winter üben zu müssen, bevor der Sommer hier überhaupt richtig angefangen hat, ist das eure Sache. Ihr müsst nur wissen: Dann bin ich weg. Entweder wir ziehen alle an einem Strang oder wir lassen es bleiben.«

Das Schweigen wurde noch dichter. Miguel spuckte, zum Zeichen, was er davon hielt, ein Stück Burger auf eines der Papiere, die in Massen auf den Tabletts lagen. Stella ekelte sich.

»Benimm dich!«, fuhr sie ihn an. »Deinetwegen kriege ich noch Herpes!«

Ihm blieb der Mund offen stehen und seine Augen verengten sich.

»Du … puta!«, fauchte er feindselig. »Was du meinst, wer du bist? Managerin! Ich lache!« Böse starrte er sie an. »Du gar nix! Du nur wichtigtun!«

Bedripst sah Sam zwischen beiden hin und her, dann legte er den Arm um Stella und sagte:

»Stella, Baby, hast wahrscheinlich zwei schlimme Tage hinter dir. Ich weiß, wie das ist, wenn einer nach dem anderen Nein sagt.«

»Verflixt, Sam«, rief Stella wütend und schüttelte seinen Arm ab. »Das ist es nicht! Das ist es absolut nicht!« Sie kramte in ihrer Laptoptasche, zog ein Bündel Papiere heraus und wedelte damit so dicht vor Jamies und Sams Nase herum, dass sie zurückfuhren. »Die Sache ist, dass ich knapp dreißig Auftritte für euch habe und ich Gott verdammt noch mal nicht weiß, wie wir das hinkriegen sollen, wenn ihr so unzuverlässig seid!«

Die abgrundtiefe, lange Stille, die ihren Worten folgte, ließ erkennen, dass die Jungs mit allem gerechnet hatten – nur nicht damit.

»Fuck!«, flüsterte Jamie schließlich und wurde abwechselnd rot und weiß. »Dreißig? Stella, hast du gesagt … *dreißig*? Nicht dreizehn? Oder drei?«

»Exactly«, gab sie zurück. »Dreißig. Aber ich muss etwas dazu erklären.«

»Wir müssen umsonst auftreten«, schoss es aus Derek heraus.

»Jein«, entgegnete sie, erläuterte ihnen, wie sie an die dreißig Verträge gekommen war und dass sie dafür eigenmächtig den Namen der Band geändert hatte.

»Es ging nicht anders, Jungs. Der Name See-Star ist unwiderruflich im Eimer.«

Die Männer waren immer noch still und sie nutzte ihre Verblüffung:

»So«, sagte sie entschieden. »Ich möchte, dass ihr mir jetzt genau zuhört. Wir haben neun normal bezahlte Auftritte. Und zehn umsonst mit Folgeauftritten. Mit den neun normalen haben wir viertausendfünfhundert Euro verdient, das gibt für jeden siebenhundert Euro. Das ist nicht viel, ich weiß, aber denkt dran: Das und noch mehr steht noch mal aus, wenn ihr gut seid. Und *nur*, wenn ihr gut seid. Ihr werdet also verdammt noch mal gut sein! Ihr werdet verdammt noch mal üben! Und zwar das Programm, das wir besprochen haben. Denn dann hat jeder von euch in diesem ersten Monat Minimum vierzehnhundert Euro verdient.«

Sie waren immer noch still. Stella sah zu Jamie. Er war hochrot angelaufen und sein Herz klopfte ihm bis an den Hals. Dann glitt ihr

Blick zu Miguel, der ihr regungslos und ohne einen Hauch von Bosheit in die Augen sah.

»Damit komme ich zum nächsten Punkt«, erklärte sie entschlossen weiter. »Wir brauchen Fotos. Wir machen Sex-Symbole aus euch! Wir machen aus euch Typen, denen die Mädchen hinterherrennen. Wer das nicht will, soll bitte gehen. Und zwar bevor wir die Fotos machen. Denn auf diesen Fotos habt ihr alle gewaschene Haare und saubere Klamotten! Nur damit wir uns richtig verstehen!«

Jamie ließ einen Quiekser los. »Oh mein Gott, Stella«, hauchte er glücklich. »Das ist ja gigantisch!«

»Ja«, unterbrach sie. »Aber das kostet Zeit! Ihr werdet zwei Tage Proben verlieren und ob das alles so aufgeht, wie ich mir das vorstelle, weiß ich noch gar nicht. Aber wenn ihr nicht mitmacht, geht sowieso nichts!«

»Wir machen mit«, erwachte Sam endlich aus seiner Schockstarre. »Teufel, und wie wir mitmachen! Du sagst an und … wir machen einfach! Und zwar jeder von uns!« Sein Blick ging in die Runde. »Stella hat recht. Wir müssen an einem Strang ziehen. Wir haben das alles nicht so ernst gesehen und, ja, verdammt noch mal, wir haben noch nie richtig gearbeitet. Das muss sich ändern, Jungs!«

»Sehr gut«, nickte Stella. »Das hört sich doch schon mal ganz anders an.«

Aber ihr war klar, dass den Männern das Lotterleben tief in den Knochen steckte und es oft genug Momente geben würde, wo ihnen ihr innerer Schweinehund große Steine in den Weg legen würde. Doch inzwischen wollte sie selbst so sehr, dass das Ding gelang. Sie wollte es sich, Sam und der ganzen Welt beweisen, dass sie das konnte – und sie wollte eine Zukunft mit Sam. So fand sie den Mut, hinzuzusetzen:

»Ich sage es nur noch einmal: Wenn sich herausstellt, dass ich mich nicht auf euch verlassen kann, bin ich weg. Ich habe Bewerbungen in Deutschland laufen. Ich bin nicht auf euch angewiesen. Ich erwarte Pünktlichkeit, Respekt und Disziplin.«

Sie griff in ihre Tasche, holte Wochenpläne heraus, die sie im Copyshop vervielfältigt hatte, und legte sie auf den Tisch. Die Tage waren von oben bis unten durchgeplant. Vier aufgerissene Augenpaare starrten sie an.

»Hier ist euer Kalender. Der erste Auftritt ist in vier Tagen. Danach habt ihr keinen Abend mehr frei. Morgen und übermorgen machen wir das Fotoshooting. Und ich möchte mindestens zwei neue Songs im Programm haben, weil ich die auf YouTube stellen will. Was das Shooting angeht: Ich erwarte jeden von euch mit drei Garderoben um

6:30 Uhr am Strand. 6:30 *a.m.* – damit das klar ist. Eine Liste mit den Sachen, die ihr sonst noch braucht, ist hinten angeheftet.«

»6:30 Uhr!«, japste Derek. »Hast du sie noch alle? Da muss ich durchmachen, sonst schaffe ich das nicht! Und keine Ahnung, ob ich drei Garderoben habe!«

»Dein Problem«, konterte sie kühl. »Und lass dir den Bart trimmen.«

Damit packte sie ihre Unterlagen zusammen, stand auf und ging.

Draußen sah sie auf die Uhr, verflixt! Wo war die Zeit geblieben!? Eilig betrat sie eine Drogerie. Sie musste noch Utensilien für morgen kaufen. Puder, Pinsel, Kajal, Abdeckstifte. Miguel fiel ihr ein, sein scharf geschnittenes indianisches Gesicht, und sie nahm weitere, gewagte Farben aus dem Regal. Danach wollte sie noch ein paar Aufträge reinholen und hoffte, dass die ersten Performances so einschlugen, dass sie hinterher Eintritt verlangen konnten.

Oh ja, es gab jede Menge zu tun! Und es tat gut!

♫♫♫

Als Sam an diesem Abend nach Hause kam, saß sie immer noch am Rechner und recherchierte. Sie konnte nicht einschätzen, wie er ihren imperativen Auftritt empfunden hatte, und wartete einfach ab. Schließlich hockte er sich vor sie hin und sie sah auf ihn hinunter.

»Bist du sauer?«, fragte sie ihn.

»Sauer? Sag mal, spinnst du?« Verständnislos schüttelte er den Kopf. »Stella, ich bin sprachlos! Dreißig Auftritte in vier Wochen! Ich habe nicht die geringste Ahnung, wie du das geschafft hast! Es ist der Hammer!«

Sie lachte erleichtert. »Es wird stressig«, warnte sie. »Ich habe das Gefühl, dass keiner von euch weiß, was Arbeit heißt.«

»Das stimmt«, gab er zu. »Aber wir werden's verdammt noch mal lernen,

♫ Wasn't Expecting That ♫
Jamie Lawson

Der Morgen war klar und frisch, ihre Strandtasche vollgestopft mit Schminksachen, Kämmen, Bürsten, Haarspray, Gel, Puder und sonstigem Kram. Für das Shooting hatte sie sich eine kleine Bucht ausgesucht, die Cala Salada hieß, etwa vier Kilometer vom

Touristenzentrum entfernt und die mit dem Bus nicht zu erreichen war. Deswegen wurde es auch hier nie richtig voll. Es war ein malerisches Eckchen, umringt von einem Kiefernwald und einer spektakulär zerklüfteten Felsküste. Aufgrund der Uhrzeit war kaum einer am Strand – ein Umstand, auf den Stella gehofft hatte. Sie zog ein Badetuch aus ihrer Tasche, setzte sich darauf und wartete.

Pünktlich um 6:30 Uhr waren alle anwesend. Derek fluchend und schwitzend, Miguel mit unbewegtem Gesicht, aber sichtbar gewaschenem Haar und glattrasiert, Jamie, schüchtern und lieb wie immer – und Sam, der seine Gitarre und eine Reisetasche voller Klamotten dabeihatte.

Stella erklärte ihnen ihre Ideen und die Augen fingen an zu leuchten. Sie nutzte die letzten Farben des wunderbaren Sonnenaufgangs und machte Gruppenfotos. Als dann die Sonne hell am Himmel stand, begann sie mit den Einzelshootings und wählte Miguel als Ersten, einfach, weil sie es hinter sich haben wollte und er dann gehen konnte. Sie fand ein weißes Hemd in seiner Tasche und ließ ihn das anziehen. Dann stellte sie sich vor ihn hin und fragte:

»Darf ich?«

Er nickte kurz und kommentarlos machte sie sich ans Werk. Tuschte ihm die Wimpern, nahm etwas Gel, zog eine Strähne seines pechschwarzen Haars in sein markantes, hübsches Gesicht, strich Gloss auf seine Lippen, Gold in den Amorbogen und fing an, zu fotografieren. Bald waren sie in der Intensität der Arbeit gefangen und Stella entdeckte immer neue Seiten an Miguel, die sie herausstellen konnte. Am Schluss fragte sie ihn, ob er auch zu etwas verrückteren Aufnahmen bereit wäre, und zögernd stimmte er zu. Mit den Fingern zog sie ihm dicke Striche Gold in die Wangen, schminkte seine Augen mit Khol und ließ ihn mit freiem Oberkörper und verschränkten Armen posieren, damit die Muskeln besser rauskamen. Sie erwischte einen tollen Moment, als Miguel auf einem Felsen stand, der Wind ihm das Haar nach hinten blies und die Sonne das Gold auf seinen Wangen reflektierte.

Die anderen kringelten sich anfangs vor Lachen über Miguels angemaltes Gesicht und vor allem über seine angesäuerte Fresse.

»Hey, wartet nur, bis ihr drankommt!«, drohte ihnen Stella vergnügt.

Die Stimmung stieg und die Jungs wurden immer übermütiger, veräppelten sich gegenseitig und stellten sich mit ihren Gitarren in Positur. Sam wurde im Anzug fotografiert. Sie hatte ihn gebeten, sich nicht zu rasieren, gelte ihm das Haar nach hinten, setzte ihm eine Sonnenbrille auf und ließ ihn sich lässig auf seine Gitarre stützen, knipste seine grünen Augen aus nächster Nähe und bekam immer mehr Ideen, wie sie ihn und die anderen in Szene setzen konnte.

Den Männern machte das wider Erwarten Spaß. Stella freute sich und versprach, die Bilder noch am Abend zu bearbeiten, sodass sie sie einen Tag später anschauen konnten.

Drei Stunden später waren alle, einschließlich Miguel, total ausgelassen, lachten und blödelten herum; Jamie hatte eine Runde Kaffee und Donuts für alle besorgt und immer mehr Touris kamen an den Strand und fragten neugierig, wer sie seien.

»Die angesagteste Band Ibizas«, erklärte Stella immer wieder. »For a better World! Live im Beachclub Nr. 5 übermorgen Abend. Und wahrscheinlich zum letzten Mal mit freiem Eintritt!«

♫♫♫

Am nächsten Tag trafen sie sich erneut in Sams Zimmer und auch diesmal waren alle auf die Minute pünktlich.

Stella grinste zufrieden. »Na, also«, dachte sie. »Geht doch!«

Zuerst besprachen sie einige organisatorische Dinge, aber Stella spürte: Die Jungs wollten ihre Fotos sehen. Sie hatte bis spät in die Nacht gearbeitet und von jedem einen Ordner angelegt. Die Männer machten launige Bemerkungen, um ihre Aufregung zu übertünchen, als sie ihren Rechner so hinstellte, dass jeder gut auf den Bildschirm sehen konnte.

Sie fing mit dem Bandleader an. Sam wirkte einfach grandios mit seinem Anzug, dem offenen Hemdkragen, der Sonnenbrille und der Gitarre in der Hand. Er war ohnehin ein Hingucker, aber die Fotos im Anzug präsentierten ihn so umwerfend sexy und glamourös, dass Stella sicher war, bei den Mädchen einen Kreischalarm auszulösen, wenn sie das online stellte. Die Fotos in Jeans, T-Shirt und bloßen Füßen waren nicht minder attraktiv. Auf einem Bild saß er auf einem Felsen, die Unterarme auf seine Oberschenkel gestützt, den Oberkörper leicht nach vorne gebeugt, die grünen Augen durchdringend auf die Kamera gerichtet, als wolle er sagen: »Eine Nacht mit mir, Sweetheart – und es kommt nie mehr was Besseres nach.«

Das kam in einer Intensität zum Ausdruck, dass es sogar den Männern eine Gänsehaut verursachte. Was das Foto beim weiblichen Geschlecht auslöste, wollte Stella gar nicht erst wissen.

Weiter ging es mit Derek, dessen Holzfällerstil und Rauheit sie betont hatte. Er saß im Profil hinter einer Felsformation wie hinter seinem

Schlagzeug, die Schlagstöcke erhoben, einen Schrei auf den Lippen, als Kulisse nur das Meer und den blauen Himmel – Derek in Action, der auf die Felsen eindrosch. Seine Fotos waren wild und kraftvoll, er wirkte wie eine Naturgewalt, was er ja auch war, wenn er spielte. Seine Darstellung vermittelte den Eindruck von absoluter Freiheit und Wildheit und der amüsierte Blick, den er Richtung Kamera schickte, sagte: »Komm her, Babe, und lass uns ein paar Dinge tun, die uns beiden Spaß machen.«

Dann war Jamie dran und er schaute äußerst gespannt auf den Ordner, den Stella nun anklickte. Er war nicht der Frauentyp wie die anderen, er war sanft und zart und wirkte mit seinen roten Haaren und den Sommersprossen auf der weißen Haut wie eine Figur aus dem Poesiealbum von Sarah Kay. Stella hatte gar nicht erst versucht, ihn in Konkurrenz zur Männlichkeit der anderen drei zu setzen, sondern seine Tiefe hervorgeholt, sein reiches Innenleben und sein Herz.

Und so saß Jamie einsam auf einem Felsen und schaute übers Meer, und die Sehnsucht, die seine Haltung ausdrückte, sprang dabei über wie ein Funke. Er saß mit gekreuzten Beinen im Sand, versunken in seine Musik, die er während des Shootings gespielt und damit so viele Touristen angelockt hatte. Von Jamie hatte Stella mit Abstand die meisten Detailaufnahmen gemacht. Seine warmen braunen Augen, sein sympathisches Lachen, aber die schönsten Fotos waren entstanden, als ein freilaufender Hund auf Jamie zugelaufen war, mit dem er eine Weile am Strand herumgetobt hatte. Sie hatte Momente erwischt, in denen das Wasser hoch spritzte, die Tropfen in der Luft standen, wo der Hund Jamies Gesicht abzulecken versuchte und Jamie vollkommen befreit und glücklich wirkte.

»Danke, Stella«, murmelte er und legte seinen Arm um sie. »Jetzt weiß ich, was du in mir siehst.«

Sie drückte kurz seine Hand, dann glitt ihr Blick zu Miguel.

»Bereit?«, fragte sie ihn mit einem Zwinkern im Auge. Er nickte knapp, wollte nicht zugeben, dass er aufgeregt war. Das Gelächter der anderen, als sie ihm die goldene Farbe aufgetragen hatte, hatte ihn nicht kalt gelassen.

»Hoffe, ich nicht Witzfigur«, schnappte er.

»Nein, ganz sicher bist du keine Witzfigur«, erwiderte Stella warm. »Im Gegenteil: Du bist mein Favorit.«

Ein erstaunter Laut erfuhr allen beim ersten Bild. Miguel wirkte wie ein stolzer Krieger aus alten Zeiten. Die hohen Wangenknochen, die Stella dezent konturiert hatte, der unauffällige Glanz auf den glatten Lippen, der hochmütige Blick, das schwarze, halblange Haar, das ihm der Wind um das Gesicht wehte, ließen ihn aussehen wie den einsamen Wolf, der er sicher auch war. Stella klickte durch die Fotos, ließ sie zwei, drei, vier Sekunden stehen, bevor sie zum nächsten überging. Sie zeigten Miguel von einer anderen Seite, seine Verletzlichkeit, die er mit seinem bissigen Verhalten überspielte, seinen Stolz und den Schmerz, den er gewiss auch in seinem Leben kennengelernt hatte. Auf jedem Foto sah Miguel schlicht atemraubend aus. Aber der Abschuss waren die »Kriegsbilder«, wie Stella sie nannte. Das Gold auf seinen Wangen, die Posen, die sie dazu gewählt hatten, der wilde Blick in Miguels Augen, all das wirkte außergewöhnlich – und gefährlich. Ja, er war das Raubtier und auch hier war sich Stella sicher, dass der Effekt bei der weiblichen Fangemeinde nicht ausbleiben würde.

»Versteht ihr jetzt, warum ihr bei eurem Auftritt einfach nur gut sein müsst?«, fragte sie in die Stille hinein. »Wenn ich diese Bilder ins Netz stelle, dann hoffe ich auf ganz viele Abonnenten!«

Die Männer brauchten tatsächlich eine ganze Minute, bis sich ihre Starre endlich löste, sie erneut durch die Alben klickten, lachten und in die Zukunft träumten.

Keine Frage, sie waren motiviert bis in die letzte Haarspitze und endlich wirklich bereit, Stellas Plan zu folgen.

♪♪♪

Am nächsten Tag begleitete Stella die vier zu Johns Studio in Sant Joan, um von der Generalprobe Aufnahmen zu machen.

Sant Joan war ein kleines Dorf im Norden, der Hippie- oder Aussteigerecke Ibizas, das sie mit Sam noch nicht erkundet hatte, und so blickte sich Stella während der Fahrt neugierig um. Fruchtbare Felder und ausgedehnte Wälder erstreckten sich vor ihrem Auge. Es duftete intensiv nach Lavendel und wildem Knoblauch. Bauernhöfe und Fincas sprenkelten die wildromantische Landschaft, die mit phönizischem Wacholder, Zistrosen, Ginster, Zitronen-, Mandel- und Johannisbrotbäumen bewachsen war. Weiter unten schmiegten sich kleine, einsame Badebuchten in die schroffe Felsküste. Sant Joan selbst war ein kuscheliger, kleiner Ort, umgeben von Pinien und Orangenbäumen, mit weiß getünchten Häusern, einer Kirche, einem Friedhof, drei Bars und einem kleinen Markt, an dem selbstgebackenes Brot, Lavendelhonig, Biogemüse und Dinge wie Räucherstäbchen, Gebetsflaggen, Klangschalen, Armbändchen, Trommeln und Flöten verkauft wurden.

»Das ist die absolute Love-and-Peace-Gemeinschaft hier oben«, erklärte ihr Sam. »Die sind alle in den 70ern und 80ern gekommen und geblieben.«

»Und hier wimmelt es nur von Heilern, Schamanen, Tarotkartenlesern, Meditationslehrern und was nicht alles«, fügte Derek mit einer Grimasse hinzu. »Nicht mein Ding, das ›OM-Gesäusel‹ und die Gebetskreise, die die hier veranstalten.«

»Gebetskreise?«, fragte Stella überrascht.

»Na ja, die nennen das Satsang. Da treffen sich alle und singen Mantras ... echt gruselig.«

»Überhaupt nicht«, wandte Jamie ein. »Das musst du mal mitmachen, Stella, hör nicht auf diesen alten Stoffel, der hat überhaupt keine Ahnung!«

Sie verloren sich in ihren Kabbeleien, was Stella die Gelegenheit gab, die Umgebung noch ein wenig mehr auf sich wirken zu lassen.

Es war schön hier. Ein Zauber lag über diesem Stückchen Erde und sowie sie aus dem Wagen stieg, ergriff sie eine wohltuende Ruhe. Es war, als ticke die Uhr hier langsamer, als würde hier die Zeit noch geschätzt und intensiver gelebt. Die Luft war durchtränkt von einer Energie, die ihr Frieden und Gelassenheit schenkte und sie still werden ließ.

John lebte etwas abseits vom Dorf in einem alten Bauernhof und sie freute sich, ihn wiederzusehen.

»Danke, dass du den Jungs die Möglichkeit zum Üben gibst«, begrüßte sie ihn.

Wieder hielt John ihre Hand lange in der seinen und auch das tat gut. Es strömte etwas Gutes aus seinen Fingern.

»Ich sehe ja, dass sie es ernst meinen«, antwortete er mit einem Augenzwinkern. »Und die Songs, die sie spielen, sind natürlich genau mein Ding!«

Sie lachte. »Ja, kann ich mir denken! Trotzdem hoffe ich, dass wir deine Gastfreundschaft nicht über Gebühr beanspruchen ... beziehungsweise sie dir auf Dauer vergüten können.«

»Das ist schon okay«, erwiderte John und ging voraus in das Studio, in dem er einen kleinen Imbiss vorbereitet hatte. Auf einem sauberen Tuch lagen knuspriges Brot, Tomaten, Oliven, Schälchen mit Öl und Früchten.

»Oh«, Stella drehte sich zu ihm um. »Das ist so lieb von dir!«

Nun wusste sie, woher Sam den Korb mit all den guten, frischen Sachen an ihrem ersten Abend bekommen hatte!

Die Jungs spielten sich ein. Sie hatten das Programm noch um ein paar Feel-Good-Songs erweitert und Stella fand viele Motive für ihre Fotos. Nach einer kurzen Mittagspause begann die Generalprobe und sie hoffte, ein paar gute Aufnahmen für YouTube mitschneiden zu können. Zusammen mit John saß sie am Rande des Zimmers auf einer kleinen Couch und freute sich schon auf die Lieder.

Doch je länger sie zuhörte, desto enttäuschter wurde sie. Sie warf John einen kurzen Seitenblick zu – auch sein Gesicht trug einen kritischen, unzufriedenen Ausdruck.

Gerade begann Sam mit »Hey, Jude« und es klang so völlig anders als beim ersten Mal, dass Stella aufstand und die Vorstellung unterbrach.

»Leute«, sagte sie, »tut mir leid, ich weiß nicht, warum, aber das hört sich total daneben an! Ganz anders als an den zwei Abenden, an denen ich dabei war! Da fehlt was!«

»Was soll denn fehlen?«, fragte Sam verdattert. »Wir haben uns beim letzten Song nicht ein einziges Mal verspielt!«

»Mir wäre es lieber, ihr würdet euch ab und zu verspielen, aber dafür ein wenig mehr Gefühl in die Sache geben«, erwiderte sie. »Ich weiß nicht, Sam, aber dein ›Yesterday‹ klang so … so seelenlos!«

»Spinnst du? Das denkst du nur, weil wir hier im Studio sind! Hier ist kein Publikum, keine Bühne und da …«

»Nein, ich glaube nicht, dass es daran liegt«, unterbrach sie ihn, in Gedanken versunken und auf der Suche nach einem möglichen Grund. »Sing du doch mal den Song, Jamie.«

Sams Gesichtszüge entgleisten. Stella bekam es nicht mit. Aber sie spürte plötzlich John hinter sich wie einen warmen Ofen und er sagte:

»Ist nicht schlecht, den Song unterschiedlich zu proben. Das erhöht das Improvisationsvermögen.«

Jamie war rot geworden, zögerte, warf Sam einen Blick zu, doch der sah stur geradeaus und sagte kein Wort mehr. Derek blickte zu Boden und um Miguels Mund erschien ein zynisches Lächeln.

»Na, los, Jamie«, ermunterte ihn Stella, die sich lediglich über die seltsame Stimmung im Raum wunderte.

»Okay, dann …« Jamie warf noch einen Blick auf Sam, rückte seine Gitarre zurecht, schloss die Augen und – wartete.

Es war wie ein innerer Countdown – das Vorbereiten der Seele auf einen besonderen Moment. Die Konzentration auf eine innere Energie, aus der heraus sich alle Manifestationen speisten. Töne, Gedanken, Objekte, Menschen … alles. Jamie sank in diesen Sekunden so deutlich nach innen, dass Stella sich wie von einem starken Strudel gepackt fühlte, der sie zu einem zentralen Punkt in ihr zog, zu einem ruhigen, stillen, unglaublich mächtigen Punkt. Ihr wurde fast schwindlig dabei. Sie konnte Jamies Versenkung so deutlich spüren als wäre es ihre. Und als seine Stimme in den Raum drang, war das wie eine sanfte Explosion, wie das Freilassen dieser Energie in Form von Tönen und Worten. Es war etwas so Verbindendes, dass allen, selbst den Bandmitgliedern die Luft wegblieb und jeder von dieser Magie erfasst wurde. Als Sam die zweite Strophe übernahm, war das Feeling nicht nur vollständig wieder da, sondern stärker und intensiver als jemals zuvor.

Stella spürte, wie ein Prickeln über ihren gesamten Körper lief und sich ihre Körperhärchen aufstellten, als wollten sie der Stimme nachlauschen. Als der Song endete, brachte sie kein Wort hervor. Alle waren still. Der Klang war im Raum, sättigte die Luft und instinktiv wollte das keiner zerstören. Doch endlich erhob John seine Stimme.

»Jungs«, sagte er. »Das ist es. Wenn ihr das auf die Bühne bringt, ist es egal, welches Lied ihr spielt. Dann gehört euch die Welt.«

»Genau«, pflichtete Stella ihm bei. »John hat recht. Das ist es. Diese Tiefe. Das hab ich bei dir gespürt, als du ›Hey Jude‹ gespielt hast, Sam. Da war einfach dein Herz dabei.«

Sam saß auf dem Barhocker, den Unterarm auf der Gitarre, den Blick auf den Boden gerichtet. Erst ein paar Sekunden nach Stellas Satz hob er den Kopf und sah sie mit einem sonderbaren Blick an. Stella erschrak und wieder wurde ihr klar: Da gab es noch viel zu ergründen.

♫ Gold ♫
Andreya Triana

Mit Derek trieb sie an diesem Abend noch eine Möglichkeit auf, wo sie am nächsten Tag üben konnten, und machte sich schließlich müde auf den Heimweg. Zu ihrer Überraschung war Sam schon zu Hause. Es drängte sie, mit ihm zu reden, aber er zog sie wortlos auf die Matratze, knöpfte ihre Bluse auf und vergrub sein Gesicht in ihrem Busen. Die körperliche Anziehung zwischen ihnen war ungebrochen, die vertraute beiderseitige Erregung schoss in Sekundenschnelle nach oben. Sam verschloss ihr mit wilden Küssen den Mund, seine Hände strichen versiert über ihren Körper, drückten hier, pressten da, bis sie sich unter ihm wand und ihm ihre prallen Formen entgegendrängte.

»Was ist das nur zwischen dir und mir?«, murmelte er. »Ich berühre dich mit einem Finger und kann mich nicht mehr beherrschen. Du bist so weich, so biegsam, so …«

»… pummelig … «, vollendete sie und errötete. »Das macht alle Männer an. Aber am Schluss gehen sie doch lieber zu einer Frau mit Traummaßen.«

»Welche Frau hat schon Traummaße?«, gab er zurück.

»Leider ziemlich viele«, antwortete sie.

»Hey Stella«, sagte er zärtlich. »Für mich hast du Traummaße. Ich liebe deinen Körper. Ich liebe es, ihn zu streicheln und all diese verrückten Dinge mit dir zu machen.«

Stella hielt ein wenig die Luft an, wartete auf mehr als nur »Ich liebe deinen Körper«. Aber Sam sagte nichts mehr. Er lag hinter ihr, hielt sie im Arm und schien mit seinen Gedanken woanders zu sein.

»Sam?«, fragte sie. »Warst du heute sauer, als ich Jamie bat, den Song zu singen? Als ich mit deiner Version nicht zufrieden war?«

»Sauer? Meinst du, ich bin eifersüchtig? Auf Jamie? Warum sollte ich das sein?«

Er drehte sie auf den Rücken und sah ihr in die Augen. »Hab ich denn Grund auf ihn eifersüchtig zu sein?«

Die Frage war mehrdeutig und der wachsame Ausdruck in Sams Augen beunruhigte sie. Bewusst bezog sie ihre Antwort auf das Persönliche:

»Nein, Sam, wo denkst du denn hin!«

In seinen Augenwinkeln zeigte sich ein winziges Lächeln – und obwohl sie das Gefühl hatte, dass es ihn nicht durchdrang, war sie einfach nur froh, dass es keinen Streit zwischen ihnen gab. Das reichte ihr.

♫♫♫

Es war so weit: Der erste Auftritt stand an, ausgerechnet in der Bar, in der Stella See-Star das erste Mal gehört und mit dessen Inhaber sich Sam gestritten hatte.

Als sie dort aufkreuzten, war der Wirt schwer versucht, sie wieder hinauszuwerfen.

»Moment mal«, sagte er aufgebracht. »Das ist jetzt nicht euer Ernst! Ist das eine neue Art von Verarsche? Ihr habt mich schon mal einen ganzen Abend Umsatz gekostet!«

»Nur die Ruhe«, sagte Stella. »Neuer Name, neues Programm. Sie können uns nach der ersten Runde rausschmeißen, wenn es Ihnen nicht gefällt.«

Der Wirt war keineswegs beruhigt und warf alle fünf Minuten misstrauische Blicke zu ihnen hin. Der Auftritt selbst war erst nach 22:00 Uhr geplant und missmutig servierte er ihnen ein Essen. Stella orderte auf ihre Kosten noch für alle einen Espresso, weil sie den Inhaber weder verärgern noch ausnutzen wollte, und schwor die Männer auf die Vorstellung ein.

»Das, was Jamie gemacht hat, war grandios«, sagte sie zu ihnen. »Wenn ihr auf der Bühne seid, Derek, haust du auf dein Schlagzeug, damit die Leute ruhig werden, und dann – wartet. Zählt bis zwanzig. Minimum. Auch, wenn ihr Hummeln im Hintern habt. Nutzt diese Sekunden. Geht in euch. Und erst danach fangt ihr an.«

Sie spürte, dass es den Männern, bis auf Jamie, der ja fast noch ein Kind war, nicht passte, so instruiert zu werden. Stella mischte sich in alles ein – hatte selbst bei ihrer Bühnenkleidung mitgeredet – aber sie fügten sich. Es war für sie neu, mit einem Management zu arbeiten und wenn Stella in der kurzen Zeit eines gelernt hatte, dann, dass sie weder zögern noch zaudern durfte, sondern klar und bestimmt sein musste.

Und so hielten sie sich an ihre Anweisung – und schufen damit schon das erste außergewöhnliche Element ihrer Darbietung: Es gab keine Schreie und Rufe, keine überdimensionierte Moderation, sondern einfach nur Stille. Auf einer Party-Insel wie Ibiza, mitten im absoluten Touristenhochnest, war das dreimal ungewöhnlich. Musiker wie Publikum spürten den Unterschied und diese überaus delikate Pause gab jedem Gelegenheit, aufmerksam zu werden, um das Kommende zu schätzen.

Von ihrem Platz aus sah Stella, wie Sam sich sammelte, wie er, schon aus reinem Lampenfieber, in sein Inneres sank und dort unwillkürlich Hilfe suchte. Sie konnte förmlich sehen, wie sich sein Herz öffnete – und dass ihn dieser Akt Mut kostete. Diese Beobachtung rührte sie zutiefst und eine immense Liebe für ihn wallte in ihr empor. Nicht, weil er perfekt war, einfach deswegen, weil er sich so bemühte, an sein Innerstes zu kommen. Sam stand mit geschlossenen Augen vor dem Mikro, die Gitarre einsatzbereit um den Hals, und schon der erste Ton, den er von sich gab, war so angefüllt mit dem, was da gerade in seinem Inneren ablief, dass Stella ein Seufzen entfuhr.

Sanfte Klänge und sehnsuchtsvolle Stimmen durchsetzten den Raum, erreichten die Zuhörer, zauberten ein überraschtes, erfreutes Lächeln auf ihre Gesichter und es dauerte keine zwei Songs, bis sie mitwogten und mitsangen und sich alle mit einem weichen Ausdruck in die Augen sahen.

Stellas Blick schweifte zum Wirt. Er nickte anerkennend, hob den Daumen und befriedigt lächelnd lehnte sie sich zurück. Das Programm steigerte sich bis hoch zu den Feel-Good-Songs mit fröhlicher Stimmung, um in der dritten Runde wieder tiefer zu werden. Sie hatten beschlossen, »Hey Jude« als letztes zu spielen, weil es ein offenes Ende hatte und die Leute mit dem »Naananananananaa« richtig mitgehen konnten. »Imagine« hingegen war die Zugabe, von der sie hofften, dass sie verlangt wurde.

Aber es wurde nicht nur eine Zugabe verlangt. Sie kamen so gut an, dass sie fast noch eine komplette, vierte Runde anhängen mussten, weil die Leute so tobten und der Inhaber verpflichtete sie ad hoc zu zwei Folgeaufträgen (mit Eintritt), die er selbst begeistert auf der Bühne ankündigte.

Nach der Vorstellung hatte Stella noch eine Überraschung für die Jungs parat. Als sie von Mädchen und Frauen sowie enthusiastischen Musikliebhabern umringt waren, drängelte sie sich auf die Bühne, drückte jedem Fotokarten mit den heißesten Motiven von ihnen in die Hand, einen Filzer dazu und flüsterte: »Gebt Autogramme!«

Das Rad war angelaufen.

Glücklich und aufgedreht gingen sie danach noch in einen Club und feierten. Mit vielen, ihr fremden Menschen, die ihr in dieser Nacht so nah waren, bewegte sich Stella im gleichen Rhythmus, im gleichen Takt. Sie fühlte sich so voll – jedes Leid war verschwunden. Weit breitete sie ihre Arme aus und drehte sich selbstvergessen um sich selbst.

Zwei Arme schlangen sich von hinten um sie und machten ihr Glück vollkommen.

»Hey, meine süße Dancing Queen«, flüsterte ihr Sam ins Ohr. »Lass uns gehen und privat weiterfeiern.«

Stella hätte nie gedacht, eine so satte zufriedene Liebe fühlen zu können – und das ein paar Wochen nach dem Desaster mit Rafael.

♫♫♫

Vier Männer zu managen, die den Müßiggang und ihre Freiheit gewohnt waren, war dennoch nicht leicht. Immer wieder musste sie die Gruppe auf Disziplin einschwören, machte sie ihnen klar, dass sie ihre Tage nicht einfach vergaukeln durften. Selbst Jamie, der doch neben Sam am dringlichsten nach vorne wollte, hatte immer wieder Einbrüche. Gerade um ihn kümmerte sie sich besonders. Sie weckte ihn per Handy, gab ihm

Privatschulungen über Zeitmanagement und Struktur, putschte ihn auf und ließ nicht locker. Sie forderte jeden in der Band, zwang sie zum Üben, zwang Jamie, seine Songs zu schreiben, obwohl er nach Luft schnappte und sagte:

»Stella, entschuldige, aber wann soll ich das denn machen? Wir treten nachts auf, üben am Nachmittag und …«

»Der frühe Vogel fängt den Wurm«, flötete sie süß und tätschelte ihm die Schulter. »Wenn du was werden willst, musst du hart arbeiten. Du bist jung, Jamie, jetzt kannst du das noch machen, dein Körper hält das aus. Wenn du es geschafft hast, kannst du gerne Dampf rausnehmen, aber doch nicht in dieser Phase!«

»Fällt mir nicht leicht.«

»Verstehe ich nicht. Ich meine, wenn ich mir Derek anschaue, der will einfach nur dabei sein. Aus Miguel wird keiner richtig schlau, ich vermute, er sucht in der Band eine Art Zuhause. Aber Sam und du – ihr wollt es schaffen, ihr wollt an die Spitze und tut verhältnismäßig wenig dafür.«

»Es ist einfach schwer, alte Gewohnheiten aufzugeben. Keiner von uns weiß, was Konsequenz ist. Und … keiner von uns hatte eine leichte Vergangenheit. Die streifst du nicht einfach so ab.«

Sein Ton war düster und Stella spürte seine Angst, dass diese unguten Gewohnheiten ihn in ihrem Bann hielten. Instinktiv legte sie ihren Arm um ihn. Jamie hatte ein so liebes Wesen. Sie wollte nicht, dass er sich schämte, und schon gar nicht vor ihr.

»Hey, Jamie«, sagte sie sanft. »Wir sind alle hier, um zu lernen und um besser zu werden. In jeder Hinsicht. Darum geht es doch im Leben.«

Sie biss sich auf die Lippen und fuhr fort: »Weißt du, eine … ähm … Bekannte hat mal gesagt, dass alles, dem man im Außen begegnet, dem Inneren entspricht. Das ist manchmal nicht schmeichelhaft, aber leider wahr.«

»Dann verstehe ich die Welt noch weniger«, erwiderte Jamie.

»Aber warum?«, fragte sie erstaunt.

Es dauerte ein paar Sekunden, bis er antwortete.

»Weil … schau, ich komme aus einer Schicht, in der viele ein Alkohol- oder Drogenproblem haben. Meine Mutter war auf Crack, sie kümmerte sich kaum um mich. Mein Vater war doppelt abhängig – von der Flasche und vom Koks und obendrein hat er gedealt. Hat nicht lange gedauert, bis sie ihn gejagt haben. Ich glaube, ich war vier, als die Bullen das Haus stürmten. Meine Mom hatte gerade einen Freier bei sich und ich saß im Hundekorb in der Ecke und hab alles gesehen und gehört. Den Fick meiner Mom und wie die Bullen reinstürmten und meinen Dad wollten.

Sie dachten, er sei der Mann im Bett meiner Mutter. Alle haben geschrien, es war schrecklich laut und sie haben die ganze Wohnung durchsucht. Mom und ich hatten nicht mitbekommen, dass Dad heimgekommen war. Er hatte sich gerade eine Nadel setzen wollen und als er mitbekam, dass die Bullen da waren, hat er einfach die Dosis erhöht. Er war ziemlich sofort tot. Herzversagen. Weißt du, er lag in seiner eigenen Pisse und er sah so hässlich aus, als er starb. Für mich war das ein Schock … und es hat mich lange verfolgt. Na ja, es verfolgt mich immer noch. Die Szene ist in meinem Kopf und ich hab mir geschworen, dass ich nicht so enden will.«

Mitfühlend drückte Stella Jamies schmalen Körper enger an sich. Ihr fehlten die Worte. Jamies traurige Rückblende ließ sie an ihre eigene Kindheit denken – die in dieser Härte nicht mit der seinen vergleichbar war, aber trotzdem riss etwas in ihr auf, rührte Jamies Story auch an ihre zugepflasterten Wunden. Sie wollte das nicht und spürte doch, dass der Schmerz ein Wink war und nicht etwas, was man nur überdecken sollte. Das alles blitzte durch ihren Kopf, setzte ein geistiges Post-it, das sich nicht wegschieben ließ. Ihr Herz klopfte, als sie heiser fragte:

»Wie ging es weiter, Jamie?«

In Erinnerungen versunken saß er im Schneidersitz vor ihr, ließ den Sand von einer Hand in die andere und wieder auf den Boden rieseln.

»Ich dachte, es wird besser. Ich verstand ja nichts«, murmelte er. »Ich war vier, ich wusste nicht, was Drogen waren, was meine Mutter da machte, wusste nichts von sozialen Unterschieden und all dem Zeug. Mom versuchte ernsthaft, von dem Stoff wegzukommen, aber sie hat es nicht geschafft. Eines Tages ist sie einfach verschwunden und ihre Schwester hat mich aufgenommen. Ich habe meine Mom nie mehr wiedergesehen.«

Jamie weinte nicht. Das machte die Sache nicht leichter. Stella wäre es so viel lieber gewesen, wenn er es getan hätte.

»Sie hat nie wieder versucht, mit dir Kontakt aufzunehmen?«

Er langte in seine Brusttasche und holte einen in Plastikfolie gehüllten Zettel heraus. Vorsichtig entfaltete er ihn und reichte ihn Stella. »Das ist alles, was ich von ihr habe.«

Zögernd nahm sie den abgenutzten Zettel entgegen.

»Hallo mein Kleiner«, stand da und allein diese Worte ließen schon die Tränen in ihre Augen steigen. »Ich hab kein gutes Leben geführt. Hab dir kein gutes Leben bieten können. Ich bin auf speed, ich bin am Ende. Hab nur einen Rat für dich: Mach was aus deinem Leben. Mach es besser als ich. Sei mein Engel. Zeig mir, dass es geht. Zeig dir, dass es geht. Deine Mom.«

»Jamie«, flüsterte Stella. »Das … das ist viel. Sie hat dich geliebt. Sie hat dich ehrlich geliebt.«

»Findest du? Dann ist Liebe wirklich etwas sehr Seltsames.«

»Wie … wie erging es dir bei deiner Tante?«, fragte Stella mit zugeschnürter Kehle.

»Sie war sehr streng. Sie hatte selbst Kinder, die sie durchfüttern musste. Es war kaum Geld da. Wir sind alle nur so mitgeschleift worden und bei jedem waren mein Onkel und meine Tante froh, wenn sie aus dem Haus waren und endlich ihr eigenes Leben führten.«

Stella gab es einen gewaltigen Stich und unwillkürlich schloss sie die Augen. Wie innen so außen. Die Welt ist ein Spiegel. Warum erzählte ihr Jamie diese Geschichte?

»Wie bist du dann zur Musik gekommen?«

»Durch die Schule. Ich hatte einen guten Musiklehrer, der mir seine alte Gitarre geschenkt hat. Da war ich zehn. Die Gitarre wurde mein Freund. Sie hat immer geantwortet, wenn ich mit ihr gesprochen habe. Und ich habe mit ihr gesprochen. Tag und Nacht habe ich geübt. Mit fünfzehn bin ich abgehauen, seitdem schlage ich mich irgendwie durch. Und Anfang dieses Jahres habe ich Sam kennengelernt. Er ist in einem Pub aufgetreten und ich mochte nicht, was er machte. Aber trotzdem kam er beim Publikum an. Vielleicht, weil er so gut aussieht, keine Ahnung, aber die Mädels hingen an ihm dran und haben ihn teilweise durchgefüttert. Sam hat sich um mich gekümmert. Er hat mir Essen zugesteckt und ab und zu Geld. Wir haben zusammen gespielt, manchmal einfach nur so auf der Straße, aber es hat für eine Mahlzeit gereicht. Dann hat er mir vorgeschlagen, mit nach Ibiza zu kommen und eine Saison zu spielen, Kohle zu machen und etwas Ernsthaftes aufzubauen. Ich mag seine Musik nicht, aber ich fühlte mich ihm verpflichtet. Und Ibiza, Sonne und Meer … das klang gut. Und nun bin ich hier.«

»Ja, nun bist du hier«, wiederholte Stella, in Gedanken versunken. »Aber ich habe eine Frage an dich: Als ich Sam das erste Mal traf, ist er Businessclass geflogen. Wie konnte er sich das leisten, wenn ihr alle so abgebrannt seid?«

Jamie wand sich. »Das ist eine Frage, die du besser ihm stellen solltest.«

»Er wird sie mir vielleicht nicht beantworten.«

»Das kann sein. Aber er wird sauer sein, wenn ich das tue.«

»Und wenn ich dir schwöre, nie zu verraten, woher oder dass ich es weiß?«

»Hey, Stella«, sagte Jamie, sich unwohl fühlend. »Gerade sieht es so aus, als ob wir mit dir die Kurve kriegen. Das will ich nicht kaputtmachen. Du bist meine Hoffnung. In diesen paar Wochen ist so viel geschehen, dass sich mein Kopf dreht. Diese Wahnsinnsauftritte, der Applaus von den Leuten … ich habe zum ersten Mal in meinem Leben einen Kalender und einen Stundenplan, ich kann dir gar nicht sagen, was mir das bedeutet! Womöglich schlafe ich demnächst sogar in einem Bett!«

»Wo schläfst du denn jetzt?«, fragte sie entgeistert.

»Am Strand. Auf dem Boden einer WG, wenn sie mich reinlassen. Im Zelt. Neulich bei John oben im Schlafsack vor dem Kamin. Das war schön.«

Völlig erschüttert sah sie ihn an. »Machen das die anderen auch so?«

»Klar«, erwiderte Jamie erstaunt, als sei das das Normalste der Welt. »Aber ich habe auch eine Frage: Du hast gesagt, dass das, was wir im Außen erleben durch das Innere produziert wird. Das verstehe ich nicht. Womit habe ich solche Eltern, solche Umstände und so ein Leben hervorgerufen, wenn ich doch ein Kind war? Ich habe doch nichts verbrochen!«

»Nein, das hast du nicht«, sagte sie erstickt. »Das hast du ganz sicher nicht. Es ist auch völlig egal, wo du herkommst, es ist nur entscheidend, wo du hinwillst. Es ist egal, was dir passiert im Leben, solange du aus dem, was dir passiert, etwas Positives machst. Du hattest kein leichtes Leben, ja, aber du kannst dafür sorgen, dass deine Kinder nicht das erleben, was du erleben musstest. Du bist in absolute Tiefen hinabgetaucht und kannst umso höher steigen, weil diese Tiefe dein Hebel ist. Verstehst du, was ich sagen will? Dein Leben war nicht rosarot, ganz und gar nicht. Aber der liebe Gott hat dir ein fühlendes Herz mitgegeben, einen Kopf, mit dem du Dinge ändern kannst und ein unglaubliches Talent. Und ich weiß, dass du das, was du erdulden musstest und das, was du an Weisheit rausziehst, in deine Songs einfließen lässt – das macht sie so schön. Das könntest du nicht, wenn du nur Highlife gehabt hättest.«

»Bedeutet das, man muss leiden, um gut zu werden? Oder zu dieser Tiefe zu gelangen? Das wäre ein hoher Preis.«

»Nein«, erwiderte sie, in Gedanken versunken. Ihr war, als erkläre sie sich gerade selbst ihr Leben. »Es bedeutet nur, dass man Leid transformieren und etwas Gutes daraus machen kann. Dass Leid nichts Schlechtes sein muss. Vielleicht machen wir nur in unserem Kopf etwas Schlechtes daraus.«

»Mag sein, aber ich kann meiner Mutter nicht verzeihen. Hat deine Freundin vielleicht auch einen guten Spruch für so etwas?«

Stella mochte es nicht, an Eileen erinnert zu werden, aber ihr wurde klar, dass ihre Ex-Freundin tatsächlich oft versucht hatte, etwas in ihr zu verändern. Aber sie, Stella, hatte nie hingehört, hatte nur gewollt, dass alles wieder gut war, ohne etwas dafür zu tun. Sie wurde sehr nachdenklich.

»Sie hätte wohl gesagt, dass es besser ist, Liebe in die Welt zu schicken, als böse Gedanken und Gram über das Erlebte«, sagte sie leise. »Ich meine, klar, dass wir das verarbeiten müssen … Aber niemand hat was davon, wenn wir uns im Leid verankern. Wir belasten uns nur selbst immer wieder aufs Neue und machen nichts besser. Deine Mutter hat dir geschrieben. Sie hat gesagt: ›Sei mein Engel‹, weil sie es selbst nicht sein konnte. Aber das hindert dich nicht daran, einer zu sein. Und vielleicht war es ihr größter Liebesakt, dich zu verlassen, weil sie dir eine Chance geben wollte – weil sie wusste, dass du mit ihr untergehst.«

Jamie war nicht zufrieden. »Wie kann ich Liebe in die Welt geben, wenn ich nicht weiß, was das ist? Das ist nicht realistisch!«

»Aber wie willst du sie jemals entdecken, wenn du nicht danach suchst?«, gab sie zurück. »Und was ist realistisch? Realistisch ist das, was wir für möglich halten. Dann tun wir etwas dafür. Aber wenn wir es von vornherein als unrealistisch abtun, wie soll es dann entstehen? Und willst du mir wirklich sagen, dass du Liebe für unrealistisch hältst? Ausgerechnet du? Was ist das denn, was ich in deinen Songs spüre? Pure Liebe! Und was wäre, wenn du einfach anfängst, die Welt zu lieben – dich zu lieben, dann veränderst du dein Inneres und damit verändert sich auch das Außen … Würde das nicht eher etwas in dir heilen, als Marihuana zu rauchen und zu versuchen, die Welt zu vergessen?«

In Jamies Augen blitzte etwas auf. Stella hingegen war von ihren eigenen Worten aufgewühlt, trotzdem konzentrierte sie sich weiter auf Jamie:

»Weißt du, wenn du überwindest, was du erlebt hast, haben deine Songs umso mehr Aussagekraft und berühren umso mehr Menschen. Vielleicht bringst du etwas in ihnen in Schwingung, das ihr Leben ändert. Und selbst, wenn es das nicht tut, dann tust du das für dich – damit du verstehst, damit du endlich weißt, was du wert bist und wer du wirklich bist. Schreib deine Songs für dich, Jamie. Damit es dir besser geht. Und hör auf, dieses Zeugs zu rauchen. Deine Mom hat dir klar gesagt: Geh einen anderen Weg.«

Jamie schwieg eine ganze Weile. Dann drückte er ihre Hand und sagte: »Danke, Stella.«

♫ Working Day And Night ♫

Michael Jackson

Sieben Auftritte in einer Woche – davon waren drei gleich cash bezahlt worden, die anderen wollten das Geld überweisen und Stella hatte dafür ihre deutsche Bankverbindung angegeben. Sie achtete darauf, dass sie Quittungen bekam, alles sauber auflistete und ihre Buchführung stimmte. Ihr Studium kam ihr dabei sehr zugute und mehr und mehr wurde ihr bewusst, dass das hier ein echter Job werden konnte.

Jedenfalls zahlte sie, als sie sich zum Frühstück trafen, an jeden der Jungs dreihundert Euro aus. Miguel starrte auf die Hunderter in seiner Hand und sein Ausdruck war wie immer unergründlich. Jamie freute sich wie verrückt und zeigte es auch, selbst Derek ließ sich zu einer Gefühlsregung herab. Sam drückte Stella an sich und strahlte sie an.

»Meine Dancing Queen!«, sagte er. »Was würden wir nur ohne dich machen!«

»Faulenzen, vermute ich«, erwiderte sie lakonisch und alle lachten. Stella merkte, dass sie das Motivieren richtig gut im Blut hatte und heizte nach:

»Alle Folgeaufträge wollen beim nächsten Mal Eintrittspreise verlangen, damit verdienen wir mehr. Jungs, lasst nicht locker! Bleibt dran! Jetzt müssen wir die eigenen Songs zuschalten und ein oder zwei Tage für YouTube-Aufnahmen blocken. Ich würde vorschlagen, wir nehmen schon Buchungen für das nächste Jahr entgegen. Dann wissen die gleich, dass ihr mehr als gefragt seid… «

Sie sprudelte und schwärmte und malte ihnen eine Zukunft aus, von denen sie alle bisher nur geträumt hatten, aber sie betonte immer wieder, dass das harte Arbeit und Disziplin erforderte.

Es war anstrengend, jeden Abend aufzutreten, aber der Erfolg machte viele Mühen leichter. Dennoch ließ Stella ab und an die nachmittäglichen Proben ausfallen, einmal, weil der Übungsraum Geld kostete, zum anderen, weil sie einsah, dass die Jungs Erholung brauchten und ihre Stimmen nicht dauerhaft strapazierbar waren.

Ansonsten peitschte sie sie voran, entwickelte neue Ideen für die Show, machte Werbung auf Facebook und dokumentierte die Ausgaben, die sie von ihrem eigenen Geld bestritt. Die Hälfte ihres kleinen Vermögens war schon weg – aber sie war zuversichtlich, das Geld am Ende der Saison wieder hereinholen zu können.

♫♫♫

Ihre sonnigen Tage begannen um acht mit Sam und einem gemeinsamen Frühstück unter stahlblauem Himmel. Sam kriegte sich vor Enthusiasmus nicht ein und schrieb mit Feuereifer neue Songs mit Jamie. Er hatte ein Händchen für Texte, eine gute Stimme dazu, und war neben Miguel der Blickfang der Gruppe. Die Frauen standen auf ihn und er genoss das Bad in der weiblichen Menge. Aber auch Stella genoss das irgendwie, Rafaels Behauptung im Kopf, sie könne eine Sahneschnitte wie Sam nicht halten. Denn schließlich und endlich war sie es, die er herzte, küsste, liebkoste, zur Ekstase trieb und von der er seine Finger nicht lassen konnte.

Oh, sie war glücklich! So glücklich! Sie wusste gerade gar nicht, wohin mit so viel Glück! Ihre Augen strahlten, ihr Haar glänzte und wenn sie lachte, lachte alles an ihr mit.

Inzwischen hatte sie Flyer drucken lassen, die sie ihren Kunden in die Hand drückte und an werbewirksamen Plätzen verteilte. Sie ließ sich nach jedem Auftritt Empfehlungsschreiben geben, mit denen sie unbekannte Lokale aufsuchte. Mit steigendem Erfolg und dem Ruf, der ihnen schon nach wenigen Wochen vorauseilte, rannte sie bei so manchem offene Türen ein, und zwei Mal war es sogar vorgekommen, dass sie angerufen worden war.

Ihr Ziel war, For a better World auf eine große Bühne zu bringen, aber das war völlig undenkbar mit einem Programm, das aus gecoverten Songs bestand. Sie brauchten eigene Lieder – und zwar so viele, dass es für ein Konzert reichte. Daher trieb sie alle unerbittlich weiter, pikste auch Derek und Miguel an, sie mögen sich im Songschreiben versuchen, aber da war tote Hose. Allerdings bekamen die beiden so sehr Angst, dass man sie ersetzen könnte, dass an dieser Front vorerst Ruhe herrschte.

Auch in den sozialen Netzwerken bewegte sich einiges. Die Likes stiegen an, jedes Bandmitglied hatte eine eigene Fangemeinde und die Anzahl der Kommentare unter den geposteten Fotos wurde immer größer.

»Der sieht sooo scharf aus … diese Goldstreifen im Gesicht! To-tal – gen-ial!«

»Und der mit dem Anzug … heiß!«

»Mir gefällt Jamie am besten, der ist sooo süß!«

»Neuneinhalb Wochen mit Derek … Kinder, das wär's!«

Stella machte Fotos, Stella postete. Sie war auf Twitter, Instagram und allen wichtigen Portalen unterwegs. Die Fangemeinde wuchs.

♫♫♫

Vier Wochen lebte sie nun auf Ibiza und befanden sich nach wie vor in der Startphase. Stella wollte noch mindestens einen weiteren Monat vergehen lassen, bevor sie das Thema Zukunft bei Sam anschnitt. Jetzt war Sommer, jetzt war Ibiza, jetzt lief gerade alles. Der Rest würde sich schon irgendwie ergeben.

Dann kam Sam eines Tages nach Hause gestürmt, riss die Tür auf, sah sie am Rechner sitzen und rief:

»Honey, ich hab eine Überraschung für dich!«

»Eine Überraschung?« Erstaunt blickte sie auf. Sam war total aufgedreht, um nicht zu sagen fiebrig.

»Ja! Genau! Komm mit! Du wirst Bauklötze staunen!«

Er hüpfte herum wie Rumpelstilzchen, konnte es kaum erwarten, bis sie endlich ihren Rechner schloss, stellte ihr sogar die Handtasche hin und warf ein paar Utensilien hinein. Eine blonde Haarsträhne fiel ihm ins Gesicht und seine Augen blitzten wie zwei Sterne. Sie musste lachen und drückte ihm einen Kuss auf den Mund. Ungeduldig sah er zu, wie sie noch mal ins Bad lief und einfach nicht fertig wurde.

»Komm schon«, drängelte er. »Das kannst du alles nachher machen.«

»Oh, wow, du wirkst ja total gestresst«, sagte sie leichthin und bewegte sich keinen Deut schneller.

»Stella! Bitte!«, rief er und erstaunt sah sie ihn an. »Es … es ist eine Terminsache«, stieß er hervor und trat von einem Bein aufs andere, als müsse er dringend aufs Klo.

»Sag das doch gleich! Bin fertig!« Sie schulterte ihre Tasche. Er packte sie an der Hand, rannte mit ihr den Gang vor und die Treppe hinunter. Erst auf der Straße wurde er etwas langsamer, weil Stella nicht so schnell hinterherkam.

»Du liebe Zeit«, hechelte sie. »Was ist denn mit dir los? Ist alles in Ordnung?«

»Ja, klar, alles in Ordnung«, sagte er und presste sie an sich. Sein Herz klopfte wie verrückt. Alarmiert fragte sie:

»Und du willst nicht sagen, worum es geht?«

»Nein, das siehst du gleich selbst.« Er grinste sie an, deutlich ruhiger und zog sie mit sich. »Ich hoffe, es freut dich! Aber ich muss nachher wieder los und habe nicht so viel Zeit.«

Sie waren etwa einen Kilometer Richtung Zentrum gelaufen, als er auf einen der neugebauten Apartmentkomplexe zuhielt und mit ihr eine großzügig gestaltete Treppe mit Messinggeländer hochlief. Alles hier war gepflegt und sauber.

Kurze Zeit später hielt Sam vor einer adretten Wohnungstür, zog einen Schlüssel aus der Hosentasche, sperrte auf und ließ sie eintreten.

»Voila!«, sagte er. »Unsere neue Bleibe für die nächsten Wochen!«

Staunend trat Stella in eine helle, sonnendurchflutete Zweizimmerwohnung mit einer modernen, hübschen Küchenzeile, einer kleinen Bar zum Essen und einem blitzsauberen Mini-Bad. Das Apartment war komplett eingerichtet mit Bett, Nachtkästchen, Schränken, einer kleinen Couch mit Couchtisch und einem Flachbildschirm an der Wand.

Sprachlos drehte sie sich zu ihm um.

»Sam, das ist ja traumhaft! Ein richtiges Bett! Wie … das können wir uns doch noch gar nicht leisten!«

»Doch! Das kostet uns nichts, meine Süße. Die Wohnung gehört einer Bekannten von mir. Sie ist die nächsten vier bis fünf Wochen nicht im Land und hat mir erlaubt, hier mit dir zu wohnen. Na, was sagst du nun?«

»Ehrlich? Das ist ja herrlich! Das ist so super! Und wir müssen nichts dafür bezahlen?«

»Nein, Sandra ist ja froh, dass jemand da ist. Sie will nur, dass wir saubermachen – und ruhig sind, wegen der Nachbarn. Das sind nämlich Spanner, die fragen alle aus und sie meinte, denen sollen wir am besten aus dem Weg gehen. Freust du dich?«

»Ob ich mich freue? Ich freue mich total! Hier scheint die Sonne rein! Ach, schau nur, es gibt sogar einen kleinen Balkon! Und das Bad! Ach, das Bad! Sam, das ist ja herrlich! Vier bis fünf Wochen, sagst du? Müssen wir danach wieder zurück in das Loch?«

»Nein, da gehen wir nie wieder hin, mein Engel. Glaub mir, ich habe mich abgrundtief geschämt, dass ich dich da überhaupt hingebracht habe. Und ich weiß, wir werden es schaffen, Honey. Mit dir zusammen ist die Welt einfach schöner – und in vier Wochen kann viel passieren.«

Damit sollte er recht behalten. Wie recht, ahnte er wohl nicht einmal selbst.

♫♫♫

Eine Stunde später hatte Sam alle ihre Habseligkeiten rübergebracht und Stella war entzückt, den Schrank benutzen und ihre Sachen aufhängen zu können. Zusätzlich motiviert stürzte sie sich wieder in die Arbeit.

Das Ding lief. Stella war fleißig, die Jungs machten ihren Job, waren gierig nach Applaus und sonnten sich in ihrem Erfolg. Jamie bekam extra Coachings von ihr. Er war wie im Fieber und nur noch mit Papier, Stift und seiner Gitarre anzutreffen. Oft starrte er in die Gegend, um dann wie von der Tarantel gestochen, aus seinem Beutel Schreibzeug zu holen, um seine Ideen festzuhalten.

Stella fachte die Attraktivität der Männer in der FB-Gemeinde an, indem sie begann, kleine Sätze unter die geposteten Fotos zu schreiben.

»Miguel – der einsame Wolf. Noch nie hat eine Frau es geschafft, sein Herz zu erobern.«

Damit löste sie eine virtuelle Kreischattacke aus, weil jede die Frau sein wollte, die das Herz des einsamen Wolfes knackte.

Unter Sams Bild kommentierte sie: »Es wird gemunkelt, es gäbe eine Frau in seinem Leben. Aber bisher hüllt er sich in Schweigen. Bist du das etwa?«

Auch für Jamie und Derek fand sie passende Worte und war erstaunt, wie sehr das zündete. Die Liste der selbst geschriebenen Songs hatte sich auf sechs erhöht und immer öfter wurden die Jungs auf der Straße angesprochen, immer öfter wollten Mädchen und Frauen Selfies mit ihnen.

Stella forderte auch im zweiten Monat ein Pensum von sechs Auftritten pro Woche und gönnte ihnen maximal einen Tag Pause. Den hatten sie auch dringend nötig. Die Jungs wurden immer ausgelaugter. Die Finger taten ihnen weh, Derek klagte über Rückenschmerzen und ab und zu war einer heiser. Noch gab ihnen der unvermutete Erfolg Kraft, aber es war abzusehen, dass es nicht mehr lange so weitergehen konnte.

Auch Stella sehnte sich nach Ruhe. An ihrem freien Tag fuhr sie oft mit Sam in den Norden. Dort machten sie Picknick auf den Klippen über dem Meer, aßen Paella in einem der Fischerdörfer oder legten einen Faulenzertag in der hübschen kleinen Wohnung ein.

Das Leben war einfach herrlich. Die Sonne schien, die Luft war klar, das Meer rauschte und Sam war bei ihr. Sam, der so fürsorglich war, am Sonntag Brötchen holte, Frühstück ans Bett brachte oder sich andere Kleinigkeiten einfallen ließ, die ihr zeigten, dass er sie liebte.

Ja, das Leben war herrlich, es war Freude pur und es wurde immer schöner.

♫♫♫

Ihr Handy klingelte. Es war ein Kunde, der sie für einen Auftritt buchen wollte.

»Wir sind eigentlich für diese Saison schon voll«, sagte Stella bedauernd. »Um welche Bar handelt es sich denn?«

»Keine Bar«, erklärte die Stimme ein wenig eingeschnappt. »Sie sprechen mit Lighthouse. Konzertveranstalter.«

Stella blieb die Luft weg und ihr wurde heiß.

»Lighthouse?«, krächzte sie. »Sind Sie sicher, dass Sie *For a better World* wollen?«

»Ganz sicher.«

»Ich weiß nicht, ob wir schon so weit sind. Das Programm besteht aus gecoverten Songs«, entgegnete sie. »Das ist für ein Konzert nicht ausreichend.«

»Aber ihr kommt super an. Ist mal was ganz anderes und wir möchten auch die Zielgruppe ansprechen, die auf Klassiker steht.«

»Okay«, sagte Stella verdattert. »Und wie sieht es mit der Bezahlung aus?«

Die Antwort ließ sie hüpfen, noch während sie telefonierte. Sie versuchte, so geschäftsmäßig wie möglich zu bleiben, aber es fiel ihr verdammt schwer, so sehr steckte ihr das Juchzen in der Kehle.

Als sie auflegte, entfuhr ihr ein kleiner Schrei. Sie hatte einen Auftrag über zehntausend Euro in der Tasche und musste ihre Jungs mit der Aussicht konfrontieren, vor circa tausend Leuten aufzutreten! Sie jubelte so laut, dass es schließlich an der Tür klingelte.

Mit leuchtenden Augen machte sie auf und stand ihrer Nachbarin gegenüber.

»Ist alles in Ordnung bei Ihnen?«, fragte die Frau. Sie hatte gelbes Haar, gelbe Finger vom Nikotin und war komplett sonnenverbrannt.

»Alles bestens«, bestätigte Stella. »Ich habe nur etwas sehr Erfreuliches erfahren und ein wenig zu laut gejubelt. Tut mir leid.«

Penetrant versuchte die Frau, in das Innere der Wohnung zu blicken. »Wer sind Sie denn überhaupt?«, fragte sie misstrauisch. »Ich wundere mich schon die ganze Zeit. Die Wohnung gehört doch Frau Möhlmann.«

»Das stimmt. Sandra hat sie uns für ein paar Wochen überlassen.«

»Davon hat sie mir gar nichts gesagt!«

»Ja, ist wohl alles ein wenig spontan abgelaufen.«

»Und woher kommen Sie? Wie heißen Sie? Und was machen Sie hier?«

»Ähm … Urlaub? Was man halt so macht auf Ibiza. Aber bitte entschuldigen Sie mich, ich habe was auf dem Herd …«

Freundlich aber bestimmt schob sie die Tür langsam zu. Aber die Frau war unsensibel und ober-neugierig. Erst als die Tür kurz vorm Zuschnappen war, hörte sie auf mit ihrer Fragerei.

Doch kaum war die Tür ins Schloss gefallen, packte Stella ihre Tasche, schminkte sich noch ein wenig und lief zum Veranstaltungsort, wo die Band gerade aufbaute.

»Leute, wir müssen reden!«, rief sie atemlos und versammelte alle um sich.

»Gute Idee«, knurrte Miguel. »Ich habe zu sagen was.«

»Okay, dann fangen wir mit deinem Thema an. Schieß los!«

»Tempo too much! Ich nicht können spielen jede night diese Scheiß!«

»Meinst du damit die Musik oder die vielen Auftritte?«, fragte sie.

»Komm schon, Miguel – ist doch nur eine Saison«, versuchte Sam zu beschwichtigen. »Das wirst du doch wohl durchhalten.«

Miguel machte ein saures Gesicht. »Stimme weg«, sagte er. »Wenn so geht weiter, ich keine Lust.«

»Dann hast du nicht das Zeug zum Profimusiker!«, rief Jamie, dem im Moment nichts zu viel wurde. Er erntete einen bösen Blick von Miguel.

»Warte, Jamie«, hakte Stella ein. »Miguel hat recht. Euch geht die Luft aus, wenn ihr jeden Abend dasselbe spielen müsst. So langsam müssen wir die neuen Songs einsetzen.«

»Das nicht alles«, beschwerte sich Miguel. »It's too much! Too much!«

»Ja, auch damit hast du recht«, gab Stella zu und alle schauten sie erstaunt an, war sie doch immer diejenige gewesen, die ihnen klargemacht hatte, dass es gerade nicht anders ging. Sie holte ihren Kalender aus der Tasche, legte ihn auf das Keyboard.

»Miguel, hältst du noch zwei Wochen durch? Denn das sind die Termine, die schon stehen. Danach gebe ich euch eine Woche frei und …«

»Eine ganze Woche?« Vier Gesichter starrten sie an. »Bist du krank?«, setzte Derek nach.

»Nein, stellt euch vor«, leuchtete Stella. »Heute hat Lighthouse bei mir angerufen und sie wollen, dass ihr ein kleines Konzert gebt. Nichts Großes, so an die tausend Leute. Sie wollen mal sehen, wie das ankommt. Damit hat jeder von uns zweitausend Euro verdient und ihr müsst nicht mehr so oft auftreten! Ich denke, das reicht für eine Woche.«

Ihre Sätze schlugen ein wie eine Bombe. Sie konnte die vielen »Fucks«, die die Männer in ihrer Verwirrung und Freude von sich gaben, gar nicht mehr zählen.

♫♫♫

Es ging alles Schlag auf Schlag. Tini rief sie an.

»Tataa!«, rief sie »Breaking News! Sieben Firmen haben geantwortet – du bist zu sieben Interviews eingeladen!«

Stella bekam Schnappatmung. »Sieben Bewerbungsgespräche! Ach du liebe Zeit! Wann sind die denn alle und von wem?«

»Hab dir alles eingescannt, halt dich fest: Die Serioso-Group ist dabei … Mensch, Stella, wenn du da reinkommst … Nach denen hat sich selbst Eileen die Finger geleckt!«

»Die Serioso-Group …« Stella wusste gar nicht, was sie denken sollte. Der Anruf brachte sie in eine Welt zurück, in der sie gar nicht mehr sein wollte. Vor allem aber machte er ihr klar, dass Entscheidungen anstanden. Sie biss sich auf die Zunge.

»Du freust dich ja gar nicht«, stellte Tini enttäuscht fest. »Und ich dachte, du machst einen Salto! Einen dreifachen natürlich.«

»Na ja ein Interview ist erst mal wie eine Prüfung«, stellte Stella fest. »Das bedeutet ja noch lange nicht, dass sie mich nehmen. Und außerdem läuft es hier grandios, Tini, ich kann dir gar nicht sagen, wie glücklich ich gerade bin!«

»Häh?«, machte Tini. »Warst du nicht vor Wochen noch heulend im Flieger gesessen?«

»Ja, stimmt, das ist alles so weit weg! Aber erst mal danke, Tini. Vielen Dank für deine Mühe. Mit einem Nachmieter hat sich noch nichts getan?«

»Interessenten gibt es massenhaft. Die wollen aber nicht bloß zum Herbst mieten, sondern länger. Wenn das ginge, wäre dein Zimmer morgen weg.«

»Weißt du was? Dann mach das. Vermiete das Zimmer bis März nächsten Jahres.«

»Bist du sicher? Wolltest du nicht nur bis Oktober bleiben?«

»Im Moment ist alles offen, Tini. Und wenn eines der Interviews klappt, weiß ich sowieso nicht, wo ich hinkomme.«

»Stimmt auch wieder«, gab Tini zu. »Die meisten Firmen haben ihre Niederlassungen ja nicht hier. Wer weiß, wo du im Winter sein wirst.«

Bei Sam, setzte Stella in Gedanken hinzu und ihr Herz flatterte. *Irgendwo in Schottland oder England, aber Hauptsache bei Sam.*

Sie konnte sich ein Leben ohne ihn nicht mehr vorstellen. Mit gemischten Gefühlen besah sie sich die Schreiben, die Tini geschickt hatte. Vor wenigen Wochen hätte sie tatsächlich Luftsprünge gemacht, aber jetzt … jetzt sah sie, dass sich die Interviewtermine über drei Wochen verteilten – das ging gar nicht! Aber diese Chancen sausen lassen, ohne zu wissen, wie es mit Sam weiterging …

»Was du tust, wenn Sommer ist weg?«, höhnte Miguel in ihr Ohr. Mit Wucht wurde sie mit ihrer Zukunft konfrontiert. Sie musste mit Sam reden – früher als gedacht.

♫♫♫

»Was soll das heißen, du musst weg? Was bedeutet das?«

»Es bedeutet, dass ich mich um meine Zukunft kümmern muss, Sam«, antwortete sie. »Ich habe studiert. Ich brauche einen festen Job und …«

»Du hast einen festen Job! Du managst eine aufstrebende Band!«

»Ja, aber Sam, du hast gesagt, es ist für den Sommer. Du hast gesagt, danach gehst du nach England … oder Schottland oder Gott weiß wohin. Was wird dann aus mir?«

»Du gehst natürlich mit!« Völlig verdattert blickte er sie an. »Stella, Darling, du wirst doch nicht glauben, dass ich auch nur einen Schritt ohne dich mache!«

Und als sie ihn sprachlos anstarrte, stieß er hervor: »Seit es dich in meinem Leben gibt, ist alles besser geworden! Alles! Seit du da bist, habe ich das Gefühl, alles schaffen zu können! Ich … du kannst mich nicht verlassen! Du darfst mich nicht verlassen, hörst du?«

Er war immer erregter geworden, bis er sie mit seinen letzten Worten an beiden Schultern packte und sie schüttelte: »Hörst du? Du gehst nicht fort! Du bleibst hier! Die Jungs werden sonst wieder machen, was sie wollen, wenn keiner da ist, der sie führt! Wir werden alle wieder in ungute Routinen fallen!«

»Aber Sam! Ihr habt einen Kalender, ihr kennt eure Termine und ihr habt ein festes Programm, das ihr schon zigmal abgespult habt!«

»Ja, ich weiß«, entgegnete er unglücklich. »Aber … wenn du nicht da bist … ich weiß genau, wenn du gehst, dann …« Er brach ab, biss sich auf die Lippen und sagte nichts mehr. Eine tief liegende Angst schien ihn zu beseelen und Stella spürte, dass sie an einem sensiblen Punkt angekommen waren.

»Dann ... was?«, fragte sie sanft nach. »Was ist dann, Sam? Sag's mir!«

»Dann stürzen wir wieder ab!«, brach es aus ihm heraus. »Ich weiß es genau!«

In Stella arbeitete es heftig nach dieser Aussage. Sam klang verzweifelt und hoffnungslos. Woher kam das?

»Sam«, begann sie wieder. »Wovor genau hast du Angst? Was meinst du mit ›abstürzen‹? Es ... es sind doch nur zwei Wochen, dann bin ich wieder hier.«

Hatte er Angst, sie würde nicht wiederkommen? Miguels Frage tauchte wieder auf: »Was du machst, wenn Sommer ist weg?« Und auf einmal wurde ihr klar, dass Miguel die Sache mit ihr und Sam von Beginn an weitblickender betrachtet haben mochte, als sie. Auch fielen ihr in diesem Zusammenhang einige Äußerungen und Blicke von Jamie ein, die sie bei manchen Diskussionen nicht hatte einordnen können. Irgendetwas hing in der Luft und sie musste herausfinden, was das war.

Aber Sam sah sie eindringlich und zutiefst erregt an und stellte eine Gegenfrage:

»Wirst du nach England mitkommen, Stella?«

»Sam«, antwortete sie zögernd. »Du weißt, ich kann dich in dieser anderen Musikrichtung nicht unterstützen. Das geht einfach nicht. Wovon sollen wir leben? Du hast gesagt, du schläfst mal hier, mal dort ... Ich meine, das ist nicht das Leben, das ich mir vorstelle. Ich brauche was Festes ... wir arrangieren uns schon, das wird schon irgendwie ...«

Unvermittelt brach sie ab. Den letzten Satz hatte sie wortgleich auch gegenüber Rafael geäußert, als sie das Auslandssemester gemacht und noch ein Praktikum angehängt hatte. »Es wird schon irgendwie« – und es war schiefgegangen. Die Situation wiederholte sich. Unsicher sah sie zu Sam. Er war ans Fenster gelaufen, sah stumm hinaus.

Still stellte sie sich neben ihn und schlang ihren Arm um seine Mitte. »Sam«, bat sie. »Bitte mach es uns nicht so schwer. Lass uns diese Saison zu Ende bringen, dann reden wir ausführlich darüber.«

Sam nickte, aber in seinem Kopf arbeitete es. Sie hätte zu gern gewusst, was ihn umtrieb. Aber er sagte kein Wort mehr.

♩♩♩

Auch Jamie machte ein langes Gesicht, als er hörte, dass sie für zwei Wochen nach Deutschland fliegen wollte, und äußerte sich ähnlich wie Sam:

»Hoffentlich stehen wir das durch ohne dich.«

»Jamie, ihr habt einen genauen Plan! Und ich rufe euch jeden Tag an, versprochen!«

Ein verständnisloses Lächeln umspielte ihren Mund. Männer! Sie waren wie kleine Kinder! Dennoch beunruhigten sie diese Reaktionen. Sie brannte auf das Gespräch mit Sam, wollte aber mit Tatsachen aufwarten können und erst die Bewerbungsgespräche hinter sich bringen.

Außerdem stand das Konzert an und das erforderte jede Konzentration. Die Jungs waren an der Grenze. Es war nicht leicht, jeden Abend eine gleich hohe Qualität abzuliefern und mit den immerselben Songs die Stimmung zu produzieren, die zu ihrem Markenzeichen geworden war. Miguel begann immer öfter zu schimpfen, er wolle »diese Scheiß« nicht mehr spielen, selbst Derek und Sam zeigten Ermüdungserscheinungen. Der Einzige, der dranblieb, war Jamie.

Immerhin: Das Geld floss. Im zweiten Monat waren für alle dreitausend Euro herausgesprungen und sie waren tatsächlich in der Lage, mit weniger Auftritten mehr zu verdienen.

Doch das Geld hatte auch seine Schattenseiten. Es veränderte die Jungs. Der Erfolg veränderte sie, jeden auf seine Weise, schleichend, nicht schnell, nicht plötzlich, aber unaufhaltsam. Bei der ersten Auszahlung waren sie einfach nur dankbar gewesen. Doch bereits nach dem zweiten Mal waren Derek und Miguel am nächsten Morgen nicht zu den Proben erschienen, weil sie sich am Abend zuvor komplett abgeschossen hatten. Stella machte ihnen unmissverständlich klar, dass sie diese Abstürze nicht dulden würde, und hielt ihnen eine kräftige Standpauke.

Derek guckte geflissentlich auf den Boden, aber Miguel packte Sams Gitarre, stierte sie an und zupfte in einem fort »Get back«, von den Beatles, den Song, den George, Ringo und Paul aus Protest gegen Yoko Ono, John Lennons neuer Frau, gespielt hatten. »Get back! Get back to where you once belonged …«

Stella biss die Zähne zusammen und ignorierte es einfach.

Aber als sie ihnen beim dritten Mal einen Teil des Geldes aushändigte, wurde schon gemotzt, dass sie nicht den gesamten Betrag auszahlte, sondern nur das, was sie selbst bar erhalten hatte.

Stella dachte über all das nach. War es das, was Sam und Jamie meinten?

♫♫♫

Das Konzert rückte immer näher und die Aufregung stieg. Lighthouse hatte kräftig die Werbetrommel gerührt und die Karten waren innerhalb von einer Woche ausverkauft gewesen. Das hatte selbst den Veranstalter überrascht und er ließ durchleuchten, bei entsprechender Resonanz an einem Folgeauftrag interessiert zu sein, und zwar Ende August, wenn der Sommer sich verabschiedete.

Die Tage waren also nach wie vor proppenvoll. Die Band übte, Stella kümmerte sich um die Buchführung, checkte Kontoeingänge, erledigte alles rund um die Auftritte und bereitete sich nebenher auf ihre Interviews vor.

Aber zwischendrin ließ sich Sam immer etwas Spezielles einfallen. Entweder ein besonders erotisches Date, einen Ausflug aufs Land oder ein Dinner for two, für das er seinen Anzug trug.

»Woher hast du diesen Anzug?«, wollte Stella bei einer dieser Gelegenheiten wissen. »Der ist von Zegna! Wie kannst du dir so was leisten?«

»Ich habe nicht immer so gelebt, wie du das jetzt von mir kennst«, erwiderte er und seine Augen wurden dunkler.

»Wie hast du denn gelebt?«, bohrte sie nach. »Und wie hast du dir diesen Businessflug leisten können? Das ist doch noch gar nicht so lange her.«

»Das ist eine lange Geschichte«, wich er aus.

»Willst du sie mir nicht erzählen?«

»Doch. Aber nicht heute. Nicht jetzt. Dazu ist der Abend zu schön.«

Drei oder viermal hatte er auf diese Weise die Antwort verweigert und Stella wollte ihn nicht drängen, nicht vor dem Konzert. Doch danach, fand sie, war er ihr das schuldig. Vor allem, wenn er wollte, dass sie blieb.

♫♫♫

Noch eine Woche bis zum Konzert. Vor etwa tausend Leuten zu spielen, war für die Band ein immenser Sprung. Sie hatten große Bedenken, ob sie die Intimität, die sie in den kleinen Bars hatten erzeugen können, auch auf eine so große Menschenmenge übertragen konnten. Sam sprach ständig davon. Stella hatte vor dem Konzert keine weiteren Auftritte eingeplant, trotzdem wirkte er müde und unruhig. Er schlief schlecht, zuckte oft im Schlaf und sie begann, sich Sorgen um ihn zu machen.

Doch von einem Tag auf den anderen, war er plötzlich die Ruhe selbst, hatte Power ohne Ende, schlief nur wenige Stunden und war dennoch am Morgen topfit. Er absolvierte konsequent die Rehearsals und motivierte seine Kollegen. Stella war sprachlos. Es war die reine Freude, ihn dabei zu beobachten. Irgendein Knoten schien bei ihm geplatzt zu sein. Sie hatte keine Ahnung, warum und wieso, aber sie war sehr, sehr froh darüber. Es zeigte ihr, dass er es draufhatte – und dass sie beruhigt abreisen konnte.

Ihr Flug nach Deutschland ging einen Tag nach dem Konzert. Sie fand, das war ein perfekter Zeitpunkt, denn danach hatten die Jungs erst mal drei Tage frei und im Anschluss daran nur vier kleinere Auftritte … Dann wäre sie wieder hier. Dann würden sie endlich reden.

♫ Breakaway ♫

Micah Dalton

Das Equipment war aufgebaut, die Generalprobe gelaufen. Sie waren zum ersten Mal auf einer Bühne, die größer war als drei Quadratmeter, und zum ersten Mal bei einem Veranstalter, der Trockeneis, Lichteffekte und epische Musik einsetzen wollte, um sie anzukündigen.

Aber Stella hatte sich dazwischengeworfen. »Nein«, erklärte sie den Organisatoren. »Das passt nicht zum Programm. Wir brauchen etwas anderes.«

Sie entschieden sich dafür, Stella eine kleine Ansprache halten und lediglich leise Pianoklänge im Hintergrund laufen zu lassen, was die Leute besser auf das Kommende vorbereitete. Das war eine gute Entscheidung, denn das erzeugte schon vor dem Auftritt eine heitere und entspannte Stimmung.

Stella wurde megaaufgeregt, als die die Leute hereinströmten, und begab sich hinter die Bühne, um die Stimmung der Männer zu checken. Zu ihrer Überraschung fand sie alle bestens gelaunt und gefasst vor. Sie brannten auf ihren Auftritt, brannten dafür, es nach oben zu schaffen. Jeder wusste, dass dies ein entscheidender Abend sein konnte.

»Leute, es geht los«, sagte sie und ihre Stimme zitterte so sehr, dass sie sich fast verschluckte. Sam stand auf und umarmte sie:

»Danke, Stella, ohne dich wären wir heute nicht hier. Danke. Danke. Danke.«

Zu ihrer unendlichen Verwunderung standen auch die anderen drei auf, schlangen ihre Arme um sie und sekundenlang wiegten sie sich in inniger Verbundenheit und in der gemeinsamen Hoffnung auf ein besseres Leben.

Mit zitternden Knien stand Stella wenige Minuten später vor einer wogenden Menschenmenge. Der Veranstalter war professionell, dimmte das Licht in genau der richtigen Stärke und gab ihr das Zeichen, anzufangen.

»Einen wunderschönen Abend euch allen«, begann sie etwas steif.
»Und danke, dass ihr gekommen seid. Danke für euer Vertrauen – euer Vertrauen in *For a better World*.«

Der Bandname flammte in großen Lettern auf der Leinwand hinter ihr auf.

»Das ist nicht nur ein Name, sondern auch das Motto der Band.« Stella umklammerte das Mikro. »Wir alle wollen eine Welt ohne Krieg, eine Welt ohne Gewalt, eine Welt voller Liebe.«

Sie stoppte kurz, musste an Jamie denken, an seine so harte Vergangenheit, und die Worte purzelten plötzlich nur so aus ihrem Mund:

»Wir sind hier auf Ibiza und hier wird jeden Tag Ablenkung geboten. Hier kann man jeden Tag seine Sorgen vergessen und sich in allem verlieren, was die Welt an Reizen zu bieten hat. Aber heute und hier findet ein Konzert statt, dass euch eher nach innen als nach außen führt. Es mag ungewöhnlich sein, aber wir hoffen von Herzen, dass es euch gefällt und dass ihr die Botschaft von *For a better World* versteht.«

Stella hörte, wie die Jungs hinter ihr Platz nahmen, weil einige pfiffen und anfangen wollten zu klatschen, aber noch während sie sprach, spielte Miguel in der ihm eigenen, unheimlichen Sensibilität, die Anfangsakkorde von ›Imagine‹. Und in diese Pianoklänge hinein sprach Stella ihre weiteren Worte:

»Wir hoffen von Herzen, dass ihr mit uns gemeinsam für eine lebenswerte Welt steht. Eine Welt, in der die Liebe regiert, eine Welt, wie wir sie uns alle wünschen.«

Übergangslos setzten die Jungs nach ihren letzten Worten mit ihrem Gesang ein, was die Zuhörer in Sekundenschnelle in eine Stimmung versetzte, die einfach jenseits war. Bereits mit diesem Einstieg hatte die Band es geschafft, das Publikum zu packen – und sie ließen die Menschen während des gesamten Abends nicht mehr los. Virtuos und feinfühlig schaukelten sie sie hoch, bis der ganze Saal mitsang, die ganze Halle unter den Stimmen vibrierte, fuhren die Leute mit den intensiven, ernsteren Songs wieder langsam runter, spielten mit den Emotionen und schufen eine Stimmung, die alle in diesem Raum miteinander verband.

Selbst die Hallenaufsicht, die Security-Leute, der Service … alle hatten ein Lächeln auf dem Gesicht. Es war eine so wunderbare und harmonische Stimmung, dass ein lang anhaltender, aufrichtiger Zwischenapplaus aufbrandete.

Doch die Spannung in der Band inklusive Stella blieb hoch. Sie hätten mit den gecoverten und ohnehin beliebten Songs einen fulminanten Schlusspunkt setzen können, wollten aber die neuen Songs am Ende spielen. Und da stets der Schluss im Gedächtnis blieb, war das ein Wagnis. Stella versetzte es einen gewaltigen Adrenalinstoß, als ihr bewusst wurde, wie groß dieses Risiko eigentlich war.

Aber es war zu spät, darüber nachzudenken. Die Sache lief, Jamie war bereit. Er stellte seinen Hocker weiter vor und setzte sich.

»Hey, Leute«, sprach er ins Mikro. »Danke für euren Applaus … das bedeutet uns so viel … und vielleicht habt ihr noch ein wenig davon übrig, denn wir würden euch gern in der letzten Runde unsere eigenen Songs präsentieren. Hoffe, ihr mögt sie.«

Seine Stimme zitterte leicht. Aber niemand stieß sich daran – im Gegenteil, die Leute waren gerührt und sahen gebannt auf die Bühne.

Und wie neulich bei John, schloss Jamie die Augen und wurde einfach still. Stellas Herz klopfte so heftig, dass sie meinte, jeder müsse es hören. Angespannt zählte sie ihre Herzschläge mit. Hörte das überraschte Gemurmel der Leute, weil sich auf der Bühne nichts tat, vernahm das Getuschel … Mutmaßungen, Jamie hätte einen Blackout und schon leichtes Gekicher.

Stella zählte bis zwanzig, sie zählte bis dreißig, sie hielt es fast selbst nicht mehr aus, aber Jamie wartete auf den richtigen Moment. Dann zupfte er sanft auf seiner Gitarre und begann. Die Menschen verstummten und vielen von ihnen schnürte sich spürbar die Kehle zu. Jamies Energie, sein Weltschmerz, seine Hoffnung – all das, was er in seinem so jungen Leben schon erlebt hatte, lagen in diesem Song und erreichten jeden einzelnen im Publikum.

Als er endete, war niemand in der Lage zu klatschen, jeder lauschte dem letzten Klang nach. Nahtlos fügte die Band das nächste Stück an. Einen etwas leichteren Song, den Sam mitgeschrieben hatte. Aber auch dieser und die folgenden trafen die Leute mitten ins Herz, versetzten sie in eine selige, alles umarmende Stimmung. Und diese Empfindungen schlugen in einer gewaltigen Resonanz zurück auf die Band – die vier waren überwältigt von dem überbordenden, aufrichtigen Applaus.

Jamies Augen waren feucht vor Dankbarkeit, als er seinen letzten Song ankündigte:

»Danke«, sagte er immer wieder. »Thanks. Thanks so much ... It's incredible ... You all are incredible ... Ich habe noch einen Song, eigentlich ist er noch nicht ganz fertig und ich hatte nicht vor, ihn heute zu spielen. Aber dann hat Stella ...«, er deutete kurz zu ihr hin, »... diese kleine Ansprache gehalten. Sie sagte, wir wünschen uns alle eine Welt, in der die Liebe regiert.«

Seine Stimme war rau, als er weitersprach: »Im Leben eines Menschen geschehen manchmal Dinge, die ihn nicht mehr an Liebe glauben lassen. Ich habe viel darüber nachgedacht. Und dabei ist mir eines klar geworden: Wenn wir aufhören, an Liebe zu glauben, zerstören wir damit unsere eigene Welt. Mir ist außerdem klargeworden, dass alles, was uns widerfährt, uns zu dieser Liebe führen kann. Dass es uns vielleicht genau deswegen passiert. Und damit meine ich nicht die Liebe zwischen zwei Personen. Es gibt eine andere Art von Liebe, eine höhere Art von Liebe, eine, die uns alles Leid überwinden lässt, die Liebe, die in uns ist. Es ist diese Liebe, über die ich singe. Eine Liebe, die die meisten von uns vergessen haben.«

Wieder stoppte er. Die Bandmitglieder schauten erstaunt auf den sonst so stillen und schüchternen Jamie, der eine so lange Rede hielt. Der Veranstalter hatte das Licht im Raum abgedreht und nur einen Spot über Jamie eingeschaltet. Da saß er, im Scheinwerferlicht und blinzelte in die Masse der Menschen vor ihm.

»Der letzte Song bedeutet mir daher viel«, erklärte er weiter. »Sehr viel. Ihr müsst wissen ... als ich vier war, ist meine Mom mit mir in einen Plattenladen gegangen. Sie hat mir Kopfhörer aufgesetzt und dem Typ an der Kasse gesagt, er solle Sinatra auflegen. ›My way‹. Dann hat sie sich umgedreht und ist gegangen. Ich habe sie nie wiedergesehen. Und ich habe das nie verstanden.«

Seine Augen richteten sich auf das vollkommen stille Publikum.

»Wir ... wir suchen das ganze Leben nach einem Sinn, wenn so etwas passiert. Vielleicht, weil es uns dann leichter fällt, die Dinge zu überwinden. Aber bei der Suche nach diesem Sinn haben wir die Chance, etwas viel Größeres zu finden als nur eine Erklärung für unser Leid. Und vielleicht ist das der wahre Sinn.«

Er kratzte sich am Kopf, wurde rot, ihm fehlten die Worte, aber irgendwie wusste jeder, was er meinte.

»Mom«, sagte Jamie schließlich und seine Stimme schwankte. »Dieser Song ist für dich. Und er heißt: ›I love you, Mom‹.«

Die Band kannte den Song nicht, es war ein Solo und Jamie sang davon, was er als Vierjähriger gefühlt hatte, als seine Mom ihn verlassen hatte, wie viel Wut, Zorn, Groll und Hass in ihm als Jugendlicher gewachsen war. Er erzählte seine Geschichte vor mehr als tausend Leuten, in Reimen, mit wunderschönen Wortspielen: »Die ganze Zeit, Mom, war ich so wütend auf dich, bis ich verstand. Es war deine Weise mir zu sagen, dass du an mich glaubst. Dass ich etwas schaffe, was dir selbst noch zu schwer war. Es hat lange gedauert, bis ich verstand, dass die Wunde, die du mir zugefügt hast, eine Öffnung ist, die mich tief in mein Inneres blicken lässt – und dass ich das nie getan hätte, wärst du nicht gegangen. Und daher liebe ich dich, Mom. I love you, Mom. Und ich wünsche dir, dass du das Gleiche in dir entdeckst, was ich in mir gefunden habe.«

Stella lief das Wasser aus den Augen, nicht wegen der Tragik von Jamies Geschichte, sondern weil er die Größe hatte, diese zu durchschauen, die Größe, sie zu transformieren, die Größe, etwas Gutes aus etwas vermeintlich Schlechtem zu machen.

Diese Größe war spürbar, sie durchdrang den Raum. Etwas Erhabenes breitete sich unter den Leuten aus, etwas, das in etlichen Herzen, einschließlich Stellas, einen Funken entzündete.

Nachdem Jamie geendet hatte, entstand eine delikate Stille. Dann erst wagten Einzelne, zu klatschen, fielen die Nächsten ein, bis alles in einem ohrenbetäubenden Applaus mündete, der nicht mehr enden wollte.

Noch nie hatte Stella so oft den Satz gehört: »Das war das Beste, was ich seit langem gehört habe!«

Dem konnte sie nur zustimmen. Vor allem Jamies Worte waren das Beste, was *sie* seit langem gehört hatte. Sie hallten lange in ihr nach.

♫♫♫

Die vier waren so mit Adrenalin vollgepumpt, dass an Schlafen nicht zu denken war. Es zog sie in die Clubs, sie wollten feiern und Stella gönnte ihnen das von Herzen.

Aber sie musste früh raus und so verabschiedete sie sich noch in der Stadt von Sam. Er war schon ein wenig angetrunken, war hin und hergerissen zwischen dem Wunsch, bei ihr zu bleiben und mit den Jungs diesen fantastischen Erfolg zu begießen.

»Nein«, beharrte Stella. »Tob dich aus! Das brauchst du jetzt! Das hast du dir verdient! Genieß es!«

»Stella!«, antwortete er. »Das war Wahnsinn! Ich habe so etwas noch nie erlebt! Ich kann es kaum erwarten, bis du zurückkommst! Und ich will nicht, dass du gehst!«

»Sind doch nur vierzehn Tage, Sam.«

»Vierzehn Tage sind lang«, murmelte er. »So lang, ohne dich.«

♫ Stronger ♫
Joe Bel

Es war ein komisches Gefühl, wieder auf deutschem Boden zu sein. Stella fühlte sich völlig anders, als vor zwei Monaten. Sicherer und zu allem bereit – selbst zu einer Begegnung mit Eileen und Rafael, bei denen sie ganz bestimmt nicht mehr das graue Mäuschen spielen würde.

Tini holte sie vom Flughafen ab und wollte alles haarklein wissen. Stella schwärmte ihr vor, noch gefangen in der Stimmung dieses wunderbaren, letzten Abends.

»Ja, du meine Güte, du scheinst dein Glück ja gefunden zu haben«, staunte Tini. »Wer hätte das gedacht! Ich habe wirklich geglaubt, du hast einen an der Waffel, als du diesen Job angenommen hast.«

»Ja, das läuft gerade mehr als sensationell – in jeder Hinsicht!«

»Und dieses blonde Prachtexemplar ist tatsächlich dein? Da kann sich ja Rafael dreimal dahinter verstecken!«

Stella grinste. »Das kannst du laut sagen«, bestätigte sie selbstzufrieden.

»Und was hast du jetzt vor?«

»Ich mache meine Interviews und sehe mir die Firmen an.«

»Aber hätte das mit dem Bandmanagement nicht auch Zukunft? Es hört sich toll an!«

»Das kommt darauf an, was Sam vorhat«, antwortete Stella. »Wenn er wieder Grunge spielen will, bin ich raus. Aber das klären wir, wenn ich zurück bin. Und wenn ich weiß, ob ich hier einen Job kriege …«

»Natürlich kriegst du einen Job! Hör mal, ich habe auch jede Menge Interessenten für deine Wohnung. Ich habe allen gesagt, dass sie in den nächsten vierzehn Tagen Bescheid bekommen.«

»Danke, Tini, das ist so lieb von dir, dass du das für mich gemacht hast.«

»Kein Ding«, sagte sie. »Bin so gespannt, wie es mit dir weitergeht!«

»Ich auch«, seufzte Stella. »Ich bin gespannter als du.«

♫♫♫

Noch am gleichen Abend rief sie Sam an, aber er ging nicht ran. Das war nichts Ungewöhnliches, er vergaß oft, seinen Akku aufzuladen. Ein wenig verloren sah sie sich in ihrem Zimmer um. Es kam ihr bieder vor, aber es hatte Charme und ihr Fenster ging zum Garten hinaus. Auch hier in Deutschland schien die Sonne. Die Natur war saftig grün und bunt und sie hoffte, hier mit ein wenig Abstand über ihre Erlebnisse nachdenken zu können.

Doch ihr Terminkalender hielt sie auf Trab. Sie hatte die sieben Interviews in verschiedenen Städten, wohnte also wieder in Hotels, die die Firmen bezahlten und war jeden Tag unterwegs.

Immer wieder rief sie Sam an, aber das Rufzeichen klingelte durch. Schließlich versuchte sie es bei Jamie, der sofort ranging.

»Hey, Jamie«, sagte sie. »Wie geht es dir?«

»Ähm … gut«, antwortete er verlegen. Stella musste lächeln. Wobei hatte sie ihn gerade erwischt? Sie sah auf den Wecker, es war sieben Uhr abends.

»Bist du alleine?«

»Ja, ich versuche gerade, einen Song zu schreiben, aber ist wohl nicht mein Tag heute.«

»Weißt du, wo Sam ist?«

»Nein, keine Ahnung«, sagte Jamie schnell. »Ich …«

Stella hörte Geräusche bei ihm im Hintergrund, als ob etwas herunterfiele und eine helle Stimme.

»Bist du wirklich alleine?«, fragte sie. »Ich meine, ich kann auch später anrufen, wenn du gerade keine Zeit hast.«

»Doch, bin nur in einer Kneipe … Ja, und Sam, der wollte zu John hoch und dort ein wenig ausspannen, glaube ich.«

»Okay«, sagte Stella amüsiert, überzeugt, dass Jamie in weiblicher Begleitung war und nun ins Schwitzen geriet. »Ich versuch's mal bei John. Ich glaube, ich habe die Nummer noch irgendwo.«

»Ja, mach das«, sagte Jamie und klang erleichtert. Stella vernahm im Hintergrund ein unverkennbar weibliches Quietschen und grinste in sich hinein.

»Na, dann noch viel Spaß, Jamie«, trällerte sie erheitert. »Wir sehen uns.«

Sie wollte schon auflegen, als er fragte: »Stella?«

»Ja, Jamie?«

»Du … du kommst doch zurück, oder?«

»Ja, sicher, Jamie, was denkst du denn?«, lächelte sie, aber ihre Stirn runzelte sich. Seine Frage klang wie ein Hilferuf und so setzte sie nach: »Hab ich doch versprochen.«

Ein wenig nachdenklich legte sie auf. Es rührte sie, wie sehr Jamie sie zu brauchen schien – es war ein weiteres Gewicht in der Waagschale. Anschließend suchte sie in ihrem Adressbuch nach Johns Nummer und fand sie nicht … Mist! Sie hätte ihn gleich in ihre Kontaktliste eintragen sollen, stattdessen hatte sie sich die Nummer nur auf einen Zettel notiert, der Gott weiß wo war.

♫♫♫

Am dritten Tag bekam sie endlich Sam an die Strippe.

»Honey« Seine Stimme klang heiser. »Wann kommst du wieder? Ich vermisse dich schrecklich!«

»Ich weiß es noch nicht. Ich habe bei manchen Firmen tatsächlich ein Zweitinterview bekommen. Sam, die Bewerbungsgespräche laufen richtig gut!«

»Zweitinterview? Oh, fuck, du weißt, dass ich das nicht wirklich gern höre.« Er klang elend.

»Sam«, fragte Stella besorgt. »Geht es dir nicht gut?«

»Nein, Stella, gar nicht. Ich … habe ein wenig Fieber und ich weiß nicht … Mein Magen spinnt, vielleicht habe ich was Falsches gegessen.«

»Wo bist du denn gerade?«

»In der Wohnung, ich liege im Bett und sehne mich nach dir.«

»Ach, Sam«, sagte sie zärtlich. Ihr Herz jubilierte und wurde weit. »Ich sehne mich auch nach dir. Soll ich euren nächsten Auftritt absagen, wenn es dir nicht gut geht?«

»Nein, der ist ja erst übermorgen, bis dahin bin ich wieder fit.

Beide schwiegen sie eine Weile. Schließlich fragte er: »Was machst du, wenn du einen Job bekommst?«

»Dann müssen wir reden, Sam. Das müssen wir so oder so.«

»Ja, wir müssen reden«, bestätigte er, aber es klang traurig. »Ich will dich nicht verlieren, Stella. Du bist das Beste, was mir je in meinem Leben passiert ist. Hörst du? Ich will dich nicht verlieren.«

»Du verlierst mich nicht, Sam«, erwiderte sie.

»Stella, du verstehst nicht«, entgegnete er fast verzweifelt. »Du verstehst nicht. Du weißt nicht, was in mir vorgeht, wenn du nicht da bist! Du weißt nicht, was passiert!«

»Wie meinst du das?«, fragte sie alarmiert.

»Es ist anders, wenn du nicht da bist. Ich bin anders. Ich habe Angst, dass ich …«

»Was, Sam? Wovor hast du Angst?«

»Dass ich … oh, fuck, Stella, entschuldige, aber ich muss mich übergeben, sorry …«

Sie hörte Gepolter, Würgegeräusche, eine Klospülung. Sachte legte sie das Handy auf den Schreibtisch und wartete, bis er zurückkam.

»Stella? Bist du noch da?«

»Ja, bin da. Geht es dir besser?«

»Nicht wirklich. Ich lege mich erst mal hin, okay?«

»Ja, natürlich. Ruh dich aus.« Sie wollte sagen: »Geh zu einem Arzt«, aber Sam war nicht krankenversichert. Er würde sich die Kosten nicht aufhalsen wollen. Stattdessen setzte sie besorgt hinzu: »Ich rufe Jamie an, er soll dir aus der Apotheke was besorgen!«

»Ach, Stella, du bist mein Engel. Mein Guardian. Mit dir ist alles anders. Mit dir ist alles besser. Ich brauche dich. Komm zurück, hörst du? Und komm bald!«

♫♫♫

Das Gespräch hatte sie aufgewühlt. Sams Verletzlichkeit, die sie so oft gespürt hatte, war mit diesem Gespräch deutlicher als sonst zutage getreten – vielleicht, weil er krank war und nicht die Kraft hatte, es zu verbergen. Klar war: Wenn sie über etwas reden mussten, dann über das. Das war wichtiger als die Sache mit dem Job. Alles in ihr sehnte sich nach ihm und die Tatsache, dass sie mit dem Bandmanagement ein Hintertürchen offen hatte, bescherte ihr Gleichmütigkeit und eine ruhige, gelassene Ausstrahlung bei den Bewerbungsgesprächen. Oft betrachtete sie die Personalchefs genauso kritisch wie die sie, bis einer von ihnen herausplatzte:

»Sie machen den Eindruck, dass eher wir auf dem Prüfstand stehen als Sie.«

»Stört Sie das?«, gab sie lächelnd zurück. »Immerhin würde ich in Ihrem Unternehmen eine Menge Lebenszeit verbringen, da ist das doch sicher legitim.«

Der Personalchef lachte und schrieb sich eine Bemerkung auf sein Blatt. Sie hätte zu gern gewusst, was es war.

Mehr und mehr ließen durchblicken, sie gerne haben zu wollen. Stellas Herz hüpfte vor Freude. Zukunftsangst musste sie schon mal nicht haben!

Aber die Stellenangebote und damit verbundenen Anforderungen machten auch deutlich, wie wenig das mit Sams Leben vereinbar war.

Sie wäre nonstop in Action und teilweise im Ausland unterwegs. Selbst eine Fernbeziehung wäre unter diesen Umständen mehr als schwierig.

Zwei Tage vor ihrer Abreise nach Ibiza traf sie wieder in ihrer Studentenbude ein und die Zeit drängte erneut. Tini hatte ihre Wohnung möbliert vermietet und sie musste innerhalb ihres letzten Tages ihre persönlichen Dinge herausräumen. Stella verstaute ihre gesamte Habe in drei Umzugskisten und fuhr zu Meike, die bei ihren Eltern wohnte und in deren Keller sie die Kartons lagern durfte.

»Und jetzt fliegst du wieder zurück nach Ibiza? Zu diesem scharfen Typen?«, wollte Meike wissen. »Oder war das doch nur ein Zufallskuss?«

»Beides kann ich mit ja beantworten«, lächelte Stella. »Der Kuss war mehr oder weniger Zufall. Aber daraus ist was Ernstes geworden.«

»Und er ist Musiker? Und du managst die Band?«

Meike war von dieser Tatsache total geflasht. Stella zeigte ihr die aktuellste Aufnahme, die sie vom Konzertveranstalter bekommen hatte.

»Oh, ist der süß!«, entfuhr es Meike und deutete auf Jamie, der sich gerade das Herz aus der Seele sang. »Und wie der singt! Fantastisch, ehrlich!«

»Ja, er ist einer der Pfeiler in der Band, neben Sam«, stimmte Stella zu. »Sam ist der Bandleader, aber Jamie hat alles, was man braucht, um erfolgreich zu sein. Er kann Songs schreiben und komponieren, er kann sie performen und er hat Herz. Ist schon gewaltig.«

Sie wurde nachdenklich, während sie das sagte. Unwillkürlich fiel ihr die Situation bei John ein, als sie Jamie gebeten hatte, *Hey Jude* zu singen.

»Respekt!«, holte Meike sie zurück. »Ich finde, das ist eine Riesenleistung! Egal, was die anderen sagen.«

Stellas Augenbrauen zogen sich zusammen.

»Reden die immer noch?«

Meike wurde rot und es war ihr anzusehen, dass sie sich am liebsten auf die Zunge gebissen hätte.

»Ähm ... du kennst sie ja ... wird immer mal wieder gelästert. Ist uninteressant, Stella.«

»Nein, ich will das wissen! Welche anderen meinst du? Rafael und Eileen?«

»Komm, lass gut sein. Wichtig ist doch, dass es dir gut geht und du dein Glück gefunden hast.«

»Meike! Was. Sagen. Sie?«

Meike wand sich, aber dann spuckte sie es aus:

»Na ja, Eileen hat gemeint, du tust ihr leid, weil du dich schon wieder in etwas verrennst, was keine Zukunft hat.«

»Wie bitte?«, fauchte Stella. »Keine Zukunft? Warum sollte das keine Zukunft haben?«

»Eben! Habe ich ihr auch gesagt, aber sie sagte, du würdest dich mit dieser Sache komplett überschätzen.«

Stella kochte vor Ärger. Die ganze Freude über ihren Erfolg war mit einem Mal verpufft. Diese blöde Kuh traute ihr gar nichts zu! Und publizierte das auch noch! Stella war so wütend, dass sie am liebsten ihre Kaffeetasse gegen die Wand gefeuert hätte. Mit zornig blitzenden Augen saß sie an Meikes Tisch.

»Hey, Stella«, sagte Meike hilflos. »Ich hätte das nicht sagen sollen, jetzt bist du sauer wegen nichts.«

»Nichts? Das nennst du nichts? Das war sicher nicht alles! Los, raus damit!«, zischte Stella.

»Das willst du nicht hören, Stella. Außerdem lästert Rafael eher als Eileen. Ich habe wirklich das Gefühl, dass er sich in seiner Mannesehre verletzt fühlt … weil du dich so schnell mit Sam getröstet hast. Ich meine, Sam sieht super aus. Er ist so cool! Ganz anders als der steife Rafi! Und die Fotos, die du ins Netz gestellt hast … oje, oje …« Meike fächelte sich mit ihrer Hand Luft zu. »Echt, Stella, du solltest das Gerede eher als Kompliment auffassen!«

»Und was hat Rafi nun gesagt?«, beharrte Stella und verschränkte ihre Arme vor der Brust. »Ich lass dich nicht in Ruhe, bevor ich es weiß!«

Meike seufzte tief ob ihrer Hartnäckigkeit.

»Na ja, das Gesülze eben, dass du einen Typen wie Sam niemals halten kannst. Er traut dir die Sache mit dem Management kein bisschen zu und macht sich ziemlich lustig drüber. Er meint, dass du in irgendeiner billigen Firma landest, einen dämlichen Bürojob schiebst, einen Langweiler heiratest, Kinder kriegst, auseinandergehst wie ein Hefekloß, dein Mann dich verlässt … und du so wirst wie deine Mutter. Nur in dick.«

Stella stand der Mund offen. Ihre Hände umklammerten die Kaffeetasse wie eine Hellseherkugel. Ihre Augen verengten sich und fixierten die Flüssigkeit darin.

»Stella …«, sagte Meike und legte den Arm um sie. »Wichtig ist, dass *du* weißt, was du kannst. Und niemand sonst.«

Dankbar ergriff Stella Meikes Hand, die um ihre Schulter lag und drückte sie. Wie gut, dass es auch Menschen gab, die zu ihr hielten, die an sie glaubten! Wie Jamie, wie Sam …

Ich werde es ihnen zeigen, dachte sie zornig. Ihre Augen waren tiefdunkel. *Ich werde es ihnen zeigen. Und wie ich es ihnen zeigen werde!*

♫♫♫

Am Tag ihrer Abreise flatterten zwei Absagen von den ersten Interviews ins Haus. Stellas erste Reaktion war Frust und sie fühlte, wie ihr Selbstvertrauen kurz auf Grundeis sank. Doch dann sagte sie sich, dass das eher ein Zeichen dafür war, ein völlig anderes Leben zu führen, als das, was Rafael so unschön für sie vorgesehen hatte: Ein unkonventionelles Leben, ein Leben in Freiheit! Sie dachte an Sam; daran, wie sehr ihr Leben in diesen wenigen Wochen auf Ibiza Auftrieb gewonnen hatte, dachte an ihren gemeinsamen Traum und ein unbändiger Wille, die Band, respektive Sam, nach oben zu pushen, entstand in ihr. Ja, es mochte stimmen, sie hatte wenig Erfahrung, aber sie würde sich das nötige Know-how aneignen, um dieses Ziel zu erreichen. Sie sehnte sich mit einer solchen Macht nach Sam und seinen virtuosen Händen, dass sie die vier Flugstunden kaum aushielt.

Mit brennenden Augen sah sie immer wieder aus dem Fenster, auf den ewig blauen Himmel über den Wolken. Ja, da wollte sie sein, über den Wolken – dort, wo die Freiheit grenzenlos war. Dort, wo immer die Sonne schien! Noch bevor das Flugzeug auf Ibiza landete, hatte sie sich bezüglich ihrer Zukunft entschieden.

Sam war da. Sein blondes Haar glänzte wie stets in der Sonne, seine grünen Augen leuchteten auf, als er sie sah und sein Lächeln erschien ihr zauberhafter denn je. Wie immer zog er alle Blicke auf sich, wie er dastand mit seiner lässigen Lederjacke, dem einfachen T-Shirt, der Jeans, die seinen knackigen Hintern betonte. Nie war er Stella begehrenswerter erschienen und sie flog in seine Arme, die er fest um sie schloss, fühlte, wie sein Mund auf ihrem Haar, auf ihren Wangen, auf ihren Lippen landete, fühlte endlich wieder seine Hände an ihrem Körper und war schlicht glücklich.

»Du bist zurück«, sagte er leise und wirkte ehrlich überrascht. »Du bist wirklich zurück!«

»Du hast ernsthaft gezweifelt?«, fragte sie verblüfft. Mit einem Seufzer drückte er sie an sich.

»Ist gut, dass du wieder da bist«, flüsterte er in ihr Haar. »So gut!«

»Du hast abgenommen«, bemerkte sie, während sie nach draußen liefen. Diesmal rief er ein Taxi, das sie in die Stadt bringen würde. Diesmal konnten sie sich das leisten.

»Jamie und ich haben Songs geschrieben«, berichtete er. »Und ich fürchte, wir haben darüber so ab und zu vergessen, dass unser Körper Grundbedürfnisse hat.«

Sie lachte. »Oh, jetzt verstehe ich, warum du froh bist, dass ich wieder hier bin! Hast du eingekauft? Dann kann ich uns was kochen!«

»Ähm … wir haben die Wohnung nicht mehr«, eröffnete er ihr. »Sandra ist wieder hier. Vorerst sind wir in einem Hotel.«

»Ein Hotel! Das ist doch teuer!«

»Aber wir können uns das doch jetzt leisten, meine Süße. Hast du das Geld für die Jungs dabei? Ich fürchte, Miguel und Derek haben ihre ganze Gage schon verbraten.«

»Nein, ich habe kein Geld dabei«, sagte Stella. »Die Gagen waren noch nicht auf dem Konto und die anderen haben ja bar bezahlt. Die zwei haben ihr Geld tatsächlich schon auf den Kopf geschlagen?«

»Sieht so aus«, nickte Sam. »Die sind das nicht gewöhnt und müssen erst lernen, mit Geld umzugehen.«

»Hm.« In Stellas Kopf arbeitete es schon wieder. Sie musste den Jungs klarmachen, dass sie haushalten mussten, dass es auch mal wieder anders laufen konnte, als in diesen Wochen auf Ibiza, dass sie irgendwann auch Steuern zahlen mussten … Überhaupt gab es tausend Dinge zu besprechen, sie hatte eine ganze Liste an Punkten dabei.

»Was ist?«, hakte er nach. »Stört dich das?«

»Nein, natürlich nicht. Ist ja ihre Sache. Aber ihr habt doch auch Auftritte gehabt in der Zeit, in der ich nicht da war … Was ist denn damit?«

»Die wollten alle überweisen.«

»Alle? Auch die kleinen Bars?«

»Ja, weiß der Geier, warum!«

»Tja, das ist jetzt echt doof. Veranstalter brauchen in der Regel drei bis vier Wochen mindestens. Und das mit dem Hotel …«

Sie hatte sich so auf die kleine Wohnung gefreut und keine Lust auf ein billiges Hotel, doch das Taxi hielt vor einem gepflegten Vier-Sterne-Haus.

»Mein Engel«, sagte Sam auf ihre verblüffte Miene hin. »Nie mehr, das habe ich mir geschworen, nie mehr führe ich dich in ein so mieses Loch wie in Westend.«

»Aber Sam, du weißt doch, dass mir das nichts ausmacht. Solange du bei mir bist! Und das hier … das geht schlicht über unsere Verhältnisse!«

Er lächelte sie an. »Ist nur für ein paar Tage, Sweetheart. Ich habe oben im Norden was Schnuckeliges gefunden, wenn alles klappt, kann ich das in einer Woche haben. Stell dir vor: eine kleine Finca, ein kleines Haus für uns allein!«

»Eine Finca? Sam! Das ist noch teurer als ein Hotel!«

»Aber Stella! Du weißt doch, dass ich Beziehungen habe! Die Finca bekomme ich von Ilona. Wir müssen allerdings den Garten pflegen und das Haus auch. Und ab und zu Touristen, die das mieten wollen, durchführen und es ihnen zeigen. Ilona will trotzdem ein bisschen Miete, sind aber nur dreihundert Euro im Monat, das ist doch gar nichts!«

»Oh mein Gott, das hört sich super an, Sam!«, stimmte sie zu. »Und der Norden ist so schön! Das Einzige ist, dass es keine guten Busverbindungen gibt.«

»Das kriegen wir schon, Honey.«

Er zog ihren großen Koffer zum Aufzug und sowie sich die Türen hinter ihnen geschlossen hatten, presste er sie gegen die Wand und bohrte seine heiße Zunge in ihren Mund – der Nachmittag war gelaufen.

♫ Because This Must Be ♫

Nils Frahm

Alles war anders. Entsetzt stellte Stella fest, dass die letzten zwei Wochen die mühevoll aufgebaute Ordnung komplett vernichtet hatten.

Derek und Miguel sahen so ungepflegt aus wie zu Beginn ihrer Bekanntschaft, sogar noch schlimmer: Sie wirkten versifft und versoffen und in Miguel schien es zu gären. Er war ohnehin schon immer ein Stänkerer gewesen und Stellas Forderung nach Disziplin nur mit Murren nachgekommen. Und obwohl genau diese Disziplin ihn zu seinem Vorteil verändert und ihm zum Erfolg verholfen hatte, schien er in den wenigen Tagen ihrer Abwesenheit nicht nur in sein altes Muster zurückgefallen zu sein – mehr noch –, er wirkte bösartig und aggressiv.

Stella erschrak, als sie ihn wiedersah. Seine Haut war fahl, seine Augen funkelten hasserfüllt und er ignorierte sie wie in alten Tagen.

Derek hatte fette Tränensäcke unter den Augen, stank nach Alkohol und war völlig neben der Spur. Aber da er der meinungslose Part der Band war, machte sich Stella um ihn die wenigsten Sorgen.

Jamie fiel ihr um den Hals, blasser als sonst – und vor allem unglücklich. In seinen Augen stand ein Ausdruck, der nur als Panik zu beschreiben war.

»Stella, wir müssen reden … dringend«, flüsterte er in ihr Ohr. »Wann kannst du?«

Sie war fassungslos. Der gesunde Arbeitsrhythmus war beim Teufel, die Jungs hatten die eine Woche Müßiggang nach dem Konzert einfach in eine zweite und nun dritte Woche übergehen lassen.

»Warum hast du das zugelassen?«, fragte sie Sam empört. »Du betonst doch immer, dass du der Bandleader bist!«

»Ich weiß nicht, ich war so im Flow mit dem Songschreiben, die Zeit war irgendwie weg.«

Stella wusste nicht, was sie von all dem halten sollte – vor allem veränderte sich das Bild von Sam schon wieder von einer Sekunde auf die andere. Und das mochte sie gar nicht.

Ihre Lippen wurden schmal und rigoros setzte sie ein Treffen am nächsten Morgen um acht Uhr an. Sie holte Geld aus dem Automaten, um den Jungs einen Vorschuss geben zu können. Zu allem Unglück rief sie auch noch der Konzertveranstalter an, weil er mitbekommen hatte, dass die Band wohl bei einem der Auftritte in den Bars völlig versagt haben musste.

»Das geht gar nicht«, sagte er angesäuert. »Machen Sie sich klar, dass wir doppelt so viele Besucher haben werden als beim ersten Mal – da könnt ihr nicht einfach den Stil wechseln.«

»Ich kümmere mich darum«, versicherte Stella. »Sie können sich auf uns verlassen. Wir spielen das Programm, das Sie gebucht haben.«

Sie qualmte vor Ärger.

»Wessen Idee war das?«, wollte sie von Sam wissen.

»Mann, Stella! Das musst du verstehen! Wochenlang diese Schnulzen! Das hält doch keiner aus! Du kannst nicht immer Süßes essen, irgendwann kotzt dich das an! Und die Leute wollten es! Sie wollten es! Sie wollten abrocken!«

»Aber die Inhaber haben sich beschwert! Die Leute sind gegangen, Sam! Sieh's doch endlich ein, Herrgott noch mal!«

Sam sagte nichts darauf. Aber Stella war so sauer, dass es ihr diesmal egal war.

Mit zusammengebissenen Zähnen wartete sie auf die Besprechung am nächsten Morgen in ihrem Hotelzimmer.

Jamie war pünktlich und Sam ohnehin schon am Platz, aber von Derek und Miguel fehlte jede Spur, was Stellas Laune nicht besserte. Die Stimmung im Zimmer war nicht gut, die Unterhaltung gezwungen. Eine halbe Stunde später tauchte endlich Derek auf, mit schmutzigen Jeans und Dreck unter den Fingernägeln. Er gähnte laut, fragte nach Kaffee und kratzte sich ungeniert am Sack. Miguel trudelte gegen neun ein und giftete sie so offen an, dass das Klima im Bruchteil einer Sekunde auf Tieftemperatur sank. Schockiert fixierte Stella die Pläne in ihren Händen. Was in aller Welt war in diesen zwei Wochen nur passiert?

»Gut«, begann sie, mit einem flauen Gefühl im Magen. »Wir haben Mitte August. In vier Wochen ist die Saison zu Ende und es steht noch einiges an Auftritten an. Einige Veranstalter, vor allem Lighthouse, haben das Geld noch nicht überwiesen, aber ich gebe euch auf eigene Kosten einen Vorschuss.«

Schweigend teilte sie an jeden dreihundert Euro aus, aber es war klar spürbar, dass jeder das als Mückenschiss betrachtete angesichts der großen Summen, die ausstanden. Jamie war der Einzige, der sich bedankte.

Stella biss sich auf die Lippen, dann sah sie den Männern reihum direkt in die Augen.

»Lighthouse hat mich angerufen. Sie haben mitbekommen, dass eure letzten Auftritte in den Bars nicht dem Niveau entsprachen, das sie sich wünschen. Wir müssen alles dafür geben, dass wir dieses Level wieder erreichen.«

Die Temperatur gefror nach ihren Worten noch mehr, sofern das möglich war und ihr funkte durch den Kopf, dass es an sich ein No-Go war, ihre Zukunft von solch sprunghaften Naturen abhängig zu machen. Was war das hier? Ein Kindergarten? Plötzlich sah sie die Firmen, bei denen sie sich beworben hatte, in einem völlig anderen Licht – oder war sie die Sprunghafte? Sie holte tief Luft und machte weiter.

»Hier sind eure Wochenpläne. Es wäre angebracht, wenn ihr wieder jeden Tag übt. Wir müssen uns auf das Konzert vorbereiten und ich möchte die neuen Songs hören, die Sam und Jamie komponiert haben.«

Aufmunternd und nach ein wenig Zustimmung heischend, nickte sie Jamie zu, der plötzlich noch verschlossener wirkte. Das ungute Gefühl im Magen verstärkte sich. Ihre Stimme war belegt, als sie Derek fragte: »Kannst du uns wieder diesen Raum zum Üben organisieren?«

Derek nickte geistesabwesend und Stella hätte ihm am liebsten eine geknallt, nur damit er aus seiner endlosen Lethargie aufwachte, wo es doch um ihre gemeinsame Zukunft ging! Sie riss sich zusammen, dachte an die Sätze, die Eileen und Rafi geäußert hatten: »Die schafft das nie!« und straffte sich. Schwierigkeiten gab es überall und das waren nun die ihren.

Sie knallte den Männern ein straffes Tagesprogramm vor den Latz, empfahl Derek und Miguel dringend eine Dusche und legte den nächsten Besprechungstermin fest.

Irgendwie musste sie diese vier Wochen noch rumbringen, aber sie machte sich nichts vor: So ging es auf keinen Fall weiter.

Die erste Woche rumpelte so vor sich hin. Stella hatte alle Hände voll zu tun und das Gespräch, um das Jamie sie so dringend gebeten hatte, schob sie nach hinten, mit Verweis auf das zweite Konzert. Erst wollte sie alle wieder auf die Reihe bekommen.

Die folgenden Performances waren gut, aber nicht sehr gut. Die Jungs hatten erheblich an Esprit verloren. Es ermüdete sie, eine romantische, rührselige Stimmung hervorzurufen, die für das Publikum neu, aber für die Band das Immergleiche war. Sie wollten buchstäblich auf die Pauke hauen und die Sau rauslassen. Stella machte das Sorgen, denn das betraf auch ihre Zukunft.

Noch in dieser Woche erreichten sie zwei von Tini eingescannte Zusagen von Firmen, die ihr mit Beginn Oktober eine feste Anstellung in Deutschland boten. Stella wurde es schwindlig. Das waren namhafte Firmen, gute Firmen – und das Aufgabengebiet gefiel ihr. Sie schrieb zurück, dass sie etliche Zusagen erhalten habe, und fragte nach der Deadline. Erste Septemberwoche. Damit hatte sie noch zwei Wochen Zeit und die wollte sie abwarten. Wie immer prokrastinierte sie bis zum Endmaß, in der Hoffnung, in der Zwischenzeit würde etwas geschehen, was ihr die Entscheidung abnahm.

Genauso kam es auch.

♫♫♫

Stella wollte nicht länger als eine Woche im Hotel bleiben, obwohl Sam das bezahlte. Er bestand darauf, noch eine weitere Woche zu buchen, weil er hoffte, danach Ilonas Finca nutzen zu dürfen, und Stella gab nach. Das in Kürze anstehende zweite Konzert forderte jede Energie und legte alles andere aufs Eis.

Das einzig Positive waren die neu komponierten Songs von Jamie und Sam. Jeder Einzelne hatte das Potenzial eines Nummer-Eins-Hits – Stella war begeistert und wollte die nächste Stufe angehen: Ein Studio suchen, was in England keine Sache sein würde. Aber die Mietgebühren für einen hochwertigen Aufnahmeraum waren verdammt hoch, auch darüber musste sie mit allen reden: Denn das konnte sie nicht aus eigener Tasche vorstrecken, das mussten sie gemeinsam stemmen.

Immerhin – die Männer liefen wieder, wenn auch teilweise widerwillig. Jeden Tag probten sie für das Konzert Ende August und absolvierten kleinere Auftritte zwischendrin. Danach hatten sie noch sechs Verpflichtungen und die Saison wäre zu Ende, die Zeit der Entscheidungen gekommen.

An die Decke starrend lag Stella im Bett. Ein Leben mit Sam. Das wäre das Schönste. Sie wusste, wenn sie nach Deutschland zurückging, wäre es aus zwischen ihnen. Rafaels giftige Bemerkung kam ihr immer wieder in den Sinn: »Einen so hochkarätigen Typen wie den kann die doch niemals halten!«

Das werden wir ja sehen, du dumme Nuss, dachte sie böse.

Weitere zwei Tage später hielt sie eine dritte Zusage in den Händen und tags darauf die vierte. Stella war sprachlos. Vier Zusagen! Das war mega! Und lauter gute Angebote! Wie hätte sie sich normalerweise darüber gefreut!

»Okay, okay«, sagte sie sich und rieb sich die Schläfen. »Bring das Konzert hinter dich … Dann hast du noch ein paar Tage für deine Entscheidung.«

♫♫♫

Als sie am Morgen des großen Events aufwachte, lag Sam mit offenen Augen neben ihr. Sie kuschelte sich an ihn.

»Guten Morgen«, murmelte sie. »Bist ja schon wach. Aufgeregt?«

Seine Hand strich ihren Rücken hinunter und wieder hoch und sie schloss die Augen. Diese zarte Berührung war so schön …

»Noch geht's«, erwiderte er. »Kommt wahrscheinlich noch.«

»Ihr schafft das«, sagte Stella mit Überzeugung. »Da bin ich mir ganz sicher.«

»Wann will Lighthouse eigentlich überweisen?«, fragte Sam.

Stella seufzte und drehte sich auf den Rücken. »Sie wollen alles zusammen zahlen. Das erste und das zweite Konzert. Aber sie haben versprochen, gleich im Anschluss an den Abend. Ich warte ja auch drauf.«

»Das ist echt doof. Die Jungs glauben, wir bunkern das Geld.«

»Das glaubt wahrscheinlich nur Miguel. Anyway, Anfang September ist das Geld da. Sind ja nur noch ein paar Tage.«

»Ja, nur noch ein paar Tage«, murmelte Sam.

»Ist alles okay?«, fragte sie beunruhigt. Er klang seltsam.

»Ja, klar … Ich fürchte, das Lampenfieber packt mich langsam.«

»Ich bin froh, wenn das Konzert um ist. Wir müssen so dringend reden. So dringend. Und wir müssen einiges ändern.«

»Ja, ich weiß«, flüsterte er. »Es wird sich auch was ändern. Ganz sicher.«

Er klang so wehmütig. Stella stützte sich auf ihren Ellbogen und sah ihm forschend ins Gesicht.

»Es ist so schön mit dir, Stella«, sagte er leise. »Das ist ein ganz wunderbarer Sommer. Voller Überraschungen. Du bist das Beste, was mir je passiert ist.«

Er lächelte leicht, ein kleiner, effektloser Versuch, das Pathos wegzunehmen.

Stellas Handy klingelte, Lighthouse war in der Leitung. Sie standen auf, es gab viel zu tun, der Tag wurde hektisch und sie rüsteten sich für den Abend.

♫♫♫

Diesmal würden zweitausendfünfhundert Leute anwesend sein, sie würden doppelt so viel verdienen und die Nervosität war um ein Vielfaches höher als beim ersten Mal. Besonders Jamie war aufgeregter denn je, denn die letzte Runde gehörte ganz ihm und Sams neuen Songs.

Zu fünft saßen sie in der Garderobe und Stella schwor sie ein, erinnerte sie an das Sekundenzählen, an die Interaktion mit dem Publikum und schickte sie nach draußen.

Jamie ging als Letzter und verharrte an der Tür. Zögernd sah er Stella an.

»Na, los, mein Kleiner«, spornte Stella ihn an. »Das ist dein Konzert! Dein Durchbruch! Ich hab's im Urin!« Warm lächelte sie ihn an. Noch immer zögerte er.

»Aber danach reden wir, Stella.«

»Ja, danach reden wir. Danach haben wir alle Zeit der Welt«, versprach sie ihm und ging mit ihm nach vorne. Ihr Lampenfieber war mindestens genauso hoch wie das der Band, aber endlich war die Stimmung wieder gut, weil sie alle das Gleiche wollten.

Wieder hielt sie ihre kleine Rede. Miguel ließ sein Feingefühl, das ihn bis jetzt noch in der Band hielt, zur Höchstform auflaufen und begleitete sie mit dem Piano. Das machte ihr Mut, das Ding vielleicht doch auf Dauer hinzubekommen. Der Start verlief schon mal super und die ungewohnte Menschenmasse vor ihnen trieb den Jungs so viel Adrenalin ins Blut, dass ihr Auftritt schlicht bombastisch verlief. Sie waren noch besser als beim ersten Mal. Die Menschen jubelten, weinten, schwenkten ihre Feuerzeuge und als Jamie seine Songs präsentierte, gehörte der Saal vollständig ihnen.

Erst, als der letzte Ton verklang, fiel die Anspannung in großen Brocken von Stella ab. Sie war so erleichtert, dass ihre Knie noch nach der Vorstellung weich waren und sie sich unendlich erschöpft fühlte.

Gemeinsam köpften sie in der Garderobe eine Flasche Champagner auf ihren Erfolg, dann verabschiedete sich Stella und beschloss, ins Bett zu gehen. Sollten die Jungs feiern, sie brauchte Ruhe.

Sam kam in dieser Nacht nicht ins Hotel. Als sie aufwachte, war es neun Uhr morgens. Ruckartig setzte sie sich auf und sah auf die leere Bettseite. Checkte ihr Handy. Keine Nachricht. Sie rief ihn an, er ging nicht ran. Notgedrungen hinterließ sie eine Nachricht:
»Sam, heute ist unser letzter Tag im Hotel. Wir müssen auschecken. Wo bist du?«

♪♪♪

Sie saß eine ganze Stunde lang im Foyer und wartete auf ihn. Inzwischen hatte er sich gemeldet, sich entschuldigt und war nun auf dem Weg zu ihr.
»Oh, es tut mir so leid, Stella, wir sind gestern komplett versumpft!«
»Kein Ding«, lächelte sie. »Das habt ihr euch verdient!«
»Du hast schon ausgecheckt?«, fragte er. »Das geht doch auf meine Rechnung!«
»Ja, ich habe schon ausgecheckt. Wenn du das wirklich möchtest, kann ich den Betrag von deiner Gage abziehen … oder wir teilen uns das einfach.«
»Nichts da. Das war meine Idee und die bezahle ich auch«, entgegnete er, nahm ihr Gesicht in seine Hände und küsste sie zärtlich. »Schade, dass wir das Zimmer nicht mehr haben«, murmelte er.
»Ja, Sam, das ist die große Frage: Wo gehen wir jetzt hin?«
Die Frage war doppeldeutig, Sam sah auf die Uhr.
»Wir essen irgendwo zu Mittag, dann bringe ich dich zur Finca. Ab heute ist sie frei und wir können reden. Da oben haben wir Ruhe.«
»Das hört sich gut an«, sagte sie erleichtert. »Dass wir reden. Und Ruhe haben.«
Sam stand auf, griff sich ihren Koffer und stieß dabei an ihre Arbeitsmappe, die noch auf dem Tisch lag. Mit einem flatternden Geräusch verteilte sich der Inhalt auf dem Boden. Beide knieten sie sich hin, um die Blätter wieder aufzusammeln. Als Stella ihr Päckchen in die Mappe zurücklegen wollte, sah sie, wie Sam einige der Papiere in der Hand hielt und entsetzt darauf starrte. Langsam hob sich sein Blick.

»Du … du hast mir nie etwas davon gesagt!« Er hielt ihre Zusagen in der Hand.

»Du hast auch nie gefragt, Sam.«

»Was heißt das?«, fragte er heiser. »Ich meine, ist es das, worüber du mit mir reden willst? Dass du gehst?« Seine Augen waren plötzlich voller Misstrauen.

»Sam, du weißt doch, dass wir über unsere Zukunft reden müssen«, erwiderte sie. »Ich weiß nicht, was ich tun soll. Ich meine, das sind super Angebote!«

»Stella!«, stieß er hervor. »Du bleibst doch bei mir! Du darfst nicht gehen!«

»Davon habe ich kein Wort gesagt!«

»Aber hier steht, dass sie dich in der ersten Septemberwoche wollen! Sie wollen, dass du in drei Tagen unterschreibst! Du bist früher weg als gedacht!«

»Ja, Sam, das stimmt. Ich muss ohnehin nach Deutschland, weil ich das Geld abheben muss … Aber lass uns erst mal gehen. Ich will das nicht hier diskutieren.«

Unruhig sah er zu, wie sie die Unterlagen in ihre Tasche stopfte. In seinem Kopf rotierte es gewaltig und der Weg zum Lokal verlief fast schweigend.

»Was muss ich tun, damit du bleibst?«, fragte er mit zugeschnürter Kehle, kaum, dass sie die Bestellung aufgegeben hatten.

»Als deine Managerin?«

»Nicht nur als Managerin.«

»Ich weiß nicht, ob diese Konstellation gut ist, Sam«, erwiderte sie langsam. »Ich meine, du bist der Bandleader. Und ich bin deine Partnerin und gleichzeitig die, die dir einen Stundenplan vorlegt und dir sagt, was du tun sollst.«

»Das hat bisher auch ganz gut geklappt. Es hat sogar sehr gut geklappt«, entgegnete er.

»Ja, am Anfang, als das alles noch neu war. Aber als ich jetzt zurückkam … Sam, ich habe den Eindruck, dass dir das unterbewusst doch gewaltig stinkt.«

»Das überwinden wir, das sind Anfangsschwierigkeiten!«

»Selbst, wenn es so wäre – es ist ja nicht das Einzige! Du willst nach England und …« Sie biss sich auf die Lippen und sah ihn unglücklich an. »Welches Leben hast du uns beiden zugedacht, Sam?«

»Für mich war das schon immer klar, Stella. Ich habe mich körperlich und auch sonst noch nie so gut mit einer Frau verstanden. Und so oft habe ich dir gesagt, dass alles besser geworden ist, seit du in meinem

Leben bist. Ich kann aber nicht in die Zukunft schauen. Wir gehen einfach einen Schritt nach dem anderen.«

Eigentlich war das genau ihre bisherige Strategie, aber jetzt, als Sam sie äußerte, wurde ihr zum ersten Mal klar, wie blauäugig diese Devise war.

»Wo in England wirst du wohnen, Sam?«, fragte sie. »Ziehen wir wie hier von einer Wohnung, die uns nicht gehört, in die nächste? Leben aus dem Koffer? Um dann wieder für den Sommer hierher zu kommen und das Gleiche zu machen?«

»Wir haben doch gut verdient! Wir können uns was leisten!«

»Aber wenn du spielst, was du vorhast, wird das nicht so bleiben! Und ich weiß gar nicht, ob Jamie das mitmacht!«

»Jamie macht mit. Und du wirst sehen, in England ist meine Musikrichtung voll angesagt.«

Sie runzelte die Stirn. »Ich habe mehrfach erwähnt, dass ich das nicht kann.«

»Stella! Versuch es doch wenigstens! Es kann doch nicht sein, dass du in drei Tagen einfach weg sein willst! Es kann doch nicht sein, dass dann alles zu Ende ist!«

Eine Flut an Empfindungen raste durch ihr Gehirn. Mit Sam zusammen sein. Die Welt erkunden. Einfach ein ganz anderes Leben führen … Aber verdammt! Sie hatte vier Angebote! Die konnte sie doch nicht sausen lassen! Trotzdem … eine Zusage hieß, sich von Sam verabschieden zu müssen. Für immer! Ihr Herz tat ihr weh, wenn sie nur daran dachte. Und wenn sie es einfach wagen würde? Vielleicht hatte Sam recht? Verzweifelt starrte Stella auf die karierte Tischdecke, blind für alles um sie herum. Sie merkte nicht, wie Sam dem Kellner winkte, bekam nicht mit, wie er seinen Stuhl ein wenig nach hinten schob und in seine Hosentasche griff. Sie blickte auch nicht auf, als er ihre Hand nahm und leise ihren Namen sagte.

»Stella«, bat er. »Bitte schau mich an.«

»Sam«, sagte sie unglücklich und sah ihm in die Augen. »Ich …«

Der Kellner unterbrach sie und stellte zwei Gläser Sekt auf den Tisch.

»Hast du das bestellt? Wofür? Willst du mir den Verstand vernebeln?«

»Nein, Stella«, antwortete Sam. Seine Hände hielten einen Ring, den er behutsam und mit zitternden Fingern zwischen sie legte. »Ich möchte dich fragen, ob du meine Frau werden willst.«

♫ Say It Again ♫
Frances

In ihr war nur noch Leere, sie brauchte Sekunden, bis sie erfasste, was er da von sich gegeben hatte. Die Zeit schien still zu stehen. Die Luft flimmerte. Ob das an seiner Aussage oder an der Hitze lag, vermochte sie nicht zu sagen. Sams grüne Augen brannten zusätzlich auf ihr, in einer Intensität, die ihr einen Schweißausbruch nach dem anderen bescherte. Vor Schreck hatte sie ihre Hand aus der seinen gezogen.

Er wartete. Sein Herz klopfte so stark, dass es durch sein dünnes Hemd zu sehen war. Und ihr war, als wäre es ihr Herz, das pochte, als pochten sie beide in diesem konfusen Rhythmus. Sam hatte Schweißtropfen auf seiner Oberlippe und sein Blick wurde zunehmend hoffnungsloser, je länger sie schwieg.

»Ich liebe dich, Stella«, flüsterte er. »Und ich gehe mit dir überall hin. Ich bin auch bereit, meine Musikrichtung umzustellen, nur, damit du bleibst. Ich weiß nicht, was die Zukunft bringt. Ich weiß nur, dass ich dich liebe und dir vertraue. Bleib bei mir, bitte. Vertrau du auch mir.«

Vorsichtig nahm er wieder ihre Hand. Sacht, zart.

»Ich bin zu früh dran, ich weiß«, flüsterte er. »Ich wollte es auch erst viel später machen. Aber ich trage diesen Ring bei mir, seit ich die erste Woche mit dir verbracht habe. Da wusste ich sicher, dass du die Frau meines Lebens bist. Und dass ich dich irgendwann fragen würde.«

»Sam …«

»Ich … ich will dich nicht drängen«, fuhr er fort und seine Augen waren nass. »Aber ich habe Angst, dass du einfach gehst. Und wenn du gehst, wirst du nicht wiederkommen. Ich weiß es.«

»Was macht dich so sicher?«, fragte sie heiser.

»Weil ich das schon öfter erlebt habe«, erwiderte er und seine Stimme klang bitter. »Weil ich gut aussehe, aber einer Frau keine Existenz bieten kann. Das ist mir bewusst, Stella. Ich …« Er wischte sich über die Augen. »Ich … hätte dich nicht so überfallen sollen, verzeih mir. Aber ich weiß nicht, was ich tun kann, um dich davon abzuhalten, dass du in drei Tagen gehst.«

Ihre Lippen bebten. Er wollte den Ring wieder an sich nehmen, aber in einer plötzlichen Regung verhinderte sie es, und legte ihre Hand auf die seine.

»Und du würdest wirklich mit mir durch gute und durch schlechte Zeiten gehen?«

»Stella! Ich gehe mit dir bis ans Ende der Welt!«

Mit großen Augen sah sie ihn an. Wieder nahm er ihre Hand, küsste sie innig und sagte leise: »Du bist einfach großartig. In jeder Hinsicht.

Ich kann dir gar nicht aufzählen, was ich alles an dir mag und bewundere. Du bist mein Stern, meine Sonne, mein Alles.«

Ihr wurde die Kehle trocken. Sam sagte genau das Gegenteil von dem, was sie sich von ihrem früheren Umfeld hatte anhören müssen. Er glaubte an sie. Er wollte sie. Er liebte sie. Und sie ... sie liebte ihn. In ihrem Kopf waren die Bilder der ersten Tage: Wie sie zusammen die Insel erkundet hatten. Sam und sie beim Picknick, das rote Fahrrad, sie auf dem Lenker ... Was hatte sie gerufen? »Ich bin so glücklich! Das Leben ist so schön!«. Ja, es war schön geworden, seit sie Sam kannte.

Sam beobachtete ihr Mienenspiel und mit einer unglaublichen Feinfühligkeit nahm er erneut den Ring in die Hand.

»Stella, mein Engel«, flüsterte er »Willst du meine Frau werden?«

»Ja, Sam«, stieß sie heiser hervor. »Ja. Ich will mit dir zusammen sein.«

Der Ausdruck in seinem Gesicht war nicht zu beschreiben. Es war Fassungslosigkeit, Freude, Staunen, Erleichterung ... ein Mix an Emotionen sprang ihr entgegen und Sam schloss kurz seine Augen. Er konnte nicht glauben, dass sie ja gesagt hatte. Sein Mund lächelte nur zögerlich, doch eine Sekunde später flutete eine dermaßen große Freude über sein Gesicht, dass das ganze Restaurant in neuem Glanz zu erstrahlen schien. Er stieß seinen Stuhl zurück, zog sie hoch, nahm ihre Hand, streifte ihr den Ring über den linken Ringfinger und küsste sie.

Stella wusste nicht, wie ihr geschah. Ihr war so schwindelig, dass sie meinte, nicht mehr stehen zu können, versank in seinem Kuss, spürte seine Hand in ihrem Nacken, sein heißes Gesicht, das er immer und immer wieder an das ihre drückte, vernahm sein glückliches Flüstern: »Oh mein Gott, du hast ja gesagt! Du hast ja gesagt!«, hörte Applaus, nahm gerührte, lächelnde Gesichter von Gästen wahr, die Kellner an der Bar, die laut lachten, ebenso klatschten und Glückwünsche auf Spanisch riefen.

Erst jetzt fuhr heiße Freude durch ihren Körper und durchschnitt die Betäubung in ihrem Kopf. Er hatte um ihre Hand angehalten! Sie hatte ein Leben mit Sam vor sich! Ein Leben mit dem Mann, den sie liebte!

Die kann eine solche Sahneschnitte wie Sam niemals halten!, schrie es in ihrem Kopf. *Versauert irgendwo in einem Büro, geht auseinander wie ein Hefekloß und liest nur noch Revolverblätter, weil ihr Leben so langweilig ist!*

Oh, nein, trumpfte es in ihr auf. *Ich habe mich soeben für ein Abenteuer entschieden! Für das Abenteuer, zu leben! Mit Sam!*

♫♫♫

Sie fühlte sich noch immer benommen, als sie das Restaurant verließen. Sie konnte nicht denken, nur fühlen. War bewegt, überwältigt – eine Vielzahl an Empfindungen wirbelten in ihr. Sam hingegen bekam sich vor Freude fast nicht ein. Er trug sie fast aus dem Lokal, das sie unter den Glückwünschen der Kellner und Gäste verließen, verfrachtete sie in ein Taxi und fuhr mit ihr in Richtung Norden, nach Sant Miquel, einem ganz bezaubernden, freundlichen Dorf, dessen zentrales Merkmal eine wehrhafte Kirche auf dem Hügel war.

Ilonas Finca lag ein bisschen abseits vom Ort und war ein typisch ibizenkisches, weißes Steinhaus mit einer traumhaften Terrasse und einem kleinen Garten, windgeschützt hinter Mauern, in dem Oleander, Bougainvilleas, Rosen und Wacholder blühten. Ein aromatischer Duft wehte ihnen entgegen, als sie aus dem Taxi stiegen. Tief sog Stella die frische, würzige Luft ein und betrachtete entzückt die Finca vor ihr.

Oh, dieses Haus in Sant Miquel! Dieser Duft! Diese Blütenpracht! Von der ersten Sekunde an war sie in dieses kleine Anwesen verliebt und konnte sich schon am Garten nicht sattsehen. Sam lachte, freute sich über ihre strahlenden Augen und sagte: »Warte hier. Ich muss erst die Alarmanlage ausschalten.«

Zielsicher ging er hinter das Haus, während sie sich derweil auf ihren Koffer setzte und die Umgebung auf sich wirken ließ. Die Sonne stand schon tief, der Himmel hatte diese azurblaue Farbe, die das Ende des Sommers ankündigte und die Tage noch intensiver und schöner machte. Grillen zirpten, die Luft war mild und warm und von irgendwoher tönten fröhliche Kinderrufe. Stella fühlte sich frei, sie fühlte sich geliebt – und dieses Empfinden war so gigantisch, dass sie meinte, es ströme aus ihr heraus in die Luft, in das Land, in die Welt.

Sam brauchte ziemlich lange. Sie war gerade aufgestanden, um nach ihm zu sehen, als er zurückkam und ihren Koffer vor der Haustür abstellte, die schon weit geöffnet war.

»Es ist noch nicht unser Heim«, sagte er. »Aber ich muss das jetzt trotzdem tun.«

Damit hob er sie hoch und trug sie über die Schwelle. Überrascht quiekte Stella auf.

»Aber Sam, das kommt doch erst nach der Hochzeit!«

»Ja, normalerweise«, erwiderte er. »Aber was ist bei uns schon normal?«

Er gab ihr kaum Gelegenheit, das Haus anzusehen, und zog sie in ein entzückendes Schlafzimmer mit einem großen Bett, dessen Kopfteil in die Steinmauer hineingesetzt war. Es war wie im Märchen. Überall im Zimmer hatte er Kerzen verteilt, Blütenblätter lagen auf dem Bett, auf

162

das er Stella nun sanft drängte, seine Hände an ihrer Bluse, die er geschickt aufknöpfte. Ihr praller Busen wölbte sich ihm entgegen. Er legte seine Lippen auf diese verführerische Fülle und keuchte auf. In Sekundenschnelle loderte das Feuer zwischen ihnen lichterloh, rissen sie sich die Kleidung vom Leib und jagten sich in sexuelle Höhen. Es war berauschend, es war so intensiv und in ihr brannte die Gewissheit, mit diesem Akt eine wunderbare Zukunft in einer wunderschönen Umgebung einzuläuten. Welch einen Weg waren sie in diesen wenigen Wochen zusammen gegangen! Von einem stinkigen Loch in Westend zu dieser idyllischen Finca.

Es kam ihr so vor, als wäre das ihr Haus. Weil es ein Haus war, in dem sie leben wollte. Und sie genoss das Liebesspiel mit Sam umso mehr.

♪♪♪

Als sie am Morgen aufwachte, den schlafenden Sam neben sich, stand sie auf und erkundete den Rest der Finca. Sie hätte keine bessere Zeit dafür wählen können. Der Morgen war überirdisch schön und weit schob sie die Terrassentüren auf, ließ das Licht, das Rauschen des Meeres und eine sanfte Brise herein.

Je mehr sie entdeckte, umso mehr liebte sie die kleine Villa. Für sie war es das schönste Haus der Welt. Die Zimmer waren hell, modern und geschmackvoll eingerichtet und bildeten einen schönen Kontrast zu den alten Steinmauern und den dicken Holzbalken, die den Charakter des Haues ausmachten. All das vermittelte ein so heimeliges Gefühl, dass sich Stella wünschte, für immer hierbleiben zu können. Vom Wohnzimmer aus betrat man die Terrasse, die von Bougainvilleas nur so überwuchert war und in einen reizenden Garten überging. Und das Bad war besonders edel: Man duschte zwischen altem Gemäuer und Glas.

Ja, Stella liebte dieses Haus. Denn Sam war da. Sam, der nackt zwischen den weißen Laken schlief, das blonde Haar verstrubbelt, Sam, der sie die ganze Nacht vewöhnt hatte.

Unfähig, dieses Glück zu fassen, stand sie auf der Terrasse. Der Wind blies sanft, bewegte die Rosen, bewegte die Zweige in den Bäumen, wehte das Aroma von Lavendel und Wacholder zu ihr. Sie breitete ihre Arme aus, hielt ihr Gesicht der Sonne entgegen. Ein glückliches Lachen entfuhr ihr. Der Ring an ihrem Finger reflektierte die Sonnenstrahlen, als sie sich im Sonnenlicht drehte und ihr vor Glück die Tränen hinunterliefen.

♫♫♫

Noch am Vormittag schickte sie bedauernde Absagen an alle Firmen mit dem Hinweis, sie habe einen lukrativeren Job erhalten. Ihr Herz klopfte heftig, als sie das tat.

Sam beobachtete sie dabei, nahm sie in seine Arme und hielt sie fest. Danach liefen sie am Strand von Port de Sant Miquel spazieren, tollten herum, spritzten sich gegenseitig nass, bis Sam sie in voller Kleidung ins Meer warf und sie ihn hinterherzog. Sie ließen sich von der Sonne trocknen, kauften unter viel Gelächter in einem kleinen Krämerladen ein paar Lebensmittel ein und fuhren mit dem Bus wieder zurück.

Es tat so gut, die Ungewissheit und den Entscheidungsdruck endlich los zu sein und mit Feuereifer widmete sie sich der Karriere der Band – ihr war klar, dass sie in dieser Branche noch viel lernen musste.

Sie skypte mit Meike und Tini, die aufgrund der Neuigkeiten kugelrunde Augen bekamen, zeigte ihnen den Ring und sprudelte über vor Freude und Glück. Dann rief sie ihre Mutter an und erzählte ihr, sie hätte einen tollen Job an Land gezogen, der sie erst mal ins Ausland führen würde. Es war eine der wenigen Male, dass selbst ihre Mutter eine frohe Regung zeigte:

»Das hört sich klasse an, Stella. Hoffentlich macht dir dein Job Spaß.«

»Bestimmt, Mama«, erwiderte Stella und sah ihre Mutter im Licht ihrer Liebe zu Sam mit ganz anderen Augen. Sie war immer darauf bedacht gewesen, ihre Kinder versorgt zu wissen – war das nicht die natürliche Regung jeder Mutter? Sie spürte, wie diese Liebe den Groll wie Schnee in der Sonne schmelzen ließ und es war ein so seltsames Gefühl, dass sie noch minutenlang nach dem Gespräch mit dem Hörer in der Hand sitzen blieb.

Warum fühlte sie sich deswegen seltsam? Weil sie es nicht gewohnt war, ohne Groll und Ärger zu existieren? Der Gedanke beschäftigte sie. Waren solche Gefühle solch starke Gewohnheiten, dass man geradezu süchtig danach war? Dass man diese Gefühle womöglich immer wieder unterbewusst provozierte, weil es alltäglich war, sie zu fühlen? Diese These war wie ein Lichtstrahl, der sich durch ihr Sein bohrte, ein Licht, das ihr eine flüchtige Ahnung gab, wie frei sie wirklich sein konnte, wenn sie sich von dieser Sucht befreite – und wie machtvoll Liebe war, weil sie all diese Verkettungen in einer einzigen Sekunde auslöschen konnte.

Diese Erkenntnis verfolgte sie, als wolle sie sichergehen, dass sie sich ihr auch wirklich einprägte.

♫♫♫

Sie liebte es, in der Finca aufzuwachen, jeder Morgen war erneuter Zauber.

Aber nun ging es darum, ihre Zukunft mit Sam zu festigen und dafür musste sie mit den Bandmitgliedern reden.

Sie hatten einen Gig am nächsten Abend, den der Veranstalter bar bezahlen wollte, was gut war, denn Miguel und Derek waren zugänglicher, wenn vorher Geld an sie ausgeteilt wurde.

Das Schicksal schien ihre Entscheidung zu bestätigen – der Auftritt lief im Nachhall des Konzerts sensationell. Die Jungs bewegten die Leute dermaßen, dass keiner mehr auf seinem Platz saß. Sam stand da vorne, mit seiner Lederjacke, der Gitarre, blond, Dreitagebart, seine grünen Augen glänzten. Er wurde von allen weiblichen Gästen angeschmachtet, war sexy bis zum Umfallen – und er gehörte ihr!

Und Jamie … Jamie sang sich an diesem Abend buchstäblich die Seele aus dem Leib. Er war ohnehin intensiv, wenn er sang, aber so hatte Stella ihn noch nie erlebt. Er sang mit einer unfassbaren Leidenschaft und Authentizität, versprühte Funken mit seiner Stimme und den sinnigen Texten und einmal mehr wurde Stella klar, dass Jamie das Zeug zum ganz großen Star hatte.

Donnernder Applaus entlohnte sie und der Wirt stellte ihnen, mit einem Namaste-Gruß und selbst ergriffen von der Stimmung in seinem Haus, eine Flasche teuren Champagners hin. Miguel, Derek, Sam und Jamie wurden von begeisterten Zuhörern umringt, machten Selfies, unterschrieben Autogrammkarten. Stella fing einen Blick von Miguel auf, der heute Abend wieder seine Goldstreifen im Gesicht hatte. Er lächelte unmerklich.

Die Welt hätte nicht vollkommener sein können.

♫♫♫

Am nächsten Morgen trafen sie sich zu einem späten Frühstück in einem ruhigen Nebenraum eines Restaurants und sie zahlte den Vorschuss aus.

»Ich habe gestern noch mal mit dem Veranstalter telefoniert, das Geld ist inzwischen auf dem Konto. Das sind pro Nase etwa zehntausend Euro. Das will ich nicht bar machen – ich brauche eure Kontonummern.«

Sie sah Miguel und Jamie an der Nasenspitze an, dass das ein Problem für sie war und nahm sich vor, sie später darauf anzusprechen – und auch gleich den Termin mit Jamie zu vereinbaren.

»Kommen wir zum wichtigsten Punkt«, fuhr sie fort. »Was habt ihr im Winter vor? Was habt ihr generell vor? Ich meine, könntet ihr euch vorstellen, so weiterzumachen, wie bisher?«

Ihr Herz klopfte, als sie das fragte, denn davon hing ihrer aller Zukunft ab.

»Bitch!«, hörte sie Miguel zischen. »Ich nicht dein Sklave!«

Verdattert starrte Stella ihn an. Was hatte der denn schon wieder? Ihre Augenbrauen zogen sich zusammen und etwas machte Klick in ihr.

»Wo unser Geld?«, pöbelte Miguel weiter. »Du Lügner! Du peitscht, wir laufen, du kassierst! Dann du gehst!«

Langsam ließ Stella den Stift in ihrer Hand sinken. Niemand im Raum sagte einen Ton. In ihr rumorte es, doch bevor Sam beschwichtigend eingreifen konnte, verlor sie die Beherrschung.

»Okay, Miguel«, fauchte sie. »Es reicht. Glaubst du, du bist der einzige Keyboarder auf der Welt? Wenn du ein Problem mit mir hast, kein Ding – dann geh doch!«

Miguel starrte sie hasserfüllt an und sie verstand es nicht. Was zur Hölle hatte sie ihm getan?

»Du kein Chance ohn mir«, sagte er hochmütig, darauf bauend, dass sie so schnell keinen Ersatz für ihn auftreiben würde, zumindest nicht für die nächsten Abende. Aber Stella war nicht bereit, sich erpressen zu lassen.

»Stell dir vor, es gibt Internet«, erklärte sie beißend. »Da krieg ich im Handumdrehen einen anderen Keyboarder. Sicher auch einen besseren als dich. Es kann nämlich sein, dass so manch einer froh ist, das Geld zu verdienen, das du gerade verdienst!«

Er lachte höhnisch als Antwort, natürlich glaubte er ihr nicht.

»Du meinst, ich bluffe?«, erwiderte sie kalt. »Du sagst, du willst diesen Scheiß nicht mehr spielen, weil dieser Scheiß zu einfach ist? Super! Denn es stimmt, was du sagst. Der Scheiß ist einfach. Jeder kann das spielen! Okay, Miguel, ich denke, es ist das Beste, wenn wir uns trennen. Mal sehen, ob du dir alleine auch eine solche Fangemeinde aufbauen kannst, wie du das erst gestern wieder erleben durftest!«

Der Hass in seinen Augen war tödlich, aber gleichzeitig mischte sich auch ein anderes Glitzern mit hinein. Hohn? Stella konnte nicht ausfindig machen, was es war, dazu verschwand es zu schnell, dazu war sie zu erregt. Ihr Herz klopfte ihr bis zum Hals und sie merkte, wie sich ihr Nacken versteifte. Sie würde sich von diesem bösartigen Wicht nicht in die Knie zwingen lassen!

Der Rest der Mannschaft saß völlig erstarrt um die beiden Streithähne herum und sie hatte ihre Hand gegen Sam erhoben, als der etwas einwenden wollte.

Dass Miguel nicht wirklich an ihre Worte glaubte, ließ er dadurch erkennen, dass er einfach sitzen blieb, sie arrogant anlächelte und sich in aller Gemütsruhe einen Joint drehte. Das gab ihr den Rest.

»Hier wird nicht geraucht!«, zischte sie und zeigte mit dem Finger zur Tür: »Raus, Miguel! Verschwinde! Du brauchst zu den Proben heute Nachmittag nicht erscheinen. Such dir eine neue Band!«

»Stella!«, rief Sam. »Sag mal, spinnst du? Du kannst doch nicht einfach …«

»Doch. Ich kann«, entgegnete sie ungerührt, ihren Blick auf Miguel gerichtet, der nicht im Mindesten beeindruckt war. Er lachte nur kurz, stand auf, spuckte ein paar Tabakfusel auf den Tisch, sah ihr mit einem undefinierbaren Ausdruck in die Augen und sagte gehässig:

»Du verloren und es nicht mal weißt.«

Dann ging er.

♫ Yesterday ♫

The Beatles

Sie löste die Besprechung auf und als Derek und Jamie gegangen waren, saß sie mit Sam allein im Hinterzimmer des Restaurants und langte mit ihrer Hand über den Tisch. Aber Sam reagierte nicht auf ihre Geste.

»Hey, Sam«, fragte sie beunruhigt. »Was ist?«

»Das fragst du?«, gab er kühl zurück. »Das, was da eben abgelaufen ist, passt mir nicht. Wer in der Band bleibt und wer nicht, bestimme immer noch ich.«

Sprachlos starrte sie ihn an. So hatte er noch nie mit ihr gesprochen! Seine Stimme klang ja geradezu eisig!

»Aber Sam …«, fing sie verstört an. »Ich …«

»Und was die Musikrichtung angeht – wir haben ausgemacht, dass wir im Winter spielen, was wir wollen. Kein Wunder, dass Miguel sauer ist. Ich bin auch stinkig. Ich meine, wer bist du?«

In ihrem Magen sauste etwas nach unten.

»Wer … wer ich bin? Moment mal, Sam«, sagte sie verdattert. »Hast du nicht gesagt, du änderst deine Musikrichtung, damit wir eine Zukunft haben?«

»Wir haben darüber gesprochen, uns eine Zukunft aufzubauen, aber das bedeutet nicht, dass du alles diktierst! Und das Leben von vier Männern bestimmst! Und schon gar nicht meines! Legst du mir demnächst eine Leine um den Hals?«

»Sam!«, rief sie bestürzt. »Was ist denn in dich gefahren? Du … wir … du hast doch … Ich will dir doch nicht deine Musik nehmen! Ich will doch nur …«

»Genau das tust du aber!«, unterbrach er sie schroff und erneut mit dieser Kälte, die ihr in die Seele schnitt. Und nun stand er zu ihrem unfassbaren Entsetzen auf, sah kühl auf sie hinunter und sagte:

»Du solltest dir mal überlegen, was du da alles von dir gibst, wenn du deine arroganten Managementbesprechungen hältst.«

Sprach's, drehte sich um und ging von dannen.

♫♫♫

Stella war außer sich. Sie hatte Mühe, sich zu beruhigen und Angst brach aus ihr hervor, wie Lava aus einem explodierenden Vulkan. Sie unterdrückte sie, so gut es ging, konnte aber doch den Abend kaum erwarten, in der Hoffnung, Sam zu sehen.

Er kam. Entschuldigte sich knapp, sagte, er wisse nicht, was in ihn gefahren sei. Ansonsten war er schweigsam, was Stellas Beklommenheit weiter schürte.

»Sam, lass uns reden«, drängte sie. »Mir ist schon seit einiger Zeit aufgefallen, dass mit dir etwas nicht stimmt.«

»Wie meinst du das?«, fragte er misstrauisch zurück.

»Ich glaube, dass dich etwas belastet ... etwas aus deiner Vergangenheit ... etwas, was du mir nicht erzählt hast.«

Mit einem unergründlichen Blick sah er sie an, aber statt einer Antwort, drehte er sich um und lief in den Garten, als könne er es nicht ertragen, in ihrer Nähe zu sein. Stella wusste nicht, was sie tun sollte, ging ihm schließlich nach, aber Sam blieb unzugänglich und schweigsam.

»Komm, Sam«, bat sie unter Tränen. »Lass uns ins Haus gehen. Wir versuchen es morgen noch mal.«

Sie gingen zu Bett, angefüllt mit unausgesprochenen, wirren Emotionen. Sam lag mit offenen Augen auf dem Rücken. Nach einer halben Stunde griff er nach ihr und sie war so dankbar für diese Geste, dass ihr ein Seufzer entfuhr und sie sich widerstandslos auf den Rücken drehen ließ.

Sam sah ihr in die Augen. Sie waren dunkel. Sie waren fast schwarz. Sie waren voller Trauer. Und zu ihrer unendlichen Überraschung legte er den Kopf auf ihre Brust und weinte.

»Es tut mir so leid«, flüsterte er und klammerte sich an sie. »Es tut mir so leid. Aber ich kann nicht anders.«

Stella umklammerte ihn, erleichtert, betroffen, alles zusammen.

»Willst du reden, Sam?«, fragte sie. Er schüttelte den Kopf.

»Okay ... dann schlaf ... aber morgen ... morgen reden wir, okay?«

Er antwortete nicht. Sie nahm seinen Kopf zwischen ihre Hände, sah ihn fragend an.

»Ja«, flüsterte er heiser und weinte noch mehr. »Morgen.«

Arm in Arm schliefen sie ein. Arm in Arm wachten sie auf. Stella war so froh, dass zumindest ein Anfang gemacht war. Aber er blieb wortkarg.

»Wann ... wann wollen wir reden?«, fragte sie ihn.

»Ich muss bei John was erledigen, aber ab dem Nachmittag bin ich dann vollkommen frei«, antwortete er ernst.

»Das passt gut – dann warte ich hier auf dich, okay? Und bitte, Sam«, sie legte ihre Hand auf seinen Arm, »sei offen. Sonst haben wir keine Chance.«

»Ja, Darling, ich weiß«. Sein Blick war düster. »Fällt mir nicht leicht. Weiß nicht, ob ich das kann.«

»Tu's für uns.«

»Okay ... dann heute Nachmittag?«

»Ja, ich bin da«, sagte sie froh und lächelte leicht. »Ich warte auf dich. Und Sam – ich liebe dich!«

Der Ausdruck in seinen Augen war unaussprechlich. Er stand schon in der Tür, konnte nicht gehen, kam noch einmal zurück und presste sie fest an sich.

»Stella, meine Kleine«, flüsterte er in ihr Ohr. »Du bist so abgrundtief süß … Du bist so absolut wunderbar … Glaub mir, es tut mir so leid … so schrecklich leid.«

»Aber Sam … das muss es doch nicht mehr. Wir kriegen das hin, zusammen kriegen wir das hin!« Ihr wurde etwas leichter ums Herz, zumal er sie als Antwort noch heftiger an sich drückte und fast verzweifelt küsste.

»Oh, meine Süße«, flüsterte er. »Meine Dancing Queen.«

Stella war noch nie auf ein Gespräch so gespannt gewesen wie auf dieses.

♫♫♫

Sie musste ebenfalls los, nach Eivissa, sie hatte ihr Gespräch mit Jamie. Außerdem vermisste sie ein Kleid. Es war verschwunden, seitdem Sam ihre Sachen aus Sandras Wohnung geholt hatte, und sie vermutete, dass es noch dort war. So kaufte sie einen Blumenstrauß, wollte kurz bei Sandra vorbeischauen, nach dem Kleid fragen und sich vor allem bedanken, dass sie fast vier Wochen lang ihre Wohnung mietfrei hatten nutzen dürfen.

Es war später Vormittag, als sie klingelte. Es machte niemand auf. Dafür öffnete sich die Tür daneben. Stella seufzte. Die neugierige Nachbarin stand vor ihr, aber als sie Stella sah, riss sie ihre Augen bis zum Anschlag auf und ihr Unterkiefer klappte so unvermittelt nach unten, dass Stella dachte, er fiele der Frau vollständig ab. Die Nachbarin brachte kein Wort hervor, aber man konnte deutlich sehen, dass es in ihrem Kopf umso vehementer arbeitete.

Befremdet von deren Verhalten fragte Stella:

»Wissen Sie, wann Sandra wiederkommt?«

Wortlos schüttelte die Frau den Kopf, wobei die Unterlippe am offenen Mund heftig mit schwabbelte. Sie starrte Stella an wie einen Geist.

»Okay«, meinte Stella. »Ähm … dann komme ich später noch mal.«

Zu ihrem Erstaunen schlug die Frau nach dieser Ansage ihre Tür so schnell zu, dass der ganze Rahmen wackelte. Verständnislos blickte Stella erst auf die eine, dann auf die andere geschlossene Tür, drehte sich kopfschüttelnd um und ging.

♪♪♪

»Hallo, Jamie!« Stella lächelte ihn an. »Endlich hat es geklappt!«

»Ja, endlich! Ich warte schon so lange darauf!«

Er wirkte ernst und als sich Stella nach einem Platz im Café umsah, sagte er schnell: »Würde es dir was ausmachen, mit mir am Strand zu laufen?«

»Nein, kein Ding«, antwortete sie verwundert. »Aber warum? Ist doch gemütlicher mit einer Tasse Kaffee.«

»Ich will ungestört sein«, erwiderte er und seine Miene verfinsterte sich. Stella wurde mulmig zumute und ihr Kopf versuchte, Erklärungen dafür zu finden. War Jamie womöglich auch sauer wegen gestern? Doch dann schob sich plötzlich eine andere, sehr unangenehme Überlegung dazwischen: Die Meinung, Sam sei seines guten Aussehens wegen der Reißer der Band, war in den Köpfen aller bisher fest verankert gewesen – bis die Konzerte die Gewichtung gehörig verschoben hatten. Inzwischen war Jamie das Zugpferd. Wollte Jamie etwa gehen? Ohne ihn würde die Band ihre Einzigartigkeit verlieren! Verkrampft hielt Stella den Blumenstrauß wie einen Schild in der Hand und Jamies Blick fiel darauf.

»Wow, ist der für mich?«, fragte er und lächelte zum ersten Mal.

»Du hättest auf jeden Fall einen verdient«, erwiderte sie, dankbar für sein Lächeln. »Aber er ist für Sandra. Ich wollte mich bei ihr bedanken, dass wir so lange bei ihr wohnen durften. Sie war aber nicht da und …«

»Du meinst die letzte Wohnung, die ihr hattet?«

»Ja«, antwortete sie erstaunt, weil er so alarmiert klang.

»Fuck! Und … du warst dort? Hat dich jemand gesehen?«

»Ähm … ja?« Verstört sah sie ihn an und wurde umso verwirrter, als er ihr wortlos den Strauß aus der Hand nahm und ihn einer Cappuccino trinkenden Touristin mit einem schiefen Lächeln auf den Tisch legte. Verblüfft sah die ihm hinterher. Verblüfft sah Stella einen ungewohnt entschlossenen Jamie, der sie fest am Arm packte und Richtung Badebucht zog. Erst nachdem sie den Strand erreicht hatten und ein paar Schritte gegangen waren, fragte sie:

»Was war das denn jetzt? Ist alles in Ordnung?« Ihr Herz klopfte heftig bei dieser Frage.

»Nein, Stella«, antwortete er. »Nichts ist in Ordnung. Gar nichts.«

»Jamie! Was hast du? Was ist los? Wie kann ich dir helfen?«

Er blieb stehen, einen gequälten Ausdruck auf seinem jungen Gesicht. Wie ein Pfeil schoss Angst in ihr Herz und verhakte sich dort.

»Ich hoffe, ich kann *dir* helfen, Stella«, sagte Jamie leise. »Ich habe dir so viel zu verdanken und ich hoffe von Herzen, ich komme nicht zu spät. Aber ich … glaub mir … ich habe auch eine ganze Weile gebraucht, bis ich das alles geblickt habe.«

»Bitte? Was geblickt?«, stotterte sie und ihr Herz begann so massiv zu schlagen, dass sie meinte, es spränge ihr aus der Brust.

Statt einer Antwort setzte sich Jamie in Bewegung, lief mit ihr zu einem Café am Strand, dessen Terrasse von einem Bambusmattenzaun umgeben war, aber er suchte keinen Tisch, sondern hockte sich außerhalb des Zauns in die hinterste Ecke in den Sand, sodass sie von Vorbeilaufenden schwer zu sehen waren.

Inzwischen war Stella hochalarmiert. Stumm kniete sie sich mit wild klopfendem Herzen neben ihn und wartete. Jamie nahm ihre Hand, sah sie eindringlich an.

»Stella.« Sein Blick ging nach unten, als schaffte er es nicht, sie anzusehen. Er nahm seinen ganzen Mut zusammen: »Ich habe einiges zu sagen. Es ist viel und ich werde dir wehtun. Also wappne dich.«

Sie nickte. Spürte den Puls bis in ihren Hals, bis in die Ohren, hörte ihr Blut rauschen. Ihr war unerträglich heiß. Die Sonne brannte herunter, auf ihr Haar, auf ihren Kopf und erhitzte sie zusätzlich. Es war unangenehm, in der prallen Hitze zu sitzen, der Schweiß rann ihr den Rücken hinunter, das Kleid klebte auf der Haut, aber sie wollte endlich hören, was Jamie zu sagen hatte.

»Es ist so viel, dass ich gar nicht weiß, womit ich beginnen soll«, sagte er unglücklich. »Aber das Erste ist: Die neuen Songs, Stella, die habe ich ganz alleine geschrieben. In der Zeit, als du nicht da warst. Und zwar alle. Sie stammen samt und sonders aus meiner Feder. Sam hat nicht eine Note, nicht einen Buchstaben beigesteuert. Er hat dir aber erzählt, dass er sie mit mir geschrieben hat, oder? Das hat er dir erzählt, nicht wahr? Dass er Tag und Nacht mit mir zusammen war und Songs geschrieben hat. Hat er aber nicht. Er war in dieser Zeit bei anderen Frauen.«

Das Blut stürzte in ihr so plötzlich nach unten, dass ihr schwindlig wurde und sie wankte. Instinktiv griff Jamie ihren Unterarm und ließ ihn nicht mehr los.

»Ich hatte Mühe, ihn für die Proben herzubekommen«, fuhr er unerbittlich fort, »damit wir wenigstens zusammen für das Konzert üben konnten – und daher weiß ich auch, wo er war. Miguel hat es mir gesagt und ich bin mit ihm hin und hab ihn mit anderen Frauen im Bett gefunden. Nicht nur mit einer, Stella, manchmal waren es mehrere auf einmal.«

Auf ihrem Gesicht bildeten sich rote, hektische Flecken. Ihre Augen waren verschleiert, groß, aufgerissen. Sie schien in diesen Sekunden geistig nicht anwesend zu sein.

»Ich kann dich nicht schonen, Stella«, sagte Jamie leise. »Ich muss das tun. Ich hab Sam nicht nur in fremden Betten gefunden, er war auch jedes Mal stoned. Zugedröhnt bis an die Halskante. Sam kokst, Stella und er kann es gut verbergen. Hast du dich nie gefragt, wie er es schafft, tagelang aufzubleiben und doch so frisch zu sein? Zu Beginn des Sommers ging es noch, da hat er sich nur ab und zu mal was geholt … Er hatte auch kein Geld für Stoff. Aber dann fing er an, welches zu verdienen. Er konnte sich wieder was kaufen.«

Stella war zu keiner Reaktion imstande. Alles an ihr war starr. Jamies Augen wurden rot, als er sah, wie sie litt, sie wurden feucht, seine Stimme zitterte, aber er machte weiter:

»Du hast mich mal gefragt, wie Sam sich die Businessclass hat leisten können. Ich weiß nicht, ob du ihn darauf angesprochen und eine Antwort bekommen hast. Ich gebe dir auf jeden Fall die Richtige: Er hat den Flug spendiert bekommen. Von einer Frau, die Geld hat und Sex von ihm kauft.«

Ihr war, als schlüge ihr jemand mit voller Wucht ins Gesicht. Ihr Mund stand offen, sie konnte nicht denken.

»Die Sex von ihm kauft …«, wiederholte sie flüsternd und ohne es richtig zu begreifen. »Die Sex von ihm kauft …«

»Ja, die sich von Sam durchvögeln lässt … Sie lässt ihn ein- und ausfliegen, wie es ihr passt. Und wenn er bei ihr ist, putscht er sich auch immer gehörig auf … Sie hat Geld, sie hat alles … sie kauft ihm zum Beispiel auch Anzüge … Na, lassen wir das.«

Seine Worte tröpfelten in ihr Hirn. Jamie gab ihr Zeit. Er fühlte mit ihr, litt genauso wie sie und es machte die Sache nicht leichter. Ihre Lippen bewegten sich ein paar Mal, ohne einen Ton von sich zu geben, dann brachte sie hervor:

»Ist diese Frau … ist das Sandra?«

»Sandra!«, stieß Jamie mit einem kurzen Lachen hervor. »Nein. Sam kennt Sandra nicht. Sandra kennt Sam nicht. Das ist eine andere Geschichte. Deshalb wollte ich nicht, dass du noch mal in dieses Haus gehst. Es hätte gut sein können, dass du dann bei der spanischen Polizei gelandet wärst. In der Zelle.«

»Wie bitte?« In ihr drehte sich alles, ihr war unendlich übel und Jamie packte ihren Arm noch fester, weil er merkte, dass ihr Verstand auszusteigen drohte.

»Stella. Sam bricht in Wohnungen ein. Er hat ein paar Kumpels in der Stadt, die wissen, wann Leute, die auf Ibiza Eigentumswohnungen haben, kommen und gehen. Und die wussten, wann Sandras Wohnung unbenutzt sein würde.«

»Aber … Sam hatte einen Schlüssel!«

»Er hat einen Kollegen beim Schlüsseldienst. Auch die erste Bleibe, so schäbig sie war, war nicht gemietet. Sie gehört irgendwelchen britischen Touristen.«

Vor ihrem geistigen Auge sah Stella die dreckige, ungepflegte Tür. Erinnerte sich daran, dass sie aufgebrochen war, die Tür, unter der sie immer einen Holzkeil hatte schieben müssen. Ihr wurde immer übler.

»Und Miguel«, tönte Jamies Stimme an ihr Ohr, » sitzt mit Sam in einem Boot. Der hat flugs deine Sachen aus der Wohnung geholt und das hat gerade so geklappt. Hat Sam dich nicht gedrängt, so schnell wie möglich aus der Wohnung zu gehen? Das musste er, weil die Briten auf dem Weg dorthin waren. Und so hat er dich geholt und Miguel hat deine Sachen rausgeräumt. Stella – Sam ist spezialisiert auf Frauen wie dich – mit denen er ein Hotelzimmer teilen kann. Damit ergaunert er sich eine Unterkunft und ein Frühstück – und meist noch mehr.«

In Stella stürzte alles zusammen. Es war also kein Zufall gewesen, dass sie sich immer wieder getroffen hatten? Er hatte alles genau geplant! Von Beginn hatte er vorgehabt, sie auszunutzen?

»Warum sagst du mir das erst jetzt?«, flüsterte sie. »Oh, Jamie, warum hast du mich nicht früher gewarnt? Warum …«

Sie brach in Tränen aus. Behutsam legte Jamie den Arm um sie.

»Ich habe das ja auch erst alles nach und nach herausgefunden. Ich habe dir erzählt, dass Sam mich damit geködert hat, dass ich mein eigenes Ding machen darf. Als ich gemerkt habe, dass mit ihm etwas nicht stimmt, wollte ich raus. Aber plötzlich sagte Sam, dass er vorhabe, alles anders zu machen, dass er jemanden kennengelernt habe, der uns managen wolle. Er hat uns das so dargestellt, dass wir glaubten, wir werden von einer namhaften Agentur übernommen. Dann kamst du und ich dachte – oh nein, er hat schon wieder eine Tussi am Haken … Er hat uns nämlich schon mal so verarscht … Aber du, du hast plötzlich ernst gemacht. Du hast Struktur in die Band gebracht, Disziplin, du hast die Ärmel hochgekrempelt und es ehrlich gemeint. Du bist der Grund, warum ich geblieben bin, Stella. Mein Leben hat sich geändert mit dir. Seit ich dich kenne, ist in meinem Leben alles besser geworden.«

Ein klagender Laut entfuhr Stella bei seinen Worten und sie schlug die Hände vors Gesicht. Das war genau das, was auch Sam zu ihr gesagt hatte! *Mit dir ist alles besser! Ich liebe dich! Ich will dich heiraten!* Waren das auch alles Lügen? Sie konnte das Ausmaß noch gar nicht begreifen – in ihr war nur ein wildes, heißes, unangenehmes und scheußliches Chaos.

»Ich dachte wirklich, du bringst Sam zur Vernunft«, sagte Jamie leise. »Machst ihn zu einem besseren Menschen. Ich habe es so gehofft. Er hat wegen dir versucht, vom Koks wegzukommen, hat alles mitgemacht, was du angeordnet hast. Aber das hat ihm Miguels Spott eingebracht. Der hat natürlich gestänkert, was das Zeug hielt, aber als dann tatsächlich Geld floss, waren sie erst mal beide still. Ja, da war ich wirklich der Meinung, Sam kriegt die Kurve. Da wusste ich auch noch nicht alles. Es ging aufwärts. Die Auftritte, das Geld ... er schien dir treu zu sein. In dieser Zeit habe ich wenig von anderen Frauen mitbekommen. Ich glaube, er hat selbst daran geglaubt, dass er es mit dir schafft.. Raus aus diesem unseligen Leben. Runter vom Stoff. Aber ohne das Zeug war er oft müde und irgendwann fing er wieder an, vor allem, als du die zwei Wochen weg warst.«

Stumm liefen Stella die Tränen die Wangen hinunter. Sie versuchte gar nicht erst, sie aufzuhalten. »Willst du mich heiraten? Meine Dancing Queen. Du bist so süß.« Nichts davon war wahr. Es war alles gelogen. Er hatte sie nie gewollt! Er hatte sie nie geliebt! Nie geliebt!

Mit dem nächsten, schmerzhaften Herzschlag wurde ihr siedend heiß bewusst, dass sie Sams wegen ihre Bewerbungen aufgegeben hatte. Ihr wurde zusätzlich schlecht, während Jamies Stimme ihr weiter einen Kinnhaken nach dem anderen versetzte.

»Ja, und als du mich dazu gebracht hast, meine eigenen Songs zu singen, als du das gefördert hast ... da begann Sam eifersüchtig zu werden. Ich habe das deutlich gespürt. Das erste Konzert ... das hat ihm einen gehörigen Knacks gegeben, obwohl doch auch er im Mittelpunkt stand. Er hat mich bei den Proben ziemlich drangsaliert und ... ja, dann kam das Geld. Der Erfolg ist ihm zu Kopf gestiegen, er konnte sich wieder Stoff kaufen und begann wieder das zu machen, was er immer schon gemacht hat: Er hat Mädels aufgerissen, den großen Macker gespielt ... In der Nacht nach dem ersten Konzert, Stella, war er schon wieder mit anderen Frauen zusammen. Und als du nach Deutschland geflogen bist, ist er komplett in die alte Schiene gerutscht. Er hat nur noch geschnupft, gekokst, gehurt und die Sau rausgelassen. Einmal war er so schlimm beieinander, dass wir die Sanitäter holen mussten.«

Die Szene, als sie mit Sam telefoniert hatte, sprang in ihren Kopf. »Mir ist nicht gut, ich bin krank ohne dich, Stella, du fehlst mir …«

Sie fühlte sich wie einzementiert, wie mumifiziert. Sie war eine Leiche, ein lebloses Etwas, saß erstarrt vor Jamie im Sand, sah, wie dessen Mund sich bewegte, wie Worte herauskamen – Worte, die ihre Welt zerfetzten.

»Miguel und Sam haben sich gegenseitig aufgehetzt. Miguel hat gemeint, Sam sei nur noch deine Pussi. Ich habe gesehen, wie Sam, als du nicht da warst, das Geld für manche Auftritte von den Veranstaltern bar bekommen hat. Ich dachte, das sei mit dir abgeklärt. Aber dann hast du gesagt, sie wollten es überweisen. Da habe ich geschnallt, dass er dich angelogen und es selbst eingesackt hat.«

»Oh Gott, nein«, wisperte Stella, völlig am Ende. »Er hat euch nicht bezahlt … er hat euch nicht bezahlt.« Als ob das die schlimmste der Nachrichten wäre, fing sie laut an zu weinen, begannen Tränen in Strömen über ihre Wangen zu laufen. Hilflos drückte Jamie sie an sich.

»Was ist mit der Finca?«, schluchzte sie. »Ist er auch in die eingebrochen?«

»Nein, ich glaube, die hat er einfach auf deinen Namen gemietet.«

»Wie kann das sein? Ich habe doch nichts unterschrieben!«

»Aber du hast ihm deine Kreditkarten gegeben, Stella«, erwiderte Jamie und sie versteinerte in seinen Armen. »Du hast ihm Vollmachten gegeben. Und glaub mir, wenn ich das gewusst hätte, wäre ich viel früher zu dir gekommen.«

Trotz der Temperatur von über fünfunddreißig Grad gefror Stella zu Eis. Ihr Kopf raste, die Gedanken liefen Amok, prallten zusammen und stoben wieder auseinander – kurz, sie konnte keinen einzigen davon fassen. Jamies Satz: »Du hast ihm Vollmachten gegeben, du hast ihm deine Karten gegeben«, erreichte sie erst nach einer satten Minute, dafür mit voller Wucht und eine entsetzliche Vorstellung machte sich in ihr breit – eine Horrorvorstellung, die mit schwarzen Tentakeln nach ihr griff und sie zu erwürgen drohte. Steif, panisch, löste sie sich aus Jamies Arm und sah ihn mit unnatürlich weit aufgerissenen Augen an.

»Ich … ich habe ihm keine Vollmacht gegeben«, krächzte sie heiser. »Nie. Niemals. Ich habe ihm meine Karten nicht gegeben. Nicht eine. Ich habe …«

Ein heißer Strahl fuhr durch ihren Körper und ihr kam mit einem Mal, was das bedeuten, welches Ausmaß das haben könnte. Ihre Augen waren blind; sie wollte auf die Füße springen, aber ihr war schwindlig, ihr war schlecht. Ihr Kopf drehte sich und das Übelkeitsgefühl stieg höher und höher, sie geriet in Panik, hyperventilierte und ihr wurde schwarz vor Augen. Jamie reagierte geistesgegenwärtig, zog sie noch ein wenig mehr am Zaun nach hinten und dichter an diesen heran. Das Frühstück stieg in einem ekelhaft sauren Schwall nach oben und ergoss sich in den heißen Sand. Da war es, ihr Glück – eine widerlich stinkende Brühe. Tränen rannen ihr aus den Augen, Saures aus dem Mund, Rotz aus der Nase. Jamie hielt sie, nestelte ein Taschentuch aus seiner Hosentasche und reichte es ihr. Stella hatte sich noch nie in ihrem Leben so elend und schmutzig gefühlt.

»Jamie, ich muss ... ich muss ... Bring mich zu einem Bankautomaten, bitte schnell«, weinte sie. »Ich ... oh, Gott! Ich habe ihm keine Vollmacht gegeben, ich habe ihm keine ...«

Sie torkelte, konnte kaum laufen, brauchte die ersten Meter, bis sie wieder ihre Beine spürte, aber sie waren dennoch wie aus Gummi. Sie hatte das Gefühl, sie knicke mit jedem Schritt ein, das Gefühl, sie renne und komme nicht vorwärts und es schien ihr eine Ewigkeit, bis sie endlich vor einem Automaten in der Innenstadt standen.

Eine heiße Hoffnung durchfuhr sie, als sie ihren Geldbeutel aus der Tasche nahm und hineinschaute. Es war alles da. Nicht eine Karte fehlte. Wild pochte ihr Puls im ganzen Körper, dröhnte in ihrem Kopf, verursachte Schmerzen, erschwerte das Denken.

Alles lief wie in Zeitlupe ab: Ihre zitternde Hand, die die Karte in den Schlitz stecken wollte, ihn zwei-, dreimal nicht traf, so unkoordiniert bewegten sich ihre Finger. Die Eingabe der Geheimzahl, die doch nur sie wusste, die sie doch nie einem anderen gegeben hatte, das Piepsen des Automaten, die Frage, welche Sprache sie wähle, der Hinweis, wie viel eine Auszahlung koste ... Sie ertrug es fast nicht mehr. Sie wollte wissen, was auf ihrem Konto war! In der nächsten Sekunde fiel ihr wie ein Donnerschlag ein, wie oft sie ihren Rechner unbeaufsichtigt hatte herumliegen lassen und dass darauf ein Datenblatt mit allen wichtigen Passwörtern und Log-ins gespeichert war.

Endlich die Frage des Automaten: Auszahlung oder Kontostand?
Kontostand.

Die Zahl erschien: Statt der erwarteten fünfzigtausend Plus, hatte sie minus fünftausend Euro auf ihrem Konto. Sam hatte alles abgeräumt. Selbst ihr eigenes, sauer erarbeitetes und erspartes Geld aus ihrer Studentenzeit.

Jamie brachte sie in seine WG, die er mit acht Studenten bewohnte. Er hatte kein Zimmer, nur eine Abstellkammer und als Stella sie sah, brach sie erst recht in Tränen aus. Jamie! Das Geld! Es war weg! Das war doch auch sein Geld! Wie hatte sie sich darauf gefreut, ihm seine zehntausend

Euro in die Hand drücken zu können! Nun stand er wieder am Anfang, der ganze Sommer war umsonst! Umsonst gespielt, umsonst gehofft, umsonst, alles umsonst! Und doch – es waren diese Sekunden, die ihr ein kleines bisschen Hoffnung einflößten. Denn Jamie stand nicht wieder am Anfang – er hatte sich einen Ruf aufgebaut. Und sie könnte ihn weiter managen. Mit ihm wäre es sogar viel einfacher, mit ihm allein … Er war doch der Star!

»Das schafft die nie, eine Band zu managen …!«

»Wie will die eine Sahneschnitte wie Sam halten …«

Versager!, schrie ihr eine Stimme in ihrem Inneren zu. *Versager!! Doppelt! Dreifach! In jeder Hinsicht! Und blöd dazu!*

Stella vergrub ihr Gesicht in ihren Händen. Sie konnte gar nicht aufhören, zu weinen, und Teile ihrer letzten Unterhaltungen mit Sam stürmten ihren Kopf:

»Wie ist das mit den Überweisungen?«, hörte sie ihn fragen.

»Sie sind heute auf mein Konto gekommen.«

Das war vor drei Tagen gewesen, als er gemerkt hatte, dass sie Zusagen hatte. Er hatte ihr den Antrag nur gemacht, um Zeit zu schinden, weil er warten musste, bis das Geld auf ihrem Konto war! Weil er verhindern wollte, dass sie es vor ihm abhob!

»Jamie, es tut mir so leid«, schluchzte sie. »Dein Geld … alles ist weg, alles ist weg! Es tut mir so schrecklich leid! Oh, was soll ich nur machen?«

»Wenn du meinen Rat hören willst: Geh zurück nach Deutschland. Du hast doch Angebote! Du hast eine Zukunft.«

»Nein«, flüsterte sie. »Ich habe alle abgelehnt. Ich wollte mit Sam und euch nach England, euch weiter managen, das war der Plan … Sam hat mir einen Heiratsantrag gemacht!«

»Er hat … was?«

»Hier!«

Zum Beweis streckte sie ruckartig die Hand vor, an der der Ring blitzte, und Jamie fuhr zurück, als bedrohe sie ihn mit einem Messer. Stella schämte sich schrecklich, angesichts dieses Desasters wirkten ihre Worte unentschuldbar leichtgläubig.

Jamie sagte nichts mehr, presste nur ganz fest seine Lippen aufeinander und seine ohnehin sehr helle Haut schien um mehrere Nuancen bleicher zu werden. Stella weinte, weinte um ihre Liebe, um ihr Leben, um ihr Glück – und so irrational diese Hoffnung auch war, meinte sie, in einem Gespräch mit Sam noch alles klären zu können. Es musste eine Erklärung geben! »Always look on the bright side of life«, klang die Stimme ihres Vaters in ihrem Ohr und brachte sie kurz vor einen Schreikrampf. Bright side of life! Das war scheiße! Scheiße! Scheiße!

Heiße Tränen flossen wieder aus ihren Augen. Jamie stand unsicher neben ihr, während ihr langsam klar wurde, was das alles bedeutete: Sie war ruiniert. Vollständig und ganz. Sie stand vor dem Nichts.

Ein Koloss begann sich in ihr zu formen. Ein Koloss aus Hass und Wut, aus Bitterkeit und Ohnmacht, wurde fester, schwerer und begann in ihr nach unten zu sinken wie ein schwerer Stein.

Sie musste sich erneut übergeben, schaffte es gerade noch auf die WG-Toilette und würgte sich die Galle aus dem Leib. Hilflos kniete sie vor der Kloschüssel, bis in ihrem Magen nichts mehr drin war, was raus konnte.

Erschöpft und mit nassen Augen lehnte sie sich an die Wand und wischte sich die Tränen aus dem Gesicht. Ihr Kopf raste, suchte nach Möglichkeiten. Und wenn sie die Firmen noch mal anschrieb? Ihnen sagte, ihre Situation habe sich geändert, sie wäre doch interessiert? Es war ein winziger Hoffnungsschimmer. Aber das andere … all das andere … Es tat so weh … so weh!

Ihr Blick streifte durch den winzigen Raum mit dem winzigen Fenster, auf dessen Sims einige Artikel standen, fiel auf eine Box mit Tampons – und blieb daran haften. Im nächsten Moment schien ein Amboss gegen ihren Kopf zu rauschen und es wurde schwarz um sie. Als sie wieder klarsehen konnte, waren ihre Augen noch immer auf die kleine Schachtel geheftet. Sie hörte Jamie draußen besorgt an die Tür klopfen und wie ein Roboter stand sie auf und öffnete. Ihr Blick war starr.

»Stella …?«

»Ich … muss in die Finca hoch, Jamie«, sagte sie mit einer Stimme, die nicht ihr gehörte. »Sofort.«

Jamie war beunruhigt, bestand darauf, sie hinzubringen, obwohl Stella alleine sein wollte. Aber Jamie ließ sich nicht abwimmeln – er hatte Angst um sie. Sie sagte kein Wort mehr. Weinte keine Träne mehr. Mit steifen Bewegungen nahm sie ihre Handtasche, ging stumm mit ihm die Stufen hinunter. Auf der Straße sah sie sich um.

»Ich will mir in einer Apotheke Kopfschmerztabletten holen«, sagte sie mit unnatürlich akzentuierter Stimme. Jamie nickte nur, blieb vor der Apotheke stehen, bis sie wiederkam, eine Packung Aspirin in der Hand. Er nahm sie ihr weg, öffnete die Schachtel, trennte zwei Tabletten ab und gab sie ihr.

»Das reicht, um das Kopfweh wegzumachen.« Sie nickte ergeben, schien gar nicht mitbekommen zu haben, was er gesagt und getan hatte. Er half ihr in den Bus. Während der gesamten Fahrt fiel kein Wort zwischen ihnen, auch nicht, als sie den halben Kilometer zur Finca liefen.

Sobald sie sie betreten hatten, verschwand Stella im Bad.

Zog die zweite Packung hervor, die sie in der Apotheke erstanden hatte.

Fünf Minuten später wusste sie, dass sie schwanger war.

♫ A Step You Can't Take Back♫
Keira Knightley

Mit übermenschlicher Anstrengung überzeugte sie Jamie davon, dass sie okay wäre, sie sich nur noch hinlegen wolle. Morgen wollten sie sich wieder hier treffen und beratschlagen, was zu tun sei. Und endlich, endlich ging er. Endlich war sie allein, endlich musste sie nicht mehr für zwei denken, nicht auch noch sein unglückliches Gesicht ertragen. Endlich konnte sie sich den Umfang der Katastrophe bewusst machen.

Sie saß vor ihrem Rechner, rief, obwohl sich nichts geändert haben konnte, ihr Konto auf und betrachtete die Tragödie, die sich in unerbittlichen Zahlen vor ihr ausbreitete.

Ihr Konto war bis ans letzte Limit überzogen. Sie konnte sich noch nicht einmal einen Rückflug nach Deutschland leisten. Sam hatte sie nach Strich und Faden betrogen und ausgenutzt. Hatte es nie ernst gemeint. War ein Drogenjunkie, Lügner, Callboy und Verbrecher. Und mit so jemandem war sie zusammen gewesen! Von so jemandem war sie schwanger. Oh mein Gott, sie war schwanger! Wieder stieß diese Tatsache wie ein Rammbock in ihren Magen. Ihr Kopf schrie verzweifelt auf, versuchte sie, mit Trivialem abzulenken, so wie er es immer getan hatte, damit sie diesen Schmerz nicht fühlen musste. Der Outlook-Button im Dashboard hüpfte wie verrückt auf und ab, nervte wie ein kleines Kind, das immerfort rief: »Ich weiß was! Ich weiß was!«, und sie klickte ihn an, nur damit das aufhörte, damit sie Normales lesen konnte, so tun konnte, als wäre ihr Leben noch in Ordnung.

Mehrere Mails lagen im Postfach, darunter zwei Schreiben der Firmen, denen sie abgesagt hatte. Mechanisch öffnete sie sie. Mechanisch fuhren ihre Augen über den Text.

»… bedauern sehr, dass Sie sich für eine andere Firma entschieden haben, sollten Sie es sich doch noch anders überlegen, sind wir gerne bereit über Ihre Gehaltsvorstellungen nochmals zu sprechen …«

Ein grässlicher, lang anhaltender Schrei gellte durch das Haus und erst Sekunden danach wurde ihr klar, dass sie es war, die so schrie. *Geh zurück nach Deutschland. Du hast eine Zukunft,* hörte sie Jamies Stimme in ihrem Kopf. Stella brach endgültig zusammen.

Nein!, schrie es in ihr und aus ihr heraus. *Nein! Nein! Nein!*

Ihr war, als stürze sie in einen endlosen, schwarzen Schacht. Sie war siebenundzwanzig. Sie war pleite, sie war schwanger. Sie hatte keine Zukunft.

Sie hatte alles, einfach alles unwiderruflich falsch gemacht.

♫♫♫

Irgendwann fiel sie in einen unruhigen Schlaf, wachte immer wieder auf, bis sie es schließlich aufgab. So paradox es sich anhörte, sie vermisste Sam. Seine streichelnden Hände, die Art, wie er sie immer an sich gezogen hatte, wie er sie genommen hatte. Seinen Gesichtsausdruck, wenn er in sie eingedrungen war. Oh ja, sie vermisste ihn. Vermisste das Glück, das er ihr versprochen hatte, das Leben, das sie sich ausgemalt und das sie so sauer ausgespien hatte. Er hatte sie nie geliebt … nie geliebt. Sie war es ihm nie wert gewesen.

Ein bitterer Zug lag um ihren Mund – zum ersten Mal in ihrem Leben besah sie sich alle Ereignisse schonungslos.

Wie viele Beziehungen hatte sie in ihrem Leben gehabt? Alle zerschmettert. Wie die Ehe ihrer Eltern. Was konnte sie mit ihren siebenundzwanzig Jahren vorweisen? Weniger als nichts. Warum war sie in diese Situation gerutscht? Weil sie ihrer Umwelt hatte zeigen wollen, dass sie es draufhatte! Oh mein Gott, und wie sie es draufgehabt hatte!

Sie brach in Tränen aus.

Was konnte sie von der Zukunft erwarten? Niemand würde sie einstellen. Wovon sollte sie leben? Aufs Tiefste verzweifelt nahm sie sich Stift und Zettel, recherchierte im Internet, was man an Kindergeld bekam, wie viel Sozialhilfe, wie viel man dazu verdienen durfte, welche Chancen es für alleinerziehende Mütter ohne Job gab. Es war erschreckend wenig. Die kühle Rechnerei bewahrte sie davor, nicht wahnsinnig zu werden, brachte sie aber auch in eine unentrinnbare Sackgasse. Sie fühlte einen Stich im Unterleib und blickte auf ihren Bauch, als sei er eine andere Person.

Ja, da war jemand in ihrem Bauch. Jemand, der ihr die Zukunft verbot, sie nicht leben ließ, wie sie es gekonnt hätte. Immer wieder las sie die Sätze in den zwei E-Mails durch. Wenn sie nicht schwanger gewesen wäre, hätte sie ihre Wunden lecken und von vorne anfangen können. Es wäre bitter genug gewesen!

Dann machst du wieder das, was du immer machst!, kiekste Eileen in ihrem Kopf. *Wegschieben! Jetzt kannst du nichts mehr wegschieben!*

»Halt deine verdammte Fresse!«, schrie Stella unbeherrscht und hieb mit der Faust auf den Tisch. Dann brach sie erneut in Tränen aus. Ihre einzige Hoffnung war Jamie.

Er kam mit dem ersten Bus, froh, dass sie soweit okay war. Stella zeigte kaum Gefühlsregungen und er überredete sie, mit ihm zur Polizei zu gehen.

»Mein Spanisch ist nicht gut genug«, erwiderte Stella müde. »Es hat keinen Sinn, Jamie. Selbst, wenn sie Sam aufgreifen … so wie ich ihn einschätze, hat er das Geld schneller ausgegeben, als die Polizei reagiert.«

Er blieb dran, sagte, John würde dolmetschen, er hätte ihn in Kenntnis gesetzt, er würde sie hinfahren, es sei nicht das erste Mal, dass Sam Leute um Geld geprellt hätte.

»Auch er war der Meinung, du hättest ihn gedreht«, sagte Jamie zu ihr. »Sam war wirklich anders mit dir und ich glaube, er selbst hatte auch die Hoffnung, dass er es mit dir schafft.«

Sie schwieg, nicht mehr bereit, sich irgendetwas schön zu reden, irgendetwas anders darzustellen, als es war.

John kam, sah sie mitfühlend an, was ihr geradezu Brechreiz verursachte. Sie schaffte es nicht, freundlich zu ihm sein, obwohl er doch helfen wollte. Mit seinem Auto fuhren sie nach Eivissa, erstatteten Bericht, die Beamten stellten endlose Fragen; das alles ermüdete Stella ungemein. Teilnahmslos saß sie im Revier und ertrug kaum das ganze Prozedere, die Formalitäten, die ausgefüllt werden mussten, die langsame Art der Beamten, die neugierigen Blicke. Vier Stunden später stiegen sie wieder ins Auto und fuhren zurück.

Sie sprach kein Wort. Sie hatte sich nach hinten gesetzt und lehnte ihre Stirn an die kühle Scheibe. Als sie oben ankamen, stand ein Wagen vor der Finca und ihr Herz setzte für einen weiteren Schlag aus. Vielleicht war es Sam, vielleicht löste sich alles in Wohlgefallen auf! Vielleicht … ihre Träumereien wurden in den nächsten Sekunden zerstört. Die Besitzerin der Finca war gekommen und Stella wurde es schon wieder übel. Was wollte die von ihr?

Mit hämmerndem Herzen stieg sie aus, wagte es kaum, auf die Frau zuzugehen. Wie sich herausstellte, war es eine Deutsche, die vom Vermieten von Ferienwohnungen lebte.

»Hallo!«, grüßte sie freundlich. »Ich bin Ilona. Ich wollte fragen, ob alles okay ist. Ich habe …«

Ein Blick in die Gesichter der drei ließ sie verstummen. »Ist was?«, fragte sie unsicher an John gewandt.

»Für wie lange hast du die Finca vermietet, Ilona?«, wollte der wissen.

»Sie ist für eine Woche bezahlt«, war die Antwort und Stella fiel ein kleiner Stein vom Herzen. Wenigstens das war geregelt, wenn es auch ihr Geld war, das Sam dafür verwendet hatte. Doch dann zählte sie die Tage zusammen.

»Eine Woche? Dann muss ich ja morgen raus«, ächzte sie mit einem Kloß im Hals.

»Ähm … ja, aber ich habe noch drei Tage Luft, bis die nächsten Gäste kommen. Sie können also noch verlängern, wenn Sie …«

Perplex sah Ilona Stella hinterher, die ohne eine Antwort zu geben, in das Haus ging.

Sie hatte noch diese eine Nacht! Verdammt, wohin sollte sie gehen?

Jamie kam ihr nach, während Ilona und John draußen redeten, und legte seinen Arm um sie.

»Wo sind Derek und Miguel?«, wollte sie wissen.

»Miguel … keine Ahnung. Derek ist nach Schottland zurück. Ich habe ihm erzählt, was passiert ist. Er hat geflucht, mit den Schultern gezuckt und war weg.«

»Und du? Was machst du?«, fragte sie gepresst und die heiße Hoffnung von gestern Nacht bemächtigte sich ihrer. Jamie war ihre Chance! Wenn er sich weiter von ihr managen ließ, hätte auch sie eine Zukunft. Das könnte sie mit einem Kind stemmen … Sie hätte drei, vier Jahre, um sich wieder etwas aufzubauen. In drei Jahren konnte man viel bewegen, konnte sie ihr Konto wieder ins Reine bringen und es dann noch mal von vorn versuchen … Sie hätte etwas vorzuweisen …

Das schafft die nie …!, Maximal einen langweiligen Job …

Nein, sie konnte nicht gebrochen zurück nach Deutschland in ihre alte Umgebung und sich von allen auslachen lassen! Sie *hatte* die Band gemanagt! Und sie hatte es gut gemacht!

»Wir … wir könnten auf deiner Schiene weitermachen«, bot sie ihm heiser an. Es klang lahm, aber Jamie wusste doch, dass sie es konnte! In ihren Augen flackerte ein wenig Hoffnung auf, die im Bruchteil einer Sekunde wieder erstarb, als sie sah, wie Jamie die Röte ins Gesicht schoss. Sie senkte den Kopf. Er würde etwas Unangenehmes sagen, das war klar.

»Stella, ich wurde nach dem letzten Konzert von einem Musik-Scout angesprochen«, informierte er sie verlegen. »Sie … sie haben mir einen Vertrag angeboten.«

Sie sackte noch mehr zusammen. Vorbei, alles vorbei. Der letzte Strohhalm. Weg. Mit übermenschlicher Anstrengung zwang sie sich, ihm in die Augen zu schauen.

»Du hast eine Agentur? Und einen Plattenvertrag?«

Jamie nickte unglücklich. Er wusste genau, was sie sich erhofft hatte.

»Ich ... herzlichen Glückwunsch, Jamie«, krächzte sie mühsam beherrscht und kurz vor dem Wahnsinn. »Ich freue mich für dich. Du ... du hast es verdient, wirklich ... du hast es ...«

In diesem Moment schoben sich die Tränen mit einer solchen Gewalt nach oben, dass sie sie nicht zurückhalten konnte. Sie legte die Arme auf den Tisch und weinte hemmungslos.

»Stella«, sagte Jamie. »Stella ...« Er schüttelte sie ein wenig, zwang sie, ihn anzuschauen, zwang sie, ihm zuzuhören.

»Bei allem Unglück, Stella, solltest du bedenken, was noch da ist: Du bist jung. Du hast studiert. Du bist klug. Du kannst dich weiter bewerben. Du wirst eine Anstellung finden. Du wirst das alles hier vergessen.«

»Nein, Jamie«, flüsterte sie mit tränenblinden Augen. »Ich werde es nicht vergessen. Ich kann mich nicht bewerben. Ich erwarte ein Kind. Ich bin im dritten Monat schwanger.«

♫♫♫

Jamie war außer sich, als er das hörte, aber er konnte ihr nicht helfen. Er hatte einen Vertrag, er war dabei, ein Star zu werden, er hatte eine Zukunft. Er brauchte sie nicht mehr. Niemand brauchte sie.

Stella saß am Küchentisch wie eingefroren und reagierte auf nichts und niemanden mehr. Sie wartete. Wartete, bis sie endlich wieder allein sein konnte. Jamie blickte sie zögerlich an, versuchte, sie zu trösten, was alles noch schlimmer machte. Schließlich stand sie auf, wünschte ihm alles Gute, bedankte sich förmlich für die schöne Zeit und die kooperative Zusammenarbeit ... Sie konnte nicht anders, sie wollte, dass er ging. Bitte. Endlich. Ihre Augen gingen mehrfach Richtung Tür.

Jamie verstand. Zögerte wieder. Sie war kurz vor einem Nervenzusammenbruch. Da drückte er ihr einen sanften Kuss auf die Wange und schloss die Tür hinter sich. Endlich. Endlich war er fort. John und Ilona kamen. Auch von ihnen verabschiedete sie sich gefasst, versicherte Ilona, morgen früh das Haus zu verlassen.

John ging. Ilona ging. Niemand brauchte sie.

»Doch!«, schien es in ihr zu rufen. »Ich brauche dich! Du bist nicht allein!«

Eine Flut von Empfindungen wallte in ihr hoch wie ein heißer Wind. Ihr war, als spräche jemand mit ihr. Als versuche etwas, durch diese abgrundtiefe Hoffnungslosigkeit zu ihrer Seele vorzudringen. Sie sah zur offenen Terrassentür in den wunderschönen Garten hinaus und Leere breitete sich in ihr aus. Eine Leere, in der es nichts gab, wofür es sich zu leben lohnte.

»Du bist nicht allein«, hauchte die Stimme in ihr. »Ich bin bei dir«.

War es ihr Baby, das sprach? Es klang nicht bitter oder anklagend. Es klang einfach nur liebevoll – und das gab ihr den Rest.

»Doch. Ich bin allein«, widersprach sie dieser leisen Stimme, während ihr die Tränen über die Wangen liefen. »So allein wie ein Mensch nur sein kann. Ich kann dir nicht helfen.«

Sie wartete. Die Stimme schwieg. Sie legte ihre Hände auf ihren Unterleib, wiegte sich hin und her, flüsterte:

»Es tut mir leid, du da drin. Ich kann dir kein Leben bieten. Ich kann noch nicht einmal mir selbst eines bieten.«

Wieder ging ihr Blick wie der einer Schlafwandlerin nach draußen. Wie lange war sie so regungslos gesessen? Es musste lange gewesen sein.

Der Mond stand inzwischen am Himmel. Wolken zogen vorbei, verdeckten ihn, gaben ihn wieder frei, umhüllten, umschmeichelten ihn, es war ein zauberhaftes Schauspiel. Und hier oben war es so still. Stella kam sich vor wie am Ende der Welt. Der Schmerz riss in ihrer Brust, immerwährend, hakte sich fest, zog sie tiefer und tiefer nach unten.

Sie stand auf, ging hinaus in den Garten. Lavendelduft umfing sie. Eine zarte Brise wehte vom Meer herüber, bewegte die Bäume, Zweige, Blumen, und der Mond beleuchtete alles mit seinem silbrigen Licht. Es sah so wunderschön aus. Es war unwirklich. Es war Illusion. Denn: Es gab keine Schönheit. Alles tat weh. Das Leben tat weh. Die Welt tat weh. Sie konnte keinem vertrauen. Nie mehr. Wie mit einem Metronom hämmerten sich stereotype Sätze in ihren Kopf, meißelten Muster in ihre Zellen, verzerrten die Schönheit, legten Filter auf ihre Wahrnehmung, machten sie bitter: *Du hast keine Zukunft. Du bist nichts wert. Du schaffst nichts. Du bist eine Lachnummer.*

Am Hafen von Port de Sant Miquel gab es Klippen. Es wäre nur ein Schritt. Sie hoffte, dass sie den Mut dazu fand. Wenn sie ihn schon nicht mehr zum Leben hatte. Der Vorteil war: Der Schritt war kurz, und das Leben war lang.

♫ We Float ♫
Like crazy

»Die Wahrscheinlichkeit, dass du überlebst, wenn du hier springst, ist ziemlich hoch!«

Stella erstarrte. Die Stimme kam aus dem Off. Sie klang warm. Sie war männlich, war jung. Ein wenig drängend. Ein wenig hektisch. Was die Aufgeregtheit der Person verriet, der die Stimme gehörte.

»Da unten ist Wasser!«, teilte sie ihr mit. »Oder kannst du etwa nicht schwimmen?«

Ihre Nackenmuskeln versteiften sich. Sie balancierte gefährlich weit vorne am Rand der Klippe. Sah auf ihre Schuhe und versuchte, ihren rechten Fuß dazu zu überreden, sich ein paar Zentimeter nach vorne zu bewegen. Den Oberkörper dazu zu bringen, den Schwerpunkt zu verlagern.

»Vielleicht sitzt du hinterher querschnittsgelähmt im Rollstuhl und bist schlimmer dran als jetzt!«

Stella wagte einen Blick in die Tiefe. Da unten war nicht nur Wasser, da waren auch Felsen. Zerklüftete, scharfe Felsen. Ihr Körper würde zerschmettern. Sie straffte sich, in dem Versuch, ihre Umgebung auszublenden – und als habe die Person hinter ihr ihre Gedanken erraten, setzte sie schnell hinterher:

»Kennst du die Geschichte von der Frau, die ihre Nadel verlor?«

Sie hörte, wie er, während er sprach, sich vorsichtig in ihre Richtung bewegte. Noch immer verharrte sie bewegungslos und stumm. Wenn er noch näherkäme, würde sie springen. Ihr Oberkörper schwankte um ein paar Zentimeter nach vorne.

»Du kennst sie nicht?« Diesmal war Angst in seiner Stimme. Er verharrte.

Keine Antwort.

»Darf ich sie dir erzählen?«

»Nein!«, fauchte sie genervt und am Ende ihrer Belastbarkeit. Konnte man auf dieser Scheiß-Welt nicht mal in den intimsten Momenten alleine sein? Sie stand unter einer furchtbaren Spannung, hatte das Gefühl, ihr Geist drohe zu zerreißen. Ihre Ohren hörten diese verdammte Stimme, die sie nicht gebrauchen konnte, ihr Kopf versuchte, sich darauf zu fokussieren, diesen einen letzten Schritt zu gehen, der alles beenden würde und …

»Meinst du wirklich, du machst die Dinge damit leichter? Meinst du wirklich, alle deine Probleme wären damit verschwunden?«

»Ja! Verdammt noch mal!«, schrie Stella unbeherrscht. »Weil *ich* das Problem bin! Geh weg! Lass mich in Ruhe!«

Diesmal machte sie eine heftigere Bewegung nach vorne. Aber ihr natürlicher Überlebensinstinkt ließ sie zurücktaumeln und sie begriff: Das war die Überwindung, die der Tod von ihr forderte. Sie wappnete sich erneut. Versuchte, die Tatsache zu verdrängen, dass da jemand hinter ihr war. Wollte bis zehn zählen. Schnell zählen. Und bei zehn einfach mit dem Oberkörper nach vorn kippen, bis sie das Gleichgewicht verlor.

»Das ist ein Schritt, der ins Nirgendwo führt!«, rief er. »Wovor reißt du aus?«

»Ich reiße nicht aus«, sagte Stella heiser. »Ich mache einen Neuanfang!«

»Und nimmst dein Bündel mit! Vergiss das nicht! Du nimmst dein Bündel mit, egal, wo du hingehst! Unsere Welt hier ist nicht die einzige Welt!«

»Red nicht so einen Bullshit!«, zischte sie, am Ende mit den Nerven. »Hau ab!«

Sie musste diesen Typen ignorieren, sonst wurde das nie was! Erneut sammelte sie sich, merkte, wie sich der Entschluss, zu sterben, in ihr festigte. Sie wurde ruhig, begann zu zählen.

»Was zum Teufel kann so schlimm sein, dass man sein Leben wegwirft?«, herrschte die Stimme hinter ihr sie an. Er musste noch nähergekommen sein – oder sprach er lauter?

»Wenn du noch einen Schritt näherkommst, springe ich«, fauchte sie. Sie wagte nicht, sich umzudrehen, sie ahnte, wenn sie das täte, würde sie nie mehr den Mut finden, so nah an die Klippe zu gehen. Sie hatte die Chance zu springen – jetzt!

Sie holte tief Luft, ihre Füße rutschen ein wenig vor, sie ballte die Hände, streckte sie aus, schwankte nach vorn, spürte die Weite unter sich – in diesem Moment schlang sich ein Arm um sie und riss sie so gewaltsam zurück, dass sie beide auf den harten Felsen stürzten. Stella schrie laut auf vor Schmerz. Alles war Schmerz – innen, außen, überall … sie wollte das nicht fühlen, wollte weg davon, wollte an diese verdammte Klippe und sich hinunterstürzen, damit sie das endlich, endlich nicht mehr ertragen musste! Wie irre strampelte und wehrte sie sich gegen den Griff, versuchte, sich zu befreien, rammte ihren Ellbogen in Weichteile, stieß mit den Knien zu, riss an kräftigen Armen, die sie zu bändigen versuchten.

»Lass mich los!«, schrie sie. »Lass mich los!«

Aber die Arme hielten sie, heißer Atem und Schmerzenslaute keuchten an ihr Ohr, als sie empfindliche Stellen traf. Ihr Gegner umklammerte sie umso fester, je mehr sie sich wehrte. Er war ebenso entschlossen wie sie.

»Ich lass dich nicht los«, stieß er immer wieder hervor. »Ich lass dich nicht los!«

Endlich erlahmten ihre Kräfte und als ihr bewusst wurde, dass sie keine Chance hatte, gab sie von einer Sekunde auf die andere jeden Widerstand auf. Ihr Körper sackte in den Armen des Fremden zusammen. Das war der Moment, in dem sie sein wild pochendes Herz wahrnahm, die Wärme seines Körpers, die Arme, die sie umschlungen hielten. Sie hörte dieses Herz, den Rhythmus des Lebens, und brach in Tränen aus.

Wie ein Liebespaar lagen sie auf dem harten, spärlich mit Gras bewachsenen Boden und er ließ sie weinen, hielt ihren Kopf an seiner Brust, den anderen Arm fest um ihre weiche Taille geschlungen. Er atmete schwer, aber sagte kein Wort.

Nach einer Zeit waren ihre Tränen versiegt und erneut spürte sie diese qualvolle Leere in sich. Mühsam richtete sie sich auf, stützte ihre Arme auf die angewinkelten Knie und wischte sich die Augen. Ihr Blick starrte auf die Klippen, auf das Meer, den Horizont. Auch er hatte sich aufgesetzt, in Habachtstellung, rückte unmerklich ein paar Millimeter näher, bereit, sie wieder zu fangen, sollte sie aufspringen und einen nächsten Versuch wagen. Aber sie blieb sitzen, ein pures Abbild der Hoffnungslosigkeit. Sie wollte ihn noch nicht einmal anschauen. So wandte auch er sich dem unendlich scheinenden Meer zu.

Der Anblick war zum Niederknien schön. Eine Kulisse wie aus einem Märchen: Ein halber Mond, der über dem sich ewig bewegenden Wasser stand, sich darin spiegelte, die wenigen Wolken beleuchtete, die über den Himmel zogen, Sterne, die vereinzelt aufblinkten. Stella senkte den Kopf, ließ die Tränen auf den felsigen Boden unter ihr tropfen. Mit rauer Stimme, die sein Mitgefühl verriet, sagte er:

»Es ist so schwer für uns Menschen, zu verstehen, dass etwas Großes in uns ist. Wir sehen diese Größe im Ozean, in den Bergen, in den Bäumen, der Natur … Aber in uns? Nein, das können wir uns nicht vorstellen.«

Sie spürte seinen kurzen, ruhigen Seitenblick, aber verweigerte nach wie vor den Augenkontakt, weil sie ahnte, dass das Aufeinandertreffen ihrer Blicke die endgültige Rückkehr in diese Welt sein würde.

»Wozu soll das gut sein?«, gab sie bitter zurück. »Blöde Philosophien helfen mir nicht weiter.«

»Was würde dir denn weiterhelfen?«, fragte er sanft.

»Nichts«, gab sie lakonisch zurück. »Deswegen wollte ich ja … na ja, lassen wir das.« Sie rappelte sich auf und unwillkürlich griff er nach ihrer Hand, um sie wieder zurückzuziehen. Er saß noch auf dem Boden und endlich sah sie ihn an.

Ein junger Mann blickte ihr entgegen. Ein sehr junger Mann. Er konnte nicht älter sein als Jamie. Sein Haar war dunkel, modisch geschnitten und sein Bart erst im Entstehen, aber sein Blick war fest und bestimmt. Er blutete aus einer Wunde an der Stirn und hatte etliche Schrammen an seinen Armen.

»Wie alt bist du?«, fragte sie unwillkürlich.

»Zwanzig«, antwortete er. »Und du?«

»Egal«, schnappte sie kurz angebunden.

»Soll das heißen, dass du schon wieder an die Klippe rennen willst? Vergiss es. Ich bin immer noch da.«

»Musst du nicht heim zu Mami?«, fragte sie spitz zurück. »Sie macht sich sicher Sorgen.«

»Das tut sie ganz sicher nicht«, antwortete er. »Sie weiß, dass ich ein großer Junge bin, der für sich selbst sorgen kann.«

Irgendetwas in seiner Stimme ließ sie innehalten, aber sie hatte keine Lust, auf Nuancen zu achten, wollte ihn nur loswerden. Ihr erster Versuch, ihrer Tragödie ein Ende zu setzen, war gründlich misslungen. Das nächste Mal würde sie es besser planen.

Er stand ebenso auf. »Wo gehst du hin?«, wollte er wissen und sie schnappte: »Nach Hause, zufrieden?«

»Ja, gut, dann lass uns gehen«, erwiderte er mindestens ebenso schnippisch.

»Du … du willst mit?«

Er stieß Luft aus und gab damit seinem Unverständnis Ausdruck: »Was denkst du denn? Dass ich dich, nachdem du gerade diesen Blödsinn vorhattest, alleine lasse?«

»Ja«, antwortete sie schlicht. »Ich möchte gerne alleine sein.«

»Vergiss es«, erklärte er. »Ich bleibe heute Nacht bei dir. Es sei denn, du bringst dich und mich irgendwohin, wo andere Menschen sind, die auf dich aufpassen.«

Stellas Gesicht gefror zur Maske. Es wirkte im Mondlicht fast gespenstisch, ihre Augen waren fast schwarz. Sie dachte an die Finca, in der Sam sie vor kurzer Zeit noch so heftig geliebt hatte, daran, wie zehn Minuten am heißen Strand am Playa d'en Bossa ihr ganzes Leben verändert hatten, daran, dass es auf dieser Welt nicht einen gab, der auf sie wartete, und die alte Verzweiflung überrollte sie mit einer solchen Macht, dass sie drauf und dran war, Anlauf zu nehmen und zurück zur Klippe zu rennen. Ein Sprung! Und alles wäre vorbei! Aber ihr Gegenüber hatte sie im Visier und ahnte, was sie vorhatte. Er schulterte seinen Backpack und stellte sich ihr in den Weg.

»Okay«, sagte er leise. »Dann gibt es also niemanden außer mir, der auf dich aufpasst.«

Ohne ein weiteres Wort nahm er sie mit einer Bestimmtheit, die nicht die leiseste Widerrede duldete, an die Hand, und zog sie mit sich. Weg von den Klippen. Zurück ins Leben.

Aber sie wusste nicht, ob sie das wollte.

Und er wusste nicht, dass er nicht nur ein Leben gerettet hatte.

♫ Après ♫
Guillaume Poncelet

Er hinkte leicht. Er hatte große Hände. Die seine umschloss ihre fast vollständig und er ließ sie nicht los, bis sie an der Finca angekommen waren.

Die Terrassentür stand noch offen, der Wind bewegte den weißen Stoff am Fenster. Es wirkte wie eine Einladung.

»Toll hier.« Anerkennend sah er sich um. Bewunderte den Garten, dieses so wunderschöne verwunschene Stück Natur wie sie ihn selbst noch vor wenigen Tagen wahrgenommen hatte, und machte ihr damit klar, dass der Garten diese Schönheit immer noch besaß, auch wenn sie sie nicht mehr sah. Sie musste also noch da sein. Es war ein konfuser Gedanke, der da durch ihr Hirn blitzte, aber irgendwie weckte er sie auf, und sie besah sich ihren Begleiter etwas genauer. Er war so jung! Ihr Blick fuhr über sein schmales Gesicht, sein Haar, die weichen Lippen und die jugendlichen Wangen mit dem Bartansatz, blieb für Sekunden an seinen braunen Augen hängen, die ihre Musterung interessiert mitverfolgten, und landete schließlich bei der blutigen Stelle an der Stirn, den Schrammen an seinen Armen und der mit Erde beschmutzten Jeans.

»Komm rein«, murmelte sie. »Ich mache deine Wunden sauber.«

»Das kann ich schon selbst«, antwortete er. »Mach du uns doch einen Tee, was meinst du?«

Stella wunderte sich über diese so sichere Art von ihm. Aber sie hatte keine Lust zu denken, ging in die Küche, setzte Teewasser auf und stellte zwei Henkelbecher auf den Tisch.

»Hast du irgendwo Pflaster?«, rief er aus dem Bad. Wie ein Roboter ging sie in den kleinen Raum, wo er mit nacktem Oberkörper vor dem Waschbecken stand. Mit einem angefeuchteten Gästehandtuch hatte er sich das Blut vom Gesicht gewischt, aber es tropfte nach und Stella stellte fest, dass die Wundränder ein wenig auseinanderklafften.

»Ich hoffe, das muss nicht genäht werden«, sagte sie tonlos, öffnete den kleinen Arzneischrank, fand Wunddesinfektionsmittel, eine Salbe und sogar Klammerpflaster. Sie bewegte sich ruhig, emotionslos und genauso klang auch ihre Stimme, als sie ihn anwies:

»Setz dich auf die Badewanne, dann kann ich das besser anbringen.«

Brav tat er wie geheißen und behutsam stoppte sie das nachtropfende Blut, schirmte sein Gesicht mit ihrer Hand ab, als sie das Desinfektionsmittel aufsprühte und brachte die Pflaster an seiner glatten Stirn an. Dann besah sie sich die Schrammen und wollte Creme auftragen, aber er wehrte ab. Gleichzeitig pfiff der Wasserkessel und sie ging zurück in die Küche.

Die zwei Becher standen auf dem Tisch, aber bei der Vorstellung, mit ihm zusammen am gleichen Tisch sitzen zu müssen, an dem sie Stunden voller Schwermut verbracht hatte, wehrte sich etwas in ihr. Sie goss nur eine Tasse voll, wartete, bis er aus dem Bad kam, und stellte sie ihm hin.

»Trinkst du nicht mit?«, fragte er, seinen Blick fest auf sie gerichtet.

»Nein, mir ist nicht danach.«

»Setzt du dich trotzdem zu mir? Auch ohne Tee?«

»Nein, danach ist mir auch nicht.«

»Wonach ist dir dann?«, fragte er.

»Ich geh ins Bett«, erwiderte sie teilnahmslos.

»Du hast deine Wunden noch nicht versorgt«, erinnerte er sie.

»Muss ich auch nicht.«

Sie drehte sich um, ging ins Schlafzimmer und legte sich, so wie sie war, aufs Bett. Er folgte ihr, die Tasse Tee in der Hand. Innerlich stöhnte sie auf. Konnte der Typ nicht einfach gehen? Es war ihr unmöglich, sich bei ihm zu bedanken. Wofür auch? Dafür, dass sie immer noch diese Hoffnungslosigkeit und Verzweiflung fühlen musste?

»Und was wird das jetzt?«, fragte sie ihn und hob gereizt den Kopf.

»Ganz einfach«, verkündete er mit dieser irritierenden Sicherheit und setzte sich auf die andere Bettseite. »Ich passe weiter auf dich auf. Bis der Morgen kommt. Und dann sehen wir weiter.«

Obwohl sie erst etwas mehr als eine Stunde mit ihm verbracht hatte, wusste sie, dass es sinnlos war, mit ihm zu diskutieren. So ließ sie einfach den Kopf wieder sinken, drehte sich von ihm weg und schloss die Augen.

Der Schmerz in ihrer Brust raste nach wie vor und verging einfach nicht. Sie fiel in einen unruhigen Schlaf, schreckte hoch, spürte die Gegenwart des jungen Mannes neben sich, drückte die Augen wieder zu, versuchte zu schlafen, versuchte, zu vergessen. Wenigstens für ein paar Stunden. Es blieb bei dem Versuch. Schließlich gab sie auf und lag mit offenen Augen auf dem Bett. Lauschte. Nein, er schlief auch nicht, er war auf der Hut. Er merkte, dass sie wach war, zog die Decke hoch und breitete sie sanft über sie. Diese Geste trieb ihr wieder das Wasser in die Augen und sie atmete schwer. Sam! Oh mein Gott! Ihr Leben! Mit großer Anstrengung versuchte sie, ihre Tränen vor ihm zu verbergen, ließ die Augen weit offen, ließ sie still heraustropfen. Stumm, lautlos liefen sie die Wangen hinab, während ihr Kopf keine Ruhe gab und ihr wie ein penetranter Marktschreier ständig ihre ausweglose Situation zuschrie.

Schwanger. Von einem Betrüger. Echte Chancen leichtfertig vergeben. Alles, was sie je in ihrem Leben getan hatte, war ein Griff in die volle Kloschüssel gewesen. Nie hatte sie einen Mann halten können. Alle waren davongelaufen. So wie ihr Papa von ihrer Mama. Nie hatte sie auf dieser Welt irgendeinen Punkt erzielt. Ihre Entscheidungen waren immer falsch gewesen. Wenn sie nicht studiert hätte, hätte sie jetzt einen übergeordneten Posten in dem Büro, in dem sie gearbeitet hatte. Aber nein, sie musste ja alles hinwerfen, wegen Rafael, der sie mit ihrer besten Freundin betrogen hatte! Ihr BAföG-Darlehen belief sich auf achtzehntausend Euro. Wie sollte sie ihre Schulden bezahlen, wenn sie nicht in der Lage war, zu arbeiten? Und wie würden ihre Bekannten sie wohl verspotten, wenn sie – statt mit einem eindrucksvollen Managerjob und vorzeigbarem Erfolg – ruiniert, verlassen und mit einem dicken Bauch zurückkam? In ihr verkrampfte sich alles und ein Atemstoß entfuhr ihr. Verzweifelt vergrub sie den Kopf in ihren Händen. Die Tränen rannen unaufhörlich zwischen ihren Fingern hindurch.

»Hey«, flüsterte der junge Mann einfühlsam neben ihr. Aber sie krampfte sich nur noch mehr zusammen. Sie wollte verdammt noch mal alleine sein, damit sie wenigstens ungehemmt weinen konnte! Damit sie diesen Schmerz herausschreien konnte! Fieberhaft überlegte sie, wie sie ihn loswerden konnte.

Und wenn sie so tat, als ob sie einschliefe? Dann würde auch er irgendwann einschlafen. Sie sah auf die Digitalanzeige des Weckers. Es war ein Uhr morgens. Sie hätte Zeit, noch einmal zu den Klippen zu laufen, und diesmal würde sie alle Tabletten mitnehmen, die sie im Haus fand und eine Flasche Wein. Während ihrer Überlegungen nestelte er ein paar Tücher aus der Kleenexbox, die auf dem Nachttisch stand und drückte sie ihr in die Hand. Genervt erwartete sie die Frage: »Willst du reden?«, aber stattdessen kam er auf den Anfang ihrer Begegnung zurück.

»Du kennst die Geschichte mit der verlorenen Nadel wirklich nicht?«

»Nein«, stieß sie hervor. »Nichts könnte mich weniger interessieren!«

»Also, da ist diese Frau, die ihre Nadel verloren hatte«, begann er, als wäre das eine Aufforderung gewesen. »Und sie geht raus auf die Straße, unter die Laterne, sucht und jammert … jammert und sucht. Und findet sie nicht. Die Nachbarn kommen aus ihren Häusern und fragen, was los sei und sie klagt ihnen ihr Leid. Sie habe ihre Nadel verloren und ohne ihre Nadel sei sie nicht existenzfähig, sie müsse doch nähen. Die Nachbarn suchen mit, Passanten, die vorbeikommen, suchen mit. Keiner findet die Nadel. Bis endlich jemand fragt: ›Wo hast du denn die Nadel verloren?‹, und sie antwortet: ›Im Haus!‹. Alle stöhnen auf und fragen: ›Warum suchst du sie dann hier?‹ Darauf antwortet sie: ›Weil hier mehr Licht ist!‹«.

Keine Ahnung, wie er das geschafft hatte, aber ihre Tränen liefen langsamer. Ihr Gehirn beschäftigte sich mit der Botschaft dieser kleinen Geschichte – und fand keine.

»Haha«, höhnte sie schließlich müde. »Soll das ein blöder Witz sein?«

»Nein, das ist leider die Wahrheit. Alle suchen ihr Glück draußen, statt an der Stelle, wo sie es wirklich verloren haben.«

Etwas in seinen Worten ließ sie ein wenig aufhorchen, aber sie war zu festbetoniert in ihren zersetzenden Gedanken und der Sinn erreichte sie nicht.

»Es gibt kein Glück«, erwiderte sie. »Zumindest nicht für jeden.«

»Doch, es gibt Glück. Und ganz sicher für jeden«, gab er gleichmütig zurück. »Es ist ja deine Entscheidung, entweder an das eine oder an das andere zu glauben.«

Sie antwortete nicht. Lange nicht. Dann drehte sie sich ganz langsam zu ihm um. Er saß an das Kopfteil des Bettes gelehnt und spielte mit einem Stift. Vermutlich, um sich wach zu halten. Er sah müde aus.

»Ich habe an Glück geglaubt.« Ihre Stimme klang heiser. »Immer. Alle in meinem Umfeld haben sich darüber lustig gemacht. Egal, was mir passiert ist, ich habe trotzdem weiter geglaubt.« Plötzlich schoss die Wut wie eine Fontäne in ihr nach oben: »Du kannst dir dieses Scheiß-Gerede vom Glück irgendwohin stecken! Das sind blöde Theorien! Und deine Scheiß-Geschichten pack auch gleich mit dazu!«

»Ach«, entgegnete er und klang ätzend überheblich. »Wieso sollte ich jemandem glauben, der ganz offensichtlich von Glück so gar keine Ahnung hat? Wir hätten beide ein paar Schrammen weniger, wenn es so wäre.«

Zornig richtete sie sich auf.

»Komm schon«, schlug sie verächtlich zurück. »Du bist zwanzig! Wieso sollte ich jemandem glauben, der sich von Mami noch den Hintern abputzen lässt? Du hast keine Ahnung vom Leben! Du bist ein Idealist, wie ich es auch noch vor kurzem war! Mit zwanzig sah meine Welt noch anders aus!«

»Dann solltest du dich fragen, was du getan hast, dass sie jetzt so aussieht und nicht anders.«

Sie war unglaublich angefressen von seiner gleichmütigen Antwort, suchte nach einer möglichst giftigen Retour, aber bevor ihr das gelang, beugte er sich zu ihr hinunter, sah ihr tief in die Augen und sagte leise:

»Hör mal, wenn in deinem Leben keine Wunder passieren, stimmt etwas nicht.«

»Ach! Sagt einer, der noch vollgeschissene Windeln anhat«, erwiderte sie böse. »Du hast keine Ahnung! Nicht die geringste! Weder von mir noch vom Leben! Also sei so gut und behalt deine pubertären Phrasen einfach für dich, okay?«

Sie war nicht nur undankbar, sie war unhöflich und unverschämt. Er hatte ein solches Verhalten nicht verdient, das wusste sie – aber verdammt noch mal, hätte er sie doch springen lassen! Und dreimal verdammt: Es war ihr egal, was er dachte! Sollte er doch beleidigt sein und gehen! Endlich gehen!

Aber er lachte nur amüsiert und sah sie interessiert an.

»Okay, ein Teil davon stimmt. Ich weiß nichts von dir.«

Da war sie, die Aufforderung, die sie befürchtet hatte. Aber sie würde den Teufel tun, ihre Dummheiten ausgerechnet vor einem klugscheißerischen Jüngling auszubreiten.

»Hast du das überhaupt schon mal gemacht?«, fragte er.

»Was?«

»Nach Wundern Ausschau halten.«

»Hör mal, du Nerd«, erklärte sie wütend. »Wenn du meinst, du kannst mich hier mit deinem Positiv-Gesäusel beeindrucken, dann hast du dich getäuscht. Dieses …«, sie verstellte ihre Stimme, machte imaginäre Anführungszeichen in die Luft und höhnte: »Ich bin jeden Tag für alles dankbar, dann kommt ganz sicher nur Gutes zurück! Oder noch besser: Ich entdecke die Liebe in mir, weil, wie innen so außen … Oh, ich hasse diese Sätze! Ich hasse sie! Weil sie nicht wahr sind! Weil sie das dumme Gerede derer sind, denen ohnehin die gebratenen Tauben in die Fresse fliegen! Verstehst du, das ist wie mit den Schönheitscremes, die von denen beworben werden, die sie sowieso nicht nötig haben! Die Wahrheit ist: Es gibt Pechmarien und Goldmarien! Gott würfelt! Ohne, dass du dich wehren kannst! Er überschüttet die einen und vergisst die anderen!«

Sie dachte an Eileen, die einfach alles hatte, und wurde fast rasend vor Zorn. Ihr Zeigefinger richtete sich wie ein Speer auf den jungen Mann vor ihr und sie zischte: »Alles, was ich wollte, war eine neue Chance! Ein neuer Würfelzug! Ist das zu viel verlangt?«

Sie erwartete, dass er verbal zurückschlug, aber nichts dergleichen geschah. Stattdessen schien er nach innen zu horchen, ihre Worte zu absorbieren, und auf einmal war ihr, als ob er darauf warte, dass eine Antwort in ihm hochsteige, die er an sie weitergeben konnte.

Es war ein seltsamer Moment. Ihre Wut hing in der Luft wie dicker Rauch – unnütz. Ihr Angriff verpuffte, weil er schlicht nicht darauf einging, aber seine nach innen gerichtete Konzentration zeigte ihr, dass er ihr helfen wollte - und unwillkürlich rührte sie das.

»Wäre es denn ein neuer Würfelzug?«, fragte er schließlich sanft und richtete wieder seine Augen auf sie. »Oder ist es nicht eher so, dass du alles mitnimmst, was du nicht gelöst hast? Glaubst du an das Gesetz von Ursache und Wirkung? Denn, wenn es so wäre, würdest du mit deinem Ballast, deinem jetzigen Verhalten und deinen Taten genau das wieder erschaffen, wovor du wegläufst, verstehst du, was ich sagen will? Es wäre kein neuer Würfelzug, weil der alte Müll noch immer da ist. Dazu kenne ich eine Parallele aus dem alten Indien. Willst du sie hören?«

»Nein! Ich will sie nicht hören!«

»Gut, bleib liegen. Ich mache uns noch einen Tee, dann kann es losgehen!«

»Verdammt! Ich habe Nein gesagt!«, schrie sie, am Ende mit den Nerven.

Wortlos stand er auf, ging in die Küche, hantierte herum, kam fünf Minuten später mit zwei dampfenden Bechern zurück und drückte ihr einen davon in die Hand.

»Sag mal, hast du was an den Ohren?« Erbost stellte sie den Becher weg.

»Trink doch, Stella, der Tee wird dir guttun.«

»Woher weißt du, wie ich heiße?«

»Stand auf einem Zettel, der in der Küche lag. Also … bist du bereit? Die Geschichte wurde …«

»Ich. Habe. Nein. Gesagt!«, fauchte sie mit geballten Fäusten und meinte, wahnsinnig zu werden.

»Die Geschichte wurde von einem Heiligen erzählt mit dem Namen Ganganath. Bin gespannt, ob du verstehst, was sie bedeutet«, fuhr er ungerührt fort.

»Verdammte Scheiße!«, brüllte sie hysterisch. »Kannst du nicht einfach still sein? Oder noch besser: Einfach gehen und mich endlich in Ruhe lassen?«

»Das kannst du mal ganz schnell vergessen.«

Sie stieß einen genervten Seufzer aus und ließ sich frustriert nach hinten auf das Bett fallen. Er lachte leicht, beugte sich über sie, holte die Tasse von ihrem Nachttisch und drückte sie ihr wieder in die Hand.

»Trink«, raunte er und wollte ihr in die Augen schauen. In ihr sackte etwas nach unten. Sein junges Gesicht war dicht vor ihr, seine weichen Lippen ganz nah an ihrem Mund. Sie fühlte seinen Atem auf ihrer Haut und hob den Blick. Ungefilterter Schmerz sprang ihm entgegen – so tiefer, verzweifelter Schmerz, dass sich seine Augen dunkel färbten. Ihre Blicke sogen sich fest und sein echtes Mitgefühl wärmte sie in diesem Moment wie eine Decke. Er litt nicht mit ihr. Er ließ sich nicht in ihre Stimmung hineinziehen, nicht in ihr Leid, nicht in ihre Verzweiflung. Ihre Wimpern senkten sich wieder, während sein Gesicht noch immer über dem ihren verharrte. Es ging etwas von ihm aus, das ihr vorher noch bei keinem anderen Menschen untergekommen war, und ihr Kopf war damit beschäftigt, herauszufinden, was das war. Es war ein Moment tiefster Verbundenheit. Ein Moment, der sie entwaffnete. Sie wurde weicher. Und er spürte es.

»Ganganath«, wiederholte er, lehnte sich entspannt zurück und gluckste sogar leise, was sie total unpassend fand, »… erzählte folgende Geschichte: Einmal wollte ein Mann einige Kisten von einem Flussufer zum anderen bringen. Sein Boot war bis an die Grenzen belastet und es bewegte sich nicht von der Stelle. Er verstand das nicht. So oft schon hatte er Ladungen transportiert, aber dieses Mal kam das Boot keinen Zentimeter weit. Er bemühte Zauberer, er veranstaltete Rituale, ließ Philosophen kommen, Menschen mit übernatürlichen Kräften – nichts passierte. Schließlich hatte er eine Idee.«

Der junge Mann schaute Stella an, als käme jetzt etwas ganz Außergewöhnliches und verkündete: »Er nahm einen Korb von dem Stapel.«

Ungewollt lauschte ihm Stella, dunkel erahnend, dass die Geschichte etwas mit ihr zu tun hatte. Und auch wenn sie es nie zugegeben hätte: Er hatte eine fesselnde Art zu erzählen, sie hörte ihm gern zu.

»Nur einen Korb?«, fragte sie enttäuscht wie ein Kind. »Und was geschah dann?«

Er lächelte. Statt mit der Auflösung aufzuwarten, schien er mit einer neuen Geschichte weiterzumachen:

»Es war einmal ein Mann, der ein Kamel besaß. Es war stark und kräftig und er transportierte immer viele Dinge auf dem Rücken des Kamels, doch diesmal wollte das Kamel nicht aufstehen. Wie der Fährmann holte auch der Kameltreiber Leute zur Hilfe – nichts geschah. Dann hatte auch er eine Idee: Er nahm einen Stock aus der Ladung.«

Inzwischen sah ihn Stella ziemlich verwirrt an. Was war das für eine Geschichte?

»Es war einmal ein Mann«, fuhr er fort, »der sich von verschiedenen Leuten Geld geliehen hatte. Sie baten ihn, es zurückzuzahlen, aber er hatte alles ausgegeben. Er wusste nicht, was er tun sollte, sein Leben war gefährdet, doch ihm kam ihm eine Idee: Er hatte noch zehn Rupien übrig und beschloss, jedem eine zu geben. Der Mann hat immer noch Schulden.«

Fast spitzbübisch lächelte er sie an, Stellas Gesichtsausdruck sprach Bände.

»Und dann gab es einen Mann, der plötzlich starb. Lange Zeit wurde sein Tod nicht bemerkt, so war sein Körper aufgebläht und es war sehr schwierig, ihn zum Friedhof zu bringen. Wieder wurden Zauberer, Philosophen, Professoren und andere gerufen. Nichts geschah. Doch dann hatte einer eine Idee: Sie entfernten ein Haar von seinem Körper.«

Der junge Mann wandte sich nun Stella voll zu, als er sagte: »Das Boot liegt immer noch am Dock, das Kamel ist immer noch nicht aufgestanden, der Mann hat immer noch Schulden und der Leichnam ist genauso schwer wie vorher. Ganganath sagt:

›Wenn dein Boot noch am Kai festgebunden ist, warum glaubst du, es würde sich bewegen, wenn du seine Last um einen Korb aus Stroh verringerst? Wenn dein Kamel ein Bein gebrochen hat, warum glaubst du, es hilft ihm aufzustehen, wenn du einen Stock aus der Ladung entfernst? Wenn deine Schulden Leben für Leben gewachsen sind, warum glaubst du, von allen Schulden freizukommen, wenn du nur ein paar Pfennige bezahlst? Wenn eine Leiche schwer am Boden liegt, warum glaubst du, sie ließe sich leichter heben, wenn du ihr Gewicht um ein einziges Haar verringerst?‹.«

Mit großen Augen sah Stella ihn an, versuchte, diese seltsame Geschichte, die keine war, auf sich zu transferieren.

»Versteh doch, Stella«, sagte er leise. »Du musst den wahren Grund für deine Misere herausfinden. Nicht nur einen Stock von deiner Ladung entfernen. Nicht glauben, mit dem ganzen Ballast, den du angesammelt hast, ein neues Leben anfangen zu können. Das, was dir dein Leben mit dem, was dir passiert ist, sagen will, ist: Halte inne. Schau genau hin, warum dein Boot nicht fährt, warum du Schulden hast und dein Kamel nicht aufsteht. Das bleibt dir nicht erspart. Und wenn dir all das passiert ist, was dir eben passiert ist, dann nimm es als Aufforderung, etwas Grundlegendes zu ändern. Und zwar so, dass du tatsächlich ein Leben voller Wunder leben kannst. Es ist jetzt schon voller Wunder. Es ist ein Wunder, dass wir uns getroffen haben. Es ist ein Wunder, dass dir all diese Kalamitäten passieren, damit du erkennst, was du für dein Glück brauchst. Oder besser ausgedrückt: Damit du erkennst, was Glück eigentlich ist. Ich fürchte nämlich, das ist dein eigentliches Problem.«

»Dass ich nicht weiß, was Glück ist?«

Er nickte. »Genau. Du rennst einem Glück hinterher, das dich unglücklich macht. Und jetzt hast du Gelegenheit zu kontemplieren … dich selbst kennenzulernen. Du bist nicht deine Probleme und Gedanken, Stella. Du bist so viel mehr.«

Sie öffnete den Mund und schloss ihn wieder. Fixierte ihn, die braunen, offenen, leicht spöttischen Augen und ein Band spann sich zwischen ihnen. Ein feines, subtiles, unsichtbares Band, das mit jeder Sekunde stärker zu werden schien. Sein Ausdruck veränderte sich. Er wurde weich, gewann noch an Fülle dazu, und das Band wurde zum Feld, hüllte sie ein, schenkte ihr warmen Trost. Wieder las sie in seinem Blick die Aufforderung, ihm zu erzählen, was sie zu diesem Schritt gebracht hatte, aber genau das wurde zum Trigger, der das Gegenteil bewirkte. Etwas in ihr schaltete um und ihr Gesicht verfinsterte sich. Nie mehr würde sie sich jemandem anvertrauen! Nie mehr so dumm sein! Nie mehr voraussetzen, dass Menschen es gut mit ihr meinten! Nie mehr sich auf einen Mann einlassen, nie mehr so hemmungslos, so gutgläubig sein, nie mehr … Aufmerksam beobachtete er sie. Auch seine Augen verdunkelten sich und mit rauer Stimme sagte er:

»Nein, Stella, tu das nicht. Wähl nicht diesen Weg. Gib der Welt und dir eine Chance.«

»Die Welt gibt *mir* keine Chance!«, entgegnete sie erstickt und das Elend stürzte wieder wie ein Felsbrocken auf sie nieder. »Ich war dumm genug, daran zu glauben, dass alles gut wird! Aber die Welt hat alles, alles, wirklich alles dafür getan, diesen Glauben zu zerstören!«

»Das ist ein Trugschluss«, sagte er sanft. »Das ist eine Falle, in die du gerade tappst.«

Unwirsch drehte sie sich auf die Seite, wandte sich von ihm ab, fest entschlossen, ihren Plan doch noch zu verwirklichen. Sie machte die Augen zu, tat, als ob sie schlafen wolle. Wieder zog er die Decke bis zu ihren Schultern hoch, stopfte sie sachte fest, wie eine fürsorgliche Mutter. Es tat gut und war schmerzlich zugleich, weil sie genau das vermisste und der Gedanke an ihre Mutter sie zusätzlich belastete. Oh, wie sollte sie ihr das nur beibringen!? Dann fiel ihr ein, dass sie gar nichts mehr sagen musste, wenn ihr Plan gelang, und der Gedanke erleichterte sie unendlich. Auch die durch nichts zu erschütternde Sanftheit des jungen Mannes neben ihr ließ sie etwas runterfahren und sie döste tatsächlich für eine halbe Stunde ein. Als sie danach hochschreckte, spürte sie, dass er sie an sich gezogen hatte. Er lag dicht hinter ihr und hielt sie fest.

»Lass das«, murmelte sie und wollte seinen Arm entfernen. Aber er leistete Widerstand und umschlang sie umso stärker.

»Nein«, flüsterte er zurück. »Ich habe sonst Angst, dass du ausreißt.«

»Vor dir?«

»Nein, vor dir. Vor dem Leben.«

Sein Atem hauchte an ihren Nacken, als er raunte:

»Ganz sicher gibt es mindestens einen, der sich freut, wenn du das nicht tust.«

Wen immer er damit gemeint hatte, sie dachte in diesem Moment an das ungeborene Kind in ihr und hatte keine Kraft mehr, irgendetwas abzuwenden. Endlich schlief sie ein.

♫♫♫

Der nächste Morgen war hell und freundlich, wie so viele Tage auf Ibiza. Sie wachte auf in seinen Armen – in den Armen eines Fremden, was ihr erst nach einer halben Minute träumerischen Vergessens bewusst wurde. Wie ein schwarzer Vorhang fiel der gestrige Tag vor diese sonnige Kulisse und ihr Herz wurde bleischwer. Sie stand auf, ging ins Bad, danach in die Küche, da lag ein Zettel mit einer Notiz von Jamie, die der Fremde erwähnt hatte.

»Liebe Stella«, stand da. »Ich komme morgen wieder. Mein Flug geht erst nächste Woche und ich werde tun, was ich kann, um dir zu helfen. Alles wird gut. Ich hab dich lieb.«

Da klopfte es schon an der Haustür. Jamie war da und er hatte John mitgebracht. Beide waren unglaublich froh, sie anzutreffen. Jamie fiel ihr um den Hals.

»Ich habe mir solche Sorgen um dich gemacht«, sagte er. »Ich wollte nachts noch mal zu dir … Du bist nicht ans Telefon! Ich bin fast gestorben vor Angst und ich habe John nicht erreicht – erst heute Morgen um fünf …«

Stella sah auf die Uhr. Es war halb sieben. Sie fühlte sich wie gerädert, mochte gar nicht wissen, wie sie aussah, und erwiderte nichts auf seinen Ausbruch. In diesem Moment stand der junge Mann im Türrahmen.

»Hey«, grüßte er in die Runde. »Morgen allerseits.«

Abrupt drehte sich Stella um und ging raus in den Garten. Der überraschte Blick von Jamie und John verursachte ihr ein sehr unangenehmes Déjà-vu. Das war ja fast genauso, wie die Situation, als sie Sam das erste Mal geküsst hatte! Sie erweckte den Eindruck, sich sehr schnell wieder getröstet zu haben, und ihr war klar, dass die zwei von ihr denken mussten, sie sei ein Flittchen. Ein bitterer Zug lag um ihren Mund. Noch war sie am Leben und noch forderte es Handlungsbereitschaft von ihr. Es war so erleichternd zu wissen, dass mit dessen Beendigung auch diese negativen Gedanken und Ängste starben. Das wollte sie zumindest glauben.

Sie ging zurück ins Haus, lief wortlos an den drei Männern vorbei, die verstummten, als sie sie kommen sahen, verschwand im Bad und duschte. Lange. Sie wollte gar nicht mehr von dem heißen Strahl weg. Ließ mit dem Wasser ihre Gedanken fließen und fasste einen Plan.

♫♫♫

Kein Zweifel, der Student hatte John und Jamie alles erzählt. Als sie leicht geschminkt, mit frisch gewaschenem Haar und gepacktem Koffer aus dem Schlafzimmer kam, sahen sie ihr entgegen.

Der junge Mann hatte seinen blauen Rucksack neben sich stehen. Ihre Blicke trafen sich. Stellas Kehle schnürte sich zu und unwillkürlich erinnerte sie sich an die sonnige Minute, als sie in seinen Armen aufgewacht war, als die Erinnerung sie noch nicht eingeholt hatte. Wieder fühlte sie seinen jungen Körper an dem ihren und seinen Arm, der sich so schützend um sie gelegt hatte. Er hatte die ganze Nacht über sie gewacht. Ihre Augen wurden feucht. Verlegen blickte sie nach unten und die Aura, die sie gestern schon gespürt hatte, die so dicht und wohltuend war, baute sich wieder zwischen ihnen auf, doch diesmal roch sie nach Abschied. Dass er ging, verursachte ihr fast Panik, aber Stella weigerte sich, weiteres Leid zu fühlen, und unterdrückte mühsam alles, was hochwollte.

»Tja«, sagte er schließlich. »Ich geh dann mal.«

Sie nickte. Stand da wie eine Salzsäule. Er war es, der auf sie zukam, sie ganz fest in die Arme nahm, sie lange hielt, ihr das lockige, rote Haar aus der Stirn strich und einen sanften Kuss daraufsetzte.

»Alles Gute«, flüsterte er. »Alles, alles Gute.«

Er ließ sie los, schenkte ihr noch einen Blick, drehte sich um und ging. Stella sah ihm nach. In ihrer Kehle steckte ein Stück Stacheldraht.

♫♫♫

»Stella!«

Jamie war aufgestanden und auch er nahm sie in die Arme. »Ich habe es gespürt«, flüsterte er. »Ich habe gespürt, was du vorhattest, mein Gott, wenn …«

»Jamie, ich will nicht drüber reden«, unterbrach sie ihn heiser.

»Aber … was hast du jetzt vor?«

»Ich werde meine Mutter anrufen und sie bitten, mir ein Ticket zu kaufen. Dann fliege ich zurück nach Deutschland.«

Sie wirkte emotionslos und die zwei Männer wechselten einen Blick. Sie bemerkte es nicht und fuhr fort: »Ihr könnt also gehen, ich rufe mir ein Taxi. Das bringt mich in die Stadt.«

»Und … was machst du in der Stadt?«, fragte John vorsichtig.

»Ich warte, bis meine Mutter mir das Ticket schickt.«

»Warum rufst du sie nicht gleich an?«, schlug John vor.

Stella wurde hochrot. Sie wusste, dass er mutmaßte, sie habe gar nicht vor, nach Deutschland zu reisen. Er mutmaßte noch so einiges. In diesem Moment mischte sich Jamie in ungewohnt bestimmter Manier ein.

»Okay, reden wir nicht um den heißen Brei herum. Du setzt dich jetzt bitte hierher zu uns an den Tisch, schaltest dein Handy auf laut und rufst deine Mutter an.«

»Nein!«, fauchte sie. »Auf keinen Fall! Nicht in eurer Gegenwart!«

»Warum nicht?«, fragte Jamie voller Argwohn zurück und als sie nicht gleich antwortete, drängte er: »Stella! Wir haben gerade erfahren, dass

... dass du ...« Er brach ab, als er ihre Miene sah. »Du hast es immer noch vor«, setzte er leise nach. »Du willst es immer noch tun. Wir werden das nicht zulassen.«

»Setz dich zu uns, Stella«, sagte auch John. »Lass uns reden, wie wir am besten die Kuh vom Eis kriegen.«

»Ich will nicht reden! Ich will, dass ihr alle beide verschwindet!«

»Warum willst du deine Eltern nicht anrufen?«, fragte John verständnislos.

»Meine Eltern sind geschieden! Und ... meiner Mutter geht es nicht gut!«

»Stella, dir geht es auch nicht gut! Ruf einen von ihnen an, du bist ihre Tochter, sie werden dir helfen!«

Sie schwieg. Ohne ein weiteres Wort nahm Jamie ihr das Handy aus der Hand, scrollte die Kontaktliste durch, fand den Namen Brandtner und klickte drauf.

Die dunkle Stimme ihrer Mutter meldete sich und Jamie hielt ihr das Handy hin. »Du sagst ihr jetzt alles!«, ordnete er leise an. »Laut. Vor uns.«

»Stella?«, hörte sie ihre Mutter fragen – und als es still blieb: »Stella! Hallo? Hallo! Bist du das?«

Mit einem undefinierbaren Blick auf Jamie nahm Stella das Handy entgegen. Sie räusperte sich und brachte schließlich hervor: »Hallo Mama.«

»Ach, hallo Stella. Bist du noch auf Ibiza?«

»Mama ... ich ... ich brauche deine Hilfe«, stotterte Stella mit rauer Stimme. »Dieser Job im Ausland ... ich ... ähm ... bin einem Betrüger aufgesessen, und der hat mein ganzes Geld gestohlen. Also ... er hat mein Konto leer geräumt ... bis zur Kreditlinie. Ich war schon bei der ...«

Ein durchdringendes Kreischen und ein Wasserfall an Fragen, die keiner Antwort bedurften, ergoss sich über sie. Es war eine Qual, sich das alles anhören zu müssen: »... wie konnte das nur passieren! ... Bist du denn zu gar nichts gut! Die Welt ist so schlecht! Wieso fällst du nur auf so was rein! ...«, bis ihre Mutter sie schließlich ungehalten anfiffte: »Und wie stellst du dir das jetzt vor?«

»Na ja, es wäre schön, wenn du auf meinen Namen einen Flug zurück nach Deutschland buchst und mir den Code auf mein Handy schickst«, erklärte Stella, den Tränen nah.

»Was ist mit dem Job, von dem du mir erzählt hast? Der im Ausland, sag bitte nicht, dass ...«

»Doch, Mama, das war ...«

»Das darf nicht wahr sein! Aber du hattest doch noch andere Bewerbungen?«, hackte sie ihr das Wort ab. »Was ist damit? Alles Absagen?«

»Nein, hab mehrere Zusagen bekommen.«

»Na, wenigstens was. Das heißt, du kannst mir das Geld für das Ticket zurückzahlen?«

»Weiß ich nicht, Mama«, krächzte Stella heiser und schämte sich vor den beiden Männern zu Tode. »Ich … musste … konnte … keinen der Jobs annehmen … weil …« Sie brach ab, ihre Stimme war kaum hörbar, als sie ins Telefon hauchte: »Mama, ich bin schwanger.«

Diesmal herrschte Todesstille am Telefon. So lange, dass Stella glaubte, ihre Mutter hätte aufgelegt. Doch dann gellte eine kurze Frage durch den Äther:

»Und der Vater?«

»Ist weg.«

»Was heißt das? Oh nein, sag bitte nicht, dass es der Typ ist, der dein Geld geklaut hat!«

Stella schwieg.

»Wie dumm kann man sein?«, kreischte ihre Mutter. »Kannst du nicht einmal etwas richtig machen? Nur ein einziges Mal in deinem Leben? Du bist so blöd wie dein Vater! Das mit Rafael ist gerade mal zwei, drei Monate her und schon …«

Erstarrt hielt Stella das Telefon vor ihrem Brustkorb, während ihre Mutter weiter tobte. Es war so schrecklich, es tat so weh und alles, was sie in diesen Sekunden wollte, war, das Ganze zu beenden. Alles zu beenden. Sobald sie konnte, nutzte sie eine winzige Atempause im Redestrom ihrer Mutter:

»Ist gut, Mam, du musst nicht …« Sie konnte kaum sprechen, der Stacheldraht in ihrem Hals hatte zusätzliche Dornen bekommen, aber ihre Mutter unterbrach sie mit eisiger Entschiedenheit und machte ihr ein Angebot.

»Okay, ich zahle dir das Ticket. Du kommst nach Deutschland, treibst das Kind ab und bewirbst dich wieder. Und zwar solange, bis du eine Stelle hast.«

Zitternd und am Ende ihrer Kräfte ließ sich Stella auf einen Stuhl sinken. In ihrer ersten Verzweiflung hatte sie selbst an diese Möglichkeit gedacht. Und ja, wenn der Sprung von der Klippe gelungen wäre, hätte sie damit auch das Leben ihres Kindes vernichtet. Aber als sie ihre Mutter so herzlos darüber reden hörte, weigerte sich etwas in ihr.

»Nein«, sagte sie leise. »Das werde ich nicht tun. Das kann ich nicht.«

»Und wie hast du dir das vorgestellt?«, keifte ihre Mutter. »Dass ich auf das Kind aufpasse, damit du arbeiten gehen kannst?«

»Ja, Mama«, flüsterte Stella. »Ich … ja, das hatte ich gehofft. Bis das Kleine in den Kindergarten kann.«

»Sag mal, spinnst du? Das wären ja *drei* Jahre! Ich kann das nicht! Ich bin froh, dass Karen und du endlich aus dem Haus seid! Ich habe Depressionen, ich hab genug mit mir zu tun! Sei doch vernünftig! Mach das Kind weg! Und alles ist gut.«

Stella schwieg. Ihr Herz wog tausend Tonnen. Sie fixierte den Küchentisch, konnte keinem der beiden Männer in die Augen blicken, die entsetzt der Unterhaltung folgten. Als Stella immer noch nichts sagte, änderte Frau Brandtner ihren Ton:

»Stella, als ich damals mit dir schwanger war, da hat mir dein Vater auch gesagt, ich soll abtreiben. Ich habe es nicht gemacht. Du weißt, die Ehe lief nicht gut. Und jetzt geht es mir erst recht nicht gut. Mach du nicht auch diesen Fehler. Mach das Kind weg. Wenn du mir das versprichst, kaufe ich dir das Ticket.«

Mit schweißigen Händen nahm Jamie Stella das Handy aus der Hand. Sein Gesichtsausdruck war nicht zu beschreiben und er klickte Frau Brandtner einfach weg. Er konnte Stella nicht anschauen.

Stella war aufgestanden und mit steifen Gliedern ins Bad gegangen. Das Gespräch hatte ihr den Rest gegeben.

Sie saß auf dem Klodeckel, biss in ihre Fäuste, drückte sie sich an die Augen, hatte das Gefühl, wahnsinnig zu werden. Die Worte des Unbekannten fielen ihr ein: »Du nimmst dein Bündel mit, egal, wohin du gehst. Du musst tiefer schauen, innehalten, herausfinden, warum dir all das passiert ist.«

Aber es war so viel, zu viel! Es war nicht auszuhalten!

Ihr Vater hatte gewollt, dass ihre Mutter sie abtrieb. Ihre Mutter bereute, es nicht getan zu haben. Sie dachte an das Kind in ihrem Bauch. Und mit einem Mal sträubte sich alles in ihr, dieses verwerfliche Erbe ihrer Eltern zu übernehmen.

Wenn in deinem Leben keine Wunder passieren … Du musst Ausschau halten … Es ist jetzt schon voller Wunder …

Sie legte ihre Hände auf ihren Bauch. Tränen strömten schon wieder in Massen über ihre Wangen.

»Vielleicht bist du mein Wunder«, flüsterte sie.

Eine leise, feine Energie schwebte in ihr nach oben und sie hatte das klare Empfinden, dass ihr Kind sie tröstete, dass es ihr dankte, für den Entschluss, den sie gerade eben gefasst hatte.

♫♫♫

In der Zeit, die sie im Bad verbrachte, hatten John und Jamie sich beraten. Wieder blickten ihr zwei Augenpaare entgegen. Jamie hatte geweint, auch Johns Augen waren feucht.

»John«, sagte Stella. »Wir … du … kennst mich nicht so wirklich, aber würdest du mir das Geld für das Rückflugticket leihen? Ich zahle es dir zurück, ich verspreche es dir.«

»Natürlich würde ich dir das Geld leihen«, erwiderte John. »Aber ich habe ein wenig Angst, dass du es mir nicht persönlich aushändigst … und so möchte ich dir einen anderen Vorschlag machen. Komm, setz dich zu mir.«

Wortlos setzte sie sich an den Tisch und er nahm ihre Hände.

»Stella, wie du weißt, konnten meine Frau Alisa und ich keine Kinder bekommen und wenn du … wenn du dein Leben leben willst … Ich meine, versteh mich nicht falsch, aber wir würden uns um dein Kind kümmern, als wäre es unser eigenes.«

Sie schwieg lange. Dann sagte sie leise: »Nein, John, ich will nicht so werden wie meine Mutter.«

John stieß einen tiefen Seufzer aus und drückte ihre Hände noch fester, streichelte ihren Handrücken. »Dann komm zu uns nach Sant Joan«, sagte er. »Wir haben ein Gästezimmer frei und du kannst arbeiten, solange es noch geht. Damit kannst du dir dein Ticket selbst verdienen. Und dir in dieser Zeit darüber klarwerden, was du tun möchtest, welche Möglichkeiten du hast. Du bist herzlich willkommen.«

Seine Güte und Hilfsbereitschaft rührten sie zutiefst und seine Idee klang lebensrettend. In Deutschland hatte sie gar nichts. Noch nicht einmal eine Bleibe. Wieder hatte sie die Stimme des Unbekannten in ihrem Kopf. Innehalten. Innehalten hier bei John, dem weisen John, der vielleicht Antworten auf so einiges hatte, was sie quälte. Innehalten, hier im stillen Norden Ibizas, ohne die Angst, Bekannten zu begegnen und deren Fragen und Blicke auf ihren wachsenden Bauch ertragen zu müssen … Ja, das fühlte sich gut an.

»Danke, John«, sagte sie leise und mit nassen Augen. »Ich hoffe, ich kann dir das irgendwann vergelten.«

»Es geht nicht um Vergeltung«, erwiderte er. »Weder im Guten noch im Bösen.«

♫♫♫

Noch am gleichen Tag bezog sie ein kleines Gästezimmer mit einem winzigen Bad, aber sie war froh, ein eigenes zu haben. Johns Frau Alisa begrüßte sie herzlich und brachte ihr gleich einen Tee, von dem sie sagte, er würde sie ruhiger machen. John führte sie herum, zeigte ihr alles, sagte mehrmals, sie solle sich wie ein Familienmitglied fühlen. Seine Güte war unfassbar.

Sie aßen zusammen zu Abend, danach ging Stella in ihr Zimmer und setzte sich aufs Bett. Das war nun ihre Welt. Sie war am Punkt unter null angekommen. Wirre Emotionen und negative Empfindungen rasselten wie ein schwerer Anker in die Tiefen ihrer Seele, schlugen auf, verhakten sich, hinderten das Boot ihres Lebens daran, weiterzufahren.

Wenn dein Boot noch am Kai festgebunden ist, warum glaubst du dann, es würde sich bewegen, wenn du seine Last um einen Korb aus Stroh verringerst?

Aber gerade wusste sie nicht, ob sie ihr Boot jemals wieder bewegen wollte. Wohin denn?

♫ A Taste Of Honey ♫
The Shins

In Johns Haus war alles sehr einfach. Es gab keinen Fernseher, manchmal noch nicht einmal warmes Wasser, manchmal fiel der Strom aus und es wurde ganz ursprünglich. An solchen Tagen wurde Stella komplett auf sich selbst zurückgeworfen.

In der ersten Woche war das nicht so auffällig, denn Jamie war noch hier. Jamie, der mit seiner Gitarre immer irgendwo herumklimperte, zupfte, spielte, sich Notizen machte, versunken in seine Musik, versunken in seine Lieder und inspiriert von Johns enormer Bibliothek. Im Laufe der Zeit hatte John einen Fundus an Astrologischem, Spirituellem und Wissenschaftlichem zusammengetragen. Kommentare und Übersetzungen alter indischer Werke wie den Upanischaden, den darin befindlichen Veden, Hefte und Bücher, die er aus Ashrams mitgenommen hatte, kleine Geschichtensammlungen, Bücher des Dalai Lamas sowie Mitschriften über dessen periodische Treffen in Dharamsala mit führenden Wissenschaftlern dieser Welt. Es war eine große Sammlung und Jamie stürzte sich darauf.

Stella hingegen befand sich wie im Tiefschlaf und interessierte sich nur für das Naheliegende. Sie konnte nur das tun, was ihr jahrelang einprogrammiertes Verhalten ihr vorgab. Das Einzige, was sie in Angriff nahm – und selbst dazu musste John sie überreden – war, einen deutschen Arzt aufzusuchen, der ihr die Schwangerschaft bescheinigte und ihr mitteilte, Anfang des vierten Monats zu sein. Ihr Baby würde im Februar nächsten Jahres zur Welt kommen. Stella rechnete nach – es musste passiert sein, als sie sich einmal so heftig übergeben hatte. Wahrscheinlich hatte sie die Pille dabei mit ausgestoßen. Sie hatte auch ihre Blutungen gehabt – kleinere zwar als sonst, was sie dem Stress zugeschoben hatte – und sich daher keine Gedanken gemacht. Der Arzt klärte sie auf, dass das wohl Einnistungsblutungen gewesen seien. Sie konnte es immer noch nicht glauben, ein Kind zu bekommen, immer noch nicht erfassen, welcher Wust an Katastrophen über ihrem Kopf hereingebrochen war.

Sie checkte ihre Kontoauszüge und ihre Kreditkartenabrechnungen, weil die Polizei danach verlangte, und stellte fest, dass Sam ihr nicht nur Geld aus dem Portemonnaie und vom Konto gestohlen hatte, sondern ein professioneller Betrüger war: Er hatte die Abrechnungen ihrer Kreditkarte auf einen vierteljährlichen Rhythmus umgestellt, damit sie nicht so schnell dahinterkam, und als sie die Liste an Ausgaben sah, bekam sie fast einen Schreikrampf.

Das Dinner im Hotel, das zweite Hotel, diverse Restaurantbesuche und sonstige Artikel summierten sich zu einer stattlichen Summe, die mit Ablauf dieses Monats zusätzlich auf sie zukommen würde. Sie schrieb die Bank an, kopierte die Anzeige, bat um Aufschub, versprach, das Konto sobald wie möglich zu decken, und hatte keine Ahnung, wie.

Stella war unfähig, sich gegen die destruktiven Gedanken in ihr zu wehren. Sie rekapitulierte die letzte Nacht mit Sam, als er geweint hatte. Sein Abschied. »Du bist so abgrundtief süß … Glaub mir, es tut mir so schrecklich leid …« Es tat ihm leid, sie zu betrogen zu haben? Er hatte gewusst, dass er nur noch diese Nacht bei ihr war! Gewusst, dass er nie mehr wiederkommen würde! Bitterkeit schwappte hoch und vergällte ihr alles.

Jamie lief jeden Tag mit ihr spazieren, aber es waren schweigsame Spaziergänge. Nie sprach sie über Sam. Jamie wusste ohnehin nicht mehr als sie und so war es sinnlos, darüber zu reden. Es war ihre Schuld. Ihre Dummheit, der sie das alles zu verdanken hatte. Ein fest angebrachter Schraubverschluss saß um ihre Kehle, der das Sprechen nicht leicht machte.

Viel zu schnell kam der Tag von Jamies Abreise und sie unternahmen noch eine letzte Wanderung.

»Versprich mir, dass wir in Verbindung bleiben«, sagte er.

»Natürlich.« Sie lächelte reserviert. »Ich will doch deinen Stern aufsteigen sehen, Jamie.«

»Stella, das habe ich nur dir zu verdanken«, sagte er und blieb stehen. »Dass ich jetzt nach London fliegen kann, ist dein Verdienst.«

»Ach, Schwachsinn.« Ungehalten lief sie weiter. Sie wollte das nicht hören, konnte nicht verhindern, dass Verbitterung und sogar Neid in ihr aufstiegen. Warum konnte ihr nicht auch mal so ein Glückstreffer widerfahren!?

»Stella! Hör mir zu, bitte!«

Sie blieb stehen, aber drehte sich nicht um. Jamie schloss auf.

»Ich meine, was ich sage! Wenn du nicht gewesen wärst, würde ich jetzt ohne jeden Plan völlig stoned Gott weiß wo sitzen!«

Sie starrte auf den Boden.

»Wenn du nicht wärst, hätte ich nie gewusst, was Disziplin ist«, fuhr er drängend fort. »Und was man braucht, um erfolgreich zu sein. Das hast du mir beigebracht, Stella. Du kennst meine Vergangenheit.«

Sie nickte und zum ersten Mal seit langem erschien ein warmer Glanz in ihren Augen. Sie sah in Jamies helles, jungenhaftes Gesicht mit den Sommersprossen, in seine braunen Knopfaugen und strich ihm über die Wange.

»Ja«, sagte sie sanft. »Ich kenne deine Vergangenheit. Und umso mehr bewundere ich dich. Umso mehr wünsche ich dir alles Glück der Welt. Ich wünsche dir so sehr, dass du es schaffst, Jamie. Du hast es wirklich verdient.«

»Aber du auch!«, rief er – nein, er schrie es fast. »Stella, du doch auch! Scheiß auf die Vergangenheit! Glaub daran, dass es auch für dich ein Glück gibt!«

Sie wandte den Kopf ab. »Nein, Jamie«, widersprach sie. »Du bist frei. Das bin ich nicht.«

»Trotzdem wird es einen Weg geben, ganz sicher. Oder vielleicht gerade deswegen!«

Sie lachte bitter. »Wie das gehen soll, erschließt sich mir gerade gar nicht.«

Wieder blieb Jamie stehen. Sein Gesichtsausdruck war gequält.

»Stella«, fing er zögernd an. »Das mit deiner Mutter ... ich meine, das Telefonat war scheußlich. Aber du ... du hast gesagt, du willst nicht so werden wie sie.«

»Nein, ganz sicher nicht«, stieß sie heftig hervor.

»Aber du bist auf dem besten Weg dazu!«, rief Jamie und es traf sie wie ein Dolch. Der sanfte, schüchterne Jamie war stinksauer auf sie. »Du fütterst dich selbst mit negativen Gedanken und Phrasen! Du bist auf dem besten Weg, verbittert zu werden! So wie deine Mom! Und es wird nicht lange dauern, dann hast du auch Depressionen! Weil das Leben dir ja so übel mitgespielt hat! Weil du ein Kind hast! Dann gibst du dem Kind die Schuld! Versteckst dich hinter deiner Geschichte, die als Rechtfertigung für alles dient, was dir widerfährt! Am Ende bist du nur noch diese alte, dumme Geschichte!«

Sprachlos starrte sie ihn an.

»Wie willst du denn deine Welt besser machen, wenn du das tust?«, rief er. »Dann bist du nur einer mehr, der die Welt schlecht sieht und schlecht macht!«

»Jamie!« Stella war schockiert. »So habe ich dich ja noch nie …«

»Und dein Kind? Dein Kind?«, herrschte er sie weiter an. »Denkst du nicht an dein Kind? Soll das den ganzen Mist wieder erleben? So wie du? Was bringst du ihm bei, Stella? Willst du es machen wie meine Mutter, die mir beigebracht hat, wie man an Crack rankommt?«

Stella fehlten die Worte.

»Ich habe gestern Abend einen Artikel gelesen«, sagte Jamie erregt. »Und darin stand, wie negative Dinge von einer Generation in die andere weitergegeben werden. Weil es Leute gibt, wie deine Mutter, die ihre Depressionen pflegen, statt sich weiterzuentwickeln. Und weil es Leute gibt wie dich, die nicht merken, dass sie dem Muster ihrer Eltern folgen, obwohl sie ganz anders sein wollen! In dem Artikel stand: ›Wenn wir nicht lösen, was uns bindet, folgt eine Katastrophe der anderen.‹ Es war ein Wissenschaftler, der das geschrieben hat![1]«

Trotzig sah Jamie der verdatterten Stella ins Gesicht: »Und ich habe für mich beschlossen, dass ich das ganz sicher nicht tun werde!«

Sie war bleich geworden, so bleich, dass Jamie nun wieder besorgt aussah und sich verlegen auf die Lippe biss.

»Stella, du warst es doch, die mich die Botschaft meiner Mutter hat verstehen lassen«, erklärte er verzweifelt. »Erinnerst du dich nicht mehr an das, was du mir gesagt hast? Dass Leid nicht umsonst sein muss? Dass es nichts bringt, sich im Leid zu verankern? Und jetzt sitzt du in der gleichen Situation und verstehst nicht, dass du jetzt und hier eine Entscheidung treffen kannst! Eine andere Entscheidung!«

»Warum ist dir das so wichtig, Jamie?«

»Weil dein Kind eine Chance verdient hat«, erwiderte er leise. »Du warst auch mal Kind und hättest dir eine Mutter gewünscht, die dir eine Chance gibt. Weil du die Brocken, die du löst, auch für dein Kind löst. Weil die Welt damit eine Chance mehr hat, nein, nicht nur eine, denn dein Verhalten beeinflusst alles – und das deines Kindes wird ebenso die Welt beeinflussen. Alles hat Einfluss, verstehst du? Weil du damit so viel Leid verhinderst – vor allem dein eigenes! Stella, du warst es, die zu mir gesagt hat, man kann aus miesen Situationen Tiefe gewinnen!«

Stella stiegen die Tränen in die Augen und sie blieb lange stumm. Sie fühlte sich zu gleichen Teilen ermutigt und überfordert.

»Danke, Jamie«, murmelte sie schließlich. »Du hast recht. Ich werde daran denken.«

Erleichtert legte er den Arm um sie, dann nestelte er etwas aus seinem Rucksack und reichte es ihr.

»Mein Abschiedsgeschenk. Vorerst. Denn wir werden uns ganz sicher wiedersehen.«

Sie hielt ein Notenheft in den Händen. Er hatte den Umschlag entfernt und aus der ersten Seite ein Deckblatt gemacht. Darauf stand, mit Tusche gezeichnet ein Vers in Sanskrit, und darunter die englische Übersetzung. Der Titel des Gedichtes lautete: »Let us be united«.

Bewegt schlug sie das Titelblatt um. Auf jeder Seite hatte er in seiner rührenden Kinderschrift Zitate und Sprüche aus den Büchern aus Johns Bibliothek gemalt, kleine Geschichten und Parabeln abgeschrieben, verziert mit Ornamenten, Blumen, Herzen und indischen Schriftzeichen. Jede Seite war mit Herzblut gemacht, jede Seite verströmte Energie, war lebendig, sprach mit ihr. Andächtig blätterte sie eine nach der anderen um, glitten ihre Augen über die Buchstaben, ohne die Sätze wirklich zu lesen – bis sie an den letzten Seiten angelangt war. Seiten, die nicht nur mit Text, sondern auch mit Noten gefüllt waren.

»Das ist ein Song«, erklärte Jamie leise. »Ein Song für dich und dein Kind. Ein Song für die Welt … eine Hymne für die Welt, und sie heißt: ›Let us be united‹. Ich habe das Gedicht vom Anfang vertont.«

»Das ist wunderschön, Jamie«, sagte Stella zutiefst gerührt. »Dankeschön. Ich werde es in Ehren halten. Immer.«

Jamie nahm ihr das Heft aus den Händen, blätterte auf die letzte Seite, die nur noch halb mit Noten beschrieben war und unter denen ein Satz stand:

›Dieser Song ist Stella Brandtner und ihrem ungeborenen Kind gewidmet. Ich übertrage alle Urheber, - Veröffentlichungs- und Copyrightrechte auf sie und ihr Kind.‹

Ihre Kehle schnürte sich zu. »Jamie«, flüsterte sie. »Willst du diesen Song nicht auf dein geplantes Album nehmen?«

»Erst, wenn du mir die Erlaubnis gibst«, antwortete er. »Er gehört dir – und deinem Kind. Und wenn das Baby da ist, trage ich seinen Namen und das Geburtsdatum ein.«

Sie umarmte ihn und weinte.

»Das ist so lieb von dir, Jamie, etwas Schöneres hättest du mir nicht schenken können. Danke.«

Jamie umarmte sie fest. »Du bist mein Engel, Stella, du hast mir einen Weg gezeigt und ich hoffe, du glaubst daran, dass es auch für dich Engel gibt.«

»Es steht ja einer vor mir, Jamie«, schnupfte sie und lächelte unter Tränen.

Er küsste sie auf die Stirn, winkte noch einmal scheu und ging. Sie blieb sitzen und sah ihm nach. Sie konnte es kaum ertragen, ihn gehen zu sehen.

♫ On Reflection ♫
Max Richter

Inzwischen war es Oktober geworden und sie ergatterte auf den allerletzten Drücker für ein paar Wochen einen Job in einem Hotel, der ihr eintausendfünfhundert Euro bringen würde.

John und seine Frau waren sehr aktiv und Alisa freute sich, dass Stella da war. Sie betrieb am Wochenmarkt einen Stand mit Schmuck und allerlei Tand und Nützlichem. Am Wochenende backte sie Brot für den Sonntagsmarkt und da es ja auf Ibiza ganzjährig warm war, fanden beide Märkte immer statt. Stella half ihr dabei, baute den Stand mit auf, baute mit ab, machte das Haus sauber, kochte Essen, machte sich nützlich, wo es ging.

Außerdem veranstalteten die beiden ihre Satsangs, zu denen John Stella immer wieder einlud, aber in den ersten Wochen war sie in Ibiza-Stadt beschäftigt und abends zu müde, um sich noch mal auf die Socken zu machen. Sie scheute sich auch davor, mit anderen Menschen zu sprechen, wenn es nicht unbedingt nötig war.

Das Baby in ihr wuchs und sie wusste nicht recht, welche Gefühle sie ihm entgegenbringen sollte. Ihre Aussage, nicht so sein zu wollen wie ihre Mutter, verhinderte, dass sie nur mit Groll an es dachte, doch meist überwog die Existenzangst – und Unverständnis über das Geschehen.

In den Abendstunden zündete John inzwischen öfter mal den Kamin an. Dann setzte er sich mit seiner Gitarre vor sie hin und spielte ihr und dem Baby etwas vor. Kleine, spanische Weisen, aber auch die Songs, die For a better World auf die Bühne gebracht hatte, einschließlich »Imagine«.

»Ach, John«, sagte sie traurig. »Bitte spiel nicht dieses Lied.«

»Warum nicht?«, fragte er und klimperte weiter auf seiner Gitarre. »Hast du tatsächlich den Glauben an eine gute Welt verloren? Wenn, dann hoffe ich, dass dein Baby es nicht tut.«

Sie antwortete nicht und John spielte den Song immer wieder. Als ob er ihr damit eine gegenteilige Meinung einbläuen wollte.

Aber Stella war vom Leben enttäuscht. Sie war vor allem von sich enttäuscht und wurde Neuen gegenüber extrem misstrauisch. Sie spürte, wie sie anfing, sich zu verschließen, wenn jemand sie anlächelte, wie argwöhnisch sie ihre Umwelt betrachtete und sich vor allem zurückzog, um vor weiteren Enttäuschungen bewahrt zu bleiben.

Und doch – wenn sie mit den Händen über ihren leicht gerundeten Bauch strich, schien etwas anderes durch ihr hartes und bitteres Kalkül zu dringen.

Immer wieder nahm sie Jamies Heft in die Hand, versuchte zu verhindern, Groll zu empfinden, aber schon der Spruch auf der zweiten Seite brachte sie in Rage. Dort hieß es:

Unglück passiert nicht, weil das Bewusstsein sich erfahren will, sondern weil die Seele ihren Ursprung vergisst, sich in Illusionen verliert und meint, das sei die Realität.

Sie verstand den Satz in seiner Tiefe nicht und begann, mit John darüber zu reden.

»Mein Unglück ist schlicht passiert, weil ich zu vertrauensselig war«, konstatierte sie. »Weil meine Mutter mich nie wirklich gewollt hat, weil Sam ein Arschloch ist, weil meine angeblich beste Freundin …« Sie biss sich auf die Lippen. Ein Schwall an finsteren Emotionen überschwemmte sie. Mit einem verkniffenen Zug um den Mund setzte sie sich in einen Sessel, blickte zum Fenster hinaus und war an einer Antwort schon gar nicht mehr interessiert.

»Oh, wow«, konstatierte John, der das alles sehr klar sah. »Du bist ja ziemlich verheiratet mit deinem Unglück. Kein Wunder, dass es so an dir haftet.«

»Wie bitte?« Erstaunt sah sie ihn an.

»Bist du nie auf die Idee gekommen, dass du das, was dir passiert ist, selbst angezogen hast?«

»Nein!«, fauchte sie. »Ich kann dieses Gerede nicht ausstehen!«

»Warum? Weil du dich dann mit dir selbst beschäftigen müsstest und dir die bequeme Ausrede, alle anderen seien schuld, nur du nicht, genommen wird?«

»Nein, ich glaube ja dran, dass ich schuld bin«, verteidigte sie sich. »Ich war dumm und gutgläubig! Ich werde nie mehr jemandem vertrauen!«

»Das ist das, was du als Resümee ziehst? Okay – na, dann viel Glück im Leben«, gab John sarkastisch zurück. »Mit dieser Einstellung kannst du darauf warten, dass es weiterhin schiefgeht.«

»Schiefer als jetzt kann es wohl nicht werden.«

»Oh, doch. Der Mensch ist ja immerhin zu vielem fähig.« Er zwinkerte ihr zu. »Ich würde es an deiner Stelle nicht ausprobieren.«

»Und was glaubst du, warum das alles passiert ist?«, rief sie aufgebracht. »Ich will nicht an mieses Karma glauben, so wie ihr das tut, und mich damit abfinden!«

»Das wäre ja auch fatalistisch, einfach zu sagen ›mieses Karma‹ und es dabei belassen«, antwortete er stirnrunzelnd.

»Aber das steht in deinen Büchern hier!«, behauptete sie gereizt und zeigte mit der Hand reihum. »Man soll über den Dingen stehen! Gleichmut zeigen! Ja, wie denn, wenn es so verdammt wehtut?«

»Gleichmut bedeutet ja nicht, alles hinzunehmen«, erklärte John, kein Stück angekratzt von ihrer miesen Laune. »Gleichmut bedeutet, mit Mitgefühl zu untersuchen, was dich in diese Lage gebracht hat. Weil du erst dann etwas ändern kannst. Mitgefühl wiederum setzt voraus, gut über dich selbst zu denken. Wenn du dich selbst als hilflos ansiehst, ist das kein Zeichen von Mitgefühl. Und auch wenn andere dich als hilflos ansehen, wäre das kein Mitgefühl. Gleichmut hingegen meint die Fähigkeit, sich nicht in den Emotionen zu verlieren, egal, wie die Situation aussieht. Dann hast du einen starken Geist – genau das, was du jetzt brauchst.«

»Und macht es das Unglück besser? Habe ich dann nur das fragliche Privileg, mein Karma leichter zu ertragen? Ohne etwas dagegen tun zu können! Das stößt mir bitter auf. Sehr bitter.«

»Erstens ist das falsch und zweitens: Deine Theorie, dass Gott würfelt, ist noch bitterer«, entgegnete er. »Mag ja sein, dass im Leben eines jeden Karma wirkt, aber es geht doch gerade darum, das Rad zu stoppen. Und das tust du, wenn du nachforschst, wer du bist.«

»Wer ich bin … und das soll die Lösung für alles sein? Ich habe so oft von Bekannten gehört, dass Dinge passieren, weil man sie halt erfahren will. Nach dem Motto: Du musst den Krieg kennen, um den Frieden zu schätzen. Aber diese Theorie erschreckt mich. Denn wenn ich sehe, was auf dieser Welt so los ist, empfinde ich das als grausam, wenn man alles erleben soll, nur um sich nach dem Gegenteil zu sehnen. Das ist doch Quatsch!«

»Richtig, das ist Quatsch«, lächelte John. »Denn hier steht explizit, dass wir nur dann leiden, wenn wir etwas erleben und uns damit identifizieren. Wir haben ein Gefühl und meinen, wir sind dieses Gefühl, es mache uns aus. Dann glauben Menschen, das ist alles, was sie sind. Sind sie aber nicht. Aber das Gefühl hat so große Macht über dich – wie es jetzt gerade auch dir passiert –, *weil* du deinen Ursprung vergessen hast. Das ist mit diesem Zitat gemeint.«

»Meinen Ursprung …«, murmelte sie resigniert. »Was genau soll das denn sein?«

»Die Energie, die dir die Fähigkeit gibt, jeden Morgen aufzustehen. Die, die dich leben lässt, die dich befähigt all das zu tun, was du tust. Die dir die Fähigkeit zum Denken gibt. Es gibt etwas, was über dich wacht. Immer und ewig. Dein wahres Selbst. Wenn du das erfährst, hast du deine Gefühle im Griff – und nicht sie dich.«

Unwillkürlich rollte sie die Augen nach oben. »Komm schon, John«, ärgerte sie sich. »Was bringt mir das? Gar nichts! Das sind abstrakte Thesen, mit denen keiner etwas anfangen kann.«

»Das ist nicht abstrakt.« Er warf ihr einen verdutzten Blick zu. »Warum sollte die Liebe, die dich erschaffen hat, abstrakt sein? Es ist so seltsam: Jeder sehnt sich nach Liebe und das, was sich Menschen auf der Suche danach gegenseitig antun, ist schrecklich. Aber redet man von ihrer eigenen, inneren Liebe, von ihrer inneren Größe, empfinden sie das als abstrakt. Mit einem hast du allerdings recht: Worte sind wie das Essen, über das du in einem Kochbuch liest. Wenn du Hunger hast, nützt es nichts, über Essen zu lesen oder zu reden. So viele Menschen lesen ein Buch nach dem anderen, besuchen einen Kurs nach dem anderen – aber zu essen machen sie sich nichts. Setz dich doch einfach mal hin und horch nach innen. Unternimm mal die Anstrengung, alle Gedanken und Gefühle, alles, was dich belastet, nicht wichtig zu nehmen. Dann erfährst du etwas jenseits dieser Gefühle. Allein zu akzeptieren, dass es etwas Großes in dir gibt, würde dich einen Riesenschritt weiterbringen. Es ist etwas, dem du immer vertrauen kannst. Daraus solltest du dein Vertrauen ziehen – aus nichts sonst.«

Stella war genervt. Dieses Geschwafel löste doch ihre Probleme nicht! Und so sagte sie grätig:

»Hört sich ziemlich gefühllos an. Warum sollte ich danach suchen?«

»Weil du dort ewige Glückseligkeit und Liebe findest. Möchtest du das nicht erleben? Ich rede über kein Gefühl, Stella. Ich rede über einen Zustand.«

Stella reagierte nicht. Mit düsterem Gesichtsausdruck starrte sie aus dem Fenster. John gab nicht auf:

»Willst du es nicht für dein Kind versuchen? Willst du dein Kind in eine Welt setzen, an die du nicht glaubst, nur, weil du eine persönliche Enttäuschung nicht verwindest?«

»Eine? Redest du von einer?«

»Ja, ich rede von einer. Ich rede von der ersten – wann immer sie auch passiert sein mag. Die erste, die dir den Glauben genommen hat. Die erste, die eingeleitet hat, was nun stattfindet: ein fest gefügtes Ergebnis auf ein fest gefügtes Muster. Diese *erste* musst du verstehen. Und in der Zwischenzeit: Hör auf, negative Gedanken in die Welt zu setzen – sie ist voll davon! Wir brauchen Lichtgestalten, wir brauchen Engel, wir brauchen dich! Dein Kind ist doch so unschuldig, es kommt auf die Welt als ein fast unbeschriebenes Blatt. Was wirst du in das Lebensbuch deines Babys schreiben? Was hättest du gewollt, was man in dein Lebensbuch geschrieben hätte? Wie sehr leidest du darunter, dass deine

Mutter nur weitergegeben konnte, was sie erfahren hat? Wenn du schon dir keine Chance geben willst, dann gib sie wenigstens deinem Kind!«

Stella war still geworden. Sehr still. Das Baby bewegte sich in ihrem Bauch, als wolle es ihr einen zusätzlichen Schubs geben und auf einmal wurde ihr in aller Deutlichkeit klar, wie wahr Johns Worte waren. Dass sie nicht das Recht hatte aufgrund eigener negativer Erlebnisse das Leben ihres Kindes einzufärben und ihm damit von vornherein einen Sack auf die Schultern zu packen. John spürte, wie etwas in ihr fiel. Sie pustete Luft aus.

»Aber wie kann man sich von seinen Gefühlen lösen? Vor allem, wenn sie so schrecklich wehtun?«, fragte sie wieder.

»Das genau ist die Illusion. Kannst du allein das schon mal infrage stellen? Dass es nicht möglich sei, sich von schmerzhaften Gedanken und Gefühlen zu lösen? Menschen sind so abhängig, so süchtig nach Unglück. Sie haben sich schlicht so sehr daran gewöhnt, dass es sich für sie seltsam anfühlt, Glück zu empfinden. Und noch schlimmer – du bist ja das beste Beispiel dafür: Sie können es sich noch nicht einmal mehr vorstellen! Ihr Emotionalkörper holt sie, sobald es ihnen einigermaßen gut geht, immer wieder auf diese miese Ebene zurück, macht sie unzufrieden, lässt sie Ausschau halten nach allem, was zu bemängeln ist, und so schaffen sie sich eine Hölle nach der anderen. Wenn du zu Menschen sagst, sie seien Sünder oder sie hätten viel zu verbessern, glauben sie dir. Aber wenn du ihnen klarzumachen versuchst, dass in ihnen absolute Glückseligkeit ist, schütteln sie mit dem Kopf. Das ist die eigentliche Sünde auf dieser Welt: Zu glauben, es sei normal, mit Macken und Unglück zu leben. Was soll das, Stella? Merkst du nicht, welch gefährliche Richtung du da eingeschlagen hast? Kein Wunder, dass dir all das passiert ist!«

Sie zuckte zurück, als hätte er ihr eine Ohrfeige verabreicht.

»Hör mal, Kleines«, bemühte John sich weiter. »Es ist doch gut, dass es so ist. Sich jetzt davor zu verstecken, wäre nicht der Weg. Wenn du dich mit deinen Problemen auseinandersetzen willst, heißt das, dich mit deinem Geist auseinanderzusetzen, weil wir gewohnt sind, dem Geist zu folgen. Er denkt was – und wir fühlen uns entweder mies oder gut. Wir sind komplett abhängig von ihm! Teilweise sind wir uns noch nicht mal bewusst, was wir alles denken. Genau deswegen ist es so wichtig, diese innere Instanz wieder auszugraben, damit der Geist *ihr* folgen kann – und nicht umgekehrt. Aber was machen wir? Wir füllen wir unseren Geist jeden Tag mit Schrott. Wir lesen tagtäglich in der Zeitung, wie grausam die Menschen seien und wie schlecht die Welt doch ist. Gleichzeitig heißt es aber, dass wir alle unsere eigene Welt erschaffen.

Also, was erschaffst du? Lässt du deinen Geist denken, was er will? Du denkst, du bist ein Versager, die Welt habe dir übel mitgespielt – das hast du auch schon vor Sam gedacht! Du hast es sogar sehr intensiv gedacht! Und wunderst dich jetzt über das Ergebnis? Es gibt doch nur einen, der dir übel mitspielt – und das bist du. Der Geist kann nichts dafür, dass er denkt – das ist seine Aufgabe. Er ist neutral. Also, wenn du schon denken willst, warum denkst du dann nicht gut von der Welt?«

»Eben *weil* sie mir übel mitgespielt hat?« Sie stieß ein ironisches Lachen aus, weil sie merkte, dass ihre Logik keine war, ihre Kausalität eine falsche, und sie erahnte langsam, was John ihr sagen wollte. Lächelnd stupste er sie an die Nase und mit Erstaunen bemerkte sie, dass er von ihrer Stimmung nicht im Mindesten beeinflusst wurde. Er blieb in seiner hohen Energie und machte ihr allein dadurch klar, dass man sich von miesen Gefühlen nicht einfangen lassen musste. Das beschäftigte sie.

»Schau, als wir uns das erste Mal getroffen haben, habe ich dir den Satz von Mooji zitiert: *Du siehst die Welt nicht so, wie sie ist, sondern so, wie du bist.*«

Er wartete ein Weilchen. Sie blieb stumm.

»Wie bist du, Stella? Du hast gefragt, warum das passiert ist. Es ist nicht passiert, weil die Welt böse ist. Wie bist du? Oder anders gefragt: Welche Intentionen steckten hinter deinen Handlungen?«

Stella schoss das Blut in einer Geschwindigkeit ins Gesicht, dass es in ihren Ohren rauschte. Welche Gefühle waren in ihr gewesen, als sie Sam das erste Mal geküsst hatte? Wut! Frust! Rache! Sie war voll von Neid, Eifersucht und Groll gewesen – und vor allem voller Angst.

John entließ sie nicht aus ihrer Verantwortung und zwang sie, das alles laut auszusprechen. Das fiel ihr verdammt schwer und sie wand sich bei ihren eigenen Worten.

»Nicht schämen, Kleines«, sagte er sanft. »Das ist jetzt wahrer Mut. Schau dir das an, bitte – denn das ist die Illusion, die dich von deinem Licht abhält. Verstehst du das ein bisschen?«

»Nein«, flüsterte sie rau. »Nicht wirklich.«

»Schau, das, was dir passiert ist, tut dir weh. Du willst einfach nur, dass es verschwindet. Und unser Ego liefert uns Rechtfertigungen, sagt uns stets, dass alle anderen, nur nicht wir, schuld sind, sprich: Du schaust nach außen, nicht nach innen. Innen in dir sind aber diese Gefühle – und die haben das hervorgerufen. Der Weg zum Glück ist, das Leid zu nutzen und es ganz neutral zu betrachten. Ohne Schmerz.«

»Ohne Schmerz …«, murmelte sie. »Das hört sich wirklich abstrus an.«

»Ja, aber es geht, indem du dir klarmachst, dass der Schmerz nur ein Wink ist. Dass er vergeht, wenn du es endlich durchschaust. Dass du nicht bist, was dir passiert ist. Dass du so viel mehr bist als Schmerz oder Freude über einen errungenen Sieg.«

Und als sie verständnislos schaute, führte er weiter aus:

»Ein Mensch, der in einem Haus lebt, unterscheidet sich vom Haus. Genauso unterscheiden sich deine Gefühle von deinem wahren Selbst. Kannst du die Analogie ein wenig verstehen?«

Sie nickte zögernd.

»Schau, du musst deinen Geist an die Tatsache heranführen, dass eine mächtige Präsenz in dir ist. Diese Präsenz ist Glück und Liebe pur. Alles andere ist hausgemachter Mist von deinem Kopf. Aber auch dein Kopf will doch wieder nach Hause kommen. Er will von Liebe gespeist und nicht gezwungen werden, übel zu denken. Diese Unterscheidung zwischen Emotionen und diesem Hohen in dir erfährst du, wenn du deinen Gedanken weniger Glauben schenkst. Jede Erfahrung, die du im Leben machst, dient dazu, das zu erkennen. Leben ist das einzige Mittel, um zu echtem Glück zu kommen. Das Leben ist dein wahrer Meister. Und allein der Weg dorthin kann so schön sein! Weil die Welt schön ist! Weil das Leben schön ist, wenn du dich der Liebe jeden Tag ein wenig mehr näherst und es aus dieser Liebe heraus lebst.«

Seine Worte berührten sie ungewollt. Sie hatte sich noch nie mit dem Gedanken beschäftigt, dass etwas in ihr sein könnte, das wichtiger war als ihre Gefühle. Sie war immer der Meinung gewesen, Gefühle waren das, woraus sie und das Leben bestanden. Sie hatte ihrem Leben ein Ende setzen wollen, um eben diese miesen Gefühle loszuwerden. Gab es tatsächlich einen anderen Weg? Nachdenklich sagte sie:

»John, meinst du denn wirklich, das kann man einfach so wegstecken? Von einer Sekunde auf die andere und einfach weitermachen?«

Er zögerte kurz, bevor er antwortete. »Ja, es ist möglich – wenn du es in der Tiefe verstanden hast. Aber unser Kopf kommt da nicht so einfach mit – er ist es, der Zeit braucht. Und die solltest du ihm geben.«

»Ist das … eine Art Umprogrammierung?«

»Nicht in Form von Autosuggestionen, wenn du das meinst, sondern eben durch die Konzentration auf dein Inneres. Dem solltest du wieder nah kommen. Jeden Tag ein Meeting mit dir selbst. Mach es dir doch einfach zu deiner Aufgabe, jeden Tag an das zu denken, was dir die Energie gibt, aufzustehen. Das, was dir sagt, dass du gut geschlafen hast. Woher weißt du das, wenn du doch geschlafen hast? Du könntest es gar nicht wissen, wenn nicht etwas in dir wäre, was über dich in allen Lebenslagen wacht. Diese Präsenz liebt dich. Sie wartet auf dich. Sie sehnt sich nach dir. Fang an mit ein paar Minuten am Tag, konzentriere dich auf dein Herz, versuche zu spüren, dass in dir etwas ist, das mit dir kommuniziert, etwas, das ständig Liebe produziert, weil es Liebe ist. Und das, worauf man sich fokussiert, das wächst. Damit kommst du dir jeden Tag näher … und irgendwann spürst du dieses Glück dauernd. Spürst du dauernd Liebe. Und wenn das dann nach außen strömt … Na, holla, du wirst dich wundern, wie viele Wunder dann in deinem Leben geschehen! Es geht gar nicht anders. So nimm dein Unglück als Chance. Bitte!«

»Aber was mache ich, wenn negative Gedanken kommen? Vor allem, wenn ich sie, wie du sagst, so lange genährt habe? Dann kommen sie ja wieder, ob ich will oder nicht!«

»Jein«, sagte John. »Am Anfang, ja, natürlich, werden sie da sein. Aber das ist nichts als eine Gewohnheit. Wenn du dich über jemanden ärgerst oder wütend bist oder gar Hass in dir hochkommt, mach dir klar: Das sind *deine* Gefühle. Es sind deine eigenen Feinde, die du erschaffen hast. Und daher kannst nur du sie loslassen. Es muss nichts im Außen passieren, damit sie vergehen. Du änderst dein Außen, *wenn* du sie loslässt. Und das kannst du, indem du dir klarmachst, dass sie nicht zu dir gehören.«

»Das ist leichter gesagt, als getan!«, wandte sie verzweifelt ein. »Wie ist das mit meiner Mutter … ich meine, du hast sie ja gehört. Sie ist nun mal, wie sie ist und – Gott steh mir bei – Ich mag sie nicht! Ich mag sie nicht! Ich mag nicht, wie sie mich behandelt. Ich mag nicht, dass sie dauernd so tut, als sei ich etwas Lästiges, das sie nicht haben will. Und ich mag auch nicht, dass sie mich für ihre Depressionen verantwortlich macht!«

Stella brach in Tränen aus.

»Und warum hast du sie dir dann ausgesucht?«

»Bitte?«, blökte sie verständnislos. »Hast du sie noch alle? Ich habe mir meine Mutter ausgesucht? Wieso sollte ich mir so eine Mutter aussuchen? Nur für den Fall, dass das möglich ist – kannst sicher sein, ich hätte mir eine ganz andere gemalt!«

»Hast du aber nicht. Du hast diese Mutter. Was könnte der Grund für ihre Existenz in deinem Leben sein? Was ist der Grund für die Existenz von Sam? Nur mal angenommen, es wäre so und du hättest das selbst gewählt. Was zeigt es dir?«

Stella blieb das Wort im Halse stecken und empört blies sie Luft aus ihrem Mund.

»John«, brachte sie schließlich hervor. »Wieso hätte ich so etwas Blödsinniges tun sollen?«

»Eben! Komm schon, Stella, ich werde die Banane weder für dich schälen noch essen! Denk nach! Was vermisst du denn an deiner Mutter?«

»Wärme«, sagte Stella erstickt. »Ich hasse ihre depressiven Ausbrüche, die sie immer dann bekommt, wenn ich sie am nötigsten brauche. Ich wollte nur ein bisschen Liebe von ihr.«

»Gut! Sehr gut! Und wo findest du diese Liebe?«

»Bei meiner Mutter?«, gab sie lakonisch zurück. »So wie es normalerweise sein sollte?«

John lachte. »Ja, es sollte so sein, aber was machst du, wenn es nicht so ist? Ich meine, guck dir doch an, was du alles gemacht hast, nur weil du die Liebe vermisst! Okay, du warst ein Kind, da konntest du es nicht besser wissen. Aber jetzt? Schau dir dein Leben an, Stella. In jeder Beziehung hast du das gesucht, was du eigentlich nur bei dir finden kannst. Jede Beziehung hat versucht, dir das klarzumachen. Und das wird immer so weitergehen, bis du es endlich kapierst.«

Er schmunzelte über ihren schockierten Gesichtsausdruck, während jeder ihrer Partner an ihrem geistigen Auge vorbeizog: Finn, Michael, Thomas … bis hin zu Rafael und schließlich Sam. Sam, der die ganz große Keule geschwungen hatte. John ahnte, was ihr durch den Kopf ging und fragte sanft nach:

»Warum hast du so jemanden wie Sam angezogen? Wie würdest du ihn charakterisieren?«

Und als sie ihn entgeistert ansah, schob er nach: »Na los, meine Kleine, sei mutig!«

»Das ist hart«, gab sie gequält zurück. »Sam ist ein Betrüger, ein Krimineller, ein Frauenausbeuter, ein Schmarotzer und ein Lügner! Und das bin ich ganz sicher nicht!«

»Nein, das bist du nicht. Aber es ist nicht entscheidend, was er tut, sondern warum. Also, was meinst du, warum macht er das alles?«

»Er hat wenig über sich erzählt«, grollte sie. »Keine Ahnung, John.«

Stella wollte nicht über Sam nachdenken. Aber John hörte nicht auf, sie zu schubsen: »Wenn ihr beide euch voneinander angezogen gefühlt habt, dann muss es etwas Gemeinsames geben. Was stört dich an ihm?«

»Er reißt aus«, brummte sie schließlich. »Er laviert sich durchs Leben. Er macht einfach weiter und reitet sich immer weiter in die Sch…«

Sie brach ab und wurde flammend rot. Dachte an die Kommentare, die ihr nach der Trennung von Rafael um die Ohren geflogen waren. Lavierte sie sich durchs Leben? Riss sie aus? Ritt sie sich immer weiter in die … verdammt, genau das war passiert!

»Oft kommen da mehrere Konstellationen zusammen«, half ihr John, der genau wusste, was in ihr vorging. »Er ist zum Beispiel jemand, der ausnutzt. Du bist jemand, der sich ausnutzen lässt. Du hast deine unangenehme Situation mit Rafael einfach vergessen wollen. So wie Sam die unangenehmen Dinge einfach wegdenkt. Du wolltest es den anderen zeigen, dass du es draufhast … deine Worte! Er tut das Gleiche, auf seine Weise … Soll ich weitermachen?«

Stellas Gesicht brannte lichterloh und John tätschelte ihr leicht den Arm. »Und wenn du noch tiefer gehst, dann steht hinter diesen Verhaltensweisen immer Angst. Aus Angst lügen wir. Aus Angst verneinen wir das Leben. Aus Angst tut Sam das, was er tut und tust du, was du tust. Und woher kommt die Angst? Shankarachaya hat gesagt, dass Angst entsteht, weil wir uns von unserem Inneren getrennt haben. Und wenn Gefühle kommen: sieh sie gelassen. Es ist normal, dass wir Schwankungen haben. Die habe ich auch. Die hat jeder. Aber dann verurteile dich nicht. Sieh sie einfach neutral und gib ihnen nicht so viel Bedeutung.«

»Das ist schwer, wenn es solche Folgen hat wie bei mir«, flüsterte sie und ihre Hände legten sich unwillkürlich auf ihren Bauch.

»Ein neues Leben ist nie etwas Negatives«, erwiderte John sanft. »Es sei denn, du machst etwas Negatives draus. Aber du hast selbst erfahren, wie weh das tut, wenn man von seinen Eltern nicht willkommen geheißen wird.«

Erschlagen nickte Stella und stumm starrte sie aus dem Fenster. Angst. Ja, das war wahr. Sie hatte ihr Leben lang in der einen oder anderen Form von Angst gelebt – und aus der Sehnsucht nach Liebe – und daraus gehandelt.

»Lass mich noch eines dazu sagen«, bat John. »Wenn du noch kannst.«

Sie nickte schwach.

»Lass uns noch mal auf die Aussage zurückkommen, dass es nicht möglich sei, sich von negativen Gedanken zu lösen. Glaub mir: Transformation zu dem, was du wirklich bist, ist immer möglich. Zu jedem Zeitpunkt. Egal, wo du bist, egal, was gerade passiert. Oder gerade durch das, was passiert. Dein innerer Zustand beeinflusst in entscheidender Weise die Wahrnehmung der Welt. Und so könntest du in dieser Sekunde von deinem Leid befreit sein, wenn du das wolltest.«

Er hatte das Wort Leid in imaginäre Anführungsstriche gesetzt und Stella wurde schlagartig bewusst, dass er ihr Leid nicht als Leid definierte. Er erkannte klar, wie verblendet sie war, wie fest ihre negativen Gefühle sie im Griff hatten und ihr Schicksal kreierten, wie verhaftet sie war – unfähig, sich von ihrer falschen Sichtweise zu lösen.

Und ihr wurde auch klar, dass er der Meinung war, dass sie selbst über eine solche Situation wie die ihre keine Tränen vergießen müsste, weil er etwas völlig anderes in ihr sah. Er appellierte nicht nur an das Hohe in ihr – er sah sie bereits als vollkommen an. Und in diesem klaren Aufblitzen wurde ihr bewusst, dass er wollte, dass sie das auch für sich erkannte, um ein Glück kennenzulernen, das ihr derzeit noch fremd war. *Es gibt eine andere Art von Liebe*, hörte sie Jamie auf der Bühne sagen … Sah sie tatsächlich die Welt aus einer verdrehten Sicht? Und sich selbst dazu?

»Schau«, drang Johns Stimme wieder an ihr Ohr: »Statt an ungutem Gedankengut festzuhalten, statt zuzulassen, dass sich das in dir zu leidvollen Mustern und Ängsten versteinert, statt schädliche Verhaltensweisen daraus entstehen zu lassen – und obendrein die Meinung, dass wir uns und unser Leben nicht ändern können – sollten wir uns bewusst machen, dass wir durchaus die Macht und die Wahl haben, glücklich sein zu können. Die Welt ist nicht grausam. Die Welt ist so, wie du bist. Die Welt ist so, wie du sie siehst. Der eine sagt, der Vogel ist schwarz, ein anderer sagt, der Vogel ist weiß. Die Wahrheit ist weder das eine noch das andere. Der Vogel hat die Farbe, die du ihm gibst.«

Sie schwieg darauf. Er ließ sie allein und sie hing ihren Gedanken nach. John redete sich das alles so leicht! Es war verdammt schwer, aus einem Denkmuster herauszukommen! Aber der Riss war da. Denn sie erkannte: Auch das war nur ein Gedanke, der keine Substanz haben musste, wenn sie ihm keine gab.

♫ What Is ♫

Anna Vandas

Die Arbeit im Hotel ging ihrem Ende zu und immer öfter überlegte Stella, ob es nicht sinnvoller sei, nach Deutschland zurückzukehren. Mit Alisa, Johns Frau, hatte sie alles so organisiert, dass ihr Baby auf Ibiza geboren werden konnte. Stella hatte eine Hebamme, ließ sich regelmäßig untersuchen. Alles lief normal, aber noch immer war sie voller ambivalenter Gefühle für das Kind in ihr. Es war so seltsam, zu wissen, nie mehr allein zu sein. Wie hatte sie sich das gewünscht! Und nun war es auf so ganz andere Weise Wirklichkeit geworden. Immer, wenn sie darüber nachdachte, fühlte sie sich vom Schicksal verhöhnt.

Die Idee, nach Deutschland zu fliegen, verdichtete sich in ihrem Kopf, obwohl Ibiza im Herbst schlicht wunderschön war. Die

Touristenströme waren versiegt und die gesamte Insel tauchte in eine wohltuende Ruhe. Es wurde nie richtig kalt; sie konnte ihre langen Spaziergänge beibehalten, was ihr guttat, denn die Natur beruhigte sie und schenkte ihr Kraft.

Nachdenklich klickte sie das Wetter in Deutschland an: regnerisch und stürmisch, gute zehn Grad kälter als hier. Doch je weniger es im Hotel zu tun gab, desto mehr zog es sie in die Heimat. In Deutschland könnte sie eher Arbeit finden, müsste aber ihr Baby in irgendeinem Krankenhaus allein zur Welt bringen. Niemand würde da sein. Oder doch? Vielleicht hatte ihre Mutter gelogen, als sie sagte, ihr Vater hätte ihre Abtreibung befürwortet? Vielleicht dachte ihr Papa ganz anders über all das? Bisher hatte sie sich gescheut, ihn anzurufen, war doch ihr Verhältnis zeitlebens indifferent gewesen. Aber er wurde Opa, das sollte er doch wissen! Und wer weiß? Vielleicht freute er sich? Es wäre so schön, wenn ihr Papa bei der Geburt seines Enkels dabei wäre! Er könnte sie zumindest ins Krankenhaus bringen, wenn die Wehen einsetzten … Vielleicht wäre es der Beginn einer Beziehung, die vorher nicht möglich gewesen war. Ihre Sehnsucht nach einem liebenden Menschen war so groß, dass sie es schließlich wagte und ihn anrief, gespannt, ob ihre Mutter ihm schon etwas erzählt hatte.

»Hallo Papa«, meldete sie sich mit klopfendem Herzen. »Wie geht es dir?«

»Ach, Stella, du bist's. Danke, alles gut. Na, du weißt ja: Always look on the bright side of life … Und selbst?«

Er schien etwas nebenher zu erledigen, sie hörte, wie er während des Sprechens lief.

»Bist du zu Hause?«, fragte sie ihn.

»Ja, gerade auf dem Weg in den Keller, falls die Verbindung abreißt …«

»Warte, bevor du in den Keller gehst«, bat sie ihn. »Ich brauche deine Hilfe.«

Die Worte waren noch nicht verklungen, als sie merkte, dass er davon unangenehm berührt war. Er hatte nie mit Problemen konfrontiert werden wollen – weder mit seinen und noch weniger mit denen anderer. Widerstrebend fragte er:

»Um was geht es denn?«

Sie fühlte sich jetzt schon bescheuert und obwohl sie an dieser Stelle noch gut hätte zurückrudern können, wollte sie es mit einem Mal wissen.

»Papa, ich bin schwanger«, teilte sie ihm ohne Umschweife mit. »Du wirst Opa.«

Am anderen Ende der Leitung war Totenstille.

»Papa?«

»Das ist nicht dein Ernst, oder?«, stieß er endlich so aufgebracht hervor, dass Stella unwillkürlich zurückzuckte.

»Ähm … doch?«, gab sie beklommen zurück und hielt automatisch den Atem an.

»Du machst es wie deine Mutter!«, brach es aus ihm heraus. »Genauso hat es deine Mutter gemacht! Mich einfach mit einer Schwangerschaft überfallen! Und kaum war das erste Kind da, hat sie dafür gesorgt, dass ein zweites nachkam!«

»Moment mal«, entfuhr es Stella. Eine steile Falte hatte sich zwischen ihren Augenbrauen gebildet. »Zum Kindermachen gehören immer noch zwei! Und zwischen mir und Karen liegen sechs Jahre!«

Er schien sie nicht zu hören, so fest war er in seiner Erinnerung gefangen.

»Mein ganzes Leben ist so anders verlaufen, als ich mir das erträumt habe!«, rief er erbost. »Nur, weil ihr plötzlich da wart!«

»Wir sind deine Kinder«, erinnerte sie ihn mit zugeschnürter Kehle. »Hast du uns denn kein bisschen lieb? Waren wir immer nur eine Last?«

Nach einer Sekunde Überlegens zischte er:

»Ja. Ja! Ihr wart eine Last. Ich wollte damals schon weg! Ich hätte es tun sollen! Eure Mutter hat mich immer mit euch erpresst! Nach dem ersten Kind hätte ich das noch gekonnt, aber dann kamst du! Ich habe ihr gesagt, sie soll … ach, lassen wir das.«

Stella hing am Telefon und schluckte hart. Ihr fiel nicht ein sinnvoller Kommentar dazu ein.

»Wer ist der Vater?«, fragte er barsch.

»Es … es gibt keinen«, flüsterte sie und spürte, wie sie innerlich zu fallen begann.

»Was heißt das?«, bohrte ihr Papa nach. »Dass du nicht weißt, wer der Vater ist?«

»Nein, es heißt, dass er weg ist.«

»Gott, wer immer das ist, der Kerl hat so recht!«, entfuhr es ihm. »Er hat …«

Klick.

Stella legte auf.

Erinnerungen überfielen sie, Erinnerungen, die sie jetzt ganz anders einsortieren konnte als sie es als Kind vermocht hatte. Die stets genervte Miene ihres Vaters, wenn er zu Hause war, sein Unbehagen, wenn sie zu ihm auf den Schoß gekrabbelt kam … Sie war ungeliebt, unwillkommen … und das zog sich durch ihr ganzes Leben.

Wir wollen nicht so sein wie unsere Eltern und können es oft doch nicht verhindern, einfach, weil wir einem Muster folgen. Weil wir uns nicht bewusst machen, was uns bindet. Und uns nicht bewusst machen, was uns befreit. Freiheit liegt immer darin, zu erkennen, wer du wirklich bist. Du musst es nur wollen. Dann hilft dir das ganze Universum.

Die Sätze Johns hallten in ihr nach, läuteten wie gewaltige Glocken in der großen Leere in ihr. Die Worte ihres Vaters gesellten sich als disharmonische Kratzer hinzu. Stella legte die Hände auf ihren Bauch und wurde sich zum ersten Mal so richtig bewusst, dass auch sie dieses kleine Wesen nicht willkommen hieß. Dass sie ihm das Gleiche zumutete, unter dem sie doch selbst so sehr litt und der wahnwitzige Gedanke brach sich Bahn, dass ihre von den Eltern auferlegten und nie hinterfragten Muster mit zu dieser Situation geführt haben mochten.

John hatte so recht! Sie war dabei, das Gleiche zu tun: Ihr Baby mit dem Gefühl zu belasten, es habe ihr Leben zerstört.

»Nein«, flüsterte sie und die Tränen liefen ihr über die Wangen. »Nein, mein Kleines, das tue ich dir nicht an. Ich liebe dich, hörst du? Du kommst in einem Moment, der mir ungelegen scheint, aber ich weiß, dass du ein Segen bist, auch, wenn ich das noch nicht erkenne. Und ich heiße dich hiermit mit allem, was mich ausmacht, willkommen. Jede Zelle in mir will dich. Ich freue mich, dass du da bist, hörst du? Ich freue mich so sehr auf dich!«

Die Tränen liefen und liefen, sie sah aus dem Fenster. Es dämmerte draußen. John und Alisa waren zu ihrem Satsang gegangen. Wie ferngesteuert stand sie auf und machte sich auf den Weg, mit dem einzigen Gedanken im Kopf, hier und jetzt einen echten Neuanfang zu machen. Sich nicht mehr zu sagen, es sei nicht möglich, aus negativen Gedankenketten auszubrechen, sondern sich das Gegenteil klarzumachen. Sie hatte allen Grund, negativ zu denken, aber die Reaktion ihres Vaters war so widerlich, dass sich alles in ihr wehrte, auch nur annähernd so werden zu wollen wie er. Es war die Ohrfeige, die die Kehrtwende verursachte.

Leise öffnete sie die Tür zum Meditationsraum. Gesang drang an ihr Ohr. Sanftes Kerzenlicht und der angenehme Duft von Vanille und Myrrhe empfing sie. Im Raum war es warm und kuschelig, auf dem Boden lagen Matten. Leise ließ sie sich auf einem freien Platz nieder. John lächelte ihr erfreut zu und schob ihr einen kleinen Zettel mit dem Mantra hin, das in ständiger Wiederholung ertönte.

Stella wollte nicht nachdenken. Sie sang einfach – und die Urklänge taten ihre Wirkung. Mit jeder Silbe wurde sie ruhiger, atmete sie tiefer, wandte sie sich nicht dem zu, was sie gerade erlebt hatte, sondern in die

Gegenrichtung, nach innen. Fühlte ihre Offenheit, dem zu begegnen, was da war. Und da war Stille, da war Frieden und Trost. Nach einer Zeit spürte sie, wie ein kleines Feuer in ihr zu kreisen begann, das durch alle ihre Glieder zu kursieren schien, als ob es jede einzelne Zelle reinige. Genauso fühlte sie sich auch: Als ob ihre Wut und ihre Verzweiflung verbrenne, all das Leidvolle und Negative, und je mehr dies geschah, umso gewaltiger brach plötzlich eine grenzenlose Sehnsucht nach diesem Glück in ihr auf, das John so oft erwähnt hatte. Sie hatte nie etwas damit anfangen können, einfach, weil sie es nie gefühlt hatte. Aber jetzt – jetzt spürte sie mit einer immensen Klarheit, dass da etwas Großes, Unendliches in ihr war, eine liebevolle Präsenz, etwas, das sie nie im Stich lassen würde. Sie wünschte sich mit einer solchen Macht dorthin, dass ihr die Tränen nur so über die Wangen liefen. Doch diesmal waren es gute Tränen. Sie wuschen sie rein, sie machten sie leer. Sie schufen Raum. Sie sank noch tiefer, glitt in eine Zeitlosigkeit, in etwas Ewiges. Gespannt wartete sie ab.

Nach einer Weile sprudelte eine freie und ungebundene Freude in ihr hoch, eine Leichtigkeit, wie sie sie noch nie zuvor gefühlt hatte … grenzenloser Frieden … und ja, auch heiße Liebe. Liebe, die sie wärmte, die ihre Zellen mit Licht ummantelte und sie schlicht glücklich machte. Grundlos glücklich … Ja, sie fühlte sich absolut glücklich! Dabei waren doch ihre Probleme alle noch existent! Es blieb Tatsache, dass Sam ihr auf übelste Weise mitgespielt hatte, blieb Tatsache, dass ihr Vater und ihre Mutter mies reagiert hatten, ihre Existenz nicht gesichert war und sie keine Ahnung hatte, wie es weitergehen sollte – und doch gab es da diesen Frieden in ihr und dieses so unbeschreibliche Glücksgefühl. Wo kam das her? Diese Präsenz, die sie nun deutlicher fühlte als je zuvor, überschüttete sie mit einer Liebe und Zuversicht, dass ihr schier die Luft wegblieb. Wo war das die ganze Zeit gewesen? Warum hatte sie nie vorher darauf zurückgreifen können?

Weil du mich nie gesucht hast. Weil du dich mir nie zugewandt hast, antwortete eine Stimme in ihr.

Wer bist du?, fragte Stella in Gedanken.

Ich bin das, was übrig bleibt, wenn du all deine Illusionen weglässt, flüsterte die Stimme. *Ich bin Freude. Ich bin Liebe. Ich bin du.*

Stella war schon längst verstummt, tief versunken in diesen Dialog mit ihr selbst, mit diesem Unfassbaren in ihr, das sie mit einer Liebe überschüttete, die sie nicht greifen konnte. Der Mantragesang war ausgeklungen und alle saßen in stiller Meditation.

Warum, fragte sie, *ist mir all das passiert? Warum machst du dich erst jetzt bemerkbar?*

Weil du dich mir geöffnet hast. Weil du mir endlich die Erlaubnis gegeben hast! Weil du mich endlich anschaust. Jetzt kann ich dir alles zeigen, damit du verstehst.

Ein gleißender Feuerball stieg in ihr hoch und füllte ihren Kopf. Ihr Körper begann sich zu bewegen, wiegte sich hin und her als schüttele er schwarzen Staub aus ihren Zellen. Stella ließ es geschehen, während sie gebannt die Geschehnisse in dem hellen Ball verfolgte.

Sie sah sich selbst, eine Gestalt aus Licht, sie war vollkommen, es fehlte an nichts. Und dieses Licht, aus dem sie bestand, war überall und durchdrang die Welt, als Sonnenlicht, Mondlicht, Sternenlicht … ihr Körper war Licht … alles war Licht. Pulsend, kraftvoll, spielerisch. Doch dann änderte sich etwas. Ihre Augen, ihr Bewusstsein richteten sich nach außen, und zwar so nachhaltig, dass sie ihr eigenes Licht weder sah, noch wahrnahm. Erschrocken beobachtete sie, wie sie auf andere Personen zurannte und von ihnen dieses Licht forderte, das doch in ihr selbst so hell loderte, wie sie diese Liebe in ihren Eltern, ihren Partnern, ihren Freundinnen suchte, wie sie sie anschrie, ihr doch dieses Licht zu geben, registrierte, welche Kapriolen sie veranstaltete, nur, um etwas zu bekommen, das sie in vollem Umfang selbst besaß. Ein erstauntes Lachen entfuhr ihr. Wie konnte man nur so dumm sein?

Warum siehst du nicht, woraus du gemacht bist?, fragte sie die umherrennende Stella. *Warum spürst du nicht diese unendliche Liebe in dir? Siehst du nicht, dass die ganze Welt daraus besteht?*

Aber die hektische, nach Liebe suchende Stella hörte sie nicht. Sie blickte nach außen. Sie erschuf Gedanken und die Gedanken materialisierten sich, brachten eine eigene Welt hervor, in der sie sich völlig verfing. Noch mehr Gefühle und Gedanken entstanden, woben ein Dickicht aus Sehnsucht, Ärger, Angst und Minderwertigkeitskomplexen. Die Stella in ihr blickte stur auf dieses selbst gemachte Knäuel und sagte: *Das ist die Welt. Die Welt ist grausam. Die Welt will mir nichts Gutes. Ich bin nicht gut genug. Ich bin eine Pechmarie. Alles geht schief.*

Stella lachte auf ihrer Meditationsmatte laut auf. *Aber das ist doch lächerlich!*, rief sie innerlich. *Das sind alles Hirngespinste, die du selbst gemacht hast! Und die weiter Leid produzieren! Da ist doch das Licht! Da ist doch das Licht! Da ist doch so viel Glück und Liebe! Warum drehst du dich denn nicht einfach um? Warum gehst du nicht einfach wieder zurück zu dir? Zu mir! Warum lebst du nicht aus dieser Liebe? Warum glaubst du diesen Illusionen? Die sind aus deinem Kopf entstanden! Schall und Rauch! Und alles, was du damit erntest, ist Leid! Was meinst du, wie dein Leben aussieht, wenn du dich wieder mir, dem Licht, zuwendest?*

Sie hatte das Bild so klar vor sich: Die weinende, die Welt verfluchende Stella, in der die Liebe so hell brannte und die in die

Gegenrichtung schaute, das Licht nicht mehr sah und stur behauptete, es gäbe es nicht.

Aber ... das hier, dieses Leid ... es ist real! Es lässt mich nicht los, erklärte ihr die verzweifelte Stella und deutete auf das Knäuel, in dem sie völlig verstrickt war.

Das ist nicht wahr! Du bist es, die das Leid nicht loslässt!

Aber ... es hat mich fest im Griff! Sieh doch! Wie kann ich das loslassen?, fragte die innere Stella verständnislos. Die andere Stella lachte liebevoll.

Indem du wieder zu mir kommst! So simpel! Ich bin doch da! Immer! Ewig! Kannst du das nicht einfach akzeptieren? Ich bin Freude, ich bin Glück! Ich bin Liebe! Und ich warte. Ich warte, bis du von selbst wieder zu mir zurück möchtest, warte, bis du mir glaubst und nicht all deinen selbst gemachten Illusionen! Egal, was passiert, vergiss nie: Ich liebe dich. Ich warte auf dich – und ich gebe dir alle Zeit der Welt.

Diese Worte ließen die verzweifelte Stella endlich innehalten. Zögernd drehte sie sich um, zögernd bewegte sie sich auf den Lichtball zu und eine unbändige Freude begann sich in ihr zu regen, eine so von Sehnsucht getränkte Hoffnung, dass sie wie gelähmt dasaß und die Stella in ihr beobachtete, die wieder auf ihr eigenes Licht zuging.

»Ja«, flüsterte sie. »Ja! Bitte geh weiter! Bitte bleib nicht stehen! Bitte komm doch endlich wieder zurück!«

Die Stella in ihr stand vor der Lichtquelle, die pulsierte und sprudelte, die voller Leben und Liebe war. Mit einem verwunderten Lächeln streckte sie ihre Hand danach aus. Und tauchte mit einem Mal so vollständig darin ein, dass sie komplett mit dem Licht verschmolz. Ein heißes, jubelndes Glücksgefühl durchströmte sie, als sie sich endlich wieder eins fühlte, endlich wieder vollkommen war.

Oh, Gott sei Dank, flüsterte die Stimme in ihr. *Gott sei Dank! Du bist wieder bei mir! Du bist wieder hier! Ich habe dich so vermisst!*

Ihr Herz flatterte und vibrierte und Stella merkte nicht, wie ihr das Wasser aus den Augen lief. Sie war tief involviert in diesen Prozess, tief verbunden mit ihrem Ursprung, schwelgte in diesem Meer aus Freude und Frieden. Ein Lachen schwang sich in ihr hoch, ein ungläubiges, erstauntes Lachen: Wie hatte sie nur diesem anderen Ich glauben können, das ihr all diese miesen Dinge vorgegaukelt hatte? Wie hatte sie nur je glauben können, Kummer sei etwas Normales? Das hier, das, was sie jetzt hier erlebte, das war normal! Das war echt! Der Satz von vorhin katapultierte sich mit Wucht in ihr Gehirn: *Was meinst du, wie dein Leben aussieht, wenn du dich wieder mir, dem Licht, zuwendest?*

Erneut durchflutete sie eine heiße Wolke an Liebe, die sie in dieser Fülle nie auch nur hatte erahnen können und sie lachte, als sie das mit dem verglich, was sie sonst als Liebe bezeichnet hatte. Wieder und wieder brandeten Wellen davon durch ihren Körper, als wollten sie ihr einen Stempel aufdrücken, damit sie das nie mehr vergaß.

Sie seufzte auf, als die Menschen, die ihr wehgetan hatten, vor ihrem inneren Auge erschienen – einer nach dem anderen – und alle deuteten auf ihr Herz.

»Ach so«, flüsterte sie. »Deshalb wart ihr in meinen Leben! Deshalb ist mir das passiert. Jetzt verstehe ich es. Ich habe euch erschaffen! Und jeder von euch hat mir den Weg zurück gezeigt.«

Sie war vollkommen gesättigt von dieser Liebe und in ihrem Bauch regte es sich. Ihr war, als gluckse ihr Baby vor Freude über das, was soeben passiert war.

Sie brauchte ihm nicht zu sagen, dass sie es heiß und innig liebte. Sie wusste, dass es das wusste.

♫ Find My Way Back ♫

Cody Fry

Drei Tage lang blieb sie in diesem glückseligen Zustand, dann ebbte er langsam ab, und zu ihrem Entsetzen fühlte sie, wie erneut Existenzangst und Negatives hochkamen. John beruhigte sie.

»Das sind Ausläufer«, erklärte er. »Mag auch sein, dass noch etliches im Verborgenen liegt, aber nun weißt du, wo du immer Hilfe findest – und das wird sich in deinem Leben manifestieren, auch wenn es Zeit braucht. Hab Vertrauen.«

Sie nickte, zaghaft lächelnd, dankbar für seine Hilfe. Sie fühlte sich neu und doch in alten Kleidern, aber eines blieb unveränderlich bestehen: die tiefe Liebe zu ihrem Baby.

Von diesem Tag an sprach sie mit ihrem Kind, als sei es ihr bester Freund, jemand, dem sie alle Fragen dieser Welt stellen konnte. Genauso empfand sie es auch. Sie las ihm aus ihren Büchern vor, lachte mit ihm über Dinge, die sie erlebte und grübelte laut über Zitate und Sätze aus Johns Bibliothek. Oft lag sie nachts im Bett, legte ihre Hände auf den Bauch und baute eine Verbindung auf. Dann war das Gefühl, vollständig mit diesem kleinen Wesen verbunden zu sein, am stärksten. Sie wurde deutlich ruhiger, begann, die Welt und sich selbst mit anderen Augen zu sehen, versuchte, zu verstehen. Der Transformationsprozess war angelaufen.

Doch die Existenzfrage stand nach wie vor im Raum.

Nach der Geburt musste sie zurück nach Deutschland und Sozialhilfe beantragen. Das wurmte sie und sie nahm sich vor, in ein Bundesland zu ziehen, das weit von ihrem alten Wohnort entfernt lag. Auf gar keinen Fall wollte sie Bekannten oder ihren Eltern begegnen. Und so war sie die Tage damit beschäftigt, sich mit dem Wohnungsangebot in verschiedenen Teilen Deutschlands auseinanderzusetzen – und mit Verdienstmöglichkeiten trotz Baby, doch da sah es mager aus.

Mit Jamie stand Stella nach wie vor in Kontakt. Er schrieb begeistert von seinem neuen Leben, schickte ihr Bilder von feudalen Hotels, die er bewohnte, vom Studio, in dem seine Songs professionell produziert wurden, Selfies von Stars und Musikgrößen, mit denen er zusammenkam, erzählte, dass ein berühmter Chor eigens für ihn engagiert worden war, und wie fantastisch alles lief.

»Demnächst machen wir ein Fotoshooting«, berichtete er. »Du glaubst es nicht – ich hatte einen Termin mit einem Visagisten und einem Friseur … uah, ich fürchte, du erkennst mich nicht mehr wieder, wenn du mich das nächste Mal siehst!«

Sie lachte und dachte an ihr erstes Shooting am Meer. »Ja, du bist fotogen, Jamie. Du bist so süß und so unschuldig und ich hoffe, sie machen nichts anderes aus dir.«

»Wie meinst du das?

»Na ja, dass sie dich als Weiberheld mit Sixpack darstellen wollen. Das bist du einfach nicht.«

»Hey!«, protestierte Jamie. »Was soll das? Ich *habe* einen Sixpack! Und die Mädels *sind* hinter mir her!«

Wieder lachten sie, dann sagte er: »Aber du hast recht, Stella! Ich werde das auf jeden Fall dem Fototeam sagen, danke! Du bist einfach die Beste!«

Zwei Tage später fand sie eine Nachricht von Jamie in ihrem Postfach, die vor Enthusiasmus nur so sprühte:

»Stella, stell dir vor: Ich habe mein erstes Album fast fertig! Es heißt – dreimal darfst du raten: ›For a better World‹! Das Shooting haben wir auch hinter uns und weißt du was? Das Team war ganz deiner Meinung und sie möchten etliche Fotos, die du damals am Strand von uns geschossen hast, übernehmen, weil sie einfach GUT sind! Was sagst du nun? Ich habe ihnen gesagt, dass du das Copyright hast. Sie werden in den nächsten Tagen mit dir Kontakt aufnehmen und dir die Fotos abkaufen. Hau rein! Der Verlag hat Geld!«

Stella keuchte, als sie das las. Aufgeregt rannte sie zu John und zeigte ihm die Mail. Seine Augen leuchteten auf.

»Klasse, Stella, damit kannst du richtig Geld machen!«

Gemeinsam recherchierten sie, wie viel sie dafür verlangen konnte und beide, John und Jamie, ermutigten sie, den Höchstpreis zu fordern.

Eine Woche später wurden siebentausend Pfund auf ihr Konto überwiesen – das waren knapp achttausend Euro. Stella konnte es nicht fassen. Sie war mit einem Schlag wieder im Plus! Es war zwar nur ein kleines Polster, aber immerhin: Es *war* eines!

»Oh, danke, Jamie«, jubelte sie, als sie ihn das nächste Mal sprach. »Ich danke dir so sehr! Nun kann ich meinem Kind zumindest Kleidung kaufen!«

»Wann ist es denn soweit?« Jamie freute sich mindestens genauso sehr wie sie auf das Kind.

»Das ist unser ›For-a-better-World‹-Baby««, sagte er stets.

»Noch knapp drei Monate!«, rief sie. »Ich kann es kaum erwarten!«

»Ach, das ist so schön, Stella, so schön, dass du das sagen kannst! Das bedeutet mir so viel!«

»Ich werde nie vergessen, was du damals zu mir gesagt hast, Jamie. Das war so wertvoll! Apropos: Würdest du Pate stehen für mein Baby?«

»Das ist mir eine Ehre, Stella«, sagte Jamie bewegt. »Sehr, sehr gern!«

»Ach, Jamie, danke! Ich freue mich so! Wann kommt dein Album raus?«

»Die Werbetrommeln laufen. Also ich denke mal, spätestens Anfang Dezember. Wir wollen das Weihnachtsgeschäft noch mitnehmen. Hast du schon meinen Song im Radio gehört? Fuck, Stella, ich kann's selbst noch gar nicht richtig glauben: Ich bin im Radio!«

»Nein«, sagte sie verblüfft. »Wir hören hier kein Radio. Du wirst schon öffentlich gespielt? Das ist ja der Hammer! Ich kaufe mir den Song sofort!«

»Ja, kauf ihn dir! Er heißt ›Time For Angels, Time For You‹ und ich habe an dich gedacht, als ich ihn geschrieben habe.«

»Zeit für Engel«, wiederholte Stella. »Ein schöner Titel!«

»Ja, ich finde, die Welt braucht Engel«, erklärte Jamie. »Ich finde, die Welt *ist* voller Engel. Der Titel ist mehrdeutig. Aber das wirst du erkennen, wenn du das Lied hörst.«

♫♫♫

Der November verging und Stella war froh, nicht in einem grauen Deutschland zu sitzen. Die Zeit war schön, sie war friedvoll. Sie sang ihrem Baby etwas vor, sprach mit ihm den lieben langen Tag und machte, wenn sie nicht John und Alisa half, ihre Spaziergänge. Oft schweiften ihre Gedanken zu Sam. Sie dachte daran, dass er Vater wurde und es nicht wusste. Aber sie wollte nie mehr etwas mit ihm zu tun haben – sie wusste ja noch nicht einmal, ob sein richtiger Name Samuel Müller war! Das waren Momente, in denen sie wieder sehr schnell bitter werden konnte und Mühe hatte, sich aus diesem Sog zu befreien.

Aber John half ihr. Sie diskutierte oft mit ihm, festigte dadurch ihre neue Lebenseinstellung und besuchte auch weiter die Meditationen und Chants. Doch dieses allerfüllende Erlebnis kam nicht wieder. Oft stieg ein leises Glücksgefühl in ihr hoch, aber es war enttäuschend sanft im Vergleich zu der lodernden Flamme und den Einsichten, die sie das erste Mal verspürt hatte.

John machte ihr klar, dass es nicht darum ging, viel oder wenig zu erleben.

»Das ist nur dein Kopf, der so wertet. Der hat keine Ahnung! Diese Kraft in dir lässt sich nicht manipulieren«, erklärte er ihr. »Sie weiß genau, was du brauchst und wann und in welcher Dosis. Und dem musst du vertrauen.«

Ja, Stella änderte sich. Die Liebe für ihr Baby erfüllte sie und machte ihr vieles leichter. Aber sie merkte selbst, dass längst noch nicht alles aufgelöst war und sich so einige negative Dinge in ihr verwurzelten, ohne, dass sie sich dagegen wehren konnte. So empfand sie ein tiefes Misstrauen Männern und Beziehungen gegenüber und entwickelte eine ungute Vorsicht vor ihrer eigenen Sexualität. Auch verankerte sich ihr Entschluss, sich mit niemandem mehr einzulassen und daneben gab es noch einige andere Assoziationen, denen sie hilflos ausgeliefert war: Sie konnte keine roten Fahrräder mehr sehen, wollte nicht mehr tanzen, noch nicht mal an den harmlosen Partys im Dorf, und blieb immer öfter für sich.

Trotzdem war viel mehr Frieden in ihr als vorher. Ihr altes Leben verschwand immer weiter in der Ferne. Sie würde als gereifte Frau nach Deutschland zurückkehren.

Ein paar Wochen vor der Geburt ihres Kindes besiegelte sie ihren Neuanfang, indem sie sich eine neue E-Mail-Adresse zulegte, Kontakte aus ihrem Adressbuch warf, ihren FB-Account, den der Band und die Homepage unwiderruflich löschte.

Es war Zeit, ein neues Kapitel aufzuschlagen. Mit ihrem Baby.

♫♫♫

Im Dezember wurde Jamies Album veröffentlicht und legte einen eher geruhsamen Start hin. Jamie schrieb ihr, dass er allein schon darüber glücklich sei, dass es nicht versumpft war. Doch nach zwei Wochen schoss er plötzlich pfeilgerade in den Charts nach oben. Stella freute sich für ihn und konnte doch nicht verhindern, dass sich ein klein wenig Neid mit dazu mischte. John war gerade in diesen Momenten eine große Stütze.

»Egal, welcher Gedanke oder welche Emotion auftaucht«, empfahl er ihr. »Lass es hochkommen und vorbeigehen.«

Der Satz: »Diese Gefühle gehören nicht zu dir«, half ihr sehr, denn er erlöste von der Schuld, die hochstieg, wenn sie negativ gedacht hatte. Mehr und mehr nahm sie den Unterschied wahr zwischen dem Organ in ihr, das dachte, und der Instanz, die einfach da war. Sie erkannte, dass das die wahre Grundlage für ein gutes Leben war.

Dann, pünktlich zum Weihnachtsfest, kam ein riesiges Paket für sie an. Der Absender war eine ihr unbekannte Firma und das Paket so groß, dass es das ganze Postauto ausfüllte. Alle – John, Alisa und jeder Dorfbewohner – drängelten sich aufgeregt wie Kinder darum herum und schlossen Wetten über den Inhalt ab.

John holte ein Messer und machte sich daran, die Klebebänder aufzuschneiden. Zum Vorschein kamen ein hypermoderner Kinderwagen, ein Auto-Babysitz und ein weiterer Karton, gefüllt mit Babykleidung, Spielsachen und allerlei Nützlichem. Obenauf lag ein Brief von Jamie.

»Liebe Stella«, schrieb er. »So oft habe ich gesagt, dass ich ohne dich nicht da wäre, wo ich heute bin. Es ging alles so schnell! Und so weiß ich, dass Änderungen, wenn man sie zulässt, rasant kommen können und sich die Lebenssituation von einer Sekunde auf die andere zum Positiven verändern kann. Nun ist Weihnachten, mein Patenkind ist noch nicht geboren, aber Weihnachten ist das Fest der Liebe und so sind diese Geschenke für dein Kind, das ich jetzt schon in mein Herz geschlossen habe.

Und für dich, liebe Stella, habe ich auch ein Geschenk. Du findest es auf deinem Konto. Es ist nur ein kleiner Anteil dessen, was ich dir zurückgeben kann, und ich möchte dir damit einfach sagen: Freu dich aufs Leben, sieh die Farben der Welt leuchten und höre nie auf, daran zu glauben, dass unsere Welt schön ist, dass Liebe sie hat entstehen lassen und Liebe sie regiert.

In Liebe, Dein Jamie«.

Stellas Hände zitterten, als sie den Brief sinken ließ. Sie lief in ihr Zimmer und loggte sich in ihren Bank-Account ein. Ihr gingen die Augen über: Jamie hatte ihr zwanzigtausend Euro überwiesen. Und in der Betreffzeile stand: Coaching von einem Engel.

»Ach, Jamie«, flüsterte sie bewegt. Ja, es gab sie, die Engel. Die Welt war voll davon – man musste nur hinsehen und versuchen, selbst einer zu sein.

Und dann weinte sie vor lauter Dankbarkeit darüber, dass es solche Menschen gab wie Jamie, John, Alisa und all die anderen und sie spürte, dass dies zu erkennen weit wichtiger war, als sich über solche wie Sam zu ärgern.

♫♫♫

Ihr Kind kam an einem milden Februarmorgen zur Welt. Nachts setzten die Wehen ein und John, der fast aufgeregter war als sie, benachrichtigte die Hebamme. Alisa ließ im Hintergrund Musik laufen, holte heißes Wasser und saubere Tücher. Alles ging ruhig und fast erhaben vonstatten, getragen von einer liebevollen Atmosphäre. Aber am schönsten war die Vorfreude, die jeder mit ihr teilte und die ihr die Schmerzen erträglich machte.

Drei Stunden nach der ersten Wehe legte ihr die Hebamme ein winziges Wesen in den Arm. Einen süßen, wunderhübschen Sohn mit federleichtem Flaum auf dem Köpfchen, der sich nach seinem ersten Willkommensschrei friedlich und vertrauensvoll an ihre Brust schmiegte. Stella starb fast vor Glück.

»Und?«, fragte Alisa lächelnd. »Wie heißt er denn?«

»Julien«, antwortete sie. »Das bedeutet ›dem Gott Jupiter gewidmet‹ und Jupiter steht für Vertrauen in das Leben. Er steht für den Glauben an einen Sinn und für die Ideale und Werte eines Menschen. Ich möchte, dass mein Baby unter diesen Vorzeichen aufwächst.«

Voller Liebe bestaunte sie den Winzling in ihrem Arm, ihr Glücksgefühl war unbeschreiblich. Alisa und John standen vor ihrem Bett mit feuchten Augen und eine Welle heißer Dankbarkeit stieg in Stella hoch.

»Danke euch so sehr«, flüsterte sie. »Für alles! Vor allem, dass ihr meinem Sohn einen so schönen Eintritt in diese Welt ermöglicht habt.«

»Schon gut, Stella«, sagte Alisa lächelnd. »Es ist auch unsere Freude. Du solltest jetzt ruhen.«

Stella nickte erschöpft, bettete ihr Baby behutsam neben sich und drückte ihm einen sanften Kuss auf die kleine Stirn.

»Ich lasse dich nicht im Stich«, murmelte sie und eine Liebe stieg in ihr hoch, die jenseits von dem war, was sie jemals für einen anderen Menschen gefühlt hatte. »Niemals.«

♫♫♫

Julien war von Geburt an ein fröhlicher kleiner Kerl, dem immer ein Lachen im Gesicht stand. Er strahlte eine solche Heiterkeit und Gelassenheit aus, war so knuffig und schmusig, dass jeder sich darum riss, ihn im Arm halten zu können. Irgendetwas Besonderes war an ihm – er war wie ein kleiner Stern. Stella liebte dieses kleine, zuckersüße Wesen heiß und innig und jeden Tag ein bisschen mehr.

Die ganze Gemeinde kam, um ihn zu begrüßen, und veranstaltete einen Liederabend, der letztlich in eine Party ausartete – eine Geburtstagsfeier für Julien, ihren kleinen Engel, der von Geschenken überhäuft in seinem Kinderwagen schlief.

»Wer hätte gedacht, dass mein Kind ein Ibizenker wird?«, sagte Stella zu John, der sie lächelnd betrachtete. Ihr Gesicht war viel gleichmäßiger und ruhiger, ihre Augen strahlten. Sie war geläutert und gerüstet für ihr neues Leben in Deutschland.

Stella hatte sich vorgenommen, zumindest das erste Jahr bei ihrem Baby zu bleiben, und dank der zwanzigtausend Euro von Jamie und der Fotoprämie konnte sie sich das leisten.

»Warum lässt du dir nicht von ihm ein Empfehlungsschreiben geben?«, schlug John vor. »So, wie der nach oben geschossen ist, kann dir das nur nützen! Die Managerin, die Jamie Scott entdeckt und gefördert hat! Wenn das mal keine Referenz ist!«

»John, du hast recht!«, rief sie begeistert. »Das mag vielleicht nicht bei jedem Chef ziehen, aber ich kann damit die Zeit auf Ibiza rechtfertigen.«

Sie schrieb Jamie an und er versprach, sich darum zu kümmern und seinen Verlag einzubinden, der die Fotos von ihr gekauft hatte. Er arbeitete bereits an seinem zweiten Album und war hoch motiviert.

Kurze Zeit danach hieß es Abschied nehmen – die Zeit auf Ibiza war vorüber.

John und Alisa brachten sie zum Flughafen. Stella hatte nun ziemlich genau ein Jahr auf Ibiza verbracht, hatte hier so gewaltige emotionale Höhen und Tiefen erfahren – ihr war wehmütig ums Herz und Tränen purzelten ihr aus den Augen, als sie sich von diesen so lieben Menschen verabschiedete. Oben im Dorf von jedem einzelnen Bewohner, am Flughafen nun von Alisa und John.

»Wenn es in Deutschland gar zu scheußlich wird, komm einfach wieder!«, sagte Alisa, die jeden Moment gefeiert hatte, den sie mit Julien hatte verbringen können.

Stella drückte die beiden fest. »Tausend Dank für alles«, flüsterte sie. »Auch, wenn du sagst, es gebe nichts zu vergelten, John, so wünsche ich mir von Herzen, dass ich euch all das Gute wiedergeben kann, was ich von euch erfahren habe.«

Sie hielten jede Sekunde fest, die ihnen blieb, aber schließlich musste sie los. Mit Julien im Arm passierte sie die Handgepäckkontrolle, drehte sich noch einmal um. Da standen sie, Arm in Arm, und winkten ein letztes Mal. Stella lächelte leicht, winkte zurück, dann wandte sie sich ab und ging ihrem neuen Leben entgegen.

Sie kam sich vor, als begäbe sie sich auf die Reise zu einem anderen Planeten.

♫ Lost Stars ♫

Adame Levine

Es wurde nicht leicht. Im ersten Jahr lebte sie von Sozialhilfe und Kindergeld und es war verdammt knapp. Den Kontakt zu ihren Eltern hatte sie konsequent abgebrochen. Ihre Mutter hatte einmal per WhatsApp nachgefragt, ob sie denn hoffentlich ihren Rat befolgt hätte, wo sie sei und wie es ihr gehe. Ihr Vater hatte sich gar nicht mehr gemeldet.

Stella wechselte die Nummer. Bewusst hatte sie ihren neuen Lebensort Hunderte von Kilometern von ihnen entfernt gewählt, bezog eine billige Miniwohnung in einem Mehrparteienhaus am Rande einer mittelgroßen Stadt und lebte zurückgezogen ihr Leben mit Julien. Sie war glücklich mit ihm. An jedem Tag, an dem sie aufwachte und ihr Baby sah, war ihr Herz voll – und da sie Zeit hatte, las sie viel in den Büchern, die John ihr empfohlen hatte, und dachte viel nach.

Dieses erste Jahr war eine Zeit der Einkehr, eine Zeit, in der wenig im Außen und viel in ihr drin passierte. Denn das, was sie auf Ibiza begonnen hatte, war noch lange nicht gefestigt. Jeder Misserfolg rüttelte an den schönen Erfahrungen und ließen diese unwirklich erscheinen.

Realität war, dass sie am Existenzminimum lebte, dass sie nicht ausgehen und nicht arbeiten konnte, weil sie ein Baby hatte. In den ersten Monaten wollte sie auch keinen Kontakt zu anderen Leuten aufbauen, aber ihr war klar, dass sie – und auch Julien – ein soziales Umfeld brauchte, dass sie sich wieder bewerben, dass sie Geld verdienen musste.

Sie meldete sich für ein Fernstudium an, büffelte mit Julien, erklärte ihm ihre Aufgaben und lachte über sein süßes Gesichtchen, das immer so wirkte, als ob er den Stoff besser verstünde als sie. Das erste Jahr verging.

Und natürlich stand sie noch mit Jamie in Kontakt und schickte ihm regelmäßig Fotos von seinem Patenkind.

Jamie war ein Star geworden. Er stellte einen Rekord nach dem anderen auf und seine Songs wurden Tag und Nacht im Radio gespielt. Das, was Stella von Beginn an bei ihm gefühlt hatte, erreichte auch andere Menschen: Er hatte eine Ehrlichkeit in seinen Songs, die ihm die Herzen nur so zufliegen ließ. Natürlich hatte er auch (in aller

Heimlichkeit, um keinen Aufruhr zu erzeugen) Julien besucht, war hin und weg von dem Kleinen gewesen, hatte ihn die ganze Zeit herumgetragen und auf dem Schoß gehalten. Aber er war ein Star. Er hatte wenig Zeit. Er jettete in der Welt umher.

Inzwischen hatte er sein zweites Album fertig und sie fand den Zeitpunkt angemessen, ihn noch einmal an das Empfehlungsschreiben zu erinnern.

»Ich will dich nicht drängen, Jamie«, sagte sie, als sie ihn anrief. »Aber ich möchte mich bald wieder bewerben und …«

»Oh, Stella, das tut mir schrecklich leid, das habe ich komplett vergessen! Ich mache das sofort!«, rief er ins Telefon.

Es war das Letzte, was sie von ihm hörte. Zwei Tage später ging die Nachricht um die Welt, dass einer der genialsten und aufstrebendsten Künstler bei einem Autounfall ums Leben gekommen war.

Jamie Scott gab es nicht mehr.

♫♫♫

Als Stella von Jamies Tod erfuhr, brach in ihr eine Welt zusammen und einmal mehr wurde ihr bewusst, wie sehr sie diesen Jungen geliebt hatte. Sie konnte sich kaum beruhigen, bekam wieder Angst, haderte mit dem Leben und vermisste Jamie in jeder Sekunde. Noch dazu wurde er permanent im Radio gespielt, seine Songs mit den tiefen Texten gewannen noch mehr an Bedeutung und seine beiden CDs hielten sich hartnäckig in den Charts. Die Nachwelt ehrte ihn, Stella vermisste ihn. Es fiel ihr schwer, nicht darüber zu verbittern, dass das Schicksal ihr auch Jamie genommen hatte. Nun hatte ihr Kind noch nicht mal einen Paten.

Sie telefonierte mit John, er baute sie auf und bat sie, zusammen mit Alisa die Patenschaft übernehmen zu dürfen. Nach diesem Gespräch ging es ihr besser, dennoch brauchte sie noch eine gute Weile, um über Jamies Tod hinwegzukommen.

Julien wurde umso mehr die Sonne in ihrem Leben, immer, wenn sie in sein Gesichtchen sah, schmolz sie vor Liebe. Er strahlte selbst im Säuglings- und Kleinkindalter eine Ruhe aus, die auch sie erfasste.

Blondes Haar wuchs auf seinem Kopf und seine Augen waren grün. Er sah seinem Vater sehr ähnlich und wie Sam hatte er eine Affinität für Musik. Stella spielte ihm kaum Kinderlieder vor, sondern sang mit ihm die Songs, die John ihm vorgespielt hatte, lachte sich schief, wenn er mit seinem kleinen Hinterteil im Takt mitwackelte, seine Händchen nach oben flogen und sich zur Musik bewegten. Aber stets redete sie mit ihm, als sei er ein Erwachsener. Sie erklärte ihm Dinge, die er gar nicht verstehen konnte, las ihm laut ihren Lernstoff vor, erklärte ihm das, was sie anfangs selbst nicht verstand und lachte dann mit ihm, wenn der Heureka-Effekt kam. Julien sah seine Mutter mit seinen leuchtenden Kinderaugen oft so wissend an, dass ihr ganz anders dabei wurde.

Nach einem Jahr gab sie ihn stundenweise in die Krippe, jobbte als Bedienung in einem Café, im Supermarkt an der Kasse, putzte in fremden Haushalten, gab Nachhilfe; sprich, sie tat alles, um sich über Wasser zu halten. Sie wusste, es waren vier harte Jahre, bis sie Julien in den Kindergarten geben wollte, dann würde sie sich einen festen Job suchen können. Das alles besprach sie mit ihm, als sei er ihr Partner und Julien hörte immer aufmerksam zu.

Als er in den Kindergarten kam, fragte er zum ersten Mal nach seinem Vater. Stella erzählte ihm die Geschichte, wie sie gewesen war.

»Er weiß nicht, dass es mich gibt?«, fragte Julien.

»Nein, und ich weiß auch nicht, wo er ist. Ob er wirklich Samuel Müller heißt. Aber wenn du möchtest, kann ich versuchen, das herauszufinden. Wenn du ihn kennenlernen willst.«

Julien zog das Näschen kraus. »Ich hab dich, Mama«, sagte er schlicht. »Das ist doch viel.«

Besorgt forschte sie in seinem Gesicht, aber Julien war immer vergnügt. Es kam ihm gar nicht in den Sinn, deswegen traurig zu sein, und erschreckt erkannte sie, dass sie ihm dieses Gefühl fast aufoktroyiert hätte, weil sie der landläufigen Meinung war, man müsse traurig sein, wenn man seinen Vater nicht kannte. Aber offensichtlich war das nicht so und das gab ihr schwer zu denken. Musste sie umgekehrt traurig sein, weil ihre Eltern so waren, wie sie waren? Sie lachte verwundert auf, als sie diesen Gedanken verfolgte. Was wäre, wenn sie ihn einfach nicht mehr dachte? Oder ihm, wie es John so oft empfohlen hatte, keine große Bedeutung beimaß? Ihr fiel ein, dass sie in ihren Meditationen oft grundlos glücklich war. Julien lebte ihr das Tag für Tag vor. Er war immer sonnig und sie lernte von ihm, die vielen kleinen schönen Dinge im Leben zu sehen, sich über alles zu freuen. Ja, sie lernte eigentlich mehr von ihm, als er von ihr. Julien wachte jeden Tag mit einem Lächeln auf und das wollte Stella ihm nicht nur bewahren – sie nahm sich ein Beispiel an ihm.

Die Tatsache, dass sie sich so enorm mit ihm beschäftigte, zeitigte ihre Folgen. Schon sehr früh verfügte Julien über einen komplett anderen Wortschatz als andere Kinder in seinem Alter. Die Zwei-Wort-Satz-

Phase hatte er nahezu vollständig übersprungen und er begann in ungewöhnlich jungen Jahren schon grammatikalisch richtige Sätze zu bilden. Stella bildete sich nebenher weiter, um für ihre künftigen Jobs etwas vorweisen zu können, und nach wie vor band sie Julien in ihre Studien ein, übersetzte ihm Fremdwörter und Fachbegriffe, die er einfach übernahm. Mit fünf Jahren konnte er lesen und jeder, der mit ihm in Kontakt kam, war erstaunt, weil Julien nicht nur mit einem breiten, Kind-untypischen Vokabular daherkam, sondern auch mit erstaunlichen Aussagen verblüffte.

Er brachte Stella damit oft zum Lachen – und zum Staunen. Kinder waren so klar! Natürlich war er auch manchmal ärgerlich oder mal nicht so gut drauf, weinte über etwas oder schmollte, weil er nicht bekam, was er wollte. Aber wie das Kindern zu eigen war, kam das Gefühl, verging wieder und vergessen war's. Keine Bindung, kein Hineinkriechen, keine Eskalation, kein Sich-daran-Klammern. Und doch war es bei Julien noch mal anders.

So oft überlegte Stella, was es war, was ihn so besonders machte. Oder glaubte sie das nur, weil sie seine Mutter war? Nein, sie merkte es ja auch an den Reaktionen ihrer Mitmenschen, die Julien anstarrten und ebenso wie sie hinter das Geheimnis seiner Persönlichkeit kommen wollten. Eine Sonne schien aus ihm heraus zu strahlen, etwas Hohes schien ihn zu umgeben – etwas, das ihm das Leben leicht zu machen schien, weil es ihn mit einer steten Freude verband.

In diesen Momenten erinnerte sie sich an die einzigartige Meditationssession auf Ibiza. Julien hatte das miterlebt, er war ja in ihrem Bauch gewesen. Doch je länger sie seine Entwicklung beobachtete, je mehr frappierende Statements er brachte, desto mehr drängte sich ihr der Verdacht auf, dass sie ohne Julien diese Intensität vielleicht gar nicht erlebt hätte.

Ihre alljährlichen Besuche bei John und Alisa taten ihr Übriges dazu. John beschäftigte sich stundenlang mit dem Kleinen und auch er behandelte ihn wie einen Erwachsenen. Die beiden waren ein Herz und eine Seele und in John und Alisa hatte Julien die Großeltern, die ihre Eltern nie hätten sein können. Beide waren sie einzigartig. John redete seiner Natur gemäß mit Julien über seine Philosophien oder eben das, was ihn interessierte, während Julien es oft komisch fand, dass sein Pate ihm etwas erklärte, was doch selbstverständlich war. Als sie sich zum Beispiel über Licht unterhielten und John ihm sagte, dass das Licht überall sei, auch physikalisch gesehen, antwortete Julien.

»Wieso müssen Wissenschaftler beweisen, dass das Licht überall ist? Das sehe ich jeden Morgen, wenn die Sonne aufgeht. Und in der Nacht auch. Weil das Licht in den Sternen ist, und im Mond und in dir und in mir und in Mama und in allen anderen Menschen auf der Welt. Sieht doch jeder!«

Damit hatte er den Unterschied auf den Punkt gebracht. Für Julien war das real, er konnte das sehen. Er hatte die Anbindung an sein Innerstes nie verloren – mehr noch – sie war ihm bewusst.

Und so machte Stella nie den Fehler und zwängte ihm ihre Meinung auf. Eher redete sie mit ihm, als wüsste er es besser als sie. Sie fragte ihn, wie sie einen erwachsenen Freund gefragt hätte, und der Kleine saß da, sah sie mit seinen grünen Augen an, eine Miniatur von Sam, und hörte aufmerksam zu. Und nicht selten war das, was er dann von sich gab, eine Offenbarung. Er schien alles aus dieser abgeklärten, hohen Perspektive zu sehen und weil er so glücklich war, machte er Stella unmissverständlich klar, dass es sich lohne, weiter nach diesem Licht in sich selbst zu forschen. Julien war damit verbunden und mit seinen Sätzen durchstieß er häufig das Gewirr ihrer Gedanken und Sorgen und lenkte sie wieder auf das Wesentliche.

Ja, sehr oft wusste sie wirklich nicht, wer hier wen erzog.

Er war ihr Augenstern, ihr Sonnenschein, ihr Sinn im Leben. Sie liebte ihn so sehr und genoss jede Sekunde mit dem kleinen, außergewöhnlichen Kerl.

Die Jahre vergingen. Julien kam in die Schule. Stella war längst wieder in einer festen Anstellung und hatte sich einen neuen Freundeskreis aufgebaut. Ihr Leben nahm wieder Fahrt auf.

Nur Partnerschaften blieben tabu. Sie fühlte jedes Mal eine Barriere, wenn sich ihr jemand näherte. Im Laufe der Zeit gab es zwei Männer, mit denen sie vorsichtig eine Beziehung wagte, die sie aber beendete, bevor etwas Ernsthaftes entstehen konnte. Mit Panik registrierte sie, dass sie dazu nicht mehr in der Lage war. Sie war nicht bereit, sich für irgendjemanden zu öffnen. Sie konnte mit keinem mehr schlafen, mochte teilweise noch nicht einmal Zärtlichkeiten austauschen. Immer schnappte etwas in ihrem Inneren zu. In dieser Hinsicht war sie misstrauisch. Und blieb es.

♫ Blue Skies ♫
Chris O`Brien

Auch die Schule änderte nichts an Juliens hoher Sichtweise. Natürlich gab es kleinere und größere Kalamitäten während des Alltags, aber

Julien agierte stets wie ein Zuschauer im Theater. Er lachte, wenn etwas witzig war, er weinte, wenn etwas traurig war, aber nie schien er sich in seine Emotionen zu verstricken.

Schulisch war er kein Überflieger. Er kämpfte mit Mathe und so manchen anderen Dingen, wie jedes andere Kind auch. Aber er brillierte eindeutig in Deutsch und in allem, was mit Kreativität zu tun hatte. Da er so offen war, fand er mühelos Freunde und kapierte schnell, dass er über gewisse Themen mit ihnen nicht reden konnte. Aber es schien für ihn kein Problem zu sein, sich zu adaptieren.

In den Grundschuljahren lief alles. Aber als er ins Gymnasium kam, wurde es schwieriger. Julien sackte von den Noten her erst mal ab. Zudem war die Nachmittagsbetreuung miserabel organisiert und wurde oft kurzfristig gecancelt, was Stella ständig auf glühenden Kohlen sitzen ließ, weil sie wusste, dass Julien dann stundenlang im Pausenhof auf sie warten musste, bis sie ihn abholen konnte.

Als in ihrer Firma ein Wechsel im Management stattfand, drängte ihre neue Chefin auf einen Ganztagsjob. Stella wollte an sich gerne mehr arbeiten, aber die Arbeitszeiten verschoben sich ständig, was sie mit einem Schulkind nicht vereinbaren konnte und schließlich beschloss sie, sich nach etwas anderem umzusehen.

Am Wochenende setzte sie sich vor den Rechner und studierte Stellenangebote.

»Lies mal, Julien, wie findest du das?«

Sie schob ihm ihren Laptop hin.

»Du weißt, du bist gut! Du hast Organisationstalent? Du hast Sinn für Kosten und Effizienz, kannst strukturiert arbeiten, auch mal motivieren und proaktiv bist du auch? Und falls mal ein Problem auftaucht, packst du es an? Stimmt das? Wirklich? Wir würden unglaublich gern einen Kaffee mit dir trinken!«

Julien grinste: »Mit denen solltest du wirklich einen Kaffee trinken, Mama. Was musst du da machen?«

»Sie suchen einen Office-Manager«, erwiderte Stella, während ihre Augen über den Text flogen: »Veranstaltungsplanung, Organisation von Meetings, Feiern, Events … Assistenz der Geschäftsleitung … und etliches darf ich sogar von zu Hause aus erledigen.«

»Ja, das ist dein Ding!«, stimmte Julien ihr zu. »Du organisierst doch gern!«

Stella lachte und strich ihm übers blonde Haar.

»Du kennst mich besser als ich mich selbst«, schmunzelte sie.

»Ich kenne dich schon mein ganzes Leben lang«, gab er zurück.

»Und du meinst, ich soll es mal versuchen?«

»Klar! Wie willst du denn sonst wissen, ob das was bringt?«
Verständnislos sah er sie an. Wie konnte man nur eine solche Frage
stellen?

♫♫♫

Das Angebot der Firma schien einfach top zu sein, Stella segelte aus
dem Vorstellungsgespräch. Das Thema selbst sprach sie an: Es ging um
die Herstellung und den Vertrieb von Profi- und Partyzelten, ein
interessantes Arbeitsgebiet. Und das Gehalt war verlockend hoch, sie
hätte endlich wieder ausreichend Geld! Mehr als sie bräuchte! Sie könnte
sich eine schöne, größere Wohnung leisten! Aber es gab zwei große
Haken: Sie musste für den Job in die Provinz umziehen. Und: Es war
ein Fulltime-Job. Trotzdem, Stella war wie im Fieber, als sie Julien davon
erzählte.

»Weißt du, auf dem Land ist das Leben ja günstiger als in der Stadt«,
schwärmte sie ihm vor. »Die Mieten sind nicht so hoch und wir könnten
uns ein Häuschen im Grünen suchen. Du könntest Fußball spielen, in
Vereine gehen, solange ich auf der Arbeit bin ... Aber du müsstest deine
Freunde hier aufgeben und wenn du das nicht willst, bleiben wir.«

»Hey, Mam«, sagte Julien und legte seinen Arm um sie. »Wir gehen.
Freunde gibt es überall.«

Lächelnd schüttelte sie den Kopf. »Bist du sicher?«

»Ja, du bist ja jetzt schon glücklich, und das gefällt mir. Wir sollten das
machen.«

Er grinste sie an und sie schloss ihn freudestrahlend in ihre Arme. Ja,
das fühlte sich gerade sehr gut an!

♫♫♫

Sie bekam den Job, besprach sich mit Julien und sie entschlossen sich,
ihn wegen des Ortswechsels noch mal in der fünften Klasse und nicht
in der sechsten einzuschulen.

Mit dem Beginn der Sommerferien zogen sie um. Tatsächlich fanden
sie ein schnuckliges Reihenhaus im Grünen, in dem zwei großzügig und
modern geschnittene Wohnungen nebeneinander vermietet wurden. Es
stand in einer ruhigen Wohnsiedlung, in der jeder jeden kannte und
schon innerhalb des ersten Tages lernten sie ihre Nachbarn und viele
aus der Siedlung kennen.

»Hi, ich bin Katja«, stellte sich eine witzig aussehende Endzwanzigerin mit Pippi-Langstrumpf-Zöpfen bei ihr vor. »Und das ist mein träger Mann Olli. Aber ansonsten ein guter Kerl. Grillen kann er wie der Teufel, das findest du spätestens raus, wenn das erste Straßenfest angesagt ist.«

Mit einer fast abrupten Geste reichte sie ihr einen Laib Brot und ein Tütchen Salz. »Ist von unserem Bäcker hier, der macht das beste Brot weit und breit, allein deswegen wollen die Leute nicht mehr wegziehen … Hey, wen haben wir denn da?«, fuhr sie fort, als sich Julien zu seiner Mutter gesellte. »Wie alt bist du? Du siehst vielleicht schnuckelig aus! Bist ja jetzt schon der absolute Herzensbrecher! Ich habe eine Tochter, so ungefähr dein Alter, willst du sie nicht mal daten? Am besten gleich? Du darfst sie auch gerne heiraten, dann ist das Biest endlich aus dem Haus …«

Katja redete ohne Punkt und Komma. Ihr Mann Olli stand daneben, hörte eine Weile gemütlich zu, zog sie dann am Arm und sagte: »Katja, die Frau ist voll im Umzugsstress, das Brot ist schwer und gleich fallen ihr die Arme ab, und du stehst da an der Tür und laberst ihr das Ohr zu Brei! Krempel mal die Ärmel hoch und pack mit an!«

»Ach ja, sorry, ist leider ein Defekt von mir, dass ich so viel rede«, entschuldigte sich Katja. »Bin aber auch nicht sauer, wenn mir das einer sagt, also tu dir keinen Zwang an …«

Ohne auch nur mit einem Wort abzusetzen schob sie sich an der verblüfften Stella vorbei, stemmte die Fäuste in die Hüften, sah sich in dem mit Kartons übersäten Flur um, und rief: »Hol mal Peter und Rainer, Olli! Ich habe zwei Stunden Zeit! Da geht was!«

Peter und Rainer trafen innerhalb von zehn Minuten ein und schafften ordentlich was weg, bauten Betten und Schränke auf, trugen Matratzen nach oben und waren so geübt und schnell, dass Stella der Mund offenstand.

Sie kam kaum selbst zum Auspacken, denn ein paar Minuten später klingelte es wieder und ein Rentner-Ehepaar stand – mit Brot und Salz – vor der Tür, stellte sich vor und begrüßte sie herzlich. Dann kam schon die nächste Nachbarin, Linda – mit Brot und Salz – gefolgt von Ursula und Horst – mit Brot und Salz – es riss nicht ab. Stella lernte an diesem Tag die ganze Siedlung kennen und hätte einen Brotladen aufmachen können. Es war eine tolle Gemeinschaft und sie fühlte sich von Beginn an wohl hier. Auch Julien strahlte – er hatte Kontakt mit Kindern, anders als in der Stadt, denn hier spielten sie tatsächlich noch draußen und im angrenzenden Wald. Die Straßen hallten von Kinderrufen wider, waren mit Himmel-und-Hölle-Spielen bemalt und

Julien kam vom Spielen und Rennen mit roten Backen und mit einem Lachen im Gesicht nach Hause. Aber Lachen war ja ohnehin bei ihm Standard.

Die Einzige in der Siedlung, mit der sie keinen Kontakt hatten, war ausgerechnet die Nachbarin direkt neben ihnen, eine alleinstehende Dame, der sich Stella nach ihrem Einzug vorstellen wollte. Aber so oft sie auch an der Tür klingelte – nie machte jemand auf.

»Die ist komisch«, verriet ihr der Vermieter. »Die ist hier eingezogen und seitdem habe ich praktisch nie mehr was von ihr gehört oder gesehen. Und wenn ein Handwerker ins Haus muss, übergibt sie das mir und verkriecht sich irgendwo, bis er wieder weg ist.«

Stella wunderte sich. Auf dem Namensschild stand der Name »Annegret Huber«. Jeden Tag stellte der Postbote, der schon gar nicht mehr klingelte, Pakete vor ihre Tür. Hello fresh, die alles lieferten, was man für eine Mahlzeit brauchte, Pantry-Boxen von Amazon ... Lebensmittellieferungen vom Supermarkt. Die Frau hatte sich dank Internet und Lieferservice vollkommen vom Leben und der Welt zurückgezogen.

»Könnte schlimmer sein«, dachte sich Stella und freute sich über den Rest der Nachbarschaft.

Elf Jahre waren vergangen, seit dem Desaster mit Sam. Elf Jahre war Julien auf der Welt, elf Jahre war sie nun wieder in Deutschland, hatte endlich eine Position, in der sie genügend Geld verdiente, eine moderne, große Wohnung, ein Auto und ein Polster auf dem Konto. Elf Jahre.

Eine lange Zeit, aber sie hatte ihr Leben wieder im Griff.

*Die meisten großen Taten,
die meisten großen Gedanken
haben einen belächelnswerten Anfang.*

– Albert Einstein

♫ Kaleidoscope of Happiness ♫
Akira Kosemura

Hi, ich bin Julien. Kannst mich gerne auch Klugscheißer, Hirni oder Besserwisser nennen. Bin ich gewohnt und es ist mir wurscht. Ich weiß auch schon, was du als Nächstes bringst – den Satz, den ich am meisten höre: »So redet doch kein Kind.« Oder: »So denkt doch kein Kind.« Ich frage mich immer, was die Leute so im Kopf haben, wenn sie das sagen. Ich meine, ich rede so, wie ich rede und ich denke so, wie ich denke. Und nur, weil es nicht in ihr Schema passt, finden sie es komisch. Oder noch besser: »nicht normal«. Dann sehen sie mich und meine Mama immer an, als wären wir die absoluten Freaks.

Aber bevor ein falscher Eindruck entsteht: Ich finde Erwachsene witzig, ich mag sie und ich beobachte sie gerne. Einer ihrer Standardsätze ist zum Beispiel: »So ist das Leben!«. Dabei seufzen sie ganz tief und laut und gucken enttäuscht oder vergrämt. Ist dir das schon mal aufgefallen?

Okay, das Leben scheint also für die meisten nicht besonders prickelnd zu sein. Sie leben vor sich hin und warten immer darauf, dass etwas Tolles geschieht. Dass das Schicksal vorbeikommt und sie abholt. Oder sie rennen wie die Blöden hinter etwas her und wenn sie es dann haben, freuen sie sich auch nicht lange drüber. Das finde ich seltsam. Irgendwie laufen sie damit an so vielem Schönen vorbei, weil sie sich immer nach was anderem sehnen. Sie leben nicht wirklich, oder? Vor dem Sterben haben sie aber auch saumäßig Schiss, das ist so nichts Halbes und nichts Ganzes, finde ich.

Und die Leute sagen »So ist das Leben« immer dann, wenn was schiefgelaufen ist, wenn sie nicht bekommen, was sie wollen, wenn nicht das eintritt, was sie sich erhofft haben, wenn ihre Beziehung zu Bruch geht – sprich, wenn's bescheuert läuft.

Sie sagen es nie, wenn der Himmel blau ist und die Sonne scheint. Sie sagen es nicht, wenn ihnen ein Essen besonders gut geschmeckt hat oder sie was Schönes erlebt haben. Sie sagen es selbst dann nicht, wenn ihnen jemand sagt: »Ich liebe dich.«

Ich muss oft darüber lachen. Ich meine, die Leute haben ja recht: So ist das Leben! Es ist so, weil sie es sich so gemacht haben! Aber keiner spannt's.

Ich finde auch ulkig, was passiert, wenn jemand traurig ist. Dann kommt nämlich noch einer dazu und macht auch ein trauriges Gesicht. Dann sind es schon zwei Traurige. So ganz verstehe ich nicht, wie der erste Traurige wieder glücklich werden soll, weil – die machen ja noch weiter. Die reden die ganze Zeit über das, was den einen traurig gemacht hat und steigern sich sogar noch rein. Am Schluss hat sie das Gefühl komplett übernommen, sie haben nur noch das im Kopf. Es ist wie ein Sack, den sie sich überstülpen. Dann sehen sie das Schöne nicht mehr und behaupten steif und fest, es sei nicht mehr da. Was danach passiert, ist eigentlich nicht mehr lustig, denn sie finden nicht nur nicht mehr zu ihrem Glück zurück, sondern können sich nicht einmal mehr vorstellen, dass es Glück gibt. Oder einen Weg dorthin. Dabei war doch der schwarze Sack vorher auch nicht da, den haben sie sich nur her-geredet. Aber die Erwachsenen glauben halt so gerne, was sie sich so den ganzen Tag einreden, und wenn jemand eine andere Sichtweise hat, ist er in ihren Augen schlicht dumm. Gleichzeitig regen sie sich darüber auf, dass alles so kommt, wie es kommt und es kein Glück für sie gäbe. Logo. Sie haben Mist im Kopf, also kommt Mist raus. Sie sehen kein Licht mehr, sehen nicht mehr, wo sie herkommen, sind voll im Dunkeln. Sie haben in meinen Augen vollständig die Orientierung verloren.

Ich denke so oft darüber nach. Weil sich in mir alles dagegen wehrt, auch so zu werden, auch irgendwann mal so zu denken. Ich hab nämlich gemerkt, dass das ziemlich ansteckend ist. Das geht so weit, dass jemand, der in dieser Welt glücklich ist, ein Klugscheißer, ein Hirni oder eben »nicht normal« genannt wird. Oder ein Träumer. Der Sog der Erwachsenen ist stark.

Und als Ergebnis haben wir genau die Welt vor uns, die wir gerade vorfinden. Aber gefällt den Menschen diese Welt? Nein, das ist ja das erste, worüber sie sich beschweren! Die Welt, so jammern sie, wird immer doller, immer verrückter. Aber das Einzige, was immer verrückter wird, ist genau diese Denkweise: Sie erschaffen sich die Welt, so wie sie ist, weil sie so denken, wie sie denken, und regen sich danach über das Ergebnis auf. Das ist, als wenn du immer denselben Knopf drückst und dich jedes Mal wunderst, dass dasselbe passiert. Sie erschaffen sich eine eigene Hölle und behaupten, es sei jemand anderes, der das tut. Echt, man braucht noch nicht mal den IQ einer Banane, um zu checken, dass das schlicht dämlich ist.

Einmal im Jahr fliegen wir nach Ibiza zu Alisa und John. John hat mir erklärt, dass wir mit unseren Gedanken unsere Welt erschaffen. Und dass kollektives Denken wiederum unsere Welt hervorbringt. Ist einem auch nur im Ansatz klar, was das bedeutet? Wenn das Kollektiv negativ denkt, heißt das, wir haben eine negative Welt.

Die Umkehrfrage: Würde es den Lauf der Welt verändern, wenn die Welt kollektiv positiv denkt? Mich lässt dieser Gedanke nicht los. Das Kollektiv besteht ja aus jedem Einzelnen. Da müsste man ansetzen. Die Menschen müssten wissen, was wirklich in ihnen ist, wer sie wirklich sind. Das tut mir auch oft so leid, dass sie das nicht mehr wissen, weil sie sich das Leben so unnötig schwermachen. Für mich ist es komisch zu sehen, dass da was in ihnen leuchtet und sie behaupten, es sei nicht da. Und auch darüber denke ich nach. Warum sie es vergessen haben, ist mir klar – sie haben sich in ihre selbsterfundenen Geschichten verrannt. Aber wie finden sie wieder zurück?

Meine Mama und John haben mich, seit ich denken kann, mit solchen Gedanken vertraut gemacht. Ich liebe meine Mama. Sie ist total knuffig! Und ich liebe mich. Am liebsten bin ich mit mir zusammen und in so manchen Momenten ist mir klar, dass das völlig ausreicht.

So oft sagt Mama zu mir »Du schaust mich immer so an, als seist du jemand, der auf mich aufpassen soll – und nicht ich auf dich.«

Ja, das ist genau das Gefühl, das ich auch habe. Von Beginn an. Seit ich denken oder fühlen kann, habe ich das Empfinden, meiner Mami etwas klarmachen zu müssen. Ich wusste oft nur nicht, was. Aber jetzt, wo ich älter werde, begreife ich es langsam. Begreife ich, was mich von meiner Mami so grundlegend unterscheidet:

Sie versucht, glücklich zu sein.

Ich bin es.

Ich bin einfach glücklich. Nicht, weil es meine Mami gibt … wegen ihrer Liebe und so. Ich bin einfach so glücklich. Für mich ist das ein Grundzustand. Einer, mit dem ich auf die Welt kam und einer, den ich nicht verlieren möchte. Einer, der mir gehört und allen Menschen auf der Welt.

Ich weiß, dass dieser Zustand in jedem Menschen existent ist. Das Ding ist nur, dass die Leute das nicht mehr wissen. Sie sagen: »Wovon redest du?«, wenn ich mal ein Wort darüber verliere. Ich schaue in die Welt und sehe genau das gespiegelt. Eine Welt, in der Menschen das Glück, mit dem sie geboren wurden, verloren haben und es nun irgendwo verzweifelt suchen, dauernd andere dafür verantwortlich machen, dass sie es haben oder nicht haben, und die Umstände und die Welt ändern wollen, nur um glücklich zu werden.

Grundloses Glück ist da – auch in einer Welt, die einem keinen wirklichen Grund dafür zu geben scheint. Und ich ahne, dass das Vergessen dieses Zustandes das wahre Übel dieser Welt ist und die Ursache dafür, dass unsere Welt so ist, wie sie ist. Die meisten Menschen leiden – und nicht nur das: Viele könnten ohne ihr Leid gar nicht leben, weil sie es zu ihrem Lebensinhalt gemacht haben. Sie sind süchtig danach. Es ist normal, unglücklich zu sein und wenn du ihnen sagst, dass du glücklich bist, schauen sie dich an, als hättest du eine tödliche Krankheit. Das bringt mich zurück zum Anfang.

Ich glaube daran, dass die Verpflichtung, glücklich zu sein, nicht egoistisch ist, sondern der größte Gefallen, den wir uns selbst und der Welt erweisen können. Denn Menschen, die wieder glücklich sein wollen, machen sich früher oder später auf die Suche – und alle Lebensumstände, die ihnen begegnen, helfen ihnen dabei und machen sie aufmerksam, wo dieses Glück wirklich liegt. Leben ist das einzige Mittel, um das zu erkennen. Das Leben ist der beste Lehrmeister, sagt John.

Und daher verstehe ich nicht, warum Menschen alles tun, um Schwierigkeiten zu vermeiden, vor ihnen ausreißen und damit eigentlich alles noch viel schlimmer machen. Sie haben eine seltsame Einstellung zum Unglück. Und eine noch seltsamere zum Glück.

Das ist eine Verwirrung, die mich seit meiner ersten Kindheitstage begleitet. Jeder Mensch erzählt sich eine Geschichte, die ihm eine Rechtfertigung gibt, nicht glücklich sein zu können. Dabei ist die Art der Geschichte ziemlich egal. Manche sind flach, manche brauchen's dramatisch, manche sind einfach nur hohl und manche sogar böse. Aber im Grunde ist der Inhalt der Geschichte unwichtig. Es ist in jedem Fall immer eine Geschichte, die man aufgeben könnte. Eine Geschichte, die wie ein Vorhang vor dem Licht in dir steht.

Heute kann ich das artikulieren, als ganz kleines Kind konnte ich das nicht.

Mama sagt oft zu mir, ich sei anders und auch darüber habe ich nachgedacht. Es ist nicht deswegen, weil ich Fremdwörter benutze und so. Ich glaube, das, was mich anders erscheinen lässt, ist, dass ich die Liebe, der alle hinterherjagen, dauernd fühle. Das ist das, was die anderen als »nicht normal« empfinden. Sie sagen mir sogar, das ginge nicht, ich solle erst mal größer werden, dann würde ich schon sehen. Halloho? Geht's noch?

Warum wollen sie, dass es mir genauso unterirdisch geht wie ihnen? Warum wollen sie stattdessen nicht so glücklich sein wie ich? Verstehst du das vielleicht?

Ich habe diesen Zustand nie verloren. Aber das Allerwitzigste ist: Niemand hat diesen Zustand verloren. Jeder hat ihn. Es ist nur eine Frage, wann du das erkennst. Du musst die Nadel einfach da suchen, wo du sie verloren hast.

Und dann ist alles ganz einfach.

♫ The Theory of Everything ♫

Jóhann Jóhannson

»Wie sehe ich aus?«

Aufgeregt drehte sich Stella vor dem Spiegel. Sie trug einen schicken, blauen Hosenanzug und darunter eine weiße Bluse, war dezent geschminkt und schlüpfte nun in ihre Schuhe.

»Du bist die schönste Mama der Welt!«, grinste Julien. »Deine Haare leuchten! Und deine Augen auch! Wenn du nicht meine Mama wärst, würde ich mich sofort in dich verlieben!«

»Ach herrje, du bist schon jetzt der größte Charmeur unter der Sonne!«, schmunzelte sie. »Was soll das nur werden, wenn du älter wirst?«

»Ich lege jede flach, Mama«, erklärte Julien. »Wahrscheinlich fallen mir sowieso alle Mädels vor die Füße. In meiner Klasse gibt es ein paar ganz schnuckelige Exemplare!«

»Oh mein Gott«, stöhnte Stella. »Dann bringst du mir die nächsten Tage eine potenzielle Schwiegertochter ins Haus?

»Eine? Was soll ich denn mit einer?«

Stella lachte. »Meine Güte«, gluckste sie, strich ihm übers Haar und nahm ihre Jacke. »Das kann ja heiter werden! Bereit?«

»Klaro, Mam.«

Sie brachte ihn zur Schule und sah ihm lächelnd nach, wie er fröhlich auf den Gehsteig hüpfte, ein paar Schulkollegen abklatschte und sich tatsächlich zu einer Gruppe Mädchen gesellte, die ihn freudig begrüßten. Stella schmunzelte. Ihr Julien! Er war eine solche Frohnatur – man musste ihn einfach gernhaben! Sie warf noch einen Blick in den Rückspiegel, dann scherte sie aus und fuhr weiter. Es war ihr erster Arbeitstag in der neuen Firma.

♫♫♫

Der Abteilungsleiter, Herr Borken, ein älterer, distinguierter Herr, begrüßte sie, führte sie herum, stellte sie ihren Kollegen vor und übergab sie im Anschluss an Frau Schenker.

»Das ist Beate. Sie hat bislang Ihren Job nebenbei mitgemacht und ist die Erste, die sich freut, dass sie sich wieder ihrer eigentlichen Aufgabe widmen kann.«

Beate zwinkerte ihr zu. Sie war ähnlich alt wie Stella, hatte dunkles Haar, einen freundlichen Blick und war ziemlich burschikos.

»Okay, Süße«, sagte sie. »Also, die Kaffeemaschine spinnt, die Reinigungsfrau macht, was sie will und wenn Kunden anrufen, ist zu oft der AB dran. Es gibt viel zu tun. Sieh dich um, du hast hoffentlich einen Blick dafür.«

Stella nickte. Die Räume hier waren hell und freundlich, es gab sogar einen Garten und eine Terrasse, einen Sauna- und Fitnessbereich mit Massagebänken, aber es wirkte alles etwas vernachlässigt.

»Du kannst dich in Ruhe einarbeiten. Unser Chef ist auf einer längeren Geschäftsreise, aber wenn er wieder da ist, wirst du auch für ihn was tun müssen.«

»Ähm … ich dachte, ich gehe Herrn Borken zur Hand«, sagte Stella erstaunt.

»Nein, du bist für den Chef zuständig.«

»Und der arbeitet hier in der Filiale? Nicht im Hauptgebäude in Berlin?«

»Eigentlich ist das hier die Zentrale«, gab Beate zurück. »Die anderen Geschäftsstellen sind nach und nach dazu gekommen, aber hier fing alles an.«

»Ach, okay, das wusste ich nicht«, sagte Stella. Sie biss sich auf die Lippen. Mit dem gemütlichen Herrn Borken wäre sie super klargekommen, sich jetzt auf jemand anderen einstellen zu müssen, passte ihr nicht ganz ins Konzept. So fragte sie: »Wie ist er denn so, der Chef?«

»Ziemlich chefmäßig«, grinste Beate. »Immer im Anzug. Immer korrekt. Ein Netter. Brauchst keine Angst vor ihm zu haben. Allerdings ist er oft bis nachts im Büro. Könnte also sein, dass du manchmal länger arbeiten musst.«

»Hm, das wird schwierig«, wand sich Stella. »Ich habe ein Schulkind zu Hause und bin alleinerziehend.«

»Das wirst du ihm selbst klarmachen müssen«, erwiderte Beate lakonisch. »Ihr werdet schon ne Regelung finden.«

»Hat er selbst denn keine Kinder?«

»Doch zwei, die sind aber ein wenig älter als deins. Und ganz im Vertrauen ...« Sie neigte sich ihr ein wenig zu und flüsterte: »Seine Ehe läuft nicht so gut.«

»Ach, so? Wie alt ist denn der Chef?«

»Er wird nächstes Jahr fünfundvierzig. Ein Halbrunder. Gut, dass du das ansprichst. Seine Birthday-Party darfst du nämlich auch gleich organisieren.«

Stella nickte und stürzte sich in die Arbeit. Sie machte ihr Spaß und sie war in der Lage, schon innerhalb der ersten Woche ihren Kollegen die Arbeit angenehmer zu machen. Der Obstkorb in der Cafeteria war gefüllt, es standen Blumen auf dem Tisch, die Kaffeemaschine funktionierte, sie organisierte eine andere Reinigungskraft und sorgte dafür, dass alles blitzsauber war. Daneben hatte sie administrative Aufgaben, in deren Zuge sie effizientere Programme auf ihrem Rechner an der Rezeption installierte, Arbeitsprozesse straffte und sich um die Logistik kümmerte. Es gab viel zu tun. Die Stunden im Office verflogen und sie nahm sich vieles mit nach Hause.

Aber es lief. Die Kollegen waren nett und sie fühlte sich wohl.

♪♪♪

Das Provinzleben hatte Vorteile, keine Frage, aber die Nachteile lagen auch klar auf der Hand. Es begann damit, dass das kleine Gymnasium keine Nachmittagsbetreuung, kaum Wahlkurse für Fünftklässler noch gute Busverbindungen bot. Sie hatte sich vorgestellt, dass Julien an zwei Nachmittagen in der Schule essen, dort seine Hausaufgaben machen, den einen oder anderen Kurs besuchen würde, der ihn interessierte und sie ihn dann mit nach Hause nehmen könne. Aber: Es gab keine Wahlfächer für die Jüngsten an der Schule.

»Damit wärst du ja jeden Tag bis abends allein«, sagte Stella stirnrunzelnd, die von der Schulleitung ausgedruckten Zettel in der Hand. »Gefällt mir gar nicht.«

»Aber da sind doch ein paar Kurse«, widersprach Julien, nahm ihr die Blätter aus der Hand und tippte mit dem Finger drauf. »Hier! Am Dienstag und am Donnerstag.«

»Dienstag: ›Sinn und Unsinn sozialer Projekte‹«, las Stella und grinste breit. »Okay! Genau dein Ding, würde ich sagen! Donnerstag: ›Was hat die Philosophie der Stoiker mit dem Kashmir Shaivismus gemeinsam‹ ... Ach, du liebe Zeit, was ist das denn?«

»Keine Ahnung! Aber von den Stoikern hab ich schon was gelesen. Hört sich doch interessant an!«

Sie lachte. »Und da willst du rein?«

Dann stutzte sie. »Warte mal, das geht nicht – das ist für Abiturienten! Beide Kurse!«

»Eben!«

Stella seufzte und sah ihr Söhnchen liebevoll an. »Ich rede mal mit dem Lehrer, ob er dich reinlässt, okay?«

»Musst du nicht. Ich setze mich einfach dazu«, erklärte er ihr. »Den Lehrern ist das doch sowieso egal.«

♫♫♫

Die Schule befand sich mitten in der Stadt. Es gab keine Mensa, dafür unglaublich viele Möglichkeiten, sich von Fast Food wie Döner, Bratwurst, Sandwiches und Pizza zu ernähren. Nach Schulende kaufte sich Julien etwas zu essen und wanderte mit dem Karton unterm Arm zurück in den Aufenthaltsraum des Schulgebäudes. Er holte ein Buch von John aus seinem Rucksack und begann während des Essens zu lesen.

Danach machte er Hausaufgaben, tippte ein wenig auf seinem Handy herum und sah auf die Uhr. Der Kurs begann in einer Stunde und er war ein wenig müde. So legte er sich auf die kleine Couch im Aufenthaltsraum, stellte den Wecker und schlief ein.

Er merkte nicht, dass er beobachtet wurde.

Die Elftklässler drängten sich vor dem Klassenzimmer, begrüßten sich gegenseitig und schauten verwundert auf Julien, der an der Wand lehnte und seinen Ranzen daneben gestellt hatte.

»Suchst du jemanden?«, fragte ihn ein hübsches Mädchen mit blonden, glatten Haaren.

»Nein, ich will in den Kurs ›soziale Projekte‹. Der ist doch hier, oder?«

»Ähm … ja, schon, aber der ist für Oberstufler.«

»Weiß ich. Stand ja in der Beschreibung«, erwiderte Julien freundlich und lächelte sie an. Das Mädchen gefiel ihm.

»Was will der Knirps denn hier?« Ein Junge gesellte sich hinzu und beäugte Julien neugierig.

»In den Kurs!«, erklärte Julien wieder.

Der Junge lachte sich schlapp, als hätte er einen besonders guten Witz gerissen.

»Würde ich mir an deiner Stelle überlegen«, sagte er grinsend. »Bernadi ist voll streng. Der macht Projekte und so. Und wer nicht mitmacht, fliegt raus.«

»Ja, er fordert einen sehr«, bestätigte das Mädchen. »Aber du bist ja voll süß! Wie heißt du?«

»Julien. Und du?«

»Ich bin Chrissi und der Typ neben mir ist Pascal.«

»Deine Haare sind voll schön«, sagte Julien und lächelte sie an. »So seidig. Wie deine Haut. Und deine Augen sind auch toll.«

Pascal kriegte sich nicht mehr ein vor Lachen. »Was bist denn du für einer?«, prustete er. »Stehst du auf Bratkartoffeln?«

Verärgert hieb ihm Chrissi ihren Ellbogen in die Seite. »Ey, du Nerd«, beschwerte sie sich. »Der Kleine hat wenigstens Manieren, während du Affe noch nicht mal …«

In diesem Moment kam der Lehrer, schloss das Zimmer auf und scheuchte alle hinein. Julien hielt sich an Chrissi, die sich in die hinterste Reihe setzte. Es waren etwa fünfzehn Schüler, die dem Kurs beiwohnten, und bald erfuhr Julien auch, warum. Die meisten wollten ihre Facharbeit, die sie fürs Abitur brauchten, über eines der Themen schreiben, die hier besprochen wurden.

»Okay, Leute«, sagte Herr Bernadi resolut. »Bevor wir anfangen, möchte ich euch mitteilen, dass ich von jedem von euch eine soziale Aktion erwarte, die sich über den ganzen Kurs zieht. Wer das nicht will, hat jetzt noch die Möglichkeit, die Fliege zu machen.«

Sein Blick glitt über die Schülerschar und blieb verdutzt an Julien hängen. Stirnrunzelnd wandte er sich an Chrissi:

»Dein Bruder, Chrissi? Musst du heute babysitten?«

»Ähm … nein«, sagte sie errötend. »Ich … er …«

»Heute kann er ausnahmsweise mal hierbleiben, lass es aber nicht zur Norm werden, okay?«

»Ja, okay«, erwiderte sie automatisch und wandte sich mit einer stumm-protestierenden Grimasse an Julien, als sich Herr Bernadi umdrehte, um etwas an die Tafel zu schreiben.

»Keine Panik«, flüsterte Julien ihr zu. »Ich regle das nach der Stunde.«

Sie nickte erleichtert.

Nachdem Bernadi das Thema an die Tafel geschrieben hatte, wandte er sich wieder den Schülern zu:

»Unser Thema heißt: ›Sinn und Unsinn sozialer Projekte‹, aber ich werde das übergreifend behandeln und von verschiedenen Fachgebieten aus beleuchten. Das mache ich nur deshalb, weil ich so unglaublich nett bin und euch Impulse für eure Arbeiten geben möchte.«

Ein leicht höhnisches, belustigtes Stöhnen war die Antwort, über das Bernadi geflissentlich hinwegging. »Daher sprechen wir in der ersten Stunde über unser Gehirn.«

Bernadi erklärte den Aufbau des Gehirns und lenkte die Aufmerksamkeit auf einen besonderen Teil davon: den mittleren Stirnlappen oder Präfrontalkortex.

»Der Präfrontalkortex ist sozusagen der Zugang zur Weisheit des Körpers. Er nimmt Informationen aus dem gesamten Körperinneren auf, einschließlich von Herz und Darm[1].«

Elektrisiert von diesem Einstieg richtete Julien sich auf.

»Ist das das, was wir Bauchgefühl nennen? Oder wenn wir sagen, unser Herz tut weh?«, meldete sich Chrissi.

»Exakt. Denn die Zellen und neuronalen Netze sind miteinander verknüpft. Aber das Interessante ist …« Bernadi berichtete von Patienten, deren Präfrontalkortex durch einen Unfall beschädigt worden war und die aufgrund dessen amoralisch geworden waren – was die Wissenschaftler zu der Annahme führte, dass diese Hirnfunktion eine Voraussetzung für ethische Gedankengänge sei.

»Warum ich euch das erzähle, liegt auf der Hand«, sagte Bernadi und ahnte nicht, dass er in Julien schon jetzt einen Gedankensturm losgetreten hatte. »Denn Ethik und Soziales geben sich die Hand. Man hat festgestellt, dass, wenn wir uns eine Handlung zum Wohle der Gesellschaft auch nur *vorstellen*, dieser präfrontale Kortex besonders aktiv wird. Unser Gehirn unterliegt nun aber auch der sogenannten Neuroplastizität, das heißt, es ist sein Leben lang zu Änderungen fähig – bis ins hohe Alter. Schlussfolgernd: Der Präfrontalkortex ist trainierbar.«

»Ey«, motzte einer der Schüler. »Ist das jetzt Bio oder Sozi?«

»Keines von beiden, du Superhirn«, stellte Bernadi richtig. »Du sitzt in einem Wahlfach, falls du's noch nicht gespannt hast!«

Julien meldete sich.

»Heißt das, dass sich jemand, der böse oder unglücklich ist, durch Training dieses Präfrontalkortexes ändern kann?«, fragte er aufgeregt.

»Jein«, antwortete Bernadi und fixierte verblüfft den Jungen vor ihm. Er saß hellwach auf seinem Stuhl, wacher als jeder andere Schüler im Raum. »Die Antwort ist ja, sofern dieser Gehirnteil intakt ist und entsprechende Impulse bekommt. Nein, wenn Schädigungen vorliegen.«

»Also vorausgesetzt, es handelt sich um einen gesunden Menschen, dann wird dieser Kortex aktiv, nur wenn sich jemand eine gute Handlung *vorstellt*? Das heißt, man muss sie noch nicht mal ausführen?

Bedeutet das, dass man allein mit der Vorstellung einer guten Tat eine ethischere Haltung beim Menschen verursachen kann? Ich meine, wächst dann dieses Teil?«

Inzwischen glotzte jeder erstaunt auf Julien, der das in seiner Aufregung gar nicht mitbekam.

»Sag mal, wie alt bist du eigentlich?«, fragte Bernadi entgeistert.

Julien seufzte. »Ich wusste, du würdest das fragen. Ich bin elf. Und in der 5c. Mich interessiert trotzdem, was du sagst.«

Die Schüler lachten amüsiert, weil er den Lehrer einfach duzte. Bernadis Augen lagen noch ein paar Sekunden stumm auf Juliens Blondschopf, dann entschloss er sich wohl innerlich, das Thema zu vertagen.

»Okay, also … was deine Frage angeht: Es ist erwiesen, dass Gehirnteile, die trainiert werden, wachsen«, antwortete er. »Das ist genau diese Neuroplastizität, von der ich …«

»Aber das ist doch fantastisch!«, unterbrach ihn Julien begeistert. »Das würde ja bedeuten, dass gute Nachrichten den Kortex der Menschen positiv beeinflussen und der dann größer wird! Und damit haben doch soziale Aktionen noch viel, viel mehr Bedeu…«.

»Warte mal mit deinen Schlussfolgerungen«, stoppte ihn Bernadi. »Wir kommen später darauf zurück, weil ich dazu noch mehr Anregungen geben möchte. Und daher mache ich jetzt bewusst einen großen Sprung, zu einem anderen Blickwinkel. Kommen wir zu der sogenannten Chaostheorie … Wer weiß was darüber?«

Eine Hand hob sich und ein Junge, in seinen Stuhl gefläzt, sagte:

»Ist das das Ding mit dem Schmetterling? Dass der Flügelschlag eines Schmetterlings einen Tornado auslösen kann?«

»Exakt«, bestätigte Bernadi. »Und daher auch Schmetterlingstheorie genannt. Richtigerweise heißt sie aber Lorenztheorie.«

»Und wie geht die?«, meldete sich Chrissi. »Ich hab noch nie davon gehört!«

»Wenn ein Schmetterling seine Flügel bewegt, entsteht ein ganz kleiner Luftwirbel«, erklärte Bernadi. »Dieser kann einen größeren anstoßen, der stößt wiederum einen noch größeren an … und so weiter. Diese Kettenreaktion kann sich soweit aufschaukeln, dass der anfänglich kleine und harmlose Flügelschlag des Schmetterlings als Tornado auf der anderen Seite der Welt endet. Man spricht auch von Chaostheorie – die tritt in nicht-linearen, dynamischen sowie deterministischen Systemen auf und bedeutet folgendes: Es ist nicht vorhersehbar, in welchem Maß sich kleine, winzige Änderungen in einem dieser Systeme langfristig auf dessen Entwicklung auswirken.«

»Häääh?«, machte ein Mädchen. »Können Sie das auch auf Deutsch sagen?«

»Warum auch in deterministischen Systemen?«, fragte ein Nächster. »Im Determinismus sind doch die Bedingungen festgelegt.«

»Eben. Und trotzdem sind Dinge nicht so vorhersehbar, wie sie eigentlich sollten«, gab Herr Bernadi zurück. »Sehr guter Einwand. Ein klassisches Beispiel ist das Wetter. Das Wetter kann für einen Tag ziemlich genau vorhergesagt werden, aber nie für einen Monat. Selbst wenn die ganze Erde mit Sensoren bedeckt wäre, selbst, wenn wir detaillierteste Daten hätten, wäre der leistungsstärkste Rechner nicht in der Lage, langfristig exakte Prognosen zu machen. Warum nicht?«

Wieder sah er in die Runde, wie Lehrer eben oft in die Runde sehen, in der Annahme, selbst die Antwort geben zu müssen. Er setzte gerade dazu an, als Julien sich meldete:

»Hast du doch gerade gesagt«, erklärte er. »Winzige Änderungen können sich langfristig auf ein System auswirken. Und es ist nicht vorhersehbar.«

Bernadi stutzte und gab ein ungläubiges Schnauben von sich.

. »Ähm … genau. Weil *minimale* Änderungen der Ausgangssituation im Laufe der Zeit zu gewaltigen nichtvorhersagbaren Änderungen führen. Die Chaostheorie besagt, dass kleinste Veränderungen große Auswirkungen auf ein gesamtes System haben können. Die Sache mit dem Schmetterlingseffekt ist allerdings ein reines Gedankenspiel, beziehungsweise eine Metapher, die uns das besser veranschaulichen soll. Die Chaostheorie besagt nicht, dass jeder Flügelschlag eines Schmetterlings das Wetter auf der anderen Seite der Erde beeinflusst, das wäre eine falsche Implikation.«

»Oh, shit«, ächzte Chrissi. »Ich glaube, ich bin im falschen Kurs! Was hat das mit Sozialem zu tun?«

»Das wirst du hoffentlich selbst herausfinden«, erwiderte Bernadi ungerührt.

»Aber heißt das, dass der Flügelschlag – oder egal was – *immer* etwas in der Welt bewirkt?«, mischte Julien sich wieder ein. Er war so aufgeregt, dass er Mühe hatte, ruhig auf seinem Stuhl zu sitzen. »Auch, wenn es halt nicht unbedingt ein Tornado ist?«

»Im Grunde ja«, antwortete Bernadi und konnte sich nicht daran gewöhnen, dass die gehaltvollsten Fragen von einem Fünftklässler kamen. »Die Chaostheorie beschäftigt sich genau damit: Ob Ordnung im Chaos besteht oder wann Ordnung zum Chaos übergeht.«

»Aber wenn doch alles miteinander in Verbindung steht, ist es doch gegeben, dass sich etwas ändern *muss*, wenn sich Winzigkeiten im System verändern«, erwiderte Julien aufgewühlt und bekam fast Schluckauf vor Aufregung.

»Das ist an sich die Frage – und der Bezug zum Thema unseres Kurses. Wie eng vernetzt sind Ereignisse und Interaktionen in unserer Welt? Genau das, was du angesprochen hast ... Sag mal ... wie heißt du überhaupt?«

»Julien!«, rief er und grinste den Lehrer dabei so begeistert an, dass der gar nicht anders konnte als zurückzulächeln.

»Julien, okay, also, prima Gedanke ... Um das etwas näher zu erläutern: Man spricht hier auch vom Lorenzeffekt. Ein Wissenschaftler namens Lorenz hat 1972 eine Wettervorhersage mit dem Computer berechnet. Seine Zwischenergebnisse hatten sechs Dezimalstellen hinter dem Komma. Um Rechenzeit zu sparen, berücksichtigte er bei seinen Gleichungen nur drei Dezimalstellen, obwohl der Computer mit sechs Stellen hinter dem Komma rechnete. Er bemerkte starke Abweichungen im Zeitverlauf zwischen den Berechnungen mit sechs und den mit drei Dezimalstellen, bis sie am Ende gar keine Gemeinsamkeiten mehr zeigten. Also im Prinzip kam ein völlig anderes Ergebnis heraus.«

»Aber ... das ist ja ... einfach nur der Hammer!«, quiekte Julien erregt und niemand im Raum hatte auch nur die geringste Ahnung, was er damit meinte – bis auf Bernadi, der ihn ziemlich bestürzt ansah, aber mit seinem Programm weitermachte:

»Meine Frage ist: Wie lässt sich das heute Besprochene auf ›soziales Miteinander‹ transferieren? Das zu lösen, ist euer Job.«

Er blickte in den Raum, sah die übliche Mischung aus gelangweilten, vorgeschützt aufmerksamen und echt interessierten Gesichtern. Doch eines leuchtete geradezu aus der Masse heraus – das des kleinen Jungen. Unwillkürlich musste Bernadi wieder lächeln.

»In den nächsten Stunden besprechen wir weitere Theorien«, erklärte Bernadi. »Ihr habt aber schon mit der heutigen Eröffnung ein breites Feld voller Möglichkeiten vor euch. Aufgabe ist es, euch ein soziales Projekt auszudenken. Eines, das ihr ausführt, protokolliert und über das ihr uns in einem Referat am Ende des Schuljahres berichtet.«

»Oh, fuck!«, stöhnten die Schüler.

»Da der Titel dieses Kurses ›Sinn und Unsinn sozialen Engagements‹ ist, könnt ihr das ausweiten in die Frage: ›Was kannst du tun, um die Welt ein wenig besser zu machen?‹«, half Bernadi. »Ihr könnt euch auch gerne mit jemandem zusammentun. Maximal zwei in einer Gruppe.«

»Also, wir sollen uns ein Projekt ausdenken und selbst testen, ob es Sinn oder Unsinn ist?«, hakte jemand nach.

»So ungefähr. Nächste Woche stellt ihr euer Projekt vor und erklärt dem Rest des Kurses, warum ihr das Projekt für erstrebenswert haltet. Dann führt ihr es durch und berichtet von eurem Ergebnis. In Bezug auf den Präfrontalkortex, die Chaostheorie und weitere Ansätze, die wir noch durchnehmen.«

»Der hat sie doch nicht mehr alle … Ich geh doch in den anderen Kurs … Ach du Scheiße…«, raunte es halblaut durch den Raum.

Schließlich läutete es, die Stunde war zu Ende und Bernadi sah zu Chrissi und Julien.

»Ihr beide … noch mal zu mir bitte.«

♫♫♫

»Bevor du was sagst, Herr Bernadi«, sprudelte es aus Julien vergnügt und völlig unbelastet hervor. »Chrissi kann gar nichts dafür! Du hast sie ja selbst zu meiner Schwester gemacht, bevor sie überhaupt was sagen konnte!«

Ungeniert streckte er ihm die Hand hin: »Ich bin Julien Brandtner – und dein Kurs ist der Waaahnsinn!«

Bernadis Augenlider flatterten ein wenig, dann fasste er sich und sagte zu Chrissi:

»Okay, Chrissi, du kannst gehen, hoffe, wir sehen uns nächste Woche!«

»Das weiß ich noch nicht«, antwortete sie. »Bei dem, was Sie uns da heute wieder hingeknallt haben …!«

»Das wird in einem anderen Kurs auch nicht besser!«, rief er ihr hinterher und wandte sich Julien zu. »So – und jetzt zu dir. Ich habe dich letzte Woche – und heute wieder – im Aufenthaltsraum gesehen. Du hast geschlafen.«

»Ja, ich war halt müde«, erklärte Julien unbekümmert.

»Warum schläfst am Nachmittag im Aufenthaltsraum einer Schule und bist nicht zu Hause?«

»Weil Mama mich nicht hin-und herfahren kann. Und da, wo sie jetzt ist, kann sie richtig Karriere machen!«

Er machte das Zeichen fürs Daumendrücken und grinste Bernadi verschwörerisch an.

»Und was ist mit deinem Papa?«

»Hab keinen!«, strahlte Julien. »Und weil Mama keine Zeit hat, gehe ich auch in den Philosophenkurs von dir. Am Donnerstag!«

»In den ...? Nein, das geht nicht, Julien«, sagte Bernadi entschieden. »Du bist elf! Der Kurs ist anspruchsvoll und für Schüler ausgerichtet, die siebzehn sind! Und selbst von denen wird mindestens ein Drittel nichts verstehen!«

»Kann ja sein. Aber mich interessiert das.«

»Sagst du das nur, weil du deiner Mutter helfen willst, Karriere zu machen?«

»Logo, außerdem ... daheim ist's langweilig und ...«

»Okay, Julien, ich habe genug gehört«, schnitt ihm Bernadi das Wort ab. »Ich denke, ich sollte mich mal mit deiner Mutter unterhalten. Jedenfalls kannst du ihr schon mal sagen, dass ich es nicht befürworte, dass du diese Kurse besuchst und ...«

»Was heißt das?«, fragte Julien und verlor zum ersten Mal sein Lächeln. »Heißt das, ich darf nicht mehr kommen?«

»Genau das heißt es, Julien.«

»Aber ich habe jetzt schon Ideen für ein Projekt! Und ...«

»Nein, Julien, es tut mir leid, aber ich kann nicht unterstützen, dass ...«

Bernadi stoppte mitten im Satz und sprach nicht aus, was er dachte. Julien beobachtete ihn missmutig.

»Ich komme wieder«, erklärte er dann trotzig. »Wir haben in Deutschland ein Recht auf Bildung – und das möchte ich bitte wahrnehmen.«

Bernadi stieß ein verblüfftes Lachen aus.

»Sag mal, von welchem Stern kommst du denn?«, konterte er ärgerlich. »Hat dir deine Mutter solche Sätze eingetrichtert?«

»Nö. Bin ganz von allein draufgekommen. Steht sogar im Grundgesetz, falls du's nicht weißt.«

»Okay, mein Freund. Das reicht. Du gehst nicht in meine Kurse. Ich bin nicht bereit, mich als Babysitter missbrauchen zu lassen! Das kannst du auch gerne deiner Mutter so ausrichten.«

♫♫♫

»Was hat er gesagt? Missbrauchter Babysitter? Geht's noch? Der Mann hält den Kurs doch sowieso! Es kann ihm doch egal sein, ob du mit drin sitzt oder nicht!«

Empört hörte sich Stella Juliens Bericht vom Verlauf des Nachmittags an, als sie mit ihm nach Hause fuhr.

»Ja, und dabei ist der Kurs so Hammer! Ich will da rein! Unbedingt!«, sagte Julien erregt. »Und in den Donnerstagskurs will er mich auch nicht lassen!«

»Ich rufe ihn an«, versprach Stella und legte ihre Hand auf das Bein ihres Sohnes. »Ich regle das, mein Süßer – und wenn ich beim Direktor vorsprechen muss!«

Noch am selben Abend legte sie sich die Informationsbögen heraus, die die Schulleitung am Anfang des Schuljahres an die Eltern ausgeteilt hatte. Darin befand sich eine alphabetische Liste der Lehrer mit kleinen Porträtfotos, der Zeitangabe ihrer Sprechstunden und der Telefonnummer. Als sie das Gesicht von Bernadi betrachtete, wurde ihr anders zumute: Ein feistes, selbstgefälliges Gesicht sah ihr entgegen. Herr Bernadi schien schon seiner Rente entgegenzugehen, sein Haar war spärlich und das schiefe, gezwungene Lächeln wirkte streng. War es das Foto oder war sie einfach nur müde – bei dem Anblick verging ihr jedenfalls jede Lust, anzurufen und sie verschob das Telefonat auf einen Tag später. In der Firma gab es viel zu tun – übermorgen würde ihr Chef zurückkommen und sie hatte die letzten Tage mit einer Aufstellung aller von ihr durchgeführten Änderungen verbracht, über die er informiert werden musste. Zudem hatte sie sich an allen Meetings beteiligt und wertvolle Ideen bezüglich Logistik, Design und Marketing geliefert. So wertvoll, dass Herr Borken, der Abteilungsleiter, erstaunt aufgehorcht und ihr in einer ruhigen Minute mitgeteilt hatte, dass er sie sich sehr gut in einer übergeordneten Position vorstellen könne.

Stellas Herz hüpfte vor Freude, aber ihr war auch klar, dass mit einer höheren Verantwortung auch ihre Flexibilität sinken könnte. Julien war am Montagnachmittag bei Katja, mittwochs und freitags arbeitete sie zu Hause, und Dienstag und Donnerstag hätte sie Julien nach seinen Kursen direkt von der Schule abholen können. So ein Mist aber auch, dass dieser Lehrer sich querstellte! Missbrauchter Babysitter! Was bildete der Mann sich ein?

Der Mittwoch verlief hektisch, allein schon wegen der bevorstehenden Ankunft des Chefs. Stella war gestresst und müde, als sie nach Hause kam und hatte noch weniger Lust auf den Anruf als einen Tag zuvor. Aber Julien zuliebe raffte sie sich auf und wählte die Nummer Bernadis, mit der festen Absicht, höflich und diplomatisch zu bleiben. Dieser Absicht blieb sie ungefähr sechzig Sekunden lang treu.

»Herr Bernardi«, begann sie. »Julien hat mir gesagt, dass er an Ihrem Kurs nicht teilnehmen darf. Er ist völlig am Ende deswegen und ich …«

»Ihr Sohn wäre der Erste, der am Ende wäre, weil er einen Kurs nicht besuchen darf, noch dazu einen, der nicht auf ihn zugeschnitten ist«, hackte er ihr kühl das Wort ab, was Stella schon leicht aggressiv machte. Trotzdem bemühte sie sich weiter um einen ruhigen Ton.

»Julien ist auch nicht so wie die meisten Kinder«, erklärte sie. »Er mag noch nicht mal PlayStation spielen und außerdem wäre er allein zu Hause, wenn er nicht …«

»Sehen Sie, das ist genau das, was ich befürchtet habe«, unterbrach er mit kalter Stimme erneut. »Es gibt eigentlich nur zwei Erklärungen, warum *Sie* – und nicht Julien – wollen, dass er die Kurse besucht.«

»Ach«, sagte sie verärgert. »Und die wären?«

»Zum einen, damit Sie in Ruhe Ihre Karriereleiter erklimmen können«, dozierte er in einem so arroganten Ton, dass sie meinte, sie müsse ihm durchs Telefon an die Kehle springen. »… oder weil Sie eine jener Mütter sind, die ihrem Kind Hochbegabung und einen Intelligenzquotienten von über hundertfünfzig schon im Embryonalzustand bescheinigen. Mutterstolz in Ehren, aber ich lasse mich weder für das eine noch das andere ausnutzen. Tut mir leid.«

Der Zorn loderte nun heftig in Stella.

»Das ist eine Frechheit«, bellte sie erbost zurück. »Ich muss arbeiten! Ich bin alleinerziehend! Ich muss ein Kind ernähren! Und wenn ich meine Leistung nicht bringe, kann ich jederzeit wieder entlassen werden! Ob das allerdings jemand verstehen kann, der satt im Beamtenstatus hockt, und zwar egal, was er tut, weiß ich nicht! Sie haben keine Ahnung!«

»Aber einen klaren Verstand und eine recht gute Menschenkenntnis«, gab er süffisant zurück. »Und ich glaube doch, die Situation durchaus richtig zu deuten. Vielleicht ist es das, was Sie gerade so auf die Palme bringt?«

Unendliche Wut erfasste sie. All die harten Jahre, die hinter ihr und ihrem Kind lagen, die sie gemeinsam gestemmt hatten! Und da kam ein blöder Fettkloß daher und pinkelte sie an!

»Wissen Sie was?«, brach es aus ihr heraus. »Sie sind ein bl…«

Sie bremste sich mitten im Schwung und bekam Schluckauf.

»Nur zu!«, forderte er sie betont freundlich auf. »Sie wollten sagen, ich sei ein blöder Beamtenarsch, oder? Das ist nämlich das Vorurteil, das toughe Managerfrauen von uns Lehrern üblicherweise haben. Das nächste Argument ist, dass blöde Beamtenärsche wie ich, die ja den ganzen Tag nichts zu tun haben, als Ihre hochbegabten Kinder zu drangsalieren, von Ihren Steuergeldern finanziert werden und Sie deshalb der Meinung sind, wir müssten nach Ihrer Pfeife tanzen.«

»Ich weiß nicht, wer hier gerade Vorurteile schwingt«, erwiderte sie bebend und hickste laut. Oh, sie war so wütend! Der Tag war aufreibend gewesen und es tat es verdammt weh, dass jemand so über sie dachte. Mit rotem Gesicht lehnte sie in der Küche am Tresen, unterdrückte mühsam Schluckauf und Tränen, versuchte, sich wieder zu fangen, während Bernadi einen weiteren bissigen Satz absonderte.

»Mama?«

Julien stand neben ihr und zupfte sie am Arm. »Ist alles in Ordnung?«

»Ja, mein Schatz, alles gut«, sagte sie heiser. Aber ihre Stimme zitterte heftig und im Bemühen, wieder in ihre Mitte zu kommen, entfuhr ihr ein flatternder Atemstoß – einer, der verriet, wie es in ihr aussah.

Der Lehrer verstummte schlagartig und Schweigen dehnte sich aus. Stella brauchte Zeit, sich zu fangen. Bernadi brauchte Zeit, um zu begreifen, dass es wohl diesmal mit seiner Menschenkenntnis nicht weit her gewesen sein konnte. Beide fingen gleichzeitig wieder zu sprechen an.

»Gut, dann werde ich eine andere Möglichkeit für Julien …«

»Lassen Sie uns noch mal drüber …«

Sie stoppten, weil keiner den anderen verstanden hatte, dann begann Bernadi von Neuem.

»Am Donnerstagabend ist Elternsprechtag. Da können wir noch mal drüber reden. Die Sprechstunde beginnt um 18:30 Uhr und dauert in der Regel zwei Stunden. Ich bin bis 21:00 Uhr im Klassenzimmer zu finden. Wenn Sie Zeit haben, kommen Sie vorbei.«

»Okay«, erwiderte sie. »Aber kann Julien am Donnerstagnachmittag in Ihren Kurs? Ich habe bis jetzt noch keine andere Lösung.«

»Von mir aus. Unter Vorbehalt.«

Was für ein Ekel!, dachte sie, als sie auflegte, und sann bereits über Alternativen nach, um sich die Sprechstunde bei diesem selbstgefälligen Arroganzler zu sparen. Julien zupfte sie wieder am Ärmel.

»Was hat er gesagt, Mama?«

»Er hat gesagt, dass du am Donnerstag kommen darfst, vorerst. Alles Weitere muss ich mit ihm persönlich besprechen.«

♫♫♫

In dieser Nacht schlief sie schlecht. War es, weil sie morgen einen sehr langen Tag vor sich hatte, war es, weil sie nicht wusste, was die Ankunft des Chefs für sie bedeutete, oder war es das unangenehme Gespräch mit dem Beamten – jedenfalls wachte sie immer wieder auf.

Unruhig wälzte sie sich von einer Seite auf die andere. Für den morgigen Nachmittag war eine Konferenz für die Büroleiter anberaumt, in der jeder über die Arbeit des letzten Monats in seinem Ressort Rechenschaft abgeben musste. Das war, so hatte der Abteilungsleiter befunden, die beste Gelegenheit, Stella vorzustellen, und so konnte sie gleich selbst über alle von ihr eingeführten Änderungen berichten. Sie hatte einen Vortrag vorbereitet und ging ihn jetzt, da sie nicht schlafen konnte, immer wieder durch, bis ihr ein Gedanke heiß in den Kopf schoss: Hatte sie die Handouts im Meetingraum verteilt?

Ja, hast du, beruhigte sie ihr Kopf. Aber was, wenn doch nicht? Sie konnte wegen Julien nicht früher kommen und hätte dann die totale Hektik – das wäre ein denkbar schlechter Einstieg! Unruhig und hellwach sah sie auf die Uhr. Ein Uhr dreißig. Kurz entschlossen schlug sie die Bettdecke zurück, lief in Juliens Zimmer und rüttelte ihn leicht.

»Julien, Mäuschen, ich habe was im Büro vergessen. Ich fahre schnell hin und bin in einer halben Stunde wieder zurück, okay?«

»Okay, Mama«, murmelte Julien schlaftrunken. Sie war sich nicht sicher, ob er das wirklich mitbekommen hatte, und schrieb zur Sicherheit noch einen Zettel für ihn. Dann schlüpfte sie in ihren Jogginganzug und fuhr ins Büro. Sie machte kein Licht, der Schein der Straßenlaternen drang in den Meetingraum – und bis auf den Stundenplan und die Stifte waren die Tische leer. Gott sei Dank war sie noch einmal hergefahren! Sie holte die Handouts, verteilte sie, drehte die Heizung ein wenig auf, weil der Tag kühl werden sollte, lief zu ihrem Arbeitsplatz an der Rezeption und schrieb sich eine Notiz, gleich am Morgen die Temperatur wieder herunterzufahren.

Aufatmend, wandte sie sich um – und stieß gegen einen Männerkörper. Vor Schreck stieß sie einen kleinen Schrei aus und ließ sie den Schlüsselbund fallen.

»Ach herrje, ich wollte Sie nicht erschrecken! Tut mir so leid!« Er bückte sich, um den Schlüssel aufzuheben.

Instinktiv war Stella einen Schritt zurückgewichen und stand mit dem Rücken an ihrem Schreibtisch. Ein attraktiver Mann stand vor ihr, sie neugierig musternd.

»Ich wusste gar nicht, dass ich so fleißige Mitarbeiter habe«, schmunzelte er. »Muss ich jetzt schon Nachttarife bezahlen?«

Schockiert registrierte sie, dass ihr Chef vor ihr stand. Herr Mertens. Und sie im Jogginganzug! Ungeschminkt! Mit verstrubbelten Haaren!

»Ich ...« Sie wurde feuerrot. »Ich konnte nicht schlafen und da ... dachte ich ... ich fahre mal schnell hierher und sehe nach dem Rechten ...«, stotterte sie endlich, während sein Blick über ihre Erscheinung fuhr. Über die bebenden Lippen, die aufgerissenen Augen, die roten Wangen, bis hin zum verwuschelten Haar, von dem eine vorwitzige, rote Kringellocke ins Gesicht hing.

Ein leichtes Lächeln erschien in seinen Augen und Mundwinkeln.

»Herr Borken hat mir per Mail interessante Neuerungen angekündigt«, sagte er. »Wenn Sie eine davon sind, kann ich ihm nur recht geben.«

»Ich bin sicher, Herr Borken hatte anderes im Sinn«, murmelte sie verlegen und strich sich die Locke aus dem Gesicht. »Aber das werden Sie ja morgen erfahren.«

»Ja, in ein paar Stunden«, bestätigte er. »Eine erfreuliche Aussicht.«

Mit einem Zwinkern reichte er ihr ihre Schlüssel. Sie schämte sich fürchterlich in ihrem Jogginganzug und er erkannte ihr Dilemma.

»Tja, dann gute Nacht«, sagte er und lächelte ihr zu. »Und vielen Dank, dass Sie sich sogar um diese Uhrzeit um die Firma bemühen.«

Damit drehte er sich um und ging in sein Büro.

Stella rannte fast aus dem Gebäude und fuhr mit erhöhter Geschwindigkeit nach Hause. Sowie sie angekommen war, lief sie ins Bad und schaute in den Spiegel.

»Oh, verflixt!«, entfuhr es ihr. Sie hatte einen Zahnpastafleck am Kinn und dass es zum Abendessen irgendetwas mit Tomatensoße gegeben haben musste, konnte man ihrem Jogginganzug auch klar entnehmen.

♫♫♫

»Ey, guck mal, der Knirps schon wieder!«, sagte Pascal und stupste Chrissi an, mit der er zum Klassenzimmer lief.

»Nee, echt?«, prustete sie. »Putzig! Ein elfjähriger Philosoph – ich fasse es nicht!«

»Hi Leute«, begrüßte Julien sie freudestrahlend. »Ihr seid ja auch alle da!«

»Ja, und du! Was hast du denn vor? Den Master in Harvard mit sechzehn?«

Julien lachte und es klang so süß und ansteckend, dass die anderen automatisch mitlachen mussten. »Nö, da drauf hab ich echt keinen Bock. Wieso machst du den Kurs, wenn du doch schon im anderen bist?«, fragte er Chrissi.

»Ich hoffe, dass ich ein besseres Thema für die Facharbeit finde«, erwiderte sie und zog eine Grimasse. »Das mit dem Projekt ist mir zu aufwendig.«

»Schade, ich dachte, wir können uns zusammentun, ich hab nämlich ein paar geile …«

In diesem Moment kam Bernadi angelaufen. Er warf einen kurzen Blick auf den kleinen, blonden Jungen, der ihm ein befriedigtes Lächeln schenkte und scheuchte seine Schüler in den Raum.

»Bin schon mal froh, dass ich nicht mehr als deine Schwester herhalten muss«, flüsterte Chrissi und setzte sich wie selbstverständlich neben ihn.

»Ja, als Schwester wärst du echt zu schade«, gab Julien zurück und grinste.

Chrissi guckte kariert, während Julien sich Bernadi zuwandte, der seine Unterlagen aufschlug.

»Philosophie«, begann Bernadi, »… ist die Suche nach dem Sinn des Lebens. Seit Urzeiten stellen sich Menschen diese Frage und sie wurde bisher nie hinreichend beantwortet. Die Sache ist die: Wenn wir begreifen würden, woher wir kommen und was uns erschaffen hat, würden wir auch den Sinn dahinter erkennen.«

Er sah sich im Klassenzimmer um. Julien saß wie im ersten Kurs wie festgenagelt und in solch voller Konzentration auf seinem Stuhl, dass sich dem Lehrer ungewollt die Mundwinkel nach oben bogen.

»Es gibt unzählige Philosophien oder Theorien. Wir wollen uns damit beschäftigen, was diese vereint. Da sind zum Beispiel die großen Aussagen der Veden, die sogenannten Mahavakyas, vier an der Zahl, die im Wesentlichen das Gleiche aussagen. ›Du bist Brahman‹, ›Du bist das Absolute‹ oder ›Du bist Das‹. Daneben gibt es den Buddhismus, der von der großen Leere spricht … oder die Bibel, die sagt: ›Das Königreich ist in dir‹. Was ziemlich alle alten Schriften gemein haben, ist die Erkenntnis, dass, wenn man sich selber erkennt, die Welt erkennt. Und daher sagen diese alten Weisen, dass es die falsche Sichtweise wäre, die äußere Welt zu betrachten, weil das Geheimnis der Welt nur zu ergründen ist, wenn man nach innen geht.«

Ungnädiges Gemurmel folgte auf seine Sätze und die meisten Schüler drehten die Augen nach oben.

»Die Aussagen beruhen auf der Annahme, dass diese Welt von uns gemacht, oder, schärfer ausgedrückt, eine Illusion ist. Die Weisen des Altertums haben sich daher nie mit Äußerem beschäftigt, sondern wollten eher wissen, was der Ursprung dieses Äußeren ist, woher es kommt. Sie sagen: Alles ist Bewusstsein. Ob materiell oder immateriell – alles ist Bewusstsein. Alles schimmert im Licht einer Ur-Energie, die die Chinesen Chi, die Christen den Heiligen Geist und die Inder Shakti nennen, und sie finden unzählige Metaphern für etwas, was sich im Grunde nicht beschreiben lässt.«

»Oh, verdammt«, stöhnte Chrissi. »Das ist ja noch schlimmer als der Dienstagskurs!«

»Wie kann man sich das mit diesem Bewusstsein nun erklären?«, fragte Bernadi. Inzwischen waren ein paar andere Schüler ebenfalls aufmerksam bei der Sache. »Diese Schriften behaupten, dass dieses Bewusstsein alles durchdringt. Wenn du zum Beispiel einen Topf hast, dann ist der Raum innerhalb und außerhalb des Topfes der gleiche. Wenn der Topf zerbricht, ist der Raum immer noch da.«

»Und der Topf steht für den menschlichen Körper?«, fragte Julien eifrig.

»Ähm … ja«, sagte Bernadi, erneut verdutzt über den Jungen. »Genau das. Das heißt, wenn wir, wie die alten Inder sagen, unseren Körper verlassen, ist immer noch das da, was ihn erschaffen hat. Das Unsterbliche. Und ihrer Meinung nach ist es das, was wir in unserem Leben finden sollen. Noch zu Lebzeiten – denn das ist der Sinn des Lebens – und unsere ewige Sehnsucht, unser ewiger Traum nach Unsterblichkeit. Ihren Aussagen nach kann dieser Traum wahr werden, weil es etwas gibt, was nie vergeht. Und damit auch eine echte Motivation entsteht: Weil dieses Bewusstsein, diese Ur-Energie unendliche Glückseligkeit bedeutet.«

»Wow«, hauchte Julien so andächtig, dass jedem im Raum ein Lachen entfuhr, aber er bekam es nicht mit, so fasziniert war er. Es hätte ihn ohnehin nicht gestört.

»Die Frage, die sich nun stellt: Wie kann eine Welt, die für uns be-greif-bar ist, Illusion sein? Ich meine, wenn ich diesen Stuhl hier anfasse, dann ist er für mich und für euch real.«

»Eben«, warf ein Schüler ein. »Ich habe heute mit richtigem Wasser geduscht. Es hat mich sogar nass gemacht!«

Die anderen lachten, während ein Nächster hinzufügte: »Genau. Ich lebe doch. Ich fühle. Ich bin da. Und wenn ich sterbe, sterben alle meine Gefühle mit mir. Alles, was mich ausmacht.«

»Ist das so?«, fragte Bernadi. »Ich lese euch mal eine übersetzte Sutra vor, aus einem bedeutenden Werk namens *Pratyabhinamhrdayam*, verfasst von einem Weisen namens *Ksemaraji*, der im elften Jahrhundert nach Christus gelebt hat. Er hat gesagt:

›*Ein Mensch, der einen Gegenstand erkennt, unterscheidet sich von diesem Gegenstand.*‹

Und so unterscheidest du dich – oder das, was du wirklich bist – von allem Äußeren. Wir haben einen Körper, aber wir sind nicht der Körper.

272

Wir haben Emotionen, aber wir sind sie nicht. Die Krux ist: Wenn wir uns mit ihnen identifizieren, verlieren wir uns. Wir verlieren uns in der Welt der Illusion, denn dann ist das Gefühl für uns echter und wahrer als das, was wir wirklich sind, wahrer als das, was das Gefühl überhaupt erst ermöglicht, versteht ihr das?«

Ein vielfaches Nein und gespielt verzweifelte Ausrufe drangen durch den Raum. Chrissi fragte:

»Und was hat das mit dem Stuhl zu tun? Ich kapier gar nix!«

»Das hört sich völlig gefühllos an!«, klagte eine andere Schülerin. »Heißt das, wir sollen keine Gefühle mehr haben?«

»Aber Herr Bernadi hat doch vorhin gesagt, dass hinter diesen Gefühlen eine tiefe Glückseligkeit steckt«, warf Julien verständnislos ein. »Ich meine, Gefühle gehen rauf und runter. Mal fühlt man sich gut, dann wieder schlecht. Wieso sollte ich das Auf und Ab gegen diese Glückseligkeit eintauschen wollen? Das ist doch hirnrissig!«

»Sag mal«, entfuhr es Bernadi. »Woher nimmst du das alles? Das ist ja unheimlich, was du da von dir gibst!«

Jeder starrte auf den kleinen, blonden Jungen, der wiederum nicht verstand, dass die anderen nicht verstanden, was er zeitlebens gefühlt hatte: eine tiefe Verbindung mit sich selbst. Und die Erkenntnis, dass alles andere mehr oder weniger unwichtig war.

»Ich habe ein Buch zu Hause«, erklärte er. »Da steht was Ähnliches drin.«

»Was denn?«, fragte Bernadi neugierig.

»Dass Bewusstsein Licht ist. Nicht das Licht, das mit den Augen wahrgenommen werden kann, sondern Licht, das es den Augen ermöglicht, zu sehen.«

Chrissi neben ihm stöhnte noch lauter auf. »Da kann ich mich ja mit den Kursen zwischen Pest und Cholera entscheiden, na, ganz herzlichen Dank!«

Julien tätschelte ihr das Bein und grinste sie an. »Mach die Facharbeit im anderen Kurs«, empfahl er. »Ich helfe dir.«

♫ Moondance ♫

Liz Longley

Donnerstagmorgen – und das Feeling im Büro war von Beginn an anders. Die Mitarbeiter gingen nicht mehr ganz so locker miteinander um, machten weniger Pausen und arbeiteten konzentrierter. Der Chef war wieder hier.

Er saß bereits in seinem Büro, als Stella das Gebäude betrat. Sie wurde immer aufgeregter. Es war lange her, dass sie vor Leuten gesprochen hatte … Das letzte Mal war es auf der Bühne der Konzerthalle auf Ibiza gewesen. Eine ganze Gefühlswelt brach auf, als sie an diese Zeit zurückdachte. Sie konnte die Erinnerungen kaum zurückdrängen und um sich abzulenken, checkte sie noch einmal den Meetingraum. Getränke, Flaschenöffner, Notizblöcke, Kugelschreiber, ihr Handout – alles war da. Ihre Kollegen strömten in den Raum und suchten sich ihren Platz.

Herrn Mertens war nicht anzumerken, dass auch er die Nacht zuvor nicht viel geschlafen haben konnte. Er sah frisch und ausgeruht aus, als er sich zum Projektor begab, und Stella konnte ihn nun in aller Ruhe und bei Tageslicht begutachten.

Er war kein Schönling – was ihn umso interessanter machte – und er hatte eine ruhige, souveräne Ausstrahlung. Sein Haar war dunkel und fing an den Schläfen an, grau zu werden. Ein wenig erinnerte er sie an Pierce Brosnan mit seinen sensiblen Lippen und den graublauen Augen. Er sah auf seine Weise gut aus und ihr Herz klopfte ein wenig, als sie an ihre erste Begegnung mit ihm dachte.

Mertens begann mit ein paar witzigen Begrüßungsworten, berichtete von seinen Reisen und den Eindrücken, die er über den Markt und die Mitbewerber gewonnen hatte, und kündigte an, diese in die Planungen für das nächste Jahr einbauen zu wollen. Anschließend hielten die jeweiligen Abteilungsleiter ihre Vorträge. Während sie sprachen, glitten Mertens Augen über die Belegschaft und blieben immer wieder unauffällig an Stella hängen.

Sie hatte sich an diesem Morgen besonders Mühe mit dem Make-up gegeben, trug einen grauen Hosenanzug und eine einfach geschnittene Hemdbluse dazu. Ihr rotes Haar wurde von der Herbstsonne in Szene gesetzt und manchmal fiel ihr wieder diese vorwitzige Locke ins Gesicht – wie gestern Nacht.

Stella spürte Mertens Blick auf ihr und es war ihr unangenehm. Sie hoffte, dass die anderen das nicht mitbekamen. Ihr wurde noch heißer, als sie ihren Vortrag halten musste. Ihr war, als ziehe er sie während ihres Referats aus und konnte nicht ausmachen, wie sie das fand. Oder bildete sie sich das ein? Sie musste es sich einbilden, denn jedes Mal, wenn sie einen Blick zu ihm wagte, schaute er konzentriert auf ihre PowerPoint-Präsentation an der Wand. Sie erwischte ihn nie dabei, wie er sie musterte. Und doch wusste sie, dass er es tat.

Als sie sich wieder setzte, war ihre Bluse komplett durchgeschwitzt, und sie atmete auf, als das Meeting endlich vorbei war und sie wieder an die Rezeption konnte.

Doch der Tag blieb wegen der vielen Konferenzen hektisch, das Telefon klingelte ständig und Stella rannte zwischen Getränkeauffüllen, Essen organisieren und dem Telefon hin und her.

Um 19:00 Uhr herrschte nach wie vor rege Geschäftigkeit im Büro und sie rief Julien an, der heute bei Katja zum Mittagessen gewesen und inzwischen nach Hause gebracht worden war.

»Hi Julien, bin immer noch im Büro, tut mir so leid, aber es wird spät heute … Hast du dir was zu essen gemacht?«

»Ich schieb mir gerade die Pizza in den Ofen«, sagte Julien. »Alles easy, Mama, mach dir keinen Stress.«

»Warst du in dem Kurs von Herrn Bernadi?«

»Ja – und der war sooo geil, Mama! Du musst es unbedingt schaffen, dass ich da drinbleiben darf! Der Bernadi hat echt was drauf!«

»Tja, wer hätte das gedacht!«, entgegnete sie ein wenig spitz. »Ich werde mich auf jeden Fall bemühen, okay? Bin schon sehr gespannt, was ihr in dem Kurs gemacht habt!«

»Ist absolut krass! Ich arbeite schon an einem Projekt dafür!«

Sie lachte selig. »Du bist so süß, Julien. Vergiss nicht, die Zähne zu putzen!«

»Klaro. Lieb dich, Mami!«

»Lieb dich auch, mein Engel«, gab sie zärtlich zurück und hauchte einen Kuss in den Hörer.

»Oh, wow, wer war denn der Glückliche am anderen Ende der Leitung?«, fragte eine tiefe Stimme hinter ihr. Sie fuhr herum. Herr Mertens stand vor ihr. Wie gestern. Seine Augen ruhten auf ihr. Wie gestern. Nur, dass diesmal das Licht brannte und sie die Nuancen in seinem Blick viel besser erkennen konnte.

»Das war mein Sohn«, erwiderte sie. »Er ist alleine zu Hause und ich wollte mich vergewissern, dass es ihm gut geht.«

»Wie alt ist denn Ihr Sohn?«, erkundigte er sich.

»Er ist elf.«

Herr Mertens sah auf die Uhr.

»Dann wird es langsam Zeit, dass Sie nach Hause kommen«, lächelte er. »Aber bevor Sie gehen, wollte ich Ihnen noch sagen, dass ich sehr schätze, was Sie an Änderungen in dieser kurzen Zeit durchgeführt haben. Und Ihre Vorschläge bezüglich einer neuen Produktlinie sind beachtenswert! Haben Sie vielleicht doch noch eine Minute Zeit? Ich hätte nur ein paar kleine Fragen dazu.«

Er bat sie in sein Büro, setzte sich mit ihr an den Konferenztisch und verwickelte sie in ein Gespräch über Marketingmaßnahmen – ein Thema, bei dem Stella zur Höchstform auflief, vor allem, weil sie der Meinung war, dass die Firma in dieser Hinsicht bisher viel zu wenig getan hatte.

Mit glühenden Augen erläuterte sie ihm ihre Ideen und Ansichten. Die Zeit verging wie im Flug, während er ehrlich interessiert zuhörte und sich Notizen machte.

»Ach herrje!«, rief sie schließlich mit Blick auf die Digitalanzeige ihres Handys. »Es tut mir leid, Herr Mertens, aber ich muss dringend los! Mein Kleiner wartet!«

Er stand sofort auf. »Aber bitte«, sagte er. »Mir tut es leid … jetzt habe ich Sie doch aufgehalten.«

Er nahm ihre Hand in die seine und ließ sie für ein paar Sekunden nicht mehr los.

»Wie schön, dass Sie in unserem Team sind.« Ein feines Lächeln begleitete seine Worte. »Sie sind tatsächlich eine der besten Neuerungen, die während meiner Abwesenheit passiert sind!«

Sie lächelte verlegen zurück und zog ihre Hand aus der seinen, während er ihr höflich die Tür öffnete und sie hinausließ. Kurz bevor sie die Garderobe erreichte, drehte sie sich noch einmal um. Mit verschränkten Armen stand er gegen den Türrahmen gelehnt und blickte ihr hinterher.

Stella nahm fast fluchtartig ihre Jacke vom Haken und lief zur Tür, im Augenwinkel einen Blick von Beate auffangend, die vielsagend grinste und die Augenbrauen nach oben zog.

♫♫♫

Mann, der Tag hatte es in sich! Stella war verwirrt. Seit ihrem letzten Beziehungsversuch vor drei Jahren hatte sie Männer konsequent geblockt, war kaum ausgegangen und hatte ein Leben gelebt, das Begegnungen schwer möglich machte.

Der lange, hektische Tag, die kurze Nacht … sie war hundemüde und freute sich darauf, endlich nach Hause zu kommen. Aber seit dem Morgen musste sie oft an Jamie denken. An Sam. An die Zeiten auf Ibiza. Zu allem Unglück spielten sie im Radio auch noch ein Lied von den Beatles, was Stella erst recht in eine aufgewühlte Stimmung versetzte. Mertens kam ihr in den Sinn. Die Ahnung, er könnte sich für sie interessieren, gefiel ihr nicht. Er war ihr Chef!

Sie war an der Schule längst vorbeigefahren, als ihr siedend heiß einfiel, dass sie ja noch den Termin mit Juliens Lehrer hatte.

Ein Fluch entfuhr ihr und erschrocken sah sie auf die Uhr. Oh mein Gott, sie war schon fast zu spät dran! Aber sie musste hin! Sie hatte es Julien versprochen!

Da sie sich in einer Einbahnstraße befand, gab es keine Möglichkeit zum Wenden und sie musste einen großen Bogen fahren, um wieder zur Schule zu kommen. Als sie das zweite Mal davorstand, war nicht ein einziger Parkplatz frei. Gehetzt checkte sie erneut die Uhrzeit. Herrgott! Schon fast neun! Endlich fand sie in einer etwas weiter entfernten Seitenstraße eine Lücke, rannte auf ihren High Heels zur Schule, öffnete das schwere alte Holzportal und suchte fieberhaft das Klassenzimmer H 101. Es befand sich kein Mensch mehr auf den Gängen, den sie hätte fragen können, und so raste sie die Treppe hinauf, schlussfolgernd, dass das »H« für Haupthaus stand und 101 für ein Zimmer im ersten Stock. Verdammt, sie war schon fünfzehn Minuten über der Zeit!

Das Haupthaus teilte sich in einen rechten und einen linken Flügel und sie wählte natürlich erst mal den falschen. Aber da war jemand! Endlich! Sie eilte auf ihn zu und erkannte: Das war Herr Bernadi, das Gesicht von der Liste.

»Herr Bernadi«, rief sie hektisch. »Es tut mir so leid, ich …«

»Ich bin nicht Herr Bernadi«, entgegnete der Mann unwirsch. »Den ganzen Tag geht mir das schon so! Die haben die Fotos auf der Liste vertauscht.«

»Okay, und wo finde ich Herrn Bernadi?«

»Wenn er noch da ist … im Raum 101.«

»Ja, aber wo ist das?«, fragte sie verzweifelt.

»Hinten links, das letzte Zimmer«, sagte der Lehrer und deutete in den anderen Gang.

Völlig entnervt und mit dem Handy in der Hand wetzte sie durch den Flur und suchte unter Hochdruck mit den Augen die Nummern ab. Da! Endlich! Die 101.

Sie riss die Tür auf. Der Lehrer stand am Pult, packte, im Gehen begriffen, Unterlagen in seine Tasche, und blickte demonstrativ nicht auf.

»Herr Bernadi! Sorry!«, stieß sie gehetzt hervor. »Tut mir so leid! Ich musste länger arbeiten und habe keinen Parkplatz gefunden und …«

Er wandte sich ihr zu und im selben Moment verschlug es ihr so nachhaltig die Sprache, dass ihr Körper hörbar gegen die Tür prallte. Ihre Augen verschleierten sich. Das konnte nicht sein! Das durfte nicht sein! Nein, sie täuschte sich! Ganz sicher!

Auch des Lehrers Gesichtszüge waren komplett entgleist. Stumm starrten sie sich an. Dann breitete sich ein leichtes Lächeln auf seinem Gesicht aus. Ein Lächeln, das so sanft war, dass es mehr zu spüren als zu sehen war. Ein Lächeln, das ihn leuchten ließ, das ihr das Empfinden gab, er lächle mit seinem gesamten Körper.

Stella merkte nicht, wie sie sich an die Türklinke klammerte, unfähig, sie loszulassen. Ihr Atem ging stoßweise, ihr Gesicht glühte, während er langsam seine Tasche auf den Tisch zurücklegte und auf sie zukam. Ihr Mund stand offen, sie brachte keinen Ton hervor. Er hatte sich verändert. Er trug nun einen Robert-Downey-Junior-Bart, der seine Männlichkeit betonte. Seine Muskeln waren voluminöser, sein Brustkorb breiter, die Hüften in den Jeans immer noch schmal und der Blick seiner Augen genauso fest und bestimmt wie damals, als er sie vor dem Sprung von den Klippen bewahrt hatte.

Ihr unbekannter Retter stand vor ihr. Derjenige, dem sie in Gedanken so oft gedankt hatte, dass er diesen Schritt verhindert hatte – verhindert hatte, dass Julien starb, bevor er leben konnte. Etwas Heißes rutschte in ihren Magen, entzündete von der Mitte ihres Körpers ein Feuer und flammte empor.

»Du …«, flüsterte sie. »Du!«

Sie war zu nichts anderem in der Lage, als ihn anzustarren. Er war ganz nah gekommen. Sie fühlte seinen Körper wie einen Heizofen vor sich und zu ihrer unendlichen Überraschung nahm er sanft ihr Gesicht in seine Hände, setzte seine Lippen auf ihren Mund und küsste sie.

Zu ihrer unendlichen Verblüffung ließ sie es zu, öffnete willig und vertrauensvoll ihren Mund und versank in seinem Kuss.

♫♫♫

Ihr Magen fuhr Karussell, ihr Körper war weich wie Butter, sie schmeckte seine Zunge, fühlte, wie er sie ganz zart gegen die Tür drängte, fühlte seine Hände an ihrem Gesicht, in ihrem Haar, an ihrem Nacken, seine Lippen auf den ihren, weich und liebkosend. Doch langsam drang in ihr Gehirn, was sie da machten. Sie ergriff seine Handgelenke und zog sie nach unten.

Ihre Blicke hingen aneinander.

»Wow«, sagte er leise und mit einem meisterhaften Lächeln. »Du bist noch schöner geworden.«

Stella wollte antworten »Und du … bist zum Mann geworden«, aber sie brachte keinen Ton hervor. Ihr Gesicht brannte, ihre Augen brannten, alles brannte an ihr, und das war etwas, was sie lange Zeit nicht mehr gefühlt hatte. Elf Jahre lang nicht.

»Und du lebst«, setzte er dann glücklich hinzu. »Ich habe so oft an dich gedacht. Ich wusste, du wolltest es wieder tun. Und hoffte so sehr, dass deine Freunde es schaffen würden, dich davon abzuhalten.«

Völlig unkompliziert nahm er ihre Hand und zog sie zu einem der Schülertische.

»Setz dich doch«, forderte er sie auf. Sie gehorchte, als wäre sie seine Sklavin. Und endlich, als sie auf den unbequemen Holzstühlen Platz genommen hatten, sie ihn erneut erstaunt und ungläubig anstarrte, sagte sie leise:

»Ich … ich weiß noch nicht mal, wie du heißt.«

»Jeremy«, antwortete er mit einem Lächeln. Er sprach es französisch aus, mit der Betonung auf dem »y« – es klang melodisch. *Scheremie.* Sein Name klang wie ein verschmitztes Lächeln – *Scheremie.* Immer noch sah er sie an, dann lachte er leicht.

»Und Julien ist dein Sohn? Oh mein Gott! Julien ist dein Sohn! Und … er ist elf Jahre alt! Dann … habe ich nicht nur dich gerettet?«

»Ja«, flüsterte sie. »Immer wollte ich dir dafür danken. Ich habe es auch oft. Immer, wenn ich Julien angesehen habe, habe ich dir gedankt. Jetzt kann ich es endlich persönlich tun. Danke, dass du meinem Sohn das Leben geschenkt hast.«

»Und dir«, setzte er nach. »Was mich ganz persönlich freut.«

Frech und gleichzeitig zärtlich grinste er sie an. Ja, er hatte sich verändert und doch auch nicht. Diese kompromisslose Art war ihm noch immer zu eigen, aber er wirkte als Mann souveräner als damals als Student. Er war groß, sein Gesicht markanter, sein Kinn kräftiger geworden und sein Haarschnitt immer noch modisch. Sie erinnerte sich, dass er ihr gesagt hatte, er sei zwanzig. Sie hatte ihn Hosenscheißer genannt – nun war er einunddreißig.

»Und du … bist Lehrer geworden«, stellte sie lahm fest, um wenigstens etwas zu sagen.

»Ja, ein blöder Beamtenarsch«, feixte er. »Ich war damals gerade im Studium. Und du? Was machst du?«

»Ich bin eine toughe Managerfrau«, gab sie zurück. Jeremy wurde rot, während sie fortfuhr: »Damals hatte ich gerade meinen Bachelor in der Tasche … als Julien und … einige andere Dinge dazwischen kamen. Ich war damals ziemlich am Ende, hast du ja mitbekommen. Es war nicht leicht, sich mit einem Kind durchs Leben zu schlagen, ohne Verdienst und …«, sie räusperte sich, »… allein. Aber jetzt habe ich endlich einen richtig guten Job. Zum ersten Mal seit zehn Jahren kann ich mir wieder ein Auto leisten, ich habe eine Wohnung, die hell und groß ist und …«

Sie brach ab. Warum erzählte sie ihm das? Um ihm zu sagen, dass sie aus dem Leben, das sie hatte beenden wollen, etwas gemacht hatte?

Jeremys Augen verdunkelten sich. Ihr Tonfall und ihre Worte ließen erahnen, dass die Jahre nicht leicht gewesen waren.

»Es tut mir so leid«, sagte er beschämt, »wirklich richtig schrecklich leid, dass ich am Telefon so gemein zu dir war. Ich dachte wirklich, du bist eine karrieregeile Tussi, die ihr Kind abschieben will, während sie Champagner mit Unternehmern schlürft und an ihrer Laufbahn feilt.«

»Nein, das ist ganz sicher nicht so. Wir haben harte Zeiten hinter uns, Julien und ich. Und deshalb will ich diesen Job nicht verlieren. Seit etwa zwei Monaten geht es uns beiden richtig gut.«

Seine Augen blitzten auf. »Heißt das, du bist single?«

»Ja, bin ich«, erwiderte sie einsilbig.

»Du warst elf Jahre allein?«

»Nein … aber Beziehungen sind nicht mehr mein Ding – außer die zu meinem Sohn«, bremste sie ihn schroff aus und gewann ihre Beherrschung wieder.

»Was für eine Verschwendung!«, rief er und lehnte sich zurück, um sie wieder auf diese ihm so besondere Weise zu betrachten. »Du bist attraktiver denn je! Du warst damals schon schön. Aber jetzt …«

Sein Blick blieb an ihren Augen hängen. Er landete nicht, wie ihr das bei so vielen Männern immer und immer wieder passierte, auf ihrem Busen.

»Damals muss ich doch scheußlich ausgesehen haben«, entgegnete sie und lächelte zum ersten Mal. »Ich war so verheult und so fertig …«

»Ja, das warst du, aber trotzdem schön. Gerade in dieser Verletzlichkeit. Mir ist als erstes dein Haar aufgefallen, als du auf der

Klippe standst. Es leuchtete im Mondlicht und ich war fasziniert davon. Ich habe im ersten Moment gar nicht gerafft, dass du springen willst.«

Sie schwieg. Blickte zu Boden. Die alten Zeiten brachen zum dritten Mal an diesem Abend auf und sie verstand nicht, warum sie sie noch immer im Griff hatten. Aber aus diesem Gefühlswirrwarr ragte etwas klar hervor, und das war die Angst, dass ihr das, was sie aufgebaut hatte, wieder genommen werden könnte. Dass etwas Unvorhergesehenes passierte, wie damals, als sie erfahren musste, dass Sam ein Betrüger war. Und das wollte sie nicht. Sie wollte mit diesen Zeiten nichts mehr zu tun haben. So hob sie den Kopf, sah Jeremy in die Augen und sagte:

»Ich werde Julien sagen, dass das mit deinen Kursen nicht geht. Tut mir leid, dass ich darauf bestanden habe.«

»Aber natürlich geht das. Julien ist herzlich willkommen!«

»Ach! Auf einmal!«

»Sicher, ich bin da absolut parteiisch!«

»Nein, danke, Jeremy. Es ist sehr lieb von dir, aber wir finden eine andere Lösung.«

Sie stand auf und schulterte ihre Tasche. Auch Jeremy erhob sich, ein Lächeln im Gesicht, eines, das sie absolut nicht einordnen konnte. Was war das? Eine Kampfansage?

»Also dann … Jeremy …« Sie streckte ihm die Hand hin, aber er nahm sie nicht. Er lehnte am Tisch, verschränkte die Arme und sagte:

»Meinst du nicht, dass du mir noch etwas schuldig bist?«

»Bin ich das?«

»Ja, bist du. Du hast mir noch nicht erzählt, warum du damals springen wolltest.«

»Darüber will ich auch nicht sprechen«, entgegnete sie barsch. »Ich will nie wieder damit konfrontiert werden! Und deshalb ist es besser, viel besser, wenn Julien dich nicht mehr trifft! Und ich möchte auch nicht, dass du ihm erzählst, was damals war!«

»Nein, natürlich erzähle ich ihm das nicht«, erwiderte er, verwundert über ihren Ausbruch. Sie spürte, wie er nach weiteren Argumenten suchte, um sie umzustimmen, warf ihm ein schnelles »Okay, dann ist ja alles gut! Auf Wiedersehen, Jeremy!« hin und verschwand.

♪♪♪

Völlig aufgewühlt kam sie zu Hause an. Es war halb elf, Julien war noch wach, aber sie hatte nicht den Nerv, mit ihm zu reden.

»Schatz, du musst ins Bett, du hast morgen Schule!«

»Aber wir wollten uns doch noch erzählen, wie es heute war!«, protestierte er.

»Oh, ich bin so müde, Julien. Geht es auch morgen?«

»Ja, schon, geht auch«, sagte er enttäuscht, aber eine Sekunde später erhellte sich seine Miene: »Darf ich bei dir schlafen?«

»Klar«, lächelte sie. Mit Julien zu schmusen, war das Schönste auf der Welt.

Als sie im Bett lag, den Arm um den kleinen, weichen Körper geschlungen, ihren Mund an seinem Blondhaar, dachte sie an die Erlebnisse des Tages und fühlte sich unwohl, obwohl es doch keinen Grund dafür gab. Aber dann kam es ihr: Sie hatte Angst. Angst, dass sich die Vergangenheit wiederholte. Angst, sich mit dem auseinandersetzen zu müssen, was an Ängsten noch in ihr war. Und Angst, dass diese Ängste sich verselbstständigten, bevor sie eine Chance hatte, sie zu begreifen. So, wie es schon einmal gewesen war.

♫♫♫

»Waaaas? Ich darf nicht in die Kurse?«

Julien klappte der Unterkiefer so rapide nach unten, dass ihm ein Stück Toast aus dem Mund fiel.

»Nein, mein Liebes, es geht nicht«, sagte Stella. »Herr Bernadi muss sich um die Abiturienten kümmern … aber wir finden etwas anderes, ganz sicher! Am Wochenende tun wir uns mal im Internet um, okay?«

»Mama, hier in der Ecke geht nicht viel und du weißt das! Und außerdem hast du gar keine Zeit, mich während der Woche irgendwohin zu fahren!«

»Schon, aber …«

Herr Bernadi hat Nein gesagt, wollte sie sagen, aber das war ja nicht wahr. Er hatte nicht Nein gesagt. Er hatte sie geküsst. Und sie hatte ihn zurückgeküsst! Und wie widerstandslos sie sich diesem Kuss hingegeben hatte! Sie wusste immer noch nicht, wie sie das finden sollte. Er war sieben Jahre jünger als sie! In ihr prickelte und arbeitete es … Zusätzlich schoss ihr Mertens Blick in den Kopf und sie wurde tatsächlich am Frühstückstisch flammend rot.

»Mama? Alles okay?«

»Hm, ja, alles gut, mein Süßer. Es … es ist nur so viel los zurzeit. Und jetzt sei so lieb, pack deine Sachen, wir sind spät dran!«

Julien war sehr still im Auto. Er war bodenlos enttäuscht wegen der Kurse und Stella hatte ein schlechtes Gewissen.

»Wie schön, dass wir heute beide nur einen halben Tag haben, was?«, versuchte sie ihn aufzumuntern.

»Mann«, brummte er. »Ich wollte am Nachmittag mit meinem Projekt anfangen, aber das kann ich ja jetzt knicken. Außerdem kommt Chrissi ohne mich bestimmt nicht klar!«

»Chrissi? Wer ist das denn? Muss ich mir Sorgen machen?«

»Chrissi ist in der elften«, erklärte ihr Julien. »Und total süß.«

Stella lachte. »Wie war das mit den Schwiegertöchtern?«

»Ja, nee, das wird ja alles nix, wenn ich nicht in den Kurs darf. Echt, so eine Kacke aber auch!«

Schuldbewusst sah Stella zu ihrem Sohn. Wieso erlaubte sie ihm das nicht? Das war nicht okay von ihr!

»Du kannst Bernadi ja noch mal fragen«, sagte sie schließlich widerstrebend. »Er war sich gestern selbst nicht ganz schlüssig.«

»Okay, Mama, mach ich«, erwiderte Julien und war schon wieder vergnügt. Als er aus dem Auto stieg, blinzelte er ihr verschwörerisch zu und sagte: »Ich wirke nicht nur auf Mädchen unwiderstehlich! Den krieg ich schon rum!«

Unwillkürlich brach Stella in Lachen aus und sah Julien nach, wie er in die Schule hüpfte. Sein blondes Haar wehte im Wind und gerade grüßte er ein paar ältere Schüler, die vor dem großen Schultor standen und ihn grinsend abklatschten. Schmunzelnd beobachtete sie, wie er etwas zu ihnen sagte, und dachte bei sich: *In dieser Hinsicht ist er wie Sam. Wirklich unwiderstehlich.*

Julien wartete nicht, bis er Bernadi zufällig traf, sondern marschierte schnurstracks zum Lehrerzimmer und ließ ihn herausholen. Jeremys Gesicht erhellte sich, als er Julien sah.

»Guten Morgen, Julien«, begrüßte er ihn. »Was führt dich zu mir?«

»Meine Mutter hat gesagt, ich soll noch mal wegen der Kurse fragen«, sagte Julien. »Weil ich nämlich schon für den Dienstag was vorbereitet habe und …«

»Hat sie das gesagt? Ja, das ist doch super«, unterbrach ihn Jeremy und seine Miene klärte sich noch mehr auf. »Und du hast sogar schon ein Projekt im Auge?«

»Äh, ja, hab ich«, erwiderte Julien verdattert. Das klang ja fast so, als ob er doch teilnehmen durfte? »Also kann ich rein?«

»Aber natürlich, mein Junge!«, rief Jeremy enthusiastisch. »Hab ich gestern auch deiner Mutter gesagt. Ich bin sehr an deinem Projekt interessiert und ich freue mich, wenn wir gemeinsam daran arbeiten.«

»Ja … ist ja endgeil!«, strahlte Julien. »Mama hat gesagt, dass du's nicht befürwortest und …«

Wieder unterbrach ihn Bernadi: »Da hat sie was falsch verstanden. Ich glaube, sie war gestern etwas müde, da passiert so was.«

Julien winkelte seinen Arm an und zog ihn ruckartig nach unten: »Yes!«, rief er. »Und kann ich das Projekt mit Chrissi machen?«

»Mann, du bist echt gerissen«, schmunzelte Jeremy. »Ich hoffe, Chrissi weiß das zu schätzen.«

♫♫♫

»Frau Brandtner, hätten Sie mal kurz Zeit? Ich wollte noch mal auf die Ideen zurückkommen, die Sie gestern geäußert haben.«

Herr Mertens war in der Leitung.

»Ja, sicher«, antwortete sie. »Wenn Sie mir ein wenig Zeit geben, um eine Vertretung für die Rezeption zu finden?«

»Aber natürlich. Und bringen Sie bitte Ihre Entwürfe mit.«

Eine halbe Stunde später betrat sie mit einer Mappe unter dem Arm sein großräumiges Arbeitszimmer, das zum Garten hinausging. Er setzte sich mit ihr an seinen Besprechungstisch, ließ von Beate Kaffee bringen, was normalerweise Stellas Aufgabe war und eine groteske Situation schuf, als Beate, die schon ewig im Unternehmen war, ihr, die erst zwei Monate hier war, die Tasse vollgoss und Stella sich bei ihr bedankte.

Beate blickte ihr ganz kurz in die Augen, aber es war keine Emotion erkennbar.

Mertens setzte sich Stella nicht gegenüber, sondern neben sie, was sie nervös machte. Erst bei der Konkretisierung ihrer Ideen taute sie auf, schob ihren Stuhl ein wenig zurück, und erklärte ihm, worin sie die Chancen des Unternehmens in der Zukunft sah.

»Ich kenne Ihre Investitionspläne nicht, aber um sich vom Markt abzuheben, sollten wir außergewöhnlich sein. Menschen wollen feiern und sie wollen die passende Umgebung dafür. Fertige Motive wären eine gute Anregung. Wir machen ein orientalisches Zelt mit allem Zubehör – also, ich sehe prächtige Stoffbahnen in rotgold, die als Himmel gespannt werden, passende Hussen für die Stühle, passende Tischdecken, Kissen und was sonst noch dazu gehört. Schlagwort: 1001 Nacht. Oder Arabian Nights … ein Westernzelt, ein Königszelt in royalblau und gold ... Ich habe eine Liste hier. Immer, wenn ich eine Idee hatte, habe ich das aufgeschrieben ...«

Sie durchsuchte die vielen Notizzettel in ihrer Mappe, während sie fortfuhr:

»Wenn Sie tatsächlich Interesse haben, das zu verwirklichen, sollten Sie sich jemanden einstellen, der sich um all das kümmern kann.«

»Okay, dann reden wir mal Tacheles«, sagte er und erstaunt hob sie den Kopf. Was kam jetzt? Hatte sie was Falsches gesagt? War sie zu forsch gewesen? Und da sagte er auch schon:

»Als erstes kündige ich Ihnen.«

»W... was?«, stammelte sie und ihre ängstlichen Gedanken vom Abend zuvor überrannten ihr Gehirn. Ihr wurde schlecht.

»Ja, ich kündige Ihnen als Rezeptionistin«, fuhr Mertens fort. »Denn dafür sind Sie absolut überqualifiziert. Ich brauche Sie hier, als meine persönliche Assistentin und Beraterin. Sie bekommen selbstredend mehr Gehalt.«

»Ich ... wie bitte?«, krächzte sie. »Sie kennen mich doch erst seit zwei Tagen, da ...«

»Ein bisschen Erfahrung habe ich mir in all den Berufsjahren schon angeeignet«, schmunzelte er. »Ich weiß, wenn jemand es draufhat.«

Ein zaghaftes Lächeln erschien um ihren Mund, das immer breiter wurde. »Oh, das ist ja ... danke! Das ist ... ich bin offengestanden überwältigt!«

Er neigte sich ihr ein ganz klein wenig zu, ein kleines Lächeln im Augenwinkel. Sein Aftershave wehte ihr um die Nase, würzig, männlich, er wollte etwas sagen, besann sich aber anders und lehnte sich wieder zurück. Und doch war diese Sekunde aussagekräftiger, als jedes Wort es hätte sein können.

»Haben Sie sich schon mal Gedanken gemacht, wo wir diese Stoffe herbekommen?«, fragte er stattdessen.

»Ja, natürlich«, erwiderte sie und riss sich zusammen. »Wir ... wir könnten das direkt aus Indien holen. Dort ist alles günstiger, vor allem bei der Menge, die wir benötigen.«

»Fliegen Sie mit mir dahin?«, fragte er.

»Wie bitte?« Verblüfft starrte sie ihn an.

»Würden Sie mit mir hinfliegen und Stoffe aussuchen?«

Sein Blick lag heiß auf ihr, seine Augen bettelten fast darum, dass sie Ja sagte. In Stellas Magen verkrampfte sich etwas.

»Nein«, sagte sie schließlich leise. »Aus zwei Gründen. Erstens: Ich habe ein Schulkind zu Hause und niemanden, der auf es aufpasst. Und zweitens: Sie sind verheiratet, Herr Mertens.«

Er lehnte sich zurück, schlug ein Bein über das andere, lächelte sie an und sagte:

»Sie gefallen mir immer besser, Frau Brandtner.«

♫♫♫

Jeremys Welt stand seit gestern Abend kopf. Er konnte nicht sagen, wie oft ihm die verzweifelte, junge Frau in den Sinn gekommen war, mit der er eine für ihn wunderschöne, intensive Nacht verbracht hatte. Meistens hatte er in den falschen Momenten an sie gedacht. Ausgerechnet wenn er mit einer anderen Frau zusammen gewesen war, hatten ihn die Erinnerungen besonders heftig und detailreich überfallen.

Der lange Weg durch die ibizenkische Nacht zu dieser Finca, ihre Hand in der seinen. Ihr Körper ganz nah vor ihm, als sie das Klammerpflaster angebracht hatte. Das Gespräch auf dem Bett, ihr instinktiver Wunsch nach Trost und Hoffnung. Ihre verzweifelten, schmerzerfüllten Augen. Oh, wie sehr hatte er sich gewünscht, diesen Schmerz weg küssen zu können! Er erinnerte sich daran, wie er, als sie schlief, sanft mit dem Finger ihre Kurven entlanggefahren war. Wie er ihr Gesicht studiert, auf die mit von Tränenspuren gezeichneten Wangen geblickt hatte, auf ihren vollen Mund, den schlanken Hals. So oft war er kurz davor gewesen, seine Lippen auf die ihren zu setzen und wie sehr hatte er es genossen, seinen Arm um ihre Mitte zu legen!

Ja, und der Morgen, der Abschied. Das Gefühl, dass sie nicht wollte, dass er ging. Das Gefühl, sie zu vermissen, sowie sie sich voneinander gelöst hatten. Nein, er konnte nicht sagen, warum er sie nie aus seinem Kopf bekommen hatte. Elf Jahre waren eine lange Zeit. Er hatte einige Beziehungen hinter sich. Er war kein Frauenverächter – im Gegenteil. Frauen mochten ihn und er mochte sie. Aber nie war etwas Tieferes entstanden, nichts, von dem er glaubte, es wäre wert, weiterverfolgt zu werden.

Immer wieder waren seine Gedanken zu ihr zurückgekehrt, hatte er gehofft, dass sie irgendwo ihr Leben lebte. Gleichzeitig hatte ihn genau das verrückt gemacht: Zu wissen, dass sie noch irgendwo war und nicht zu wissen, wo. Doch die Zeit hatte die Erinnerung immer mehr verblassen lassen und ihn zur Überzeugung geführt, seine Empfindungen schlicht zu glorifizieren.

Und gestern dieser Schock. Auf einmal war sie wieder vor ihm gestanden, mit ihren stahlgrauen Augen, dem roten, lockigen Haar, ihrem fraulichen Körper, der ihn damals schon angemacht hatte.

So etwas konnte man nicht erklären, so etwas passiert einfach. Sein Kopf hatte sich gestern komplett ausgeschaltet und er hatte schlicht das getan, was er vor elf Jahren schon am liebsten getan hätte: Sie küssen. Er fühlte ihre Zunge in seinem Mund, ihre Lippen auf den seinen, und war fest entschlossen, es nicht bei diesem einen Kuss belassen zu wollen.

Durch Julien hatte er eine Verbindung zu ihr – und die wollte er nutzen. Er wollte wissen, was sie mochte, wie sie tickte, was sie brauchte. Um zu ihm zu kommen. Und bei ihm zu bleiben.

♪♪♪

Ausgelassen berichtete Julien über sein Gespräch mit Jeremy, das Stella mit gemischten Gefühlen aufnahm.

»Okay, du bist jetzt also in den Kursen«, konstatierte sie. »Und hast ein Projekt.«

»Genau! Mit Chrissi zusammen! Die musst du mal kennenlernen! Das süßeste Mädchen unter der Sonne!«

»Hast du schon mal gesagt«, grinste Stella. »Aber sie ist siebzehn! Du bist elf!«

»Egal«, sagte Julien. »Ich warte auf sie. Sie ist die Frau meines Lebens!«

Stella prustete laut heraus, da sie meinte, Julien hätte einen Witz gemacht – er brachte so etwas ja öfter, aber dann merkte sie, dass er nicht mitlachte und stoppte abrupt. »Ähm … meinst das gerade ernst?«, fragte sie verdattert.

»Im Moment zumindest«, antwortete er schelmisch. »Ich meine, Chrissi ist wirklich total lieb, aber sie glaubt überhaupt nicht an sich. Sie ist dauernd der Meinung, alles ist für sie zu schwer. Deswegen helfe ich ihr. Ich hoffe, ich kann ihr klarmachen, wie gut sie wirklich ist.«

Stella schüttelte den Kopf. »Oh, Julien, du bist ein echter Engel!«

»Gar nicht, Mama. Kennst mich doch. Ich will die nur aufreißen!«

Er versuchte, seinem Gesicht einen coolen Ausdruck zu geben, was angesichts seiner rundlichen Kinderwangen total komisch aussah und Stella brach in Lachen aus.

♪♪♪

Sie war froh, dass er trotz allem auch noch ein richtiges Kind war. Er spielte Fußball mit seinen Altersgenossen, ab und zu auch PlayStation, was ihn aber eher weniger interessierte und war ansonsten selbstbewusst genug, das zu tun, wonach ihm war. Genau das bewahrte ihn vor Mobbing. Denn obschon er ein wenig der Exot war, hatte er durch seine Einstellung, jeden so anzunehmen wie er war, keine Probleme mit seinen Mitschülern.

Kurz vor Halloween entschlossen sich Stella und Julien spontan, eine Party zu geben, zu der er seine halbe Klasse einlud. Stella dachte sich Spiele aus und erfreulicherweise machten alle bei diesen alten Kinderspielen wie »Die Reise nach Jerusalem« und »Schokoladenessen« mit. Es war ein fröhlicher Nachmittag für die Kinder, ein lauter und anstrengender für sie und Katja, die sich angeboten hatte, ihr zu helfen.

»Fünfzehn Kinder in diesem Alter kann man alleine nicht bändigen«, hatte sie in ihrer typischen Schnodderschnauze gesagt und war kurzerhand mit ihrer ältesten Tochter Sina aufgekreuzt. Stella war unglaublich dankbar und öffnete am Abend, als alle gegangen waren, eine Flasche Sekt.

Seufzend legten sie beide die Füße hoch.

»Ach, tut das gut«, sagte Katja und nahm einen großen Schluck. »Und diese Ruhe! Das ist der schönste Moment am Abend – wenn die Kinder im Bett sind und du dich mit deinem Mann mal nicht in Fetzen unterhalten musst.«

Stella lachte. »Da bin ich ja geradezu verwöhnt«, sagte sie. »Julien hört nur ab und zu etwas lauter Musik.«

»Da ist deine Nachbarin sicher auch froh drüber – besser hätte sie es nicht erwischen können!«

»Sag mal, hast du die schon mal gesehen?«

»Nee, noch nie. Höchstens von hinten. Ich glaube jedenfalls, dass sie es war. Manchmal geht sie nachts spazieren. Wenn sie es ist. Sie hat immer eine Kapuze auf, sodass keiner ihr Gesicht sehen kann.«

»Echt seltsam«, sagte Stella. »Warum versteckt sie sich? Ist sie entstellt? Oder hat sie was verbrochen?«

»Ach du Schande, auf die Idee bin ich noch gar nicht gekommen! Nö, echt keine Ahnung, was die umtreibt. Ich meine, so ab und an muss sie ja dem Vermieter öffnen. Ich denke, der hat ihr Gesicht bisher noch auf keiner Fahndungsliste entdeckt.«

Katja redete wie immer ohne Unterlass und als sie gegangen war, war Stella rechtschaffen müde und konnte nachempfinden, was Katja vorher gesagt hatte: Die Ruhe im Haus war göttlich.

Sie schlüpfte in einen Jogginganzug, nahm ein Päckchen aus dem Schrank und ging damit in Juliens Zimmer.

»Hey, mein Kleiner, ich habe noch was für dich.«

»Ein Geschenk?« Julien strahlte. »Wow! Mama! Ich habe doch noch gar nicht Geburtstag!«

»Stimmt, aber in der letzten Zeit kommen mir so viele Erinnerungen in den Sinn«, erklärte sie und überreichte ihm die Mappe, die sie so lange in ihrem Schrank aufbewahrt hatte. »Ich habe das Gefühl, dass du es jetzt haben solltest.«

Sie setzte sich zu ihm auf die Bettkante. Julien machte das Papier ab und hielt Jamies Notenheft in seinen Händen.

»Let us be united«, las er. Andächtig glitten seine Augen über den Text und fingen an, zu glänzen. »Das ist ja der Hammer!«, rief er aufgeregt. Woher hast du das?«

»Das habe ich vor elf Jahren von einem der liebsten Menschen der Welt bekommen. Aber es ist eher für dich als für mich. Lies mal.«

Sie blätterte auf die letzte Seite, die Jamie nach Juliens Geburt hinzugefügt hatte:

»Dieser Song ist Stella Brandtner und ihrem Sohn Julien gewidmet. Ich übertrage das Urheber- das Copyright- und Veröffentlichungsrecht an sie und ihren Sohn Julien Brandtner. Sobald Julien das achtzehnte Lebensjahr erreicht hat, gehen sämtliche Rechte auf ihn über. Möge der Song seiner Bestimmung entgegengehen. Jamie Scott.«

»Oh, wow!«, schrie Julien und kniete sich vor Aufregung ins Bett. »Das ist ja endgeil! Der hat mir einen Song geschrieben, obwohl er mich gar nicht kennt?«

»Doch, er kannte dich«, erwiderte Stella. »Ich habe dir die Geschichte erzählt. Jamie hat uns beide gerettet. Er hat mir Geld geschickt, weil ich damals keines hatte. Er hat mir einen Kinderwagen geschenkt und Kleidung für dich.«

»Warst du in ihn verliebt?«

»Nein, nicht verliebt. Aber ich habe ihn ge-liebt.« Sie lächelte wehmütig. »Sehr sogar. So wie man ein Kind oder einen Freund liebt. Jamie war viel jünger als ich, aber er war weise und er war so …« Ihre Augen wurden feucht, als sie an ihn dachte. »Er war abgrundtief gut«, fuhr sie leise fort. »Jamie hatte eine so schwere Kindheit und ist trotzdem seinen Weg gegangen. Oder gerade deswegen. Er war neunzehn, als ich ihn kennenlernte. Und einundzwanzig, als er starb.«

Sie schwieg, versunken in Erinnerungen, und instinktiv legte Julien seinen kleinen Arm um sie. Doch dann übermannte ihn die Neugier und er blätterte weiter in dem Notenheft herum.

»Oh, guck mal, da ist ein Lied!«, rief er. »›For a better World!‹ Nein, warte! Das Lied heißt ›Let us be united!‹ Mama! Er hat das Gedicht vertont! Ein viertausend Jahre altes Gedicht! Der Text ist der Wahnsinn! Oh, Mann, wie krass ist das denn!«

Stella lachte über seinen Enthusiasmus. »War Jamie berühmt?«, fragte Julien neugierig.

»Ja, er ist es heute noch, gerade, weil er so jung starb. Ich habe Videomitschnitte und er ist auch auf YouTube. Jamie war ein echter Star. Nein, Jamie *ist* ein Star. Er ist ein Engel.«

»Ein Star! Er hat richtig berühmte Lieder gemacht?«

»Das hat er. Und deshalb ist dieser Song etwas ganz Besonderes.«

Sie holte ihren Laptop und gemeinsam schauten sie sich Jamies Auftritte an. Julien machte große Augen, etliche Songs waren ihm geläufig, die längst von anderen Stars gecovert worden waren. Stella zeigte ihm auch die Mitschnitte, die sie von Ibiza hatte.

»So hat er angefangen«, berichtete sie. »Ganz klein.«

Julien war tief bewegt und sehr still, als sie ihren Rechner wieder zuklappte. Ehrfürchtig strich er über die Seiten.

»Das Heft ist für uns beide, Mama«, sagte er. »Er hat es dir und mir gewidmet.«

»Nein, es ist dein Song und dein Buch«, insistierte Stella. »Und keine Sorge … ich habe mir alle guten Sprüche in mein eigenes Heft geschrieben.«

Sie zwinkerte ihm zu, legte die Noten auf den Nachttisch, küsste ihn und stand auf. »So, mein Liebling – und jetzt wird geschlafen!«

♫♫♫

Julien war aufgeregt. Er saß mit Chrissi für ein Brainstorming zusammen. Jamies Heft lag in seiner Nachttischschublade und es war für ihn ein deutliches Zeichen, auf dem absolut richtigen Weg zu sein. *For a better World! Let us be united!* Das war das Thema schlechthin!

»So nennen wir unser Projekt«, erklärte er der verdutzten Chrissi. »Ich bin mir so was von sicher, dass du die beste Facharbeit aller Zeiten schreibst!«

»Aber wehe du verrätst das jemandem«, sagte sie beunruhigt. »Dass ich mit einem Zehnjährigen meine Facharbeit schreibe!«

»Elf«, korrigierte er. »Nee, du sagst einfach, dass ich dein HiWi bin.«

»Mein was? Meinst du Homie?«

Er seufzte. »Sag mal, du willst in einem Jahr studieren und weißt nicht, was ein HiWi ist?«

Sie wurde rot. »Vielleicht, weil ich noch nicht studiere?«

»Also ein HiWi ist ein Hilfswissenschaftler, ein Student, der einem Dozenten oder Professor zur Hand geht.«

»Perfekt«, sagte sie befriedigt. »Hört sich gut an. Also, HiWi, sag an! Was hast du vor?«

»Okay … unser Projekt heißt: For a better World.«

»Und was wird das? Eine Michael-Jackson-Hommage?«

»Nein, ein absolut krasses Projekt! Ich habe einen Vortrag dazu ausgearbeitet.«

»Du hast einen Vortrag ausgearbeitet.« So langsam wurde es Chrissi mulmig zumute.

»Ja, aber für den brauche ich deine Hilfe. Ich hoffe, du hast Ideen!«

»Ja, mein Gott«, erwiderte Chrissi lakonisch. »Hätte nie gedacht, dass ich mich an meiner Facharbeit beteiligen darf!«

Julien lachte, dann beugte er sich über seine Notizen.

»Also, die Frage lautet: Was würdest du tun, um die Welt ein bisschen besser zu machen?«

»Julien, das ist ein Scheißthema! Was können wir schon tun!? Keiner kann das!«

In Julien regte sich etwas, als er sie so reden hörte.

»Warum denkst du so?«, wollte er wissen.

»Ganz ehrlich, wenn ich an die ganzen Probleme denke, die wir Menschen haben und all die Verrückten, die da draußen rumlaufen und einige davon sogar Länder regieren … na, ich weiß nicht … Umweltverschmutzung, Plastikmüll, mit Chemikalien verdrecktes Wasser, Krieg, Lobbyisten, wo das Auge hinsieht, Politiker, die der

Industrie in den Arsch kriechen oder armselige Charaktere sind, Massentierhaltung, Erderwärmung … Soll ich weitermachen? Die Frage ist echt gut: Wie mache ich die Welt ein bisschen besser!? Julien, das ist Schwachsinn!«

»Aber es gibt doch auch viel Gutes!«

»Weniger als Schlechtes! Viel weniger!«

»Das denkst du nur, weil wir nur Schlechtes lesen und über das Gute kaum berichtet wird! Deswegen verlieren die Leute den Glauben an eine gute Welt. So wie du! Du guckst nur auf das Falsche!«

»Quatsch! Die Menschen lesen nun mal Skandalöses lieber! Und nicht nur das! Sie sterben für ein bisschen Gossip! Wenn du einen Artikel über Lichtverschmutzung und einen mit der Überschrift: ›Krass! Heidi Klum splitterfasernackt!‹ in der Seitenleiste hast – was meinst du wohl, welchen Artikel die Leute anklicken?«

Zähneknirschend musste Julien ihr rechtgeben und doch spürte er einen Haken an der Argumentation, aber brauchte eine Weile, bis er draufkam.

»Ja, aber Bernadi hat doch das mit dem Präfrontalkortex erklärt«, beharrte er. »Und dass sich Empathie trainieren lässt! Schon, wenn man sich eine gute Tat nur vorstellt! Also, wenn du das weißt, was würdest du persönlich tun, um die Welt ein wenig besser zu machen?«

»Na ja, halt ein soziales Projekt starten. Obdachlosen helfen. Sozial benachteiligten Familien, Asylanten und so … Geld sammeln, eine Tombola veranstalten, ein Benefiz-Konzert … Vielleicht kriegen wir einen prominenten Redner, der umsonst auftritt und wir verlangen Eintritt und spenden das Geld einer Organisation.«

»Okay.« Julien klang unzufrieden, obwohl es doch handfeste Hilfen waren.

»Aber ich weiß nicht, ob das die Welt verbessert«, machte Chrissi ihr eigenes Argument zunichte. »Weil die Leute so überschüttet werden. Ich weiß noch, als die ersten Petitionen im Netz gestartet sind. Da war das noch toll und jeder hat mitgemacht, aber inzwischen ist es normal … GoFundMe, Spendenaufrufe, Tierschützer … Die Leute werden jeden Tag vollgemüllt und das stumpft ab. Die meisten klicken es doch eh inzwischen weg. Sie unterschreiben maximal eine Petition, aber wenn sie mehr machen sollen, steigen sie aus.«

Ergebnislos diskutierten sie noch eine Stunde herum, danach musste Chrissi los und machte sich vom Acker.

Frustriert warf sich Julien aufs Bett und dachte nach. Dann griff er in die Schublade und holte Jamies Heft heraus.

Auf der ersten Seite war das Gedicht, das Jamie in Sanskrit abgemalt hatte. Es handelte sich um den letzten Vers des Rig Vedas – die älteste Schrift der Veden, wie er wusste. Die Veden selbst waren uralte Texte, deren Entstehung und genaues Alter im Dunkeln lagen, die man aber auf circa viertausend Jahre vor Christus datierte. Allein das versetzte Julien in Ehrfurcht. Dass es vor Tausenden von Jahren schon Erkenntnisse gegeben hatte, die aktueller nicht sein konnten.

Unter den vedischen Vers hatte Jamie die englische Übersetzung geschrieben und diese auf den letzten Seiten vertont. Im Wesentlichen war der Text ein intensives Gebet, ein Aufruf an die Menschen, vereint zu sein, mit einer Sprache zu sprechen, der Sprache des Herzens. Der Aufruf, gemeinsam Gutes zu tun.

Darunter stand in Handschrift: *An eternal, everlasting hymn from ancient times – for the brotherhood of man. May love reign the world. Jamie Scott.*

Eine ewige, immergültige Hymne aus uralten Zeiten - für Brüderlichkeit unter den Menschen. Möge Liebe die Welt regieren. Jamie Scott.

Auch das verursachte Julien Gänsehaut. Etwas Magisches vibrierte in diesem alten Text und als er darüber nachdachte, wurde ihm klar, dass die Intention und die hohe Energie, mit der diese Sätze verfasst worden waren, in den Buchstaben mitschwangen. Das beschäftigte ihn.

Jamies zweite Seite enthielt Zitate, die er von verschiedenen Quellen abgeschrieben hatte:

Du kannst nicht geben, ohne auch etwas zu erhalten. Und du kannst nicht erhalten, ohne etwas zu geben. Geben und erhalten ist der Kreislauf des Lebens. Wenn du gibst, solltest du es dir auch wert sein, zu erhalten. Wenn du erhältst, solltest du dir bewusst sein, dass du es in irgendeiner Form wieder an die Welt zurückgibst. Das ist der Kreislauf des Lebens.

Juliens Blick fiel auf den nächsten Satz:

Das Ego will immer etwas sein. Das Selbst weiß, dass es alles ist.

Die Zeilen klangen in ihm nach. Er verstand sie. Schließlich nahm er sich ein Blatt Papier, schrieb einige Ideen auf, kreiste die ein, die er für realisierbar hielt und überarbeitete seinen Vortrag.

♩♩♩

»Hey Julien, warte mal! Gibst du deiner Mutter bitte diesen Brief?«

»Was steht da drin?« Erschrocken sah Julien hoch zu seinem Lehrer. »Doch hoffentlich nicht, dass ich aus den Kursen muss?«

»Woher denn!«, beruhigte ihn Jeremy. »Es ist eine Einladung. Deine Mutter hat mir vor etwa zehn Jahren mal einen richtig großen Gefallen getan und ich will mich revanchieren.«

»Du kennst meine Mama?«

»Kennen ist übertrieben. Es waren nur ein paar Stunden auf Ibiza, die wir miteinander verbracht haben, aber wie gesagt: Ich bin ihr noch was schuldig – und das will ich nicht auf mir sitzen lassen.« Er grinste Julien an und zwinkerte ihm zu.

»Aber Mama geht nie aus!«, informierte ihn Julien. »Ich meine nicht mit Männern.«

»Warum denn nicht?«

»Weil sie das irgendwie nicht mag.«

»Oh, okay.« Jeremy schien über etwas nachzudenken, sein Blick war nach innen gekehrt. Dann kam er wieder zurück zu Julien: »Hör mal, dann brauche ich ganz dringend deine Hilfe. Kannst du mir vielleicht sagen, was sie gerne macht? Beziehungsweise was sie gar nicht mag? Ich möchte sie nicht verärgern, weißt du.«

»Sie geht gern ins Kino«, verriet ihm Julien. »Mit mir zumindest. Sie mag Abendkleider und sie hat auch welche, aber sie zieht sie nie an, weil sie eben nicht ausgeht. Sie trinkt gern Champagner, aber sie mag keinen Weißwein. Hm … sie isst kein Fleisch … und sie hasst rote Fahrräder.«

»Sie hasst rote Fahrräder? Warum das denn?«

»Keine Ahnung. Sie ist fast ausgerastet, als ich mir eins kaufen wollte.«

»Ähm … weißt du sonst noch was in der Richtung? Geht sie gerne tanzen?«

»Nee, Alter«, entfuhr es Julien. »Tanzen geht gar nicht. Da reagiert sie voll allergisch drauf.«

»Ja, okay, danke, das hilft mir sehr. Und Julien, nix für ungut – nenn mich nicht Alter! Ich bin immer noch dein Lehrer! Wie kommst du mit deinem Projekt voran?«

»Gut! Morgen stelle ich es ja vor.«

»Alles klar. Bin sehr gespannt!«

Jeremy zwinkerte Julien noch mal zu und verschwand dann in einem der Klassenzimmer.

♫ Heal The World♫
Michael Jackson

Julien legte Jeremys Brief auf Stellas Teller, als er den Tisch deckte.

»Von Herrn Bernadi«, erklärte er. »Er hat mir verraten, dass ihr euch auf Ibiza getroffen habt.«

»Oh, das hat er erzählt? Was hat er denn noch gesagt?«, fragte sie verhalten.

»Dass es nur ein paar Stunden waren und ihr euch nicht wirklich kennt.«

»Ähm, ja, das stimmt. Wir ... wir sind spazieren gegangen. Und haben ein bisschen geredet.«

»Er hat gesagt, du hast ihm einen Gefallen getan? Was war das, Mama?«

»Ich ihm? Keine Ahnung, was er meint.«

Sie nahm den Brief und legte ihn zur Seite.

»Warum machst du ihn nicht auf?«

»Später, Liebling. Ich habe Hunger, wir essen jetzt.«

Sie öffnete den Brief erst, als Julien eingeschlafen war.

»Liebe Stella«, stand da in Jeremys forscher Handschrift, »darf ich Dich wiedersehen? Würdest Du mit mir essen gehen? Keine Angst, ich will Dich nicht über Deine Vergangenheit befragen, aber ich würde so gern die Stella, die Du jetzt bist, näher kennenlernen. Ob Du mir irgendwann mal auch etwas über die Stella von damals verrätst, ist ganz Deine Entscheidung. Tatsache ist, dass ich sterben würde für ein Abendessen mit der Stella von heute. Bitte mach mir diese Freude. Dein Jeremy«

Der Brief bestach durch seine Schlichtheit und im nächsten Moment waren ihr die Szenen von jener Nacht auf Ibiza so präsent, als erlebe sie sie ein zweites Mal.

Ihre beiden Körper auf dem harten Fels, als sie jeden Widerstand aufgegeben hatte, Jeremys feste Arme, als er sich am Morgen verabschiedet hatte, Arme, die ihr Schutz gewährt hatten ... sie erinnerte sich an das Band, das sich während der Nacht mehr als einmal zwischen ihnen gespannt hatte, erinnerte sich daran, wie er ihr alles Gute gewünscht hatte. Und an seinen letzten Blick, als er gegangen war.

Ja, er hatte recht. Sie war ihm einiges schuldig. Er hatte damals die ganze Nacht über sie gewacht – bis der Morgen gekommen war. Er war der Grund, warum Julien lebte. Das war ohnehin mit nichts zu bezahlen.

Wieder dachte sie an seinen Kuss und ein Schauer durchlief sie. Ein Schauer, den sie lange nicht mehr gefühlt hatte, ein Schauer, der von noch etwas Zusätzlichem beseelt war, etwas, was sie beunruhigte, was sie nicht einmal definieren konnte. Doch dann schoss ihr in den Kopf: Er war sieben Jahre jünger als sie!

Ihre Gedanken schweiften zu Mertens. Der war sieben Jahre älter als sie. Und ganz offensichtlich an ihr interessiert. Sie hatte Beate ein wenig ausgehorcht und die hatte ihr gesteckt, dass er seit drei Jahren von seiner Frau getrennt lebte, aber er war nicht von ihr geschieden. Auch bei dem Gedanken an Mertens verspürte sie ein Kribbeln.

Unentschlossen legte sie den Brief neben sich, dachte an die vergangenen Jahre. Die zwei Beziehungen hatten jeweils keine zwei Monate überdauert. Sie war lange allein gewesen. Lange ohne einen Mann. Lange ohne Zärtlichkeiten.

Unversehens stand sie auf, holte eine Flasche Sekt aus dem Kühlschrank und schenkte sich ein Glas ein. Trank schnell. Zu schnell. Der Alkohol kreiste nach ein paar Minuten in ihrem Kopf. Warum verursachten Mertens Interesse und Jeremys harmlose Einladung ihr solche Kopfschmerzen?

Weil du immer ins Klo gegriffen hast, was Männer angeht, teilte ihr ihr Kopf mit. *Weil du nicht in der Lage bist, eine richtige Entscheidung zu treffen. Weil du wieder unglücklich wirst, wenn du das tust.*

Ihre Augen verdunkelten sich, als sie an den Supergau Sam dachte, der ihren Fehlentscheidungen die Krone aufgesetzt hatte.

Sie konnte einer Beziehung nicht mit Vertrauen begegnen. Sie hatte sich das damals von Eileen auferlegte Männerverbot nun selbst verordnet und es nur diese zwei Male aus biologischer Notwendigkeit gebrochen – und selbst das hatte sie nicht genießen können. Ihre früher so übersprudelnde Sexualität war erloschen, eine Tatsache, die sie zusätzlich quälte. Inzwischen hatte sie tierische Angst vor Nähe, weil sie nie, nie, nie mehr so enttäuscht werden wollte wie damals.

Diese Erkenntnis stürzte sie in Verzweiflung. Denn was war die Alternative? Ewig alleine zu bleiben? Ohne nachzudenken goss sie sich ein weiteres Glas ein und nahm einen großen Schluck. In ihrem Kopf wirbelte es inzwischen. Oh, sie wollte aus ihrem selbst gestrickten Muster so gerne ausbrechen … wenn nicht diese verdammte Angst wäre!

Jeremys weiche Lippen kamen ihr ins Bewusstsein und ihr wurde wieder bewusst, wie bereitwillig sie ihren Mund für ihn geöffnet, wie willenlos sie seine Zunge hatte eindringen lassen, wie alles an ihr gebebt hatte, als er sie mit seiner so unnachahmlich bestimmten Art gehalten hatte.

Kurz entschlossen holte sie Briefbogen und Stift aus dem Sekretär im Wohnzimmer, legte Musik auf und las noch einmal seinen Brief:

»Bitte mach mir diese Freude. Dein Jeremy.«

Der Nachtwind auf Ibiza umgab sie wieder, der würzige Duft nach wildem Knoblauch, Wacholder und Rosmarin, der Mond schien, das Meer rauschte, die Mandelbäume und Blumen wiegten sich wieder im Wind.

Sie fixierte die Sektflasche, die schon zur Hälfte leer war. Schenkte sich ein drittes Glas ein, kippte es zur Hälfte hinunter. Sie war betrunken. Ihre Hand machte sich selbstständig, nahm den Füller und schrieb:

»Lieber Jeremy,

Du hast recht. Ich habe dir viel zu verdanken. Ob sich das jemals begleichen lässt, sei dahingestellt. Ich gehe gern mit dir essen. Aber nur, wenn du wieder mein Leben rettest. Dir traue ich zu, dass du das kannst. Alles Liebe, Deine Stella.«

Sie falzte das Papier, steckte es in den Umschlag, klebte ihn zu und schrieb. »Jeremy Bernadi« darauf. Ihr betrunkenes Gehirn dachte noch: *Toller Name!*, dann steckte sie den Brief in Juliens Schulranzen und fiel ins Bett.

♫♫♫

»Mama! Wach auf! Wir haben verschlafen!«

Julien rüttelte sie und träge blinzelnd öffnete sie ihre Augen. »Verschlafen?«, murmelte sie und tastete instinktiv nach dem Wecker. »Oh verdammt!«, entfuhr es ihr. Es war sieben Uhr dreißig!

Sie schoss hoch, ihr Kopf dröhnte und stöhnend rieb sie sich die Schläfen.

»Geht es dir nicht gut, Mama?«, fragte Julien besorgt.

»Nein, nicht wirklich«, krächzte sie und versuchte, ihr Gehirn zum Denken zu bewegen. »Hast du gefrühstückt?«

Julien schüttelte den Kopf.

»Okay, mein Schatz, ich rufe ich in der Schule und im Büro an und gebe Bescheid, dass wir später kommen. Katja wollte heute in die Stadt, sie kann dich mitnehmen – ich brauche noch ein Weilchen, okay?«

Julien nickte, aß eine Kleinigkeit und verließ das Haus. Auch Stella zwang sich, etwas zu essen, nahm eine Aspirin, duschte heiß und war danach einigermaßen in der Lage, einem straffen Arbeitstag entgegenzusehen.

Erst, als sie an ihrem Arbeitsplatz saß, die ersten Kundenanrufe abgewickelt, alle dringlich anstehenden Aufgaben erledigt hatte und sich aufatmend einen starken Kaffee gönnte, fiel ihr der Brief ein, den sie am Vorabend im Suff verfasst hatte. Verdammt noch mal, was genau hatte sie eigentlich geschrieben? In ihrem Kopf waren nur vage Erinnerungen. Mondlicht, Meeresrauschen … Leben retten … du liebe Zeit! Hektisch nahm sie ihr Handy zur Hand und tippte eine Nachricht für Julien:

»Hi, Julien, ich habe gestern einen Brief in deine Schultasche gesteckt – bitte nicht abgeben! Ich muss da noch ein paar Sachen ergänzen!«

Die Antwort kam eine Stunde später: »Tut mir leid, Mom, er hat ihn schon. Er hat ihn auch gleich aufgemacht. Hat also keinen Sinn, ihn zurückzuholen.«

»Ach, herrje«, stöhnte sie und vergrub den Kopf in ihren Händen.

♫ ♫ ♫

Dienstagnachmittag. Julien hatte seinen Vortrag genau vorbereitet und sich mit Chrissi besprochen.

»Du hörst einfach zu«, eröffnete er ihr. »Außerdem habe ich ein paar wichtige Aufgaben für dich.«

Chrissi guckte wie immer kariert. »Ähm, okay, du hast Aufgaben für mich«, wiederholte sie sarkastisch.

»Genau«, grinste er sie an und amüsierte sich diebisch über ihr Unbehagen. »Eine echt wissenschaftliche Sache. Du machst eine Umfrage unter Fünftklässlern, Studenten und Leuten im Alter unserer Eltern, also drei Altersgruppen. Die Frage lautet: ›Was würdest du tun, um die Welt besser zu machen?‹ Damit bekommt deine Facharbeit einen wissenschaftlichen Anstrich, auch wenn die Umfrage nicht repräsentativ ist.«

Chrissi stand wie immer der Mund offen. »Julien, so langsam komme ich mir vor wie der letzte Arsch«, sagte sie schließlich. »Wessen Reinkarnation bist du? Steve Jobs? Winston Churchill? Einstein?«

Seine Antwort überraschte sie:

»Ich mag nicht, wenn du dich selber Arsch nennst«, erklärte er angesäuert. »Du könntest dich endlich mal ins Zeug legen und Ideen beisteuern. Ich weiß nämlich, dass du's draufhast. Nur du weißt es nicht. Und du tust nichts dafür, dir das selbst zu zeigen. Du bestehst nur immer auf deiner eigenen schlechten Meinung von dir.«

Chrissi Mund klappte hörbar zu und ihre Augen waren ein Meer an Verwirrung. Sehr still setzte sie sich auf ihren Platz, während Julien nach vorne ging und seine Blätter sortierte wie ein alter Profi.

»Und Julien? Alles fit?«, fragte Bernadi, der schwungvoll das Zimmer betrat. Er war bestens gelaunt, hielt in seinen Händen eine Schachtel und ein großes Tragetablett mit mehreren dampfenden Bechern. Seine Augen strahlten und er verkündete: »Leute, hier sind jede Menge Donuts und Kuchen, nebst Cappuccino, Kaffee und heißer Schokolade! Bedient euch!«

Er erntete erfreute und erstaunte Ausrufe.

»Ey, krass, haben Sie Geburtstag?«, fragte einer.

»Nö«, erwiderte Jeremy. »Mach ich nur, weil ich euch alle so liebhabe.«

Die Schüler lachten und an Julien gewandt meinte er:

»Kakao, Kleiner? Bin echt schon gespannt auf deine Ausführungen!«

Er zwinkerte ihm zu, fläzte sich in eine der Bänke zu den Schülern, schnappte sich einen Kaffeebecher und gab Julien mit einem Kopfnicken das Startzeichen.

Bernadis überbordende Stimmung übertrug sich auf die Jugendlichen. Die Leckereien taten ihr Übriges dazu und außerdem wollten sie den Vortrag von dem »Knirps« hören, wie sie ihn alle inzwischen liebevoll nannten. Die allseits gute Laune befeuerte Juliens Enthusiasmus umso mehr.

Es war eine weitere Gelegenheit, zu spüren, dass der Junge außergewöhnlich war. Er war selbstsicher, wo andere nervös waren. Aber das, was am meisten auffiel, war seine offene Freude darüber, loslegen zu können, und mit Erstaunen registrierte Jeremy, dass Julien aus einer echten Inspiration heraus handelte.

Julien fragte sich nicht, wie er wohl auf die anderen wirken, ob er in diesem Kreis bestehen würde, sondern war schlicht versessen darauf, seine Ideen mitzuteilen. Er war furchtlos – eine Geisteshaltung, die kaum noch einem Menschen zu eigen war. Eine warme Welle schwappte von Jeremy zu dem Jungen.

Julien sah kaum auf seine Blätter, als er zu reden anfing:

»Es ist noch nicht so lange her«, berichtete er, »da hat mir jemand die Geschichte der kleinen Leute von Swabeedoo vorgelesen und ich fand, es ist die dümmste Geschichte aller Zeiten.«

Die Schüler lachten verwundert über diesen so originellen Einstieg.

»Ich weiß nicht, ob ihr diese Geschichte kennt. Sie geht so: Die kleinen Leute von Swabeedoo führten ein herrliches Leben, sie waren alle freundlich und gut und es gab nicht einen schlechten Gedanken unter ihnen. Und da sie sich alle so lieb hatten, schenkten sie jedem, den sie trafen, ein Pelzchen. Da jeder jedem immer wieder eines schenkte, hatten natürlich alle Pelzchen im Überfluss. Aber dann zog ein Kobold zu ihnen und der konnte es nicht ertragen, dass alle so glücklich waren. Er begann Zwietracht zu säen, indem er sie auf Gedanken brachte, die sie vorher nie gedacht hatten. Er sagte Dinge wie: ›Ich würde an deiner Stelle mit den Pelzchen haushalten. Wie kannst du nur jedem eines schenken? Bald hast du keine mehr! Außerdem hat der und der das und das über dich erzählt … und jener hier, der bunkert Pelzchen, damit er irgendwann die meisten hat‹. Kurz gesagt: Er säte Misstrauen und die doofen Leute von Swabeedoo glaubten ihm, hielten ihre Pelzchen zurück, fingen an, ihre Mitbürger mit Argwohn zu betrachten und ihre Pelzchen zu zählen … Der ganze Mist eben, der entsteht, wenn einer dem anderen nicht vertraut, oder besser: Wenn man miesen Gedanken glaubt«, kürzte Julien die Geschichte ab. Wieder lachten einzelne und alle waren gespannt, wie er die Überleitung zum sozialen Projekt meistern würde.

»Die Quintessenz ist, dass es bei den kleinen Leuten von Swabeedoo nie mehr so wurde wie früher. Als ich die Geschichte gehört habe, war ich sauer und dachte: Warum kann es nicht umgekehrt sein? Warum haben sie nicht einfach wieder das gemacht, was sie vorher gemacht haben? Sie waren doch vorher so glücklich!? Das hätte ihnen doch zu denken geben müssen! Warum haben sie ihre negativen Gedanken höher bewertet, als das, was vorher war? Das bringt mich zu meinem Projekt. Ich habe lange darüber nachgedacht, wie man die Welt besser machen kann und festgestellt: Alles beginnt bei uns Menschen. Alle Probleme, die die Erde hat, sind von uns produziert. Es ist gut, wenn wir uns um die Umwelt kümmern, Kriege beenden wollen und so weiter, aber solange wir die Ursache von allem sind, wird es Konflikte und Probleme geben.«

»Yep«, ließ sich ein Schüler vernehmen. »Jagen wir also die menschliche Spezies in die Luft und der Erde geht es endlich wieder gut!«

»Das ist eine Möglichkeit«, bestätigte Julien. »Aber ich nehme an, das wollen die meisten nicht. Weil … ich finde, die Welt ist doch so schön! Das Leben ist schön! Und daher heißt mein Projekt ›Mensch‹.«

Inzwischen hatte er die Aufmerksamkeit aller im Raum, auch wenn einige eher belustigt waren. Jeremy hingegen hörte sehr genau zu.

»Mein Pate John und meine Mama haben mit mir viel über solche Dinge gesprochen. In den alten Schriften steht immer, dass wir alle aus Liebe geboren wurden, dass etwas in uns ist, das ständig Liebe produziert, weil es aus Liebe besteht. Also, auch, wenn ihr jetzt gleich lacht – das heißt im Klartext: Wir sind alle aus Liebe gemacht. Und ich finde, es ist das, was wir Menschen vergessen haben, woran wir noch nicht einmal mehr glauben oder es als blöd abtun. Und da muss es doch irgendwie wieder einen Weg zurückgeben. Je länger ich nachgedacht habe, desto eher bin ich zu dem Schluss gekommen, dass das jedermanns Aufgabe auf der Welt sein könnte. In den Schriften werden auch Ärger, Neid, Zorn, Eifersucht, Gier und so weiter als die eigentlichen Feinde des Menschen bezeichnet – eben das, was der Kobold in den Leuten von Swabeedoo zum Leben erweckt hat. Und alle, die durch diese Filter die Welt betrachten, sehen sie verzerrt und verzerren sie auch immer mehr. Um bei den Swabeedoos zu bleiben: Bevor der miese Gedanke der Eifersucht und des Misstrauens in ihnen war, ging es ihnen gut. Merkt ihr was? Es ging ihnen gut, weil sie manche Gedanken einfach nicht gedacht haben.«

Julien kratzte sich an der Nase, weil er die skeptischen und spöttischen Blicke seiner Mitschüler bemerkte. Aber unbeirrt machte er weiter:

»Also, halten wir fest: Negative Gedanken bringen negative Gefühle hervor und das wiederum bringt negatives Verhalten hervor. Jetzt ist es so, dass jeder mal negativ denkt. Ich glaube, das ist nicht das Problem. Das Problem entsteht bloß, wenn man daran festhält. Und das tun die meisten Menschen. Sie halten dran fest, werden unglücklich und alles ist nur noch Mist. Und irgendwie schaffen sie es nicht, sich von dem Negativen, sprich den Gedanken, zu lösen. Im Gegenteil, sie denken sie immer wieder.«

Er machte eine kleine Pause, bevor er fortfuhr.

»Mein Pate hat mir auch gesagt, dass die Welt so ist, wie sie ist, weil das Kollektiv so denkt, wie es denkt. Er hat gesagt: *Die Welt ist nicht so, wie sie ist, sondern so, wie du bist.*«

»Aber die Probleme, die die Welt hat, sind doch real!«, warf ein Mädchen verwirrt ein.

»Hab ja auch nicht gesagt, dass sie nicht real sind«, erwiderte Julien. »Ich stelle nur die Behauptung auf, dass die Welt anders sein könnte, wenn du anders über sie denkst.«

»Aber wie soll ich denn anders über die Welt denken, wenn sie so ist, wie sie ist?«, bohrte das Mädchen weiter. »Ich habe erstens die Probleme nicht gemacht und zweitens kann ich sie nicht einfach wegdenken, so wie du das sagst.«

»Also, erstens: Wenn keiner mehr an eine gute Welt glaubt, kann sie auch nicht entstehen«, gab Julien zurück. »Irgendwo müssen wir anfangen – und ich glaube, dass das nur jeder Einzelne tun kann. Jeder muss sich seine Gedanken anschauen. Die meisten wissen ja noch nicht mal, was sie denken – und wundern sich dann, wenn rauskommt, was sie reingeben: Eine Welt, die ihnen Angst macht. Das fängt alles im Kopf an.«

»Häh? Und du meinst wirklich, anders zu denken, schafft eine bessere Welt? Dieser Positivscheiß? Ist voll unrealistisch!«, erklärte Pascal. »Es gibt solche Arschlöcher auf der Welt!«

»Weiß ich. Aber es geht in erster Linie drum, selber keins zu sein.«

»Erklär das mal unseren Regierenden!«, höhnte der Nächste. »Das ist doch Kacke!«

»Nein, ist es nicht«, beharrte Julien. »Und was die Arschlöcher angeht, mein Pate hat auch gesagt: *In jedem Menschen steckt ein König. Sprich zu ihm und er wird herauskommen.* Ich meine, was ändern wir, wenn wir die Welt mit Groll und Ärger betrachten? Gar nichts! Wenn ich aufhöre, an eine gute Welt zu glauben, haben die Arschlöcher ein Gewicht mehr.«

»Trotzdem … wie willst du das machen bei knapp acht Milliarden Menschen?«, protestierte ein anderer.

»Indem ich – und jetzt komme ich zur Schmetterlingstheorie und dem Präfrontalkortex – Impulse setze. Es stimmt – ich kann keine acht Milliarden Menschen ändern. Aber wenn all das Miese in der Welt entsteht, weil das Kollektiv mies denkt, dann kann ich selbst doch die Fahne hochhalten. Also, mich nicht anstecken lassen und trotzdem gut bleiben. Ich kann einen Sog erzeugen. John hat mir einen Satz mitgegeben, den ich schön finde: *Nur, wenn man die Welt mit Liebe ansieht, kann man sie ändern.* Die erste Idee von den Swabeedoos war schön. Das Ding war nur, dass sie sie danach mehr oder weniger aufgegeben haben. Und als ich mit John geredet habe, hat er mir vom Aspect-Experiment aus Frankreich erzählt. Das hab ich mal gegoogelt.«

Jeremy gluckste amüsiert. »Hey Julien, ist ja mega!«, warf er mit einem überbreiten Grinsen ein und richtete sich auf. »Du hast das Aspect-Experiment gegoogelt?«

»Ja, und da stand, dass zwei Quantenpartikel, die einmal zusammen waren und danach durch riesige Distanzen voneinander getrennt wurden, trotzdem noch verbunden blieben. Wenn das eine sich änderte, änderte sich auch das andere – und die Wissenschaftler konnten sich das nicht wirklich erklären. Aber ich finde, das zeigt, dass wir alle verbunden sind. Und wenn einer von uns sich ändert, ändert sich alles. Vielleicht nur minimal. Aber der Schmetterlingseffekt sagt ja, dass minimale Änderungen genügen, um eine große Änderung herbeizuführen.«

Verblüfft schüttelte Jeremy den Kopf. Aber seine Augen glitzerten.

»Und was heißt das jetzt genau?«, fragte ein Mädchen mit gerunzelter Stirn.

»Mein Projekt geht so: Ich werde so vielen Menschen wie möglich einen Lichtpunkt geben – eine kleine Botschaft, einen Spruch, einen Gedanken. Denn wenn alles miteinander verknüpft ist, dann habe ich mit einer einzigen, winzig kleinen guten Tat einen Mechanismus in Gang gesetzt, dann bewegt sich alles – auch, wenn wir das nicht gleich sehen. Ich stelle mir das wie ein Räderwerk vor. Und außerdem will ich den Leuten irgendwie klarmachen, dass Glück und Liebe nicht außen sind, sondern in ihnen drin.«

Das war der Moment, in dem die meisten der Schüler leer guckten, verständnislos schnaubten und Juliens Gedankengängen weder folgen konnten, noch wollten.

»Häh?«, machte Mario und lachte leicht. »Du hast sie doch nicht mehr alle!«

»Sekunde mal«, mischte sich Jeremy ein. »Bevor ihr Juliens Ideen verreißt: Ich habe dazu in den nächsten Stunden noch einiges zu sagen. Also gebt dem erst mal eine Chance. Die Idee, die eigenen Gedanken unter die Lupe zu nehmen, ist auf keinen Fall falsch. Denn das ist eine Verantwortung, die keiner mehr sieht. Und keiner von euch hat sich bisher weitreichend genug damit befasst, um sagen zu können, dass das nicht fruchtet. Fragt euch doch, wie oft ihr miese Gedanken produziert und damit euch selbst und auch die Geschehnisse in der Welt beeinflusst! Macht euch bewusst, wie groß eure Verantwortung ist! Und dass ihr eine habt.«

Die Schüler waren betroffen.

»Ja, aber was genau willst du jetzt machen?«, bohrte Marco nach.

»Lass das mal meine Sorge sein«, erwiderte Julien. »Ich fange einfach an. Und erstatte Bericht, wenn ich genügend Daten gesammelt habe.«

Ein nur sehr schwacher Applaus kam zustande, aber das war Julien egal. Er sammelte seine Blätter ein, setzte sich und der nächste Vortrag begann.

Jeremy hatte Mühe, diesem zu folgen. Sein Blick ging immer wieder zu Julien.

Zweifelnd blaffte Chrissi Julien nach der Stunde an. »Was immer du vorhast: Die Aktion geht schief – so viel steht schon mal fest!«

»Mann, hau den Filter aus deinem Kopf und mach doch einfach mal mit«, empfahl er ihr und ließ sie mit diesen Worten einfach stehen.

♫♫♫

»Was machst du denn da?«, fragte Stella erstaunt, als sie von der Arbeit nach Hause kam. Julien saß in einem Wust aus buntem Papier, hatte sich mit verschiedenfarbigen Stiften bewaffnet und bereits Unmengen an kleinen Spruch-Kärtchen gebastelt.

»Das ist mein Projekt«, erklärte er ihr. »Für den Sozi-Kurs.«

Stella nahm einige der bunten Papierstreifen in die Hand, die er sauber mit einem Gummi gebündelt hatte und las, was er darauf geschrieben hatte:

Du bist wertvoll, vergiss das nie. Wenn du an deinen eigenen Wert glaubst, tun es auch andere, stand auf einem. Sie nahm ein nächstes Päckchen in die Hand:

Schenk der Welt deine Liebe, nicht deinen Ärger, und:

Bevor du Liebe von anderen forderst – such sie in dir;

Wer nicht vertraut, kann kein Vertrauen finden;

Liebe ist nicht außen, sie ist innen und nur, wer sie dort entdeckt, kann sie auch sehen;

Wenn es dir schlecht geht, tu jemandem etwas Gutes und es geht dir besser!
Er hatte mindestens schon hundert solcher Kärtchen hergestellt.
»Wow«, sagte sie beeindruckt, als sie die Botschaften las. »Wie bist du denn darauf gekommen?«

»Ich habe mir überlegt, was die Leute sauer oder traurig macht. Sie ärgern sich über andere, also gibt es ein Kärtchen, das sagt: *Wenn du dich ärgerst, ist es dein Ärger und nur du leidest darunter.* Oder sie haben Liebeskummer, also schreibe ich: *Liebe ist in dir und nirgendwo sonst.* Vieles habe ich aus Jamies Heft abgeschrieben.«

»Noch mal – wow! Dir müssen doch die Finger glühen! Was hast du damit vor?«

»Ich werde jeden Tag mindestens zehn dieser Karten verteilen«, erklärte er. »Das sind meine Pelzchen. Ich habe nachgedacht. Die Geschichte von Swabeedoo ist gar nicht so dumm, nur der Schluss.«

»Und … was erhoffst du dir davon?«, fragte sie vorsichtig.

»Ich möchte, dass die Leute auf andere Gedanken kommen. Weil die meisten sich in Negatives richtig reinbohren. Wenn sie plötzlich etwas Aufmunterndes in die Hand bekommen, wird ihnen das vielleicht bewusst. Es ist wie ein Stück Schokolade, wenn man sauer ist. Eine Gedankenpraline. Oder ein Sahne-Schubs. Ein Lichtpunkt.«

»Ich verstehe«, lächelte Stella. »Julien, das ist eine tolle Idee!«

»Ehrlich, Mama?« Nachdenklich sah er sie an.

»Ja, wenn du frei bleibst und keine Erwartungen an deine Aktion und die Menschen hast«, erklärte sie. »Wenn du es tust, weil du es tun willst … und nicht sauer oder traurig wirst, wenn du keine Ergebnisse erzielst.«

»Die kann ich sowieso nicht sehen, selbst, wenn es sie gibt. Aber wenn ich schon auf der Welt bin, dann will ich gute Impulse setzen. Das sind meine Flügelschläge für eine bessere Welt.«

♫♫♫

Die nächsten Tage stellte sich Julien mit einer absolut übel gelaunten Chrissi in die Fußgängerzone und verteilte seine Kärtchen. Sie hatte ihm bei der Herstellung geholfen, die Sprüche in den Computer gehackt, kopiert, ausgeschnitten und auf Kartonpapier geklebt. Aber sie glaubte kein Stück an das Projekt, fühlte sich doof, weil sie fremden Leuten etwas in die Hand drücken musste, was die gar nicht wollten, und motzte in einem fort.

»Menno«, stänkerte sie. »Hast du das Gesicht von dem Doldi gesehen? Als ob ich ihm eine Bombe in die Hand gedrückt hätte!«

»Ja, aber die Frau vorhin hat gelächelt«, sagte Julien friedfertig. »Mann, Chrissi! Das ist ein positives Projekt und du bist so ätzend drauf! Wie wär's, wenn du mal ein Beispiel gibst?«

Schließlich kamen sie überein, dass Chrissi sich um die Umfrage kümmern sollte und Julien die Sache mit den Kärtchen weiterverfolgte. Chrissi war froh, vom Außendienst entlassen zu sein.

Julien machte unverdrossen weiter. Tag für Tag stellte er Zettel her, bis Stella ihm erklärte, sie werde eine Druckerei beauftragen. Das sei nicht teuer, vor allem, wenn sie hohe Stückzahlen orderten. Gemeinsam suchten sie schöne Motive aus, was auch der kreativen Chrissi Spaß machte, und ließen von jedem Spruch ein paar hundert Stück drucken.

»Ach, du liebe Zeit«, sagte Stella, als ein Karton mit zehntausend Kärtchen ankam. »Ich fürchte, da bist du die nächsten Jahre beschäftigt!«

»Das ist ja auch eine Lebensaufgabe«, erwiderte Julien. Sein Gesicht strahlte und er schlang seine Arme um ihre Hüften: »Du bist die beste Mama der Welt!«

♫♫♫

Jeden Tag schnallte sich Julien nun eine Gürteltasche mit Spruchkarten um den Bauch und machte sie bis zum Abend leer. Und immer, wenn er ein Lächeln auf einem Gesicht erblickte, und wenn es nur ein kleines war, freute er sich. Der Gedanke, dass der Zettel irgendwo auf einem Schreibtisch lag, vielleicht weitergegeben wurde oder im passenden Moment der richtige Impuls für jemanden war, machte ihn froh. Und das reichte ihm.

In der Schule hatte innerhalb weniger Wochen wohl jeder mindestens ein oder mehrere Kärtchen von ihm. Er bombardierte Lehrer wie Schüler damit und es begannen sich verschiedene Fraktionen zu bilden. Die einen, die sich über seine Botschaften freuten und das süß fanden (vorwiegend Mädchen), die anderen, die seine Hartnäckigkeit bewunderten, und die, die ihn zu hänseln begannen. Sie warfen seine Zettel ostentativ in den Müll und machten sich lustig über ihn, wann immer er an ihnen vorbeizog. Er war der Zettelfreak, die Wünschelrute, der Heal-The-World-Fuzzi, der Card-Man, bezogen auf die Zeichentrickserie South Park, und was nicht noch alles.

Stella bekam das über Chrissi mit, die ab und zu auftauchte, um mit Julien ihr Projekt zu besprechen. Besorgt verfolgte sie, wie Julien auf diese Anfeindungen reagierte.

Aber Julien war Julien: Ihm war das egal. Längst hatte er auch seine Zettel in der ganzen Siedlung verteilt. Sein favorisiertes Ziel allerdings war die unsichtbare Nachbarin. Ihr legte er besonders viele auf den Fußabstreifer, klebte sie mit Tesa an ihre Tür oder warf sie ihr in den Briefkasten. Frau Huber war sein besonderes Projekt, für das er sogar handgeschriebene Extra-Kärtchen anfertigte oder auch mal eine Geschichte abschrieb. Er tat das jeden Tag.

♫♫♫

»Also, Ihre Ideen sind fantastisch, Frau Brandtner«, sagte Mertens begeistert und sah mit leuchtenden Augen auf die Unterlagen vor ihm. »Das machen wir so!«

Stella hatte eine gedämmte Lagerhalle nicht weit entfernt vom Geschäftsgebäude ausfindig gemacht und vorgeschlagen, ihre neuen Motive für die Kunden dort aufzubauen – vor allem auch, um Fotos für die Website machen zu können. Sie barst vor Ideen und überschüttete ihren Chef geradezu damit. Aber es machte auch so unendlich Spaß! Mertens war alles andere als eine Bremse und Stellas Schwung aktivierte die anderen Mitarbeiter, die aus ihrem Trott erwachten und ebenso Sinnvolles beisteuerten.

Inzwischen hatten sie Stoffe eingekauft und es trafen herrlich anzusehende, farbenfrohe Ballen in der Firma ein. Smaragdgrün, Saphirblau, Rubinrot, kombiniert mit Gold und weiteren Farben wie Rosa, Gelb, Lila – die ganze Belegschaft war begeistert. Die ersten Bahnen wurden bereits für ein orientalisches Zelt verarbeitet.

Mertens brache sich ins Geschehen ein. Stella staunte, dass er auf diese Farbenpracht abfuhr und das nicht als kitschig abtat.

»Ist doch mal was völlig anderes als wollweiß, beige, gestreift und kariert!«, hatte er gerufen. Zusammen hatten sie Marketingpläne und Kostenkalkulationen besprochen und sie fand in ihm einen für alles aufgeschlossenen, begeisterungsfähigen Mann. Ja, es machte Spaß! Es lief alles so glatt, so toll, so gut! Wie versprochen hatte Mertens ihr Gehalt aufgestockt und Stella fand sich zum ersten Mal in ihrem Leben in der Situation, jeden Monat mehr Geld überwiesen zu bekommen, als sie brauchte.

Sie war so dankbar, dass sie sich noch mehr für die Firma einsetzte, zu Hause mit Julien über ihre Ideen diskutierte und dadurch noch mehr Input bekam. Demnächst wollten sie auch Kinder-Partyzelte in ihr Programm aufnehmen – da war ja der Fantasie keine Grenze gesetzt! Es gab so viele Themenwelten! Die Liste war endlos.

»Wie wäre es, wenn wir einen Eröffnungsabend machen für die Presse, den Bürgermeister, Stammkunden – und Kunden, die Sie schon immer dazu gewinnen wollten? Während des Tages verarzten wir die Journalisten, abends veranstalten wir eine kleine Gala … Wäre in unserem Investitionstopf die erforderliche Summe dafür frei?«

»Wie schön, dass Sie ›unseren Topf‹, sagen«, schmunzelte Mertens. »Sie identifizieren sich wirklich sehr mit der Firma. Ich kann Ihnen gar nicht sagen, wie mich das freut!«

Sie lächelte leicht zurückhaltend. Es war offenkundig, dass sie ihm nicht gleichgültig war und verflixt – er war attraktiv! Manchmal kam er mit einem Drei-Tage-Bart in die Firma, in Jeans und einem legeren Sakko, was ihn total lässig erscheinen ließ. Dann wieder glattrasiert und im Anzug. Er war ausgesucht höflich und seine Augen leuchteten stets auf, wenn er sie sah. Beate verriet ihr, dass sie ihn seit Jahren nicht mehr so schwungvoll erlebt habe.

»Seit seiner Trennung war er immer etwas steif und ernst«, erzählte sie Stella in einer Kaffeepause.

»Und vorher war er anders?«

»Ja, ähnlich wie jetzt. Seit du im Haus bist, schwebt er ja förmlich in die Firma.«

Stella wurde rot. Das war ihr nicht recht.

»Wer hat denn die Trennung gewollt?«, fragte sie nach.

»Er. Sie hat ihn wohl betrogen. Beide waren am Boden zerstört deswegen. Ich kann mich noch daran erinnern, wie sie eines Tages völlig verheult in die Firma kam, um mit ihm zu reden. Aber er hat sich nicht erweichen lassen. Sie haben sich im Büro lautstark gestritten und er hat geschrien, dass er das Vertrauen verloren habe. Schon schade, Frau Mertens ist eine so nette, hübsche Frau.«

»Lebt sie hier in der Nähe?«

»Ja, sie ist wegen der Kinder nicht weggezogen. Die sind mal bei ihm und mal bei ihr.«

Das alles ging Stella durch den Kopf, als Mertens seinen Terminkalender zückte und sie fragte:

»Was machen Sie am Donnerstag in drei Monaten?«

Sie befragte ihren elektronischen Kalender. »Außer meinem Arbeitstag hier habe ich nichts eingetragen«, erwiderte sie.

»Ich gebe eine Einladung an diesem Tag, eine kleine Gala. Ein alljährliches Event von mir, um meinen Kooperationspartner zu danken, mit denen ich über die Jahre verkehrt habe. Ich finde, Sie sollten dabei sein.«

Stella war verlegen. Sie wusste von Beate, dass noch nie ein Mitarbeiter der Firma dazu eingeladen worden war. Es war mehr eine Privatparty für geachtete Geschäftsfreunde.

»Sind Sie sicher, dass Sie mich dort sehen wollen?«, fragte sie leise. »Ich meine, das sind Ihre …«

»Exakt«, unterbrach er sie, »… meine Geschäftskollegen und Freunde. Genau deswegen möchte ich Sie ja dort sehen. Um Sie zu beruhigen: Auch Herr Borken und weitere Angestellte sind eingeladen.«

»Okay«, sagte sie erleichtert. »Dann … wenn Sie darauf bestehen … «

»Absolut! Haben Sie ein Abendkleid?«

»Natürlich.«

»Und ein Cocktailkleid?«

»Ja, auch«, sagte sie verwirrt. »Wie ist denn nun der Dresscode?«

»Beides«, sagte er. »Das Abendkleid ziehen Sie an der Gala an. Das Cocktailkleid, wenn Sie mit mir ausgehen. Würden Sie mit mir ausgehen?«

Er sah sie an mit seinem graublauen Blick und ihr wurde heiß. Das erste Event konnte sie noch als Geschäftsveranstaltung abtun, das zweite nicht. Mit geröteten Wangen sah sie ihn an und Mertens lächelte zärtlich.

»Ich weiß, es ist viel verlangt«, murmelte er. »Bitte … Geben Sie sich einen Schubs.«

»Okay«, brachte sie hervor. »Wenn …, wenn …«

»Nichts wenn«, beendete er ihr Gestammel. »Wir gehen einfach aus. Ohne Wenn und Aber!«

Puff. Das waren nun schon zwei Einladungen innerhalb kürzester Zeit. Und die eine wie die andere verursachte ihr Herzflattern.

♫♫♫

Unermüdlich brachte Julien seine Zettel unter die Leute. In der Schule gab es mittlerweile keinen, der ihn nicht kannte; Spott und Wohlwollen waren ihm gleichermaßen sicher. Selbst die Lehrer zogen ihn damit auf, aber Julien ließ sich nicht beirren. Da er sich nicht dauernd in die Fußgängerzone stellen wollte, fuhr er nun häufiger Bus, nutzte die Wartezeit und natürlich die Busfahrt selbst, ergriff jede Gelegenheit, um

Leuten seine Nachrichten in die Hand zu drücken. Und nie vergaß er, einen persönlich geschriebenen Zettel für seine Nachbarin zu schreiben.

Tag für Tag, Woche für Woche.

Doch eines Tages, als er an ihre Haustür kam, klebte ein großes Blatt daran:

»Lass das!«

Ungerührt schrieb Julien darunter: »Warum?«, und schob ihr die nächste Karte unter der Tür durch, auf der stand: *Wenn du die Welt umarmst, umarmt sie dich!*

Tags darauf hing ein neues Blatt an ihrer Tür: »Ich will das nicht!«

Juliens Spruch für sie an diesem Tag lautete:

Du kannst nicht vor deinem Schicksal ausreißen. Es wird dich immer finden. Und je länger du dich vor ihm versteckst, umso heftiger wird die Begegnung mit ihm sein.

Am nächsten Tag blieb die Tür leer. Julien schaute auf den Zettel in seiner Hand.

Du weißt nie, was deine nächste gute Tat oder dein nächster guter Gedanke bewirkt‹, stand darauf. ›Du weißt nie, ob du nicht mit deiner bloßen Existenz ein Leben rettest.

Er überlegte sich, ob er klingeln sollte, und tat es dann ganz einfach. Aber Frau Huber machte nicht auf. So befestigte er den Satz mit Tesa an ihrer Tür und hüpfte pfeifend von dannen.

Nächster Tag: Ein großes Blatt baumelte an der Tür und darauf stand: »Du hast keine Ahnung!«

Juliens Gesicht leuchtete auf. Das war ja eine echte Antwort! Doch der Spruch, den er heute für sie ausgesucht hatte, passte nicht und so lief er noch mal nach Hause, bastelte eine hübsch verzierte Karte und überlegte.

Schließlich schrieb er ein Zitat von Dietrich Bonhoeffer auf die Karte:

Den größten Fehler, den man im Leben machen kann, ist, immer Angst zu haben, einen Fehler zu machen.

Er befestigte ihn und war gespannt auf ihre Reaktion. Ein Aufschrei in Form eines DIN A4 Blattes leuchtete ihm am nächsten Tag entgegen: »LASS MICH IN RUHE!«

Aber Julien wusste, dass sie ihm nichts anhaben konnte. Das, was er tat, war nicht strafbar. Also versenkte er frohgemut die nächste Nachricht, diesmal in ihren Briefkasten.

»Viele Menschen haben sich so lange im Unglücklichsein geübt, dass ihnen Glück völlig fremd vorkommt. Ist das bei dir auch so, Frau Huber?«

Wieder wartete er. Er rechnete damit, dass sie es einfach aufgeben würde, Verbote an ihre Tür zu hängen, aber am nächsten Tag zierte erneut ein Blatt ihre Tür. Es war kariert, herausgerissen aus einem Block und es stand nichts drauf.

Verwundert nahm Julien es ab und bemerkte, dass es gewellt war. Hatte sie geweint? Nachdenklich starrte er es an, als er unten rechts, ganz klein eine Zeile in Blockschrift entdeckte.

»Es gibt kein Glück«.

»Oh, du Arme«, sagte Julien halblaut vor sich hin. »Das ist ja ein Scheißleben, wenn du so was glaubst.«

Er kniete sich auf ihren Fußabstreifer, presste das Blatt gegen die Tür und schrieb:

»Frau Huber, Glück kostet Arbeit. Arbeit mit und an dir selbst. Daher ist Glück für alle machbar. Zu sagen ›Ich habe nie Glück‹, bekommt damit eine neue Bedeutung. Warum glaubst du, es gibt kein Glück? Das kann gar nicht sein, weil es Leute gibt, die glücklich sind. Vielleicht kannst du da was in dir ändern? Es ist so schade, dass du weinst.«

Es war die erste, persönliche Nachricht, das zweite Mal, dass er ihren Namen verwendete. Aber ihre Tränen, die das Blatt gewellt hatten, waren intimer als jedes Wort hätte sein können. Sie hatten die Verbindung auf eine andere Ebene gehoben.

Ein Zetteldialog war entstanden.

»Es gibt Dinge, die du nicht verstehst«, schrieb sie zurück.

»Es geht nie darum, Dinge zu verstehen. Es geht immer darum, sich selbst zu verstehen. Dann versteht man auch die Dinge.«

»Schreibst du das irgendwo ab? Das kann nicht von dir kommen! Es geht nicht darum, sich selbst zu verstehen. Ich verstehe die Welt nicht. Sie ist grausam.«

Es war – neben ihren Tränen – ein weiteres Mal, dass sie etwas Persönliches preisgab. Julien überlegte nicht lange, bevor er seine Antwort formulierte:

»Die Welt ist schön. Sie ist wunderschön. Ich wünschte, du könntest das wieder sehen.«

»Nein, du verstehst das nicht. Du bist noch jung. Nicht für alle Menschen ist die Welt schön.«

Julien beschloss, ein größeres Geschütz aufzufahren. Er schrieb ihr einen Brief.

»Liebe Frau Huber«, kritzelte er andächtig in Schreibschrift auf sein Blatt. »Ich weiß nicht, was dir passiert ist. Ich weiß aber, dass Dinge, die passieren, dazu da sind, dass man daran wächst und nicht, um daran zugrunde zu gehen. Das wäre doch eine erbärmliche Sichtweise – und du bist ganz bestimmt nicht erbärmlich. Mein Spruch für dich heute ist: *Menschen, die an sich arbeiten, gewinnen Weisheit.* Das hat mir meine Mama mal gesagt … dass man immer an sich arbeiten muss. Sie hat mir erzählt, dass es ihr auch nicht immer gut ging. Es ging ihr sogar mal ziemlich dreckig. Aber sie hat aus der Situation was gemacht und deswegen liebe ich sie noch mehr, als ich es sowieso schon tue. Und du willst doch auch jemand sein, den man lieben kann. Mama sagt, alles im Leben hat einen Sinn. Kann ich dir irgendwie helfen, Frau Huber?«

Er warf den Brief in ihren Postkasten und wartete neugierig auf ihre Antwort.

Aber Frau Huber blieb stumm.

♫♫♫

Jeremy hatte sich fast nicht mehr eingekriegt, als er Stellas Antwort gelesen hatte. Er hatte fest mit einer Absage gerechnet und schon Maßnahmen in petto gehabt, wie er weiter dran bleiben könnte. Aber auf so ein schnelles Ja – und noch dazu so ein Ja! – war er nicht gefasst gewesen. »Aber nur, wenn du wieder mein Leben rettest … Dir traue ich das zu …« Diese Antwort ließ sein Herz hüpfen.

»Und wie ich dich rette, meine Süße!«, murmelte er. »Ich habe so einige Wiederbelebungsmaßnahmen im Sinn!«

Stella hingegen bereute ihre im Suff geschriebene Zusage, aber sie fand, ein Essen war das Mindeste, was er verdient hatte. Außerdem konnte sie ihm bei der Gelegenheit klarmachen, dass der Kuss am ersten Abend ein Ausrutscher gewesen war. Sie konnte immer noch nicht fassen, dass sie das zugelassen hatte. Ihre Gefühle für ihn waren äußerst ambivalent. Obwohl sein Kuss eindeutig die Frau in ihr geweckt hatte, sah sie in ihm immer noch den zwanzigjährigen Jüngling. Sie rief ihn an.

»Verrätst du mir, wo wir hingehen, damit ich nicht over- oder underdressed bin?«

»Was hast du denn selbst am liebsten an?«

»Kommt darauf an, wo wir hingehen«, erwiderte sie lakonisch. Jeremy lachte.

»Dann wirf dich ins Abendkleid!«

»Abendkleid? Bist du sicher?«

»Ganz sicher. Ich hole dich ab, du musst dich um nichts kümmern!«

Perplex betrachtete sie ihre zwei Kleider im Schrank. Eines stammte noch aus ihrer Studentenzeit, das andere hatte sie für geschäftliche Anlässe von ihren ersten Gehältern gekauft. Ihre Augen fingen an zu funkeln, als ihre Finger über die Stoffe glitten und sie sich überlegte, welches das richtige für Mertens war und welches für Jeremy passte. Hm. Für Mertens das geschäftliche – ein klassisch dunkelblaues, langes Etuikleid mit ein paar Strass-Effekten. Aber beide Kleider empfand sie plötzlich als zu langweilig für Jeremy und in einer plötzlichen Regung ging sie in Juliens Zimmer und fragte ihn, ob er mit ihr einkaufen gehen wolle. Begeistert sagte er zu, packte seine Gürteltasche mit den Kärtchen und sie zogen los.

Eine Stunde später war Stella im Besitz eines smaragdgrünen Kleides mit großem Rückenausschnitt im Meerjungfrauenstil, das ihr Dekolleté und ihre frauliche Figur fantastisch zur Geltung brachte. Dazu erwarb sie lange Handschuhe in der gleichen Farbe und einen voluminösen Modeschmuck dazu.

»Du siehst super aus, Mama!«, rief Julien und hüpfte wie ein Kobold um sie herum. Längst hatte er die Frauen in dem Laden mit seinem Charme und seinen Zettelchen um den Finger gewickelt. In diesen Momenten erinnerte er sie heftig an Sam. Julien war ihm nicht nur wie aus dem Gesicht geschnitten, er hatte auch dessen natürlichen Charme.

»Ziehst du das im Geschäft an?«, fragte Julien. »Für den Tag der offenen Tür?«

»Nein, das ist für das Essen mit Jeremy«, antwortete sie.

»Ultrakrass!«, stöhnte Julien. »Der arme Kerl!«

Und brachte damit das ganze Geschäft zum Lachen.

♫ One of These Things First ♫
Nick Drake

Am Tag ihrer Verabredung warf sich Stella also ins Abendkleid, kam sich völlig overdressed vor und wartete. Pünktlich zur vereinbarten Zeit fuhr ein Wagen vor.

»Mama!«, kreischte Julien aufgeregt. »Mama! Guck mal da draußen! Das musst du dir ansehen! Das ist der Hammer!«

Neugierig schaute Stella aus dem Fenster und zuckte zurück.

»Ach du, Schreck«, entfuhr es ihr. »Was ist das denn?«

Eine Stretchlimousine hielt am Straßenrand, ein Chauffeur in Livree stieg aus und klingelte. »Madame«, sagte er. »Mein Name ist Harry und ich habe die erfreuliche Aufgabe, Sie zu Herrn Bernadi zu bringen.«

Stella stand der Mund offen und es dauerte eine Weile, bis sie ihn wieder zuklappte. Verschmitzt lächelte Harry sie an.

»Natürlich«, erwiderte sie schließlich verdattert. »Möchten Sie für eine Minute hereinkommen? Ich bin sofort soweit.«

Harry bedankte sich und ließ sich ins Wohnzimmer führen, wo Julien mit Sina, einer von Katjas Töchtern, saß. Beide starrten Harry an, als wäre er ein Wesen von einem fremden Stern.

»Das ist ja wie im Film!«, hauchte Sina. »Wo geht deine Mama denn heute Abend hin?«

»Zu meinem Lehrer«, klärte Julien sie auf und während Sina ein lautes und verständnisloses »Häh?«, von sich gab, sagte Julien zu Harry:

»Du siehst voll cool aus! Bist du ein richtig echter Chauffeur? Wie geil ist das denn? Und du arbeitest für Herrn Bernadi?«

»Das ist richtig«, entgegnete Harry und grinste leicht. »Zumindest für heute Abend.« Eine Sekunde später hatte er einen Zettel in der Hand.

»Vielen Dank«, sagte er und schmunzelte. »Ein wahrer Spruch! Den hebe ich mir auf.«

Dann kam Stella, mit Schal und Handtasche und lächelte Harry etwas unsicher an. Formvollendet lief er vor und hielt ihr die Tür auf. Stella schickte hinter seinem Rücken noch eine aufgeregte Grimasse an Sina und Julien und wedelte mit der Hand.

»Viel Spaß, Mami«, rief Julien. »Bin sicher, dein Rückenausschnitt nietet Jeremy um!«

♪♪♪

Artig hielt Harry ihr den Schlag auf.

»Mit Verlaub, Madame«, sagte er und lächelte zurückhaltend. »Das ist ein ganz fantastisches Kleid und es steht Ihnen hervorragend.«

»Vielen Dank, Harry«, erwiderte sie und kam sich tatsächlich vor wie im Film »Verraten Sie mir, wo wir hinfahren? Das wäre mir eine Erleichterung, weil ich mich schon mal geistig darauf einstellen kann. Ist es ein Restaurant? Und wenn, bin ich dann nicht völlig overdressed mit diesem Kleid?«

»Nein, es ist kein Restaurant, aber mehr darf ich nicht verraten. Sie sehen es ja gleich, wir fahren nur eine halbe Stunde.«

Gekonnt umschiffte er ihre Fragen und amüsierte sich über ihre Hartnäckigkeit, der er tapfer standhielt. Sie fuhren in die nächstgrößere Stadt und hielten schließlich an einem großen, sanierten Altbau mit zwei, drei Mietparteien. Per Funk gab er Bescheid, dass sie angekommen waren, schaltete das Warnlicht an, ging um den Wagen herum und half ihr beim Aussteigen. Ein paar Sekunden später öffnete er ein Holzportal, das ein mit Marmor ausgelegtes kleines, halbrundes Foyer freigab, in dem sich lediglich ein Aufzug befand.

Die Türen fuhren auseinander. Harry ließ sie eintreten. Er selbst blieb draußen stehen, zog eine Karte durch den Scanner, drückte auf den obersten Knopf und wünschte Stella noch einen schönen Abend. Bevor sie etwas sagen konnte, schlossen sich die Türen und der Aufzug bewegte sich nach oben.

Völlig verblüfft über den unerwarteten Beginn betrachtete sie sich im Spiegel, zupfte noch hie und da am Kleid, als ein Ruck schon das Ende der Fahrt verkündete. Die Metalltüren öffneten sich und gaben die Sicht in ein geschmackvoll eingerichtetes Penthouse frei.

Jeremy stand im Anzug vor ihr, zwei Gläser prickelnden Champagners in der Hand, und seine Augen weiteten sich, als er sie erblickte.

»Du siehst umwerfend aus! Was hätte die Welt nur verpasst, wenn du gesprungen wärst!«

Er reichte ihr ein Glas. »Herzlich willkommen! Ich kann dir gar nicht sagen, wie toll ich es finde, mit dir Champagner zu trinken!«

Stella war schlicht überwältigt. Aber nach dem ersten Schluck fragte sie: »Sag mal, was ist das hier? Ist das deine Wohnung?«

»Nein, Gott bewahre! Bevor du falsche Schlüsse ziehst: Sie gehört einem Freund, der sie mir für heute Abend zur Verfügung gestellt hat.«

»Hätte es nicht ein einfaches Restaurant auch getan?«, gab sie zurück. »So mit karierten Tischdecken, Spaghetti und Rotwein?«

»Das hat man alle Tage«, erwiderte er. »Aber dieser Abend soll etwas Besonderes für eine besondere Frau sein! Außerdem sind wir im Restaurant nicht allein und ich wollte eine ungestörte Umgebung.«

»Sehr beunruhigend! Wie darf ich das mit der ungestörten Umgebung verstehen?«

»So wie es gemeint ist. Es stört uns keiner. Wir müssen nicht leise reden, wir können Musik hören. Wir können uns sogar betrinken, weil Harry uns wieder heimfährt.«

»Ach, uns beide?«

»Ja, ich muss ja auch wieder in meine Bude.«

»Die hätte ich gerne kennengelernt. Wären wir da nicht auch ungestört gewesen?«

»Schon. Aber dieses Ambiente passt besser zu deinem Outfit. Ich wollte dich unbedingt mal in Abendgarderobe sehen, nachdem Julien mir verraten hat, dass du Abendkleider liebst. Und wer weiß, vielleicht ist das unser letztes Treffen – also dachte ich mir, fangen wir gleich mal mit einem Höhepunkt an.«

Sie lachte. »Wieso denkst du, dass es nur ein Treffen gibt?«, fragte sie kokett und wurde rot, weil sie genau das eigentlich vorgehabt hatte.

»Weil ich glaube zu wissen, was in deinem hübschen Kopf so vor sich geht«, antwortete er und lächelte rotzfrech.

»Was mich schon immer an dir fasziniert hat, war deine Sicherheit. Woher hast du die nur? Ich war mit dreißig noch reichlich wankelmütig, und du mit zwanzig schon so … dominant.«

»Ich weiß halt, was ich will«, entgegnete er mehrdeutig und sah ihr in die Augen. Sie nahm erneut einen Schluck, diesmal aus Verlegenheit, und begann, sich in dem wunderschönen Penthouse umzuschauen. Es war auf den Altbau aufgesetzt, das Dach hatte man aus Denkmalschutzgründen erhalten und so waren die Räume nicht nur groß, sondern auch hoch.

»Ist aber trotzdem energieeffizient«, erklärte Jeremy, was sie bezweifelte, weil die gesamte Wohnzimmerfront aus Glas bestand und einen atemberaubenden Blick über die Lichter der Stadt bot. Das Interieur war ein gewagter Mix aus Antiquitäten und Modernem und die Küche der absolute Hingucker. Der in der Mitte stehende Küchenblock war einem Schiffsrumpf nachempfunden, freistehend im Raum. Es gab sogar einen Mast, an dem ein Obstkorb und andere nützliche Dinge hingen, und zu ihrer weiteren Überraschung entdeckte Stella Töpfe auf dem Herd – und eine hastig hingeworfene Schürze daneben.

»Jetzt sag nur noch, dass du heute Abend kochst!«

»Aber sicher, wir wollen doch ungestört bleiben.«

»Lass mich raten – es gibt Spaghetti!?«

»Du sagst es. Und Rotwein. Ich habe hier nur keine karierten Tischdecken gefunden.«

Er führte sie an einen so feudal gedeckten Tisch, dass ihr ein überraschter Laut entfuhr. »Ja, du meine Güte«, japste sie. »Das warst aber nicht du!«

»Natürlich war ich das. Was Beamtenärsche doch so alles draufhaben!«

»Gib's zu, du bist Hauswirtschaftslehrer«, spottete sie. »Du bäckst heimlich Plätzchen und umhäkelst Klopapierrollen!«

»Wieso sollte ich das heimlich tun«, gab er zurück. »Ich stehe dazu!«

Stella lachte. Dann fügte sie mit Blick auf die Töpfe hinzu: »Kann ich dir helfen? Hast du noch eine Schürze?«

»Nee, das geht gar nicht. Du setzt dich schön hierher und lässt mich machen. Ich werde nervös, wenn mir jemand beim Kochen zusieht.«

»Deine Zukünftige hat's gut«, schmunzelte sie. »Männer, die kochen können, finde ich sexy. Überhaupt … du musst mir heute alles über dich erzählen!«

Sie fühlte sich beschwingt. Der Champagner prickelte so köstlich. Das Abendkleid und Jeremy im Anzug sowie die luxuriöse Umgebung erhoben das Date zu etwas Besonderem. Im Hintergrund lief leichte Klaviermusik und das Licht in der Wohnung war angenehm gedimmt. Es war hochromantisch und die ungewöhnliche Art, in der sich Jeremy präsentierte, gab dem Ganzen eine sehr spezielle Note.

Mit dem Glas in der Hand und locker plaudernd sah sie ihm zu, wie er geschickt einen Vorspeisenteller mit Salat und Sushiröllchen zurechtmachte und zum Tisch brachte. Und da fiel ihr zum ersten Mal auf, dass er immer noch hinkte. Hatte er sich damals durch den Sturz auf die Felsen so verletzt, dass ein bleibender Schaden entstanden war?

»Jeremy!«, brach es erschrocken aus ihr heraus. »Du hinkst? Bitte sag nicht, dass ich daran schuld bin!«

»Nein«, beruhigte er sie. »Ich hinke schon fast mein ganzes Leben lang.«

Er stellte die Teller auf den Tisch und drehte sich zu ihr um. Sie stand in ihrem Abendkleid an den Küchen-Schiffstresen gelehnt und sah ihn mit großen Augen an. Ihr war, als nähme sie ihn zum ersten Mal richtig wahr. Vorher waren die Eindrücke zu vielfältig gewesen, aber jetzt stand er vor ihr, mit seinen intensiven Augen in diesem schmalen, markanten Gesicht, dem Tony-Stark-Bart, den weichen Lippen, die ihr selbst damals, als sie so verzweifelt gewesen war, schon aufgefallen waren. Sein ganzer Körper strömte Wärme aus, Kraft und Sicherheit, obwohl er doch so viel jünger war als sie. Bislang hatte sie ihn ja auch als Jungspund abgehakt, hatte eher das Bild vom Lehrer in Hoodie und Jeans im Kopf gehabt – das sie allerdings auch reizvoll fand. Der Anzug allerdings machte ihn männlicher – und verwegener. Ja, er war ein Mann. Ein gefährlich interessanter Mann.

Unwillkürlich lächelte sie und Jeremy kam langsam auf sie zu, stellte sich dicht vor sie hin und sah ihr in die Augen. Zart strich er ihr über die Wange. Stella erschauerte. Ihre Wimpern senkten sich und ihr Blick fiel auf seine Brust, auf das Hemd, das er trug, und sie meinte, sein Herz gegen den Stoff klopfen zu sehen. Auch das ihre klopfte. Erwartungsvoll – und doch hatte sie Angst, dass er mehr tun könnte. Dass er etwas wollte, wozu sie nicht bereit war.

Jeremy startete keinen Angriff. Er genoss sie, ohne sie zu berühren. Lediglich seine Hand glitt nach unten, umschloss wie damals ihre Finger. Sanft hob er sie an, führte sie an seine Lippen, küsste sie kaum merklich, ein winziges Lächeln in den Augenwinkeln.

»Madame«, sagte er leise. »Es ist angerichtet.«

Ein Zauber lag über dieser feinen Geste, eine Magie, die sie entspannte und ihre Augen aufleuchten ließ. Sie wusste genau, dass er wusste, was ihr in diesen paar Sekunden im Kopf herumgegangen war, und seine Feinfühligkeit schuf eine innige Verbundenheit, schuf wieder dieses Band, das sich damals schon zwischen ihnen gespannt hatte.

Er rückte ihr den Stuhl zurecht, schenkte ihr Champagner nach und lächelte sie an.

Fasziniert stellte sie fest: Er war ein Meister des Lächelns. Noch nie hatte sie jemanden getroffen, der nicht nur mit einem so immensen Repertoire an Lächeln aufwartete – nein – er brachte es auch jedes Mal fertig, mehr als eine Aussage in sein Lächeln zu legen. Und gerade eben, so schien es ihr, lächelte er besonders charmant, besonders anziehend, besonders zärtlich und besonders … ja, dreckig. Ihr fiel kein passenderer Ausdruck dafür ein. Es war einfach ein anzügliches, pikantes, doppeldeutiges, leicht unanständiges Lächeln – ein »was ich am liebsten alles mit dir machen würde«- Lächeln, das reflexartig ein Feuer in ihr entfachte.

Ihre Wangen röteten sich und ihr Körper fing an zu kribbeln. Er hatte die Gedecke über Eck angeordnet und so waren sie sich ziemlich nah. Aber es war nicht unangenehm. Sie fanden sofort ins Gespräch, witzelten herum, er erzählte von seinen Schülern und dem Lehrerdasein, sie aus ihrem Geschäftsalltag.

Plaudernd räumten sie nach dem ersten Gang die Teller ab und Stella lehnte wieder am Tresen, während er den Hauptgang zubereitete – keine Spaghetti – sondern ein raffiniertes vegetarisches Gericht, zu dem er ihr einen leichten Rosé einschenkte, während ihr Gespräch floss und floss wie eine unversiegbare Quelle. Sie lachten viel, Stella fühlte sich unendlich wohl und Jeremy verschlang sie mit seinen Augen und genoss ihre Gegenwart in vollen Zügen. Sie fragte nach seinen Eltern und er schwärmte ihr von seinem Vater vor.

»Ich habe den besten Vater, den man sich vorstellen kann«, sagte er. »Er hat mir immer meine Freiheit gelassen und mich in allem unterstützt. Ein toller Mann. Ich hoffe, du lernst ihn mal kennen.«

»Und deine Mutter?«

»Meine Mutter ist … na ja, sie ist gegangen, als ich zehn war. Sie war total lieb und hat mir eine tolle Kindheit beschert.« Er sagte nichts weiter dazu und als drei Sekunden vergangen waren, hakte sie nach:

»Was heißt das? Sind deine Eltern geschieden?«

»Mehr oder weniger. Es ist noch ein paar Jahre so hin- und hergegangen … Aber es hat einfach nicht mehr funktioniert. Sie ist ins Ausland gezogen.«

Stella legte mitfühlend die Hand auf seinen Arm. »Das tut mir so leid«, sagte sie.

»Ist vorbei«, erwiderte er und lächelte schon wieder. »Ich bin keine zehn mehr. Was ist mit deinen Eltern?«

»Tote Hose.«

»Im Ernst? Warum?«

»Darüber will ich jetzt wirklich nicht reden.«

Er schaute sie an und das erste Mal an diesem Abend breitete sich Schweigen zwischen ihnen aus.

»Jeremy«, wagte sie sich schließlich vor. »Darf ich fragen …«

»… warum ich hinke?« Er hob den Kopf an und sah geradeaus, nicht in ihre Augen. Sein Blick war woanders, irgendwo in der Vergangenheit. »Ist kein Geheimnis. War ein Unfall. Bin die Treppe runtergefallen, als ich fünf war, und habe mir die Hüfte gebrochen. Die Ärzte haben das leider nie richtig hinbekommen.«

Die Stimmung war seltsam und es war zu spüren, dass da noch etwas war, über das er nicht sprechen wollte. Stella war unschlüssig, ob sie weiter vordringen sollte, und gab sich schließlich einen Ruck.

»Was ist da noch, Jeremy?«, fragte sie. »Das war nicht alles, oder?«

»Was sollte denn sein«, erwiderte er, stand auf, nahm ihre Teller und als sie Anstalten machte, ihm zu helfen, wehrte er ab: »Bleib sitzen, ich mach das schon.«

»Ich habe nicht das Gefühl, dass du mir alles erzählt hast«, erwiderte sie, stand trotzdem auf und folgte ihm. Aber er ließ sich nicht darauf ein, hantierte mit den Desserttellern herum, nahm kleine Schokoladenkuchen aus dem Ofen, bestreute sie mit gehackter Pistazie, gab einen Strich Vanillesoße dazu und dekorierte alles mit geeisten Himbeeren und Minzblättern.

»Das sieht toll aus, Jeremy«, sagte sie warm, als sie wieder am Tisch saßen. »Und es schmeckt absolut fantastisch! Wo hast du das gelernt?«

»Ich hatte mal eine Gourmetköchin als Freundin«, erwiderte er. »Ich habe ohne Witz fünf Kilo zugenommen in der Zeit! Aber wie du siehst auch viel gelernt.«

»Ja, und die fünf Kilo nicht in Speck umgewandelt«, schmunzelte sie. »Du siehst ziemlich durchtrainiert aus. Machst du das, damit die Mädchen auf dich stehen?«

»Nein, ich muss wegen der Hüfte trainieren, um den Schaden auszugleichen. Espresso?«

»Ist das ein Rausschmeiß-Espresso?«

»Wie kommst du denn darauf?«

»Na ja, du bist komisch. Habe ich dir mit meinen Fragen die Stimmung verdorben?«

»Nein, Stella«, lächelte er. »Du kannst das gar nicht. Nicht du. Du kannst mir nie die Stimmung verderben.«

Er nahm sie bei der Hand und führte sie ins Wohnzimmer, in dem in einem mindestens drei Meter langen Kamin ein Feuer brannte. Aber als er sie auf die Couch ziehen wollte, sperrte sie sich.

»Hey«, sagte er. »Bleib locker. Ich tu dir nichts.«

Noch immer hielt er ihre Finger umschlossen, stand dicht vor ihr, sein Mund war ganz nah an ihrem Gesicht und unversehens musste sie an seinen Kuss denken. Er dachte wohl an das Gleiche, denn seine Lippen zuckten.

»Warum hast du mich geküsst, als du mich wiedergesehen hast?«, fragte sie rundheraus.

»Weil ich nicht anders konnte. Warum hast du mich zurückgeküsst?«

»Weil …, weil du mich überrumpelt hast!«

Sie starrten sich in die Augen.

»Du bist so viel jünger als ich«, flüsterte sie.

»Spielt das eine Rolle? Wenn, dann profitierst du doch davon.«

Stella wurde es glühend heiß unter seinem Blick. Sie spürte, wie ein Schweißtropfen sich aus ihren Poren löste und ihren Rücken hinunter rann, wie ihr Gesicht brannte und sie sich unwillkürlich wünschte, er würde einfach wieder angreifen. Sie einfach wieder überrumpeln.

Er tat ihr den Gefallen. Sanft packte er sie um ihre Mitte, seufzte leise auf, als er ihre nackte, feuchte Haut an seinen Händen spürte und setzte ganz sanft seine Lippen auf die ihren. Seine Zunge schmeckte nach Schokolade, schmeckte nach Verführung, nach Lust, nach Wildheit, weckte Fantasien in ihr. Stella schmolz, fühlte, wie ihre Knie zu Gelee wurden, sank mit ihm auf den flauschigen Teppich vor der Couch, spürte, wie er halb auf ihr lag, wie er ihr Gesicht streichelte, sanfte Küsse auf ihren Hals setzte, mit seinem Mund langsam die erotischen Stellen vom Hals Richtung Ausschnitt abfuhr, spürte seinen heißen Atem auf ihrer Haut, auf der Halsschlagader – und ein Lavastrom an Leidenschaft durchfuhr sie so massiv, dass sie sich ihm mit einem Stöhnen entgegen bäumte.

»Stella«, flüsterte er. »Stella …«

Ein Träger rutschte von ihrer Schulter, gab sie frei. Behutsam streifte Jeremy den zweiten herunter. Der Stoff des Kleides glitt auf ihre Taille, blieb dort hängen und drapierte sich um die verführerische Fülle, die noch unter schwarzer Spitze verborgen lag. Jeremys Hände glitten auf die Rundungen ihrer Schultern, seine Hände lagen warm auf ihrer nackten Haut und wieder erfasste sie ein Schauer, der ihre Brust nach oben drückte und ihren Körper nach so lang unterdrückter Erfüllung schreien ließ.

Jeremy war erregt, sie spürte es, genoss es. Genoss seine Männlichkeit, die sich gegen sie drängte. Mit einem Finger fuhr er unter die durchbrochene Spitze ihres BHs, zog sie herunter, legte die steife Brustwarze frei … so wie es die Männer vor ihm getan hatten, so wie es Sam getan hatte … Sie spürte die kühle Luft an ihrer Haut – und das Feuer in ihr erstarb so schnell, dass ihr innerhalb von Sekunden kalt wurde und sie buchstäblich gefror.

Jeremy ließ sofort von ihr ab, während ihr die Tränen in die Augen schossen.

»Was ist los?«, fragte er leise. »Ist es wegen mir?«

»Nein«, flüsterte sie. »Nein. Es ist …« Sie richtete sich auf, zog die Träger wieder hoch und lehnte sich gegen die Couch, ihre Augen starrten geradeaus. »Es geht mir schon seit einer Weile so. Seit … damals eben.« Sie schluckte und ihre Züge verhärteten sich.

»Und … mit dir … Jeremy, ich weiß nicht, was das ist. Ich meine, du bist süß, aber ich will keinen Fehler mehr machen, verstehst du … und du bist so viel jünger als ich und wir kennen uns gar nicht … und …«

»Schschsch …«, machte er, legte behutsam seinen Finger auf ihren bebenden Mund und stoppte ihren Redefluss. »Dann lernen wir uns eben kennen. Wir geben uns Zeit, okay?« Seine Stimme war sanft. »Wir geben uns Zeit. Ich würde mich so freuen, wenn du mir und dir Zeit gibst … Tust du das?«

Sie nickte, unglücklich, weil sie nicht mehr so empfinden konnte, wie sie gerne gewollt hätte, unsicher, weil sie nicht wusste, was sie überhaupt empfinden sollte. Mertens schoss ihr in den Kopf. Sam. Ibiza. Rafael … Alles war wieder da und genau das wollte sie doch nicht! Verzweifelt schlug sie ihre Hände vors Gesicht.

»Ich kann … ich kann das einfach nicht mehr«, flüsterte sie mehr zu sich als zu ihm.»Ich kann nicht mehr tanzen, ich kann nicht mehr lieben, ich kann mit keinem Mann mehr schlafen … Ich kann nicht mehr vertrauen … Ich kann all das nicht mehr machen, weil sich in meinem Kopf sofort Panik bildet. Weil ich sofort denke, es geht wieder schief und dass Glück etwas Schlimmes nach sich zieht.«

»Aber das ist ein falscher Gedanke, Stella, und du weißt das«, antwortete er.»Es ist ein Gedanke, der dich quält, und du musst ihn loslassen, wenn du glücklich werden willst.«

Ihr Blick war blind und tränennass, als sie antwortete:

»Vielleicht ist es auch ein Gedanke, der mich schützt. Damals, auf Ibiza, dachte ich, ich bin der glücklichste Mensch auf der Welt. Ich dachte, mir kann nichts passieren. Es war alles so perfekt! Es hätte perfekter nicht sein können. Und … ich war so sicher! Ich habe Sam so vertraut! Wir haben so viele schöne Dinge gemacht! Sam und ich … und oh … wie haben wir uns geliebt! So wild und hemmungslos! Alles war leicht, alles war toll. Ich weiß noch, wie ich mit Sam Rad gefahren bin. Es war ein rotes Rad. Es hatte einen tiefen Lenker und er hat mich auf diesen Lenker gesetzt und ist mit mir über die Feldwege gefahren. Ich habe meine Arme ausgebreitet und gerufen: ›Das Leben ist schön!‹ Ich habe es immer wieder in die Welt geschrien! Ich war so überzeugt davon! Und abends sind wir tanzen gegangen, er hat mich immer seine Dancing Queen genannt – ich dachte wirklich, ich bin der glücklichste Mensch auf der Welt! Aber alles, alles ist eingestürzt. Und jetzt, jetzt kann ich es nicht mehr. Ich kann es einfach nicht mehr. Nicht mehr tanzen, nicht mehr lieben, nicht mehr glücklich sein! Ich …«

»Doch, das kannst du. Die Situation ist nicht die gleiche, Stella, vergiss das nicht. Ich weiß nicht, was dir damals widerfahren ist. Aber ich weiß, dass Liebe nie ein Fehler sein kann.«

»Das ist nicht wahr«, flüsterte sie zurück und sah ihn mit nassen Augen an.»Es ist nicht wahr. Ich habe Sam so geliebt. Ich kann ihn noch nicht mal jetzt hassen. Es war so schön mit ihm und …« Sie verstummte.

»Was ist passiert?«, hakte er nach.

»Das ist es, was du wolltest, nicht?«, erwiderte sie bitter. »Zu erfahren, warum ich damals …«

»Ja, ich will es wissen. Aber es ist nicht das, was ich wirklich will.«

»Lässt du mich in Ruhe, wenn ich es dir sage?«

»Nein«, erwiderte er entschieden. »Erzählst du es mir trotzdem?«

Sie sah in sein Gesicht. In diese warmen braunen Augen, die eine andere Erinnerung heraufbeschworen. Die Erinnerung an die erste Nacht mit ihm. Der zwanzigjährige Jeremy, der ihr die Geschichte Ganganaths und die mit der verlorenen Nadel erzählt hatte.

Warum glaubst du, dein Boot bewegt sich, wenn du nur einen Korb von der Ladung nimmst?

Das gab den Ausschlag. Sie lehnte sich zurück, er machte Tee – ein weiteres Signum, das sie an die denkwürdige Nacht ihrer ersten Begegnung erinnerte. Und endlich erfuhr er, warum sie damals am Rand einer Klippe gestanden war.

Jeremy hörte zu. Mit allen Sinnen.

♫♫♫

Sie erzählte ihm alles, einschließlich der Reaktion ihrer Eltern und erschrak selbst darüber, wie sehr die Sache sie noch belastete und wie viele Tränen sie darüber vergoss. John hatte mit ihr die dringlichsten Dinge besprochen und sie hatte viel Trost daraus gezogen, allerdings hatte es in den letzten zehn vergangenen Jahren kaum Zeit für tiefere Vergangenheitsbewältigung gegeben. Sie hatte ums Überleben gekämpft, sich auf Julien konzentriert, und den Schmerz in sich vergraben. Aber nun merkte sie, wie das inhärente Leid ihr Weltbild färbte und ihr Geist falsche Schlussfolgerungen zog, weil er sie auf seine Weise schützen wollte.

Als ihre Geschichte draußen war, fühlte sie sich nicht erleichtert. Im Gegenteil – Angst schwappte hoch. Die Angst, etwas herauf zu beschwören, was sie nie wieder erleben wollte.

Aber Jeremy hielt sie im Arm, ihr Kopf lehnte an seiner Schulter und seine Hand streichelte ihre Haut. Stella schloss die Augen, gab sich dem für diese paar Sekunden hin, schmiegte sich sogar ein wenig enger an ihn. Seine Hand rutschte in ihre Taille und zog sie an sich.

»Ich kann verstehen, dass du Sam geliebt hast«, sagte er leise.

»Das ist das Schlimmste an der Sache«, seufzte sie, geborgen in seiner Umarmung. »Er war so sexy, er war lieb, er war … entwaffnend. Er hat mir zugehört – wie du. Mich im Arm gehalten – wie du. Liebe Dinge getan – wie du. Und daher weiß ich, dass das nicht unbedingt bedeutet, dass ein Mensch ehrlich ist.«

Sie biss sich auf die Lippen. Es hörte sich nicht schön an, was sie da sagte. Auch Jeremy schwieg.

»Und du?«, fragte sie ihn. »Wie ist das mit dir?«

»Das machen wir nicht heute«, murmelte er. »Ich hoffe doch sehr, dass das nicht unser letztes Date war.«

»Jeremy, ich will und kann dir nichts versprechen.« Sie löste sich aus seinem Arm und richtete sich ein wenig auf. »Du hast es so verdient, glücklich zu werden und ich will nicht, dass du dich in etwas verrennst und dich an ein Hirngespinst klammerst.«

Er lachte leicht. »Glaubst du ehrlich, du seist ein Hirngespinst für mich? So wenig du mich auch kennst – aber dass ich klar weiß, was ich will, solltest du inzwischen wissen.«

Sie lächelte. »Ja, wenn ich eines weiß, dann das.«

»Aber?«

»Nichts aber.«

»Doch, da ist ein Aber.«

Ein kleines Lachen entfuhr ihr, erneut verblüfft über seine Sensibilität. Dann wurde sie ernst:

»Ich will nicht, dass mir das wieder passiert. Ich will die Vergangenheit nicht aufwärmen und auch nicht mehr drüber sprechen. Es ist ein ungutes Gefühl.«

»Das ist nicht der Weg, wenn die Vergangenheit noch in dir wirkt«, erwiderte er. »Wenn du die Knoten nicht löst, zeigen sie sich im Außen. Gerade hast du gesagt, dass du vieles hättest verhindern können, wenn du es nicht immer weggeschoben hättest. Und jetzt willst du das wieder tun.«

Sie hatte schon zu einer Antwort angesetzt, die jedoch mit seinen Worten erstarb. Sie wusste, dass er recht hatte, trotzdem keimte Panik auf, wenn sie nur daran dachte, sich mit diesem Thema beschäftigen zu müssen. Missmutig starrte sie vor sich hin. Jeremy stupste sie an die Nase.

»Hey, Dancing Queen«, sagte er und lächelte spitzbübisch. »Das …«

»Sag nicht dieses Wort!«, fauchte sie. Jeremy lachte und funkelte sie an.

»Das kriegen wir schon hin«, fuhr er ungerührt fort. »Du musst mich nur machen lassen!«

»Dich machen lassen? Was hast du vor?«, fragte sie zutiefst misstrauisch.

»Meinst du ernsthaft, das binde ich dir vorher auf die Nase? Vergiss es! Ich verrate dir nur das Ergebnis: Ich werde dein Misstrauen beseitigen.«

»Damit ich dir vertraue.«

»Exakt.«

»Und mit dir ins Bett gehe und du dann irgendwann mit einer Jüngeren stiften gehst … Nee, du, das kannst *du* voll vergessen!«

»Siehst du«, schmunzelte er. »Da ist echter Entwicklungsbedarf.« Er stand auf, mixte ungefragt zwei Ramazottis und reichte ihr einen davon. Sie saß noch immer auf dem Boden und er setzte sich wieder zu ihr. »Du solltest das allein schon wegen Julien tun.«

»Wegen Julien? Warum sagst du das?«

»Weil er so außergewöhnlich ist. Weil es so schön wäre, wenn er sich dieses Grundvertrauen, das er hat, bewahren könnte. Du weißt doch, dass Eltern prägen.«

Konsterniert sah ihn Stella an. »Ich habe immer mein Bestes gegeben«, sagte sie sauer. »Und ich glaube, was Julien angeht habe ich nicht unbedingt alles falsch gemacht.«

»Stella, das weiß ich«, erwiderte Jeremy ernst. »Das sehe ich doch. Ganz sicher bist du eine großartige Mutter. Ich habe noch nie ein solches Kind erlebt. Julien redet anders, ist anders, er hat Ideen im Kopf, die mich echt alt aussehen lassen. Und ich war der Meinung, ich bin belesen!«

»Ja, er war schon immer so. Ich habe ihn aber auch mit diesen Themen gefüttert. Damals war ich sehr einsam und Julien mein einziger Gesprächspartner. Ich habe ihm meine Bücher vorgelesen und John, sein Pate, den du damals auf Ibiza kennengelernt hast, pflastert uns beide auch immer wieder damit voll. Aber Julien liebt das. Er versteht nicht nur, was John meint, er lebt es auch – mühelos – während ich vieles verstehe, aber nicht immer umsetzen kann. All die Jahre war Julien mein Anker. So oft sagte er zu mir, wenn ich traurig war: ›Mama, du musst doch nur zum Licht schauen.‹ Das erste Mal sagte er es, als er drei war, und ich dachte, er meint die Sonne. Aber er hat das innere Licht gemeint. Das wurde mir mit den Jahren klar, weil er mich immer wieder darauf verwiesen hat … apropos …«

Sie sah auf die Uhr. »Ich denke, ich habe Sina genug beansprucht. Ich muss gehen, Jeremy.«

»Okay, gehen wir«, stimmte er zu und tippte etwas in sein Handy. Fünf Minuten später klingelte es und Harry gab Bescheid, dass er unten stand.

»Du bist ein echt verrücktes Huhn«, lächelte sie, als sie in den riesigen Wagen stieg. »Gehört die Stretchlimousine auch deinem Freund?«

»Nein, die habe ich gemietet. Nur für dich, mein Engel.«

Er lächelte sie an, auf diese freche, selbstbewusste Art, die sie absolut überwältigend fand. Sie konnte gar nicht anders als zurücklächeln.

»Das hättest du nicht tun müssen, Jeremy. Ich wäre auch mit Spaghetti und Rotwein zufrieden gewesen.«

»Ist ja toll, dass du so einfach zufriedenzustellen bist«, sagte er. »Für dich würde ich nämlich noch ganz andere Dinge tun, als nur eine Stretchlimo zu besorgen.«

♫ Song for You ♫

Alexi Murdoch

Mit einem neuen Zettel in der Hand stand Julien am nächsten Tag vor Frau Hubers Wohnung, als etwas Unglaubliches geschah: Die Tür öffnete sich.

Vor ihm stand eine dunkelhaarige, bis in die Fingerspitzen gepflegte Frau in einem modischen Jogginganzug. Sie war zwischen vierzig und fünfzig, leicht geschminkt, hatte ein hübsches Gesicht und braune Augen, in denen Angst flackerte. Scheu musterte sie Juliens freudig-erstauntes Gesicht. Der streckte ihr nach zwei Sekunden strahlend die Hand entgegen.

»Hallo Frau Huber!«, rief er frohgemut. »Ich bin Julien. Dein Nachbar!«

»Ich weiß«, erwiderte sie. Ihre Stimme klang rau, als sei sie ungeübt im Sprechen. »Ich habe dich oft durchs Fenster gesehen. Und durch den Spion.«

Julien konnte sehen, wie ihr Herz klopfte. Er sah es an ihrer Kehle. Es musste stark klopfen, wenn man es an der Kehle erkennen konnte, und das rührte ihn.

»Ich find's toll, dass du die Tür aufgemacht hast«, sagte er. »Richtig toll! Jetzt weiß ich, wie du aussiehst!«

Sie nickte schwach und wirkte, als ob sie genau das bereits bereute.

Vorsichtig hielt Julien ihr sein Blatt hin. »Das habe ich gerade für dich geschrieben. Ich hoffe, du kannst was damit anfangen.«

Schweigend nahm sie den Zettel und schaute drauf. Es war ein längerer Text.

Wenn man nicht der Liebe folgt, sondern seinen Begierden oder Ängsten, dann ist das, als ob Energie rückwärtslaufen würde. Als wenn ein Film rückwärts abgespult werden würde. Das ist unnatürlich und verursacht ein unangenehmes Gefühl. Mit dieser Sichtweise kannst du die Welt nicht verstehen. Du kannst dich nicht verstehen. Es ist der falsche Weg, die Welt und das Äußere zu betrachten. Denn das Außen ist nur eine Folge von dem, was innen ist. Und betrachtest du die Welt rückwärts, verlierst du dich in Erscheinungen und glaubst, sie seien Realität. Du kannst dich und das Universum und das Leben nur dann verstehen, wenn du dich nach innen wendest.

»Das habe ich in meinem Notenheft gefunden«, erklärte er. »In Englisch. Ich hab ne Weile gebraucht, um es zu übersetzen; ich hoffe, ich habe es richtig gemacht.«

»Es … es hört sich zumindest richtig an«, erwiderte sie und ihre Hand, die den Zettel hielt, zitterte ein wenig. »Aber warum gibst du mir gerade diese Sätze?«, fragte sie kurz danach gequält. »Glaubst du, ich gehe den falschen Weg?«

»Natürlich tust du das«, kicherte er erstaunt. »Du versteckst dich oder reißt vor irgendwas aus. Und du bist nicht glücklich. Das kann nie der richtige Weg sein.«

Julien taxierte die hübsche Frau vor ihm. In ihrer Kehle pochte es noch immer wie verrückt, als hätte sie gerade einen Sprint hinter sich.

»Du hast so Angst«, sagte er verwundert. »Wovor denn? Vor mir?«

»Nein«, flüsterte sie und ihre Stimme versagte ihr fast. »Nicht vor dir.«

Es war klar spürbar, dass sie zwischen zwei Möglichkeiten hin und her schwankte: Die Tür einfach wieder zu schließen oder sie noch weiter zu öffnen.

»Wie lange versteckst du dich schon?«, fragte Julien interessiert.

Sie antwortete so leise, dass Julien sie nicht verstand und sie es wiederholen musste.

»Sehr lange. Fast zehn Jahre.«

»Fuck!«, rief Julien. »Der Hammer! Und hast du dich jetzt entschlossen, damit aufzuhören?«

Ihre Brust hob und senkte sich schneller, als hätte er etwas Ungeheuerliches geäußert.

»Wie kommst du denn darauf?«, stieß sie hervor.

»Na, weil du die Tür aufgemacht hast«, erwiderte Julien arglos. »Ich würde sie an deiner Stelle nicht gleich wieder schließen.«

Ihre Mundwinkel zuckten ungewollt um eine Winzigkeit nach oben. Sie zögerte.

»Willst du … hast du … ich meine … hast du Zeit? Magst du reinkommen?«

»Au ja!«, freute er sich. Artig zog er die Schuhe aus, schlüpfte durch die Tür und sah sich neugierig um.

Die Wohnung war blitzsauber und so aufgeräumt, wie er das noch nirgendwo gesehen hatte. Das war keine Wohnung, das war ein Ausstellungsraum! Nichts lag herum, kein Staubkorn war zu sehen. Die Gläser in den Vitrinen waren zentimetergenau aufgereiht, Decken und Kissen auf der Couch wie mit dem Maßband aufgestellt … Es war so perfekt, dass Julien verblüfft fragte:

»Sag mal, lebst du hier?«

»Tja, soweit man das Leben nennen kann«, versetzte sie rau. »Möchtest du etwas trinken?«

Ein wenig eingeschüchtert schüttelte er den Kopf.

»Und du gehst nie raus? Ich meine, einkaufen und so? Oder Freunde besuchen?«

»Nein, ich lasse mir alles liefern, ich habe mir mein Leben so eingerichtet, dass ich niemanden mehr sehen muss.«

»Aber warum denn?«, fragte er entgeistert.

»Warum machst du das mit den Zetteln?«, wich sie aus.

»Das ist ein Projekt«, erklärte Julien und war schon wieder Feuer und Flamme. »Ich gebe jedem die Zettel. Nicht nur dir. Weil ich am liebsten wollte, dass alle glücklich sind.«

»Und wieso willst du das?«

»Weil glückliche Menschen die besseren Entscheidungen treffen. Weil glückliche Menschen die Welt schöner machen.«

Sie zuckte zurück. »Bist *du* denn glücklich?«

»Yep!«

»Aber deine Mama ist mit dir allein. Was ist mit deinem Papa?«

»Der ist abgehauen, als sie schwanger mit mir war.«

»Das … das ist doch schrecklich. Bist du nicht traurig deswegen?«

»Nein, wieso denn?«, fragte er verdutzt zurück. Das war mal wieder eine typische Erwachsenendenke: Kinder brauchen Papa und Mama und wenn das nicht so ist, muss man traurig sein. »Mir fehlt doch nichts. Meine Mama ist supertoll und klasse!«

»Interessante Ansicht«, erwiderte sie. »Und du denkst, dass deine Zettel Menschen glücklich machen?«

»Natürlich nicht.« Julien verzog ein wenig das Gesicht. Was glaubte die denn von ihm? Dass er besonders doof war? »Das muss schon jeder selber machen«, erklärte er. »Aber vielleicht ist ja einer der Zettel ein Stups oder so. So wie bei dir. Immerhin hast du die Tür aufgemacht. Und mich sogar reingelassen.« Er grinste selbstzufrieden.

»Deine Nachrichten sind sehr aufschlussreich«, äußerte sie dünn. Sie stand im Zimmer als gehöre sie nicht hierher, als sei sie diejenige, die zu Besuch war, und noch immer hielt sie Juliens Zettel in der Hand.

»Was machst du eigentlich mit den Sprüchen?«, wollte er wissen. »Wirfst du die weg?«

Sie schüttelte den Kopf. »Nein. Komm mit, ich zeige dir, was ich damit mache.«

Julien folgte ihr ins angrenzende Zimmer, in dem drei Wände aus Regalen bestanden, die vom Boden bis zur Decke reichten und mit

Büchern aller Art, vor allem aber Lebenshilfe-Ratgebern, nur so vollgestopft waren. Staunend stand Julien davor.

»Voll krass!«, rief er beeindruckt. »Hast du die alle gelesen?«

Sie nickte. »Wie gesagt, ich habe Zeit. Ich bin allein. Ich lese den ganzen Tag.«

Fasziniert drehte sich Julien um seine eigene Achse und da entdeckte er die Pinnwand. Sie war riesig und über und über mit seinen Zetteln und anderen Sinnsprüchen behängt.

»Du siehst – ich habe alles von dir aufgehoben.«

»Aber du brauchst ja meine Sprüche gar nicht«, stellte er fest. »Du hast ja schon alles.«

»Nützt mir nur nichts«, antwortete sie mit einem galligen Zug um den Mund.

»Na ja«, gab er freundlich zurück. »Du machst nur nix draus. Warum eigentlich nicht? Das ist wie im Auto sitzen und nicht losfahren.«

Sie kniff die Lippen noch mehr zusammen. »Vielleicht will ich das gar nicht.«

»Ja, das glaub ich auch«, sagte er. »Das machen alle Erwachsenen so. Sie kümmern sich so sehr um ihre Probleme, dass sie das Glück ganz vergessen. Voll dumm, echt. Muss öde sein, wenn man so vor sich hinvegetiert.« Verständnislos schüttelte er den Kopf. »Du machst dich freiwillig unglücklich. Und bist unglücklich, weil du unglücklich bist. Bist du nicht einsam?«

»Natürlich bin ich einsam.«

»Ich habe mal eine Studie gelesen, da drin stand, dass soziale Einsamkeit zu einem früheren Tod führt«, sagte Julien. »Und …«

»Na, dann bin ich doch auf dem richtigen Weg!« Sie gab ein paar raue Laute von sich, die wohl ein Lachen sein sollten. Ihr Mund bewegte sich, aber ihre Augen waren bitter.

»Warum bringst du dich dann nicht gleich um?«, fragte Julien in ehrlicher Neugier.

»Daran habe ich sehr oft gedacht«, gab sie zu. »Aber ich war schon immer feige.«

»Vielleicht ist das ja nicht Feigheit, sondern das Gegenteil. Vielleicht ist das eher das bisschen Mut, den du noch zum Leben hast. Oder die Hoffnung, dass doch noch alles gut wird?«

Aufmunternd sah er sie an.

»So … so habe ich das noch gar nicht gesehen.« Ihre Stimme schwankte, ihre Augen wurden feucht. Julien beobachtete sie.

»Bist du depressiv?«, fragte er ungeniert.

»Ja«, hauchte sie. »Ja, so nennt man das wohl, wenn man sich aus diesen hässlichen Stimmungen nicht befreien kann.«

»Okay, dann musst du jetzt gleich schrecklich weinen, oder?«

Das Wasser stand in ihren Augen und sie nickte.

»Tu dir keinen Zwang an«, sagte Julien völlig mitleidlos, während ihr die Tränen über die Wangen liefen. »Geht's dir wenigstens besser hinterher?«

Stumm schüttelte sie mit dem Kopf.

»Mann, Mann, Mann«, grummelte er. »Warum weinst du dann? Das ist ja voll blöd, was du da machst.«

Julien betrachtete sie so intensiv wie ein Wissenschaftler ein Tier, das sich anormal verhält.

»Es … das ist nicht so einfach«, verteidigte sie sich hilflos.

»Ich weiß nicht«, gab er zweifelnd zurück. »Da willst du glücklich sein und tust alles dafür, dass du es nicht bist. Dann heulst du, und hinterher geht's dir auch nicht besser. Und obwohl das nix bringt, machst du jeden Tag dasselbe. Hört sich irgendwie bescheuert an.«

»Sag mal, wie alt bist du eigentlich?«

»Das fragen alle an der Stelle.« Julien ließ ein übertriebenes Seufzen hören. »Ich bin zwölf, und ich hab so die Ahnung, dass du dir deine Depris echt voll einredest.«

»So was kann man nicht steuern! Das ist …«

»Vielleicht redest du dir das auch ein«, unterbrach er sie, »dass man das nicht steuern kann?«

»… und außerdem kannst du das in deinem Alter nicht verstehen«, vollendete sie einigermaßen pikiert ihren Satz.

Julien gab einen genervten Laut von sich. »Das sagen die Erwachsenen immer: Dass wir Kinder es nicht verstehen können. Das finde ich so doof – und weißt du warum? Weil *ihr* nicht versteht! Ihr versteht zum Beispiel nicht, dass ihr schon alles habt. Aber ihr macht uns Kindern dauernd klar, dass wir so unglücklich werden sollen wie ihr, damit wir euch versteht! Was für eine Kacke ist das? Wir sind glücklich, wenn wir auf die Welt kommen. Und alles, was ihr uns sagt, ist: Werdet erst mal so wie wir, dann vergesst ihr das schon. Ihr wollt, dass wir die gleichen Mist-Erfahrungen machen wie ihr und wir sollen genauso drüber denken wie ihr … Na, ich weiß nicht … Findest du das etwa fair?«

Ärgerlich sah er sie an. Aufgescheucht schaute Frau Huber zurück.

»Was … was meinst du denn damit, ich hätte schon alles?«, fragte sie, heillos erstaunt über seine Argumentation und seine Sicherheit.

»Na, da! Dieses Licht in dir«, antwortete Julien. »Ich kann es sehen. Wieso siehst du es nicht?«

»Licht? In mir?«

»Ja, das haben alle. Ich habe noch niemanden getroffen, der es nicht hat.«

»Und … du siehst das?«

»Yep! Aber das sage ich kaum jemandem. Weil … die schauen mich eh schon alle blöd an. Ich glaube, die meisten verstehen gar nicht, wovon ich rede. Verstehst du es?«

»Ich weiß nicht«, antwortete sie unsicher und deutete mit ihrer Hand über die unzähligen Bücher. »Ich meine, ich habe viel darüber gelesen. Über das Licht und die Liebe im Herzen eines Menschen. Aber es hört sich so fremd an. Es hört sich an, als ob es etwas für andere ist, aber nicht für mich.«

Julien brach in Lachen aus. »Du bist echt komisch«, giggelte er. »Das ist wie …«

Er zog die Nase kraus und suchte nach einem passenden Vergleich. Frau Huber beobachtete ihn dabei. Diesen kleinen Jungen, der in der Mitte des Zimmers stand, und auf dessen blondes Haar die Sonne fiel. Er kam ihr in diesem Moment vor wie ein Engel.

»Das ist, als ob du sagst, dein Herz gehört nicht zu dir, obwohl du doch damit geboren wurdest und es dir mit jedem Herzschlag klarmacht, dass es da ist«, sagte Julien schließlich. »Du hörst es klopfen, es macht dich lebendig und du behauptest trotzdem, dass es das Herz nicht gibt. Das ist doch Quatsch.«

Er kratzte sich am Kopf, nicht ganz zufrieden mit seiner Metapher. Es war ihm anzusehen, dass er nach weiteren Möglichkeiten suchte. Frau Huber gab ein leichtes Lachen von sich.

»Du bist erstaunlich«, sagte sie und zum ersten Mal trat ein winziges Lächeln in ihre Augen. »Sehr erstaunlich.«

»Das sagen alle, die vergessen haben, wer sie sind.«

Wieder gab sie ein verblüfftes Schnauben von sich. »Ich … ich weiß gar nicht, wie ich das finden soll«, sagte sie schließlich hilflos.

»Was?«

»Dich! Das, was du sagst! Deine Sprüche! Ich habe dich hier reingelassen! Ein Kind! Oh mein Gott!«

Sie schien sich erst jetzt bewusst zu werden, welche enorme Abweichung in ihrem Lebenszyklus das war.

Julien grinste sie an. »Ist doch schön, dass wir uns jetzt kennen. Ich dachte, du bist ne hässliche alte Omma mit Warzen auf der Nase. Dabei siehst du voll geil aus.«

Diesmal brach sie unversehens in Lachen aus, das sie aber abrupt abbrach.

»Hörst du auf zu lachen, weil du lieber unglücklich sein willst?«, fragte er neugierig.

»Ähm ... ich ... Weißt du was? Du bringst mich ganz schon durcheinander! Ich weiß gerade nicht, ob ich das will!«

»Sag ich doch«, erwiderte Julien gelassen. »Siehst du! Du willst es nicht anders! Verstehe ich nicht. Verstehe ich absolut nicht. Willst du überhaupt glücklich sein?«

»Das will jeder«, flüsterte sie. »Aber nicht jeder hat es verdient.«

»Oh, meine Fresse, was hast du denn für blöde Ideen im Kopf?«

»Das kannst du nicht verstehen!«, erwiderte sie steif. »Ich habe meine Gründe.«

Julien drehte die Augen nach oben. »Logo«, sagte er. »Lass doch die Gründe weg, wenn sie dich nicht glücklich machen.«

»Ich ...« Sie wollte wieder sagen, dass das so einfach nicht gehe, aber sie wusste schon jetzt, was Julien darauf antworten würde: dass sie sich das nur einredete. Frau Huber war ehrlich verwirrt. Julien grinste sie an und rettete sie ungewollt aus ihrem Dilemma:

»Ich muss los, Frau Huber, meine Mama wartet auf mich!«

Er ging zur Tür und zog seine Schuhe an.

»Schickst du ... schickst du mir weiter deine Zettel?«, fragte sie ihn fast schüchtern.

Julien sah hoch. Ihre Augen flackerten. Wieder stand dieser unentschlossene Ausdruck darin.

»Ich habe eine Sammlung mit Geschichten daheim«, sagte er. »Ich könnte dir welche vorlesen. Und danach sagst du mir, wie sie dir gefallen haben. Oder du liest mir vor, was dir gefällt. Damit du wieder das Reden lernst.«

Unwillkürlich musste sie wieder ein wenig lächeln. »Das ... das hört sich nach einer guten Idee an«, sagte sie. »Aber hast du denn Zeit?«

»Ich kann am Montag, am Mittwoch und manchmal am Freitag, wenn Mama mal ausgeht. Aber das macht sie nicht oft.«

»Okay ...«, sagte Frau Huber zögerlich. »Wenn es dir wirklich nichts ausmacht?«

»Nein, gar nicht! Dann bringe ich morgen keine Zettel. Ich komme am Mittwoch, okay?«

»Ja, gut, bis Mittwoch, Julien ... und ach bitte ... bitte sag keinem, dass wir uns treffen, okay?«

Julien sah sie an. Dann nickte er. »Okay, Frau Huber. Wenn du das so willst! Tschaui dann!«

Sie schloss die Tür und Julien war aus irgendeinem Grund sicher, dass sie sich dagegen lehnte und über das staunte, was gerade geschehen war.

Er staunte auch. Er hatte einen solch seltsamen Menschen noch nie kennengelernt. Und noch nie einen so unglücklichen.

♫♫♫

Immer, wenn Stella an den Abend mit Jeremy dachte, zauberte ihr das ein Lächeln ins Gesicht. Aber auch Mertens ließ sie nicht kalt. Seine schönen graublauen Augen, seine ausgesuchte Höflichkeit … Er war das Abbild von einem Mann und das Jungenhafte, das Jeremy noch an sich hatte, fehlte ihm gänzlich. Mertens war ein echter Gentleman und ein toller Unternehmensleiter. Er brachte gute Stimmung in die Firma, förderte die Kollegialität untereinander, hatte immer ein offenes Ohr für seine Leute und konnte klare und schnelle Entscheidungen treffen. Stella mochte das.

Gerade deswegen ging es in der Arbeit Schlag auf Schlag. Mertens wollte ihre Ideen so schnell wie möglich umgesetzt wissen und so fuhren sie zu Messen, gingen Listen potenzieller Neukunden durch, optimierten die Homepage des Unternehmens … Kurz, sie verbrachten viel Zeit miteinander.

Es machte mächtig Spaß mit ihm. Mertens war so unkompliziert und ungezwungen und nicht nur das: Er setzte durchaus seinen männlichen Charme ein – einen Charme, dem sie mehr und mehr erlag. Als sie eines Tages von einer Besprechung mit einem Lieferanten zurückkamen, hielt er spontan an einer Gelateria an und kaufte sich und ihr ein Eis.

Das erste, zaghafte Grün spross aus den Bäumen, es roch nach Frühling und die Luft war herrlich klar. Gemeinsam setzten sie sich auf eine Bank in den Park und Mertens erzählte Stella Anekdoten aus seinem Geschäftsleben, bis sie sich vor Lachen bog. Seine Augen blitzten sie an und manchmal kam er ihr gefährlich nahe. Stella wurde es heiß und da ihre Finger klebrig waren vom Eis, stand sie auf und nutzte den im Park befindlichen Brunnen, um ihre Hände zu reinigen – und um aus seiner Nähe zu kommen. Mertens kam ihr nach, erzählte beiläufig noch einen Witz und reichte ihr ein Papiertaschentuch, das er ihr nach dem Gebrauch wieder abnahm, es zerknüllte und treffsicher in einen Drahteimer warf.

»Yeah!«, juchzte Stella. »Hundert Punkte!«

»Aus dieser Entfernung ist das ja wirklich keine große Sache«, schmunzelte er. Dann sah er sie genauer an und trat dicht an sie heran.

Stella stockte der Atem. Sein Duft wehte zu ihr, seine Körperwärme, seine Männlichkeit. Es war warm an diesem Tag, die Sonne schien und er hatte sein Jackett ausgezogen. Ihr war während ihres Spaziergangs durch den Park aufgefallen, wie viele Blicke von Frauen er auf sich zog und nun stand genau dieser Mann in gefährlichem Zentimeterabstand vor ihr und wischte mit seinem Daumen einen Eisfleck von ihrem Kinn.

»Sie sind auch ohne diesen Eisfleck süß«, murmelte er und sah ihr in die Augen. Ihr rutschte das Herz in den Magen und ihr fiel nicht eine brauchbare Erwiderung ein. »Ich hätte das am liebsten schon an dem Abend gemacht, als ich Sie das erste Mal sah. Da hatten Sie einen kleinen Zahnpastafleck an Ihrem hübschen Kinn.«

Seine Augen sprachen Bände, Stella wurde es schwindlig, doch galant trat er einen Schritt zurück, nahm sein Jackett von der Bank und zwinkerte ihr zu.

»Wollen wir?«

Sie verließen den Park und fuhren zurück in die Firma, aber etwas hatte sich zwischen ihnen seit diesem sonnigen Nachmittag geändert. Nein, Mertens ließ sie nicht kalt. Ganz und gar nicht.

Gerade deshalb sah sie dem Abendessen mit ihm mit sehr gemischten Gefühlen entgegen.

♪♪♪

Was Julien am meisten an Frau Huber beschäftigte, war ihre Angst. Wie konnte man solche Angst vor dem Leben haben? Dann dachte er an seine Mutter. Daran, wie sie ihm erzählt hatte, was ihr passiert war, die Sache mit seinem Vater, die Angst, nicht überleben zu können, nicht zu wissen, ob sie ihm, Julien, ein gutes Leben bieten konnte. Er wusste, dass auch seine Mutter ihre Angst noch nicht überwunden hatte und dass ihr es schwerfiel, wieder jemandem zu vertrauen. Und so dachte Julien über die Angst nach. Darüber, wie sie wohl entstand. Und wie sie zu überwinden war. Für die erste Frage hatte er eine glasklare Antwort – die, die er Frau Huber schon gegeben hatte. Angst hatte man immer dann, wenn man vergessen hatte, wer man wirklich war, wenn man glaubte, man sei sein Körper oder seine Gedanken. Die zweite Frage war schwieriger und so wühlte er am nächsten Tag in seinen Büchern herum, um für Frau Huber eine passende Geschichte zu finden. Es gab ein paar, gerade aus den alten indischen Schriften, die sich mit dem Thema beschäftigten, aber irgendwie, so ahnte er, würde das Frau

Hubers Angst nicht wegmachen. Eine der klassischen Geschichten handelte von dem Mann, der ein Seil mit einer Schlange verwechselte, diese Illusion für absolut wahr hielt und so darüber erschrak, dass er in den Tod rannte. Frau Huber machte das Gleiche, fand er, nur langsamer. Genauso wie die Schlange keine Schlange, sondern nur ein Seil war, war die Angst schlicht eine Illusion. Aber wie sollte man das jemandem klarmachen, der ständig in die falsche Richtung schaute, und daher wild überzeugt war, dass das Seil eine Schlange war? Er wollte behutsam vorgehen und herausfinden, was der Grund für ihre Angst war. Aber selbst, wenn sie ihm erzählte, was sie belastete – dann würden sie ja doch nur über eine Illusion reden und die Frage, wie er ihr plausibel machen konnte, dass es eine war, blieb bestehen. Er beschloss, einfach irgendwo anzufangen, und so war die erste Geschichte, die Julien Frau Huber erzählte, die von einem Betrunkenen.

»Die habe ich aus einem Buch mit orientalischen Geschichten«, erklärte er vorneweg. »Es war einmal ein Mann, der lag sturzbetrunken auf der Straße und grunzte nur so vor sich hin. Schließlich schlief er ein und es dauerte nicht lange, bis ein Polizist kam. Er weckte ihn auf und sagte: ›Sie können hier nicht liegen bleiben. Gehen Sie nach Hause zu Ihrer Frau und Ihren Kindern, die machen sich bestimmt schon Sorgen!‹

Der Mann grummelte etwas und wollte wieder einschlafen, aber der Polizist ließ nicht locker. Er rüttelte ihn wieder und wieder: ›Gehen Sie nach Hause!‹, sagte er. ›Oh, lass mich in Ruhe‹, lallte der Mann. ›Die ganze Stadt dreht sich um mich. Wenn mein Haus vorbeikommt, springe ich einfach rein‹.«

Frau Huber lachte ein wenig an der Stelle, dann stutzte sie, denn Julien sah sie erwartungsvoll an. »Was?«, fragte sie stirnrunzelnd. »Das war schon das Ende?«

»Ähm … ja«, bestätigte Julien. »Das ist eine Parabel, weißt du. Weil so viele Leute das mit ihrem Leben machen – sie meinen, sie müssten nur warten, bis das Glück vorbeikommt und ihnen das Schicksal endlich was Gutes tut. Dabei tut es das nur, wenn sie auch was tun.«

»Ähm … und warum erzählst du mir genau diese Geschichte?«

»Weil du ja auch wartest. Ich weiß bloß nicht, auf was.«

»Ich warte nicht«, entgegnete sie schroff. »Worauf sollte ich denn warten?«

»Dass irgendetwas besser wird?«

Sie presste die Lippen zusammen. Schon nach dieser kurzen Zeit hatte Julien sie in die Ecke gestellt und sie war schwer versucht, ihm eine Ausrede aufzutischen, damit er wieder ging. Aber der Junge war so süß und sah sie mit einem ihr fremden und so abgrundtiefen Vertrauen an, dass sie es nicht übers Herz brachte.

»Frau Huber«, begann er wieder. »Ich meine, ich versteh's nicht ganz. Du willst nicht sterben, aber du willst auch nicht leben. Du bist unglücklich, aber ändern tust du auch nichts.«

»Und warum kannst du das nicht einfach so stehen lassen?«

»Weil es natürlich ist, glücklich zu sein.«

»Das stimmt nicht«, widersprach sie heftig. »Schau dir die Menschen doch an! Wer ist schon glücklich?«

»Echt jetzt, Frau Huber, du hast sie ja nicht mehr alle«, antwortete Julien. »Und das soll ein Grund sein, warum du es nicht bist? Warst du nie in deinem Leben glücklich? Und selbst, wenn du dich nicht mehr dran erinnern kannst – als Baby warst du es bestimmt. Du bist so egoistisch!«

»Ich? Ich bin egoistisch? Ich bin genau das Gegenteil! Gerade weil ich nicht egoistisch bin, verzichte ich auf so vieles! Ich habe …« Abrupt bremste sie ihren Redestrom.

»Leiden ist immer egoistisch«, erwiderte Julien. »Ich habe dir schon mal den Spruch geschickt, dass Glück Arbeit kostet. Und die willst du nicht tun. Ich meine, bist du schon mal auf die Idee gekommen, dass ein unglücklicher Mensch wie du, der unglückliche Gedanken denkt, damit auch die Welt ein wenig unglücklicher macht? Du hast auch eine Verantwortung, weißt du.«

»Was geht mich die Welt an?«, schoss sie bitter zurück. »Ich will diese Welt nicht. Sie ist grausam.«

»Nein, du bist grausam! Wir leben in der gleichen Welt. Warum ist sie für mich schön und für dich nicht?«

Sie öffnete den Mund und schloss ihn wieder. Eines war ihr schon nach diesen wenigen Minuten klar: Es würde anstrengend werden. Und so war es.

♫♫♫

An manchen Tagen stritten sie sich und diskutierten heiß, manchmal saßen sie eher wortkarg bei einer Tasse Tee zusammen, manchmal schaffte es Julien, dass sie lachte. Und immer, wenn sie das tat, strahlte auch er.

»Du hast gelacht!«, rief er dann glücklich.

Genau das rührte Frau Huber am meisten: Dass ein kleiner Junge sich freute, wenn sie lachte. Was Julien nicht wusste, war, dass sie, wenn er gegangen war, oft genau deswegen weinte. Der Junge setzte ihr so sehr zu! Sie hatte in den letzten Jahren keine Tränen mehr gehabt und nun musste sie wieder so oft weinen – und nicht nur das – mit jeder Träne, die sie vergoss, hatte sie das Gefühl, dass etwas in ihr aufweiche.

Julien argumentierte aus einer hohen Perspektive heraus, von der er immer sagte, sie habe sie auch, sie sehe sie nur nicht. Sie konnte mit diesen Sätzen rein gar nichts anfangen, aber je mehr er darauf beharrte, je weniger er sich von seiner Sichtweise trennte, desto mehr bewegte sie sich in seine Richtung und desto mehr begann sie in Erwägung zu ziehen, dass da tatsächlich etwas in ihr sein könnte, das größer war als ihre Gedanken. Es geschah millimeterweise. Und manchmal, in Bruchteilen von Sekunden, glomm ein Verständnis in ihr auf, das sie nicht in Worte fassen konnte. Die Ahnung, dass, egal, was ihr in ihrem Leben widerfahren war, immer noch Glück und Liebe auf sie warteten – sobald sie sich ihnen wieder zuwandte.

Mit jedem seiner Aufenthalte machte Julien ihr das klar, denn er schien tatsächlich permanent glücklich zu sein – und weigerte sich, sich auf ihr Leid einzulassen.

Er blieb nie länger als eineinhalb Stunden, oft war es auch nur eine halbe. Er war Kind, wollte auch raus und mit seinen Freunden spielen. Frau Huber hingegen freute sich jedes Mal ein bisschen mehr auf den Jungen, konnte es kaum erwarten, dass er klingelte, fing an, etwas für ihn zu backen, kaufte besondere Schokoladensticks für Kakao und andere Leckereien für ihn.

Innerhalb weniger Wochen hatten sie eine innige Verbindung zueinander und Julien wurde zu ihrem Lebensinhalt. Ihre Wohnung sah nicht mehr so unbewohnt aus und statt nach Reinigungsmitteln und Raumspray roch es nach Früchten und Kuchen.

Dann kam der Nachmittag, an dem Julien Frau Huber die Geschichte erzählte, die Jeremy Stella vor zwölf Jahren auf Ibiza erzählt hatte.

»… wenn deine Schulden Leben für Leben gewachsen sind, warum glaubst du dann, von allen Schulden freizukommen, wenn du nur ein paar Pfennige bezahlst? Wenn eine Leiche schwer am Boden liegt, warum glaubst du dann, sie ließe sich leichter heben, wenn du ihr Gewicht um ein einziges Haar verringerst?«

Frau Huber wurde so schlagartig bleich, dass Julien beunruhigt fragte: »Was ist denn, Frau Huber?«

»Wie … wie deutest du diese Parabel?«

»Dass du nicht drum herumkommst, dir den Mist anzuschauen, der dich so unglücklich macht.«

Sie wurde noch fahler.

»Was ist so schlimm daran?«, fragte er sie. Ihr Blick war irgendwo, weit weg, nicht bei ihm.

»Nichts«, antwortete sie tonlos.

»Und warum machst du es dann nicht?«, bohrte er weiter. »Du hämmerst dir bloß jeden Tag blöde Gedanken in den Kopf. Dann bildest du dir ein, du bist depressiv oder ein schlechter Mensch oder was weiß ich, nur, damit du eine Entschuldigung für die Welt hast. Nur, damit du weiter deine schlechten Gefühle über dich selbst haben kannst. Irgendwie fühlst du dich gut, wenn du dich schlecht fühlst. Ich find's hirnrissig. Dabei ist das Prinzip doch so einfach!«

Verstört sah sie ihn an. »Welches Prinzip?«

»Dass alle glauben, die Welt da draußen ist unsere Realität. Ich meine, sie *ist* Realität. Aber das ist eine Realität, die man ändern kann. Was die meisten nicht kapieren, ist, dass es eine noch viel größere Realität in uns gibt, eine, die unveränderbar ist. Ich hab's dir schon mal gesagt. Das ist wie ein Licht. Und dieses Licht lässt die Welt da draußen entstehen. Aber wenn du blöde Gedanken im Kopf hast, dann verzerrst du das Licht. Dann siehst du nur noch, was deine Gedanken produzieren. Und wenn du deine Gedanken anschaust, dann können sie ja nix anderes produzieren als Unglück, weil du genau das denkst.«

Aufs Äußerste verwirrt blickte Frau Huber auf den Jungen. In ihren Augen spiegelte sich ein Meer verschiedener Empfindungen: Wie so oft Staunen über seine so ganz andere Logik – sofern man das Logik nennen durfte – und der ernsthafte Versuch, seine Worte auf ihre Situation umzumünzen. Julien erkannte das alles und versuchte, es noch besser zu erklären.

»Die Leute sehen die Welt wie durch eine schwarze Brille. Das Schwarze sind miese Gedanken und Gefühle. Und wenn die wahr werden, entsteht eine verrückte Welt. Und dann versuchen alle, an dieser verrückten Welt rumzuschrauben, ohne zu raffen, woher die kommt.«

»Sorry«, sagte Frau Huber konsterniert. »Warum verteilst du dann Zettel? Das ist doch irgendwie auch an der Realität herumgeschraubt.«

»Aber die Sätze auf den Zetteln sind ein Weg nach innen. Damit die Leute dahin schauen, wo sie was ändern können. Wo es schön ist. Zum Licht eben.«

»Ähm … welches Licht? Du redest ständig davon. Was meinst du damit?«

»Das in dir. Und in mir. Und in jedem Menschen. Das kann man sehen, wenn man will. Oder fühlen.«

»Wie denn? Durch Meditation?«

»Na ja, wenn du damit meinst, dich wo hinzusetzen und die Augen zuzumachen, dann ist das auch nicht der Brüller. Weil, wenn die Leute die Augen dann wieder öffnen, sind sie mit der Welt immer noch im Clinch.«

Wieder einmal starrte sie ihn mit großen Augen an, während Julien fortfuhr:

»John hat mir ein Buch gegeben, in dem stand, dass das, was das Kollektiv denkt, unsere Welt hervorbringt. Deswegen verteile ich Zettel. Weil ich wenigstens ein bisschen was dazu beitragen will, dass die Leute anders denken, und weil wir – wenn sie das tun –, eine Chance auf eine bessere Welt haben. Und deswegen finde ich es echt blöd, was du mit dir machst, weil du nicht nur dich selbst unglücklich machst, sondern auch viele andere.«

Sie zuckte zurück, als hätte er ihr einen Kinnhaken versetzt.

»Wieso glaubst du das?«, wisperte sie. Sie saß auf der Kante ihrer Couch, ihr Körper stand unter Spannung, sie zitterte, und ihre Pupillen waren unnatürlich groß.

»Weil du ganz sicher nicht immer allein warst«, antwortete er. Er saß ihr im Schneidersitz gegenüber und obwohl die Unterhaltung so tief war, schien er nicht involviert zu sein. »Guck doch einfach mal in dich rein und schau dir das ganze Zeugs da drin an. Wenn das deine Welt produziert, na, dann Gute Nacht! Aber wenn die Gedanken aller Menschen wichtig sind … wegen dem Kollektiv und so … dann sind es deine auch.«

»Ja, aber was soll ich denn machen, wenn ich nun mal Gedanken habe?«, fragte sie sauer. »Jeder Mensch hat Gedanken!«

»Ja, schon, aber du musst sie doch nicht für so wichtig nehmen, wie du es tust«, entgegnete Julien. »Du bist ja der Sklave deiner Gedanken. Es sollte doch umgekehrt sein. Dass du denken kannst, was dir guttut. Dass du das Große in dir siehst. Dass du dem glaubst. Und nicht irgendwelchen Hirngespinsten, die dir wehtun.«

»Das ist eine seltsame Einstellung«, sagte sie heiser. »Weil … manchmal gibt es Dinge, die man nicht lösen kann. Es gibt Dinge, die kann man nicht rückgängig machen.«

»Ja, sicher«, gab er zu. »Aber du kannst immer anders darüber denken, als du es jetzt tust. Und anders handeln. Damit sind deine Probleme vielleicht ja auch gelöst.«

»Das ist nicht so einfach, wie du dir das vorstellst. Du bist zwölf. Du weißt nichts vom Leben.«

»Oh, Mann, Frau Huber, das hatten wir schon mal!«, erwiderte er und wurde zum ersten Mal, seit sie ihn kannte, wütend. »Das ist das, was alle sagen, wenn sie nicht weiterwissen: ›Du weißt nix vom Leben!‹ Vielleicht weiß ich mehr als du! Weil ich nämlich nicht vergessen habe, wo ich herkomme! Weil ich nicht erst Mist erleben will! An den ich dann glaube und den ich für wahr halte! So wie du! Wenn dich der Mist wenigstens schlauer gemacht hätte, wär ja alles gut! Aber du reißt ja nur aus! Ich will nicht wissen, wie viele Leute unglücklich sind, weil sie darauf warten müssen, dass du dich endlich bewegst!«

Tief getroffen zuckte sie zurück.

»Das ist unfair«, wehrte sie sich. »Gerade deswegen habe ich mich zurückgezogen. Damit andere glücklich sind. Damit mein Misthaufen nicht noch größer wird.«

Julien prustete ungehalten. »Aber du hast doch den Misthaufen hier drin!«, rief er verzweifelt und deutete auf ihr Herz. »Da drin! Warum versteckst du dich? So schlimm kann es nicht sein! Oder hast du jemanden umgebracht?«

Zehn Sekunden später fand er sich im Hausflur wieder und ihre Tür donnerte mit einer solchen Wucht ins Schloss, dass der ganze Rahmen wackelte.

Julien brauchte volle fünf Sekunden, um zu begreifen: Frau Huber hatte ihn rausgeschmissen.

♫♫♫

»Hey Julien, was geht ab?«

Ein gut gelaunter Jeremy stand vor ihm im Aufenthaltsraum der Schule.

»Alles gut«, erwiderte er und packte sein Sandwich aus.

»Fein! Was macht deine Mutter?«

»Die ist schwer beschäftigt. Jetzt geht sie sogar mit ihrem Chef aus.«

Jeremys gute Laune sank etwas. »Mit ihrem Chef? Wer ist das denn?«

»Keine Ahnung. Kannst ja mal die Firma googeln, wenn es dich interessiert.«

»Ja, nee, schon okay.« Jeremy verstummte. Er betrachtete Julien. »Ist wirklich alles okay? Du wirkst ein wenig down.«

Julien war froh, dass Jeremy ihn darauf ansprach.

»Was würdest du jemandem raten, der etwas ganz Schlimmes gemacht hat … so schlimm, dass er es niemanden sagen will und der sich deshalb in seiner Wohnung versteckt?«

»Uh … hört sich ja gefährlich an. Hast du einen Kriminellen kennengelernt?« Jeremy lachte, aber dann wurde er ernst und sah Julien genauer an. »Also, dir traue ich es zu, dass du in die Jugendvollzugsanstalt gehst … oder sonst irgendwie einen schrägen Vogel therapieren willst … Bist du in Schwierigkeiten?«

»Nein, gar nicht«, sagte der Junge. »Es geht um unsere Nachbarin, Frau Huber. Die schließt sich in ihrer Wohnung ein. Sie macht nie die Tür auf und redet mit niemandem.«

»Außer mit dir natürlich«, scherzte Jeremy.

»Genau. Außer mit mir. Ich hab ihr jeden Tag meine Zettel unter der Tür durchgeschoben.«

»Echt jetzt? Und darauf hat sie reagiert?«

»Ja, aber erst nach drei Wochen.«

»Du hast ihr drei volle Wochen Zettel unter die Tür geschoben?«

»Logo. Sie hat ne ganze Pinnwand voll inzwischen.«

Jeremy musste lachen. Neugierig fragte er: »Okay, und deswegen hat sie dir die Tür aufgemacht?«

»Ja, um mir zu sagen, dass ich damit aufhören soll. Und dann sind wir ins Gespräch gekommen.«

»Fuck!«, lachte Jeremy. »Du bist ne Granate, Julien! Du gibst nie auf, oder?« In seinen Blick mischte sich Bewunderung.

»Ja, aber gerade weiß ich gar nicht weiter.«

Schwungvoll setzte sich Jeremy neben Julien auf die kleine, abgewetzte Ledercouch im Schülerzimmer und legte den Arm um ihn.

»Erzähl mal«, forderte er ihn auf. »Was war los?«

Aber als Julien erzählte, welche Story er bei ihrem letzten Treffen ausgewählt hatte, veränderte sich auch Jeremys Gesichtsfarbe.

»Woher hast du diese Geschichte?«

»Von Mama. Oder besser: von John. Der hatte sie in einem seiner Bücher und Mama hat sie abgeschrieben.«

»Oh, okay … Und deine Frau Huber … meinst du, sie ist selbstmordgefährdet?«, fragte er ernst.

»Glaub ich eigentlich nicht. Sie könnte es ja jederzeit tun. Es würde noch nicht mal einer merken, wenn sie stirbt.«

»Gruseliger Gedanke. Hm, lass mal überlegen … So, wie du mir das Ganze beschreibst, fühlt sie wegen irgendetwas große Schuld und geißelt sich dafür. Sag ihr, sie soll sich in Freundlichkeit üben.«

»Aber sie ist freundlich, Herr Bernadi. Sie war noch nie unhöflich zu mir.«

»Ja, aber sie ist nicht freundlich zu sich. Sie lässt ihren Kopf mit ihr machen, was er will. Sie lässt zu, dass er lauter qualvolle Gedanken denkt. Stell dir mal vor, jemand stürmt auf dich zu, reißt dich am Arm, lässt kein gutes Haar an dir und macht dich ständig runter – würdest du mit so jemandem zusammen sein wollen? Bestimmt nicht! Aber sie lässt das dauernd mit sich machen. Ihr Kopf hat sie voll im Griff. Sag ihr, sie soll sich ihren Kopf zu ihrem Freund machen. Und das schafft sie, wenn sie freundlich mit ihrem Kopf redet, freundlich mit sich selbst ist. Ich weiß, das hört sich jetzt einigermaßen bescheuert an, aber …«

»Nein, nein, ich verstehe das! Es hört sich toll an!«, rief Julien begeistert.

Jeremy lachte und verstrubbelte ihm das Haar. »Du bist echt ne Motte, Julien! Also, versuche, ihr das zu erklären. Wenn sie mit ihrem Kopf schimpft, und der mit ihr, gibt das eine einzige Keilerei. Kein Wunder, dass sie kurz vorm Wahnsinn steht!«

»Und wie schafft sie es, freundlich zu sich zu sein?«

»Ganz einfach«, sagte Jeremy lakonisch. »Indem sie es tut. Jedes Mal, wenn ein mieser Gedanke kommt, kann sie ihn bewusst fallen lassen. Lass sie aufzählen, was sie an sich mag. Oder noch besser: Frag sie, was sie früher an sich mochte. Das fällt ihr sicher leichter.«

»Das hört sich klasse an, Herr Bernadi! Ich geh noch mal zu ihr hin. Kann ich dich fragen, wenn ich nicht mehr weiterweiß?«

»Klar doch! Immer! Und du kannst ruhig Jeremy zu mir sagen, da du mich ja ohnehin dauernd duzt!« Jeremy lächelte breit. »… wenn du mir verrätst, auf welche Musik deine Mutter steht.«

»Häh? Was wird das denn? Sag mal, gräbst du meine Mama an?«

»Und wie! Stört dich das?«

Julien dachte nach, dann grinste er: »Nö, wenn sie's nicht stört?«

♫ Let me in ♫
Kelly Dalton

Neugierig, und nach dem Gespräch mit Jeremy sensibilisiert, sah Julien Stella beim Schminken und Ankleiden zu.

»Du gehst aber viel aus in letzter Zeit«, bemerkte er.

»Findest du?«, fragte sie. »Das letzte Mal war mit Jeremy. Dazwischen waren nur geschäftliche Termine – und das heute ist ein Geschäftsessen mit meinem Chef.«

»Und dazu donnerst du dich so auf?«

»Den Dresscode hat er vorgegeben. Da muss ich mich wohl dran halten, oder?«

Julien nickte. »Du siehst wunderschön aus, Mama. In der letzten Zeit leuchtest du viel mehr als sonst.«

Sie lachte. »Uns geht es ja auch richtig gut, was, mein Kleiner? So gut ging es uns noch nie!«

Dann kam Sina. Stella gab Julien einen Kuss, erlaubte ihm, in ihrem Bett zu schlafen, und freute sich auf morgen, denn das war ein Samstag und sie konnten beide ausschlafen.

Herr Mertens fuhr nicht mit einer Stretchlimousine vor, sondern mit einem seiner Oldtimer, von denen er, das hatte ihr Borken verraten, eine ganze Garage voll hatte. Ein eisblauer Maserati GT 3500 parkte vor ihrem Haus, voll restauriert, wie er der ahnungslosen Stella erklärte.

»Tut mir leid, wenn ich das nicht richtig zu würdigen weiß«, lächelte sie entschuldigend. »Aber leider bin ich da typisch Frau. Ich kann Ihnen nur sagen, dass ich die Farbe und die Form super finde.«

»Das reicht doch! Sie sehen übrigens toll aus! Hinreißend!«

Oh, er war ein solcher Gentleman! Er küsste ihr die Hand zur Begrüßung, öffnete stets alle Türen, nahm ihr den Mantel ab, rückte ihr den Stuhl, bevor der Ober es tun konnte, war fürsorglich, aufmerksam und witzig. Die Unterhaltung, die sich zu Beginn um rein Geschäftliches drehte, floss locker dahin und sie überboten sich mit Ideen und Möglichkeiten, bis Stella ihr Smartphone hervorholte, um einiges zu notieren.

»Cool«, meinte sie befriedigt. »Damit haben wir Arbeit für das nächste Jahrzehnt!«

Mertens lächelte und ergriff ihre Hand. »Stella, darf ich Sie etwas fragen?«

»Aber bitte!«

»Sie … Sie haben ein Kind und …«

»Sie wollen wissen, was mit dem Vater ist?« Sie blickte ihm direkt in die Augen.

»Wenn ich Ihnen nicht zu weit damit gehe …«

»Nein, ist schon okay. Er war eine Urlaubsbekanntschaft, ich habe ihn nie wiedergesehen. Er weiß noch nicht einmal, dass er ein Kind hat.«

»Oh, das … ist hart für Sie«, sagte Mertens mitfühlend. »Für sie beide! Sie waren nie verheiratet?«

»Nein«, sagte sie vorsichtig und zog ihre Hand aus der seinen.

»Und haben Ihr Kind alleine aufgezogen? Haben Sie nie versucht, den Vater ausfindig zu machen?«

»Das wollte ich nicht. Es ist vorbei. Ich bin glücklich mit Julien und uns fehlt nichts, wirklich nicht. Ich bin auch sehr glücklich, in Ihrer Firma gelandet zu sein, weil …«

»Darüber bin ich allerdings auch sehr froh«, unterbrach er sie eifrig. »Mehr als froh! Mit Ihnen ist nicht nur geschäftlich frischer Wind hereingekommen!«

Sie wurde wieder mal rot und er lächelte sie daraufhin so zärtlich an, dass sich die Farbe noch intensivierte.

»Sie sehen zauberhaft aus, wenn Sie erröten«, sagte er leise. »Ich mag das.«

Eine kleine Pause entstand. Mertens rang offensichtlich nach Worten, um sich weiter vor zu wagen, während sie fieberhaft nach einem unverfänglicheren Thema suchte. Er war schneller:

»Und wie denken Sie mittlerweile über Beziehungen? Sie sind single, nicht?«

Sie verstand ihn bewusst falsch: »Wollen Sie sichergehen, dass ich nicht ein zweites Mal schwanger werden will und Ihnen erhalten bleibe?«

»Ja«, gab er so unumwunden und ehrlich zu, dass ihr unvermutet warm ums Herz wurde. »Ja, ich möchte unbedingt, dass Sie mir erhalten bleiben.«

Noch immer versuchte sie, seine Worte geschäftlich zu verstehen, aber sein Blick war so eindeutig, dass es ihr schwerfiel.

»Ich denke nicht, dass Sie sich Sorgen machen müssen«, murmelte sie. »Die Arbeit macht mir große Freude und …«

»Stella, Sie wissen, dass ich etwas anderes meine.«

Unsicher sah sie ihm in die Augen. Das kam alles so plötzlich, so schnell!

»Ich … Herr Mertens …«, begann sie.

»Wollen wir nicht zum Du übergehen? Zumindest wenn wir uns privat sehen?«

»Aber das hier ist ein Geschäftsessen!«

»Das Geschäftliche haben wir längst geregelt. Gerade reden wir über Privates.«

»Aber …«

»Bitte.« Seine Stimme jagte ihr Schauer über den Rücken. Er nahm sein Weinglas in die Hand und neigte es leicht in ihre Richtung. »Ich heiße Alexander. Alex.«

Der Schweiß brach ihr aus allen Poren, sie war unschlüssig … Sie würden sich früher oder später in der Firma verplappern! Und sie war überhaupt nicht bereit, sich auf eine Beziehung einzulassen! Und schon gar nicht mit ihrem Chef!

»Nehmen Sie es mir nicht übel«, sagte sie schließlich. »Aber ich halte das für keine gute Idee.«

Ihr Herz klopfte stark und Angst flutschte hoch. Ihre Gedanken flogen zu dem Abend mit Jeremy … Hatte sie damit die Vergangenheit zum Leben erweckt?

Mertens stellte das Weinglas wieder ab. Schaute auf die Tischdecke. Als er wieder aufblickte, waren seine Augen dunkel.

»Stella«, begann er. »Ich respektiere das, wirklich. Ich weiß, was in Ihnen vorgehen muss. Sie haben sicher Angst, dass Sie Ihren Job gefährden, wenn …« Er hielt kurz inne, suchte nach Worten. »Aber … verdammt, ich habe lange nicht mehr so gefühlt wie in den letzten Monaten«, brach es dann aus ihm heraus. »Und es ist so stark, dass ich jede Vernunft über Bord werfe, auch wenn Sie mit allen Bedenken recht haben. Ich … Stella … egal, wie sich das alles entwickelt, aber ich möchte, dass Sie sich sicher fühlen. Ich möchte, dass Sie wissen, dass ich Ihnen niemals aus persönlichen Gründen schaden würde, gerade weil ich erahne, wie sehr Sie um ein gutes Leben gekämpft haben.«

Sie schluckte, ihre Lippen bebten – er sah es und startete den nächsten Versuch:

»Zum ersten Mal seit langem habe ich wieder das Gefühl, mich jemandem öffnen zu können. Und ich glaube, es fällt mir leichter, wenn wir nicht per Sie sind.«

Er war so aufrichtig und das rührte sie. Es fiel ihm absolut nicht leicht, das alles zu sagen. Ihm war sehr bewusst – genauso wie ihr – dass es allen Regeln der Vernunft widersprach und doch hatte er ihr mit dieser

Ansage klargemacht, dass er bereit war, wieder einem Menschen zu vertrauen.

Ihr wurde mulmig zumute und sie erkannte, dass sie noch lange nicht so weit war wie er.

»Okay«, flüsterte sie und diesmal war sie es, die ihr Glas hob. »Aber ich will nicht, dass du zu viel in diese Geste hineininterpretierst. Ich will Zeit. Und wenn du mir die geben kannst, wenn du ohne Erwartung sein kannst, dann …«

Seine Augen leuchteten auf, sein Glas stieß an das ihre, erzeugte einen sanften Klang, der eine delikate Sekunde voller Intensität schuf, einen Augenkontakt, der inniger nicht hätte sein können.

»Danke, Stella«, raunte er. »Das bedeutet mir viel.«

Sie lächelte. »Du bist wirklich ein guter Mensch, Alex. Ich mag dich sehr.«

Sein Gesicht hellte sich noch mehr auf. »Ich mag dich auch, Stella. Und Zeit … Zeit brauchen wir wohl beide.«

»Ja, das ist wohl wahr. Wie lange bist du von deiner Frau getrennt?«

»Über drei Jahre.«

Nachdem er schwieg, stupste sie ihn am Arm. »Du wolltest reden.«

»Ja, ich wollte reden. Ist ungewohnt.« Er stieß Luft aus. »Kennst du das, wenn du enttäuscht worden bist und wieder vertrauen musst?«

»Oh ja, das kenne ich nur zu gut.«

»Und du … kannst du vertrauen?«

Sie antwortete nicht gleich.

»Nein«, gab sie zu. »Du musst wissen …« Sie brach ab. Sie konnte ihm das nicht erzählen. Es passte irgendwie nicht hierher, dieses andere Leben, diese andere Stella … ihre Beziehungen vorher, das Desaster mit Sam … Das, was mit Jeremy so leicht gewesen war, empfand sie in dieser Umgebung als unangebracht. Vielleicht weil sie nicht wollte, dass Alex schlecht über sie dachte. Jedenfalls brachte sie kein Wort über die Lippen.

»Was muss ich wissen?«, half er ihr.

»… dass ich mein Leben ohne Männer aufgebaut habe«, wich sie aus.

»Aber Stella, du bist gerade mal achtunddreißig und in der Blüte deines Lebens!«

»Ja, das beginne ich gerade wieder zu entdecken.« Sie lächelte ihn an. »Du bist auch in der Blüte deines Lebens, Alex. Und ich hoffe, dass du das auch ohne mich weißt.«

Sie lenkte das Gespräch auf die bevorstehende Gala und der Abend wurde noch wunderschön. Ab und zu berührte Alex ihren Arm, aber er blieb stets höflich und respektvoll. Als sie aufstanden, um zu gehen, legte er leicht seine Hand an ihren Rücken und als sie sich vor ihrer Haustür verabschiedeten, hob er ihre Hände an seine Lippen und küsste sie innig.

Stella fühlte, dass das Leben sie herausforderte. Herausforderte, sich mit ihren Themen auseinanderzusetzen.

♫♫♫

Aufatmend legte sie sich ins Bett und zog Juliens bettwarmen, weichen Kinderkörper zu sich heran. Er nuschelte etwas Unverständliches im Schlaf und zärtlich setzte sie einen Kuss auf seine Wange. Doch sie konnte nicht schlafen. Alex war in ihrem Kopf – und Jeremy. Beide zwangen sie auf ihre Weise, sich mit dem Rest an Mustern, der noch lebendig in ihr war, zu beschäftigen. Beide forderten von ihr ein Vertrauen, das zu geben sie nicht bereit war. Ihre Tendenz von damals, alles wegzuschieben, tauchte wieder auf. Nein, eine Beziehung konnte nur ein Kompromiss werden – sie wollte das nicht! Wieder bewegte sich Julien und stieß im Schlaf mit seinem Ellbogen gegen ihren Magen, als wolle er sagen: »Mama, das geht so nicht!«

»Ach, mein Engel«, flüsterte sie in sein Haar. »Ich will nur nicht wieder so enttäuscht werden – und du hast mich noch nie enttäuscht. Du bist das Beste, was mir jemals in meinem Leben passiert ist.«

Die Liebe für ihr Söhnchen brandete in einer großen Welle nach oben und überschwemmte sie beide. Das war alles, was wichtig war. Endlich konnte sie die Augen schließen und schlafen.

Am Sonntag rief Jeremy an.

»Darf ich dich nächste Woche mal wieder ausführen?«, fragte er.

»Gibt es dann Spaghetti und Rotwein in deiner Wohnung?«

»Ähm … fast. Ich habe etwas Spezielles für dich vorbereitet.«

»Jeremy! Also mehr mit dem Zaunpfahl winken kann ich wirklich nicht! Spannst du immer noch nicht, dass ich auf Spaghetti und Rotwein stehe?«

Er lachte. »Ist das ein Ja?«

»Wenn ich endlich mal deine Wohnung sehe? Oder macht es zu viel Mühe, deine gebrauchten Socken vom Tisch zu nehmen, bevor ich komme?«

»Ach, du Sch… – denkst du das von mir?«

»Ich weiß noch nicht recht, was ich von dir denken soll.«

»Dann lern mich kennen und sag einfach Ja!«

»Also gut. Wie ist der Dresscode diesmal?«

»Leger!«

»Cool! Die Chance auf Spaghetti steigt!«

Sie flachsten noch eine Weile am Telefon herum, dann legte sie lachend auf. Julien beobachtete sie neugierig.

»Magst du Jeremy?«, fragte er.

»Natürlich mag ich ihn, sonst würde ich mich ja nicht mit ihm verabreden.«

»Und deinen Chef?«

»Den mag ich auch. Aber er ist mein Chef.«

»Oje«, stöhnte Julien. »Hört sich kompliziert an.«

♪♪♪

Julien hatte viel über Frau Huber nachgedacht. Er war sich nicht sicher, ob er ihr wieder Zettel schicken sollte. Davon hatte sie ja schon genug. Warum nur hatte sie ihn rausgeworfen? Womöglich hatte sie wirklich jemanden umgebracht? Aber das konnte er sich beim besten Willen nicht vorstellen. Er kam zu dem Schluss, dass er sie fragen musste, sonst würde er immer im Dunkeln schweben.

Er pflückte ein paar Wiesenblumen und klingelte an ihrer Tür. Zu seiner Überraschung öffnete sie sie sofort, so schnell, dass er wusste, sie hatte ihn durchs Fenster kommen sehen.

»Hallo Frau Huber – für dich!« Er hielt ihr die Blumen hin. »Tut mir echt leid wegen neulich. Ich wollte dir nicht wehtun.«

»Ach Julien«, sagte sie mit zittriger Stimme. »Mir tut es leid. Ich hätte nicht so reagieren sollen. Ich freue mich, dass du geklingelt hast. Komm rein.«

Er folgte ihr in das Wohnzimmer. Frau Huber war sichtlich aufgeregt. Ihr Haar saß nicht so perfekt wie sonst und zum ersten Mal sah er Dinge auf dem Boden liegen, eine benutzte Tasse auf dem Tisch und auch die Bücher standen nicht in Reih und Glied.

Kaum saß er wieder in der Ecke ihrer Couch, kaum saß sie ihm im Sessel gegenüber, platzte er heraus:

»Frau Huber, ich muss das wissen: Hast du etwas Böses getan? Ich meine so richtig absichtlich?«

Sie stockte kurz, dann sagte sie: »Nein, aber mir ist etwas passiert, worüber ich große Schuld fühle – und damit werde ich nicht fertig. Ich werde es dir nicht erzählen, weil das keine Geschichte für ein Kind ist.«

»Ich bin nicht wie jedes Kind.«

»Ja«, lächelte sie. »Ich weiß. Trotzdem. Vielleicht … vielleicht können wir über ›Schuld‹ reden.« Sie sah ihm direkt in die Augen und Julien spürte, dass sie bereit war, tiefer in ihr Desaster zu blicken und etwas verstehen zu wollen. »Stell dir vor, du hättest einem Menschen Leid zugefügt und fühlst dich total schuldig … Wie würdest du damit umgehen?«

»Ich würde mich bei dem entschuldigen, dem ich Leid zugefügt habe«, sagte Julien.

»Das habe ich getan. Mehrmals. Sehr oft. Auf alle erdenkliche Weise. Aber die Person sagt, man kann es nicht mehr gutmachen.«

»Dann muss auch der andere seine Sichtweise ändern.«

»Aber … er ist im Recht.«

Julien zog die Nase kraus und dachte nach. »Na ja«, sagte er schließlich. »Weißt du, ich habe mal bei einem Nachbarn eine Fensterscheibe eingeschlagen. Nicht absichtlich. Ich wollte einen Stein an sein Fenster werfen, einfach so, aber der Stein war zu groß und die Scheibe ist zerbrochen. Meine Mama ist mit mir dahin gegangen, wir haben uns entschuldigt und gesagt, dass wir ihm eine neue Scheibe kaufen, aber er wollte die Entschuldigung nicht annehmen und hat rumgetobt. Ich fürchte, er ist jetzt noch sauer auf uns.«

»Was willst du damit sagen?«

»Dass es ab diesem Moment irgendwie sein Problem war«, erklärte Julien. »Ich meine, es ist passiert. Ich kann es nicht rückgängig machen. Und wegen etwas böse sein, dass man sowieso nicht ändern kann, ist doch Quatsch. Damit hast du nichts zu tun.«

»Na ja, ich habe schon damit zu tun«, widersprach sie. »Ich habe das Leid verursacht.«

Das Gespräch mit Jeremy passte nun ganz wunderbar zu dieser Thematik und Julien erklärte ihr, dass sie freundlich zu sich sein sollte, dass sie die Verpflichtung hatte, gut über sich zu denken, dass sie aufzählen sollte, was sie an sich mochte.

»Das … das kann ich nicht«, flüsterte sie. »Dafür habe ich zu viele Fehler gemacht. Einen nach dem anderen. Wie kann man das je wiedergutmachen?«

»Aber du *bist* ein guter Mensch, Frau Huber«, sagte Julien. »Du bist lieb und du bist freundlich – nur nicht zu dir selbst. Dann schreibe ich eben eine Liste für dich.«

Er rutschte von der Couch und sagte: »Ich komme wieder, Frau Huber, okay? Ich denke nachts im Bett über deine Frage nach.«

»Danke, Julien«, antwortete sie und in ihrem Gesicht stand ein aufrichtiges, herzliches, warmes Lächeln. »Ich danke dir. Ich danke dir so sehr.«

♫♫♫

Diesmal holte Jeremy sie mit einem Blumenstrauß direkt vor ihrer Haustür ab.

»Ach, wie lieb«, sagte Stella. »Komm rein! Ich stelle die schnell ins Wasser.«

»Hey Jeremy«, begrüßte ihn Julien. »Willst du mal mein Zimmer sehen?«

»Klar doch, wollte schon immer mal checken, ob du nicht irgendwelche Steine vom Planeten Krypton unter deinem Bett hast!«

»Häh? Wie meinst du das denn?«

»Was – sag bloß, du kennst die Geschichte um Superman nicht? So ein Klugscheißer wie du kann unmöglich von dieser Erde sein, du bist bestimmt ...«

Lächelnd hörte Stella den beiden zu, während sie die Blumen in einer Vase arrangierte. Als sie in Juliens Zimmer kam, saßen sie mit Sina vor der PlayStation.

»Hast du das gesehen? Zack! Und weg isser!«, rief Jeremy begeistert. Julien zog eine Schnute.

»Ey, du hast's ja voll drauf! Ich dachte, Lehrer haben keine Zeit für so was!«

»Tja, mein Bester, wenn du wüsstest, wofür ich alles Zeit habe!« Jeremy entdeckte Stella, die mit verschränkten Armen am Türrahmen lehnte und fuhr fort: »Zum Beispiel habe ich Zeit, deine unendlich hübsche Mutter auszuführen.«

Er stand auf, stellte sich ganz dicht an Stella heran und sah auf sie hinunter: »Bereit für einen therapeutischen Abend?«

Misstrauisch zog sie die Augenbrauen zusammen. »Therapeutisch? Ich hoffe, dass du damit Spaghetti und Rotwein meinst ...!« Und an Julien und Sina gewandt: »Bis nachher, ihr Süßen!«

Die sechzehnjährige Sina saß wie angenagelt auf Juliens Bett und starrte Jeremy und Stella hinterher, was hieß, sie starrte Jeremy hinterher.

»Hast du diesen Knackarsch gesehen?«, hauchte sie hingerissen. »Der Typ ist ja supersüß! Und das ist dein Lehrer? Ich glaube, ich wechsle die Schule!«

Julien rollte demonstrativ die Augen nach oben. Weiber! Den gleichen Blick hatte er auch schon an Chrissi gesehen, wenn sie Jeremy hinterherblickte.

♫ Dancing Queen ♫
Erato

Jeremy fuhr mit ihr in eine der umliegenden Ortschaften. Die Fahrt dauerte nicht lange, bis sie vor einem alleinstehenden Haus auf dem Land hielten.

»Hier wohnst du?«, fragte sie erstaunt.

»Yep. Ich brauche nach der Schule Ruhe und Natur«, erklärte er, während er das Auto auf einen hübschen, kleinen Hof fuhr, der mit Topfpflanzen verziert war. »Und das Beste – und für heute Wichtigste – ist: Das Haus hat einen Keller!«

»Uah, wie schaurig! Muss ich mir Sorgen machen?«

»Und wie!«, lachte er.

Neugierig sah sie sich um. Er bewohnte ein schönes Fachwerkhaus, mit einem hübschen Vorgarten und hinter dem Haus erstreckten sich weite Felder und Wiesen.

»Also, wenn ich hier schreie, hört mich schon mal keiner«, konstatierte sie. »Und ich nehme an, dein Keller ist schallgeschützt?«

»Ja, das ist er. Das brauchen wir heute auch unbedingt.«

Er zwinkerte ihr zu, öffnete die grüngestrichene Holztür und ließ sie eintreten. Die alten, freigelegten Balken vermittelten Wärme, innen war das Haus modern, einfach und geschmackvoll ausgestattet. Stella fühlte sich sofort wohl.

Jeremy nahm sie in seiner so bestimmten Art an die Hand und führte sie in seine geräumige Küche. Über die Stirnseite eines großen, rustikalen Eichentisches war eine rot-weiß-karierte Tischdecke gebreitet. Darauf standen Kerzen, tiefe Teller, eine Flasche Rotwein und Gläser.

Ihr Gesicht erhellte sich. Sie wandte sich ihm zu, gar nicht gewahr, dass sie sich immer noch an den Händen hielten. »Spaghetti!«, rief sie begeistert. »Und ich hatte schon die Hoffnung aufgegeben! Vor allem, als du das mit dem Keller gesagt hast!«

»Freust du dich?«, fragte er warm und legte den Arm um sie.

»Ja, ich freue mich«, antwortete sie. »Kann ich dir helfen?«

»Ja, du könntest den Wein einschenken. Dort drüben ist Wasser und im Kühlschrank sind jede Menge Säfte. Bedien dich.«

Entzückt sah sie sich um. Es war wirklich urgemütlich in seinem Haus. Alle nicht tragenden Wände waren entfernt worden und bis auf wenige Zimmer war alles offen und einsehbar. Das Wohnzimmer ging nach Westen, hatte an zwei Wänden bodentiefe Fenster mit Blick auf Wald, Wiesen und Felder, die einem das Gefühl gaben, mitten in der Natur zu sitzen.

»Schön hast du's hier«, sagte sie, als sie wieder in die Küche kam.

»Freut mich, wenn es dir gefällt«, sagte er. »Magst du die Nudeln al dente?«

»Macht es dir was aus, wenn du sie zwei Minuten länger im Wasser lässt?«

»Ich wusste, du bestehst auch den Nudel-Test«, sagte er befriedigt. »Sie müssen so weich sein, dass sie sich problemlos um die Gabel wickeln.«

»Meine Rede«, sagte sie und stellte sich neben ihn, um zu prüfen, ob die Nudeln schon aus dem Wasser sollten. Wie immer blödelten sie herum, lachten viel, stellten die Schüsseln auf den Tisch und aßen mit großem Appetit.

»Und was hast du heute noch mit uns vor?«, fragte sie ihn.

»Kommt nach dem Essen. Wie angekündigt fahren wir mit unserer Therapie fort.«

»Ach, ich dachte, heute bist du dran und du erzählst mir etwas über dich!«

»Wenn sich das ergibt, gern. Aber erst du. Heute bist du meine Dancing Queen.«

Sie erstarrte. »Sag nicht dieses Wort.«

»Siehst du! Trauma. Nicht gut.«

»Hör auf, Jeremy. Ich bin nicht traumatisiert.«

»Was zu beweisen wäre«, erwiderte er und lächelte diesmal nicht. »Bereit?«

Sie nickte zögerlich, er zog sie vom Tisch hoch, öffnete eine kleine, schmale Holztür in der Diele und führte sie über eine Steintreppe nach unten.

»Warte einen Moment«, flüsterte er.

Brav blieb Stella in dem schmalen Flur stehen, von dem drei Türen abgingen. Jeremy verschwand hinter einer von ihnen. Mit einem Mal erlosch das Licht und es wurde stockdunkel.

Im nächsten Moment tönte das Lied »Dancing Queen« in einer wunderschönen Version von Erato durch den Gang:

»Friday night and the lights are low ...«

Die Gitarrenklänge füllten den schmalen Gang, weibliche Stimmen setzten mehrstimmig dazu ein, der ganze Raum war Musik, weckte Sehnsucht nach Romantik, nach Flirten, nach jemandem, den man lieben konnte, nach Lachen und Genießen. Stella wurde es mulmig zumute.

Langsam öffnete sich die Tür, schummriges Licht drang in den Gang. Jeremy nahm sie an die Hand. »Du siehst, es gibt auch eine andere Version von Dancing Queen«, flüsterte er in ihr Ohr und führte sie in den Raum dahinter.

Es war ein Partykeller, den er mit allem ausgestattet hatte, was in einer Disco oder einem Club vorzufinden war: Eine Laserkugel sorgte für flackerndes Licht, weißer Trockeneis-Nebel schlich über den Boden, bunte Scheinwerfer strahlten auf eine kleine Bar, in einer Ecke standen zwei Stehtische, es gab eine Couchecke … und eine Tanzfläche. Stella blieb stehen. Jeremy fühlte den Widerstand an ihrer Hand, aber ließ sie nicht los. Er stand ganz dicht bei ihr, schaute ihr in die Augen, strich eine Locke aus ihrem Gesicht und lächelte sein unvergleichliches Lächeln.

»Schenkst du mir diesen Tanz, Stella?«

Ihr schnürte sich die Kehle zu, sie konnte nicht antworten. Er hatte sie losgelassen, war einen Schritt vorgegangen und streckte nun seinen Arm nach ihr aus. Zögernd legte sie ihre Hand in die seine. Er zog sie zu sich heran, fasste sie um die Mitte. Sie atmete seinen Duft, spürte seine glatte Haut unter dem Hemd und fühlte sich schwach. Doch Jeremy zwang sie zur Aktion, begann mit den ersten Schritten, schob sie sanft hin und her, bis sie mitmachte, bis sie sich von der Musik und ihm gefangen nehmen ließ und sie sich langsam unter dem Licht drehten. Aber er hielt Abstand, drückte sie nicht an sich, ließ ihr Raum und gab ihr Zeit. Gerade dadurch spürte sie ihn intensiver, als wenn er sie an sich gepresst hätte. Stella kam sich steif vor und als das Lied endete, konnte sie ihm nicht in die Augen schauen.

Der nächste Song begann. Er war nicht viel schneller als der erste. Jeremy hatte die Playlist mit sehr viel Feingefühl zusammengestellt. Erst nach dem dritten Song wurde es ein wenig schwungvoller. Stella begann Spaß an der Sache zu finden und taute mehr und mehr auf, bis sie sich vollständig in die Situation ergab. Sie fühlte Jeremys muskulösen, jungen Körper an dem ihrigen, seine Hand an ihrem Rücken, seinen Atem an ihrem Ohr. Er führte sie sicher und temperamentvoll. Sie kamen sich näher, entfernten sich wieder voneinander, drehten sich zu der Musik und nach einer Zeit hatte Stella das Gefühl, zu schweben, schwerelos zu sein, mit ihm durch den Raum zu segeln in einer göttlichen Harmonie.

Schließlich wirbelte er sie herum, bis sie lachte, bis er sah, dass sie es genoss, mit der Musik zu fliegen, bis er das Gefühl hatte, dass sich in ihr ganz sanft ein Häkchen löste.

Ihre Augen strahlten, ihr Mund lächelte, er zog sie her und schob sie weg, das Körperbewusstsein zwischen ihnen wurde immer dichter, immer intensiver und manchmal konnte sie es kaum erwarten, ihn wieder nah bei sich zu spüren.

So tanzten sie lange und stumm, und als seine Playlist Kuschelrock spielte, streifte sie ihre Schuhe ab, legte ihren Kopf an seine Brust, schlang ihre Arme um seinen Hals und schloss die Augen. Sie beruhigte sich selbst: Es war ja nur für diesen Abend, ein paar harmlose Minuten, die sie auskosten wollte, nach dieser langen, männerlosen Zeit. Erst jetzt drückte Jeremy sie sanft an sich und das Gefühl seiner Arme um ihren Körper, seiner warmen Wange an der ihren, war unvergleichlich schön.

»Du tanzt ganz wunderbar«, flüsterte er in ihr Ohr. »Alles, wovon du glaubtest, du könntest es nicht mehr … Es ist alles noch da. Und Stella …«

Er blieb stehen, hob ihr Kinn und zwang sie, ihm in die Augen zu schauen. »Du kannst auch wieder vertrauen.«

Sein Blick senkte sich in ihre Augen, sein Mund näherte sich vorsichtig dem ihren, und zu ihrem eigenen Erstaunen wich sie nicht zurück, hob sogar instinktiv ihr Gesicht noch ein wenig mehr an, bot ihm ihre Lippen und fast unsicher küsste er sie, erst zärtlich, dann mit immer mehr Leidenschaft. In Stella loderte Feuer hoch, was sie beglückt und erstaunt wahrnahm. Sie presste sich an ihn, fuhr mit ihren Händen durch sein Haar, über seinen Rücken, bis sie auf seinem Hintern landeten und dort blieben. Glühend fuhr ihr die Lust zwischen die Beine. Sie war unfähig, sich von ihm zu lösen, spürte seine Arme, die sie so fest umschlungen hielten, seine Zunge in ihrem Mund, seine Härte an ihrem Unterleib – und plötzlich wollte sie mehr, wollte sie alles. Wollte sie wissen, ob sie auch dazu fähig war, so wie er es gerade gesagt hatte. *Es ist alles noch da* … Ihrem Mund entfuhr ein Keuchen – da ließ er sie los und trat einen Schritt zurück.

Aufgewühlt stand sie vor ihm, mit heißem Gesicht, ihr ganzer Körper vibrierte, bebte, schrie nach seiner Berührung. Es fühlte sich kalt an ohne ihn. Auch seine Augen brannten im Dämmerlicht seiner selbst gemachten Disco und nie war er ihr schöner erschienen. Sein klar geschnittenes Gesicht, der leichte Bart, die markanten Augen … Sie wollte einen Schritt auf ihn zugehen, da sagte er:

»Ich glaube, es ist besser, wenn ich dich jetzt nach Hause bringe.«

In ihre Augen schoss Panik, in ihren Magen rasselte ein schwerer Anker nach unten – und er sah es. Seine Augen verdunkelten sich.

»Stopp mal für eine Sekunde«, sagte er. »Genau jetzt, genau hier.«

Er machte einen Schritt auf sie zu und legte seinen Finger an ihre Stirn.

»Da drin«, flüsterte er, »passiert jetzt etwas. Dein Hirn zieht eine falsche Schlussfolgerung, weil es ein paar Mal eine Erfahrung gemacht hat. Dreh das Ding um, Stella. Jetzt.«

»Wie denn?«, fragte sie hilflos. »Es … überschwemmt mich!«

»Warte, bis es abflaut. Es wird abflauen. Es wird vergehen. Jedes Ding vergeht, auch eine Emotion. Atme, Stella.«

Sie atmete tief ein und wieder aus. Dann sandte sie ihm einen misstrauischen Blick.

»Sag mal, willst du mich damit einfach nur besonders scharf auf dich machen? Mit der Rückziehtechnik?«

Er kam noch näher, legte seine Hand in ihren Nacken und lächelte sein Raubtierlächeln.

»Bist du scharf auf mich?«

Ihre Lippen bebten und der Schweiß brach ihr am ganzen Körper aus.

»Ja«, flüsterte sie. »Ich bin scharf auf dich.«

Ihre Augen verhakten sich ineinander und sein Mund, seine Lippen waren so nah … Stella schloss die Augen. »Küss mich, Jeremy«, flüsterte sie. »Bitte.«

Wild riss er sie an sich, seine Lippen suchten ihren Mund und ein rasender Strom an Lust durchfuhr sie beide. Jeremy keuchte, seine Hände wühlten in ihrem Haar, glitten ihren Hals entlang, über ihre Schultern, den Rücken, pressten sie fester an sich. Stella drückte ihr Becken gegen seinen Schritt, fühlte seine Erregung, genoss das unendlich, war aufgewühlt bis zum Anschlag. Zwischen ihren Beinen glühte es und es war ein verdammt lebendiges Gefühl. Ihre Finger machten sich an seinem Hemd zu schaffen, aber wieder riss er sich ruckartig von ihr los.

»Nein«, keuchte er. »Ich … ich weiß, du würdest mit mir schlafen, aber ich will nicht, dass du morgen neben mir aufwachst und es bereust. Ich will dich ganz, Stella. Ich will dich, wenn du frei bist von Verlust- und Rachegefühlen und bloßem Bedürfnis. Ich will, dass du *mich* willst, verstehst du?«

Mit diesen Sätzen schoss ihr wie ein Blitz in den Kopf, dass genau das – Trieb, Rache und Wut – sie in die Arme von Sam getrieben hatten. Sie wäre nie auf ihn abgefahren, hätten diese Emotionen sie nicht verblendet. Verständnis leuchtete in ihren Augen auf. Verblüffung. Und Respekt. Und doch spürte sie daneben die Angst, die Vergangenheit neu zu beleben – wenn sie sich mit ihr beschäftigte.

Jeremy fuhr sich durchs Haar, seinen Blick auf sie gerichtet, versuchte, zu verstehen, was in ihr vorging. Sie stand vor ihm, ihre Bluse war ziemlich weit offen, ihre Lippen feucht und ihr Blick verschleiert.

»Oh, Mann, ich muss dir sofort ein Taxi rufen, sonst werfe ich meine guten Vorsätze über den Haufen«, krächzte Jeremy und zog sein Handy aus der Tasche.

Der Taxifahrer kam leider ziemlich schnell und sie verabschiedete sich von ihm.

»Danke, Jeremy«, murmelte sie, als er sie zur Haustür brachte. »Es war ein ganz wunderbarer und wie immer ungewöhnlicher Abend mit dir.«

Sie war noch immer erregt, konnte es fast nicht ertragen, allein im Taxi zu sitzen, und ihr wurde klar bewusst: Er hatte mit ihr getanzt, nur, um ihr zu zeigen, dass ihr Kopf nicht immer die gleiche, leidvolle Richtung einschlagen musste. Sie hatte eine Wahl.

♪♪♪

Froh, dass die Arbeit sie ablenkte, stürzte sie sich ins Geschehen. Die beiden großen Veranstaltungen nahten und Stella war voll im Einsatz. Auch Julien war mit seinem Projekt schwer beschäftigt, dennoch gewann sie den Eindruck, dass er sich veränderte, dass etwas mit ihm passierte. Das war zwar normal – er wurde ja älter, er kam in die Pubertät und war vielen Einflüssen ausgesetzt, aber sie war trotzdem beunruhigt.

Sie wollte nicht, dass er diese Unschuld, mit der er bisher die Welt und das Leben betrachtet hatte, verlor. Ob das an seinem Projekt lag? Daran, dass es nicht so lief, wie er sich das vielleicht gedacht hatte? Mit etwas schlechtem Gewissen wurde ihr bewusst, dass sie sich gar nicht weiter danach erkundigt hatte und nahm sich vor, mit ihm am Wochenende richtig viel Zeit zu verbringen.

So oft dachte sie über die Erlebnisse mit Jeremy nach, darüber, dass er sie zwang, in ihre Vergangenheit einzutauchen. Noch in der gleichen Nacht spürte sie, wie sich die Angst, Negatives heraufzubeschwören, intensivierte, obwohl der Abend doch so schön gewesen war.

Als Jeremy sie wegen eines nächsten Dates ansprach, lehnte sie aus ebendiesem Grund ab und erklärte es ihm auch. Zum anderen hatte sie wirklich keine Zeit.

»Aber das ist ein normaler Prozess«, sagte er zu ihr. »Das ist nur dein Kopf, der dir miese Stimmung macht, damit du weiter an ihn glaubst. Es ist normal, dass sich Dinge erst einmal verdichten, wenn man sie weghaben will. So viele Menschen wollen ihr Problem einfach nicht mehr sehen, aber das ist nicht der Weg. Du musst es hinterfragen.«

An diesen Sätzen merkte sie, dass sie immer noch das tat, was sie zu tun gewohnt war: Unangenehmes wegschieben. Auch das hatte sie in die Arme von Sam getrieben – und an den Rand einer Klippe.

Ja, sie dachte in den Nächten viel und oft nach.

Und der Strudel der Ereignisse riss sie mit sich.

♫ Dreamer ♫

Isbells

Julien hielt sein Versprechen und fragte Jeremy, was er Frau Huber auf ihre Frage antworten könne.

»Oje, die Schuldfrage ist diffizil«, sagte Jeremy und kratzte sich am Kinn. Sie machten zusammen Mittagspause und saßen auf dem Pausenhof in der Sonne. »Sich schuldig fühlen ist echte Kacke, 'tschuldigung, Julien, aber das ist einer der dicksten Brocken für die Menschheit.«

»Und was sag ich ihr?«

»Deine Antwort, dass auch der andere sich bewegen muss, war gut, Julien. Der Punkt ist nur, wenn sie sich selbst nicht vergibt, hat das alles keine Bedeutung. Reue ist nicht vollständig ohne Vergebung. Und Vergebung kann nicht stattfinden, wenn du selbst mit dir hart ins Gericht gehst. Sie scheint sich ja ziemlich fertigzumachen und wenn sie nicht damit aufhört, kann die Gegenseite keine andere Reaktion zeigen. Vergebung heißt vor allem, mit dir selbst in Respekt und Freundlichkeit umzugehen und deine eigene Größe zu erkennen. Aber was tut sie? Sie macht sich klein. Immer und immer wieder. Wenn sie das in die Welt gibt, bekommt sie das zurück. Was ergo heißt: Wenn sie diesen Riesensprung schaffen würde, sich selbst zu vergeben, dann gäbe sie auch der Gegenseite die Chance, aus der Opferrolle herauszukommen. Dann könnte auch die Gegenseite besser damit umgehen. Du siehst – wenn sich einer bewegt, kann der andere sich bewegen. Damit sind wir wieder bei dem Punkt aus der Philosophiestunde. Wenn du dich liebst, weil du dein Selbst in dir erkennst, dann verurteilst du dich nicht für einen Fehler. Du hast was falsch gemacht, du bereust es und du vergibst dir. Du nimmst dir vor, das nie wieder zu tun. Du weißt, du hast eine

Erfahrung gemacht. Der andere, das Opfer, hat auch eine Erfahrung gemacht. Und beide müssen nun die richtigen Schlüsse daraus ziehen. Nicht nur einer. Es gibt immer zwei Beteiligte. Wenn sie einen Fehler gemacht hat, muss sie die Konsequenzen tragen, aber sie muss sich nicht schuldig fühlen.«

»Uh«, machte Julien. »Das hört sich echt schräg an. Ich weiß nicht, ob ich das so rüberbringe.«

»Schreib's dir auf. Sag deiner Frau Huber: Egal, was im Leben passiert – alles kann eine Sprosse zum Glück und zu sich selbst sein.«

♫♫♫

Frau Huber lachte kurz und bitter auf, als er ihr diese Antwort brachte. »Eine Sprosse zum Glück?«, spie sie fassungslos aus. »Eine Sprosse zum Glück …!«

»Du musst natürlich auch glücklich sein wollen«, erklärte ihr Julien. »Und das willst du ja nicht, weil du glaubst, du machst was gut, wenn du unglücklich bist. Du verbietest dir das Glück, weil du glaubst, du könntest damit deine Schuld bezahlen. Aber ein unglücklicher Mensch nützt keinem was. Kannst du dir denn gar nicht mehr vorstellen, wie das ist, glücklich zu sein?«

»Gott, nein«, flüsterte sie. »Ich halte mich dessen überhaupt nicht für würdig.«

»Aber warum nicht? Nur, weil du mal einen Fehler gemacht hast?«

»Es war ein großer Fehler!«

»Und? Kann man nicht auch große Fehler verzeihen? Du hast doch gehört, was ich gerade gesagt habe! Ich habe es extra für dich aufgeschrieben! Und ich habe eine Liste gemacht, was ich alles an dir mag! Und trotzdem sagst du immer dasselbe!«

»Es ist mein Weg«, beharrte sie.

»Es ist ein dämlicher Weg!«, rief Julien und wurde sauer. »Weil es gar kein Weg ist! Du bleibst einfach nur stehen! Du redest dir immer nur dasselbe ein! Tag für Tag! Was für eine erbärmliche Einstellung ist das!? Was würdest du denn zu mir sagen, wenn ich mir dauernd einreden würde, ich sei der größte Idiot der Welt?«

»Julien«, krächzte Frau Huber und ihre Kehle schnürte sich zu. »Rede nicht so mit mir. Ich vertrage das nicht. Ich …«

»Klar verträgst du das nicht!«, echauffierte sich Julien. »Weil du nichts ertragen willst! Du reißt nur aus! Und das nennst du ›Weg‹! Du leidest und meinst, damit tust du schon genug! Aber das stimmt nicht! Damit machst du nichts besser! Du machst nur die Welt ein wenig dunkler!«

»Mir ist die Welt egal!«, rief sie. »Ich will …« Aufgewühlt brach sie ab.

»Ja, eben!«, konterte Julien. »Was willst du eigentlich?«

Frau Huber war bis an die Grenze erregt. Sie saß wieder mal auf ihrer Sofakante, zitterte und wusste nicht, was sie tun oder was sie sagen sollte.

Auf einmal stand Julien auf und ging entschlossen zur Tür. Erschrocken sah sie ihm nach. War es das jetzt? Hatte sie ihn vergrault? In diesem Moment wurde ihr klar, wie sehr sie Julien brauchte. Wie sehr sie ihn liebte. Wie sehr es sie rührte, dass er sich mit ihr beschäftigte.

Und tatsächlich: Julien öffnete weit die Tür, stellte sich breitbeinig in den Rahmen und stemmte die Hände in die Hüften.

»Komm mit!«, forderte er sie auf.

»Was? Wohin denn?«

»Nach draußen! Die Sonne scheint!«

»Nein! Nein! Ich gehe nicht raus! Ich … Julien … ich gehe nicht raus! Das …«

»Warum nicht?«

»Weil …, weil … ich immer das Gefühl habe, dass die Leute mir ansehen, was ich getan habe. Weil ich keinem in die Augen blicken kann!«

»Oh, fuck!«, entfuhr es Julien. »Ich denke, es ist eher so, dass *du* dir nicht in die Augen schauen willst! Du bist wie ein Kind, das sich die Augen zuhält und denkt, wenn es sich selber nicht sieht, tun es auch die anderen nicht. Echt, Frau Huber, das ist doch voll bescheuert.«

Er sah auf die Straße.

»Keiner da!«, teilte er ihr mit. »Wir können den kleinen Wiesenweg hinuntergehen, dann sehen dich nur die Vögel und die Bienen. Na, los! Komm!«

Völlig aufgelöst stand Frau Huber im Raum, sah auf ihre nackten Füße, als ob die eine Entschuldigung dafür wären, nicht raus gehen zu können. Ungeduldig kam Julien ins Zimmer zurück und stellte ihr ein Paar Ballerinas hin.

»Anziehen!«, kommandierte er. »Oder ich komme nie wieder zu dir!«

Es dauerte eine ganze Minute, bis sie endlich in die Schuhe schlüpfte, ihren Schlüssel nahm, einen Schritt vor den anderen setzte, bis sie an der Tür stand, noch immer unschlüssig. Aber Julien nahm sie rigoros an die Hand, zog sie über die Schwelle, schlug die Tür hinter ihr zu und marschierte entschlossen mit ihr den Wiesengrund hinunter. Frau Huber hielt den Kopf gesenkt, als hätte sie Angst, sie würde sich in Luft auflösen, wenn sie in die Sonne blickte. Aber das verhinderte nicht, dass sie das Leben sah, das sich zu ihren Füßen bewegte – emsiges, frohes, unbelastetes Leben. Julien führte sie zu einem kleinen Bach, der munter vor sich hin plätscherte. Dort blieb er stehen und rüttelte leicht an ihrer Hand.

»Schau!«, sagte er zu ihr. »Ein Bussard!«

Sie hob den Blick. Eine kleine Brise fuhr über ihre Haut, die Sonne schien ihr ins Gesicht, das Blau des Himmels war zum ersten Mal seit zehn Jahren direkt über ihr. Frau Huber blinzelte. Sie stand mitten auf einer Wiese, in der es vor Leben nur so summte und brummte. Grillen zirpten, Schmetterlinge tanzten, dicke Hummeln hingen an den Blüten, Ameisen rannten geschäftig hin und her. Keines der Lebewesen machte sich so unnütze, schwere Gedanken wie der Mensch – wie sie. Sie fühlte sich, als ob ein Mauerstück in ihr zusammenbräche, ihr Schutz nahm und Freiheit gab. Die Welt war so weit! Der Himmel so blau! Wieder strich der Wind über ihre Wangen, wie ein Wink, wie eine Liebkosung. Die Schönheit der Welt erschlug sie. Voll von diesen ungeordneten Empfindungen sah sie Julien an, der sie noch immer an der Hand hielt.

»Es … es fühlt sich so fremd an«, flüsterte sie.

»Ja, aber nicht, weil es fremd ist, sondern weil du's vergessen hast«, sagte er. »Du hast vergessen, wie sich Glück anfühlt. Und wie sich Leben anfühlt. Du hast das einfach vergessen.«

»Warum tust du das?«, fragte sie erstickt zurück. »Warum beschäftigst du dich mit mir? Wegen deines Projekts?«

Julien dachte nach. »Das Projekt hat uns zusammengeführt. Aber es ist nicht der Grund, warum ich dich immer noch besuche.« Er grinste sie an. »Ich mag dich halt. Das reicht doch. Kannst ja meine Liste noch mal lesen.«

Sie umschloss seine Hand fester. »Ich habe mich nie bei dir wirklich bedankt, Julien. Das möchte ich jetzt nachholen. Danke. Es bedeutet mir viel, dass du da bist. So viel.«

Julien nickte. Und sie erkannte, dass ihn ihr Dank weder berührte, noch ihm wichtig war. Er tat einfach das, wozu er sich aufgerufen fühlte. Er handelte aus einer Quelle heraus, die ihr immer erstrebenswerter erschien.

♫♫♫

Mit Chrissi arbeitete Julien weiter an dem Projekt. Erfreulicherweise hatte sie einen Roller, sodass sie die Besprechungen bei ihnen zu Hause machen konnten. Chrissi wiederum war inzwischen mehr als froh, dass Julien ihr half. Er hatte echt was drauf und sie war zu seiner lebhaften Verteidigerin geworden, wann immer jemand in der Schule meinte, sich über ihn lustig machen zu müssen. Denn Julien teilte immer noch Zettel aus, wenn auch weit weniger, da er schon so vielen einen in die Hand gedrückt hatte. Da der Effekt der Karten jedoch nicht messbar war, wollten sie weitere Ideen für ihr Projekt »Mensch« entwickeln.

»Was ist mit Facebook?«, fragte er sie.

»Ey, das Gehetze da drin will doch keiner«, sagte Chrissi. »Oberflach! Du glaubst gar nicht, was für Affen da teilweise ihre Meinung absondern. Weißt schon, so Leute, die bei Amazon eine Rezension für Tesafilm schreiben ... oder meinen, ihren eingewachsenen Zehennagel fotografieren und posten zu müssen. Da wird gejammert, gemotzt, geschimpft und geklagt.«

»Facebook selber ist doch neutral«, stellte Julien klar. »Es ist nur eine Plattform. Wir sind es, die es mit etwas Gutem oder Schlechtem füllen können. Und gerade, wenn du sagst, dass da so viel Negatives läuft, wäre das doch voll geeignet!«

»Ach Julien«, seufzte sie. »Du bist ein echter Träumer!«

»Warum bin ich ein Träumer, nur weil ich an eine gute Welt eher glaube als an eine schlechte? Ihr seid die Träumer!«

»Sag mal«, platzte Chrissi in ehrlicher Verwunderung heraus. »Du siehst die Welt irgendwie ganz anders als wir. Du siehst auch die Menschen anders! Was ist der Unterschied? Ich kapier's nicht!«

Julien sah Chrissi prüfend an, wägte ab, ob er die nächsten Sätze sagen sollte – und entschied sich dafür:

»Ich sehe in jedem dieses Licht, Chrissi. Egal, in welcher Situation die Leute stecken, es ist immer da, auch wenn sie sich mies fühlen. Ich meine, sie könnten sich ja noch nicht mal mies fühlen, wenn es nicht da wäre, weil es die Energie für alles ist. Es ist das Licht, das die Sonne leuchten lässt und die Sterne und den Mond, die ganze Welt. Ich sehe es in jedem Menschen. Aber die sehen es irgendwie nicht. Das ist das, was ich ändern will, verstehst du? Denn, wenn sie das wieder sehen würden, ginge es ihnen wieder gut.«

Chrissi sah ihn fasziniert an. »Du kannst das sehen? So richtig als Licht?«, wollte sie wissen.

»Ja, aber meistens spüre ich es – es ist Freude pur. Es ist einfach … grandios! Und deshalb verstehe ich nicht, wieso Menschen sich dauernd schlecht fühlen, wenn sie doch dieses Licht in sich haben.«

»Oh, wow«, hauchte Chrissi. »Das hört sich ja richtig toll an! Das heißt, du siehst das Licht auch in mir?«

»Yep!«

»Warum kann ich das nicht sehen?«

»Vielleicht, weil du es noch nie für möglich gehalten hast, dass es da sein könnte. Und weil du dich selber dauernd runtermachst.«

»Aber das tun alle!«, rief Chrissi verstört. »Oh, Mann, ich sehe echt keinen Weg, wie man das ändern kann! Das, was du willst, ist den Leuten so fremd, dass sie es als blödsinnig abtun! Hier... schau mal...!«

Sie zog einen dicken Umschlag aus ihrer Tasche. »Das sind die Umfrage-Ergebnisse der fünften Klassen auf unsere Frage: ›Wie kann ich die Welt ein bisschen besser machen?‹. Die Antworten sind niederschmetternd!«

»Wieso denn?«

»Na, weil alle das Gleiche schreiben! Sie sind in Sorge wegen der Umwelt, wegen Plastikmüll und Krieg – aber was ganz deutlich durchdringt, ist: Die Kinder haben Angst! Manche haben, statt Vorschläge zu machen, geschrieben: ›Helft uns!‹. Ehrlich, Julien, das zu lesen, hat wiederum mir Angst gemacht! Alle haben Angst! Denn wenn deine Theorie stimmt und sich Gedanken materialisieren ... und wenn alle das Gleiche denken, wie diese Umfrage auch beweist ... was soll dann werden? Wir können nichts ausrichten! Gar nichts!«

Mit aufgerissenen Augen sah sie ihn an.

»Doch! Wir können was ausrichten! Das ist doch der Punkt! Daran zu glauben, dass wir es können!«

»Ja, verdammt noch mal, wie denn?«

»Indem wir weiter Gutes tun«, antwortete Julien. »Und nicht damit aufhören. Auch wenn es noch so unbedeutend scheint und du glaubst, es hätte keine Wirkung. Du hast doch das mit dem Lorenzeffekt gehört, Chrissi! Lorenz hat für ihn unbedeutende Stellen hinter dem Komma weggelassen und ein völlig anderes Ergebnis erhalten. Versteh doch! *Wir* sind die scheinbar unbedeutenden Dezimalstellen hinter dem Komma! Du und ich! Jeder Einzelne von uns! Du hast es von Jeremy gehört! Ganz kleine Änderungen können im Endeffekt eine große bewirken und so kann etwas völlig anderes herauskommen, als erwartet! Und alle Menschen, die eine gute Tat vollbringen, alle, die an das Gute glauben, alle, die an sich arbeiten und ihr Licht wieder sehen wollen, sind *superfette* Dezimalstellen hinter dem Komma! Jede noch so kleine gute Tat ist eine Dezimalstelle – jeder schöne Gedanke, jede Hoffnung, jedes Lächeln und jeder Sieg über ein mieses Gefühl!«

Völlig entgeistert sah Chrissi ihn an und in ihren Augen begann es zu glimmen.

»Woher hast du das?«, fragte sie ihn atemlos. »Das ist ja genial! Sag das noch mal! Ich muss das aufnehmen! Das muss ich in meine Arbeit schreiben!«

Aufgeregt zog sie ihr Handy aus der Tasche und filmte Julien beim Reden. Er saß im Schneidersitz auf seinem Bett und Chrissi wurde mit jedem Satz fiebriger.

»Oh mein Gott, das hört sich so verdammt schön an«, rief sie. »Und es macht Mut! Julien, das gibt jeder guten Tat einen so viel tieferen Sinn und Wert! Auch, wenn man das Ergebnis nicht gleich sieht!«

»Sag ich doch«, sagte Julien befriedigt, weil sie ihn endlich zu verstehen begann. »Pass auf, es kommt noch besser: In der letzten Stunde, als du nicht da warst, hat Jeremy über die kritische Masse gesprochen. Er hat gesagt, dass es gar nicht nötig ist, dass alle Menschen in die Tiefe gehen und philosophisch denken oder spirituell werden.«

»Ehrlich? Es ist nicht nötig? Warum?«

»Weil es eine kritische Masse von fünf bis zehn Prozent gibt, die alle anderen mitreißen kann.«

»Das müssen aber richtig starke Ideologen sein«, mutmaßte Chrissi. »Oder gar Demagogen!«

»Eben nicht! Jeremy hat uns Forschungen über Schwarmintelligenz und Gruppenverhalten gezeigt … warte … ich habe die Unterlagen hier …« Julien zog ein Heft von seinem Schreibtisch. »…von einem Wissenschaftler vom Leibniz-Institut[2] … der hat festgestellt, dass wir Menschen nun mal Verhalten kopieren. Gerade in großen Gruppen geschieht das völlig unbewusst, sodass sich die Leute wie in einem Schwarm verhalten – sie laufen einfach mit, weil es einen Sog gibt, dem sie folgen. Und der Sog entsteht über gerade mal fünf bis zehn Prozent!«

Er machte eine Pause, damit sie erfassen konnte, was das bedeutete und zeigte ihr das Arbeitsblatt, das Jeremy ausgeteilt hatte. »Schau mal, da steht es: ›Bleibt die Anzahl der an eine Idee glaubenden Personen innerhalb einer Gruppe bzw. Population unterhalb von zehn Prozent, so zeigt sich kaum ein Fortschritt in der weiteren Verbreitung dieser Idee […]. Überschreitet diese Anzahl jedoch zehn Prozent, so verbreitet sich die Idee von nun an wie ein Lauffeuer. (Boleslaw Szymanski)‹.«

Aufgelöst zog sich Chrissi das Blatt an sich und las mit großen Augen, was da stand.

»Aber … das ist ja fantastisch!«, rief sie mit feuerroten Wangen. »Das ist mega! Das ist … einfach sensationell!«

Julien freute sich über ihren neu erwachten Enthusiasmus.

»Und das ist wissenschaftlich bewiesen?«, fragte sie hektisch nach.

»Scheint so«, antwortete er. »Mich lässt das einfach nicht los, verstehst du? Jeremy hat noch einen weiteren Faktor ins Spiel gebracht.« Julien deutete mit dem Finger auf die Unterlagen.

»In den Jahren zwischen 2007 und 2010 haben in den Vereinigten Staaten große Gruppen meditiert und in dieser Zeit gingen die Tötungsverbrechen um über zwanzig Prozent zurück. Nur weil Leute sich nach innen gewandt haben! Stell dir das mal vor, Chrissi! In 206 Großstädten haben sich Gewaltverbrechen um 18,7 Prozent reduziert! Und weißt du, warum? Wissenschaftler haben bewiesen, dass es so etwas wie ein Feldbewusstsein gibt und wir Menschen alle unterschwellig miteinander verbunden sind [3].«

»Oh mein Gott«, sagte Chrissi immer ekstatischer. Fassungslos starrte sie auf die Zettel. »Oh mein Gott, oh, mein Gott, oh, mein Gott! Was das bedeutet! Julien, mach dir klar, was das bedeutet!«

»Aber genau das mache ich mir ja klar! Weil, weißt du, Chrissi, alles zusammen … der Schmetterlingseffekt … jede kleine Änderung kann Großes bewirken … die kritische Masse … es müssen nicht viele sein … das Feldbewusstsein … wir sind alle miteinander verbunden … der Präfrontalkortex von uns Menschen, der aktiv wird, wenn wir uns eine gute Tat auch nur vorstellen … und das Aspect- Experiment, das sagt, dass alle Teilchen auf einer höheren Ebene miteinander kommunizieren und dass, wenn sich eines ändert, sich das andere auch ändert … das zeigt doch: Wir *haben* eine Chance! Gerade in diesem Jahrhundert waren wir Menschen noch nie so verbunden wie jetzt! Allein der Glaube, dass es geht, ändert doch schon was!«

Chrissi war kurz vorm Durchdrehen.

»Ich glaube auch daran!«, rief sie aufgewühlt und fuhr sich immer wieder mit den Fingern durch ihr Haar. »Ich *will* daran glauben! Mann, Julien, ich war so verzweifelt! Am Anfang, als das mit dir anfing, die Zettel und all der Mist … Echt, ich wäre am liebsten ausgestiegen! Mir ist nämlich bewusst geworden, dass ich selbst nicht mehr an diese Welt geglaubt habe! Ich war frustriert! Resigniert! Aber jetzt … nach all dem, was ich jetzt weiß … Das ist doch alles herrlich! Das ist absolut fantastisch! Wir müssen noch viel mehr machen als nur Zettel austeilen! Die Dezimalstellen! Wir sind Dezimalstellen!« Sie juchzte fast. »Und wir müssen etwas tun, um diese kritische Masse zu erreichen! Unbedingt!«

Im Überschwang ihrer Gefühle umarmte sie den verdutzten Julien fest und innig.

»Du hast mir den Glauben an unsere Welt wiedergegeben«, jubelte sie. »Dafür bin ich dir ewig dankbar!«

Sie strahlte mit einem Mal vor Lebensfreude und kriegte sich vor Begeisterung nicht mehr ein. »Und endlich verstehe ich das Zitat mit dem Apfelbäumchen, das uns unser Religionslehrer immer vorgelesen hat!«, jauchzte sie. »Ich pflanze auch welche! Bis zu meinem letzten Tag!«

Julien lachte und freute sich mit ihr. »Top, Chrissi!«, sagte er und grinste sie an.

»Du bist wirklich ein kleiner Engel, nein, ein großer Engel«, rief sie aufgeregt. »Du bist ein so großer Engel! Was würde ich nur ohne dich machen?«

»Wir sind alle Engel«, antwortete Julien. »Und es ist auch Zeit für Engel, findest du nicht? Es ist Zeit, dass jeder weiß, dass er einer ist. Zeit für dich, dass du es weißt.«

»Julien«, sagte Chrissi wieder. »Wir müssen was tun. Ich *will* was tun! Und du hast recht: Wir sollten noch mal über Facebook nachdenken. Wegen der kritischen Masse! Darüber erreichen wir ziemlich viele Leute!«

»Ja, aber das Wichtigste ist, dass du für dich glücklich bist«, wandte Julien ein. »John hat mir gesagt, es ist wichtig, mit welcher Energie du etwas tust. Und wenn du voller Liebe bist, erreichst du viel mehr. Deswegen musst du mit dir anfangen.«

»Das werde ich Julien«, sagte Chrissi eifrig. »Und wie ich das werde! Aber lass uns trotzdem nachdenken, was wir sonst noch machen können!«

Sie diskutierten heiß herum – über Videobotschaften, Podcasts, Posts – und waren nicht zufrieden, weil es das alles schon gab.

»Vielleicht was mit Musik«, sinnierte Julien. »Musik bewegt die Menschen immer. Ich habe von Jamie Scott einen Song geschenkt bekommen, der ist aber nicht veröffentlicht und …«

In diesem Moment kreischte Chrissi so laut und anhaltend auf, dass Julien sich instinktiv die Ohren zuhielt.

»Du! Hast! Einen! Song! *Von Jamie Scott?*?? Von Jamie Scott? Einen *unveröffentlichten* Song von …«

Sie fächelte sich mit den Händen Luft zu und einen Moment lang glaubte Julien wirklich, sie falle in Ohnmacht. »Das ist zu viel!«, japste sie. »Das ist zu viel!«

»Er war für kurze Zeit mein Pate«, erklärte Julien stolz, ohne die Hysterie von Chrissi wirklich zu begreifen. Die konnte nur noch schnappatmen.

»Jamie … dein Pate …«, krächzte sie. »Jetzt fantasierst du aber!«

»Nicht die Bohne«, erwiderte er, entzückt über die Reaktion, die er bei ihr hervorgerufen hatte. Noch nie hatte er sie so lebendig gesehen! Er holte sein Heft hervor und zeigte ihr die letzten Seiten. Ehrfürchtig glitten ihre Finger über die mit Hand geschriebenen Noten.

»Oh mein Gott«, wisperte sie völlig erschlagen. »Ich habe Noten berührt, die der süßeste, beste und genialste Sänger der Welt selbst verfasst hat!«

Julien konnte ihre Seligkeit nicht nachvollziehen. Er wusste zwar, dass Jamie berühmt gewesen war, aber nicht, dass durch seinen frühen Tod ein Mythos um ihn schwebte, der die Verkaufszahlen seiner beiden CDs heute noch im Olymp der Musikwelt hielt. Zumindest begriff er, dass er etwas sehr Kostbares in seinen Händen hielt, und legte das Heft daher sorgfältig wieder in die Schublade zurück.

»Es ist ein Song über Harmonie und Brüderlichkeit in der Welt«, erläuterte er. »Er würde gut zu unserem Projekt passen. Stell dir vor: Der Text ist über viertausend Jahre alt!«

»Darfst du diesen Song denn veröffentlichen?«, fragte Chrissi hippelig.

»Keine Ahnung, ich muss Mama fragen.«

»Bitte, bitte tu das gleich heute Abend, ja? Wir sagen noch niemandem was davon! Ich muss das alles erst mal sacken lassen. Ich bin total fertig! Ich weiß gar nicht, was ich zuerst denken soll! Aber … Julien, ich fühle mich wie neugeboren!«

»Warum?«, fragte er, trotzdem einigermaßen verständnislos. »Die Welt hat sich doch nicht geändert!«

»Aber meine Sichtweise hat sich geändert! Und ich habe Hoffnung! Und Glaube! Ich freu mich so! Und … ach komm her, lass dich noch mal drücken!«

Sie umarmte ihn heftig, drückte ihm einen fetten Kuss auf die Wange und wirbelte aus dem Zimmer. Julien sah ihr verdattert hinterher. Dann grinste er und sagte zu sich:

»Ich wusste, ich hab ne Chance bei ihr!«

♫♫♫

Stella hatte seit einem Monat ein eigenes Büro und Unterstützung durch eine neu eingestellte Kraft. Die blutjunge Frau Seidel saß nun am Empfang, telefonierte mit Kunden, brachte den Kaffee für Besprechungen und stemmte gemeinsam mit Stella die geplanten Events. Der neue Ausstellungsraum war fertig und sah fantastisch aus. Das Zelt aus Tausendundeiner Nacht, das Stella mit Beate gestaltet hatte, begeisterte besonders, aber auch die anderen Motive fanden viel Anklang und jeder war aufgeregt wegen des bevorstehenden Tags der offenen Tür.

Mit Frau Seidel ging Stella mehrfach den geplanten Ablauf durch und kam einigermaßen spät an diesem Abend nach Hause. Sie war müde und als Julien sie fragte, ob er Jamies Song veröffentlichen dürfe, war sie zerstreut und sagte:

»Klar, Schätzchen. Er hat ihn dir geschenkt, es ist dein Song. Du hast das Copyright. Ich glaube, das steht auch irgendwo hintendrauf.«

Julien sah sie an und sagte: »Mann, bin ich froh, wenn deine Events gelaufen sind. Und im Sommer fliegen wir nach Ibiza, oder?«

Stella lächelte. »Ja, im Sommer fliegen wir nach Ibiza. Diesen Urlaub haben wir uns redlich verdient, was? Und diesmal müssen wir überhaupt nicht sparen!«

»Aber wir schlafen trotzdem bei Alisa und John?«

»Klar! Ich denke, die wären sauer, wenn wir im Hotel wären.«

»Ja, das wäre schön, dann hätten wir richtig viel Zeit und ich könnte dir alles erzählen, was so passiert ist.«

Stella wurde aufmerksam. »Geht es dir gut, Julien?«

»Ja, Mama, ist nur viel los – nicht nur bei dir.«

Sie strich ihm übers Haar und drückte ihn an sich.

»Möchtest du es mir erzählen?«

Er war kurz davor, ihr von Frau Huber zu berichten, aber fühlte sich an sein Versprechen gebunden und sprach schließlich von seinem Projekt und Chrissis Reaktion.

»Sie war auf einmal wie umgewandelt, Mama«, sagte er. »Das macht mich froh. Weil … es könnte ja auch anderen Leuten so gehen.«

Stella war bei der Ausführung seiner Thesen ebenfalls sehr nachdenklich geworden.

»Ja, mein Schatz«, sagte sie leise. »Da hast du ganz recht. Sehr recht sogar.« Sie drückte ihn an sich. »Deine Ansicht ist einfach … weltverändernd, Julien. Sie ist wunderbar.«

»Findest du?« Wieder sah er sie an und sie merkte, dass ihn etwas belastete.

»Hey, mein Kleiner, du weißt, wenn du mich brauchst, bin ich für dich da. Du weißt, ich liebe dich so sehr«, flüsterte sie in seinen Blondschopf. »Sag mir, wenn ich was für dich tun kann.«

♫♫♫

Der Tag der offenen Tür wurde ein voller Erfolg. Die Presse, der Bürgermeister und viele Stammkunden kamen während des Tages. Abends fand ein kleines Fest mit Feuerwerk für Gäste und Belegschaft statt. Stella redete mit Kunden und Interessenten, gab zusammen mit Alex ein Interview, posierte für Pressefotos, sorgte dafür, dass genügend Flyer auslagen, dass die Kunden betreut und ihre Fragen beantwortet wurden. Kurz, der Tag war so voll und so anstrengend, dass sie ihre Füße nicht mehr spürte. Die Idee, einen neuen Zweig in der Firma zu eröffnen, stellte eindeutig einen Meilenstein in der Geschichte des Unternehmens dar und die Atmosphäre der Abendveranstaltung war unwiderstehlich romantisch. Die Gäste saßen im orientalischen Zelt, in dem arabische und indische Gerichte einen würzigen Duft verströmten. Der Hausmeister hatte Lichterketten in die Bäume genestelt, aber der Star des Abends war fraglos Alex, der souverän und charmant die Damenwelt um seinen Finger wickelte und von einer Verlegerin, die mehrere Frauenmagazine vertrieb, heiß umgarnt wurde. Doch immer wieder glitt sein Blick zu Stella. Und auch sie suchte oft mit den Augen seine Gestalt, bewunderte, wie nonchalant er mit allen umging und welch gute Figur er machte.

Der Champagner floss in Strömen, eine Bauchtanzgruppe erschien und heizte Frauen wie Männern kräftig ein, bis ein DJ den Abend übernahm. Die Leute tanzten in dieser zauberhaften, farbenfrohen Tausendundeine-Nacht-Kulisse und wollten gar nicht mehr gehen. Stella beendete gerade ein Gespräch mit einem Zulieferer, als sie sah, wie Alex sich nach ihr umsah. Sie ahnte - er wollte mit ihr tanzen.

Hektisch zog sie die Reißleine, gab Beate Bescheid, fuhr nach Hause und fiel in ihr Bett.

Aber ausweichen konnte sie ihm damit nicht.

♪♪♪

Der lokale Pressebericht am nächsten Tag war so überschwänglich formuliert, dass Alex jubelnd durch die Räume fegte, für alle noch mal Sekt und Kuchen ausgab und in der Cafeteria mit der Belegschaft anstieß.

Danach rief er Stella in sein Büro und kaum hatte sich die Tür hinter ihr geschlossen, nahm er sie ungefragt in seine Arme und drückte sie an sich. Sein Herz klopfte stark, er sagte nichts. Er hielt sie nur, seinen Mund an ihrem Haar, seine Arme um ihre Taille. Stella ließ es für ein paar Sekunden zu, aber die genügten, um zu spüren, dass er sich gegen eine körperliche Reaktion nicht wehren konnte. Aufgewühlt löste sie sich von ihm und sah ihn mit brennenden Augen an. Er sah mit ebenso brennendem Blick zurück.

»Du verrennst dich in etwas, Alex«, murmelte sie. »Das will ich nicht. Wir kennen uns gerade mal ein halbes Jahr. Und du bist mein Chef.«

»Sag nicht so was. Sag nicht, dass ich mich verrenne. Ich bin … ich habe mich so noch nie …« Er stockte kurz, fuhr fort: »Ich fühle mich lebendig, verstehst du? Und das ist ein verdammt gutes Gefühl!«

»Ja, von dem ich hoffe, dass es nicht nur mit mir zusammenhängt«, bremste sie erneut. »Ich würde mir so wünschen, dass du das auch unabhängig von mir fühlen kannst.«

»Mit dir zusammen ist das bedeutend schöner«, lächelte er und seine Augen funkelten. »Du glaubst gar nicht, wie sehr ich mich freue, wenn du zu mir nach Hause kommst. Zur Gala.«

Ihr Blick sprach Bände und Alex strich mit seiner Hand zärtlich über ihre Wange.

»Keine Angst«, flüsterte er. »Ich habe versprochen, dir Zeit zu lassen.«

In ihr war Aufruhr. Die Sache mit Jeremy, der in ihrer Vergangenheit herumbohrte, der wollte, dass sie sich das alles nochmals anschaute … Alex, der das eher unbewusst tat. Denn, wenn sie sich auf eine neue Beziehung einließ, würde sie mit all diesen ungelösten Dingen konfrontiert werden, soviel war sicher.

Wieder befiel sie ein unangenehmes Gefühl. Eines, das sie nicht haben wollte.

♫♫♫

Julien war in seinem Bemühen, Frau Huber zu helfen, so aufrichtig und hartnäckig, dass sie sich schon allein dem kleinen Kerl zuliebe bemühte, alles, was er ihr an Gedanken zutrug, zu verinnerlichen. Mitleidlos scheuchte er sie aus ihrer Komfortzone. Das Nächste, was er ihr zumutete, war ein Besuch beim Bäcker.

»Keiner kennt dich. Niemand hat dich je gesehen. Also kann es keiner komisch finden. Komm schon!«, forderte er sie auf.

Sie starb tausend Tode, als sie erneut ihre Füße vor die Tür setzte und langsam mit Julien zu dem kleinen Bäckerladen um die Ecke ging. Dass der Laden klein war, belastete sie umso mehr. Ihr Herz klopfte ihr bis zum Hals und ihre Hände waren schweißig.

»Willst du alleine rein?«, fragte Julien. »Weil … mich kennen ja die Leute.«

Sie schüttelte den Kopf und bereute es sofort wieder, denn als Julien schnurstracks eintrat und ihn die Verkäuferin erfreut mit »Hallo Julien, wen bringst du denn heute mit?, begrüßte, da wäre sie am liebsten im Erdboden verschwunden.

»Das ist meine Tante«, flunkerte Julien munter, zog Frau Huber vor die Theke und stieß sie mit dem Ellbogen an. »Ey, Tante! Auf was stehst du denn?«

»Ich … ich nehme ein Stück Himbeerkuchen«, krächzte Frau Huber und räusperte sich. »Und du, Julien?«

Die Verkäuferin packte den Kuchen ein, wünschte noch einen schönen Tag und sie verließen den Laden wieder. Schweißgebadet saß Frau Huber ein paar Minuten später wieder in ihrer Wohnung. Das Stück Himbeerkuchen stand wie eine Trophäe auf dem Tisch.

Ja, Julien zwang sie. Zwang sie, das Schöne zu sehen. Zwang sie, am Leben teilzunehmen.

Aber nicht immer gab sie seinem Drängen nach. Und manchmal fiel sie in so düstere Zustände – vor allem, wenn sie von ihrer Schuld redete –, dass Julien es mit der Angst zu tun bekam.

Er wusste zwar, was Frau Huber fehlte, aber er konnte es nicht immer so formulieren, dass sie es auch verstand, und fand in Jeremy eine unschätzbare Hilfe. Der hatte Julien Meditations-CDs und Buchempfehlungen für Frau Huber mitgegeben und erkundigte sich regelmäßig nach ihr. Sie saßen oft in der Mittagspause zusammen.

»Was macht dein Projekt?«, fragte Jeremy.

»Läuft. Chrissi ist drauf wie zehn nackte Ochsen. Macht echt Spaß mit ihr!«

»Wie hast du denn das hingekriegt?«, lachte er. »So kenne ich Chrissi gar nicht! Und deine Mutter?«

»Na, die hat jetzt noch die Gala bei ihrem Chef. Neulich hat er sie sogar mit einem Oldtimer abgeholt. Und im Sommer fliegen wir zu John und Alisa nach Ibiza. Ich freu mich schon!«

Jeremys Augen funkelten und er schien über einiges nachzudenken. Dann fragte er:

»Und wie geht es deiner Frau Huber?«

»Das geht so auf und ab. Stell dir vor: Sie muss darüber nachdenken, ob sie glücklich werden will. Ist der Hammer oder? Die ganze Zeit wollte sie das ja nicht, weil sie sich selbst so schrecklich findet. Manche Menschen sind echt komisch, oder?«

Jeremy lachte. »Ja, was Gedanken alles anrichten können! Hat sie dir inzwischen verraten, was sie verbrochen hat?« Er setzte das Verb in imaginäre Anführungsstriche.

»Nein, sie sagt, das ist nichts für ein Kind.«

»Und was hast du so mit ihr vor?«

»Na ja, ich will ihr zeigen, dass die Welt schön ist«, erwiderte Julien. »Sie ist seit fünf Jahren in der Wohnung und hat sie seitdem nie oder nur nachts verlassen.«

»Echt schräg. Aber hast du nicht gesagt, es wären über zehn Jahre?«

»Sie ist immer wieder umgezogen. Aber mittlerweile ist sie mit mir schon einmal auf die Wiese gegangen. Und einmal zum Bäcker. Meinst du, das wird noch mit der Frau Huber?«, fragte Julien. »Irgendwie ist sie schon total verkorkst.«

»Ja, aber gerade solche Menschen haben eine besondere Chance zum Durchbruch. Weil ihr Kummer irgendwann so stark ist, dass sie so was wie einen Nervenzusammenbruch erleiden können. Du musst dir das wie bei einem Computer vorstellen. Das System stürzt ab und alles wird gelöscht. Und dann hast du die Chance, neue Programme draufzuladen.«

»Das wäre gut für sie«, sagte Julien nachdenklich. »Ich wünsche es ihr fast. Sie glaubt gar nicht an Glück. Bist du eigentlich glücklich, Jeremy?«

Jeremy schenkte dem Kleinen ein breites Grinsen.

»Ich arbeite gerade sehr dran, Julien. Und was deine Frau Huber angeht, sag ihr, dass die Zeit ein Weichzeichner ist und sie heute Chancen hat, die sie damals vielleicht nicht hatte. Dass die Menschen, deren Vergebung sie damals gesucht hat, sie ihr heute gewähren, weil sie in der Lage ist, sich selbst zu verzeihen. Sag ihr, dass es nie zu spät für irgendetwas ist. Niemals. Dass, wenn sie ihr Herz öffnet, sich auch die Herzen um sie herum öffnen. Sag ihr, dass Depression etwas ist, das man überwinden kann.«

»Sie ist nicht wirklich depressiv, finde ich«, sagte Julien. »Mama hatte mal eine depressive Bekannte. Und die war extrem undankbar. Sie hat ihre ganze Familie mit ihrer Depression tyrannisiert, nichts war ihr recht zu machen und alles musste sich nur um sie drehen. Sie hat für niemanden eine Empfindung gehabt, nur für ihr eigenes Leid, das eigentlich keines war. Frau Huber ist dankbar. Das mag ich an ihr. Sie ist eine gute und liebe Frau.«

»Ach, Julien, wenn ich dich nicht besser kennen würde, hätte ich gesagt, du bist ein Träumer! Aber das bist du nicht. Du bist ein bewundernswerter, mutiger Junge. Ich hab dich wirklich richtig gern.«

Jeremy verwuschelte ihm das Haar, aber Julien hatte nichts Eiligeres zu tun, als Frau Huber dessen Sätze zu übermitteln.

♫ Remember The Time ♫

Michael Jackson

Wieder einmal stand Stella vor dem Spiegel und zog das grüne Abendkleid an. Julien saß auf dem Klodeckel und unterhielt sich mit ihr.

»Wo bleibt denn Sina heute?«, wunderte sich Stella.

»Die hat keine Zeit, ich geh zu Frau Huber rüber«, sagte Julien.

Schockiert ließ sie den Rougepinsel sinken und starrte ihren Sohn an.

»Du gehst ... zu wem?«

»Zu Frau Huber?«, wiederholte er und zog übertrieben die Augenbrauen hoch.

»Huber? Unsere Nachbarin? Die nie aufmacht? Die nie jemanden sehen will?«

»Mich will sie sehen. Schon seit Monaten. Wir sind gute Freunde geworden.«

»Bitte? Seit Monaten? Warum hast du nie etwas davon gesagt?«

»Weil sie es nicht wollte.«

»Moment mal! Julien! Ich kenne die Frau gar nicht! Ich kann dich doch nicht bei einem mir völlig unbekannten Menschen lassen!«

»Bleib locker, Mama«, sagte Julien. »Frau Huber ist total okay.«

»Nein! Die hat eindeutig einen an der Waffel! Zu der gehst du nicht! Ich ...« Stellas Kopf arbeitete fieberhaft an einer Lösung.

»Hey, Mom, jetzt krieg dich wieder ein! Wenn du sie kennenlernen willst, hole ich sie eben rüber!«

»Ja, wie denn? Sie geht doch nie aus ihrer Wohnung!«

»Sie war mit mir sogar schon beim Bäcker«, erklärte Julien. »Dann bringe ich sie auch dazu, zu uns zu kommen.«

»Aber wieso hat sie mit mir keinen Kontakt aufgenommen, wenn sie auf dich aufpassen will? Das ist doch das Erste, wenn ...«

»Das ist meine Schuld«, gab Julien kein bisschen zerknirscht zu. »Ich wollte es ihr so leicht wie möglich machen. Sie glaubt, du bist einverstanden, dass ich heute zu ihr gehe. Das bist du doch, Mama, oder?«

»Nein! So einfach geht das nicht, mein Lieber, ich ...«

»Okay, ich hole sie her, du lernst sie kennen und alles ist gut!«

Bevor Stella etwas sagen konnte, war Julien vom Klodeckel heruntergerutscht und nach draußen gelaufen. Perplex stand Stella im Bad, mit einem halb fertig geschminkten Gesicht. Geistesgegenwärtig vollendete sie ihr Make-up in den paar Minuten, in denen Julien wieder zurückkommen musste – mit oder ohne Frau Huber.

Er kam mit ihr. Überrascht betrachtete Stella die hübsche, gepflegte Frau, die ihr gegenüberstand und ihren Sohn an der Hand hielt. Nein, es war umgekehrt: Julien hielt *sie* an der Hand. Frau Huber war übernervös, aber sie hatte ganz offensichtlich Manieren, streckte Stella bebend ihre Rechte entgegen und sagte:

»Guten Abend, Frau Brandtner, Julien hat mir gerade gesagt, dass Sie nicht wussten, dass er heute bei mir sein wird. Ich … also, das tut mir leid, ich war der Meinung …«

Sie versank fast unter Stellas kritischem Blick, was wiederum Stella leidtat. Frau Huber wirkte sympathisch und irgendwie kleinmädchenhaft, obwohl sie älter als Stella sein musste. Stella konnte sich nicht dagegen wehren, vom ersten Moment an Zuneigung zu der schüchternen Frau zu fassen.

»Ja, ich dachte, Sina passt auf ihn auf«, sagte sie. »Das kommt jetzt alles sehr überraschend und …«

In diesem Moment lächelte Frau Huber zaghaft und sagte zu ihr:

»Das ist ein Wahnsinnskleid, das Sie da anhaben. Sie sehen toll aus.«

»Ähm … danke«, krächzte Stella, völlig erschlagen von der Situation, ihren Blick noch immer auf ihre Nachbarin geheftet.

Frau Huber war mit ihren letzten Sätzen über und über rot geworden, aber Julien strahlte, als sei er der Trainer, der ihr das beigebracht hatte. Gerührt sah Stella, wie er ihr mit seinen Augen Anerkennung zollte, Frau Huber sich noch fester an die Hand ihres kleinen Sohnes klammerte und daraus Mut für ihren nächsten Satz schöpfte.

»Stecken Sie Ihr Haar hoch?«

»Nein, darin habe ich leider wenig Geschick«, erwiderte Stella. »Ich werde es offenlassen.«

»Das …« Frau Huber räusperte sich und wurde noch roter. »Das wäre schade«, sagte sie. »Es würde Ihnen so gut stehen. Haben Sie Gel … und ein wenig Haarschmuck? «

»Ja, im Bad«, erwiderte Stella verdattert. »Ähm … soll ich das holen?«

Frau Huber nickte. Stella ging ins Bad, brachte einen Kamm, Gel und alles, was sie an Schmuckspangen fand. Wortlos reichte sie ihr das Gewünschte, setzte sich auf den Hocker in der Diele und Frau Huber machte sich mit einem solchen Geschick über Stellas Haar her, dass beide, Julien und sie, nur so staunten. Das Ergebnis war frappierend. Mit wenigen Handgriffen hatte sie ihr eine reizende Hochsteckfrisur gezaubert, zupfte einzelne Kringel heraus, die Stella verführerisch über Wangen und Schläfen fielen und ihren grazilen Hals betonten.

»Mensch, Frau Huber«, ließ sich Julien vernehmen, »du hast's ja voll drauf!«

Auch Stella war hin und weg.

»Vielen Dank«, staunte sie. »Ich weiß gar nicht, was ich sagen soll!«

»Keine Ursache. Und wegen Julien … Ich habe bei mir drüben alles vorbereitet. Süßigkeiten und einen Film und …« Frau Huber stockte kurz. »Wenn Sie möchten, kommen Sie doch einfach mit rüber und überzeugen Sie sich davon, ich …«

»Offengestanden wäre es mir lieber, wenn Julien hierbleiben würde«, entgegnete Stella. »Weil ich nicht weiß, wann ich zurückkommen werde.«

Sie sah Panik in Frau Hubers Augen aufflackern. Wie lange mochte es her sein, dass sie außerhalb ihrer eigenen vier Wände gewesen war? Aber Frau Huber nickte ergeben, ihre Hand suchte wieder die von Julien und diese Geste, nein, die ganze Frau war so rührend, dass Stellas Herz unwillkürlich schmolz.

»Wir könnten es so machen, dass Sie Ihr Abendprogramm drüben bei sich durchziehen und wenn Julien müde ist, rufen Sie mich an. Ich komme sofort nach Hause.«

»Eine gute Idee«, stimmte Frau Huber erleichtert zu und wirkte geradezu glücklich. Dann sagte sie mit einer Intensität, die Stella in Mark und Bein ging: »Danke. Danke, dass Sie mir vertrauen.«

Sie war kurz davor zu weinen, sie zitterte sogar, was Stella fast schon wieder beunruhigte. Aber Julien hielt Frau Huber einen Daumen hoch, grinste zufrieden, gab seiner Mutter einen Kuss und verschwand in der Nachbarwohnung.

♫♫♫

Von einem Taxi ließ sich Stella zu Alex' Haus bringen. Dem Fahrer, einem jovialen, alteingesessenen Bürger dieser Stadt, war die Adresse mehr als geläufig und er berichtete ihr, welch guten Ruf Alex in der Ecke hier habe, und was für ein Segen es sei, dass es ihn gebe, weil er doch so viele Arbeitsplätze schaffe und alle Leute so freundlich behandle.

»Toll sehen Sie übrigens aus«, sagte er und sein dickes Gesicht verzog sich zu einem gemütlichen Grinsen.

Er redete ohne Unterlass, das typische Gerede von Leuten, die es gewohnt waren, auf das Leben anderer zu schauen. Stella schaltete auf Durchzug und hing ihren eigenen Gedanken nach. Er fuhr aus der Stadt, bog kurz danach scharf links in einen Waldweg ab und der in eine kleine Allee überging, die direkt zum Haus führte – besser gesagt zu einem weißen Landschlösschen. Stella stand der Mund offen, als der Wagen langsam, damit der Kies nicht aufspritzte, in das Rondell einfuhr und direkt vor der Freitreppe hielt.

Etwas eingeschüchtert stieg sie aus, raffte den schweren Rock und lief die Treppe hoch. Oben stand ein livrierter Catering-Host, der ihre Einladung checkte und sie einließ.

Mit klopfendem Herzen folgte ihm Stella durch eine große Eingangshalle mit schwarz-weißem Granit und trat in einen in Mahagoni gehaltenen großen Gesellschaftsraum, in dem sich schon die meisten der Gäste befanden. Unschlüssig, und vor allem unsicher, blieb sie an der Tür stehen und suchte mit den Augen ein bekanntes Gesicht.

Als Alex sie entdeckte, löste er sich so abrupt von seinem Gesprächspartner und ging mit so glänzenden Augen und beschwingtem Gang auf sie zu, dass jedem klar war, dass sie etwas Besonderes für ihn sein musste. Er sah in seinem Smoking umwerfend aus – Pierce Brosnan in Aktion! Stella verschlug es einmal mehr die Sprache und ihr wurde heiß.

Seine Ausstrahlung, das Ambiente, dieser Luxus, den sie nicht erwartet hatte, machten sie bewegungsunfähig und so stand sie wie ein Gemälde in diesem hohen Türrahmen, wie Cinderella, die zu spät auf den Ball kam – und ziemlich alle Augen waren auf sie gerichtet.

Sie sah traumhaft aus an diesem Abend. Eine Femme fatale mit dem hochgesteckten Haar, dem smaragdgrünen Abendkleid, dem gewagten Rückenausschnitt und ihrem so reizvollen Dekolleté. Sie spürte die Blicke der Leute, die beobachteten, wie Alex ihr die Hand reichte und sie mit Besitzerstolz in die Menge führte. Eine Cateringkraft hielt ihr ein Tablett mit Champagnerkelchen hin, sie nahm sich eines davon und wagte kaum, sich im Raum umzusehen.

Keine Frage, es war ein fulminanter Auftritt, ungewollt, aber gerade deswegen umso sympathischer und effektvoll. Jeder nickte ihr freundlich zu. Bewundernde Blicke trafen sie und Stella fühlte sich, als wäre sie in einem Märchen, als wäre das alles gar nicht wahr. Unwillkürlich versuchte sie, sich vorzustellen, wie das wäre, wenn sie hier lebte, wie Julien durch diese Räume tobte. Es gelang ihr nicht. Sie war zu überwältigt.

Ein Geschäftspartner nach dem anderen wurde ihr vorgestellt. Alex ließ während all dieser Begegnungen ihren Arm kaum los, pries sie als seinen »brillanten Neuzugang« an, und die Art, wie er es tat, ließ keinen Zweifel daran, dass er diese Bezeichnung gerne aufs Private ausgeweitet hätte.

Es dauerte lange, bis sie alle begrüßt, ein paar Worte mit jedem gesprochen hatte. Sie merkte nicht, wie viel Champagner sie in dieser Zeit getrunken hatte, weil die Hostessen die Gläser so diskret nachschenkten, dass sie ständig der Meinung war, ihr Glas hätte sich nicht geleert. Immer öfter, immer selbstverständlicher spürte sie Alex' warme Hand auf ihrem nackten Rücken, strahlten seine Augen sie an. Wann immer sich die Gelegenheit dazu ergab, neigte er sich ihr zu, um ihr etwas ins Ohr zu flüstern, benahm er sich auf eine dezente Art und Weise intim, die selbst ihr das Empfinden gab, etwas völlig anderes als eine Mitarbeiterin zu sein. Stella fühlte sich benebelt und war drauf und dran, nach den Toiletten zu fragen, um einen klareren Kopf zu bekommen, als ein Mann sich aus einer Gruppe herauslöste. Ein Mann mit einem ungläubigen Ausdruck auf dem Gesicht.

»Stella?«, fragte er verblüfft. »Bist du … sind Sie …«

»Ähm, das ist Herr Bender«, stellte Alex vor. »Er koordiniert seit neuestem unsere Auslandsgeschäfte und früher oder später wirst du sicher mit ihm zu tun haben.«

Sie hätte nie gedacht, dass er noch eine solche Wirkung auf sie haben könnte, aber ihr fiel tatsächlich das Herz in die Hose. Rafael stand vor ihr. Wie damals war sein dunkles Haar nach hinten gekämmt, trug er eine dunkel gerahmte Brille. Wie damals wirkte er smart und sophisticated. Er starrte sie an wie einen Geist.

»Kennt ihr euch?«, fragte Alex beunruhigt.

»Ja«, erwiderte Stella und verstand nicht, warum sie das so aufwühlte. Es war mehr als zwölf Jahre her! Sie war doch darüber hinweg! Doch ihr Herz klopfte wie verrückt und in der nächsten Sekunde wusste sie warum: Die Vergangenheit! Da war sie! Es kam alles wieder! Panik wollte sich ihr bemächtigen und sie bemühte sich krampfhaft um Ruhe. Erklärend sagte sie zu Alex:

»Herr Bender ist ein Bekannter aus meinen Jugendtagen. Wir haben uns über zehn Jahre nicht gesehen. Schön, dich wieder zu treffen, Rafael.«

»Na, das ist ja mal ein Zufall! Das erleichtert die Zusammenarbeit«, meinte Alex und sein Blick wanderte zwischen ihr und Rafael, der Stella noch immer höchst verwundert ansah, hin und her. Vertraulich fasste

Alex sie am Arm und wisperte ihr ins Ohr: »Gerade ist ein alter Freund von mir eingetroffen … Ich gehe ihn begrüßen. Kommst du nach?«

»Sicher«, lächelte sie und wandte sich wieder Rafael zu. Sein verwirrter Blick folgte dem sich entfernenden Alex, kehrte zurück zu ihr, glitt über ihre Aufmachung, das grüne Kleid, ihre Marilyn-Monroe-Figur und blieb an ihrem fantastischen Dekolleté hängen. Er schluckte leise.

»Meine Augen sind übrigens grau«, konnte sie sich nicht verkneifen, zu sagen.

»Entschuldige, Stella, aber du siehst einfach hinreißend aus! Wenn ich alles erwartet hätte, aber dich hier zu treffen, das ist … so unglaublich, so …« Er war völlig durch den Wind.

»Es ist nicht unglaublich, es ist schlicht Zufall«, stellte sie richtig.

»Nein, vielleicht ist es Schicksal«, gab er zurück und fixierte sie.

Sie wusste, was er dachte. Sie konnte es förmlich sehen! Was hatte er damals gesagt? Sie würde eine Matrone werden, es zu nichts bringen, Gossip und Sahnekuchen zu ihrem Lebensinhalt machen. So oder ähnlich hatte er sich doch ausgedrückt! Aber mit einem Mal wurde ihr klar, dass sie vielleicht tatsächlich so geworden wäre, hätte das Schicksal sie nicht gefordert, hätte das Schicksal ihr nicht klargemacht, dass sie zu mehr in der Lage war, hätte Rafael sie nicht verlassen und sie mit genau diesen Worten auf die Gefahr hingewiesen. Dieser Gedanke befreite sie so schlagartig von jeglichem Groll, dass sie sich Rafael vollkommen offen und frei zuwenden konnte.

»Ja, du hast recht. Alles ist Schicksal«, erwiderte sie freundlich. »Wie geht es Eileen?«

»Eileen … ähm … keine Ahnung. Ich habe sie lange nicht gesehen.«

»Du bist nicht mehr mit ihr zusammen? Ihr habt doch geheiratet?«

»Ja, schon, hat nicht lange gehalten. Und du? Bist du verheiratet?« Er sah auf ihre ringfreie Hand, seine Augen leuchteten auf.

»Oh, wie schade!«, antwortete Stella bedauernd. »Ihr habt so gut zueinander gepasst. Ich hoffe, du leidest nicht zu sehr unter der Trennung.«

Ihre gleichmütige Antwort traf ihn. Er wollte etwas erwidern, aber in diesem Moment winkte ihr Alex. Stella zwinkerte Rafael zu und lächelte ihn entspannt an.

»Also, dann … bis bald! Wer hätte gedacht, dass wir mal zusammenarbeiten werden!«

Sie drehte sich um und ging mit wiegendem Schritt auf Alex zu, der, Meter bevor sie bei ihm war, seinen Arm nach ihr ausstreckte. Stella spürte Rafaels Blick auf ihrem nackten Rücken, als striche er mit einem

Finger darüber, und konnte ein kleines Triumphgefühl nicht unterdrücken.

Leise Musik durchdrang den schönen Raum, die Gäste ließen sich das Fingerfood schmecken, genossen die luxuriöse Umgebung, unterhielten sich angeregt, während Alex ihr einen der letzten Gäste vorstellte: Einen silberhaarigen Endfünfziger mit unglaublich intensiven Augen, die direkt in ihre Seele vorzudringen schienen.

»Das ist Herr Bernadi«, sagte Alex. »Einer meiner ältesten und liebsten Geschäftspartner. Er hat praktisch das Geschäft mit mir zusammen aufgebaut und mir die ersten Investitionen vorgestreckt. Herr Bernadi hat …«

Was er sonst noch sagte, wusste sie nicht. Der Name stach durch ihren Schwips wie ein scharfer Dolch.

»Bernadi?«, wiederholte sie leise. »Ein ungewöhnlicher Name.« Die Erinnerung an Jeremy weckte sie gleichsam aus dieser Märchenkulisse und ließ sie etwas klarer sehen.

»Ja, das stimmt«, erwiderte Herr Bernadi und lächelte verschmitzt. »Ist etwas weniger geläufig als Müller.«

»Umso erstaunlicher, dass ich jemanden kenne, der genauso heißt.«

»Das dürfte mein Sohn sein«, entgegnete Herr Bernadi leichthin. »Ist gar nicht so erstaunlich. Er hat sich entschlossen, Lehrer zu werden, Gott allein weiß, warum! Aber dadurch kennen ihn natürlich so einige in der Gegend. Er ist übrigens heute auch hier.«

Zum zweiten Mal an diesem Abend rutschte ihr das Herz in die Hose. Sie fühlte sich wie an einen Elektroschocker angeschlossen.

»Jeremy? Ist hier? Ich …« Sie bemerkte Alex' leicht verwunderten Blick auf ihr und wandte sich ihm zu. »Mein Sohn besucht die Philosophiekurse bei Herrn Bernadi.«

»Philosophiekurse? Dein Sohn ist doch erst zwölf?« Alex lachte. »Ganz schön ambitioniert!«

»Ach, Sie sind die Mutter von dem außergewöhnlichen Jungen, von dem Jeremy mir dauernd vorschwärmt?«

Alex wurde durch einen anderen Gast abgelenkt, so näherte sich Herr Bernadi ihr mit einem spitzbübischen Gesichtsausdruck und flüsterte verschwörerisch: »Und er schwärmt nicht nur von Ihrem Sohn!«, und schenkte ihr ein völlig ungezwungenes Lächeln. Es war Jeremys Lächeln – selbstbewusst und absolut frei. Unwillkürlich musste sie mitlächeln.

»Ach, da ist er ja!«, rief Bernadi und im nächsten Moment stand Jeremy schon vor ihr. Der Jeremy aus dem Penthouse und doch noch mal anders. In Stella schwirrte es nur noch und sie versuchte, all ihre bisherigen Erlebnisse mit ihm neu einzusortieren. Wie Alex trug Jeremy einen Smoking, aber ohne Fliege, sein Stehkragen stand lässig um einen Knopf offen – der junge Lehrer in Hoodie und Jeans war gerade ganz weit weg. Sein Lächeln war herausfordernder denn je und etwas Gefährliches glitzerte in seinen Augen. Unwillkürlich wurde ihr bewusst, mit welchem Besitzanspruch Alex sie durch den Raum geleitet hatte. Jeremy hatte das mitbekommen und machte ihr mit seinem Blick klar, dass er den Kampf aufnehmen würde.

»Hallo Stella«, sagte er, reichte ihr die Hand und ließ sie wie immer nicht los.

»Guten Abend, Jeremy«, erwiderte sie völlig überrollt von diesem Konglomerat an Begegnungen. »Du siehst toll aus.«

Sie ruckelte an ihrer Hand, aber statt sie loszulassen, zog er sie näher an sich heran, hauchte ihr rechts und links zwei unverbindlich erscheinende Küsse auf die Wangen und flüsterte: »Und du … du siehst so rattenscharf aus, dass ich es gerade zutiefst bedaure, auf dein Angebot neulich nicht eingegangen zu sein. Ich hoffe, du vergeudest diese geballte Ladung Weiblichkeit nicht an diesen Langweiler neben dir.«

Ungewollt kicherte sie und flüsterte zurück:

»Er ist nicht halb so langweilig, wie du glaubst!«

»Woher weißt du das?«, fragte er beunruhigt, aber Stella wandte sich seinem Vater zu und lächelte ihn breit an. »Was Söhne angeht – da haben Sie ja ebenfalls ein höchst außergewöhnliches Exemplar, Herr Bernadi. Witzig ist er obendrein!«

»Und halsstarrig, kann ich Ihnen sagen!«, frotzelte Bernadi zurück. »Wenn der sich mal was in den Kopf gesetzt hat …!«

Er zwinkerte ihr zu, Stella wurde unwillkürlich rot, während Alex sich wieder ins Gespräch mischte und sie instinktiv in seine Nähe zog.

Wie ein Borkenschiffchen gingen Bernadis Augen zwischen ihr, Alex, und seinem Sohn hin und her und wie seinerzeit Julien seufzte er tief auf und murmelte:

»Oh verdammt, das wird kompliziert.«

♫♫♫

Alex hielt eine kleine Ansprache, in der er seine Gäste nochmals gesammelt begrüßte. »Wir haben ein kleines Programm für Sie vorbereitet«, kündigte er an. »Wir konnten von den Symphonikern einige ausgezeichnete Musiker gewinnen, die uns mit ein paar exquisiten Stücken verwöhnen werden …«

Jeremy, der hinter Stella in der Menge stand, neigte sich ihr ganz leicht mit dem Oberkörper zu: »Hab ich dir nicht gesagt, es wird langweilig?«
»Klassik muss nicht langweilig sein«, raunte sie zurück, ohne ihn anzublicken. »Und du musst nicht tanzen! Ist gut für deine Hüfte!«
»Komm schon, Dancing Queen«, murmelte er. »Dir wäre Michael Jackson jetzt auch lieber, gib's zu!«
Sie verbiss sich ein Lächeln, während Jeremy ohne Rücksicht auf Alex' Ankündigungen in ihr Ohr wisperte: »Oder ›Summer, The First Time‹ …«
»Was ist das?«, flüsterte sie zurück, ohne ihren Blick von der Bühne zu nehmen. Seine Stimme und das, was sie verhieß, jagte ihr einen Schauer nach dem anderen über den Rücken.
»Das ist ein Song, in dem ein Siebzehnjähriger von einer Einunddreißigjährigen vernascht wird.« Sein Atem hauchte an ihren Hals. »Oder wie wäre es mit ›How deep is your love‹?«
»Hey, Jeremy, lass das«, wisperte sie und sah angestrengt nach vorne. Aber in ihrem Kopf war sein Keller mit der Discokugel, erlebte sie wieder, wie sie mit ihm über den Boden geschwebt war, spürte sie seinen jungen, muskulösen Körper an dem ihrigen, erinnerte sie sich an den Kuss, den er so abrupt beendet hatte … Mühsam zwang sie sich, dem Programm zu folgen. Ein Quartett an Musikern stand vorne am Flügel, mit Bratsche, Violine und Bass und Stella erwartete, dass sie gleich zu spielen anfangen würden, aber Alex war mit seiner Ansage noch nicht fertig und stellte zwei weitere Künstler vor, die sich zu ihm auf die Bühne gesellten.
In diesem Moment entgleisten ihr ihre Gesichtszüge. Entsetzt torkelte sie zurück und stieß an Jeremy, der sie unwillkürlich festhielt.
Da vorne stand Sam. Blond. Grünäugig. Mit seinem ungeheuren Charisma. Ein weiterer Musiker stieg auf das Podest. Ein Mann mit hochmütigem Gesichtsausdruck, langen, glatten, schwarzen Haaren. Miguel.
In Stella begann es sich zu drehen und ihr wurde schlecht. In ihrem Kopf war nur noch Leere. Sie wankte so sehr, dass Jeremy sie erschrocken fester am Ellbogen packte.
Sam!
Er war wieder in ihrem Leben! Der Mann, der ihr die schlimmsten Jahre und Momente ihres Lebens beschert hatte. Der Vater ihres Kindes! Unkontrollierte Panik brach in ihr aus und sie begann zu zittern. Wie ein Wasserfall stürzte ihr in den Kopf, was das bedeuten konnte, und sie verspürte einen so starken Brech- und Fluchtreflex, dass sie erneut gegen Jeremy stieß, als sie instinktiv das Weite suchen wollte.

Jeremy stützte sie, aber er starrte wie sie auf den blonden Mann auf der Bühne, der sich lässig auf seine Gitarre stützte und als Entdecker von Jamie Scott angepriesen wurde.

Zitternd drehte sich Stella zu Jeremy um, ihre Lippen bebten und in ihren Augen stand eine solche Panik, dass er sie am Oberarm griff, hart, fest, damit sie wieder in die Gegenwart zurückkehrte, damit sie eine Chance hatte, das durchzustehen. Es brauchte nicht viel, zu erkennen, wer der Mann mit der Gitarre da oben war. Julien war ihm wie aus dem Gesicht geschnitten.

Jeremy allein wusste, was es für sie bedeutete, Sam wiederzusehen. Er stellte sich hinter sie wie eine Säule.

Aber Stella fühlte nichts mehr. Sie war völlig betäubt. Die Vergangenheit war zurück und alles würde im Chaos enden. Sie fühlte nur noch abgrundtiefe Angst.

♫♫♫

Seine Augen waren grüner denn je, seine Haare so blond wie einst, sein Lächeln noch genauso entwaffnend wie vor zwölf Jahren. Er trug Jeans, ein weißes Hemd und ein Jackett – die Kombi, die sie ihm auf den Bühnen Ibizas empfohlen hatte.

Taxierend, als suche er sich seine Beute für diesen Abend, glitt sein Blick über die Menge – und gefror. Er hatte sie entdeckt. Sein Lächeln verschwand schlagartig, seine Augen verharrten auf ihr. Erschüttert. Stella schossen Millionen Gedanken durch den Kopf. Sie konnte so tun, als kenne sie ihn nicht. Sie könnte ihn auffliegen lassen. Aber sie hatte damals die Anzeige zurückgezogen, weil sie nichts mehr von ihm hören oder sehen und weil sie den lästigen Verhören mit der spanischen Polizei ein Ende hatte setzen wollen. Ihre Augen wurden dunkel, die Panik rumorte immer stärker in ihr. Was würde er singen? »Hey Jude«? »Imagine«? Wie irre blickte sie zu den aufgestellten Stühlen vor der kleinen Bühne. Sollte sie hier sitzen und ihm zuhören? Sie ertrug es fast nicht, hier zu stehen. Weg! Sie wollte weg! Ihr Hirn raste nach Möglichkeiten, da stand plötzlich Alex wieder neben ihr, sah sie Beifall heischend an, aber sie hatte nicht eine Silbe von seinem Vortrag mitbekommen, quetschte mühsam ein: »Kompliment! Tolles Programm!«, heraus und entschuldigte sich in der nächsten Sekunde. Er zeigte ihr die geräumigen Gästetoiletten und sie rannte fast in eine der Kabinen, vollkommen paralysiert.

Der Fluchttrieb in ihr war voll aktiv, fiebrig tippte sie die Nummer eines Taxi-Services ein und bestellte sich einen Wagen, bat darum, angerufen zu werden, wenn der Fahrer vor der Tür stand. Dann würde sie schnell nach draußen rennen … Tür auf und weg! Sam würde nach der Vorstellung abreisen und sie würde ihn nie, nie, nie wiedersehen!

Starr saß sie auf dem Klodeckel und wartete auf den erlösenden Klingelton. Die Minuten zerrannen. Minuten, in denen sie versuchte, sich zu beruhigen. Betete sich immer wieder das Gleiche vor: Sam würde hier auftreten und wieder gehen. Er wäre der Erste, der nicht wollte, dass sie sich wiedertrafen! Er hatte ihr Geld gestohlen, hatte gelogen und betrogen! *Was keiner weiß,* machte ihr eine andere Stimme klar. *Er braucht keine Angst vor dir haben, du hast die Anzeige zurückgezogen! Derek ist weit weg. Jamie ist tot – und mit Miguel macht er gemeinsame Sache. Außerdem: Es ist verjährt!* Trotzdem musste er doch Angst haben, dass sie ihn denunzierte! Er hatte kein Interesse, sie zu sprechen, gar keines! Er wusste nicht, dass sie ein Kind hatten, wusste nicht, dass er Vater war. Wenn sie einfach nur ganz schnell verschwand, hatte sie eine Chance. Vielleicht würde er sogar glauben, er habe sich getäuscht und sie wäre eine andere Frau.

Endlich. Das Smartphone vibrierte, das Taxi war da.

Sie rannte aus der Toilette und prallte frontal mit Sam zusammen.

♫♫♫

Stumm starrten sie sich an. Ihr Puls raste. Seine grünen Augen senkten sich in ihren stahlgrauen Blick. Sie sah an seiner Kehle, dass sein Herzschlag ebenso erhöht war und er hob die Hand, um ihr über die Wange zu streichen. Mit einer heftigen Bewegung schlug sie sie weg.

»Fass mich nicht an«, fauchte sie.

»Stella«, flüsterte er. »Ich habe dich gesucht. All die Jahre. Ich habe dich gesucht …«

»Du hast mich nicht gesucht«, zischte sie. »Ich wäre einfach zu finden gewesen. Du hast mich nicht gesucht. Geh mir aus dem Weg! Ich will nichts mit dir zu tun haben!«

»Stella, bitte, geh nicht, bitte, gib mir die Chance, alles zu erklären …«

»Fick dich!«, sagte sie grob und wollte los, aber er hielt sie fest. Ihr Blick wurde blind. Sie saß geistig wieder mit Jamie im heißen Sand, während er ihr erzählte, was Sam alles getrieben hatte. Sie fühlte wieder das eklig Saure im Mund, als sie sich übergeben hatte, stand wieder am Bankautomaten … der Amboss raste erneut in ihren Magen, als der

Kontostand von minus Fünftausend erschien … sie sah auf den Streifen des Schwangerschaftstests und hörte sich aufheulen in die ibizenkische Nacht, als ihr bewusst geworden war, dass ihre Zukunft zerstört war. Kurz wallte das Bedürfnis in ihr auf, ihm all das um die Ohren zu schlagen – aber dann fiel ihr Julien ein. Das Wichtigste war, dass Sam nichts von ihm erfuhr.

Sie hatte kaum die Kraft zu stehen, da klingelte ihr Handy erneut. Der Taxifahrer wollte, dass sie endlich kam! Sie riss sich los, lief weg, pfriemelte mit zitternden Fingern das Smartphone aus der Clutch – es fiel hinunter und schlitterte auf dem glatten Stein in Sams Richtung. Er hob es auf, wollte es ihr geben, doch seine Augen verharrten schockiert auf dem Display. Sam wurde aschfahl und ein Laut entfuhr ihm.

Es war nicht der Taxifahrer, der anrief. Es war Julien. Sein Foto leuchtete auf dem kleinen Monitor und mit jedem Läuten brannte sich das Bild und die Gewissheit, wer das war, tiefer in Sams Gehirn.

Wie festgefroren starrte er auf die Miniatur seiner selbst. Sein Blick hob sich. Fassungslos. Sein Mund öffnete sich und nichts kam heraus.

Stella riss ihm das Handy aus der Hand und rannte davon. Das Telefon läutete und läutete. Sie merkte nicht, wie ihr die Tränen herunterliefen und als sie am Taxi angelangt war, stand da Jeremy, der mit feinen Sinnen geahnt hatte, was sie tun würde. Aber in ihr war nur noch Chaos, sie wollte niemanden sehen, die Ereignisse des Abends erschlugen sie und die Panik in ihren Augen sprang Jeremy an wie ein wildes Tier. Er sagte kein Wort. Öffnete ihr den Schlag, ließ sie einsteigen. Beugte sich zu ihr.

»Ruf mich an, wenn du mich brauchst«, sagte er rau. Aber zum ersten Mal, seit sie ihn kannte, war er nicht ruhig. Zum ersten Mal mischte sich tiefe Sorge in seinen Blick.

Sam war ihr nachgelaufen. Jeremy sah ihn kommen, schlug die Tür zu und stellte sich ihm in den Weg. Das Taxi fuhr los. Aber Stella bekam noch mit, wie er zu Sam sagte:

»Wehe, du kommst ihr auch nur einen Schritt zu nahe …«

Ob Sam etwas antwortete, konnte sie nicht hören. Sie wollte es auch nicht.

♫♫♫

Ihr Herz klopfte wie verrückt und mit zitternden Fingern rief sie Julien an.

»Mama!«, rief er. »Stell dir vor, Frau Huber kennt den Film ›Fluch der Karibik‹ nicht, dürfen wir den sehen?«

»Hör mal, Mäuschen«, sagte sie unter großer Anstrengung. »Mir ist ein wenig schlecht, deswegen komme ich jetzt schon. Ihr könnt den Film schauen, danach gehst du aber ins Bett, okay?«

»Okay!«, rief Julien. »Aber dir ist hoffentlich nicht schlimm schlecht?«

»Nein, mein Liebling, alles gut.«

Dann verfasste sie eine Nachricht an Alex.

Sie war froh, dass Julien bei Frau Huber war, froh, für ein paar Minuten allein in der Vertrautheit ihrer Wohnung zu sein. Sie stieg aus dem Kleid, schminkte sich ab und warf sich aufs Bett. Aber sie konnte die ganze Nacht nicht schlafen, wälzte sich hin und her, versuchte, sich zu beruhigen.

Sie hoffte von ganzem Herzen, dass Sam samt dem verdammten Miguel einfach weiterzog.

Sie hoffte vergebens. Am nächsten Morgen stand Sam vor ihrer Tür. Vermutlich hatte ihm Borken ahnungslos ihre Adresse verraten.

Dummerweise war es Julien, der öffnete – und plötzlich seinem Abbild gegenüberstand.

♫ Better Than Yourself ♫
Lukas Graham

Mit wackligen Beinen trat sie ihm entgegen.

»Verschwinde!«, fauchte sie mit bebender Stimme. »Du kommst hier nicht rein.«

Julien stand neben ihr, sichtlich schockiert und sie nahm seine kleine Hand in die ihre.

»Stella«, fing Sam an. »Bitte hör mich an. Bitte …«

»Nein!«, schleuderte sie ihm entgegen. »Geh! Ich will dich hier nicht sehen! Ich will dich nie mehr sehen! Und untersteh dich, jemals wieder hier aufzutauchen!«

Sie merkte, nicht, wie sie Juliens Hand in ihrer Aufregung viel zu fest zusammendrückte. Ihr war unsagbar schlecht.

»Mama?«, fragte Julien und rüttelte an ihrer Hand. »Mama? Ist das mein Papa?«

Sie nickte, die Augen auf Sam gerichtet, der heftig schluckte und dessen Augen sie anflehten. Aber die ihren waren hart und wütend.

»Ja, das ist er. Derjenige, der mich in den Ruin getrieben hat, der …«

»Stella«, unterbrach Sam heiser. »Lass das. Lass uns reden, gib mir und meinem Kind die Chance, uns kennenzulernen!«

»Julien ist nicht dein Kind!«, herrschte sie ihn an. »Er ist meines! Du hast nichts mit ihm zu tun! Hau ab! Oder ich rufe die Polizei!«

»Mama!«, rief Julien und rüttelte sie wieder. »Mama, aber ich will ihn kennenlernen! Lass ihn rein!«

»Nein!«, rief sie panisch. »Du kannst das nicht beurteilen, du bist ein Kind! Und …«

»… das ist mein Papa«, beharrte Julien trotzig. »Und ich will, dass er reinkommt.«

»Julien! Ich habe dir doch erzählt, wie das alles gewesen ist! Warum fällst du mir jetzt in den Rücken!« Stella brach in Tränen aus. Sie ahnte, dass das nicht gut enden würde, und hatte tierische Angst, dass Sam erneut ihr Leben zerstörte. Er brachte Unglück!

»Du hast kein Besuchsrecht«, zischte sie. »Du gehst jetzt! Ansonsten erstatte ich Anzeige gegen dich. Bin sicher, die Beamten werden einiges finden!«

Sam wurde noch bleicher. Sein Blick ging zu Julien.

»Hey, Kleiner«, sagte er. »Wenn ich gewusst hätte, dass es dich gibt, wäre alles anders gelaufen, ich schwör's dir. Aber ich habe erst gestern von dir erfahren. Und das durch Zufall.«

Wieder sah er zu Stella. »Gib mir zumindest die Gelegenheit, mit ihm hier draußen zu reden.«

»Das kannst du vergessen, dass ich Julien mit dir alleine lasse«, zischte sie. »Niemals! Nur über meine Leiche!«

»Sagt doch keiner, dass ich allein mit ihm sein will«, erwiderte Sam. »Stella, ich bin nur eine Woche hier. Ich habe Termine, ich kann nicht länger bleiben. Er weiß jetzt, dass es mich gibt. Ich weiß, dass es ihn gibt. Ich meine, was soll das? Du kannst das Rad nicht zurückdrehen. Und er will auch, dass ich mit ihm rede. Das solltest du respektieren.«

Er war ruhig. Irgendwie schien er ihr anders als früher, aber sie traute ihm nicht. Sam war ein Chamäleon – er hatte es schon immer verstanden, Menschen um den Finger wickeln.

Sie befand sich in einer schrecklichen Zwickmühle. Sie konnte doch ihrem Kind, dem sie all die Jahre gepredigt hatte, dass in jedem Menschen ein guter Kern stecke, dass man jedem eine Chance geben müsse, nun nicht erklären, dass ausgerechnet sein Vater die nicht verdient habe! Dass er damit rechnen müsse, dass er ihn enttäuschte! Der Druck war groß. Sam stand mit seinem unleugbaren Charisma vor ihr und Julien, ihr über alles geliebter Sohn, wollte seinen Vater kennenlernen.

Sie gab sich einen Ruck:

»Gut. Du kannst reinkommen. Aber du hast keine Erlaubnis, ihn jemals alleine zu treffen. Und danach verschwindest du und kommst nie wieder!«

Sams Gesichtsausdruck war undefinierbar, als er durch die Tür in ihre Wohnung trat. Stellas Magen befand sich im Schnellschleudergang.

Sie konnte es nicht fassen. Sam war tatsächlich wieder in ihrem Leben – sie hätte es wissen müssen! Sie hätte niemals mit Jeremy diese unselige Vergangenheit wieder aufleben lassen sollen! Sie hatte das Gefühl ohnmächtig zusehen zu müssen, wie Sam erneut ihr Leben zum Einsturz brachte.

♫♫♫

Die einzigen Worte, die vorab fielen, war ihre Aufforderung, sich an den Küchentisch zu setzen. Danach wusste keiner von ihnen etwas zu sagen. Selbst Julien blieb stumm. Sie machte Tee, stellte Tassen und Kanne auf den Tisch und setzte sich zu ihnen. Ihr Blick ging zu Julien und was sie sah, tat ihr weh. Sein kleines Herz klopfte. Zum ersten Mal erlebte sie, dass er es nicht schaffte, die Situation aus einer neutralen Position zu betrachten. Zum ersten Mal war er so involviert, dass er Gefahr lief, sich zu verfangen. Sie sah das so deutlich, dass ihr bewusst wurde, dass sie selbst einen klaren Kopf bewahren musste und sich weder in positive noch in negative Gefühle verwickeln lassen durfte. Sie erinnerte sich an die vielen, vielen Gespräche, die sie mit ihrem Sohn geführt hatte, wenn sie sich über das Licht in den Menschen unterhalten hatten, das immer da war – zu jeder Zeit. Und mit einem Mal erkannte sie, dass das ihr Test war. Was hatte Jeremy gesagt? »Wenn Dinge sich in Auflösung befinden, ist es normal, dass sie sich vorher verdichten. Das ist deine Gelegenheit zu zeigen, dass du etwas überwunden und verstanden hast.« Sie fühlte sich zwar gerade ganz und gar nicht so, aber eines war sicher: Sie würde Julien mit allem, was ihr möglich war, beschützen.

Sam saß ihr gegenüber, die Hände um die Tasse geklammert. Immer wieder schaute er auf seinen Sohn, als ob er nicht sicher war, einer Halluzination zu erliegen. Die Ähnlichkeit zwischen den beiden war unheimlich. Stella atmete tief ein und aus.

»Okay, Sam. Erzähl uns, wie es dir ergangen ist, nach diesem Sommer auf Ibiza«, schob sie die Unterhaltung an.

»Vielleicht sollte ich erst mal erklären, warum ich weg bin«, erwiderte er und räusperte sich. »Wir … du und ich … hatten uns gestritten … Ich wollte mir über einige Dinge klarwerden… aber dann gab es eine Razzia in den Clubs und ich hatte Angst, dass sie mich schnappen würden. Also bin ich erst mal untergetaucht. Das Problem war nur – ich konnte dir nicht mehr Bescheid geben.«

Stella sog die Luft ein. Das war eine dreiste Lüge! Ihr Misstrauen war voll erwacht.

»Tja«, sagte sie kühl. »Du hattest auch richtig Grund, Angst zu haben, dass sie dich schnappen. Hattest du Koks bei dir? Und was ist mit den Unterschriften, die du gefälscht hast? Mit der Kreditkarte, die du geklaut hast? Mit meinem Konto, das du abgeräumt hast? Und da wolltest du mir vorher noch *Bescheid geben*?«

Wieder sah sie zu Julien hin, der sie beide mit großen Augen ansah.

»Stella«, versuchte Sam abzuwiegeln und streifte im Augenwinkel seinen Sohn. »Das gehört nicht …«

»Doch«, unterbrach sie ihn kalt. »Genau das gehört hierher. Ich habe Julien alles erzählt. Und bevor du uns noch eine weitere Lüge auftischen willst: Du hast einen sehr klugen Sohn, Sam. Dem kannst du kein X für ein U vormachen wie der dummen, leichtgläubigen Stella von einst.«

Sam sackte ein wenig zusammen.

»Okay«, sagte er leise. »Okay.«

Er schwieg eine Weile, presste seine Lippen aufeinander.

»Ich … Tut mir leid, Stella. Aber ich will nicht, dass mein Sohn schlecht über mich denkt. Ich meine, es ist lange her und Menschen können sich ändern.«

Er wandte sich direkt an Julien: »Julien, ich … ich habe all das getan, was deine Mutter mir vorwirft. Ich war wirr drauf damals. Es gibt keine Entschuldigung dafür. Aber … als ich gestern von dir erfahren habe … ich kann dir gar nicht sagen, was das mit mir gemacht hat … zu wissen, dass es dich gibt …, dass ich einen Sohn habe … Und weißt du, ich hätte nicht hierher kommen müssen. Es wäre deiner Mutter sicher lieber gewesen, wenn ich es nicht getan hätte. Es wäre auch für mich bequemer gewesen. Aber ich konnte das nicht. Ich habe gestern deine Mutter nach zwölf Jahren wiedergesehen, und ich dachte, mir zerreißt es das Herz. Ich habe sie nie vergessen können – das ist die Wahrheit.« Seine Augen hoben sich zu Stella. »Alles war gut mit dir, Stella. Alles war anders mit dir. Alles war besser mit dir.«

Sie zuckte zusammen.

»Fein«, erwiderte sie frostig. »Bei all den Tussen, die du bedient hast, bin ich ja geradezu überwältigt von diesem Kompliment.«

»Nein, Stella, bitte rede nicht so. Ich habe das damals schon zu dir gesagt, aber erst, als du nicht mehr bei mir warst, habe ich gemerkt, wie viel du mir bedeutest, wie toll das Leben mit dir war. Du warst die Erste, mit der ich einen Rhythmus in meinen Tag gebracht habe. Du hast uns zum Erfolg verholfen– du hast so viel für mich und die Band getan. Aber ich war neidisch. Auf Jamie. Er war so viel besser als ich und du hast es erkannt. Ich hatte Angst, dass du ihn als Soloartist einsetzt und wir nur noch die Begleitband von Jamie sind ... Mir sind damals so viele falsche Gedanken durch den Kopf gegangen. Und dann hat Jamie gesagt, dass er die Band verlässt und ich bekam die Panik. Ich dachte, uns drei managst du bestimmt nicht weiter, du wirst zurück nach Deutschland gehen, dir einen Job suchen ... Und meine damalige Denke hat mich dazu gebracht, zu tun, was ich getan habe.«

»Auch das kann nicht wahr sein, Sam«. Stella wurde immer argwöhnischer. »Von Jamie weiß ich, dass es deine Masche war, Frauen wie mich aufzugabeln, die dir ein Hotelzimmer und ein Frühstück bieten. Erzähl mir nichts! Du hast mich bewusst den ganzen Sommer über betrogen und warst nur solange mit mir zusammen, wie ich dir genützt habe!«

Sam schluckte. »Nein, Stella. Mit dir war wirklich alles anders ... Es ist in diesen Jahren kein Tag vergangen, an dem ich nicht an dich gedacht habe ... dich gesucht habe ...«

»Ich habe die Schwangerschaft bei John und Alisa verbracht«, stellte sie klar. »Sechs lange Monate. Ich sagte schon: Es wäre ein leichtes gewesen, mich zu finden, wenn du gewollt hättest.«

»Aber das konnte ich nicht! Wie denn?«, rief er bitter. »Du hattest Anzeige erstattet – ich *musste* untertauchen! Eines kannst du mir glauben: In diesen Monaten habe ich zum ersten Mal über mein Leben nachgedacht und ich wäre fast gestorben, weil ich nicht zu dir zurückkonnte.«

»Wer's glaubt!«, ätzte sie, sich daran erinnernd, wie kaltblütig er den Zeitpunkt abgewartet hatte, bis das Geld auf ihrem Konto gewesen war – und wie fies er mit ihr umgegangen war, als er es gehabt hatte.

Sam atmete tief ein und wieder aus, während Julien gebannt der Unterhaltung folgte.

»Ich habe noch einige Jahre auf diese Weise verbracht«, berichtete er und schaute keinen von ihnen an. Er wurde sogar rot, während er es erzählte. »Aber immer wieder kamst du mir in den Sinn ...« Er hob die Hand, als sie erneut ungehalten reagierte. »Ja, du gingst mir nie aus dem Kopf. Aber ich hatte es verpasst. Ich konnte dich nicht mehr ausfindig machen, ob du mir das nun glaubst oder nicht. Ich habe es versucht, mit den paar Möglichkeiten, die ich hatte. Ich habe John und Alisa nicht gefragt, weil … weil sie mich rausgeworfen hätten, wenn ich bei ihnen aufgekreuzt wäre. Es gab kein Facebook-Profil von dir … gar nichts. Und auf einmal wurde mir klar, dass mir keine andere Frau etwas bedeutete. Dass mir keine das gab, was du mir damals gegeben hast. Hab mich wie immer durchgeschlagen, aber es blieb alles leer.«

Er saß auf der Küchenbank wie ein Häuflein Elend, zusammengesunken. Seine Stimme war heiser, als er fortfuhr.

»Irgendwann traf ich per Zufall Miguel wieder. Auch ihm ging es nicht gut und wir haben uns über diesen denkwürdigen Sommer auf Ibiza unterhalten. Es war ein so grandioser Sommer. Ein so grandioser Sommer … und ich habe alles zerstört …« Er rieb mit seinen Händen sein Gesicht. »Alles zerstört, in jeder Hinsicht. Ich habe Miguel gebeichtet, dass ich die Gagen gestohlen hatte.«

»Sam, Miguel ist mit dir abgehauen«, stellte Stella richtig. Ihre Skepsis wuchs mit jedem Wort von ihm.

»Nein, ist er nicht. Er ist vor der Polizei geflohen, weil er Drogen bei sich hatte. Jedenfalls wurde mir bei diesem Gespräch mit ihm einmal mehr klar, was du alles in dieser kurzen Zeit auf die Beine gestellt hattest … und das war der Moment, in dem ich mich entschloss, mein Leben zu ändern. Komplett. Es war hart, Stella. Es war sehr hart. Du weißt, wie ich drauf war – und wovon ich mich lösen musste.«

Mit einem bitteren Lächeln an seinen Sohn gewandt: »… nicht jeder hat eine so gute Mama wie du, Kleiner. Aber ich habe gewusst, dass, wenn ich jetzt nicht die Kurve kriege, ich es wohl nie mehr schaffen würde. Und so habe ich ein neues Leben angefangen. Hab mich wieder mit Miguel zusammengetan und wir haben dein altes Konzept aufgegriffen. Es funktioniert immer noch. Wir bestreiten unseren Lebensunterhalt damit. Sobald es ging, habe ich mir ein Auto gekauft und zum ersten Mal habe ich eine feste Wohnung.«

»Wo wohnst du?«

Er nannte einen Ort in einem anderen Bundesland.

Julien war immer noch stumm.

»Und gestern … gestern hat sich mein Leben erneut geändert«, sagte Sam mit brüchiger Stimme. »Ich habe einen Sohn.« Er wiederholte es, als könne er es nicht glauben. »Ich habe einen Sohn.«

Er sah Julien an. »Und ich würde nichts lieber tun, als dich kennenzulernen. Ich habe so viele Fehler in meinem Leben gemacht. Ich will nicht noch mehr machen. Ich weiß nicht, wie das ist, ein Vater zu sein … Aber vielleicht … vielleicht könnten wir einfach friedlich miteinander umgehen und so gut es geht, Zeit miteinander verbringen?«

»Wie meinst du das?«, hakte Stella misstrauisch ein.

»Wir könnten telefonieren, skypen … was weiß ich. Einfach in Verbindung bleiben.«

»Das … das hört sich doch gut an«, meldete sich Julien zum ersten Mal. Sein Gesicht war undurchdringlich. Stella hätte zu gern gewusst, was ihm durch den Kopf ging und gierte darauf, endlich mit ihm allein zu sein.

Aber Sam begann, ihm Fragen zu stellen. Ob er Musik möge, in welche Schule er ging, welche Fächer ihn interessierten … Julien erzählte. Sam hörte zu. Staunend, lächelnd und mit glänzenden Augen – mit so glänzenden Augen, dass Stella zweimal hinschauen musste. Sam weinte. Er weinte um die verlorenen Jahre, die nutzlosen Jahre voller Sex und Highlife. Was hatten sie ihm gebracht? Immer wieder wischte er sich die Augen, und endlich wurde sie etwas weicher.

Schließlich fragte Sam Julien, ob er ein Instrument spiele und Julien holte seine Gitarre und klimperte ihm ein Lied vor. Sam holte die seine aus dem Auto, gab ihm Tipps und die beiden versanken in ein angeregtes Gespräch.

Stella wusste nicht, wie ihr geschah: Da spielten zwei Blondschöpfe Gitarre in ihrer Küche und sangen Lieder. Und bei Gott, es war ein bewegender Anblick: der große und der kleine Sam. Juliens Augen strahlten, als Sam den Takt vorgab. Und dann sangen sie tatsächlich zusammen »Imagine« von John Lennon – den Song von einer besseren Welt.

♫♫♫

»Kommst du wieder?«, fragte Julien, als Sam sich verabschiedete.

»Wenn ich darf?« Beide sahen Stella an.

»Er darf doch, Mama, oder? Er ist doch eh nur eine Woche hier!«

Stella nickte. »Aber nur, wenn ich dabei bin«, sagte sie warnend zu Sam.

»Ja, kein Ding. Ich freue mich ja, wenn ich dich auch sehe. Und ich würde mich noch mehr freuen, wenn wir beide auch noch ein wenig reden könnten.«

»Das halte ich für unnötig. Auf Wiedersehen, Sam.«

Sie schloss die Tür hinter ihm und lehnte sich aufatmend mit dem Rücken dagegen. Julien stand vor ihr und sie rutschte zu ihm runter in die Hocke und sah ihm in die Augen.

»Und?«, fragte sie.

»Er ist sehr, sehr nett«, antwortete Julien. »Es ist irgendwie total aufregend, plötzlich einen Papa zu haben. Ich glaube, daran muss ich mich erst gewöhnen.«

»Daran müssen wir uns alle gewöhnen«, erwiderte sie und umarmte ihn fest.

♫♫♫

Ihr Smartphone war voller Anrufe. Von Rafael, von Alex und von Jeremy. Den rief sie als erstes an.

»Sag bitte nicht, dass er da war«, platzte es aus Jeremy heraus.

»Doch, er war da. Er ist gerade gegangen.«

»Stella, ich traue ihm nicht. Ich weiß nicht, warum, aber ich traue ihm nicht!«

Jeremy wollte noch mehr sagen, verkniff es sich aber. Sie sah ihn vor sich, wie er sich auf die Lippen biss.

»Er ist nur eine Woche hier, Jeremy.«

»Aber er ist Juliens Vater. Er wird wiederkommen.«

»Das weiß ich noch nicht.«

Sie spürte seine unausgesprochenen Fragen so deutlich, als würde er sie aussprechen: Wie stehst du zu ihm? Wie stehst du zu Alex? Was denkst du über mich, über uns? Aber nichts kam über seine Lippen.

»Es … es ist alles so durcheinander, Jeremy«, sagte Stella leise. »Ich brauche Zeit. Vor allem Julien braucht Zeit. Niemand weiß, was nach diesen Tagen sein wird.«

Jeremy schwieg immer noch. Sie wartete, darauf, dass er eine seiner frotzelnden Bemerkungen brachte, die selbst die ernsteste Lage entspannten, aber der sonnige, durch nichts zu erschütternde Jeremy blieb stumm.

»Okay, Jeremy … Ich melde mich, sobald es geht. Wir bleiben in Verbindung.«

Damit legten sie auf.

Alex war der Nächste. Sie hatte ihm geschrieben, dass ihr plötzlich übel geworden wäre und entschuldigte sich noch einmal für ihren überstürzten Aufbruch. Er fragte, wie es ihr gehe. Hatte von dem Aufruhr nichts mitbekommen, , einfach, weil er nichts von ihr wusste. Er bedauerte nur, dass sie so schnell gegangen war.

»Du hast wirklich was verpasst«, berichtete er. »Das Klassikprogramm war super, aber die Zwei-Mann Band danach hat alles gesprengt. Sie haben alte Songs und die von diesem Jamie Scott, der so jung verstorben ist, gespielt. Aber wie! Jeder war begeistert. Also der Blonde hat ein Gefühl in diese alten Lieder gelegt … Der hat ja auch Jamie entdeckt und gefördert … und die Lieder mit ihm geschrieben …«

In Stella erweckte das alles ein ungutes Gefühl. War es legitim, dass Sam sich so darstellte, um seine Band besser zu verkaufen? Alex unterbrach ihre Gedanken:

»Und Stella … Du hast atemberaubend ausgesehen gestern. Sag mir, wann ich dich wiedersehen kann.«

»Am Montag«, entgegnete sie lakonisch und mit den Gedanken woanders. »Im Büro.«

»Nein, du weißt, wie ich es meine.«

»Ja, ich weiß, wie du es meinst«, erwiderte sie. »Aber mein Kleiner braucht mich für ein paar Tage sehr intensiv, Alex. Ich wäre dir dankbar, wenn ich in der nächsten Woche ab Mittag zu Hause arbeiten könnte.«

»Alles, was du willst, Stella. Die gröbsten Dinge sind ja angeleiert. Dafür habe ich jedes Verständnis … solange du mit mir ausgehst.«

Sie biss sich auf die Lippen. Sie konnte ihm ja nicht erklären, warum sie gerade dafür überhaupt keinen Nerv hatte. Daher sagte sie lax:

»Das wird sich sicher ergeben.«

Rafael hatte insgesamt drei Mal angerufen, vermutlich hatte er ihre Nummer von der Firmenliste, aber ihn rief sie nicht zurück.

♫♫♫

Stella holte Julien nach der Arbeit von der Schule ab. Er würde in dieser Woche seine Wahlpflichtfächer nicht wahrnehmen, damit er die Zeit mit seinem Vater nutzen konnte, und so hatten weder er noch sie mit Jeremy Kontakt.

Julien hatte auch Frau Huber über die neuen Umstände unterrichtet und ihr die ganze Geschichte erzählt.

»Ach herrje«, sagte sie. »Es ist schlimm, wenn man nicht bei seiner Familie sein kann.«

»Hast du Familie?«

»Ja, ich habe eine. Eine wundervolle. Aber ich kann nicht mit ihnen zusammen sein.«

»Warum nicht?«

»Weil ich glaube, dass sie sehr böse auf mich sind. Weil ich Angst habe, dass sie mich zurückstoßen – nach all den Jahren. Was ich ja verstehen kann. Und das könnte ich nicht ertragen.«

»Hör mal«, sagte Julien und zog die Nase kraus. »Ich bin echt froh, dass mein Papa sich gemeldet hat. Und vielleicht ist dein Kind ja auch froh, wenn du dich meldest. Du hast immer nur Angst. Sag mal, geht dir das nicht selbst auf die Nerven? Und dein ewiges Gerede davon?«

»Julien?«, fragte sie verdattert. »Was ist denn heute mit dir los?«

»Nix, Frau Huber. Ich mag bloß mit dir nicht ständig über Angst reden. Und du solltest das auch nicht mehr tun. Ich finde, das macht dich total kalt und egoistisch.«

»Kalt?«

»Ja, du kannst dir ja noch nicht einmal vorstellen, dass andere sich freuen, wenn du wieder da wärst. Nur du bist dir wichtig. Und dein Leid natürlich. Du siehst alles nur aus deiner Sicht.«

Getroffen fuhr Frau Huber zurück, vor allem, weil Julien sie so ärgerlich ansah. Warum kapierte die Frau nicht, worauf es im Leben ankam? Es war doch so einfach!

»Mein Papa hatte bestimmt auch Angst«, fuhr er fort. »Und meine Mama war am Anfang überhaupt nicht nett zu ihm. Aber er hat trotzdem nicht aufgegeben. Und jetzt kann ich mit ihm sprechen und ihn Dinge fragen, weil er sich nicht wie du dauernd in die Hosen macht!«

»Julien!«, rief sie. »So … so hast du noch nie mit mir geredet!«

»Na ja, weißt du, ich will wirklich nicht fies zu dir sein, aber du bist selbst so fies zu dir. Und du verstehst einfach nicht, dass du nichts besser machst, so wie du jetzt lebst. Du bist nur feige!«

»Hast du nicht mal gesagt, ich sei mutig, weil ich immer noch lebe?«

»Ja, das stimmt.« Julien suchte nach einer Antwort. »Aber aus dem Mut sollst du doch was machen. Das ist, als ob du einen Samen hast und ihn nie in die Erde setzt.«

Frau Huber schwieg, sie befand sich in dem kleinen Spalt zwischen Beleidigtsein und der Bereitschaft, den Schmerz zuzulassen, den der Junge ihr wieder mal zufügte. Und da sie so lange nichts sagte, fühlte sich Julien aufgerufen, weiterzumachen – einfach, weil er ihr helfen wollte.

»Also, in der letzten Zeit habe ich viel nachgedacht«, begann er. »Über mein Projekt und so. Chrissi hat eine Umfrage in den fünften Klassen durchgeführt und festgestellt, dass die meisten Kinder Angst vor der Zukunft haben, weil so viel Schlimmes auf der Welt passiert. Und dann haben wir uns über die Chaostheorie unterhalten, über den Schmetterlingseffekt … Das habe ich dir ja alles schon erklärt.«

Frau Huber nickte schwach.

»Also, Chrissi zum Beispiel … die hat das kapiert. Aber du sagst immer, die Welt ist schlecht und grausam – und das Ding ist, wenn du sie so siehst, dann achtest du ja nur auf das, was schlecht ist. Und so wirst du selber schlecht – oder eben verbittert. Und mir ist aufgefallen, dass du dich ja sogar immer freust, wenn wir über deine Angst reden. Und da habe ich mich gefragt, ob dir eigentlich klar ist, was du der Welt antust, wenn du das nicht endlich umdrehst. Ich hab dir erzählt, es gibt ein Feldbewusstsein, das uns alle miteinander verbindet. Und du könntest dich doch endlich wieder mit dem verbinden, was dich liebt – statt dauernd mit deiner Angst. Dann geht es dir wieder gut … und deiner Familie auch … und wer weiß, wem sonst noch. Deswegen finde ich, bist du egoistisch.«

Frau Huber saß wie erstarrt. Die Sonne schien durchs Fenster. Staub tanzte in einem Lichtstrahl in der Luft. Er schien das Einzige zu sein, was sich im Zimmer bewegte.

Juliens Unterlippe war leicht schmollend nach vorne geschoben, seine Augen waren tiefgrün vor Ernst. Er hatte noch immer die runden Wangen eines Kindes und doch waren seine Worte so weise. In Frau Huber stürzte etwas zusammen, als sie diese süße Rundung betrachtete, und in ihr flammte eine Sehnsucht nach Liebe hoch, die ihr die Luft zum Atmen nahm und ihr fast das Herz zerriss. Eine Liebe, die ihr klarmachte, dass sie noch immer da war – ewig da sein würde. Sie war so davon überzeugt gewesen, jedem einen Gefallen zu tun, wenn sie sich aus dem Verkehr zog, aber Juliens Worte vermittelten ihr eine völlig andere Sicht.

Aber der Junge hat doch keine Ahnung!, begehrte ihr Kopf auf, der sofort mit alten, sorgsam gespeicherten Gefühlen auf die Barrikaden ging. *Er weiß nichts von dir! Er weiß nicht, was dir passiert ist!* Ihr Kopf wurde panisch und inmitten dieses Gefühlschaos', drang wieder Juliens Stimme an ihr Ohr, die ihr schon so manch schlaflose Nacht beschert hatte.

»Ich meine, wenn du lernst, glücklich zu sein, könntest du es doch anderen beibringen. Dann hätte dein Leid wenigstens einen Sinn.«

»Julien, das ist wirklich nicht so einfach, wie du dir das denkst«, sagte sie mit gepresster Stimme. »Es gibt Dinge, die …«

»Ach, Quatsch, es ist viel einfacher, als *du* denkst!«, rief Julien und wurde nun richtig böse, weil sie ihre falschen Ideen nicht aufgeben wollte. »Echt, ich krieg die Krise! Kapier doch endlich! Es ist doch noch etwas anderes in dir! Etwas, was dir sagt, was du gerade denkst! Und etwas, das dir die Freiheit gibt, zu denken, was du willst! Aber weil du das nicht sehen willst, machst du dich zum Sklaven von einem doofen Gedanken, der dir immerzu wehtut und mit dir macht, was er will! Warum? Du hast so viele Sprüche und Bücher hier, aber anwenden tust du gar nichts!«

»Bitte, Julien«, sagte sie aufgescheucht. »Ich will nicht, dass du so eine Meinung von mir hast. Nicht du, mein Kleiner.«

»Aber ich will dich nicht anlügen!«, erklärte Julien. »Ich sehe dich, wie du bist und es frustriert mich, dass du das nicht auch siehst. Dass du es noch nicht mal versuchst! Alle machen das so! Die Leute sehen nicht, was in ihnen ist. Sie sagen einfach: Da ist nix, obwohl sie nie hingucken! Du bist wie jemand aus dem Mittelalter, der behauptet, die Erde sei eine Scheibe, weil er sich nix anderes vorstellen kann. Ich sehe in jedem Menschen einen Engel. Auch in dir.«

»Nein! Nicht jeder Mensch ist ein Engel.«

»Doch, auch die bösen. Die haben bloß besonders vergessen, wer sie sind.«

Verwirrt sah sie auf den blonden Jungen, der Komik gewahr, dass ein Zwölfjähriger solche Klarheit besaß, während sie als Erwachsene mit ihrem Leben nicht fertig wurde.

»Ich muss jetzt gehen«, sagte Julien. »Mein Papa kommt gleich.«

»Ja natürlich … Das bedeutet dir viel, nicht?« Erschreckt bemerkte sie, dass es ihr tatsächlich schwerfiel, sich auf Julien einzustellen und sie stattdessen lieber über ihre Gemütslage gesprochen hätte.

»Es ist ein komisches Gefühl«, sagte Julien. »Und ob ich ein komisches Gefühl brauche, weiß ich nicht.«

»Siehst du auch in deinem Papa einen Engel? Auch, wenn du weißt, was er getan hat?«

»Es ist doch vorbei«, sagte er verständnislos. »Und klar, sehe ich in ihm einen Engel. Ich hoffe, er tut das auch. Jedenfalls wirkt er nicht so, als ob er sich wegen der Vergangenheit großartig Stress macht. Jeremy hat mir übrigens einen tollen Spruch gegeben …«

Julien kramte in seiner Hosentasche, zog ein zerknülltes Stück Papier heraus und las vor: »*Begehe nie die Sünde, dich als Sünder zu bezeichnen, zu denken, du seist gewöhnlich und unbedeutend. Werde dir bewusst, welche Größe in dir ist.* Da! Dein Spruch für heute!«

Damit drückte er ihr den zerknitterten Zettel in die Hand. Frau Huber war mit ihm aufgestanden. »Jeremy?«, fragte sie und ihre Stimme zitterte wie so oft. »Wer ist Jeremy? Hast du mit einem anderen über mich geredet?«

Julien zögerte kurz, dann blinzelte er verlegen nach oben zu ihr und wurde ein bisschen rot. »Das wollte ich dir sowieso noch sagen, Frau Huber. So manche Sachen, das über die Schuld und das Vergeben und so, na ja, halt das, worüber wir uns die ganzen Monate unterhalten haben, das stammt nicht alles von mir. Ganz viel habe ich von Jeremy, weil ich manchmal mit dir nicht weiterwusste. Aber er weiß ja nicht, wer du bist.«

»Okay«, sagte sie erstickt. »Und wer ist Jeremy?«

»Das ist mein Lehrer. Aber denkst du mal drüber nach? Über das, was ich gesagt habe?«

Sie nickte stumm. Julien merkte, dass sie in totalem Aufruhr war und sorgte sich, ob er nicht zu hart mit ihr ins Gericht gegangen war. Aber er hatte keine Zeit, darüber nachzudenken. Sein Papa war da.

♫♫♫

Sam brachte Kuchen mit. Als er an der Haustür stand und klingelte, wurde es Stella erneut anders zumute.

All die Jahre hatte sie sich dafür verurteilt, auf so jemanden wie Sam hereingefallen zu sein, aber nun wurde ihr klar, dass das kein Wunder war. Seine Ausstrahlung war unglaublich. Jedes Mal, wenn er zur Tür hereinkam, meinte man, etwas Besonderes sei geschehen. Sein Lächeln war charmant wie ehedem, seine grünen Augen blitzten, wenn er sie ansah, und sein Körper verströmte dieses Aroma nach zügelloser Leidenschaft und Sex, auf das sie damals so heftig reagiert hatte und das sie selbst jetzt wieder erreichte. Überhaupt beunruhigte sie der ganze Kerl – Sam, wie er jetzt war, wie er mit seinem Sohn umging, so natürlich und ungezwungen, als wäre er all die Jahre schon da gewesen. Sie beobachtete die beiden, wie sie draußen auf der Schaukel saßen und sich unterhielten, der kleine und der große Sam. Wie Juliens Augen strahlten, wenn Sam ihm etwas auf der Gitarre zeigte und es immer wieder diese wunderbaren Momente gab, wenn sie zusammen ein Lied sangen, wenn Juliens Kinderstimme und Sams erotisch-heiserer Timbre sich vereinten und die Wohnung sich mit ihren Stimmen füllte. Das ging an keinem von ihnen spurlos vorbei.

Sam wirbelte draußen im Garten seinen Sohn durch die Luft und schien völlig fasziniert und durchdrungen von der Tatsache, einen kleinen Jungen zu haben. Es war ergreifend, die beiden zusammen zu sehen und gefährlich für Stella, weil die alte Faszination für Sam wieder aufbrach. Sie zwang sich, daran zu denken, was er getan hatte, und maßregelte sich im gleichen Moment dafür, weil er doch ein neues Leben angefangen hatte. Es war nicht fair, ihn mit seiner Vergangenheit zu belasten.

Nachmittags machte sie Kaffee, sie saßen am Gartentisch, aßen den Kuchen, den Sam immer mitbrachte, danach machte Julien seine

Hausaufgaben. Das waren die Stunden, in denen Sam etwas über Stella erfahren wollte, auch, welche Männer es nach ihm in ihrem Leben gegeben habe.

»So gut wie keinen«, sagte sie schroff. »Du hast mich nachhaltig verdorben. Ich wollte und konnte mit keinem mehr zusammenleben. Ich habe niemandem mehr vertraut.«

Betroffen schwieg er eine Weile.

»Der Gastgeber der Veranstaltung, Mertens …«, begann er. »Bedeutet er dir etwas?«

»Warum fragst du das, Sam?«

»Weil er dich an diesem Abend behandelt hat wie seine Frau. Das ist jedem aufgefallen. Und du hast perfekt zu ihm gepasst. Ehrlich, Stella, dieser Moment, als ich erkannte, dass die heißeste Frau auf der Party, die Frau ist, nach der ich mich seit Jahren verzehre …«

»Sam!« Ihre Augenbrauen zogen sich zusammen.

»Nein, hör zu, Stella. Ich will, dass du weißt, was ich heute weiß: Du bist die Frau, mit der ich hätte glücklich werden können und ich Arsch hab es völlig vergeigt.«

»Sam, bitte. Hör auf damit!«

Er starrte auf das Gras zu seinen Füßen. »Ich habe noch nicht einmal das Recht, zu erwarten, dass du mir vergibst.«

Auf einmal fing er an zu weinen. »Oh mein Gott«, schluchzte er. »Wenn ich mir das vorstelle … Ich habe dich so betrogen, dich so im Stich gelassen … und du warst schwanger … und allein … und ich habe dir dein ganzes Geld gestohlen! Du hattest gar nichts!«

»Okay, Sam. Es ist vorbei. Ich mag das nicht hören.«

»Mir tut das gerade furchtbar weh, Stella. Mit tut das so weh, dass ich gar nicht weiß, wie ich damit fertig werden soll. Aber ich hatte damals so eine Scheiß-Angst … Es lief fast automatisch ab …«

Stella fühlte sich hilflos, ihr fiel dazu nichts ein.

»Wir alle machen Fehler«, sagte sie schließlich lahm.

»Und dieser Mertens … er lebt in einem Schloss! Er kann dir alles bieten, alles! Aber ich bin so froh, dass es dir gut geht«, schloss er heiser und wischte sich die Augen. »Sonst wäre meine Schuld noch größer.«

»Aber das stimmt nicht. Die Verantwortung liegt immer bei einem selbst. Du wärst nicht schuld gewesen, wenn ich nach dir aus meinem Leben nichts gemacht hätte. Das wäre dann ganz allein meine gewesen.«

Sie wurde rot, als sie an den Moment am Rand der Klippe dachte – etwas, was sie Sam nicht erzählt hatte – und auch nicht erzählen würde.

»Und ich … ich bin noch nicht einmal in der Lage, dir Unterhalt zu zahlen«, krächzte er. »Ich verdiene gerade mal so viel, dass ich die Wohnung bestreiten kann. Ich schäme mich, Stella.«

»Das musst du nicht«, erwiderte sie, unangenehm berührt. »Es war eine harte Zeit nach dir, aber sie ist vorbei. Es geht mir gut. Ich habe alles, was ich brauche. Und Julien auch.«

»Bis auf einen Vater, auf den er stolz sein kann.«

»Liegt an dir, ob du etwas daraus machst.«

Sam starrte auf das Gras zu seinen Füßen und blieb stumm.

♫ Imagine ♫
John Lennon

Chrissi war aufgedreht bis zum Anschlag. Sie rief Julien an und eröffnete ihm, riesige Ideen und obendrein einen überirdischen Abschluss für ihr Projekt zu haben. Die Schmetterlingstheorie gepaart mit der kritischen Masse und dem trainierbaren Präfrontalkortex hatten einen Ideensturm in ihr entfacht und als sie sich das nächste Mal mit Julien traf – am Abend, nachdem Sam gegangen war – brachte sie einen Katalog an Maßnahmen mit, mit dem sie Julien geradezu überschwemmte.

»Wir sprechen Videobotschaften auf Facebook und legen das als Projekt an«, erklärte sie mit hochroten Wangen. »Jeder von uns sagt ein paar sinnvolle Sätze, die die Leute zum Nachdenken anregen und als Untermalung nehmen wir Jamies Song.«

»Aber der ist doch gar nicht produziert!«

»Du spielst doch Gitarre! Und hast die Noten!«

»Nein, das ist amateurhaft, das wirkt nicht und das hat der Song nicht verdient.«

»Aber die Sprüche in Jamies Heft *müssen* mit seinem Song vertont werden! Ich bin mir sicher, dass er das genauso gewollt hätte! Das ist die Bestimmung des Songs! Die Welt aufzurütteln!«

»Hm«, sagte Julien, unwillkürlich gefangen von ihrer Idee. »Ja, irgendwie ergibt das Sinn, und stell dir vor, mein Papa ist aufgetaucht und …«

»Dein Papa? Ist aufgetaucht? Häh? Julien! Was …?«

»Ja, er wusste nicht, dass es mich gibt. Er und meine Mama haben sich zufällig bei einer Veranstaltung wiedergetroffen und da hat er erst erfahren, dass er Vater ist.«

»Ach du meine Güte!«, hauchte Chrissi. »Das muss ja bewegend für euch sein! Wie fühlst du dich?« Sie legte ihren Arm um Julien und sah ihn intensiv an.

»Am Anfang war's komisch, aber Sam ist total cool. Er besucht mich jeden Tag. Aber bald muss er wieder auf Tour, er ist nämlich …«

»Ach, deswegen bist du nicht im Philosophiekurs!«, unterbrach ihn Chrissi. »Hab dich schon vermisst!«

»Ja, aber was ich eigentlich sagen wollte: Mein Papa ist Berufsmusiker. Ich könnte ihn mal fragen, ob er …«

Ein Kreischanfall übertönte seine folgenden Worte. Chrissi sprang auf die Füße und hüpfte vor lauter Aufregung im Zimmer auf und ab.

»Das gibt es nicht! Das gibt es nicht!«, schrie sie aufgedreht. »Das ist Schicksal! Wie sich das alles zusammenfügt! Das ist doch magisch, oder! Das ist absolut magisch!«

Julien musste lächeln. Irgendwie hatte Chrissi recht – da kamen wirklich unglaubliche Zufälle zusammen!

»Fragst du ihn, bitte? Du musst ihn fragen, du musst!«

»Nur, wenn ich einen Kuss von dir bekomme!«, erklärte Julien und seine grünen Augen blitzten.

»Was?« Sie stutzte kurz, beugte sich dann zu ihm runter und schmatzte ihm einen Kuss auf die Wange.

»Sag mal, geht's noch?«, beschwerte er sich. »Soll das ein Kuss gewesen sein?«

»Ja, was hast du denn für Vorstellungen?«, schnappte sie.

»Ja, so mit Zunge und so ...?«

»Das kannst du doch noch gar nicht!«, erwiderte sie entschieden. »Am Ende werde ich noch wegen Verführung Minderjähriger angezeigt! Gib mir das Heft! Ich muss die Sprüche kopieren! Luisa macht eine PowerPoint-Präsentation, da müssen die alle rein! Wir haben Arbeit!«

»In Mamas Büro steht ein Kopierer«, sagte Julien. »Das Heft musst du hierlassen, das will ich meinem Papa zeigen. Und nur, damit du's weißt: Mein Papa ist Weltmeister im Frauenaufreißen. Der bringt mir das mit der Zunge auch bei!«

♫♫♫

Jeremy hatte Julien ein wenig ausspioniert und wusste daher, dass Sam jeden Tag bei Stella war. Ihm war klar, dass sie jetzt keinen Nerv für anderes hatte. Er war schwer in Sorge deswegen und konnte sich nicht zurückhalten, sie auf dem Parkplatz der Schule abzupassen, als sie Julien abholte.

»Wie geht es dir?«, fragte er.

»Frag mich, wenn Sam wieder weg ist«, seufzte sie. »Im Moment ist alles so ungewohnt und neu.«

»Genießt du es, dass er wieder da ist?«

»Im Moment bin ich eher beunruhigt. Ich muss mich an das neue Bild von Sam gewöhnen. Wenn ich sehe, wie er mit Julien umgeht ... Das macht etwas mit mir, verstehst du?«

»Jetzt hast du mich auch beunruhigt«, erwiderte er und war im Gegensatz zu sonst sehr ernst. »Was fühlst du für ihn?«

»Das weiß ich gerade nicht.«

»Stella, was soll ich denn von dieser Aussage halten?«

Die Anspannung über diese unerwartete Entwicklung stand ihm in den Augen.

»Ach, Jeremy, frag mich später. Ich hoffe so sehr, dass bald alles wieder in geregelten Bahnen läuft.« Sie hob den Blick und sagte fast verzweifelt: »Aber es wird nie mehr so sein, oder? Einfach, weil es Sam gibt. Weil Julien jetzt seinen Vater kennt. Weil er wieder in meinem Leben ist!«

»Ja, das hat die Lage erheblich verändert.«

Immer noch war er in sich gekehrt und schien mehr mit sich selbst als mit ihr zu reden. Sie vermisste den immer fröhlichen, sicheren Jeremy.

»Das ist das, wovor ich immer Angst hatte«, murmelte sie, während sie an dem von der Sonne aufgeheizten Auto lehnten und auf Julien warteten. »Du hast von einer Verdichtung gesprochen – und dass sich danach alles löst. Es fühlt sich nur gerade ganz anders an.«

»Das Gefühl ist normal, meine Süße«, sagte er warm, »…, wenn man mitten im Tunnel steckt.« Er schien seine Mitte wiedergefunden zu haben. »Denk dran, das Wichtigste ist, dass du glücklich bist und weißt, was du dafür brauchst. Aber ich will es auch langsam wissen, verstehst du das?«

Sie nickte. Sanft strich er mit seiner Hand über ihre Wange und sie ließ es zu. Sie wollte nicht, dass er traurig war, legte in einer spontanen Geste ihren Arm um seine Hüfte und drückte ihren Kopf für ein paar Sekunden an seine Brust.

»Lass uns reden, sobald er wieder weg ist, okay?«

Jeremy grinste sie an:

»Ja, gute Idee! Ich weiß auch schon, wo das sein wird! Dazu brauchst du dann ganz viel Mut!«

»Uh … jetzt krieg ich aber Angst!«

»Und außerdem solltest du langsam deine Playlist ändern«, flachste er in alter Manier und hatte zu ihrer Freude wieder sein unverschämtes Lächeln im Gesicht. »Nach ›Hey Jude‹, ›Imagine‹ und vor allem ›Yesterday‹…«, theatralisch hob er dabei mehrfach die Augenbrauen, »… mal eine passendere, aktuelle Version? Wie wär's mit ›It's raining men‹?«

Stella lachte herzhaft, dann kam Julien angerannt und sie packte ihn ins Auto. Während der ganzen Fahrt schmunzelte sie noch über Jeremys Bemerkung und Julien sagte zu ihr:

»Cool, Mama, endlich bist du wieder froh!«

♫♫♫

Ja, sie lachte wieder und merkte, dass sie sich doch die letzten Tage ziemlich verkrampft hatte. Mit den nächsten Besuchen schwanden einige Brocken an Misstrauen Sam gegenüber, worüber sie sehr froh war, denn sie wollte Julien nicht negativ beeinflussen.

Zusammen gingen sie Eis essen, liefen am Fluss spazieren, Sam zeigte Julien, wie man Steine über das Wasser flippte, tobte mit ihm über die Wiese und legte, so oft er konnte, den Arm um seinen Sohn. Er blieb meist für zwei bis drei Stunden, eine Zeitspanne, die für Stella vertretbar war.

Am nächsten Tag regnete es und die beiden saßen in Juliens Zimmer, dessen Tür immer einen Spalt offenstand. Und an diesem Nachmittag erzählte Julien seinem Vater von seinem Projekt »Mensch« und dem Vorhaben, die Welt ein bisschen besser zu machen.

»Wir wollen nicht das machen, was andere machen«, erklärte er Sam. »Nur einfach was spenden, damit das Gewissen beruhigt ist. John sagt: ›In alles, was wir tun, fließt unsere Energie.‹ und wenn die Leute nur spenden, um ihre Ruhe zu haben, oder wenn sie selber noch voller Wut und Angst sind, hat das Ganze nicht so viel Power. Wir wollen eine Bewusstseinsänderung. Und dafür brauchen wir Verstärker.«

»Mann, wo hast du gelernt, dich so auszudrücken?«, staunte Sam. »Du redest wie ein achtzigjähriger Professor!«

»Ja, hör ich oft. Also, ich will dich was fragen. Ich weiß ja nicht, wie viel Zeit du hast, aber Chrissi – die macht mit mir das Projekt – hat ein paar richtig gute Ideen entwickelt …«

Stella hörte, wie Julien eine Schublade aufzog und Sam aufgeregt seine und Chrissis Ideen erläuterte.

»Hört sich super an«, sagte Sam immer wieder dazwischen. »Fuck! Was ihr euch für Gedanken macht, ist ja irre!« Doch dann hörte sie ihn in grenzenlosem Erstaunen sagen: »Das ist nicht dein Ernst, oder? Du hast einen Song von Jamie?«

»Ja, und wir wollen ihn produzieren … für das Projekt! Du bist doch Musiker! Kannst du das irgendwie organisieren? Ich meine mit Orchester und so? So ne richtig geile Studioaufnahme?«

»Ob ich das … natürlich kann ich das!«

»Top! Das ist ja oberaffensupergeil!«, juchzte Julien. »Und geht das so bald wie möglich? Das wäre der Hammer-Abschluss für mein Projekt!«

»Da kannst du Gift drauf nehmen, dass ich diesen Song produziere!«, rief Sam, nicht minder begeistert. »Das machen wir unbedingt! Den bringen wir auf die ganz große Bühne! Wir singen das gemeinsam! Gleich morgen kümmere ich mich darum! Das wird eine Sensation!«

»Danke, Papa! Du bist super!«, rief Julien und Stella hörte, wie er Sam um den Hals fiel.

»Oh, Scheiße«, japste Sam, noch immer fassungslos. »Ich glaub's nicht! Ein Song von Jamie!«

Still legte Stella den Kochlöffel aus der Hand, schaltete die Herdplatte ab und stellte sich in den Türrahmen. Julien hing am Hals seines Vaters, Sam hatte einen Arm um ihn geschlungen, in der anderen Hand hielt er Jamies Notenheft. Seine Augen leuchteten. Als er Stella im Türrahmen entdeckte, leuchteten sie umso mehr.

»Warum hast du mir nicht davon erzählt? Das ist der Wahnsinn!«

Sie ging nicht auf ihn ein, kam ins Zimmer, nahm Sam das Heft aus der Hand und schaute ihren Sohn an:

»Julien, ich finde, darüber sollten wir noch mal reden.«

»Aber warum, Mama? Du hast doch selbst gesagt, der Song gehört mir!«

»Das stimmt, aber du bist noch keine achtzehn und für die Veröffentlichung muss ich einverstanden sein.«

»Aber das bist du doch, oder?«

»Nein, Julien, das bin ich nicht.«

Entsetzt sahen beide sie an.

»Es ist für einen guten Zweck«, protestierte Sam verständnislos. »Für Juliens Projekt! Jamie war mein Partner. Ich habe ihn entdeckt! Es könnte nicht besser passen!«

»Du hast Jamie nicht entdeckt, Sam«, erklärte Stella ruhig. »Du hast ihn damals für deine Zwecke ausgenutzt.«

Und an Julien gewandt: »Wir reden später drüber, okay?«

»Mama! Warum denn!? Warum sagst du nicht ja?«

»Lass gut sein, Julien«, beschwichtigte Sam. »Deine Mama hat recht. Das sollte nicht überstürzt werden. Aber wenn du meine Hilfe brauchst, stehe ich Gewehr bei Fuß, okay?«

»Okay.« Julien lächelte ihn an, Sam strich ihm übers Haar. Es war eine so typische Vater-Sohn-Geste und gleichzeitig so untypisch für Sam, dass in Stella ein ganz ambivalentes Gefühl entstand.

Aber Julien strahlte seinen Papa an. Ohne jeden Zweifel war er glücklich.

Es war Sams letzter Tag mit ihnen. Eine Woche hatte er nun mit seinem Sohn verbracht und es hatte nicht die geringsten Annäherungsschwierigkeiten gegeben. Was Julien anging, hatte Stella es kaum anders erwartet, er war ein offenes, weltkluges Kind. Aber Sam …?

Dass er so leicht und so selbstverständlich in seine Vaterrolle geschlüpft war, dass er sich nicht nur nicht gedrückt, sondern echte Gefühle für seinen Sohn zeigte, wäre ihr nie in den Sinn gekommen. Es machte die Sache nicht leichter.

Das Abendessen verlief in gedämpfter Stimmung. Es war offenkundig: Sam wollte nicht gehen, wollte seinen Sohn nicht wieder verlassen. In seinem Kopf arbeitete es.

»Was sind deine Pläne für die Zukunft?«, fragte ihn Stella.

»Sobald ich zu Hause bin, checke ich meinen Terminkalender und wir können uns absprechen, wann ich Julien sehen kann. Wäre das für dich okay?«

Für Stella war das ein komisches Gefühl. Sie spürte immer noch einen Rest Misstrauen in sich. Trotzdem nickte sie zu Sams Vorschlag.

»Julien? Für dich ist das auch okay?«

Der Junge nickte ebenso und seine Hand schob sich in die seines Vaters. Auch das sah Stella mit sehr gemischten Gefühlen. So lange Jahre hatte sie Julien für sich allein gehabt. Ihn jetzt mit jemandem teilen zu müssen, der ein Recht auf ihn hatte, fiel ihr nicht leicht.

Als Julien in seinem Zimmer verschwand, um Sams Abschiedsgeschenk zu holen, fragte er:

»Was sind deine Pläne, Stella? Läuft da was mit Mertens?«

»Sam, das geht dich nichts an.«

»Soll das heißen, ich habe gar keine Chancen mehr bei dir?« Er lächelte, um seiner Frage den Ernst zu nehmen.

»Exakt«, erklärte sie rundheraus. »Genau das heißt es. Ich gehe sogar noch weiter: Ich weiß immer noch nicht, ob es mir gefällt, dass du in unser Leben eingedrungen bist.«

Trotzig sah sie ihn an, Sam blickte nachdenklich zurück, aber in seinen Augen blitzte etwas auf. Ob es Kampfgeist war, vermochte sie nicht zu sagen.

Er sah auf die Uhr, erhob sich. Julien kam aus dem Zimmer gestürmt und überreichte Sam ein in kariertes Papier umwickeltes Geschenk.

»Damit du an mich denkst, wenn du weg bist«, sagte er ernsthaft. Sam ging in die Knie und umarmte den Jungen. Er drückte sein Gesicht an die runden Wangen seines Sohnes und flüsterte: »Wie könnte ich dich je vergessen?«

Er wollte ihn gar nicht mehr loslassen, lockerte die Umarmung nur, um ihn wieder an sich zu ziehen, bis Stella leise sagte:

»Es ist gut, Sam. Ich denke, es wird Zeit.«

Sam richtete sich auf, Juliens Päckchen in der Hand, und wollte auch Stella umarmen. Aber sie wich zurück und öffnete ihm die Tür.

»Auf Wiedersehen, Sam.«

»Wiedersehen, Stella. Ciao, mein Kleiner.«

Ein letzter Blick, dann drehte er sich abrupt um und ging mit steifen Schritten zu seinem Auto. Stella und Julien blieben an der Haustür stehen und der Kleine winkte ihm nach, bis der Wagen nicht mehr zu sehen war.

♫♫♫

»Mama, wieso möchtest du nicht, dass Sam den Song für mich aufnimmt?«

»Weil ich noch zu wenig über ihn weiß. Weil es noch viel zu früh ist, ihm so etwas in die Hand zu drücken. Du kannst nicht einschätzen, was dieser Song wert ist, Julien.«

»Darum geht es mir ja auch nicht. Ich will ihn nicht zu Geld machen.«

»Eben. Das will ich auch nicht.«

»Du traust Papa nicht, oder?«

Stella beschloss, nicht um den heißen Brei herumzureden. »Nein, ich traue ihm noch nicht. Aber er wird Gelegenheit haben, zu beweisen, dass er vertrauenswürdig ist. Und ich finde, das ist fair.«

Julien dachte nach. »Ja, okay, das ist fair«, gab er zu. »Aber ich hätte so gern mein Projekt mit Jamies Song abgeschlossen.«

»Wer weiß, wann die Zeit reif ist für diesen Song«, lächelte Stella, froh, dass Julien nicht sauer war. Sanft deckte sie ihn zu. »Ich liebe dich, mein Kleiner«, sagte sie bewegt. »Und ich möchte nicht, dass dir jemand wehtut.«

»Ich liebe dich auch, Mama. Mach dir nicht so viele Sorgen.«

Sie lächelte, löschte das Licht, ging in ihr Schlafzimmer und hob ihr Kopfkissen an. Da lag es, das Heft, sorgfältig in eine neutrale Dokumentenmappe gepackt.

Grübelnd sah sie sich um, nahm eine Kiste aus dem Schrank, in der sie lichtempfindliche Schals aufbewahrte und legte Jamies Vermächtnis ganz zuunterst.

Das, was sie nun alle brauchten, war Zeit. Zeit, die zeigen sollte, was die Zukunft für sie alle bereithielt. Es waren so viele Fäden geknüpft, so viele lose Enden in ihrer Hand, so viele Aktivitäten, die anstanden.

Doch das Schicksal wollte Stella diese Zeit nicht geben. Innerhalb weniger Tage ging alles Schlag auf Schlag.

♫ Keep Us ♫
Peter Bradley Adams

Zunächst hatte es den Anschein, dass der Alltag sie wiederhatte.

Julien besuchte wie gewohnt Frau Huber und seine Wahlfächer, die nicht mehr so spannend für ihn waren, da in der letzten Etappe des Schuljahres die einzelnen Gruppen ihre Referate hielten und somit nichts Neues kam. War der anstehende Referent in seinen Augen ein Langweiler, bat er seine Mutter darum, zu Hause bleiben zu können.

»Wenn was ist, kann ich doch zu Frau Huber rüber«, meinte er. »Außerdem bin ich jetzt alt genug, um einen Nachmittag alleine zu bleiben.«

Stella hatte in der Arbeit viel nachzuholen und sah sich gezwungen, an manchen Tagen etwas länger zu bleiben, so klingelte sie bei ihrer Nachbarin. Aber die öffnete nicht.

»Du weißt doch, dass sie nur mir die Tür aufmacht«, sagte Julien.

»Ich dachte, es hat sich was geändert?«, wunderte sich Stella. »Sie war doch schon bei uns gewesen! Und hat mir sogar das Haar hochgesteckt!«

»Ich glaube, sie hat gerade so etwas wie einen Rückfall«, erwiderte Julien. »Die ist echt wieder komisch drauf, dabei dachte ich, sie packt's langsam.«

»Schade.« Stella strich Julien übers Haar. »Tut mir so leid, Julien, aber es liegt so viel Arbeit an. Ich freue mich schon so auf die Sommerferien und Ibiza! Auf John und Alisa!«

Aufmerksam sah sie ihr Söhnchen an. Die Tage mit Sam hatten ihn verändert. Er wirkte nachdenklicher, in sich gekehrter, ja – und zu ihrem großen Bedauern, unsicherer. Das kam ihr ganz fremd vor. Bisher hatte es nichts gegeben, was Julien in seiner Einstellung hatte erschüttern können.

»Geht es dir gut, mein Engel?«, fragte sie.

Julien sah sie aus geistesabwesenden Augen an. Es dauerte ein paar Sekunden, bis sein Blick zu ihr zurückkehrte und er erwiderte:

»Ja, Mam, alles gut. Hab nur gerade an mein Projekt gedacht.«

♫♫♫

Auch Jeremy fragte ihn, wie es ihm gehe.

»Ich fühle mich komisch«, antwortete Julien. »So … ein Gefühl, das einem sagt, dass es nicht mehr so weitergeht wie bisher. Ich weiß nicht. Es macht mir ein wenig … Angst.«

Jeremy wusste, was es für Julien bedeutete, allein dieses Wort auszusprechen. Er war immer furchtlos gewesen, hatte nie wirklich Leute verstanden, die sich von Angst hatten überrollen lassen und das war der Grund, warum er Menschen wie Frau Huber seine Botschaften übermitteln konnte: weil sie aus einer sehr hohen Perspektive kamen. Jeremy konnte deutlich nachfühlen, dass Julien diese Sicherheit nicht verlieren wollte und er ahnte, dass die Sache mit Sam diese Änderung eingeleitet hatte. Er wusste nur nicht, warum, denn als er mit Stella telefoniert hatte, sagte sie ihm, die Tage seien überraschend harmonisch verlaufen.

»Wie fühlt es sich an, plötzlich einen Vater zu haben?«, fragte er Julien ehrlich neugierig.

»Auch komisch. Er ist eher ein Kumpel als ein Vater. Aber er ist total cool. Und er schaut Mama immer so an.«

»Meinst du, er will sie zurück?«

»Ich glaube schon.«

»Und du? Würde es dir gefallen, eine echte Familie zu haben?«

»Na ja,«, brummte Julien und stocherte mit einem Ast im Sand herum. Sie saßen an der Spielecke der Schule, an der es tatsächlich noch solche Dinge wie einen Sandkasten gab. »Was ist ›echt‹?«

»Du klingst nicht glücklich, Julien. Das kenne ich nicht von dir.«

»In mir ist auch was durcheinander«, murmelte Julien, »und ich weiß nicht, was. Ich muss drüber nachdenken.«

»Wenn du mich brauchst, mein Kleiner, bin ich da, okay? Du kannst mich jederzeit anrufen.«

♫♫♫

Alex genoss es sehr, dass Stella wieder ganze Tage im Büro arbeitete und nutzte jede Gelegenheit, mit ihr zusammen zu sein. Das war kein Problem für sie. Alex war ein ruhiger Mensch und verbreitete keine Hektik, konnte sich aber trotzdem für Dinge begeistern wie ein Kind. Stella gefiel das.

Er drängte sie, mit ihm essen zu gehen, aber sie hatte Julien gegenüber ein schlechtes Gewissen, denn er verbrachte nun einige Nachmittage alleine zu Hause, machte sich das Abendessen selbst, wenn sie nicht rechtzeitig kam, und so wollte sie wenigstens die Wochenenden für ihn da sein. Sie erklärte das Alex und er sagte, er habe Verständnis dafür, aber im gleichen Atemzug meinte er:

»Hey, Stella, du hast dich doch gerade sehr intensiv um ihn gekümmert. Du darfst auch dich bei der ganzen Sache nicht vergessen. Du bist nicht nur Mutter.«

Schließlich gab sie seinem Drängen nach, verabredete sich mit ihm für einen Donnerstagabend und versprach Julien als Ausgleich, mit ihm am Wochenende eine Spritztour ins Blaue zu machen. Das Problem war nur: Sina hatte am Samstag keine Zeit, die Huber machte nach wie vor ihre Tür nicht auf und Julien wollte nicht bei seinen gleichaltrigen Schulkameraden schlafen, weil die nur vor der PlayStation hockten – und das die ganze Nacht. Da bleibe er lieber allein zu Hause, verkündete er.

Das wiederum war für Stella ein No-Go und so fiel ihr nur noch einer ein, der ihr in dieser Angelegenheit helfen konnte: Jeremy.

Sie sagte ihm, sie habe eine Abendveranstaltung mit der Firma, was nur eine halbe Lüge war, wie sie fand. Die Wahrheit hätte sie ihm auf keinen Fall erzählen wollen.

♫♫♫

Sam rief an. Er sei am Überlegen, für einen Sprung am nächsten Wochenende vorbeizukommen, aber Stella sagte ihm, sie seien nicht da.

»Wir sind ab Donnerstag verplant. Ein andermal gerne, aber gerade passt es gar nicht, Sam. Trotzdem schön, dass du dich meldest.«

»Ich vermisse euch«, seufzte Sam. »Diese Woche mit euch war so toll. Es war so … heimelig, so ganz anders … Ist Julien denn da? Kann ich kurz mit ihm reden?«

»Ja, sicher.«

Stella übergab ihrem Sohn das Telefon.

»Hi, Sam«, meldete er sich, während Stella in die Küche ging, um das Abendessen fertigzustellen. »Was geht ab?«

»Alles roger, Kleiner. Hör mal, ich habe mit einem Produzenten gesprochen, der ist fast ausgeflippt, als er gehört hat, dass es einen unveröffentlichten Song von Jamie Scott gibt. Ich habe ihm gesagt, dass wir das auf die Bühne bringen könnten, dass du und ich den Song singen. Wir könnten das in verschiedenen Variationen machen – weißt schon, eine lange Version, eine fetzige, eine nur mit dir, eine nur mit mir … Was meinst du? Hast du Lust?«

»Ja, schon, aber Mama und ich haben noch nicht darüber reden können, sie ist zurzeit sehr beschäftigt.«

»Ja, okay, aber nun weißt du wenigstens, dass dem nichts im Weg steht. Brauchst mir nur das Startzeichen geben.«

♫♫♫

Für Jeremy war das gar kein Thema, Julien zu sich nach Hause zu holen.

»Danke, Jeremy, das ist so lieb von dir«, atmete Stella auf. »Ich hole ihn direkt bei dir wieder ab. Hoffentlich dauert das heute Abend nicht zu lange.«

Sie sah ehrlich besorgt aus.

»Das hoffe ich auch«, grinste Jeremy sie an. »Wie wär's, wenn ihr beide bei mir bleibt? Ich bin der beste Frühstückmacher der Welt!«

»Ach, du liebe Zeit, Jeremy! Was wird das denn? Ein Frontalangriff? Willst du Julien total schocken?«

»Wo denkst du denn hin? Ich habe ein großes Gästebett – da schlafen Mutter und Sohn. Und ich liege in meinem noch größeren Kingsize-Bett und verzehre mich nach dir.«

»Nein, Jeremy«, wehrte sie ab. »Das … das geht nicht.«

»Und wann hast du Zeit für die nächste Therapie-Stunde?«

Sie musste lachen. »Eigentlich hatte ich ja gehofft, dass du deine Therapie für erfolgreich beendet erklärt hast«, schmunzelte sie. »Oder diagnostizierst du bei mir immer noch eine posttraumatische Belastungsstörung?«

»Aber immer«, erklärte er gelassen. »Da gibt es schon noch ein paar Punkte aufzulösen und ich weiß sehr genau, welche.«

Er lächelte auf diese ihm so eigene Weise und Stella ertappte sich dabei, wie sie an seinem Gesicht hing und sein Lächeln studierte.

»Du bist ein Meister im Lächeln«, sagte sie warm. »Ich habe noch nie jemanden getroffen, der auf so unterschiedliche Weise lächeln kann. Virtuos!«

»Ich bin in noch so einigen Dingen ein Meister«, prophezeite er. »Also, meine Süße, zück deinen Terminkalender und trag mich ein. Damit ich dich anlächeln kann. Unter anderem.«

Sie lachte wieder und verabschiedete sich. Julien war total aufgedreht, war durch das Haus gerannt und hatte alles bestaunt. Jetzt stand er neben Jeremy und zupfte ihn am Ärmel. Jeremys Hand glitt wie selbstverständlich in die des Jungen und locker plaudernd gingen sie zusammen ins Haus.

Stella lächelte. Zwei Jungs, die sturmfreie Bude hatten.

♫♫♫

Alex hatte ein unglaublich nobles Restaurant ausgewählt und schnappte fast über vor Freude, mit ihr zusammen zu sein.

»Endlich«, freute er sich. »Wie lange ist es her, dass wir uns privat getroffen haben?«

»Lange«, gab sie zu. »Aber wir sehen uns doch jeden Tag im Geschäft.« Er berichtete ihr, dass er aufgrund des Tags der offenen Tür ein paar große Aufträge hatte an Land ziehen können und träumte herum, was das für die Firma bedeutete.

»Wir werden öfter mal ins Ausland müssen«, erklärte er ihr. »Europa und die Staaten … Ich freue mich schon sehr darauf, das alles mit dir erleben zu können.«

»Aber Alex, du weißt, ich habe ein Kind zu Hause. Außerdem liegen diese Aufgaben eindeutig im Ressort von Rafael Bender.«

»Ich habe Herrn Bender vor drei Tagen entlassen«, erwiderte Alex und lehnte sich ein wenig zurück.

»Bitte?« Stella war schockiert. »Entlassen? Aber warum denn? Er hat doch gute Arbeit geleistet!«

»Ja, aber er hatte eindeutig Interesse an dir. Er hat dich ich weiß nicht wie oft angerufen! Ich habe es auf der Anrufliste gesehen. Und ihr wart mal zusammen, das hat er mir gesagt. Stella, das geht nicht gut. Das weiß ich sicher. Ich meine, ich kann richtig vorhersehen, wie das wird. Ihr seid viel zusammen, er macht dich dauernd an und …«

»Alex! Was fantasierst du da zusammen? Wir … ich meine … Du tust gerade so, als ob …«

Sie brach ab, sprachlos, was diese kleine Botschaft alles beinhaltete. War es für Alex schon sicher, dass sie und er ein Paar waren? Und war er so eifersüchtig, dass er Rafael den Arbeitsplatz nahm, obwohl ihre Liaison über zehn Jahre her war? Es grummelten noch so einige unausgegorene Dinge in ihr, die sie nicht ganz fassen konnte, und Alex ließ ihr auch kaum Zeit dafür.

»Was meinst du mit … ich tue so, als ob?«, fragte er.

»Du … verhältst dich, als ob du einen Anspruch auf mich hättest«, brachte sie hervor und spürte deutlich die Angst dahinter, ihren Job verlieren zu können. Alex hatte zwar gesagt, dass er das niemals tun würde, aber gerade wusste sie nicht, ob er das, was er so großherzig von sich gegeben hatte, auch leben konnte.

»Entschuldige, Stella, du hast recht. Ich stürme viel zu schnell voran. Aber das kommt einfach daher, weil ich mir bei dir so sicher bin, so absolut sicher und …«

»Alex, bitte! Wir verbringen soeben den zweiten privaten Abend miteinander!«

»Mir reicht das.«

»Mir nicht. Ich weiß wenig von dir! Erzähl mir von dir! Und deiner Frau!«, griff sie an. »Wie ist sie? Warum seid ihr auseinander? Was ist mit deinen Kindern?«

»Puh … viele Fragen.«

»Dann fang bitte mit deiner Frau an.«

»Das hatten wir beim letzten Mal schon. Ich will nicht über meine Frau reden, Stella. Ich will über uns reden.«

Sie biss sich auf die Lippen. Sie spürte deutlich, dass es in ihm total unaufgeräumt war. Tief atmete sie ein und beschloss, aufs Ganze zu gehen. Alex' Blick ruhte auf ihr, fahrig, flackernd und das ließ sie seltsamerweise ruhig werden. Sie fasste einen Entschluss.

»Wir essen das jetzt hier auf«, sagte sie entschlossen zu ihm. »Dann gehen wir in eine Bar, wo wir ungestört sein können. Und dort erzählst du mir, wie das damals gewesen war.«

»Wozu denn?«, rief er unglücklich. »Wozu willst du das wissen?«

»Weil es alle künftigen Beziehungen, die du eingehst, beeinflusst?«, entwich es ihr, erstaunt, dass er das überhaupt fragte. »Deswegen ist es wichtig. Wenn du das allerdings nicht kannst oder nicht willst, werde ich das selbstverständlich respektieren.«

Er schwieg. Seine Augen, gelenkt von den rasenden Gedanken in seinem Kopf, wanderten vom Tischtuch auf den Boden, schwenkten zum Kellner, wollten Ablenkung, wollten raus aus dem Dilemma. Stella wartete. Sein Blick landete wieder bei ihr.

»Also gut«, sagte er heiser. »Für dich, Stella. Das mache ich nur für dich.«

♫♫♫

Er fühlte sich unwohl und sie wusste, warum. Natürlich hätte er den souveränen Unternehmer und Kavalier lieber gespielt als die Rolle, die sie ihm jetzt abverlangte: Zuzugeben, dass er zutiefst verletzt war und damit nicht zurechtkam. Zuzugeben, dass Baustellen in ihm schlummerten, die bearbeitet werden mussten. Sie setzte sich neben ihn, um es ihm leichter zu machen, aber er war in dieser Hinsicht furchtbar verklemmt. Er kippte zwei Schnäpse, bis er den Mut für einen Anfang fand. Schließlich erzählte er, wie es ihm als Kind ergangen war, als seine Eltern sich hatten scheiden lassen. Welchen Zoff es gegeben hatte, welchen Rosenkrieg sie geführt hatten – zum Abgewöhnen! Er stand damals schon jeder Partnerschaft misstrauisch gegenüber, auch, als er seine Frau kennengelernt hatte. Sabine. Aber sie war die Erste, die nicht gleich gegangen war, die Erste, die alles mitgemacht hatte. Seine Eifersuchtsszenen, seine Kontrollsucht. Sie hatte seinetwegen auf so vieles verzichtet, war kaum ausgegangen – hatte so viel auf sich genommen, um ihm zu beweisen, dass sie ihn liebte. Und mit der Zeit hatte er ihr vertraut. Sie hatten geheiratet, alles lief gut. Die Kinder kamen, sie zogen sie groß. Er kümmerte sich um das Geschäft, vielleicht ein bisschen zu sehr, gab er zu, sie war viel allein zu Hause. Ja, und dann war eben das passiert, was er die ganze Zeit befürchtet hatte: Er hatte sie in den Armen eines anderen erwischt.

»Ist sie mit diesem Mann zusammen?«

»Nein. Sie lebt alleine. Sie hat es wieder und wieder bei mir versucht, aber mein Vertrauen war weg.«

»Aber Alex, du hast gerade selbst gesagt, sie hat viel auf sich genommen …«

»Ja«, erwiderte er niedergeschlagen. »Das ist mir auch gerade mehr als klargeworden. Ist schon komisch, was passiert, wenn man es formulieren muss. Ich …« Er verstummte.

»Spuck's aus, Alex!«

»Ich glaube, ich habe sie nicht sehr glücklich gemacht«, brummte er leise. »Ich habe immer nur gefordert.«

»Kann es sein, dass du sie noch liebst?«

»Ich wusste, dass du das fragst. Nein, sie ist mir egal.«

»Wenn es so wäre, hättest du anders über sie berichtet, als du es getan hast. Alex, schau, wenn du kein Vertrauen hast, wird keine Beziehung der Welt Bestand haben. Das Ding liegt viel tiefer – in der Scheidung deiner Eltern. Da hast du das Vertrauen verloren. Deine Frau hatte keine Chance. Kannst du dich an den Gedanken gewöhnen, dass *du* sie dahingetrieben hast? Damit sie dir zeigt, was du glaubst? Es sind immer zwei, die in einer Situation zusammenwirken. Welchen Part hast du gespielt?«

»Stella, sag nicht solche Sachen! Was ist das für eine verdrehte Ansicht?«

»Aber wir müssen darüber reden. Sonst ziehst du immer nur das an, was du aussendest, das heißt, jede Frau läuft dir auf Dauer weg. Obwohl du gut aussiehst, obwohl du einer Frau alles bieten kannst. Und selbst, wenn sie dir äußerlich nicht wegläuft, dann tut sie es innerlich und das tut genauso weh. Verstehst du, was ich sagen will?

In Alex' Augen glomm etwas auf und er nickte.

»Ja«, flüsterte er. »Ja, ein bisschen zumindest. Aber gerade weil du das so erkennst, will ich dich noch mehr. Weil mir das bisher noch niemand so klar hat sagen können.«

»Wirklich niemand?«

Er schwieg. Lange. Sein Blick richtete sich in die Ferne und schließlich sagte er: »Doch, meine Frau. Aber ich habe nicht zugehört.«

♫♫♫

Zum Abschied umarmten sie sich fest und Alex flüsterte in ihr Ohr:

»Du bedeutest mir viel, Stella. So viel.«

»Ja, aber vielleicht spiele ich eine andere Rolle in deinem Leben, als du mir zudenkst«, flüsterte sie zurück. »Vielleicht sollte ich diejenige sein, die dir sagt, was ich gesagt habe.«

Er bog sacht ihren Kopf nach hinten. »Heißt das, dass du gar nichts für mich empfindest?«

Sie lachte leise: »Alex, wenn es so wäre, wäre es viel einfacher für mich. Ich weiß es selbst nicht. Gerade passiert so viel in meinem Leben und ich muss das alles sortieren.«

»Bitte gib uns eine Chance, Stella«, murmelte er und strich mit dem Daumen über ihre Wange. Fast gewann sie den Eindruck, dass er gar nicht so sehr daran interessiert war, sein Eifersuchtsproblem zu lösen, und lediglich auf sie fixiert war, da sagte er:

»Und was Herrn Bender angeht – du hast recht, Stella. Das war eine reine Affekthandlung. Ich werde versuchen, das wieder geradezubiegen.«

»Danke, Alex.« Sie lächelte erleichtert. »Das freut mich wirklich.«

Er wirkte unsicher, zog sie wieder an sich und umarmte sie fest. Seine Hände fuhren durch ihr Haar, über ihre Schultern, den Rücken, drückten sie an sich und sie konnte nicht verhindern, dass ihr Körper reagierte. Sie hatte so lange keinen Mann mehr gehabt! Leise keuchte sie auf und Alex fasste ihr Gesicht und hob es auf Kusshöhe.

»Nicht, Alex«, hauchte sie, aber alles an ihr schrie nach Berührung, nach Sanftheit, Zärtlichkeit, nach Streicheln und Gestreichelt-Werden. Mit Mühe riss sie sich los und lief zu ihrem Wagen.

♫♫♫

Einigermaßen aufgewühlt kam sie bei Jeremy an. Als er ihr die Tür öffnete, sagte er:

»Wow, was war denn das für eine Veranstaltung? Du wirkst, als hättest du gerade …«

Er brach ab. Julien war neben ihm aufgetaucht, begrüßte freudestrahlend seine Mami und zog sie ins Haus. Die beiden hatten sich Tee gemacht und waren auf der Couch gesessen, ein aufgeschlagenes Buch lag auf dem Tisch.

»Philosophiestunde?«, mutmaßte Stella lächelnd. Die Ruhe und das Heimelige in Jeremys Haus ließen sie ein wenig runterfahren.

»Ja, wegen Frau Huber und meinem Projekt«, erklärte Julien. »Chrissi hat auch noch mal nach dem Song gefragt, Mama.«

»Da reden wir gleich morgen drüber, okay?« Und an Jeremy gewandt: »Ganz lieben Dank, dass du auf ihn aufgepasst hast.«

»Ist alles okay, Stella?«, fragte er leise, während Julien seine Sachen packte.

»Ja, soweit alles prima, danke.«

»Glaub ich dir nicht.«

Seine Augen durchdrangen sie, aber er rührte sie nicht an.

»Ja … es ist … einfach viel Gefühlsaufruhr«, sagte sie schließlich. »Das mit Sam … noch dazu muss ich so viel arbeiten. Es bündelt sich gerade ein bisschen.«

»Okay, dann will ich dir nicht noch zusätzlich auf den Sack gehen.«

Erstaunt sah sie ihn an. »Bist du wegen irgendetwas sauer?«, fragte sie.

»Nein, keine Spur. Wieso sollte ich sauer sein?«

»Eben. Wieso solltest du sauer sein?« Sie lachte ein wenig, aber der Frust wich nicht aus Jeremys Gesicht.

♫♫♫

Nachts konnte sie wieder mal nicht schlafen. Sie dachte an die Männer in ihrem Leben. Stellte Vergleiche an. Fragte sich, was sie wollte. Dachte an das, was sie zu Alex gesagt hatte. All das betraf auch sie … auch sie hatte kein Vertrauen mehr und Alex war ihr Spiegel. Jeremy fiel ihr ein. Warum war er so ernst gewesen? Das bedrückte sie. Er hatte ihr schon so oft geholfen und so entschloss sie sich, ihn am nächsten Tag anzurufen. Es war Freitag und sie musste länger arbeiten.

»Magst du mit mir heute einen Kaffee trinken?«, fragte sie ihn. »Irgendwo in der Stadt? Ich könnte am frühen Nachmittag mal weg.«

»Was wird das? Ein Mitleidsdate?«

»Jeremy! Du bist der Letzte, der so was nötig hat!«

Er lachte und sie war so froh um dieses Lachen.

»Ja, gut, warum nicht?«, meinte er. »Ich kann's mir einrichten.«

Er kam mit dem Rad, schloss es sorgfältig ab und setzte sich zu ihr in die Sonne. Stella merkte sofort, dass Jeremy reservierter war als sonst. Sie unterhielten sich über Banales, das Gespräch gewann keine Tiefe, und schließlich wurde es ihr zu bunt. Sie musste zurück und sie wollte wissen, was ihn quälte, also fragte sie ihn.

»Jeremy, was ist los? Ich möchte nicht, dass wir so miteinander umgehen.«

»Wie gehen wir denn miteinander um?«

»Reserviert? Distanziert? Du zumindest mit mir!«

»Ach! Vielleicht umgarne ich dich nur gerade nicht. Fehlt dir das?« Sein freches Grinsen erschien, aber es reichte nicht bis in seine Augen. Sie war versucht, zu sagen *Ja, verdammt, es fehlt mir!*, als ihr gewahr wurde, was das bedeutete. Abrupt schloss sie den Mund.

Sie starrten sich an, und in jedem Kopf lief etwas anderes ab.

Krampfhaft bemühte sie sich um einen leichteren Ton.

»Aber Jeremy … Wollten wir nicht auch mal über dich reden? Du hast es mir versprochen!« Sie versuchte sich in einem aufmunternden Lächeln. »Da wären wir doch schon bei einem echten Date!«

»Und wenn ich dir das nicht erzählen wollte, würdest du mich dann trotzdem daten?«

»Jeremy, sag mir, was du hast!«

»Du könntest auch meine Frage beantworten. Würdest du mich daten? Auch, wenn ich dich mit dem Fahrrad abhole, statt mit einem Maserati?«

»Woher weißt du, dass Alex mich gestern mit dem Maserati abgeholt hat?«, fragte sie und hätte sich im selben Moment am liebsten die Zunge abgebissen. Jeremy verlor seine Gesichtsfarbe.

»Ach, du warst mit Mertens aus? Während ich auf Julien aufgepasst habe? Das ist also die Rolle, die du mir zugedacht hast! Der Beamtenarsch, der deine Steuergelder frisst und daher ruhig mal den Babysitter geben kann!«

Er war wütend, so wütend, wie sie ihn noch nie gesehen hatte, und sie hatte keine Ahnung, was sie tun oder was sie antworten sollte.

»Ich … Jeremy, nein! Alex ist mein Chef und …«

»Du weißt, dass er nicht nur dein Chef sein will«, zischte er. »Und mich lässt du am langen Arm verhungern! Ich dachte, du wärst anders! Ich dachte …«

Was er sonst noch dachte, konnte sie nur erahnen. Ihr Handy klingelte und sie holte es heraus. Juliens Gesichtchen war auf dem Display und sie drückte auf den Hörer.

Aber zu ihrer Überraschung war Frau Huber dran. Und sie flüsterte so leise, dass Stella ihre Worte anfangs gar nicht verstand.

♫ Quicksand ♫
Meadowlark

Julien war allein. Freitagnachmittag – und Chrissi hatte gerade das Treffen abgesagt. Er hätte jederzeit zu Katja und ihren Kindern gehen können oder einem Schulkollegen, der um die Ecke wohnte, aber er entschloss sich, bei Frau Huber zu klingeln.

Sie hatten sich die Tage immer wieder mal unterhalten, aber es war mehr oder weniger nichtssagendes Geplänkel gewesen. Frau Huber, so erkannte Julien, hatte sich verschlossen.

Er spürte ihr Auge am Spion, hörte das Sicherheitsschloss klicken, das sie sich hatte einbauen lassen. Die Tür öffnete sich.

Sie war fahl. Zum ersten Mal sah sie leicht ungepflegt aus und ließ ihn auch nicht rein, sondern blieb an der Tür stehen. Juliens Stirn runzelte sich und gemäß seiner Art platzte er heraus:

»Frau Huber, bist du sauer auf mich wegen der Sache mit meinem Lehrer? Oder weil ich das mit der Angst gesagt habe?«

Sie zögerte kurz. »Nein«, sagte sie rau. »Nein, ich bin nicht sauer auf dich. Komm rein.«

Damit drehte sie sich um und ging vor. Julien kam hinterdrein und seine Augen weiteten sich, als er ins Wohnzimmer kam. Von Ordnung keine Spur. Auf dem Couchtisch lagen Briefe über Briefe, in Kuverts und offen … auf dem Sessel stapelten sich in Leder gebundene Fotoalben, ihr Computer war aufgeklappt und daneben stand eine Kiste mit Krimskrams. Kleine Teddybären, Schleifen, eine Rassel, ein Döschen mit der Aufschrift »meine ersten Zähne«, Dinge, die keinem etwas nützten außer jenen, die damit eine Erinnerung verbanden. Staunend sah Julien sich um.

»Oh, cool«, sagte er. »Du räumst auf!«

»Nein, ich mache alles durcheinander.« Sie war schon wieder den Tränen nah.

»Was meinst du damit?«

»Ich wühle in dem, was mir wehtut«, erwiderte sie bitter. »Keine gute Idee.«

»Warum?«

»Weil es eben wehtut.«

Julien setzte sich vorsichtig auf eine freie Ecke auf der Couch. Frau Huber stand vor ihm, ging ans Fenster, schaute hinaus, drehte sich dann ruckartig um und fragte:

»Hast du … hast du eigentlich diesem Jeremy von unserem letzten Gespräch erzählt?«

»Ja, schon. Du bist also doch sauer deswegen, oder?«

»Nein … nein … Ich will nur wissen, was er gesagt hat. Und was du gesagt hast.«

»Ich habe ihm erzählt, dass du dauernd so Angst hast. Dass du dich dauernd so schuldig fühlst und nicht weißt, wie du damit fertig wirst.«

»Und was hat er geantwortet?«

Erst jetzt fiel ihr auf, dass Julien eine kleine Tasche bei sich hatte, in der er nun kramte, erneut voller Eifer, ihr zu helfen. »Ich hab es extra für dich aufgeschrieben, Frau Huber!«

Sein Blondschopf senkte sich über ein Heft, während er die Stelle suchte, die er ihr vorlesen wollte. Frau Huber fühlte sich wackelig und schwach, setzte sich nicht, wie sonst, damenhaft mit geschlossenen Beinen auf einen Sessel, sondern sank auf den Teppich und lehnte sich mit dem Rücken gegen die Couch.

»Pass auf, Frau Huber, das ist echt irre!«, rief Julien. Er befand sich schon wieder auf dem Level, das sie von ihm kannte – und das sie so liebte. Und das sie so brauchte. Mit seinen grünen Augen blickte er sie treuherzig an.

»Aber zuerst muss ich dir was sagen: Als mein Papa da war, hab ich mich irgendwie ganz komisch gefühlt. Und ich habe gemerkt, dass ich Angst bekomme. Angst, das Licht nicht mehr zu sehen. Angst, dass alles anders wird. Und das wurde immer schlimmer. Zum ersten Mal hab ich dich ein wenig verstehen können, Frau Huber. Aber dann ist mir klargeworden, dass ich mehr an die Angst als an mein Licht denke. Und plötzlich war alles wieder gut. Und plötzlich war auch meine Welt wieder schön. Ich finde, das solltest du auch tun. Du solltest einfach nicht mehr an deine Angst glauben, Frau Huber, und dich einfach umdrehen – zu dem Schönen in dir. Und ich glaube auch, dass man das jeden Tag machen muss, weil nun mal blöde Dinge in dieser Welt passieren und man wird irgendwie weggezogen. Verstehst du, was ich meine? Du könntest doch jeden Morgen, wenn die Sonne aufgeht, dran denken, dass das Licht auch in dir scheint. Schau mal …«

Wieder kramte er in seiner Tasche. »Jeremy hat mir eine neue Meditations-CD für dich gegeben …«

»Aber damit sind meine Probleme nicht gelöst«, presste sie mit erstickter Stimme hervor. »Selbst, wenn ich das Licht sehe.«

»Doch. Irgendwie schon. Weil du dann glücklich bist. Und du nichts mehr so schwer nimmst. Du verstehst mehr und deine Gefühle machen nicht mehr mit dir, was sie wollen. Ich meine, damit ist nicht weg, was passiert ist, aber es ist die einzige Chance, damit fertig zu werden – und in Frieden zu sein.«

Verkrampft saß Frau Huber auf dem Boden, verzog keine Miene, aber um ihre Lippen zuckte es. »Was hat dein Lehrer noch gesagt?«

Julien studierte weiter sein Blatt.

»Er hat eine Frage an dich: Was bleibt vom Leben übrig, wenn du vergessen hast, wie man fühlt und wie man liebt? Wie willst du jemals die Welt als schön empfinden, wenn du nicht liebst? Wie willst du von der Welt geliebt werden, wenn du dir deine eigene Liebe verweigerst? Er sagt: Deine Familie wartet bestimmt darauf, dass du die Liebe in dir entdeckst, damit du sie endlich geben kannst.«

Der Satz schien ihr den Rest zu geben. Sie legte den Kopf auf ihre Knie und brach in Tränen aus. Julien wartete eine Minute, näherte sich ihr vorsichtig, hockte sich vor sie hin und legte seine kleine Hand auf ihren Unterarm.«

»Frau Huber.« Er rüttelte sie sacht. »Frau Huber.«

»Was?«, schluchzte sie, ohne aufzublicken.

»Ich habe noch was von Jeremy.«

Sie blickte hoch, sah ihn aus tränenverschleierten Augen an, blinzelte und zwei dicke Tränen purzelten ihre Wangen hinunter. Julien nahm das als Aufforderung.

»Er meint, du solltest die Welt nicht mit den Augen, sondern mit deinem Herzen anschauen. Er sagte, der Sinn des Lebens ist, Liebe zu spüren. Und er sagte auch, dass dein Kopf dich gefangen hält und dir weismacht, dass das nicht möglich wäre. Denn der Kopf oder das Ego sind starr und ernst. Aber das Selbst – damit meint er dein Licht – nimmt nichts übermäßig wichtig – es ist humorvoll, fröhlich und verspielt. Und wenn du das in dir erfährst, gibt dir das große Kraft – für alles.«

Die Tränen liefen ihr in Strömen die Wangen hinunter und Julien sah sie unsicher an.

»Fertig?«, krächzte sie.

»Nein«, machte er unverdrossen weiter. »Er will dich daran erinnern, was er schon mal erwähnt hat: Dass du dir selbst verzeihen musst. Er sagt, dass es nicht das Schlimmste ist, wenn man einen großen Fehler macht, sondern das Schlimmste, wenn man sich darin verliert.«

»Oh mein Gott, das fällt mir so schwer, das fällt mir so schwer …!«, flüsterte sie.

»Jetzt musst du dir sagen ›Ich kann es‹«, feuerte Julien sie hoffnungsvoll an. »Weil damit dein Kopf endlich einen anderen Befehl kriegt, als sich mies zu fühlen. Und dann siehst du endlich wieder, wie schön die Welt ist. Und du bist jemand, der sie mit Licht füllt, weil du dein eigenes Licht in dir entdeckt hast, verstehst du?«

»Ach, Julien«, schluchzte sie. »Ich würde das wirklich so gern glauben, so gern!«

»Tu's doch einfach!«, rief er verzweifelt.

Sie holte sich ein Taschentuch, putzte sich die Nase und stellte sich wieder ans Fenster.

»Komm schon«, sagte Julien. »Ich würde mich so freuen, wenn es dir endlich wieder gut geht!«

Sie schwieg und erneut suchte er mit Hochdruck nach Worten, um ihr zu verdeutlichen, dass es doch gar nicht so schwer war.

»Selbst die Physiker sagen, alles ist Energie. Und genau die Energie kannst du nutzen, um Liebe in die Welt zu pusten und nicht so schwarzes Zeugs.«

»Ja, aber wie soll das gehen, wenn man so viel Schlechtes erlebt hat?«, rief sie am Ende mit den Nerven.

»Das hat meine Mama auch«, erwiderte er. »Aber sie macht es trotzdem nicht so wie du. Sie hat sich dafür entschieden, jeden Tag gut zu denken, obwohl mein Papa sie saumäßig betrogen hat.«

»Das macht sie auch nicht glücklicher«, entfuhr es Frau Huber scharf.

»Doch, irgendwie schon. Weil sie damit dem Glück jeden Tag ein Stückchen näherkommt und irgendwann macht es Bumm! Und dann verlässt sie dieses Glück nie mehr.«

»Woher willst du das wissen?«

„Weil es immer so ist. John sagt, das ist das, wofür wir hier sind. Um einen Weg zurückzufinden. Es ist, als ob du auf einer Reise bist. Alle gehen auf die Reise, weil sie halt was erleben wollen, aber irgendwann willst du einfach nur wieder nach Hause. Bloß haben die meisten eben vergessen, wo das ist. Verstehst du, was ich sagen will?"

Noch immer lagen seine Augen in ehrlichem Bemühen auf ihr.

»Ach, Julien«, weinte sie. »Du bist das Beste, was mir in den letzten Jahren passiert ist.«

Ihr Mund lächelte leicht, aber die Tränen liefen ihr immer noch. »Aber glaub mir, die Welt ist hart, sie ist …«

»Menno, Frau Huber, ist doch nicht wahr! Sie ist schön!«

»Nein«, sagte sie gequält. »Sie ist nicht schön. Sie ist reiner Hohn.«

Julien seufzte resigniert.

»Gehen wir ein bisschen spazieren?«, schlug er vor. »Mama kommt heute später.«

»Ich glaube, das geht nicht«, erwiderte sie. »Da draußen ist dein Papa.«

»Mein Papa?«, fragte Julien erstaunt und rutschte von der Couch. »Er hat gar nicht gesagt, dass er kommen will.«

Er stellte sich neben sie und ja, da war er. Sam, der gerade aus dem Haus kam, die Haustür schloss und zum Auto eilte.

»Nice!«, freute sich Julien. »Dann ist Mama auch schon da! Wir machen unseren Spaziergang später, Frau Huber, okay?«

»Ja, okay, geh nur«, erwiderte sie und lächelte schief.

Freudestrahlend rannte Julien nach draußen und rief »Papa! Papa! Warte!«

Aber Sam war schon im Auto und fuhr an.

»Papa! Warte!«

Julien winkte wie verrückt, versuchte, sich bemerkbar zu machen, in der Hoffnung, dass Sam ihn noch im Rückspiegel entdeckte.

Frau Huber sah vom Fenster aus, wie er dem Auto hinterherrannte, aber Sam gab Gas und war weg.

Julien rannte noch – er war voll im Lauf, als ein Auto von rechts kam, ihn erfasste und ihn im hohen Bogen auf die Straße schleuderte.

♪♪♪

Ein Schrei steckte in ihrer Kehle, aber sie hatte keine Ahnung, ob sie tatsächlich schrie oder nicht. Ein Programm lief ab. Sie rief die Rettungsleitstelle, gellte die Adresse in den Hörer, rannte nach draußen, ihre Beine waren wie aus Pudding, sie meinte, mit jedem Schritt wegzusacken, konnte gar nicht schnell genug laufen, raus, auf die Straße, zu dem Kind, das Handy in der Hand, einen hysterischen Autofahrer neben sich, der kurz vor einem Nervenzusammenbruch war, der wie sie sein Smartphone in der Hand hatte und es vor lauter Schock nicht bedienen konnte, der schrie, immerfort schrie: »Ich hab ihn nicht gesehen, ich hab ihn nicht gesehen! Gottverdammich, wo ist das Kind denn hergekommen? Es tut mir so leid, es tut mir so leid!«

Frau Huber blendete ihn aus, kniete sich neben Julien, neben seinem kleinen leblosen Körper. Blut lief aus seiner Stirn, die Augenlider waren wächsern und sein Mund, der ihr so viele gute Dinge gesagt hatte, war geschlossen.

»Julien«, schrie sie in höchster Erregung. »Julien, mach die Augen auf! Julien, bitte, bitte … mach die Augen auf! Mach die Augen auf! Sieh mich an! Bitte …!«

Aber Julien gab kein Lebenszeichen von sich.

Sie reagierte wie ein Automat, brachte ihn in die stabile Seitenlage, ihre Hände tasteten wie irre über seinen Körper, streichelten seine Wangen, ihr Mund stammelte immer wieder dasselbe.

»Julien, Julien … bitte, bitte … mach die Augen auf …«

Die Hoffnung zerriss sie fast, als sie sah, dass seine Augenlider flatterten, aber das Flattern hörte wieder auf und das versetzte ihr den nächsten Schock.

»Nein, nein, nein … Julien, mein Engel, mein Kleiner, bitte … hör mich an … die Welt ist schön … du hast so recht … sie ist schön! Bitte bleib hier … bitte, bitte geh nicht … du darfst nicht gehen … halt durch … es kommt gleich Hilfe … ich schwör dir, ich glaub dran … die Welt ist schön … sie ist schön …!«

Und da … ihr Herz setzte für einen Schlag aus … Julien öffnete langsam, blinzelnd die Augen, drehte den Kopf, sein Blick war verschwommen und fast unmerklich drückte er ihre Hand.

»Ja, Frau Huber«, flüsterte er. »Ich weiß.«

Seine Augen fielen zu. Und sein Kopf sackte zur Seite.

Sie heulte auf wie ein Wolf, sein Name gellte über die Straßen, erschütterte die Menschen, die zusammengelaufen waren, um zu helfen, die dastanden mit vor den Mund gepressten Händen, die zusahen, wie die Rettungskräfte heranrasten, wie die Polizei kam, wie Julien auf eine Trage gelegt, dem Fahrer und Frau Huber eine Beruhigungsspritze verpasst wurde. Ein einziges Entsetzen lag über der Siedlung und alle weinten.

Frau Huber kam in den Wagen zu Julien, sie hielt seine Hand, ließ sie nicht los. Noch war sie warm.

Dann die Fahrt, das johlende Martinshorn, die Rettungsleute, die hektische Befehle in den Funk brüllten, das Krankenhaus, der Galopp durch die Gänge, die Sanitäter rannten zum OP, auch ihre Augen waren ernst, besorgt und hochkonzentriert. Frau Huber strandete in einem Gang und erst auf dem Besucherstuhl kam sie zur Besinnung, erst, als die Schwester versuchte, ihre Daten aufzunehmen.

»Nein«, erklärte sie heiser dem erstaunten Personal. »Ich bin nicht die Mutter.«

Die Polizei war ebenfalls im Krankenhaus. Sie hatten das Handy, das Julien aus der Tasche gerutscht war, mitgenommen und es funktionierte noch. Frau Huber scrollte die Kontaktliste ab und suchte Stellas Nummer.

»Frau Brandtner«, flüsterte sie ins Telefon und brachte die Worte kaum hervor. »Julien hatte einen Unfall. Einen schweren Unfall. Er liegt im Krankenhaus.«

♫♫♫

Jeremy schnappte sich ihre Autoschlüssel und fuhr mit ihr los. Stella war nur noch ein Wrack. Angespannt saß sie auf dem Beifahrersitz, fast auf der Kante, und er hatte den Eindruck, sie wäre am liebsten durch die Scheibe gesprungen und zum Krankenhaus geflogen. Er stellte den Wagen im Parkverbot ab, sie rannten ins Gebäude, fragten an der Rezeption, suchten fiebernd den Aufzug, fetzten Gänge entlang, fragten Schwestern, die wiesen sie weiter und weiter, mein Gott, wie groß war dieses Krankenhaus? Stella wurde fast wahnsinnig, ihre Nerven lagen blank, als sie endlich die OP-Station erreichten und nicht weiterdurften. Ein leerer Gang mit festangebauten Stühlen erwartete sie. Eine Schwester kam des Weges, sah sie mitfühlend an, bat sie, sich zu setzen, der Junge sei im OP – er hatte sofort operiert werden müssen.

Stella brach in Tränen aus. »Aber es muss doch jemand da sein, der mir etwas sagen kann!«, weinte sie. »Was ist passiert? Was ist denn überhaupt passiert? Wo ist Frau Huber?«

»Meinen Sie die Dame, die Ihren Jungen gebracht hat? Der können Sie echt dankbar sein. Die hat dermaßen professionell Erste Hilfe geleistet, der Chefarzt hat gesagt, das könnte ihm das Leben retten.«

»Leben retten?«, krächzte Stella. »Könnte? Er ist in Lebensgefahr?«

Sie klammerte sich an Jeremy, aber auch er war bleich, auch er zitterte, auch er hatte Tränen in den Augen.

»Der Junge wurde von einem Auto erfasst und auf die Straße geschleudert«, erklärte die Schwester, die Augen ein See voller Mitgefühl. »Er hat eine ernste Kopfverletzung und wir müssen sehen, ob weitere Schäden entstanden sind. Es tut mir so leid.«

In Stella drehte sich alles. Jeremy musste sie stützen, er zog sie zu den Stühlen, setzte sich mit ihr hin und legte den Arm um sie.

»Jetzt bleiben wir erst mal ruhig«, flüsterte er. »Bleib ruhig, Stella. Es nützt nichts, sich aufzuregen. Versuche, dich mit Julien zu verbinden,

schick ihm Kraft, nicht deine Verzweiflung. Na, los, du kannst das …
schick ihm deine Liebe … er wird sie ganz sicher empfangen.«

Er redete auf Stella ein, bis sie endlich ruhiger wurde, nicht ahnend,
dass ihnen noch einiges bevorstand.

♫♫♫

Frau Huber hatte sich mit einem Taxi nach Hause bringen lassen und als sie dort ankam, haftete ein Briefumschlag an ihrer Tür.

»Liebe Frau Huber, Ihre Haustür war offen und der Schlüssel steckte. Wir haben abgeschlossen und den Schlüssel mitgenommen. Sie finden uns im Gartenweg 14, Katja Hartwig.«

Das war absolut nicht das, was sie jetzt brauchte, aber sie musste wohl oder übel ihren Schlüssel holen. So lief sie die paar Meter zum Haus der Hartwigs und klingelte.

Katja öffnete. In ihre Augen trat ein warmer, mitfühlender Glanz, als sie die zerrupfte Erscheinung vor sich sah und spontan umarmte sie sie.

»Wie geht es ihm?«, fragte sie besorgt.

»Nicht gut«, antwortete Frau Huber unglücklich. »Er wird gerade operiert. Die Ärzte sagten, es ist sehr ernst.« Sie wollte nicht schon wieder weinen und konnte es doch nicht verhindern. Wieder zog Katja die schmale Frau zu sich heran.

»Sie haben das großartig gemacht«, sagte sie. »Ich habe noch nie jemanden so sicher und schnell Erste Hilfe leisten sehen. Ganz ehrlich, da ist mir bewusst geworden, dass ich meinen Kurs unbedingt auffrischen muss. Ich hätte keine Ahnung gehabt, was ich tun muss! Aber was heißt keine Ahnung ... klar, die stabile Seitenlage ..., aber ob ich die letztendlich hingekriegt hätte? Allein die Angst, was falsch zu machen, ich meine, er könnte doch innere Blutungen haben und ich mache alles noch schlimmer und womöglich wäre ich schuld, wenn ... «

»Katja!«, unterbrach sie ihr Mann. »Du redest die arme Frau ja in Grund und Boden! Siehst du nicht, dass sie total am Ende ist? Können wir irgendetwas für Sie tun?«, wandte er sich in seiner ruhigen Art an sie.

»Nein, vielen Dank«, schniefte Frau Huber. »Es war sehr nett, dass Sie sich um meine Wohnung gekümmert haben.«

Neugierig musterten Katja und Olli ihre Nachbarin, die seit über fünf Jahren hier lebte und die bisher nie jemand gesehen hatte.

»Ich begleite Sie nach Hause«, sagte Olli. »Sie sehen aus, als ob Sie gleich zusammenfallen.«

»Nein, danke, ich komme schon zurecht.« Sie lächelte schwach und nahm mit so extrem zitternden Fingern ihre Schlüssel entgegen, dass er ihr hinunterfiel.

Katja und Olli sahen sich an.

»Haben Sie heute überhaupt schon was gegessen?«, fragte Katja argwöhnisch.

»Ja, heute Morgen, da …«

»Sie kommen erst mal hier mit rein«, entschied Katja resolut und gab Frau Huber nicht die geringste Möglichkeit, zu protestieren. »Olli, du machst die Suppe heiß und du …«, ihre Tochter war hinzugekommen, »… setzt Teewasser auf und Sie … Sie setzen sich mal auf diesen großen Sessel hier … ksch, geh weg!«

Sie jagte die Katze vom Sessel, zwang Frau Huber, sich hineinzusetzen, legte ihr die Füße hoch und eine Decke darüber. Und immer, wenn Frau Huber abwehren wollte, schnappte sie: »Keine Widerrede! Ich könnte es nicht verantworten, Sie in diesem Zustand alleine zu lassen! Sie essen jetzt mal brav die Suppe, dann sehen wir weiter.«

Frau Huber blieb nichts anderes übrig, als sich zu fügen. Sie löffelte die Schale leer, trank einen Tee und erzählte schüchtern, wie sie und Julien sich kennengelernt hatten.

»Er hat mir einen Zettel nach dem anderen auf die Fußmatte gelegt oder in den Briefkasten geworfen. Nie werde ich vergessen, was auf dem ersten stand. Es war ein Zitat von Buddha: *Jedes Leben hat ein Maß an Leid. Manchmal bewirkt eben dieses unser Erwachen.* Er hat mir so vieles geschickt. Er hat so viel für mich getan. Und nie hat er einen Dank erwartet.«

Sie verlor sich in Erinnerungen und ihr wurde bewusst, dass die Zettel an ihrer Wand das Einzige sein könnten, was ihr von Julien blieb. Tränen tropften ihre Wangen hinunter und Katja reichte ihr mitfühlend ein Taschentuch.

»Aber warum haben Sie sich all die Jahre versteckt?«, wollte sie wissen. »Wir dachten immer, Sie sind eine griesgrämige alte Hexe, dabei sind Sie doch so nett!«

Frau Huber starrte vor sich hin.

»Ich bin nicht nett. Ich habe große Schuld auf mich geladen.«

»Welche Schuld denn?«, sagte Katja leichthin, im Bestreben, sie aufzumuntern. »Nichts wird so heiß gegessen, wie es gekocht wird. Und Schuld … das ist ein hartes Wort, ich weiß nicht … Ich meine, was können Sie schon getan haben, was sich nicht wiedergutmachen lässt? Sie haben doch keinen umgebracht!«

Frau Hubers Gesichtszüge gefroren und sie wurde so schlagartig bewegungslos, dass jeder im Zimmer verwundert auf sie starrte. Eine Uhr tickte. Und jeder Tick, der ohne ein weiteres Wort verging, verdichtete die Stille im Raum, dehnte die Sekunden, schuf eine Spannung, die fast unerträglich wurde. Frau Hubers Blick fuhr über die Menschen in diesem kleinen Wohnzimmer, die gebannt jede Bewegung von ihr verfolgten. Langsam nahm sie die Füße vom Hocker, stellte die Tasse auf den Tisch, ihr Mund öffnete sich. Nichts kam heraus. Sie schloss ihn. Öffnete ihn erneut. Atmete tief ein. Und dann sagte sie leise: »Doch. Ich habe jemanden umgebracht.«

Sina entfuhr ein erschrockener Laut, Olli und Katja sahen sich schockiert an – und Frau Huber brach in Tränen aus, kauerte sich in den Sessel und heulte Rotz und Wasser, während aus ihrem Mund unaufhörlich Worte strömten, abgehackt, nuschelig, schwer verständlich, weil es sie vor Weinen nur so schüttelte. Katja und Olli hatten Mühe, sie zu verstehen.

»… habe das noch nie jemanden erzählt … komme nicht damit klar, obwohl es schon so lange her ist … fühle so viel Schuld, nie wieder kann ich das gut machen, ich bin ein schlechter Mensch … nie werde ich das vergessen, es ist so präsent, als wäre es gestern geschehen und der Gedanke macht mich wahnsinnig, dass das alles nicht passiert wäre, wenn ich eine Minute früher oder später aus dem Haus gegangen wäre …«

So ging es in einer Tour. Sie redete über ihre Schuld, über ihre Angst, über die Notwendigkeit, sich selbst aus dem Verkehr zu ziehen, damit so etwas nie, nie, nie mehr passieren könne.

»Ich verstecke mich nicht, verstehen Sie?« Sie starrte blind vor sich hin. »Ich verstecke mich nicht. Ich will nur nicht, dass das noch mal passiert … ich …«

»Ja, was denn jetzt genau?«, meldete sich Sina aus ihrer Ecke und rückte ein wenig vor. »Sie haben tatsächlich jemanden umgebracht?«

»Ich habe ein Kind überfahren«, flüsterte Frau Huber und erneut strömten die Tränen aus ihren Augen. »Ich habe ein Kind überfahren. Es war vier Jahre alt. Es ist auf die Straße gelaufen. Ich stand an einer Ampel und als sie grün wurde, bin ich rechts abgebogen. Ich konnte das Kind nicht sehen. Es stand hinter einem Altkleidercontainer und ist einfach losgerannt. Direkt vor meine Stoßstange. Es hatte keine Chance. Ich höre noch immer dieses dumpfe Geräusch seines Körpers, der gegen mein Auto prallt. Mein Fuß war auf der Bremse. Zu spät. Ich kam kaum aus dem Auto raus, so wacklig waren meine Beine und dann habe ich es gesehen. Es war ein kleines Mädchen, so blond wie Julien, und es blutete aus dem Kopf … es blutete aus dem Kopf … wie Julien …«

Sie gab ein lautes Stöhnen von sich, umfasste ihren Bauch mit ihren Armen und bekam einen Heulkrampf.

»Und Sie fragen sich, warum ich so professionell Erste Hilfe leisten konnte!«, kreischte sie und schien nah am Wahnsinn. »Jetzt wissen Sie, warum! Weil ich seitdem Tag und Nacht geübt habe! Weil ich nicht wollte, dass das noch mal passiert! Weil ich irgendetwas tun wollte, um meine Schuld wegzuwaschen! Weil …«

»Oh mein Gott«, entfuhr es Katja und im nächsten Moment saß sie auf der Lehne von Frau Hubers Sessel und legte den Arm um sie. »Oh mein Gott. Sie armes Ding!«

Sie fand einfach keine Worte, es gab keine Worte, außer denen die Frau Huber von sich gab:

»Und jetzt passiert das wieder! Es ist wieder passiert! Ich habe Julien Unglück gebracht! Wie oft habe ich mir ausgemalt, was gewesen wäre, wenn ich damals nur für eine Minute früher oder später aus dem Haus gegangen wäre! Und jetzt zermartere ich mir das Hirn, was gewesen wäre, wenn ich Julien nicht die Tür geöffnet hätte!«

Sie brach zusammen und alles, was Katja tun konnte, war, sie zu halten. Und das tat sie.

Es dauerte lange, bis Frau Huber sich beruhigt hatte. Sie tobte auf dem Sessel, schluchzte, schrie, aber schließlich, endlich, war sie leergeweint.

Das war ein ganz seltsames Gefühl. Diese Leere tat gut. Sie war leicht. Sie war friedlich. Sie war rein. Sie bot Raum für etwas Neues. Katja hielt sie immer noch im Arm. Ihr Mann und ihre Tochter waren längst zu Bett gegangen und sie saß inzwischen mit Frau Huber auf dem Teppich. Das Mondlicht schien herein, tauchte alles in ein silbriges Licht, machte alles weich.

»Haben Sie mit den Eltern des Kindes gesprochen?«, fragte sie sanft.

»Ja, natürlich habe ich das« sagte Frau Huber müde. »Aber die Mutter des Kindes hat mir nie vergeben – und ich kann sie verstehen. Sie sagte, keine Entschuldigung der Welt mache ihr Kind wieder lebendig. Und jetzt Julien … wissen Sie … ich liebe dieses Kind … ich liebe diesen Jungen … er hat mir so viel gegeben …« Sie schluchzte auf. »Ich halte das nicht aus. Ich halte das einfach nicht aus!« Gequält blickte sie aus dem Fenster.

»Aber Sie haben doch keine Schuld daran, dass Julien auf die Straße gerannt ist. Es war ein unglücklicher Zufall.«

Frau Huber schwieg. Katja ahnte, was sie dachte.

»Sie hätten es nicht verhindern können«, sagte sie leise. »Ganz sicher nicht. Auch nicht das erste Mal. Das müssen Sie sich klarmachen. Sie hätten es nicht verhindern können. Es kommt nur darauf an, wie Sie sich danach verhalten. Auf nichts sonst.«

Ihre Worte bewegten etwas in Frau Huber, Katja konnte es deutlich spüren und so wagte sie sich weiter vor: »Verstecken ist sicher keine Lösung. Wenn man dauernd Angst hat, Fehler zu machen, vergisst man zu leben.«

»Ach«, sagte Frau Huber, »es gibt so viele schöne Sätze.« Sie wurde ein wenig rot, weil ihr Juliens Gesichtchen vor Augen stand, als er ihr vorgeworfen hatte: »... aber du wendest nichts davon an!«

Katja reagierte genauso: »Ja, die machen nur Sinn, wenn man sie lebt.«

»Es ist ja nicht das Einzige ...«, seufzte Frau Huber. »Dieses Ereignis hat eine Kettenreaktion an Fehlern nach sich gezogen. Aber danke, Frau Hartwig. Danke fürs Zuhören. Und fürs Mutmachen. Jetzt möchte ich trotzdem gern nach Hause.«

»Sind Sie sicher, dass Sie alleine zurechtkommen?«

Frau Huber lächelte bitter. »Ganz sicher.«

Katja ließ es sich nicht nehmen und begleitete ihre Nachbarin bis zu ihrer Haustür. Sie war für ihre Verhältnisse ungewöhnlich still, aber Frau Huber war trotzdem froh, als sie ging. Alles in ihr schrie nach Ruhe, ihr Kopf drängte auf ihr eintrainiertes Flucht-und Hilfsprogramm: *Tür zu, Schlüssel umdrehen – und niemand ist da, der dich stört. Niemand, der dich mit Vorwürfen bombardiert. Niemand, der dich mit verurteilenden Augen ansieht.* All dem war sie jahrelang aus dem Weg gegangen und sie hatte einen hohen, einen sehr hohen Preis dafür bezahlt.

Wieder tauchte Julien vor ihrem Auge auf: *Wie viele Menschen machst du unglücklich, weil du so lebst, wie du lebst?*

Sie wälzte sich hin und her, konnte trotz des Beruhigungsmittels nicht schlafen. Sie hatte das Empfinden, dass alle Zellen in ihr meuterten und nach Neuordnung schrien. Im Wohnzimmer lagen noch immer die Briefe, Tagebücher, Fotoalben ... die Zeitungsausschnitte vom Unfall ... alles, was sie in den letzten Tagen aus der Versenkung geholt hatte. Sie hatte die Büchse der Pandora geöffnet.

Sie dachte an Julien, dachte an ihr eigenes Kind und etwas begann sich in ihrem Herzen zu regen. Es stach, es drückte, ihr war, als wolle sich ihr Herz gewaltsam aus einem Käfig befreien. Erschrocken legte sie ihre Hand auf die schmerzende Stelle. War das ein Infarkt? Starb sie jetzt? Sie stand auf. Unruhig, fahrig. Wanderte ins Wohnzimmer. Nahm den letzten Zettel mit dem Text von Juliens Lehrer in die Hand:

Deine Familie wartet bestimmt darauf, dass du die Liebe in dir entdeckst, damit du sie endlich geben kannst. Was bleibt vom Leben übrig, wenn du vergessen hast, wie man liebt?

Und mit einem Mal schmerzte ihr Herz so sehr, dass sie überzeugt war, ihre letzte Stunde hätte geschlagen. Es riss, es zerfetzte, es sprengte sich auseinander – als ob es Platz bräuchte für etwas Großes und Mächtiges, als hätte es die Nase voll von diesem engen Gefängnis, das sie sich geschaffen hatte. Schockiert verharrte sie, überzeugt, einem Infarkt zu erliegen. Aber in der nächsten Sekunde brannte eine so tiefe, gewaltige Liebe in ihr hoch, dass es ihr buchstäblich den Atem raubte. Sie schnappte nach Luft, sank auf den Boden, fühlte, wie dieses Große sie übernahm, wie sich ihre Mundwinkel nach oben bogen, wie heiße, sprudelnde, lebendige Freude sich unaufhaltsam in ihr ergoss. Es durchstieß sie, durchtränkte sie, flutete sie – so stark, dass sie meinte, sie hebe vom Boden ab. Was war das? Woher kam das? Nichts im Außen hatte sich geändert … und doch war da diese absolute, nichts fordernde, grundlose Liebe, die sie kaum fassen konnte. Es war so gewaltig, dass sie nicht wusste, wohin damit. Es strömte über, sie badete darin, schwamm darin, fühlte, wie ihre Zellen von dieser Energie nur so brodelten, wie sie ihr Herz zum Schlagen brachte, ihr Hirn zum Denken befähigte, wie es ihre Glieder sich bewegen und ihren Atem ein- und ausströmen ließ. Sie war sich mit einem Mal dieser Energie so vollständig bewusst, so total mit ihr verbunden, dass sie urplötzlich verstand …, und laut auflachte über den Irrsinn, den sie in den letzten Jahren fabriziert hatte.

Liebe wallte in unaufhörlichen Wellen in ihr auf und ab, wusch sie rein, bis sie das Gefühl hatte, transparent zu sein. Und in dieser Klarheit komprimierte sich diese Liebe zu Licht. Tief in ihr verborgen schimmerte und pulsierte dieser Schein, dehnte sich aus, durchdrang alles … ihren Körper, ihre Wohnung, die Siedlung, die Stadt, das Land … die Welt und alles darüber hinaus. Es war überall, es gab nichts, wo es nicht war, es war omnipräsent.

Lange saß sie noch in diesem Zustand. Er verließ sie nicht, aber zog sich in den Hintergrund zurück und sie erkannte: Julien hatte recht. Dieses Licht war immer existent. Sie musste sich lediglich darauf konzentrieren. Es war ihre Wahl, wohin sie schauen wollte. Und gerade konnte sie sich beim besten Willen nicht mehr erklären, warum sie sich für Leid, Kummer und Verzweiflung entschieden hatte.

Nach einer Weile stand sie auf, griff zum Telefon und wählte eine Nummer. Sah auf die Uhr. Es war eine Stunde nach Mitternacht, aber er ging sofort ran.

»Ich bin's«, flüsterte sie und ihre Stimme klang selig. »Ich rufe an, weil ich dir sagen will, dass ich dich unendlich liebe. Ich weiß, dass ich Fehler gemacht habe und ich werde die Konsequenzen tragen. Aber ich werde mich nicht mehr schuldig fühlen.«

Er lachte leise und seufzte tief: »Oh, wie schön«, antwortete er. »Ich wusste, du würdest es schaffen. Ich habe den Glauben daran nie aufgegeben.«

♫♫♫

Minuten tropften wie Sirup aus einer verklebten Flasche. Die Zeit schien stillzustehen. Immer, wenn Stella auf das Display ihres Handys schaute oder auf die große Uhr im Gang des Krankenhauses, waren erst eine, zwei oder maximal drei Minuten vergangen.

Die Schwester hatte ihnen gesagt, dass es länger dauern würde, bis man ihnen etwas zu der Situation sagen konnte. Es blieb ihnen nichts anderes übrig, als zu warten. Jeremy holte Kaffee, er schmeckte bitter. Stella saß auf dem harten Stuhl im Gang und tat das, was Jeremy ihr geraten hatte. Sie verband sich mit ihrem Kind. Julien lag nur wenige Meter von ihr entfernt im OP. Wie oft hatte sie erahnt, wenn er krank wurde? Wie oft war sie nachts aufgewacht, weil sie gespürt hatte, dass es ihm nicht gut ging? Ihr Mutterinstinkt lief auf Hochtouren und sie nutzte ihn, um Julien zu sagen, wie sehr sie ihn liebte, um ihn zu bitten, bei ihr zu bleiben.

»Bitte, mein Kind«, flüsterte sie. »Geh nicht. Ich liebe dich so, ich will dich nicht verlieren.«

Ich liebe dich auch, Mama, hörte sie seine helle Stimme in ihrem Kopf. *Ich liebe dich so sehr.*

Die Tränen liefen ihr hinunter, aber sie bekam es nicht mit.

Jeremy rüttelte an ihrem Arm. Schritte halten den Gang entlang und Stella hob benommen den Kopf. Eine grüngekleidete Person kam langsam auf sie zu und ihr Herz fing an zu rasen. Wacklig stand sie auf, hielt sich an Jeremy fest und versuchte, im Gesicht des näherkommenden Arztes zu lesen.

»Sie sind die Eltern?«, fragte er kurz, als er vor ihnen stand. Stella nickte stumm. Sie wollte nicht, dass er Jeremy wegschickte, und umklammerte dessen Arm.

»Gut, dann …« Der Arzt zögerte, holte Luft und wirkte, als ob er das alles nur schnell hinter sich bringen wolle. Stella fühlte, wie eine schwarze Wolke aus Angst und Entsetzen in ihr hochstieg. Der Mund des Arztes bewegte sich und nur langsam drangen seine Worte in ihr Bewusstsein:

»… etliche Brüche, der Knöchel … das Schlüsselbein … keine inneren Blutungen, jede Menge Schürfwunden, Prellungen und blaue Flecken … was die Kopfwunde angeht … Schädel-Hirn-Trauma … kleines Blutgerinnsel entfernt … tja … ist allerdings nach der Narkose nicht aufgewacht, versteh ich nicht … ins Koma gefallen, wahrscheinlich Schutzreaktion … müssen abwarten …«

Er leierte das runter, als sei er auf einer Vorlesung.

»Ja, aber was bedeutet das?«, fragte Stella heiser. »Er wird doch wieder gesund, oder? Er wird doch wieder gesund?«

»Im Moment ist noch alles offen«, erwiderte der Arzt bedauernd. »Leider. Es kann alles sein.«

»Was heißt das … alles?« Stellas Augen waren angstgeweitet, ihr Hals mit einem fetten Kloß verstopft.

»Alles heißt alles.« Der Arzt räusperte sich. »Er … Ihr Kind hängt zwischen Leben und Tod. Selbst wenn der Junge überlebt, kann es durchaus sein, dass gewisse Bereiche seines Gehirns in Mitleidenschaft gezogen worden sind … Es kann aber auch sein, dass er komplett gesundet … Wirklich, ich kann in diesem Stadium keine Aussagen treffen. Das kann niemand.«

Stella verfärbte sich, drückte ihr Gesicht gegen Jeremys Oberarm und weinte.

»Das Koma ist nicht so schlecht«, versuchte der Arzt sie zu beruhigen. »Sein Körper nimmt sich das, was er braucht: Ruhe. Sie können sich bei der Dame bedanken, die Erste Hilfe geleistet hat, die hat ihn quergelegt, das Blut ist rausgeflossen, und wir hoffen, dass sich kein weiteres Gerinnsel bildet, das auf lebenswichtige Zentren drückt … tja, wie gesagt. Abwarten.«

Stella war völlig niedergeschmettert und die Vorstellung, Julien zu verlieren brachte sie fast um den Verstand.

»Kann ich ihn sehen?«, fragte sie erstickt.

»Natürlich.«

Als sie das Zimmer betraten, versetzte sein Anblick Stella erneut einen Schock und sie schluchzte laut auf. Auch Jeremy liefen die Tränen hinunter.

»Oh, mein Schatz«, flüsterte sie. »Mein armer, kleiner Schatz.«

Juliens Gesichtchen war total zerschunden, das eine Auge zugeschwollen, er trug einen Verband um den Kopf, sein Fuß war im Gips, er hing am Tropf und zig Blessuren zierten seinen kleinen Körper – es war ein jämmerlicher Anblick und Stella tat das Herz nur so weh. Sie streichelte ihn, stammelte Worte und hatte Schwierigkeiten, sich zu beruhigen. Eine Schwester kam herein, sagte, sie müssten jetzt gehen und der Gedanke, Julien verlassen zu müssen, zerriss sie fast. Sie fragte nach einem Feldbett, aber die Schwester wollte nichts davon wissen.

»Das bringt nichts«, schnarrte sie unsensibel. »Der Junge ist mit Schmerz-und Betäubungsmitteln vollgepumpt, der wacht auch den nächsten Tag nicht auf. Kommen Sie morgen wieder.«

Sie ließ sich nicht erweichen und so blieb Stella noch eine Stunde bei ihrem Sohn, danach fuhr Jeremy sie nach Hause. Ihre Augen brannten vom vielen Weinen.

»Danke, Jeremy, dass du mitgekommen bist«, sagte sie mit zugeschnürter Kehle, als sie sich ihrer Wohnung näherten. »Was ist mit deinem Rad?«

»Das hole ich morgen, das ist jetzt unwichtig.«

»Es ist spät. Möchtest du heute Nacht hierbleiben? Du kannst in Juliens Bett schlafen.«

»Ich bleibe nur, wenn ich in deinem Bett schlafen kann«, erwiderte er mit unbewegtem Gesicht. Sie suchte nach einem Hauch von Humor darin, aber konnte nichts finden und auf einmal wurde ihr klar, dass er wieder über sie wachen würde. So, wie er es vor zwölf Jahren schon einmal getan hatte.

»Ja«, hauchte sie. »Schlaf bei mir.«

Verblüfft über diese schnelle Zusage wandte er sich ihr leicht zu und ergriff ihre Hand.

Sie redeten nicht mehr viel. Stella legte Handtücher für ihn heraus, gab ihm eine Zahnbürste und checkte, solange er im Bad war, die Nachrichten auf ihrem Smartphone und dem AB.

Katja war drauf, die unbedingt einen Rückruf wollte, fragte, ob sie etwas tun könne, viele Nachbarn, die den Unfall mitbekommen hatten und sich nach Julien erkundigten – auch die Polizei hatte eine Nachricht hinterlassen. Sie wollten morgen vorbeikommen und mit ihr und Frau Huber sprechen und baten um Rückruf, egal, um welche Zeit, um den Termin zu bestätigen. Das war so ziemlich das Letzte, was sie brauchte, aber sie sah ein, dass es notwendig war. So rief sie in der Polizeizentrale an und vereinbarte einen Termin um neun Uhr morgens, da sie danach sofort wieder ins Krankenhaus fahren wollte.

Erst jetzt fiel ihr ein, dass sie niemandem im Büro Bescheid gegeben hatte, warum sie nach ihrer Pause nicht zurückgekommen war. Aber sie verschob die Nachricht an Alex. Alles, was sie noch zu tun bereit war, war heiß zu duschen, sich ins Bett zu legen und auf den nächsten Tag zu warten.

Jeremy kam aus dem Bad. Er hatte nur seine Boxershorts an und sein Körper schimmerte im seichten Mondlicht. Sein Haar war feucht und verwuschelt und eine Strähne hing vorwitzig in sein Gesicht. Es war so tröstlich, dass er da war. Sie stieg ebenso unter die Dusche und legte sich zu ihm ins Bett.

Sein Arm umschlang sie sofort und sanft zog er sie zu sich her. Sein Körper war warm und an der Stelle, wo ihr Oberteil am Rücken etwas nach oben gerutscht war, spürte sie seine glatte Haut an der ihrigen. Instinktiv setzte sie ihr Hinterteil noch dichter an ihn heran, in die Mulde seines Unterleibs und drehte sich ganz leicht zu ihm hin.

»Es ist ein wenig wie damals«, murmelte sie. »Nur, dass ich wegen etwas anderem unglücklich bin.«

»Ja, und damals ging es gut aus«, raunte er zurück. »Du musst jetzt schlafen, Stella.«

»Morgen kommt die Polizei, bist du dann noch da?«

»Möchtest du das?«

»Ja«, erwiderte sie inbrünstig. »Wenn du Zeit hast, wenn es dir nichts ausmacht …«

»Nein, es macht mir nichts aus. Ich bin da, Stella, das weißt du doch.«

»Ja«, flüsterte sie und kuschelte sich fester an ihn. »Du bist da. Das ist so schön.«

Seine Gegenwart war wohltuend und sie schlief tatsächlich ein. Aber es war ein unruhiger Schlaf. Immer wieder schreckte sie hoch, lag mit offenen Augen im Bett, dachte an ihren kleinen Jungen, der allein im Krankenhaus war, betete, weinte und konnte sich nicht damit abfinden, nicht in seiner Nähe zu sein. Jeremy bekam ihre Unruhe mit, stützte sich auf einen Ellbogen und drehte sie zu sich um.

»Was hältst du davon, wenn wir zusammen meditieren?«, fragte er leise.

»Ich weiß nicht, ob ich das jetzt kann«, krächzte sie bedrückt. »Ich kann an nichts anderes denken als an mein Kind.«

»Aber genau das sollst du ja. Lass es uns versuchen, es ist besser, als üble Gedanken zu wälzen.«

Er lehnte sich an das Kopfteil des Bettes, schaute sie auffordernd und mitfühlend an. So tat sie es ihm nach, setzte sich neben ihn, während er die Decke über ihre Beine breitete. Dann gab er ihr Atemübungen vor.

Stella konzentrierte sich darauf, seinen Anweisungen zu folgen. Es tat von Beginn an gut, weil es ihr die Möglichkeit gab, woanders hinzuschauen als zu ihrem Schmerz.

Julien, mein Kleiner, flüsterte Stella in Gedanken. *Ich liebe dich unendlich. Bitte wach wieder auf. Bitte bleib bei mir.*

Etwas Stilles, Ruhiges, Unantastbares meldete sich in ihr, als hätte es nur auf sie gewartet. Etwas, was sie immer deutlicher wahrnahm. Es war wie ein Sog nach innen, ein Hinschweben zu etwas Tröstlichem, etwas Sanftem und sie verlor sich darin, glitt in diese Stille hinein, in eine samtene, selige Ruhe. Es war ein unsagbar erfüllender Zustand, unbeschreiblich schön und er blendete den Kopf vollkommen aus. Den Kopf, der ihr gesagt hätte, man könne und dürfe doch angesichts einer solchen Katastrophe nicht so empfinden. Der gesagt hätte, es sei völlig unmöglich. Aber sie empfand nun mal so. Sie schwamm in einer Glückseligkeit, die sie staunen ließ. Von diesem Ort aus suchte sie die Verbindung zu Julien und ihr war, als ob sich ein Weg aus Licht zwischen ihm und ihr bahnte, ein Strahl, der sich zu einem Feld ausweitete, das alles umfasste, das von dieser reinen Glückseligkeit vollkommen durchflutet war.

Und plötzlich spürte sie in einer immensen Klarheit, wie sie Juliens Körper durch diese Verbundenheit und von dieser hohen Ebene aus Kraft und Energie geben konnte. Zum ersten Mal in ihrem Leben erlebte sie das Fließen ihres Herzens, erlebte sie, was es bedeutete, wenn man sagte, das Herz floss über. Ströme voller Liebe ergossen sich unentwegt zu ihrem kleinen Jungen, zu ihrem über alles geliebten Sohn, und es wurde immer mehr, wurde ein reißender Fluss voller Liebe, ein nie versiegendes Füllhorn.

Tief atmete sie ein und aus. Vogelgezwitscher drang in ihr Bewusstsein und langsam kam sie aus diesem Zustand wieder heraus.

Sie war bis in die kleinste Zelle ihres Seins dankbar für diese Erfahrung, weil sie das sichere Empfinden hatte, dass sie damit, statt ihm ihre Trauer, ihre Angst und ihr Entsetzen mitzuteilen, Julien aktiv geholfen hatte

Als sie die Augen wieder öffnete, saß Jeremy noch versunken neben ihr. Sein Gesicht war vollkommen losgelöst und weich. Er lächelte. Er war ein Abbild von Frieden, ein Symbol von Vertrauen – und er sah so wunderschön aus, dass sie ihn am liebsten geküsst hätte.

Endlich fühlte sie sich ein wenig Ruhe in sich. Leise stand sie auf. Ihnen stand sicher kein leichter Tag bevor, aber sie fühlte sich zumindest dafür gerüstet.

♫♫♫

Der Polizeibeamte war ein sehr höflicher, sehr mitfühlender Mann, der sich tausend Mal entschuldigte, sie mit Formalitäten belasten zu müssen, wo sie doch nun sicher ganz andere Gedanken im Kopf habe.

»Oh mein Gott«, sagte er. »Ich kann das so nachempfinden. Ich habe selbst Kinder. Es ist für alle Beteiligten schrecklich.«

Er erzählte, dass der Autofahrer am Boden zerstört sei und sie, Stella unbedingt sprechen wolle, aber er müsse erst mal einen Bericht aufnehmen und die direkteste Augenzeugin, Frau Huber, sei gestern nicht ansprechbar gewesen.

»Sie lebt sehr zurückgezogen«, bestätigte Stella. »Sie meidet Menschen. Ich weiß nicht, ob sie rüberkommt.«

»Sie hat uns heute Morgen angerufen und uns mitgeteilt, dass sie da sein wird«, erklärte der Polizist.

»Tatsächlich?«, fragte Stella ungläubig. Dann fiel ihr ein, dass Frau Huber es war, die mit Julien ins Krankenhaus gefahren war. Etliche hatten ihr gesagt, sie habe so meisterhaft Erste Hilfe geleistet und Katja hatte ihr geschrieben, dass sie sogar eine Suppe bei ihnen gegessen habe.

»Okay«, sagte sie verdattert und sah unwillkürlich auf die Uhr. Ein paar Minuten später klingelte es an ihrer Haustür und Stella öffnete.

Eine übernächtigte, aber durchaus gefasste Frau Huber stand vor ihr. Etwas an ihr war anders, aber Stella konnte nicht ausmachen, was es war.

»Frau Huber«, sagte sie. »Ich weiß gar nicht, wie ich Ihnen danken soll …«

»Aber, Frau Brandtner, ich bitte Sie! Wie geht es Julien? Ich habe heute Morgen auf der Station angerufen, aber sie sagten, ich sei kein Familienmitglied und …«

»Er liegt im Koma«, informierte Stella sie leise. »Es ist alles noch in der Schwebe. Aber kommen Sie doch erst mal rein.«

Frau Huber trat in die geräumige Wohnküche und Stella stellte sie den Polizisten vor.

»Das ist Frau Annegret Huber, die gestern alles mit… «

Ihr blieb das Wort im Hals stecken, denn Frau Huber taumelte mit kalkweißem Gesicht zwei Schritte nach hinten. Sie zitterte so sehr, dass Stella ihre ganze Kraft aufwenden musste, um zu verhindern, dass sie umfiel. Die Polizisten starrten sie an.

»Ist Ihnen nicht gut?«, fragte einer von ihnen.

Instinktiv suchte Stella Jeremys Augen und bekam den nächsten Schock: Sein Mund stand leicht offen, er stand da wie vom Donner gerührt, und seine Augen waren ein Meer an verwirrten Gefühlen. Entsetzt blickte er auf die Frau, die sich an Stellas Arm festhielt.

»Kennst du Frau Huber?«, fragte Stella bestürzt.

»Ich … ich heiße nicht Huber«, flüsterte die Frau an ihrem Arm. »Ich heiße Bernadi. Isabelle Bernadi. Ich bin seine Mutter.«

♪♪♪

Das Gefühlschaos hätte nicht größer sein können. Keinem war es möglich, auch nur einen klaren Gedanken zu fassen oder in irgendeiner Weise zu reagieren. Alle Personen in dem Zimmer schienen erstarrt, die Szene war eingefroren. Die zwei Polizisten mit ihren Kaffeetassen am Tisch, die Morgensonne, die zum Fenster herein strahlte, als sei das ein Tag wie jeder andere auch. Jeremy, den Stella zum ersten Mal, seit sie ihn kannte, völlig fassungslos sah. Und Frau Huber, die nicht Frau Huber war, sondern Isabelle Bernadi – Jeremys Mutter. Die Zeit stand still.

In Jeremy drehte sich alles. Da stand sie, die Frau, nach der er sich als Kind jahrelang verzehrt hatte, die so plötzlich aus seinem Leben verschwunden war, die Jahrzehnte lang so getan hatte, als gäbe es ihn nicht und – das fuhr ihm jetzt wie ein gewaltiger Feuerstrahl durch den ganzen Körper – mit der er monatelang über Julien kommuniziert hatte. Der er eine Botschaft nach der anderen geschickt hatte, der er Mut gemacht, Tipps gegeben, Meditations-CDs zusammengestellt hatte … seine Mutter, die ihn nun mit brennenden Augen ansah. Sie stand vor ihm wie eine Delinquentin, wie eine Verurteilte auf dem Schafott, bereit, von ihm geköpft zu werden.

Die Körper waren erstarrt. Der Verstand unfähig, die Lage in ihrer Tiefgründigkeit und Ironie zu erfassen.

Einer der Polizisten räusperte sich schließlich und wollte etwas sagen, aber Frau Huber alias Isabelle Bernadi hob ihre Hand in einer abwehrenden Geste, die Augen unverwandt auf ihren Sohn gerichtet.

»Gestern Abend habe ich zum ersten Mal jemandem erzählt, warum ich mich zurückgezogen habe.« Ihre Stimme zitterte so sehr, dass sie die Worte kaum herausbrachte. »Vor zwanzig Jahren habe ich ein Kind überfahren. Mir ist dasselbe passiert wie dem Autofahrer gestern. Dieses Kind ist …« Ihre Stimme verringerte sich zu einem Flüstern, »… es ist an der Unfallstelle verstorben. Ich habe mir das nie vergeben. Kurz zuvor ist wegen meiner Unachtsamkeit mein eigener Sohn die Treppe hinuntergefallen. Ich bin schuld, dass er hinkt. Ich bin schuld, dass das Mädchen tot ist. Ich war der Meinung, eine Gefahr für jedes Kind zu sein. Auch für mein eigenes.«

Nun rollten die Tränen ihre Wangen hinunter. »Und das war mein nächster, schrecklicher Fehler. In … in den letzten Wochen hat mich eine Nachricht erreicht. Darin hieß es: *Sich schuldig fühlen führt zu nichts. Man muss die Konsequenzen tragen, aber man muss sich nicht schuldig fühlen. Man kann höchstens bereuen.* Und, bei Gott, das tue ich. Ich bereue. Ich werde die Folgen tragen. Ich werde nichts von dir erwarten, Jeremy. Aber ich will dir heute und jetzt sagen, dass ich dich liebe und dass ich nie aufgehört habe, dich zu lieben.«

Sie brach in Tränen aus. Jeremy schluckte hart, seine Augen waren nass. Es waren seine Worte, die sie da von sich gab. Sie hatte sie verinnerlicht.

»Ich … ich war überall da, wo du auch warst«, flüsterte Isabelle. »Ich bin dir überall hin gefolgt. In deine Universitätsstadt, zu deinen Referendarschulen, überall, wo du warst, war auch ich – bis du dich hier angesiedelt hast.«

Jeremys Augen waren blind. Die Botschaften, die er ihr hatte zukommen lassen, flogen ihm um die Ohren. Was hatte er ihr zum Thema Schuld gesagt? *Vergeben hat zwei Seiten. Auch die Gegenseite muss ihre Opferrolle aufgeben.*

Stella machte einen Schritt auf ihn zu und die Bewegung riss ihn aus seiner Starre. Sein Blick war fast irre, ging von Stella wieder zurück zu seiner Mutter. Er schüttelte den Kopf, dann rannte er zur Tür, riss sie auf und lief davon.

Isabelles Schultern sackten nach unten. Damit hatte sie gerechnet.

♫♫♫

»Geben Sie mir eine Sekunde«, warf Stella den Polizisten hin und lief Jeremy hinterher.

»Jeremy!«, schrie sie. »Jeremy! Bitte! Bitte bleib stehen! Bitte warte!«

Sie rief es immer und immer wieder und endlich wurde er langsamer, blieb stehen und drehte sich zu ihr um. Außer Atem schlang sie ihre Arme um ihn.

»Geh nicht«, schnaufte sie, nach Luft ringend. »Bitte geh nicht. Bitte, bitte bleib … bitte komm mit mir zurück.«

»Nein!«, schnappte er. »Das kann ich nicht! Wie stellst du dir das vor?«

»Was willst du dann tun?«

Er blieb stumm.

»Rede mit ihr, Jeremy«, beschwor sie ihn. »Schau, sie hatte den Mut zu kommen.«

»Sie wusste nicht, dass ich da war! Sie wusste überhaupt nicht, wer ich bin!«

»Woher weißt du das? Vielleicht hat Julien deinen Namen genannt!«

»Nein, hat er nicht. Das hat er mir gesagt.«

Stella atmete heftig. »Jeremy, ich verstehe, dass du Zeit brauchst … ich verstehe dich so gut! Aber bitte rede mit ihr, sobald du …«

»Ich kann nicht, Stella«, unterbrach er sie rau. »Wir … wir treffen uns im Krankenhaus.«

Er lief davon. Stella sah ihm eine Weile nach, wandte sich schließlich um und ging langsam zurück.

Diese Situation war so wahnwitzig, dass sie kaum in der Lage war, zu denken. Und über all dem schwebte die Sorge um Julien. Es war kaum zu ertragen.

Und es war immer noch nicht alles.

♫♫♫

Isabelle erstattete Bericht.

»Julien war bei mir und wir haben uns wie immer unterhalten. Aber dann habe ich zufällig gesehen, dass sein Vater da war und …«

»Sein Vater war da?«, unterbrach Stella überrascht. »Sam?«

»Ja, er kam gerade aus dem Haus und …«

»Moment mal … er kam aus dem Haus? Ich meine, *aus* dem Haus?«

»Ja«, erwiderte Frau Bernadi verwundert. »*Aus* dem Haus. Ich habe gesehen, wie er die Tür hinter sich schloss. Und ich habe Julien gesagt, dass sein Papa da ist. Der Junge war ganz aufgeregt und ist rausgelaufen, aber sein Vater hat ihn nicht gesehen und ist losgefahren. Julien rannte hinter seinem Auto her, hat nicht auf den Verkehr geachtet und …«

»Wie ist Sam in die Wohnung gekommen?«, fragte Stella alarmiert. »Er hat keinen Schlüssel! Hat Julien die Tür offengelassen?«

»Glaube ich nicht. Er dachte, Sie seien früher zurück als vorgesehen und …«

Eine miese Ahnung überfiel Stella und sie eilte in ihr Schlafzimmer, zog die Kiste mit den Schals heraus und durchwühlte sie hastig. Sie fand die Mappe und schlug sie auf – sie war leer.

Ihr Herz setzte für einen Schlag aus. Sam hatte Jamies Heft gestohlen! Einschließlich der Urheberrechte! Er musste nur das letzte Blatt vernichten und niemand konnte mehr beweisen, dass der Song Julien je gehört hatte! Sie konnte es kaum fassen, war außer sich vor Zorn und durch Sams Niederträchtigkeit sensibilisiert, inspizierte sie alle Schubladen, in denen sie Wertgegenstände aufbewahrte.

Das Bargeld war weg. Ihr Schmuck war weg. Sie rannte in die Küche, da lag die Post mit der Kreditkartenabrechnung, die vor zwei Tagen gekommen war. Hektisch riss sie sie auf. Eine Tabelle an Ausgaben summierte sich zu einer nicht unbeträchtlichen Summe. mehrere Flugtickets, verschiedene Artikel … in der Zeit, in der Sam hier gewesen war, hatte er ihre Kartendaten abgeschrieben, vermutlich sogar mit Juliens Rechner all diese Bestellungen aufgegeben und in aller Gemütsruhe ihre Karte wieder in den Geldbeutel zurückgesteckt.

Ihr wurde schwarz vor Augen. Da war er wieder. Sam. Der ihr Leben zerstörte. Der ihr sagte: Trau keinem mehr. Sam, der Grund, warum Julien auf die Straße gelaufen war. Der Grund, warum ihr kleiner Junge in Lebensgefahr schwebte.

Es war zu viel. Es war einfach zu viel. Sie spürte, wie ihre Knie unsanft auf den Fliesen landeten, fühlte Frau Bernadis Hände auf ihr, die erschrocken nach ihr griffen, sah die schwarzen Schuhe des Polizisten, der zu Hilfe geeilt war, spürte, wie der Mann sie hochzog und sie wie eine Puppe auf den Stuhl setzte, hörte sich selbst stammeln und schluchzen, bekam mit, wie die drei diskutierten, ob sie einen Arzt rufen sollten. Das brachte sie wieder zur Besinnung.

»Nein«, flüsterte sie. »Bitte. Ich … es geht schon wieder.«

Wackelig und unter besorgten Blicken ging sie ins Bad und schlug die Hände vor's Gesicht. Warum nur hatte sie damals die Anzeige zurückgezogen? Die Tatsache, dass Sam wieder mal davongekommen war, hatte ihn nur darin bestätigt, auf dieser Schiene weiterzumachen.

Es dauerte, bis sie einigermaßen in der Lage war, mit den Polizisten zu reden.

♫♫♫

Sie zwang sich, einen Schritt nach dem anderen zu gehen. Und das Dringlichste war Julien.

Noch im Beisein der Polizisten sperrte sie ihre Kreditkarten, erstattete Anzeige und konnte es kaum erwarten, bis die Formalitäten endlich erledigt waren, um zu ihrem Kind fahren zu können.

Doch Juliens Zustand war unverändert. Er lag im Koma, angeschlossen an die vielen Geräte und schien mit sich zu kämpfen. Diesmal bestand Stella auf ein Feldbett. Sie hatte alles Erforderliche mitgebracht und traf gottlob auf eine Schwester, die das befürwortete.

»Das ist gut, dass Sie hierbleiben«, stimmte sie zu. »Ich bin der festen Überzeugung, dass Ihr Kleiner Ihre Gegenwart spürt, auch wenn er nicht bei Bewusstsein ist. Koma-Patienten sind nur auf einer anderen Ebene! Aber verraten Sie nicht dem Arzt, dass ich das gesagt habe, der hält mich sonst für meschugge.«

Sie stellte ihr das Bett auf und ließ sie dann allein. Alex suchte sie auf, nahm sie in die Arme, sagte, wie schrecklich und furchtbar doch alles sei – sie war froh, als er wieder ging. Er war so betroffen, dass sie eher ihn hatte trösten müssen. Wie immer hatte er ihr jede Unterstützung zugesagt, nur gab es leider nichts, was er hätte tun können.

♫♫♫

Jeremy kam, aber er war schweigsam. Mit unbeweglichem Gesicht saß er neben ihr an Juliens Bett. Vorsichtig tastete sie nach seiner Hand. Sie war kalt und fühlte sich leblos an. Nach einer Weile fragte sie:

»Wie geht es dir, Jeremy?«

»Es arbeitet in mir.«

»Was ist mit deinem Vater? Hat er gewusst, wo deine Mam ist?«

»Nicht immer. Sie ist oft umgezogen, aber er stand mit ihr in Verbindung. Die ganzen Jahre. Er hat die Hoffnung, dass sie zurückkommt, nie aufgegeben.«

»Weiß er, dass sie aus ihrem Schattendasein ausgebrochen ist?«

»Ja, sie hat ihn angerufen. Gestern Nacht. Sie wollen sich treffen.«

»Das … das klingt doch gut«, sagte sie vorsichtig und wagte einen Blick zu ihm. »Und du? Sprichst du auch mit ihr?«

»Warum sollte ich das tun?«, fragte er kühl. »Sie hat all die Jahre auch nicht mit mir gesprochen!«

»Weil sie mittlerweile jemand ist, mit dem man sprechen kann«, erwiderte Stella. »Weil sie ehrlich bereut. Aber ich verstehe, dass du Zeit brauchst. Das versteht sie sicher auch.«

Er biss sich auf die Lippen und verfiel wieder in Schweigen. Stella erzählte ihm, was sie nach seinem Weggang über Sam herausgefunden hatte.

»Ich hätte es wissen müssen«, sagte sie bitter. »Er hat ohne Skrupel das Gleiche wieder getan. Er hat es fertiggebracht, sein eigenes Kind zu belügen und zu bestehlen.«

»Und welches Resümee ziehst du daraus?«, fragte Jeremy und sie sah nicht, wie sein Herz klopfte.

»Dass man niemandem trauen kann!«, brach es aus ihr hervor.

Er schwieg daraufhin. Die Stimmung war nicht gut und ein paar Minuten später stand er auf und ging. Stella vermisste ihn, sowie er zur Tür hinaus war und erst da wurde ihr bewusst, was sie soeben von sich gegeben hatte. Sie traute niemandem mehr? Wie musste er das auffassen – er, der doch so viel daran gearbeitet hatte, ihr Vertrauen wieder aufzubauen? Ihre Augen verdunkelten sich. Ihr Blick fiel auf das zerschundene Gesicht ihres kleinen Jungen und in diesem Moment schoss die glasklare Erkenntnis in ihren Kopf, dass sie wieder mal an einem Scheideweg stand. Das, was passiert war, war nicht schön – aber sie konnte darüber denken, wie sie wollte. Konnte ihre Gedanken frei wählen. Sie stieß ein kurzes Lachen aus.

»Gott«, sagte sie halblaut. »Du hast wirklich einen schrägen Humor!«

Ja, es war die Ironie schlechthin. Jeremy musste nun all das, was er seiner Mutter durch Julien vermittelt hatte, auf sich selbst anwenden: Vergeben, verstehen, einen Sinn in diesen Verwicklungen sehen, sich von negativen Emotionen lösen und sich auf das Gute konzentrieren. *In jedem Zustand bist du das Licht – und in jeder Situation.*

Er musste nun diesem Licht in ihm vertrauen, dem Licht, das auch in seiner Mutter glomm, dem Licht – und das wurde ihr ebenso klar – auch in ihren Eltern steckte – und in Sam. Dem Licht, das sie am Morgen zusammen mit Jeremy so real erlebt hatte und dass das Einzige war, was ihr die Kraft gab, das alles durchzustehen.

Und sie, ja sie stand auch an einer Kreuzung. Sie konnte nun vollständig verbittern – oder das Gegenteil tun. Ein Keuchen entfuhr ihr angesichts Juliens bewegungslosen Körpers vor ihr und sie fühlte sich im Moment damit schlicht überfordert.

Den Blick auf ihr Kind gerichtet, schwirrten die Gedanken wie ein wildgewordener Bienenschwarm durch ihren Kopf. Auch die unschöne Erkenntnis, Julien über Sam aufklären zu müssen, wenn er überlebte. Wie würde er reagieren, wenn er erfuhr, dass genau der Mann, dem er so vertraut hatte, ihm aufs Übelste mitgespielt hatte?

Sie hatte Angst davor, Juliens ewig sonniges Gemüt mit diesem Erlebnis einzuschwärzen. Sie wollte seinen Glauben an eine gute Welt nicht zerstören … Aber konnte man nach all dem noch an das Gute glauben?

Ja, sagte eine Stimme in ihr. *Denn, wenn du jetzt niemandem mehr traust, weil einer dich betrogen hat, wenn du jetzt den Glauben an die Welt verlierst, wenn du dich dem Guten verschließt, dann haben Menschen wie Sam erst recht gewonnen. Es wird immer Menschen geben, die dich enttäuschen. Wir leben nun mal in einer Welt der Dualität – und das Schlechte zu leugnen wäre schlicht naiv. Vertrauen heißt nicht, jedem Menschen blind zu vertrauen oder das Vertrauen in der Welt zu suchen, damit du selbst vertrauen kannst. So wie es auch nicht darum geht, nur dann an Gutes zu glauben, wenn dir Gutes widerfährt. Es geht darum, deinem Innersten zu vertrauen, dem, was sich nie verändert. Das gibt dir Halt. Und nur daraus entsteht das Gute. Wenn du das im Außen suchst, ohne es im Inneren zu kennen, hat es keinen Bestand. Es gibt nur einen Ort, wo du echtes Vertrauen finden kannst. In dir. Vertrauen ist die Energie, die dich erschafft. Wenn du das erkennst, fügt sich alles.*

Stella erkannte. Und hoffte inständig, dass der Preis für dieses Erkennen nicht Julien war.

♫ Here for You ♫
Kyogo feat. Ella Henderson

Chrissi stand an Stellas Haustür, eine dicke Mappe unterm Arm. Sie klingelte einmal, sie klingelte zweimal. Keine Reaktion. Gerade zog sie ihr Handy aus der Tasche, als sich die Tür daneben öffnete und die Nachbarin vor ihr stand. Julien hatte Chrissi erzählt, dass er sich mit ihr öfter unterhalten hatte, so war sie nicht überrascht, sie zu sehen.

»Brandtners sind nicht da«, informierte sie Frau Bernadi und sah dem Mädchen besorgt in die Augen.

»Ja, scheint so«, erwiderte Chrissi säuerlich. »Eigentlich wollte ich mit Julien was arbeiten«, sie hob die Mappe an. »… aber er hat mich wohl eiskalt versetzt.«

»Er hat dich nicht versetzt«, sagte Frau Bernadi vorsichtig. »Er wurde gestern von einem Auto angefahren und liegt im Krankenhaus. Es steht nicht gut um ihn.«

Chrissi verlor schlagartig ihre Gesichtsfarbe.

»Er liegt im Krankenhaus? Es steht nicht gut um … Oh, Gott nein, nicht Julien!«, stieß sie hervor und fing an zu weinen. »Wie ist denn das passiert? Oh nein, bitte nicht mein süßer, kleiner Julien!«

Frau Bernadi nahm sie mit in ihre Wohnung und erzählte ihr alles, auch die Sache mit Sam. Chrissi war entsetzt und konnte sich kaum beruhigen.

»Er hat ihm den Song geklaut?«, heulte sie. »Was für ein Mensch ist das?«

»Ja, samt dem Urheberrecht. Niemand weiß, dass der Song eigentlich Julien gehört.«

»Aber … er kann doch in der Öffentlichkeit damit gar nicht auftreten! Die schnappen ihn doch sofort wegen Kreditkartenbetrugs!«

»Das wird er nicht vorhaben. Er wird es meistbietend verhökern und eine Beteiligung pro verkauftem Song heraushandeln … Das dürfte ihm mehr als genügen.«

»Oh, so eine Schweinerei!«, echauffierte sich Chrissi. »Er hintergeht sein eigenes Kind! Das ist voll der Arschloch-Move!«

Im nächsten Atemzug wollte sie sich entschuldigen, aber Frau Bernadi winkte müde ab. »Ich glaube, in diesem Fall kann man das schlicht so stehen lassen.«

Chrissi schnäuzte sich unglücklich und starrte mit rot geweinten Augen auf ihre Mappe.

»Man muss doch irgendwas machen können! Irgendwas! Das kann man doch nicht einfach so hinnehmen!«

»Ja, weißt du, das ist alles erst mal zweit- wenn nicht drittrangig … denn wenn Julien nicht mehr auf die Beine kommt …«

Erneut brach Chrissi in Tränen aus. »Sagen Sie nicht so was! Sagen Sie nicht so was!«, schluchzte sie. Frau Bernadi hockte sich neben sie und legte den Arm um das Mädchen.

»Ach, Chrissi, ich … Es tut mir so leid. Er fehlt mir doch auch so sehr.«

»Kann man ihn besuchen?«

»Nein, er liegt intensiv. Im Moment darf nur seine Mutter zu ihm.«

♫♫♫

Chrissi war am Boden zerstört, als sie wieder auf der Straße stand und ihr wurde mit einem Mal klar, wie sehr Julien ihr Leben beeinflusst hatte – positiv beeinflusst hatte. Seine Reden über eine schöne Welt, sein Glaube daran … Wie oft hatte er »Imagine« und »Dreamer« gesungen … wie beharrlich ihr klargemacht, dass es wichtig war, an das Gute zu glauben?

Wie würde er jetzt über die Welt denken, nachdem ausgerechnet sein eigener Vater ihn so niederträchtig hintergangen hatte?

Eine immense Traurigkeit stieg in Chrissi auf. Eine immense Resignation. Es war also doch so. Die Welt war nicht gut. Die Welt war schlecht, sie war ein Dschungel, man musste sich so gut wie möglich durchkämpfen und immer auf der Hut sein, dass einem keiner an die Gurgel ging.

Du siehst die Welt nicht so, wie sie ist, sondern, so wie du bist, hörte sie Juliens Kinderstimme in ihrem Kopf. Seine grünen Augen sahen sie an, erwartungsvoll – nicht hoffend, nein – er hatte sie immer so angeschaut im Vertrauen, dass sie verstand, was er meinte, in der festen Gewissheit, dass sie, Chrissi, vollkommen war, hatte immer das Licht in ihr gesehen. Ein erneuter Tränenstrom lief ihr über die Wangen, als ihr klar wurde, wie groß diese Sichtweise eigentlich war.

Gedankenversunken blickte sie auf ihre Unterlagen. Auf die vielen schönen Sätze, die sie zu einer dicken Facharbeit aufbereitet hatte und von der sie noch vor Minuten so begeistert gewesen war. Die Chaostheorie, der Flügelschlag, die kritische Masse, das Feldbewusstsein, der trainierbare Präfrontalkortex und das Aspect-Experiment.

Aber nun färbten die Ereignisse alles dunkel.

Der Vogel ist nicht weiß oder schwarz, er hat die Farbe, die du ihm gibst, tönte wieder Juliens Stimme in ihrem Kopf.

Sie hatte diese Zitate, animiert von Juliens Zettelmanie, so oft gelesen und sie so schön gefunden – und jetzt, jetzt halfen sie ihr gar nichts. Die Welt war schwarz! Das, was Julien geschehen war, war gemein!

Chrissi !, schien Julien mit ihr zu schimpfen. *Das Zeug ist nicht nur zum Lesen da! Du musst es in die Praxis umsetzen! Wie siehst du das Leben, wenn du es mit Liebe betrachtest?*

»Herrgott, Julien«, entfuhr es ihr. »Wie kann man so etwas mit Liebe betrachten?«

Schlagartig fuhr ihr ein heißer Impuls in den Kopf, in ihr Herz, durch ihren ganzen Körper. *Wir sind die Dezimalstellen, Chrissi! Jede einzelne gute Tat, jeder einzelne gute Gedanke, jede Entscheidung gegen etwas Mieses … Wir sind die Dezimalstellen, wir sind der Flügelschlag für unsere und die nächsten Generationen … lass Sam nicht gewinnen … Schaffst du es, dich auf die gute Seite zu schlagen?*

»Julien«, flüsterte sie. »Du bist echt der Hammer!«

Und auf einmal flutete eine gigantische Kraft durch ihren Körper und strömte nach außen, als wäre ihr ganzes Sein von einer undurchdringlichen Plastikhülle befreit worden.

Ihr war immer noch schwer ums Herz, aber eine Änderung war eingeleitet. Und Chrissi ließ sie zu.

♫♫♫

Die Welt war gut. Die Welt war lieb. Alex rief jeden Tag an. Ihre Arbeitskollegen schrieben ihr Briefe und Karten, die Nachbarn überboten sich darin, ihr zu helfen. Auch der Autofahrer wollte so unbedingt mit ihr reden und sie verstand das, trotzdem bat sie um Verständnis, dass sie das jetzt noch nicht könne. Das Bild von Isabelle Bernadi vor Augen schrieb sie ihm, dass sie ihm keine Schuld gebe, dass sie erahne, wie schmerzhaft das für ihn sei. »Ich bin Ihnen nicht böse, ich möchte nur, dass mein Kind wieder gesund wird, und habe meinen Fokus vorerst darauf ausgerichtet.«

Stella klammerte alles aus ihrem Leben aus, was nicht mit Julien zu tun hatte. Die Konzentration auf ihn war das Einzige, was sie aufrecht hielt.

Jeremy kam jeden Tag ins Krankenhaus und saß mit ihr zusammen für ein paar Stunden an Juliens Bett. Zusammen sahen sie zu, wie sich die Blutergüsse verfärbten, sich über die Schrammen Grinde legten, sein Körper automatisch Heilung einleitete und durchführte. Nur sein Gehirn verweigerte diesen Prozess.

Sie las im Internet, dass Patienten im Koma dennoch vieles mitbekamen und fragte den Arzt, ob es ratsam sei, Außenreize gezielt einzusetzen. Seine Antwort erschreckte sie, zeugte sie doch von einer gewissen Resignation:

»Warum nicht?«, meinte er. »Wenn wir sonst nichts anderes tun können?«

So brachte sie Boxen von zu Hause mit, ließ seine Lieblingslieder laufen, sprach mit ihm, las ihm Geschichten vor, die er früher gerne gehört hatte, und fühlte sich zurückversetzt in die Zeit, als er noch ein Baby gewesen war. Manchmal schien es ihr, als ob seine Augenlider ganz leicht flatterten. Das machte ihr Hoffnung. Sie klammerte sich an jede Winzigkeit.

♫♫♫

Der Unfallbericht stand anonym im Lokalblatt, aber jeder wusste, dass es sich um Julien handelte. Lehrer wie Schüler kannten das Zettelkind, den Träumer, den Heal-The-World-Fuzzi, den Jungen, der nie aufgegeben hatte, an eine schöne Welt zu glauben.

Sein Bekanntheitsgrad umfasste alle Jahrgänge, von der fünften bis zur zwölften Klasse, und es gab kaum einen, der nicht betroffen reagierte. Gerade die Abiturienten, die mit ihm zu tun gehabt hatten, saßen am Dienstag still zusammen. Chrissi hatte per Facebook alle unterrichtet.

Bang wartete der Kurs auf Jeremy, besonders Chrissi. Jeremy, der ihnen vielleicht Näheres über den Zustand Juliens sagen konnte. Aber zu ihrer grenzenlosen Enttäuschung hielt ein Vertretungslehrer den Kurs.

Chrissi hielt es nicht aus und rief schließlich Stella an.

»Frau Brandtner, ich muss wissen, wie es Julien geht!«

»Nicht gut, Chrissi. Er hatte eine Art Rückfall. Die Ärzte konnten ihn stabilisieren, aber sie wissen nicht, ob er es schafft.«

»Oh, bitte nicht«, schluchzte Chrissi schockiert. »Können wir denn gar nichts tun?«

»Doch«, erwiderte Stella. »Beten. Und ihr dürft ihn besuchen. Wir versuchen, ihn mit allem, was es an Schönem auf der Welt gibt, zur Rückkehr zu bewegen. Vielleicht fällt dir ja was ein?«

Stellas Frage ließ Chrissi zur Höchstform auflaufen. Froh, etwas tun zu können, startete sie einen Facebookaufruf, stellte ein Team zusammen, aktivierte mit Einverständnis des Direktors die ganze Schule und konzipierte Pläne, wer wann Julien besuchen sollte und was sie während ihres Aufenthaltes tun könnten.

Ab diesem Tag riss der Strom der Besucher nicht mehr ab. Stella war zutiefst gerührt.

Die Schüler brachten ihre Instrumente mit, spielten Julien »Imagine« vor, erzählten, welcher Schüler wieder mal irgendetwas angestellt hatte und welcher Lehrer gerade voll blöd drauf war. Sie behandelten ihn, als wäre er wach. Die Abiturienten hielten ihm ihre Handys oder iPads vor sein zerschundenes Gesicht, spielten ihm launige Videos vor, die er nicht sehen konnte, erzählten ihm verdorbene Witze und erklärten ihm, ihn zum Schulredner auserkoren zu haben.

»Julien«, beschwor ihn Chrissi. »Wenn einer die Rede am Sommerabschlussfest halten sollte, dann du! Wir brauchen dich!«

»Ey, Alter, du bist dann der jüngste Redner überhaupt«, lockte ihn Jochen. »Also halt dich mal ran – ich will dich da vorne sehen! Und mitbekommen, wie du die Welt besser machst, verdammt noch mal!«

»Yeah!«, grölte Pascal: »Julien for President!« Die anderen stimmten mit ein, bis der ganze Kurs lautstark »Julien for President!« skandierte, sie die Gitarre dazu anschlugen und so laut johlten und lachten, dass

Schwestern und Ärzte hereinkamen und wissen wollten, was das für ein Tumult sei.

Doch Julien lag mit unbeweglichem Gesicht auf seinem Bett und rührte sich nicht.

♪♪♪

Chrissi hatte weitere Pläne im Kopf und deswegen schon mehrfach versucht, mit Jeremy Kontakt aufzunehmen. In der Schule war er nicht anzutreffen, doch endlich begegnete sie ihm per Zufall im Krankenhausgang.

»Herr Bernadi!«, rief sie. »Ich brauche Sie! Dringend!«

»Chrissi, nix für ungut, aber wenn das warten kann, wäre ich …«

»Nein! Kann es nicht! Es geht um Julien! Ich habe ungefähr fünfzig Schüler zusammen – wir wollen einen Meditationskreis für ihn machen … Ich kann das nicht, ich habe noch nie meditiert und wir brauchen jemanden, der uns dabei hilft. Einer, der das leitet!«

Überrascht sah Jeremy das Mädchen an. Und als er nichts antwortete, platzte sie heraus: »Mensch, Herr Bernadi! Die kritische Masse! Die kritische Masse! Das Aspect-Experiment! Fuck, es waren doch Sie, der uns das alles beigebracht hat!«

Jeremy musste lächeln.

»Das … ist keine schlechte Idee«, sagte er langsam.

»Heißt das, Sie machen es?«

»Wo soll das denn stattfinden?«

»In der Schule natürlich«, antwortete sie prompt. »In der Aula! Der Direktor hat es erlaubt!«

»Okay, ich bin dabei!« Jeremy lächelte. »Wenn du alles organisierst?«

»Das mache ich! Und wie ich das mache! Sie können sich auf mich verlassen!« Freudestrahlend hüpfte Chrissi vor ihm herum. »Und ich habe noch mehr Ideen!«

Ihr Enthusiasmus war nicht nur ansteckend, er war bewundernswert. Chrissi weigerte sich, zu leiden. Sie stürzte sich nicht in Trauer. Sie wollte oben bleiben, damit sie Julien eine echte Hilfe sein konnte. Jeremy staunte – das bewegte auch etliches in ihm.

»Das ist toll, Chrissi«, sagte er gerührt zu ihr. »Ich finde das super, wie du drauf bist.«

»Wenn Julien nicht wäre, wäre ich nicht so drauf«, erwiderte sie. »Er war es, der mir gesagt hat, dass in jeder Situation das Licht ist. Man muss es nur sehen.«

Sehr in Gedanken versunken verabschiedete sich Jeremy von ihr. Die Welt war voller Antworten. Man musste nur hinhören.

♫♫♫

Eine Woche nach dem Unfall erschienen erste Meldungen, dass ein unveröffentlichter Jamie-Scott-Song aufgetaucht wäre. Auf manchen Kanälen lief schon vermehrt Werbung für den verstorbenen jungen Künstler, um die Verkäufe der bestehenden CDs anzuschieben und Jamie massiv ins Bewusstsein der Menschen zu rücken.

Stella bekam es durch Chrissi mit, die mit einem heiligen Zorn darüber berichtete, als wäre sie es, der man den Song gestohlen hätte. Ein paar Tage später gab eine Plattenfirma einen Veröffentlichungstermin bekannt.

Stella stieß das sauer auf, sehr sauer. Sam hatte also einen Käufer gefunden. Er wusste genau, dass sie den Diebstahl nicht melden konnte, weil der Besitz der Unterlage und das Copyright nie registriert worden waren.

Seine Habgier war schuld, dass Julien nun hier lag.

♫♫♫

Chrissi saß in ihrem Zimmer und zermarterte sich das Hirn, was sie tun könnte, um die Veröffentlichung des Songs zu vereiteln. Sie hatte damals dummerweise nur die Sprüche kopiert und auch die Noten – aber nicht die letzte Seite, weil sie die nicht gebraucht hatte. Die Seite, auf der das Copyright stand, die Seite, die Sam mit Sicherheit verbrannt hatte.

Dann schoss ihr ein Gedanke durch den Kopf: Was, wenn sie diesen Song einfach vorher veröffentlichen würden? Wenn es ihn schon auf YouTube gab, *bevor* die Plattenfirma ihn produzierte? Wenn sie den Song auf Facebook verbreiten würde, alle diesen Link teilen würden ... Sie könnte doch ...

Aufgeregt sprang sie auf die Füße, lief in ihrem kleinen Jugendzimmer auf und ab. Ihr Kopf rotierte unaufhörlich. Ihre Idee war wahnsinnig, das wusste sie ... trotzdem ... wenn sie Stellas Erlaubnis bekäme, Juliens Porträt ins Netz zu stellen ... er sah Sam doch so ähnlich ... und ihn zu fotografieren, mit seinen Schrammen und blauen Flecken, Julien am Tropf, im Krankenbett ... und die Fotos zusammen mit dem Song online stellen würde ... Was wäre, wenn sie einfach dazuschrieb, dass der Song Julien gehörte und nicht Sam? Wäre dann nicht schon die Tatsache, dass sie die Noten hatte, ein Beweis, dass es so war? Je länger sie darüber nachdachte, desto zappeliger wurde sie. Das könnte klappen! Das könnte klappen! Aber die Zeit! Die Zeit lief ihnen davon! Sie musste sofort aktiv werden!

Am nächsten Tag wartete sie am Lehrerzimmer und fragte nach dem Musiklehrer, Herrn Weber, der die Bigband der Schule leitete.

»Herr Weber«, sprudelte sie hervor. »Es geht um Julien. Seine Mutter hat Jamie Scott gekannt und Jamie Scott hat einen Song für Julien geschrieben, der war sogar kurzzeitig mal sein Pate, kurzzeitig deshalb, weil er ja dann verunglückt ist, aber das mit dem Song weiß natürlich keiner, und …«

»Mal langsam«, bremste sie Herr Weber, erschlagen von ihrer Redeflut. »Jamie Scott? Hat einen Song für Julien geschrieben? Welchen Song?«

»Na, der, der jetzt dauernd angepriesen wird! Vielleicht haben Sie ja davon gehört?«

»Was, den? Klar, daran kommt ja keiner vorbei, so massiv wie die Werbung machen.«

Aufgeregt wedelte Chrissi mit ein paar Blättern vor seiner Nase herum. »Stellen Sie sich vor: Ich habe die Noten von genau diesem Song! Weil der nämlich Julien gehört!«

Beifall heischend sah sie ihn an. »Und ich habe mir gedacht, dass wir das doch mit der Bigband einstudieren könnten – für die Sommerabschlussfeier heuer!«

»Okay, okay, warte mal ne Sekunde«, warf Herr Weber völlig überrollt dazwischen. »Also noch mal zum Mitschreiben, damit ich das auch kapiere: Das ist der gleiche Song, der in einem Monat veröffentlicht werden soll? Und den hast *du*?«

»Den hat Julien! Ich habe ihn damals kopiert, da wussten wir noch nicht …« Sie stoppte, sie wollte dem Lehrer nicht verraten, dass Sam den Song geklaut hatte, und was sie sonst noch alles damit vorhatte.

Instinktiv griff der Lehrer nach den Zetteln und blätterte darin herum.

»Erstens«, sagte er, »fehlt da ne Seite. Die letzte.«

»Ja, ich weiß, aber da war auch nichts weiter drauf«, erwiderte Chrissi.

»Da muss aber was drauf gewesen sein, weil der Song auf der letzten Seite nicht zu Ende ist. Schau hier … der Schluss fehlt.«

»Oh, fuck«, sagte Chrissi. »Die letzte Seite … ja, gut … ich suche noch mal zu Hause … Aber üben Sie dann den Song mit der Band ein? Bitte! Und es muss schnell gehen!«

»Das ist mir klar, die Sommerfeier ist ja bald.«

»Aber Herr Weber«, bettelte Chrissi, »Wir müssen das vorher schaffen! Vor dem Sommerfest, weil … ich will den Song Julien vorspielen! Damit er aufwacht! Bitte! Bitte!«

Chrissi stand vor dem Lehrer mit erhobenen, gefalteten Händen und es hätte nicht viel gefehlt und sie wäre vor ihm auf die Knie gefallen.

»Chrissi, es tut mir leid, ich hätte es echt gern gemacht, allein schon für Julien, aber ich bin mir ziemlich sicher, dass wir für einen nicht veröffentlichten Song keine Lizenz bekommen. Und die Schule käme in Teufels Küche, wenn sie das auch nur versuchen würde.«

Das Feuer in Chrissis Augen erlosch so schlagartig, dass es Herrn Weber ganz anders wurde.

»Tut mir echt leid«, sagte er hilflos. »Wirklich.«

Chrissi war komplett niedergeschmettert. Wortlos drehte sie sich um und ging.

»Aber wenn er draußen ist, der Song, dann können wir das machen!«, rief ihr Herr Weber hinterher. »Vorausgesetzt, wir kriegen die Lizenz und du findest das letzte Blatt mit dem Rest des Liedes!«

Traurig drehte sich Chrissi um.

»Na, das bringt gar nichts«, erklärte sie geknickt. »Wenn der Song draußen ist, gibt's die Noten im Internet. Dann ist eh alles zu spät.«

♪♪♪

Völlig frustriert kam sie zu Hause an. Warum hatte sie nicht einfach alles kopiert? Warum hatte sie beim letzten Blatt aufgehört? Und wo war der Rest des Songs? Immer und immer wieder rekapitulierte sie, wie sie an Stellas Kopierer gestanden war, die Klemmschiene entfernt und die Blätter in den Einzug gesteckt hatte.

Moment mal! Sie hatte *alle* Blätter reingelegt! Ganz sicher! Und der Kopierer hatte doch auch alle durchgezogen … oder nicht? Elektrisiert zog sie die Kopien aus ihrer Schultasche. Der Kopierer war auf »beidseitig kopieren« eingestellt gewesen und so waren Rück- und Vorderseiten bedruckt. Es waren etwa zwanzig Seiten und – tatsächlich – die letzte fehlte. Die Seite, mit dem Schluss des Liedes und – ein heißer Strom loderte durch Chrissis Körper – wenn der Kopierer einen automatischen Zweiseiten-Druck gemacht hatte, dann musste auf der Rückseite des Notenblattes das Urheberrecht stehen!

Mit einem Schrei sprang sie auf die Füße. Wo war die letzte Seite? Wo hatte sie die Blätter aufbewahrt, bevor sie sie mit in die Schule genommen hatte? Ihr Kopf raste mit ihrem Herz um die Wette. Planlos begann sie, in ihrem Zimmer zu suchen, und redete dabei mit sich selbst. »Wo habe ich das nur abgelegt? Ich hab's doch auf meinem Schreibtisch gehabt … Ja, auf dem Schreibtisch! Vielleicht ist es doch noch in der Schulmappe?«

Sie durchwühlte jede einzelne Unterlage, leerte den Papiereimer, glättete jedes zusammengeknüllte Blatt, suchte in ihrem Nachttisch, obwohl sie wusste, dass es dort nicht sein konnte, schaute sogar in den Kleiderschrank, in anderen Taschen, stellte ihr ganzes Zimmer auf den Kopf, bis ihr einfiel, dass sie die Blätter am Morgen mit in die Küche genommen hatte.

»Was hab ich in der Küche gemacht?«, murmelte sie vor sich hin. »Genau, ich wollte mir noch einen Espresso ziehen … Hatte ich da die Blätter schon in meiner Tasche?«

Nein, meldete ihr Gehirn. *Du hast die Blätter auf die Anrichte gelegt, auf die Tageszeitung, hast den Espresso getrunken, die Blätter genommen und zusammen mit dem Pausenbrot in die Tasche gesteckt.*

Ihre Gedanken drehten sich im Kreis. Verdammt! Das Blatt *war* aber nicht in ihrer Tasche! War es vielleicht verloren gegangen, als sie die Blätter für Herrn Weber rausgezogen hatte?«

Oder … Ein Laut kam aus ihrem Mund. Vielleicht hatte sie heute Morgen nicht alle Blätter erwischt und das letzte lag noch dort?

Mit einem erneuten Aufschrei stürmte Chrissi in die Küche, wo ihre Mutter gerade bei einer Tasse Kaffee saß, und hetzte an die Anrichte. Die war sauber gewischt, aufgeräumt – und vollkommen papierfrei.

»Mama! Hab ich heute Morgen einen Zettel hier liegen lassen?« Chrissi machte fast in die Hose vor lauter Aufregung und ihr Gesicht stand so unter Spannung, dass ihre Mutter beunruhigt aufstand.

»Was suchst du denn? Was Wichtiges?«

»Ja!«, kreischte Chrissi aufgelöst. »Was ganz Wichtiges! Ich habe es genau hierhin gelegt! Ein Bündel Papiere! Und vermutlich habe ich eines vergessen … Es lag auf der Zeitung!«

»Oje«, sagte ihre Mutter. »Die Zeitung habe ich schon entsorgt.«

»Wo? In die Mülltonne?«

»Ja, heute ist Papiermüll. Die kommen auch gerade … hörst du's?«

Dumpfes Motorgeräusch und das typische Piepsen des Müllwagens drangen an ihr Ohr, es rumpelte draußen vernehmlich. Die Tonnen wurden gerade geleert.

»Oh mein Gott, nein!«, schrie Chrissi in den grellsten Tönen und rannte wie von der Tarantel gestochen auf die Straße, wo die Müllmänner geschickt die in Gruppen zusammenstehenden Tonnen packten, mit Schwung auf die Vorrichtung hievten und auf den Knopf drückten.

»Halt!«, schrie Chrissi und stolperte fast über ihre eigenen Füße. »Halt! Stopp! Aufhören! Stopp, stopp, stopp!«

Aber die Müllmänner hörten sie nicht. Der Motor lief, die Presse drückte im Inneren des Lasters Papier und Karton zusammen. Chrissi stürzte wie von Sinnen auf die Männer zu.

»Halt!«, schrie sie immer wieder. »Nicht weitermachen! Wartet! Wartet!«

Völlig überrascht bemerkten sie endlich das völlig überdrehte Mädchen, das auf sie zu rannte. Einer der Müllmänner hievte soeben eine der Tonnen auf die Halterung, als Chrissi ihm mit vollem Körperschwung in den Arm fiel. Doch er hatte den Knopf bereits gedrückt und der Container bewegte sich nach oben.

»Nein! Nein!«, schrie Chrissi verzweifelt. »Nicht! Oh bitte nicht!«

Sie war so außer sich, dass der Müllmann intuitiv in letzter Sekunde die Tonne aus der Vorrichtung riss, diese polternd auf die Erde fiel, der Deckel sich öffnete und der gesamte Inhalt sich auf die Straße verteilte.

Der Fahrer in der Kabine vorne bemerkte den Tumult am hinteren Teil des Fahrzeugs, schaltete den Motor ab und stieg aus.

»Was ist denn hier los?«, fragte er verärgert.

Ein unglaubliches Bild bot sich ihm. Vier Müllmänner standen inmitten eines Wusts aus Papier und Karton und starrten sprachlos auf das Mädchen, das fieberhaft die Tonne inspizierte, um zu sehen, ob es überhaupt ihre war und sich wie verrückt auf den Papierhaufen zu stürzen begann.

»So«, sagte der Fahrer grätig. »Die Sauerei machst du aber wieder weg!«

»Was suchst du denn?«, fragte ein anderer.

»Ein Blatt mit Noten drauf!«, rief Chrissi und heulte fast. »Es ist wichtig! Es ist unglaublich wichtig!« Sie hatte solche Angst, dass der Wind die Blätter wegwehen könnte, nahm hastig jedes einzelne in die Hand, warf in die Tonne zurück, was nicht das Gesuchte war, und rasterte mit den Augen die unzähligen Papiere ab. Die Männer suchten mit.

»Schau mal, ich hab da was … Ist es das?« Der Müllmann, der die Tonne heruntergerissen hatte, hielt ihr etwas hin. Chrissi keuchte.

Noten.

Chrissi bekam fast keine Luft mehr, brachte kein Wort heraus, so sehr tobte der Aufruhr in ihr. Ihre Finger zitterten so heftig, dass sie kaum das Blatt entgegennehmen konnte. Belustigt standen die Männer um sie herum, aber keiner sagte ein Wort – Chrissis Spannung hatte sich auf alle übertragen, selbst der Fahrer verharrte stumm und mit halb offenem Mund. Hektisch drehte Chrissi das Blatt um, starrte auf die Zeilen und war so aufgewühlt, dass die Buchstaben vor ihren Augen verschwammen und sie Sekunden brauchte, bis sie die Worte lesen konnte.

Dieser Song ist Stella Brandtner und ihrem Sohn Julien gewidmet. Ich übertrage alle Urheber- Copyright- und Veröffentlichungsrechte an sie und ihren Sohn … Möge der Song seiner Bestimmung entgegengehen. Jamie Scott.

Chrissi stieß einen markerschütternden Glücksschrei aus und lachte wie irre.

»Yeesss!!!«, schrie sie und hüpfte wie ein Gummiball auf und ab. »Das ist er! Das ist er! Das ist er! Ja! Ja! Ja! Ja! Oh mein Gott, ich bin so froh, ich bin so froh, ich bin so froh!« Sie weinte vor Freude und Jubel und kriegte sich fast nicht mehr ein.

Inzwischen war ihre Mutter hinzugekommen und konnte kaum fassen, was sie sah. Ihre Tochter hopste barfuß auf der Straße inmitten eines Papiermüllhaufens, umringt von fünf Müllmännern. Und das Nächste, was sie mitbekam, war, wie Chrissi einem von ihnen um den Hals fiel, ihn abbusselte und danach inmitten des Papierchaos' einen Freudentanz aufführte.

♫♫♫

»Jeremy?«, fragte Stella, als er sich einmal mehr still neben sie setzte. »Hast du eigentlich gewusst, dass deine Mutter ein Kind überfahren hat?«

»Nein. Mein Papa hat nur gut über meine Mutter berichtet. Er hat mir damals gesagt, sie wäre gegangen, weil sie krank sei und sich selbst finden müsse. Damals habe ich das nicht verstanden. Heute weiß ich, er hätte es nicht treffender ausdrücken können.«

»Hast du schon mit ihr geredet?«

»Nein.«

454

Stella schwieg. Sie betrachtete Julien, wie er auf dem Bett lag. Sein Körper lebte einfach weiter, führte alle Funktionen aus, atmete, verstoffwechselte Nahrung, die ihm per Tropf eingeflößt wurde, schied sie wieder aus und er schien nichts davon mitzubekommen. Die Ärzte waren in Sorge, weil das Koma nun schon zwei Wochen andauerte. Der Arzt hatte ihr gesagt, dass er nicht verstehe, warum er nicht aufwache, er hatte kein weiteres Gerinnsel feststellen können. Intern gab es wohl eine Grenze, wann das Zeitfenster für ein natürliches Koma als überschritten galt – die ihr aber keiner nannte, um sie nicht zu beunruhigen. Stella spürte das, als hätten ihr die Ärzte das klar ins Gesicht gesagt.

Sie sah Jeremy direkt in die Augen.

»Du weißt nie, wie viel Zeit du noch hast, Jeremy«, erinnerte sie ihn leise. »Isabelle bereut. Mehr kann sie nicht tun. Du hast selbst gesagt: Zum Vergeben gehören zwei. Es sind erst zwei Wochen, seit du es weißt, aber vielleicht kannst du dich mit dem Gedanken anfreunden, kein Opfer mehr zu sein. Ihr habt beide genug gelitten.«

Jeremy blieb stumm.

»Du ... du hast mir mal gesagt, damals, als ich so fertig war wegen Sam ... da hast du mir gesagt, das sei lediglich eine Erfahrung, die ich gemacht hätte. Eine Erfahrung, die ich mit allen Gedanken und Gefühlen belegen dürfe, wie ich es wolle. Das sei die göttliche Freiheit. Gedanken, die eine Hölle oder einen Himmel erschaffen. Welche Gedanken wählst du in dieser Situation, Jeremy?«

Seine Hand wurde schweißig in der ihren und sie lockerte ihren Griff, um ihm zu zeigen, dass er nicht annehmen musste, was sie sagte.

»Ich ... ich kann im Moment meine Gedanken nicht steuern«, gab er zu. »Ich bin durcheinander.«

»Gott sei Dank«, entfuhr es ihr. »Dann hast du dich noch nicht festgelegt.«

»Eine Erfahrung«, murmelte er, in Gedanken versunken. »Ja, es ist hart, wenn einem so was passiert. Ein Kind zu überfahren. Sich schuldig fühlen ist der älteste und tiefste Fluch der Welt. Das war immer schon meine Ansicht ... Wie es auch meine Ansicht war, dass Vergebung immer möglich ist. Verdammt, Stella, sie hat mich verlassen! Ich weiß noch, wie leer mein Leben plötzlich ohne sie war! Ich dachte so lange, ich hätte etwas falsch gemacht! Es ist wirklich hart, all das, was man von sich gegeben hat, auch anzuwenden.«

Stella drückte seine Hand. »Vielleicht kannst du dich von dem Gedanken lösen, dass es hart ist? Vielleicht kannst du dir einfach sagen, es ist normal? Noch bist es du, der seine Gedanken bestimmt. Nicht der

Mainstream. Und du warst immer ein Andersdenker. Hey, Jeremy, du hast es auch von mir verlangt. Und es ging.«

Er drückte ihre Hand fester, streichelte mit dem Daumen über ihren Handrücken. Stella starb fast vor Glück über dieses Zugeständnis – und auch das wurde ihr bewusst: dass sie sich über die Berührung freute.

»Danke, Stella«, sagte er rau. »Du hast recht. Ein Gedanke ist ein Gedanke. Jeder Gedanke kann geändert werden. Und ich müsste nicht denken, dass sie mir wehgetan hat.«

»Genau … Vielleicht hättest du mir nie die Geschichte Ganganaths erzählen können, wenn das nicht passiert wäre.« Sie lächelte. »Vielleicht hätten wir uns nie kennengelernt. Und wenn ich noch mal auf die Erfahrung zurückkommen darf: Aus irgendeinem Grund wollte Isabelle diese Erfahrung machen. Erfahrungen dienen aber dazu, daran zu wachsen. Und … Jeremy … Aus irgendeinem Grund wolltest du die Erfahrung mit deiner Mutter machen. Bestimmt auch, um daran zu wachsen. Bestimmt auch, um dich über all das zu erheben. Vielleicht stehen wir Menschen alle, wenn wir Negatives erleben, an dieser Kreuzung, die uns klarmacht, dass wir wählen können, was wir denken. Vielleicht suchen wir genau deswegen das Leid, damit wir uns endlich wieder nach dem Glück sehnen und es in seiner Tiefe erfahren wollen. Vielleicht ist das der Sinn der Sache.«

Jeremy saß auf seinem Stuhl, Stellas Hand in der seinen. Vorsichtig wagte sie einen Blick zu ihm. Seine Augen waren rot, sie waren nass und schließlich tropfte eine Träne seine Wange hinunter, lief das Kinn entlang und landete auf seinem Hosenbein. Sanft legte Stella ihren Arm um ihn und in einer plötzlichen Bewegung schluchzte er auf, legte seinen Kopf auf ihre Brust und weinte. Behutsam drückte sie ihn an sich, streichelte seinen Rücken. Ihr T-Shirt war nass, als er sich endlich von ihr löste. Aber in diesen Minuten war etwas in ihm geschehen, das war deutlich zu spüren. Seine Unsicherheit war weg und innig küsste er Stella auf die Stirn.

»Ich weiß gar nicht, wie ich mich bei dir bedanken soll«, murmelte er.

»Wirklich, Jeremy, wenn einer sich nicht bedanken muss, dann du.«

»Woher nimmst du diese Einsicht … gerade jetzt?«, fragte er.

»Weil …, weil ich mich damit auseinandersetzen muss, eine weitere Erfahrung zu machen«, flüsterte sie gequält. »Die Erfahrung, Julien zu verlieren.«

Jeremy lief das Wasser aus den Augen. »Gebe Gott, dass uns das erspart bleibt«, wisperte er.

Er dachte an Chrissi. An die geplante Meditationsrunde. Und wusste plötzlich sehr genau, was er tun wollte. Es war alles so einfach, wenn man es sich nicht schwer machte. Es war alles so einfach, wenn man nicht seinen Gedanken glaubte.

♫♫♫

»Frau Brandtner, ich muss Sie unbedingt sprechen! So schnell wie möglich! Wo sind Sie?«

»Na, wo wohl, Chrissi? Im Krankenhaus! Und nenn mich Stella.«

»Oh, gut! Ich meine, dass Sie im Krankenhaus sind ... und dass ich Stella sagen darf ...«

»Und ›Du‹ statt ›Sie‹ ...«, ergänzte Stella und musste lächeln. Das Mädchen war aufgeregt wie eine Haubitze und schien zu rennen, so atemlos klang sie.

»Ich komme vorbei, okay? Ich bin sowieso auf dem Weg! Bin in zehn Minuten bei Ihnen ... äh, bei dir!«

Sechs Minuten später rannte eine völlig aufgedrehte Chrissi mit dem Energiepotenzial eines Kraftwerkes den Gang entlang und stürmte in Juliens Zimmer.

»Frau Brandtner!«, schrie sie so laut, dass Stella zusammenzuckte und automatisch auf Julien schaute, als ob ihn Chrissis Schrei aus dem Koma wecken könne. »Frau Brandtner, ich meine Stella ... Du ahnst es nicht! Du glaubst es nicht! Dreimal darfst du raten, was ich hier habe!«

Sie hatte eine Mappe aus Karton bei sich, die sie Stella nun aufgeregt hinhielt. »Aufmachen!«, rief sie. »Schau rein! Du fällst um! Ganz bestimmt!«

Neugierig öffnete Stella die Mappe und hielt überrascht inne, als sie die kopierten Noten erblickte. Erstaunt sah sie auf.

»Du ... du hast das Lied?«, fragte sie und ihr wurde heiß.

»JAAA!«, kreischte Chrissi in echter Teenagermanier, als stünde ein über alles verehrter Popstar vor ihr. »Und das ist nicht alles! Ich habe die letzte Seite, ich habe die letzte Seite! Schau! Ich dachte, ich hätte sie nicht kopiert, aber dann ist mir eingefallen, dass ich alles in den Einzug gesteckt habe ...«

Wild durcheinander quasselnd nahm sie der verdatterten Stella die Mappe wieder aus der Hand, suchte das letzte Blatt, drehte es um und hielt es ihr vor die Augen:

»Da! Da steht es! Eindeutig! Das alleinige Copyright und die Veröffentlichungsrechte haben du und Julien«, triumphierte sie.

»Wow«, sagte Stella und eine Flut an Gedanken brandete durch ihren Kopf. »Das ... das ist ...«

»Du musst zum Rechtsanwalt!«, rief Chrissi aufgeregt. »Du musst eine einstweilige Verfügung erreichen! Dann verdient Sam nichts an dem Song und …«

»Warte, Chrissi«, unterbrach Stella, überrollt von dem Temperament des Mädchens. »Ich glaube, das ist jetzt nicht das Wichtigste.«

»Du freust dich ja gar nicht!«, stellte Chrissi maßlos enttäuscht fest.

»Doch, Chrissi, das ist super, dass wir das haben … Aber ganz ehrlich, mir ist der Song egal. Ich will nur, dass Julien wieder aufwacht. Dass er gesund wird. Dass er keine bleibenden Schäden davonträgt.«

»Klar … verstehe ich ja«, entgegnete Chrissi ernüchtert, aber noch immer kampfbereit. »Das wollen wir alle. Aber ich will auch Gerechtigkeit! Es geht nicht, dass Sam damit Kohle macht, während Julien hier liegt! Du musst eine einstweilige Verfügung erwirken!«

»Ja, aber das dauert! Und bis dahin ist der Song draußen!«

»Das mag ja sein, aber ich habe schon noch mehr auf Lager!«, rief Chrissi eifrig. »Heute habe ich mit Herrn Weber gesprochen, der würde den Song mit der Bigband einüben. Lara singt das Solo – sie hat eine super Stimme … Und dann veröffentlichen wir das auf YouTube mit einer PowerPoint-Präsentation, das unter anderem das Dokument zeigt … Ich habe die ganze Schule mobilisiert … Jeder wird das teilen! Was glaubst du, was das für einen Aufruhr gibt! Aber der Weber macht das nur, wenn du ihm dein Einverständnis für die Veröffentlichung gibst!«

Stella fühlte sich überfahren und ihre erste Reaktion war, das alles von sich zu weisen, weil sie nichts anderes als Julien im Kopf hatte.

»Weißt du, Chrissi, vielleicht machen wir das, wenn …«

»Aber dann ist dieser Sack mit der Kohle schon über alle Berge!«, schrie Chrissi, während ihr vor Zorn die Tränen in die Augen traten. »Und je mehr Zeit verstreicht, umso schwerer wird es, ihn zu finden! Und dann käme der Typ schon wieder mit so ner Nummer davon! Wie oft willst du das noch bringen? Du hast schon mal eine Anzeige zurückgezogen! Wenn du das nicht getan hättest, wäre er nie bei dir aufgetaucht und Julien läge nicht hier!«

Geschockt zuckte Stella zurück. Aber Chrissi war noch nicht fertig:

»Und jetzt haben wir die Gelegenheit, den Song mit der Bigband einzuüben – und du willst das nicht? Vielleicht wacht Julien ja auf! Es ist sein Song! Er kennt die Melodie! Er hat sie mir vorgespielt! Wer weiß, was das bewirkt! Und das willst du alles auf die lange Bank schieben?«

Getroffen starrte Stella auf das Mädchen vor ihr.

»Du hast recht, Chrissi«, sagte sie beschämt. »Du hast recht, wir sollten nichts unversucht lassen. Und auch mit Sam hast du recht. Ich gebe dir selbstverständlich die Erlaubnis. Und sobald ich kann, gehe ich zum Rechtsanwalt.«

»YESSS!«, juchzte Chrissi und zog ihren Ellbogen ruckartig nach unten. »Wir spielen Jamies Song Julien und der Welt vor! Dann muss er wieder aufwachen! Er muss!«

Drei Minuten später war sie mit Stellas Unterschrift verschwunden.

♫ Let Us Be United ♫

Ann Hampton

Chrissi trommelte alle zusammen, die für die Bigband in Frage kamen, und schwor sie auf ihre Aktion ein. Die meisten sagten ohnehin ohne ein Wimpernzucken zu und diejenigen, die sich zierten, bekamen von Chrissi einen verbalen Fußtritt in den Hintern.

»Ey, was geht mich der Scheiß an«, motzte Dennis. »Ich hab gerade fünf Klausuren an der Backe!«

»Pfeif drauf! Dann bewegst du dich eben mal ein bisschen mehr als normal!«

»Mann, Chrissi! Ich hab echt keine Zeit!«

»Jetzt hör mir mal zu, du Vollkoffer! Julien schwebt zwischen Leben und Tod und du haust mir solche Sätze um die Ohren! Du *hast* Zeit!«

»Ach! Und woher willst du das wissen?«

»Weil es Zeit ist für Engel, du Nerd! Und keine Zeit, die empathielose Dumpfbacke zu spielen! Es ist Zeit, dass du auch Engel wirst! Wir brauchen dich und dein Talent! Also beweg dich!«

Dennis war allerdings eher die Ausnahme. Der Musiklehrer, Herr Weber, hatte noch nie einen solchen Zulauf von Schülern erhalten, die mitspielen und für Julien singen wollten und der Chor schwoll auf ein Maß an, dass er alle anderen Musiklehrer mit einbinden musste. Die Vehemenz der gebündelten Kinderstimmen klang schon bei den ersten Proben so überwältigend, dass sich die Spannung umso mehr erhöhte.

Die Motivationsmaschine Chrissi heizte ihnen auf ganz besondere Weise ein. Sie machte jedem klar, dass es ein Jamie-Scott-Song war, den sie da sangen, dass das außergewöhnlich und eine Ehre war, und dass sie es verdammt noch mal nicht vermasseln durften. Was ja auch stimmte.

Außerdem hatte sie sich in den Kopf gesetzt, den Song im Spital uraufzuführen. Zu Herrn Webers unendlicher Überraschung stellte das Krankenhausmanagement dem Orchester das Atrium zur Verfügung – Herr Weber konnte kaum glauben, was das Mädchen alles lostrat. Juliens

Zimmer ging zum Innenhof hinaus – das Atrium war daher perfekt und die Akustik nicht die Schlechteste. In der Klinik selbst wurde bekannt gegeben, dass Schüler des Einstein-Gymnasiums ein Konzert geben würden und jeder dazu herzlich eingeladen war.

Chrissis Bestreben, Julien zu helfen, weckte ungeahnte Talente in ihr – sie dachte einfach an alles, holte sich von jedem Schüler, der mitmachte, die Einverständniserklärung, dass er im geplanten Video gezeigt werden dürfe, besprach die Filmaufnahmen mit dem Kamerateam der Schule, setzte sich mit den Kunstlehrern zusammen und erarbeitete eine Kulisse – sie überließ einfach nichts dem Zufall und peitschte ihr Projekt im Galopp voran. Am Ende war die gesamte Schule involviert und die Neugier, wie die Welt auf eine frühere Veröffentlichung des Jamie-Scott-Songs reagieren würde, stieg bis zum Anschlag.

Sie hatten gerade mal eine Woche Zeit und der Direktor erlaubte allen aufgrund der besonderen Situation auch während der regulären Unterrichtszeit zu üben. Ein Arbeitsfieber war ausgebrochen – die Konzentration auf eine Aktion, die gefüllt war mit gutem Willen und Herz.

Und so wurde das Unmögliche wahr: Nach sieben Tagen stand eine vielleicht nicht ganz perfekte Fassung – aber der Song war aufnahme- sowie aufführbereit und der Kinderchor schlicht gewaltig.

Sie würden den Song am Nachmittag performen und aufnehmen, am Abend fand dann die Meditation statt, die Chrissi ebenso filmen wollte. Und noch in der Nacht sollte alles geschnitten und online gestellt werden. Einen weiteren Tag später würde jeder, der einen FB-Account hatte, den Post teilen und jeder, der einen Computer besaß, das Video auf YouTube liken.

Nachdenklich betrachtete Chrissi die Fotos, die sie von Julien geschossen hatte. Julien am Tropf, die Narbe am Kopf, blaue Flecken überall. Sie zögerte und schaute sich andere Aufnahmen von ihm an. Sie hatte so viele Sprachmemos und Mitschnitte von ihm – auch die, als er über den Lorenzeffekt, die kritische Masse und das Feldbewusstsein gesprochen hatte. Eine weitere Idee begann sich zu formieren. Es war spät in der Nacht, aber sie setzte sich noch einmal an ihren kleinen Schreibtisch und schrieb so etwas wie ein Drehbuch.

♫♫♫

Ein blauweißer Himmel spannte sich am nächsten Tag über die kleine Stadt, eine freundliche Sonne lachte herunter und sorgte für angenehme Temperaturen. Der Sommer zeigte sich in voller Pracht. Wiesen und Blätter waren sattgrün und es wehte ein leichter Wind.

Es hätte keinen besseren Tag für das Konzert geben können. Die Patienten und das Personal des Krankenhauses saßen an den Tischen in der Cafeteria, deren Türen zur großen Terrasse geöffnet waren. Jeder, der nur irgendwie gehen, stehen oder sitzen konnte, war gekommen. Menschen in Bademänteln, Jogginganzügen, in Gips, mit fahrbarem Tropf ... Ärzte und Schwestern, die Zeit erübrigen konnten, Jung und Alt ... der Innenraum, sowie die Terrasse waren so voll, dass kein Platz mehr frei war.

Draußen versammelte sich eine Riesenanzahl an Schülern aller Altersstufen. Diejenigen, die ein Instrument spielten, saßen im Halbkreis auf Stühlen, der Chor, deren Mitglieder in Gewänder unterschiedlicher Nationen gekleidet waren, stellte sich hinter ihnen auf. Saris, Kosakenkostüme, Trachten und eigene Kreationen schufen ein buntes, farbenfrohes Bild. Das Team der Veranstaltungstechnik der Schule hatte Verstärker, Mikrofone und Lautsprecher aufgebaut und um den Sound zu testen und sich einzusingen, begannen sie »Imagine« zu spielen. Kinderstimmen sangen den Song von John Lennon, den Song von einer friedvollen, harmonischen Welt und ihre Stimmen schwebten zu den Menschen hin. Schon jetzt bewegte das etwas in den Leuten, rührte die Musik an Stellen, die bloße Worte nie erreicht hätten. Schon jetzt sangen einzelne Leute mit und fühlten die friedvolle Wirkung der Töne in ihrem Inneren. Eine gute Schwingung begann sich auszubreiten.

Chrissi hoffte so sehr, dass Julien das mitbekam. Sie sah nach oben. Das Fenster war weit geöffnet und die Musik konnte ungehindert ins Zimmer dringen. Schließlich war alles an Ort und Stelle und Herr Weber gab ihr ein Zeichen.

Sie stellte sich ans Mikrofon.

»Einen wunderschönen Nachmittag euch allen«, begann sie. »Es ist so schön, dass so viele gekommen sind, denn heute spielen wir einen ganz besonderen Song. Einen Song von Jamie Scott. Einen Song, den Jamie Julien Brandtner gewidmet hat, als er noch gar nicht geboren war. Aber dieser Song ist nicht nur für Julien. Er ist für alle Menschen auf dieser Welt. Er ist für Sie und für mich – einfach für jeden. Und dieses Lied ist nicht einfach nur ein Lied. Es ist ein Aufruf an uns alle.«

Sie unterbrach sich kurz, sah noch mal nach oben, richtete dann ihren Blick wieder fest auf das Publikum und fuhr mit brennenden Augen fort:

»Wir wünschen uns alle eine friedliche Welt. Jeder von uns will glücklich sein. Jeder möchte, dass Liebe in der Welt herrscht. Aber wir müssen bei uns anfangen. Buddha hat gesagt: *Hass kann nie mit Hass beendet werden. Hass kann nur mit Liebe beendet werden.* Und dafür singen wir heute: Für die Liebe in uns, für die Liebe in Ihnen allen, für die Liebe, die diese Welt hat entstehen lassen. Wir singen in der Gewissheit, dass die Liebe in unserem Herzen alle negativen Gefühle besiegen kann. Wir singen, damit Sie diese Liebe in Ihrem Herzen wieder entdecken und wir singen, weil wir Liebe in die Welt tragen wollen … für eine lebenswerte Welt. Jeder von uns ist mitverantwortlich, jeder von uns ist aufgerufen, diese Liebe zu finden und zu leben. Tun Sie es für sich. Tun Sie es für uns Kinder. Tun Sie es für die Welt. Let us be united!«

Chrissi schaute in die Runde. Alle waren still, ergriffen von ihren Worten und nicht wenige hatten feuchte Augen. Aber auch ihr selbst ging das nah. Der Wind spielte mit ihrem blonden Haar und wieder sah sie hoch zum geöffneten Fenster, an dem Stella einen roten Herzballon befestigt hatte. Sie griff das Mikro ein wenig fester.

»Julien!«, rief sie nach oben. »Ich weiß, du kannst mich hören! Der Song ist vor allem für dich! Weil du alles, was der Song ausdrückt, immer gelebt hast! Du bist derjenige, der mir den Glauben an eine gute Welt eingepflanzt hat – und ich würde mich so freuen, wenn du diese Welt zusammen mit uns gestaltest! Bitte, Julien, wach auf! Du weißt, die Welt ist schön! Und sie ist noch schöner mit dir!«

Viele weinten schon an dieser Stelle, noch bevor ein Ton sich erhoben hatte. Die Gemeinschaft, die die Schüler demonstrierten, dieses Herzensprojekt für einen kleinen Jungen, dieser übergeordnete Glaube, Chrissis Worte … Das alles verfehlte seine Wirkung nicht. Die Menschen waren offen, sie waren weich, sie waren bewegt.

Herr Weber hob seinen Taktstock.

Das Stück fing an mit einem kurzen Klavierpart, danach erklang Laras klare Stimme mit dem Songtitel: »Let us be united« , verharrten wie Juwelen in der Luft. Worte und Töne schwebten empor zu den Fenstern, hinauf in den blauweißen Nachmittagshimmel, in die Troposphäre, die Stratosphäre, ins Universum. Hingebungsvoll sang Lara diesen uralten Vers aus dem Rig Veda, sang von dem, was sich alle Menschen ewig schon wünschten – sang von der Sehnsucht nach Frieden, danach, in Freundlichkeit und Harmonie zusammenzuleben und im Herzen vereint zu sein. Der Text war so schön und so tief, und

Laras virtuose Stimme veredelte ihn, transportierte seine Bedeutung in jedes einzelne Herz.

Doch dann schwoll die Macht des Chores empor. Die Kinderstimmen vereinigten sich zu diesem wunderschönen, bedeutsamen Text und es schien, als ob die Alten und Weisen, die ihn vor viertausend Jahren verfasst hatten, sich dazugesellten und ihm besondere Kraft verliehen. Eine ungeheure Magie verbreitete sich. Ein Zauber, gegen den niemand sich wehren konnte, eine Erhabenheit, die die Herzen rührte, die etwas aufplatzen ließ, Risse in die verhärteten Schichten der Menschen zog und in ihnen die unverrückbare, tiefe Ahnung erweckte, dass es möglich war, in Liebe zu leben. Möglich war, eine friedvolle Welt zu schaffen, wenn man den Krieg im eigenen Herzen beendete.

Es gab kaum einen, der nicht überwältigt war, kaum einen, der trockenen Auges blieb. Die Leute applaudierten nicht, als das Lied mit einem gewaltigen Crescendo endete. Sie lauschten den Tönen nach, schwangen in der Energie des Songs. Es lag eine solche Größe über allem, eine solche Friedfertigkeit und gleichzeitig eine solche Euphorie, dass niemand das zerstören wollte.

Schließlich stand ein älterer Herr auf und sagte:

»Das war so wunderschön! Würden Sie das Stück noch einmal spielen?«

Erst jetzt brach, zusammen mit vielen, zustimmenden Rufen, frenetischer Applaus aus und die Bigband musste den Song noch fünf weitere Male performen, bis die Leute endlich Ruhe gaben.

Und alle, alle schwelgten danach in einer wunderbaren Harmonie. Die Musik hatte sie alle ergriffen und die Herzen geöffnet.

Nach der zweiten Wiederholung war Chrissi nach oben in Juliens Zimmer gerannt. Stella saß still auf ihrem Stuhl und weinte.

»Danke, Chrissi«, flüsterte sie. »Das … das ist einfach unglaublich, so wunderbar!«

»Und Julien? Ist er wach?«

Stella schüttelte den Kopf. »Nein«, wisperte sie. »Ich weiß nicht, warum er nicht zurückkommen will. Die Ärzte sagen, es gibt keinen Grund. Eigentlich hätte er es schon längst tun müssen.«

Chrissis Augen verdunkelten sich.

»Hey, Julien«, nörgelte sie rau. »Worauf wartest du? Komm zurück!«

Aber Julien bewegte sich nicht.

♫♫♫

Nach der grandiosen Aufführung des Schulchores saß Stella tief in Gedanken versunken am Krankenbett ihres Sohnes.

Es war früher Abend, als sich die Tür öffnete und eine sympathisch wirkende, hübsche, blonde Frau mit Kurzhaarschnitt hereinkam. Etwas unsicher reichte sie Stella die Hand.

»Guten Abend«, stellte sie sich vor. »Ich bin Sabine Mertens. Ich habe das von Ihrem Sohn gehört und wollte Ihnen sagen, wie leid mir das tut.«

»Oh«, sagte Stella überrascht. »Nett von Ihnen, dass Sie kommen. Setzen Sie sich doch.«

Sie rückte einen Stuhl für Frau Mertens zurecht, die Juliens Gesichtchen betrachtete und leise sagte:

»Was für ein süßer Junge! Das muss so schrecklich für Sie sein. Als Mutter leidet man so mit.«

Stella schwieg dazu. Solche Sätze hatte sie nun schon so oft gehört – sie boten wenig Trost.

»Ich nehme nicht an, dass Sie nur wegen Julien hier sind«, mutmaßte Stella und blickte Frau Mertens in die Augen.

»Doch«, erwiderte sie leise. »Weil es Ihr Junge war, der mir in einer entscheidenden Situation eine Antwort gegeben hat.«

»Julien? Kennen Sie ihn?«

»Nein, aber … Es war so: Ich habe mitbekommen, dass Alex eine neue Flamme hat.« Frau Mertens wurde rot. »Und ich war schrecklich down deswegen. Sie müssen wissen, dass ich Alex immer noch sehr liebe. Auch, wenn er schwierig ist.«

»Weil er so eifersüchtig ist?«

»Ja«, sagte sie erstaunt. »Ich … Woher wissen Sie das?«

»Wir haben uns mal darüber unterhalten. Hat Sie das dazu gebracht, mit einem anderen Mann zu schlafen?«, fragte Stella. »Weil seine Eifersucht Sie so gequält hat? Aber vorneweg möchte ich, dass Sie wissen, dass ich Sie nie deswegen verurteilen würde.«

Sabine klemmte ihre Hände zwischen die Oberschenkel und blickte nach unten.

»Ich habe mit keinem anderen geschlafen«, erwiderte sie. »Das ist nur das, was Alex denkt. Ich konnte ihn nie vom Gegenteil überzeugen.«

»Ach, du liebe Zeit!«, sagte Stella perplex. »Das ist ja doppelt tragisch!«

»Ja, scheint so. Lieben Sie meinen Mann, Stella?«

»Nein«, entfuhr es ihr spontan und sie wunderte sich selbst über ihre Klarheit. »Ich mag ihn. Wir sind so in der Phase, zu testen, ob mehr daraus entstehen kann … also ich zumindest … aber jetzt, im Moment … nein. Es ist aber auch keine Frage, die mir im Moment wichtig ist.« Sie lauschte ihrer eigenen Antwort nach. War das wirklich wahr, was sie da sagte? Vergab sie da nicht gerade eine Wahnsinnschance? In diesem Moment wurde ihr klar, dass sie damals bei Rafael dieselben Überlegungen angestellt hatte. Beeinflusst von der Denke ihrer Mutter, die ihre Schäfchen im Trockenen wissen wollte und die sich auf die »guten Partien« gestürzt hatte. *Wie kannst du nur so jemanden wie Rafael gehen lassen?*, hörte sie sie rufen und sie erkannte: Sie hatte dieses Muster bis heute nicht wirklich losgelassen. Leicht verwundert schüttelte sie den Kopf, während Sabine neben ihr erleichtert Luft ausstieß.

»Wie ist es zu diesem Missverständnis gekommen?«, wollte Stella wissen. »Und wie kann es sein, dass Alex Ihnen nicht glaubt?«

»Ach«, seufzte Sabine. »Das ist eine lange Geschichte …«

Sie begann zu erzählen, eine verdrehte Story, mit vielen, dummen Zufällen und unglücklichen Missverständnissen. »Er war tief in seinem Ego gekränkt«, schloss sie. »Und ist es heute noch.«

Stella glaubte ihr das ungeschminkt, hatte sie doch Alex' Reaktion auf Rafael mitbekommen. Aber – bezüglich Rafael hatte Alex eingelenkt. Von Beate wusste sie, dass er seinen Posten wiederhatte.

»Ich kann mir gut vorstellen, dass ihn die Zeit weicher gemacht hat«, sagte sie daher zu Sabine.

»Ja, vielleicht, aber jetzt ist er in Sie verliebt.«

»Ich weiß nicht«, antwortete Stella nachdenklich. »Aber welcher Spruch von Julien hat Sie denn nun erreicht?«

»Können wir nicht per Du sein?«, bat Sabine.

»Gern!« Alex' Frau war wirklich hochsympathisch. Stella lächelte sie an, während Sabine eine der gedruckten Karten von Julien aus ihrer Hosentasche zog und den Text halblaut vorlas: *»Jedes Mal, wenn du deinen eigenen Wert erkennst, erschaffst du ein Paradies. Nicht nur dort, wo du bist, sondern überall auf der Welt. Jedes Mal, wenn du deine eigene Liebe erfährst, unterstützt du Tausende von Seelen.«*

Sie sah Stella mit leuchtenden Augen an: »Der Zettel hat mich auf vielen Umwegen erreicht. Aber er hat mich gefunden und ich war tief berührt, weil mir klar wurde, dass ich mich verurteile und nicht liebe. Dass ich Alex loslassen muss, dass es nicht darum geht, seine Liebe zu erringen, sondern meine. Mir wurde klar: Zunächst muss ich mich selbst finden. Ich bin seiner Liebe statt meiner hinterhergerannt. Also, ich weiß nicht, warum, aber mir geht es seitdem so viel besser. Ich fühle mich viel freier und habe meine Augen wieder für das Schöne geöffnet.« Sie lächelte Stella an. »Ich kann dir gar nicht sagen, was das …«

In diesem Moment ging die Tür auf und Alex kam herein. Er zuckte gewaltig zurück, als er seine Frau sah und wollte sofort wieder gehen. Aber Stella sprang auf.

»Warte, Alex, bitte!« Sie nahm seinen Arm und zog ihn ins Zimmer. »Du hast mal zu mir gesagt, ich könnte alles von dir verlangen. Steht das noch? Denn ich verlange nun etwas: Ich möchte, dass du mit deiner Frau sprichst. Bitte.«

»Stella!«, rief er unangenehm berührt und stand im Raum wie ein Fremdkörper. »Was soll das? So einfach geht das nicht!«

»Doch«, widersprach sie entschlossen und auf einmal müde davon, wie schwer sich Menschen taten, zu ihrem Glück zu finden. War sie auch so? »Doch. Es geht so einfach! Es ist einfacher, als du denkst! Ihr setzt euch jetzt irgendwohin und redet. Und du hörst bitte zu. Sabine hat dir einiges zu sagen.«

»Stella! Was hat sie dir …« Er brach ab und wandte sich verärgert an seine Frau: »Was hast du ihr erzählt? Und vor allem, wie? Willst du mir diese Beziehung kaputtmachen? Nachdem du unsere kaputtgemacht hast?«

Sabine verfärbte sich.

»Das will ich ganz sicher nicht, Alex«, erwiderte sie rau. »Ich habe nur die Wahrheit erzählt. Eine, die du nie bereit warst, zu hören.«

»Weil es nicht die Wahrheit ist!«

»Alex! Ich lebe seit drei Jahren allein! Das heißt … seit fast drei Jahren.«

»Was meinst du damit?«, fragte er, mit einem Mal alarmiert.

»Dass ich vor etwa zwei Monaten jemanden kennengelernt habe.«

Alex Gesichtszüge entgleisten.

»Ach, du meine Güte«, kommentierte Stella. »Also, wenn ihr zwei keinen Redebedarf habt …!«

»Stella!«, rief er verdattert. »Was soll das hier? Was ist mit uns?«

»Nichts«, erwiderte sie. »Und es wird auch nichts sein, Alex. Du liebst deine Frau immer noch und merkst es noch nicht einmal vor lauter gekränktem Stolz!«

»Verdammt!«, wandte sich Alex an seine Frau. »Was hast du zu Stella gesagt? Stella, bitte, mach das nicht kaputt …!«

»Alex, wir können nicht kaputtmachen, was nie war! Aber deine Ehe …«

»Wie kannst du plötzlich sagen, dass nichts war! Auf einmal! Es hat vor kurzem noch ganz anders ausgesehen!«

Er war total geknickt und durcheinander und Stella trat mitfühlend einen Schritt auf ihn zu.

»Alex, du bist ein so wunderbarer Mann und …«

»Oh, wenn du schon so anfängst …«, stöhnte er. »Kommt jetzt das ›Wir-wollen-immer-Freunde bleiben‹-Ding? Das ist so, als würdest du sagen, dein Hund ist tot, aber du darfst ihn trotzdem behalten!«

Sie musste trotz der Dramatik ein wenig lachen.

»Ja, dich als Freund zu haben, wäre schön, Alex, das kannst du entscheiden. Aber ich weiß einfach sicher, dass wir nicht zusammengehören.«

»Wegen Sabine!«

»Ja, genau, wegen Sabine! Wegen der Frau, die du nie aufgehört hast, zu lieben! Sie hat nur Gutes über dich gesagt! Und außerdem hat sie dir gerade klargemacht, dass sie nach drei Jahren, die sie auf dich gewartet hat, jemand anderen kennengelernt hat. Vielleicht braucht sie dich ja gar nicht mehr! Es wäre trotzdem gut, wenn ihr euch endlich aussprecht!«

Der Satz verfehlte seine Wirkung nicht. Alex sah zu seiner hübschen Frau, die über und über rot geworden war.

»Oh, Jesus«, seufzte Stella und schob die zwei zusammen. »Ihr setzt euch jetzt am besten in die nächste Bar und trinkt was zusammen! Möglichst was Hochprozentiges, vor allem du, Alex! Damit du lockerer wirst!«

»Stella«, stotterte er unglücklich und völlig überrumpelt. »Was tust du da? Ist dir klar, was das bedeutet?«

»Vollkommen klar«, erwiderte sie. »Dank euch sind mir gerade ein paar gewaltige Schuppen von den Augen gefallen.«

Sie öffnete die Tür und nickte auffordernd mit dem Kopf Richtung Gang. Unschlüssig sahen die zwei sich an und bewegten sich nicht.

»Na, hopp!«, scheuchte Stella sie hinaus. »Verliert keine Zeit!«

Ihr Blick wurde dunkler und ging zu ihrem Sohn. »Das Leben ist kurz«, fügte sie leise hinzu. »Ihr solltet für jede Sekunde dankbar sein und sie nicht mit unnötigen Dramen vertun.«

Zögernd setzte sich Alex in Bewegung, Sabine folgte ihm. Als sie durch die Tür ging, hauchte sie Stella einen Luftkuss zu, die ihr zuzwinkerte und mit ihrem Mund stumm die Worte »Good Luck!« formte.

♫♫♫

Der wundervolle Nachmittag war in einen lieblichen, lauen Sommerabend übergegangen. Ein Abend, an dem eine sanfte Brise zart die Haut der Menschen streichelte. Die Sonne verwandelte den Himmel in ein Farbenmeer, veredelte die Wolken und die Dämmerung legte ein weiches Licht über die Stadt. Als die Nacht kam, war sie nicht schwarz, sie war dunkelblau, beleuchtet von Sternen und einem halben Mond.

Ja, es war ein zauberhafter Abend. Ein Abend, an dem Magie in der Luft lag, der Abend, an dem die von Chrissi organisierte Meditation stattfand. Sie hatte die Veranstaltung auf Facebook gepostet, darin erklärt, wer Julien war, wofür er stand, was ihm passiert war, und darum gebeten, den Post möglichst oft zu teilen. Sie hatte jeden aufgefordert, eine Decke und eine Kerze mitzunehmen und rechtzeitig da zu sein, denn Jeremy wollte noch eine kurze Einführung halten.

Um 20:00 Uhr befand sie sich in der Schule und schaltete die Musikanlage ein. Leise Klaviermusik durchzog den Raum, sättigte die Luftpartikel, schuf Stille trotz der Töne.

Sie rechneten mit etwa siebzig Teilnehmern, doch bereits um 20:15 Uhr strömten nicht nur Schüler in das Gebäude, sondern auch Erwachsene. Ob es Eltern waren oder andere, die dem Aufruf gefolgt waren, konnte keiner sagen. Tatsache war, dass eine Viertelstunde später über hundertfünfzig Menschen anwesend waren, die ihre mitgebrachten Kerzen und Blumen vorne an der Bühne ablegten und sich dann still auf ihre Decken setzten. Jeremy stand vorne an der Bühne und sah gemeinsam mit Chrissi sprachlos zu, wie sich der Saal füllte, der auf etwa vierhundert Leute ausgerichtet war.

Um 20:45 Uhr war er gebrochen voll und niemand passte mehr hinein. Aber immer noch kamen Menschen mit Decken, Windlichtern und Blumen. Der Mond schien zum Fenster herein und ein Lichtermeer brannte inzwischen auf der Bühne – es war ein bewegender Anblick. Immer mehr begannen auch Zettel dort abzulegen. Zettel von Julien, seine Sprüche, die er so unermüdlich ausgeteilt hatte, und nicht wenige hatten ein »Danke« darüber

geschrieben.

Da die Aula belegt war, begannen die Leute sich auf dem Vorplatz niederzulassen. Sie besetzten Gänge und Treppen und stellten ihre Kerzen auf die Steinstufen, wo das sanfte Licht eine andächtige Atmosphäre schuf. Aber etwas war schon jetzt spürbar – eine leise Freude, die angesichts des Anlasses unangemessen schien, aber sie war einfach da. Diese Freude tänzelte durch die Räume und machte die Herzen leicht. Es war die Vorfreude der Menschen, eine andere Richtung als die sonstige einzuschlagen, eine, die nach innen ging. Viele zeigten sich gegenseitig Kärtchen, die sie direkt oder auf Umwegen erhalten hatten. Juliens Zettel. Juliens Botschaften. Sie waren überall.

»Herrgott, Chrissi, was ist das denn?«, fragte Jeremy leise. »Hast du in den Post geschrieben, dass es Freibier gibt?«

Der Witz kam nicht an, denn die Leute waren so still, sie waren gesammelt – schon vor der Meditation. Jeremy schnürte das die Kehle zu. Im Augenwinkel sah er, wie Chrissi leise das Filmteam der Schule instruierte. Mit einem großen Schwenk glitt die Kamera über die Masse an Kerzen, über die Masse an Menschen, über Blumen, über Gesichter, über den Abendhimmel.

Um 21:00 Uhr war der gesamte erste Stock belegt, inklusive der Gänge rechts und links.

Jeremy musste die Lautsprecheranlage aktivieren. Völlig überwältigt stieg er auf die Bühne, nahm sich ein Mikro und ließ seinen Blick über die Menge schweifen.

»Guten Abend«, sagte er bewegt. »Ich … ich bin zutiefst gerührt über Ihr Kommen. Wir dachten, das wird eine Schülermeditation im kleinen Kreis und nun … nun sind so viele Menschen hier, um einen kleinen Jungen zu unterstützen, der noch nicht weiß, ob er in dieser Welt bleiben will. Aber ich möchte Ihnen danken – aus tiefstem Herzen. Ich bin mir sicher, dass Julien und seine Mutter mitbekommen, was Sie heute Abend für sie tun und ich bin überzeugt, dass die Schwingungen, die wir hier aussenden, etwas Gutes bewirken werden. Ich danke Ihnen. Ich danke Ihnen so sehr.«

Seine Stimme versagte ihm. In ihm war so viel Aufruhr. Die Menschen hier veränderten sein Weltbild und seine Augen schweiften über die Menge, die sich so uneigennützig versammelt hatte. So viele waren da … Schüler, Lehrer, Nachbarn, der Autofahrer und – seine Mutter.

Sie saß inmitten dieser Masse. Etwas, was noch vor wenigen Tagen unmöglich für sie gewesen wäre, und sah ihm mit einem dermaßen liebevollen und freien Ausdruck in die Augen, dass er schlucken musste. Mit Mühe fasste er sich, konzentrierte sich auf sein Herz, führte die Leute mit einer Atemtechnik und wenigen Worten in ihr Innerstes.

Die sanften Klänge einer einzelnen Flöte füllten den Raum, zogen die Menschen in ihre Mitte, in ihren Kern, in ihr Licht. Es war still. Oh, es war so unglaublich und wunderbar still! Hunderte saßen hier und erzeugten Stille. Stille, die aus ihrem Inneren kam, die Engelsflügeln gleich jeden umarmte. Stille, die dichter wurde, greifbar wurde und die nach und nach aus den Menschen etwas hervorbrechen ließ, etwas Erhabenes und so Hohes, dass viele unwillkürlich aufseufzten und sich ans Herz griffen. Liebe strömte aus ihnen heraus, Liebe, die jeden erfasste, jeden ansteckte, sich multiplizierte, potenzierte; Liebe, die sich in Wellen ausbreitete, sie vereinte, zu einem mächtigen Feld wurde, das sich immer weiter ausdehnte und keinen Zweifel daran ließ, dass alle Menschen, alle Lebewesen dieser Welt miteinander verbunden waren.

Chrissi hatte so etwas noch nie erlebt. Sie saß auf ihrer Decke, alle Härchen an ihrem Körper standen senkrecht und ein Glücksgefühl durchflutete sie, dass sie meinte, es nicht aushalten zu können. Völlig überwältigt ließ sie eine Glückswelle nach der anderen durch ihren Körper branden, ein Lächeln auf ihrem Gesicht. Sie hatte das Empfinden, zu leuchten und den Schein in die gesamte Welt zu tragen.

Julien, flüsterte sie in ihrem Kopf. *Jetzt weiß ich endlich, was du meinst! Bitte komm wieder! Die Welt ist so schön! Und sie ist noch schöner mit dir!*

♫ You are the Reason ♫
Calum Scott

Es war eineinhalb Stunden vor Mitternacht. Die Meditation war zu Ende. Die Menschen waren ruhig und gesättigt nach Hause gegangen, nur ein paar wenige hatten unsensibel die Stille mit ihrem Geschnatter durchbrochen.

Die Kerzen brannten noch und der Hausmeister sammelte grummelnd die Windlichter in den Gängen ein, über Brandgefahr schimpfend und wenn er das geahnt hätte ... Chrissi und das Kamerateam waren nach Hause geeilt – sie hatten eine lange Nacht vor sich.

Langsam stieg Jeremy die Stufen seitlich der Bühne nach unten.

Seine Mutter wartete auf ihn. Stumm starrten sie sich an und seine Augen färbten sich rot.

»Keine Angst, Jeremy«, sagte sie warm. »Ich verlange nichts von dir. Auch nicht, dass du mit mir sprichst. Ich ... ich wollte dir nur sagen, dass das heute großartig war. Das Konzert am Nachmittag und diese Meditation ... Aber noch großartiger waren all deine Botschaften, die du mir im letzten halben Jahr hast zukommen lassen. Du ... du hast mir ganz schön zugesetzt, aber du hast mir damit auch so verdammt geholfen. Ich ... ich wollte mich dafür bedanken. Jeder Satz, den du mir hast ausrichten lassen, ist wahr.«

Er schluckte.

»Ich habe so viel falsch gemacht und ich kann es nicht rückgängig machen«, fuhr sie fort. »Weißt du, Julien hat mich einmal gefragt, warum ich mich nicht umbringe, wenn ich doch das Leben so wenig lebenswert finde. Der Grund, warum ich leben wollte, warst du, Jeremy. Und es ist einfach wunderbar, dass ich dir das direkt sagen kann. Es ist wunderbar, dass ich dir sagen kann, dass ich dich liebe.«

Er blieb immer noch stumm, aber seine Lippen zuckten. Sie wandte sich zum Gehen.

»Auf Wiedersehen, mein Kleiner«, sagte sie leise.

»Mama!«, hielt er sie mit rauer Stimme zurück. Isabelle verharrte, schloss die Augen und genoss allein dieses Wort.

»Was ... was machst du jetzt? Ich meine, mit deinem Leben?«

Sie drehte sich um. »Lieben«, erwiderte sie und wirkte total befreit. »Ob du diese Liebe nun erwiderst oder nicht. Ich werde leben und lieben und ich werde nie mehr einem schwarzen Gedanken die Macht geben, so mit mir zu spielen. Ich habe meine Lektion gelernt – wenn auch auf die schmerzhafte Art, aber bei Gott, ich habe sie gelernt.«

Sie lächelte ihn an und zögernd lächelte Jeremy zurück. Doch in der nächsten Sekunde machte er einen großen Schritt auf sie zu und öffnete seine Arme. Mit einem klagenden Laut warf sie sich hinein, ihr Kopf landete auf seiner Brust, ihre Finger berührten seinen Körper und selig strich sie immer wieder über seinen Rücken.

»Jeremy!«, flüsterte Isabelle, während ihr die Tränen über die Wangen liefen. »Mein Junge! Oh mein Gott, wie ich dich liebe!« In ihr wogte ein so gewaltiges Glücksgefühl hoch, dass sie meinte, sterben zu müssen.

Lange standen sie so. Sie lösten sich gerade voneinander, sich scheu anlächelnd, als Jeremys Handy vibrierte. Beunruhigt zog er es heraus.

»Es ist Stella«, sagte er und sein Herz fing wild an zu klopfen. Er wie seine Mutter waren hochalarmiert. Er drückte auf den grünen Hörer, der Lautsprecher war nicht an, aber Stellas Schluchzen drang deutlich in den Raum. Sie flüsterte etwas und Jeremy wurde schon mit den ersten Worten so bleich, dass er sich setzen musste. Seine Hand fuhr durch sein Haar, er wollte etwas sagen und schaffte es nicht. Isabelle beobachtete ihn entsetzt, aber Jeremys Blick war blind.

♫♫♫

Erschöpft saß Stella auf ihrem Stuhl. Der Tag war so emotionsgeladen gewesen … dieses ergreifende Konzert, das Zusammentreffen mit Sabine …

Sie war wieder allein mit Julien und dachte über ihre Worte nach, über das, was ihr selbst damit klargeworden war.

Inzwischen war es acht Uhr abends, die Tür öffnete sich erneut – die Nachtvisite kam, samt dem Oberarzt, der eine sorgenvolle Miene zur Schau trug. Eine, die ihr im Bruchteil einer Sekunde die Kehle verstopfte. Er untersuchte Julien, wie er es in den letzten Tagen so oft getan hatte, wortkarg, sprach nur mit seiner Assistenz. Wie stets versuchte sie, nervlich angespannt, in seinem Gesicht zu lesen, aber er behielt sein Pokerface bei. Als er die Werte an die Assistenzärztin weitergegeben hatte, zögerte er. Dann drehte er sich entschlossen zu Stella um.

»Vielleicht ist es besser, wenn Sie sich von ihrem kleinen Sohn verabschieden, Frau Brandtner. Die Werte haben sich verschlechtert … Und es ist einfach nicht normal, dass er nicht aufwacht. Es tut mir so leid – ich hätte Ihnen so gern etwas anderes gesagt.«

Ihr Herz sank in die Tiefsee, sie konnte nicht antworten, presste die Lippen aufeinander. Der Arzt verließ fast fluchtartig den Raum, weil er das nicht ertragen konnte – und sie hatte jedes Verständnis dafür.

Still setzte sie sich wieder zu Julien, nahm seine kleine, weiche Hand, streichelte über die kindlichen Wangen, die geschlossenen Augen, zeichnete die Lippen nach, als könne sie ihm mit ihren Händen Leben einhauchen.

»Julien, mein Schatz«, flüsterte sie. »Warum willst du nicht zurück?«

Aber nichts an Julien deutete darauf hin, dass er ihre Worte gehört haben könnte. Sein Brustkorb hob und senkte sich ganz leicht, das war alles.

Die Nacht kam und sie schlief auf dem Stuhl ein, schreckte immer wieder hoch, wenn ihr Kopf zu weit nach unten sackte. Dachte daran, ins Bett zu gehen, aber sie konnte Juliens Hand einfach nicht loslassen, nicht nach dem, was der Arzt ihr gesagt hatte. Sie brauchte diesen Kontakt, klammerte sich an das kleine Händchen, an das bisschen Leben in ihm.

Es war so still hier im Raum. Auch draußen war es still, überall war Stille und etwas Großes, Sanftes breitete sich im Zimmer aus. Ihr war, als wehte plötzlich ein warmer Strom von Liebe durch den Raum, ein Strom, der immer dichter wurde, etwas Absolutes und Friedliches. Und ihr war, als hörte sie eine Flöte aus dem Off, deren Töne sie nach innen zogen.

Stellas Lider schlossen sich wie unter Ferneinwirkung, ihr Kopf sank langsam wieder nach unten. Und in diesem Zustand zwischen Wachen und Träumen, in dieser Frequenz, die für den Verstand zu hoch war, erreichte sie Julien, entspann sich ein Gespräch zwischen ihr und ihm.

»Warum willst du gehen?«, flüsterte sie im Traum. *»Du hast doch noch so viel vor dir … Wir wollten noch so vieles gemeinsam erleben … Und du wolltest doch die Welt besser machen, mein Kleiner.«*

Aber die Welt braucht mich nicht, hörte sie seine Stimme im Inneren. *Die Welt ist doch schon vollkommen. Jeder, der sie anders sieht, sieht sie verzerrt.*

Aber Julien, du gibst den Menschen eine Chance, sie auf die richtige Weise zu sehen, weil du das Licht in ihnen siehst. Du hast diese Chance auch mir gegeben, damals, als du noch in meinem Bauch warst.

Das ist Unsinn, Mama. Die Chance hat jeder. In jeder Sekunde. In jeder Situation. Immer. Sie wird immer da sein.

Dann ... möchtest du tatsächlich nicht wiederkommen?

Es ist so schön hier, Mama. So wunderschön, dass ich es dir gar nicht beschreiben kann. Alles ist Licht.

»Hier ist es auch schön«, flüsterte Stella in die Stille des Krankenzimmers. »Hier ist es genauso wunderschön. Unsere Welt ist schön, du kannst auch hier das Licht sehen. Das sind deine Worte, Julien.«

»Ja, Mama«, sagte er. »Ich weiß.«

Stellas Kopf sackte zur Seite. Sie wachte auf, schreckte hoch. Blinzelte. Juliens Stimme hatte sich so echt angehört, als hätte er ihr direkt ins Ohr geflüstert. Seine Hand lag noch in der ihren und voller Liebe hob sie sie an ihren Mund und küsste sie. Und dann sah sie es.

Juliens Augen waren offen.

♫♫♫

Ihr Herz schoss im Tiefflug nach unten, um sich hernach mit doppelter Geschwindigkeit wieder nach oben zu katapultieren. Im ersten Moment war sie unfähig zu reagieren, doch dann fiel ihr Stuhl polternd zu Boden, so schnell war sie aufgestanden. Mit rasendem Herzklopfen beugte sie sich über ihr Kind. Ja, seine Augen waren offen! Sie bewegten sich!

»Julien«, flüsterte sie und konnte kaum sprechen. »Julien, kannst du mich hören? Kannst du mich verstehen?«

Seine Lippen bewegten sich. Kein Laut kam hervor. Aber sie starb fast vor Glück über dieses Lebenszeichen.

»Julien, mein Schatz, du musst nicht reden, wenn es zu anstrengend ist. Aber kannst du nicken?«

Er nickte schwach und Stella bekam fast einen Herzinfarkt, so wild tobte die Hoffnung in ihrem Brustkorb. Gleichzeitig hatte sie Angst, dass er die Augen wieder schließen könnte.

»Mama ... wieso ... weinst ... du ...«, hauchte Julien unter großer Anstrengung und eine weitere Fontäne an Glücksgefühlen brach sich in ihr Bahn. Er konnte sprechen! Er erkannte sie!

»Weil du da bist!«, schluchzte sie und war einem Zusammenbruch nahe. »Weil du da bist! Weil du mich anschaust, weil ... du lebst!«

Damit brach sie endgültig in Tränen aus, schaffte es endlich, den roten Knopf zu drücken, der Schwestern und Ärzte herbeiholte, konnte sich fast nicht mehr beruhigen, streichelte Julien unentwegt und hatte dauernd Angst, er fiele wieder zurück ins Koma. Fassungslos stand der Arzt vor dem Bett, maß den Puls, testete die Reaktionen, tat all das, was er tun musste, um die unumstößliche Tatsache zu bestätigen: Julien war zurück.

Stella bekam einen Heulkrampf. Es war das schönste Gefühl, an das sie sich jemals erinnern konnte. Diese Dankbarkeit, diese Erleichterung, dieses Glück! Es war mit Worten nicht zu beschreiben.

♪♪♪

In der Zeit, in der sich der Arzt weiter um Julien kümmerte, tippte sie mit fliegenden Fingern eine Nachricht an alle Bekannten und Freunde – und rief Jeremy an.

Aber der Erste, der eintraf, war Alex. Er rannte auf sie zu, nahm sie in die Arme und drückte sie so fest, dass sie meinte, keine Luft mehr zu bekommen.

»Oh mein Gott«, sagte er in einem fort. »Oh mein Gott, das ist so wunderbar, Stella, das alles ist wunderbar …«

Sie umklammerte Alex, weinte an seinem Brustkorb, froh, dass jemand da war, mit dem sie diese Emotionen teilen konnte.

In diesem Moment riss Jeremy die Tür auf und stürmte herein, Isabelle im Schlepptau, die ebenso wie Stella vor Freude außer sich war. Doch Jeremy verharrte abrupt und seine Begeisterung verblasste aufgrund des Bildes, das sich ihm bot. Stella war so vereinnahmt in ihrem eigenen Gefühl, dass sie es nicht merkte. Sie löste sich von Alex und ging auf Jeremy zu, schlang ihre Arme um ihn und Isabelle, stammelte halbe Sätze, heulte Rotz und Wasser, war völlig durch den Wind, bis der Arzt und sein Team die Sicht auf Julien freigaben und sich alle um das Bett herumstellten.

Julien hatte die Augen noch immer offen und sie glommen auf, als er Jeremy sah.

»Hey, altes Haus«, sagte Jeremy bewegt. »Ich hab dich derbe vermisst.«

Julien wollte etwas sagen, aber konnte nicht und so nickte er nur ganz leicht. Dann trat Frau Huber an sein Bett, von der er noch nicht wusste, dass sie gar nicht so hieß, und wieder leuchteten seine Augen auf und er versuchte, seine Hand zu heben. Sie hob sich nur ein paar Zentimeter über die Decke, er hatte kaum Kraft, aber Isabelle lachte vor Freude auf, nahm mit nassen Augen seine Finger zwischen die ihren.

»Gott sei Dank«, flüsterte sie in einem fort. »Gott sei Dank … mein kleiner Engel … Du bist wieder da!«

Immer wieder fielen Julien die Augen zu. Stella hatte Angst, dass er erneut ins Koma fallen könnte, aber der Arzt beruhigte sie und sagte, das sei sehr, sehr unwahrscheinlich und versicherte ihr, er sei über den Berg. Sie konnte sich gar nicht beruhigen, immer noch liefen ihr die Tränen hinunter.

»Ich werde die ganze Nacht kein Auge zutun«, verkündete sie aufgelöst. »Ich kann es nicht erwarten, bis er wieder mit mir spricht. Er ist wach! Er ist wach! Er hat sogar was zu mir gesagt! Ich bin so glücklich!«

Sie hielt tatsächlich die ganze Nacht seine Hand. Julien wachte immer wieder auf, spürte, dass sie da war, und schlief wieder ein. Die Schwester drängte Stella, sich auf das Feldbett zu legen, aber sie weigerte sich. Sie blieb auf dem Stuhl und konnte es kaum erwarten, Julien erneut in die Augen sehen zu können.

Am Morgen hatte er eine längere Wachphase, in der sie ihm behutsam erklärte, dass er einen Unfall gehabt hatte. Julien blinzelte in die Welt, als wäre sie ihm fremd, aber auch das, sagte der Arzt, sei normal. Jetzt müssten alle Funktionen wieder neu zum Leben erweckt werden. Die Schläuche und Geräte wurden entfernt, am nächsten Tag konnte er sogar ein bisschen Brei essen – und ab da ging es mit Riesenschritten vorwärts. Julien hatte keine bleibenden Schäden. Er war gesund.

Stella war in ihrem Leben noch nie so abgrundtief dankbar und glücklich gewesen.

♫ (Don't Wanna live in a) World Without Love ♫
Jonah Smith

Das Video wurde fantastischer, als Chrissi sich das erträumt hatte. Und je mehr es sich der Vollendung näherte, desto geringer wurden ihre Skrupel, die Bilder und Mitschnitte von Julien einzubauen. Es machte ihr Freude, die Aufnahmen anzuschauen. Sie hatte ihn so oft mit dem Handy aufgenommen, um seine Sätze festzuhalten, das war nun alles Gold wert. Da war Julien, wie er den Lorenzeffekt erklärte, wie er über die kritische Masse redete und vom Licht in jedem Menschen. Als sie die einzelnen Aufnahmen zusammenfügte, war ein eindrucksvoller, bewegender Videoclip geboren.

Bewusst startete Chrissi den Kurzfilm mit einer Aufnahme von Jamie Scott. Sein liebes, immer leicht wehmütiges Gesicht erschien. darüber flimmerte der Schriftzug:

»Jamie Scott's Vermächtnis – sein letzter, unveröffentlichter Song – seine Botschaft an die Welt.« Sein Foto wurde zunehmend blasser, bis es verschwand und von Chrissi abgelöst wurde.

»Jamie Scott war einer der genialsten Musiker des 21. Jahrhunderts«, eröffnete sie ihre Rede und schaute so trotzig und herausfordernd in die Kamera, dass allein das schon Aufmerksamkeit erregte. »Er ist viel zu früh gestorben. Aber: Er hat uns ein wichtiges Vermächtnis hinterlassen – einen Song, den er seinem Patenkind Julien gewidmet und dem er sämtliche Veröffentlichungs-, Copyright- und Urheberrechte übertragen hat.«

Das kopierte Dokument wurde eingeblendet und die Kamera zoomte auf Jamies Unterschrift und Juliens Namen.

»Julien«, erklärte Chrissi dazu, »ist der außergewöhnlichste Junge, dem ich je begegnet bin und niemand ist eher berufen, der Erbe dieses Songs zu sein, als er. Jamies erste CD hieß: *For a better World*. Und das ist exakt das, wofür Julien steht. Aber seht selbst.«

Ein quietschfideler, verschmitzter Julien, der im Schneidersitz auf seinem Bett saß, kam ins Bild.

»Jeder wünscht sich eine bessere Welt«, sagte er und grinste charmant in die Kamera. »Aber niemand sieht, was man wirklich dafür tun muss. Es beginnt alles mit uns und es endet alles mit uns. Wir sind der Dreh- und Angelpunkt für alles, was auf dieser Welt geschieht. Und deshalb finde ich, muss sich jeder Mensch um sich selbst kümmern – und darum, was ihn davon abhält, Liebe zu empfinden und glücklich zu sein. Das, worauf du dich konzentrierst, das wächst. Aber die ganze Welt konzentriert sich auf Probleme – also wachsen sie auch. Das ist die Illusion, von der die Weisen sprechen. Unsere Probleme wachsen, weil wir uns in ihnen verlieren und das ist ein ewiger Kreislauf . Wir haben ihn erschaffen und nur wir können ihn beenden. Wir müssen bei uns selbst anfangen. Es ist der große Trugschluss unserer Welt, zu meinen, wir könnten unsere Probleme in den Griff bekommen, wenn wir uns mit ihnen beschäftigen und nicht damit, wo sie herkommen. «

Untermalt wurde dieser Clip mit leiser Pianomusik und Naturaufnahmen, gerade dann, wenn Julien davon redete, dass die Welt schön war.

»Ich habe mal den Satz gelesen: *Nur, wenn du die Welt mit Liebe ansiehst, kannst du sie verändern.* Das finde ich schön. Denn das Wichtigste ist, dass du daran glaubst, dass Liebe in dir ist. Mahatma Gandhi hat gesagt: *Die Revolution muss in einem selbst stattfinden, dann erst findet die Revolution auch außen statt.*«

Es folgten Parts von dem Nachmittag, wo Julien so enthusiastisch über den Zusammenhang zwischen dem Lorenzeffekt, der kritischen Masse, dem Feldbewusstsein und dem Präfrontalkortex gesprochen hatte.

»Noch nie waren wir so miteinander verbunden wie in diesem Jahrhundert«, sprudelte er. »Könnten wir das nicht nutzen? Könnten wir uns nicht gemeinsam auf das Gute konzentrieren? Denn gute Taten bleiben. Sie haben Gewicht. Vielleicht ist es genau das, was die Welt zum Umdenken bringt. Vielleicht ist das, was du heute tust, der Flügelschlag, der in späteren Generationen wirkt. Deshalb werde ich nie aufhören, Gutes zu tun – denn wir sind die Dezimalstellen hinter dem Komma! Und die beste gute Tat, die wir tun können, ist, uns selbst zu lieben. Jeder Mensch, der sich selbst liebt, ändert etwas im Weltgeschehen. Wir sind mächtiger, als wir glauben.«

Dazwischen hatte Chrissi Szenen von Jamie gesetzt, private Fotos und Mitschnitte, die Stella ihr zur Verfügung gestellt hatte – Fotos, die neu für die Öffentlichkeit waren, die den Clip umso eindrucksvoller machten. Jamie Scott flimmerte über den Bildschirm und Juliens Stimme vertonte ihn.

»Weißt du, ich habe von Schwingungen und all dem Zeug wenig Ahnung, also, ich meine, ich bin kein Physiker oder so. Aber meine Mama hat mir mal ein Video auf YouTube vorgespielt, von einem Sänger, der mein Patenonkel war. Sein Name war Jamie Scott. Und als er sein Lied sang, musste ich weinen. Aber es waren keine Traurigkeitstränen. Mein Herz tat nicht weh, es tat sogar gut. Darüber habe ich nachgedacht. Über diese Herzenstränen. Denn Jamie hat mein Herz nicht traurig gemacht, er hat es bewegt. Er konnte mit seiner Musik das, was er gefühlt hat, auf andere Menschen übertragen – über Tausende von Kilometern hinweg. Die Schwingung ist immer noch da und Jamie erreicht immer noch jeden damit, der seinen Song anklickt, obwohl er schon tot ist.

Und genau das macht doch Hoffnung. Weil da etwas ist, was wir nicht sehen. Etwas Schönes und Großes, etwas, das uns führt und lenkt, etwas, das es gut mit uns meint. Und was ich auch spannend finde, ist, dass sich Eheleute immer mehr ähneln, je länger sie zusammen sind. Nicht nur im Verhalten, sondern auch im Äußeren. Also, wenn sich sogar ein Gesicht ändern kann, wenn man zusammenlebt, wie wichtig ist es dann, auf seine Worte, seine Gedanken und Taten zu achten? Wie kann man dann sagen, wir hätten keinen Einfluss?«

Das Video wechselte wieder auf Julien, der die Unterlagen aus Jeremys Kurs in der Hand hielt.

»Die Gleichung ist sehr einfach«, erklärte er heiter. »Mein Pate hat gesagt: *Wenn du Güte in der Welt willst, musst du Güte in dir entwickeln.* Wenn du eine Welt voller Liebe willst, musst du erst Liebe in dir entwickeln, dann kann sie in der Welt entstehen, verstehst du? Ich will in einer Welt voller Liebe leben und ich wünsche mir so sehr, dass alle Menschen erkennen, dass diese Liebe und das Licht bereits mitten in ihnen sitzt.«

Er sah in die Kamera, sprach mit Chrissi, grinste sie an. »Das wäre doch toll, oder? Stell dir vor, wie unsere Welt aussähe, wenn das jeder wüsste! Und es lebt!«

Er lachte. Sein Bild verblasste. Chrissis Stimme erhob sich aus dem Off.

»Das ist Julien. Vor zwei Wochen wurde er von einem Auto erfasst und schwebt zwischen Leben und Tod. Aber das hier ist keine Petition. Das hier ist ein Weltaufruf – ein Aufruf von Jamie Scott und Julien. Der Song, den Jamie Julien vermacht hat, heißt ›Let us be united‹ und er ist eine Hymne an unsere wahre Größe, eine Hymne an die Liebe. Eine Hymne für die Welt. Eine Welt voll Frieden und Liebe.«

Noch einmal erschien das Dokument, die Kamera zoomte auf Jamies Satz:

Let us be united – an eternal, everlasting hymn from ancient times – for the brotherhood of man.

»Hört euch den Song an«, tönte Chrissi aus dem Off. »Wir freuen uns, wenn ihr das teilt.«

Der Song begann, die Musik brandete auf. Der Chor sang. Chrissi hatte die Gesichter der Menschen eingeblendet, ihre Rührung, ihre Tränen, Parts aus der Meditation, das Lichtermeer an Kerzen, die Einigkeit der Menschen, die gekommen waren, um einen positiven Sog für Julien zu erzeugen, zusammen mit Fotos von Julien selbst, wie er im Krankenhaus lag, den Kinderchor, die Bigband … Es war überwältigend.

Der Clip schlug ein wie eine Bombe. Schon vierundzwanzig Stunden später hatte er über zwanzigtausend Likes – und das multiplizierte sich in einer Geschwindigkeit weiter, dass allen Hören und Sehen verging. Ein Junge aus dem Veranstaltungsteam machte den Vorschlag, das Video in Teilen hochzuladen und so gab es kurz danach eine Version nur mit Juliens Worten, eine nur mit dem Song, eine lange, die beides vereinte – und ein Mitschnitt von Chrissis Rede im Krankenhaus.

Juliens Botschaft brandete durch das Land und darüber hinaus, löste eine Fülle an Reaktionen aus. Millionen saßen vor ihren Rechnern, ihren iPads, Smartphones und Tablets und hörten sich seine Worte an. Der

Clip wurde millionenfach herumgereicht und entfachte einen Sturm an Diskussionen, eine Flut an Reportern und Journalisten, die speziell Chrissi, die Schule und Stella heimsuchten.

Ungefähr drei Stunden nach dem Upload meldete sich die Plattenfirma bei Stella und teilte ihr mit, sie würde die Echtheit des Dokumentes prüfen.

»Das können Sie gerne machen«, erklärte sie ihnen heiter. Ihr war das so was von egal. Das Wichtigste war Julien. Und mit dem ging es rapide aufwärts. Nach einer Woche war er schon fast wieder der Alte – er sprach und bewegte sich nur langsamer und hatte enorm abgenommen. Aber auch hier beruhigte sie der Arzt: Eher sei es erstaunlich, dass er sich nun so schnell erhole und alle Funktionen so zügig zurückerlange.

♫♫♫

Erneut setzte ein Besucherstrom ein, den Stella koordinieren musste, um Julien nicht zu sehr zu beanspruchen. Sie hatte Mühe, die Reporter davon abzuhalten, ins Krankenhaus einzudringen, aber die meisten waren anständig und akzeptierten, dass das nicht gut für Julien war.

Doch der erholte sich nach den Aussagen des Arztes rasend schnell, dennoch brauchte alles seine Zeit und alle gingen noch sehr behutsam mit ihm um. Chrissi war eine der ersten, die auftauchte und sie sagte ihm, er müsse in Rekordgeschwindigkeit gesund werden, sie hätte eine Riesenüberraschung für ihn. Es herrschte in diesen Tagen ein solcher Trubel, dass es Stella erst nach zwei Tagen auffiel, dass Jeremy nicht unter den Besuchern war.

Sie sprach Isabelle darauf an:

»Was ist mit Jeremy? Mit euch beiden? Oh, ich habe gar nicht danach gefragt!«

»Das ist ja auch verständlich«, antwortete Isabelle und ihre Augen leuchteten. »Jeremy und ich reden. Es begann nach der Meditation und stell dir vor … Bevor ich einen Ton sagen konnte, hat mein Mann einen Umzugsdienst organisiert – in zwei Tagen bin ich wieder zu Hause! Ich kann dir gar nicht sagen, wie es gerade in mir aussieht!«

»Wie schön! Das hört sich doch klasse an«, sagte Stella erfreut. »Dann seid ihr wieder eine Familie!«

»Ja, ich hätte das nie für möglich gehalten, niemals! Und wenn Julien nicht gewesen wäre, säße ich jetzt noch unglücklich in meiner Wohnung!«

Sie redete über die Neuerungen in ihrem Leben, aber Stella hörte nicht mehr richtig zu. Sie dachte an Jeremy.

Als er auch am dritten Tag nicht kam, rief sie Katja an.

»Katja, meine Süße, ich brauche dringend deine Hilfe!«

»Was immer du willst!«, trötete Katja zurück. »Familie Hartwig macht es möglich! Hoffentlich ist es was richtig Verrücktes!«

»Ich brauche ein altes, rotes Fahrrad mit einem tiefen Lenker! Ist das verrückt genug? Und ich brauche es am besten gestern! Kriegst du das hin?«

»Ein altes, rotes Fahrrad, okay«, sagte Katja verdattert. »Na, gut, du stellst uns also auf die Probe! Wirst sehen, wir knacken auch das!«

Einen Tag später stand das Fahrrad in Stellas Fahrradkeller.

»Es war schwarz«, teilte Katja ihr mit. »Aber mein Olli kennt ne Autolackiererei, die haben das im Handumdrehen mit deiner Wunschfarbe versehen. Verrätst du mir, was du damit vorhast?«

»Erst, wenn ich es hinter mir habe«, sagte Stella. »Aber dann bist du die Erste, die es erfährt! Versprochen!«

♫♫♫

Isabelle war bei Julien und Stella machte sich auf den Weg. Ihr Herz klopfte gewaltig, als sie den Parkplatz der Schule erreichte und hinter einem Auto in der Nähe der Fahrradständer wartete. Es war Freitag und sie wusste sicher, dass Jeremy keinen Nachmittagsunterricht hatte.

Die Schulglocke läutete, Schüler strömten in Massen und in Wochenendstimmung heraus, lachten, unterhielten sich – und endlich kam Jeremy. Er warf seinen Schülern ein paar Worte zu und machte sich daran, das Schloss seines Fahrrads aufzuschließen. Leise stellte sich Stella neben ihn.

»Hi, Jeremy«, sagte sie.

Er stockte eine Sekunde in seiner Bewegung, aber sah nicht auf.

»Hi Stella«, antwortete er kurz angebunden. »Was gibt's?«

»Ich möchte dich gern etwas fragen … dir etwas zeigen und dich um etwas bitten.«

»Das wäre?«

»Schaust du mich dabei an, wenn ich es dir sage?«

Endlich richtete er sich auf und sah ihr ins Gesicht. Er lächelte nicht, doch dann fiel sein Blick auf das rote Fahrrad und er stutzte.

»Das ist das, was ich dir zeigen wollte«, erklärte sie. »Was ich dich fragen will, ist hier drin.«

Sie überreichte ihm einen Umschlag, den Jeremy zögernd entgegennahm.

»Mach ihn auf!«, drängelte sie nervös.

Mit einem skeptischen Blick riss er ihn auf und hielt ein Flugticket in den Händen.

»Das ist deine Frage?«

»Ja, ich möchte dich fragen, ob du mit mir nach Ibiza fliegst!«

Seine Mundwinkel wanderten leicht nach oben und er blickte ihr nun direkt in die Augen.

»Und deine Bitte?«

»Dass du mit mir den Sommer dort verbringst? Und vielleicht nicht nur diesen Sommer, sondern den Rest meines Lebens? Dass du mich dort vernaschst? Und ich dich? Bitte sag ja! Und ich wüsste auch schon, wo!«

Seine Augen fingen an zu leuchten.

»Ach, du meine Güte«, sagte er und grinste breit. »Heißt das, du entscheidest dich tatsächlich für einen Beamtenarsch?«

»Ich liebe Beamtenärsche«, erwiderte sie. »Vor allem deinen! Und vor allem dich!«

Er lachte leicht und verwundert. Wenn er mit allem gerechnet hätte, aber nicht damit! Er war komplett durcheinander und fuhr sich durchs Haar.

»Stella, du hast Alex so heftig umarmt, als …«

»Mann, Jeremy«, unterbrach sie ihn ungeduldig. »Ich hätte eine Kuh umarmt, wenn sie in diesem Moment zur Tür hereingekommen wäre! Das wirst du doch hoffentlich verstehen! Was ist jetzt? Fliegst du mit?«

»Stella! Bedeutet das, was ich mir wünsche, was es bedeutet?«

»Und wie es das bedeutet!«, rief sie. »Ich liebe dich, Jeremy!«

Sie glühte ihn an, kam einen Schritt näher, fasste ihn um seine Mitte und raunte: »Und ich habe keine Ahnung, ob ich warten will, bis wir auf Ibiza sind!«

Er lachte glücklich. »Seit wann bist du so frivol? Du warst doch immer so verklemmt!«

»Tja, deine Therapie hat gewirkt!«, grinste sie und deutete auf das rote Fahrrad. »Und gerade frage ich mich, ob du das überhaupt verkraftest … oder ob das für dich als Beamter nicht zu heftig wird.«

»Hey, mal langsam«, entgegnete er entrüstet. »Traust du mir so wenig zu?«

»Ist nur eine Vorwarnung«, erwiderte sie anzüglich. »Du hast mich ein wenig zu oft angeteast … und außerdem bin ich ausgehungert, ich hatte so lange keinen Mann! Ich vernudele dich unter den Tisch! Oder besser gesagt, unters Bett!«

»Das heißt, ich vernudele dich *auf* dem Tisch«, verbesserte Jeremy, ganz der Lehrer, und grinste immens dreckig, während er sie an sich zog. »Und es muss heißen: Ich vernudele dich *auf* dem Bett, weil …«

»Meinetwegen auf dem Kühlschrank!«, erwiderte sie ungeduldig. »Hauptsache, du tust es! Und wenn ich es mir recht überlege, wäre es doch schön, wenn du gleich mit zu mir nach Hause kommst … mal sehen, was du als Beamter so draufhast!«

♫ Life is worth living (when we make it worth living) ♫
Justin Bieber

Chrissi spielte Julien das Video vor und er war ganz außer sich vor Bewunderung für sie.

»Mann, Chrissi«, staunte er. »Das ist ja ein Meisterwerk! Ich meine, nicht, weil ich darin vorkomme, sondern …«

»Doch, weil du darin vorkommst«, insistierte sie und drückte ihn. »Ich bin so froh, dass du lebst, Julien, ich wüsste wirklich nicht, was ich ohne dich gemacht hätte.«

»Tja, das höre ich doch jetzt wirklich gern«, grinste Julien. »Weil …«

»Weil was?«, fragte sie nach, als er nicht weiterredete.

»Sag mal«, sagte er nachdenklich. »Hast du gemerkt, dass meine Mama und Jeremy …«

»… zusammen sind? Klar habe ich das gemerkt! Das merkt jeder, so verliebt, wie die sind!«

Julien presste die Lippen zusammen. Chrissi beobachtete ihn besorgt.

»Was ist? Ich dachte, du magst Jeremy! Hast du ein Problem damit? Wegen …«

Sie bremste sich, hatte sagen wollen: »Wegen Sam?« Aber bis jetzt hatte noch niemand Julien darüber informiert, was Sam getan hatte. Dazu war es noch zu früh.

»Was meinst du?«, fragte Julien. »Wegen des Altersunterschieds?«

Chrissi nickte, dankbar, dass er auf eine andere Schiene lenkte.

»Nicht die Bohne! Im Gegenteil! Mich freut das sehr!«, erklärte Julien und grinste sie in alter Manier an. »Vor allem, weil du sagst, dass du nicht weißt, was du ohne mich gemacht hättest. Nächstes Jahr bin ich dreizehn und du neunzehn … Und irgendwann bist du achtunddreißig wie meine Mama und ich werde zweiunddreißig sein … fast wie Jeremy.«

Chrissi lachte. »Ach, darauf willst du hinaus! Das ist noch weit hin«, schmunzelte sie und verstrubbelte ihm das Haar.

»Ich kann warten. Was sind zwanzig Jahre!«

Chrissi schüttete sich aus vor Lachen, aber dann registrierte sie, dass Julien nicht mitlachte.

»Hey«, sagte sie beunruhigt. »Du meinst das aber jetzt nicht ernst, oder?«

»Klar, meine ich das ernst! Zwanzig Jahre sind schnell rum. Dazwischen machen wir beide unsere Erfahrungen. Bis du merkst, dass ich der einzig Richtige für dich bin«, erwiderte Julien.

Dabei grinste er so spitzbübisch, dass sie keine Ahnung hatte, ob er sie nicht doch kräftig verkohlte.

♫♫♫

Es blieb natürlich nicht aus, dass Julien irgendwann nach Sam fragte und sie ihn mit der Wahrheit konfrontieren mussten. Inzwischen war er wieder zu Hause, ging aber nicht zur Schule, lag viel im Bett und bewegte sich noch recht vorsichtig.

So schonend wie möglich brachte Stella es ihm bei.

»Er hat den Song geklaut?« Seine Stirn runzelte sich.

»Ja, mein Engel. Und nicht nur das. Auch mein Bargeld, meinen Schmuck … wie damals.«

Julien war sehr still, als er es hörte. Er sah eine Weile auf den Boden und richtete dann seinen Blick auf Stella.

»Und wo ist er jetzt?«

»Keine Ahnung. Auf der Flucht. Er ist untergetaucht.« Besorgt beobachtete sie ihn.

»Ach, der Arme«, sagte Julien. »So schade, oder? So schade, dass er nichts verstanden hat.«

Stella stutzte.

»Bist du … bist du nicht traurig deswegen?«

»Doch, ein wenig. Aber ich bin mehr traurig für ihn. Nun hat er gar nichts.«

»Ja, das stimmt, nun hat er gar nichts«, bestätigte sie. »Noch nicht mal einen Sohn. Und er hätte doch den wunderbarsten Sohn der Welt haben können.«

Julien lächelte leicht. »Aber er hat das Geld für den Song. Vielleicht macht ihn ja das für eine Weile glücklich.«

Er sagte es vollkommen wertfrei und ohne jeden Groll. Stella wunderte sich noch mehr.

»Auch das hat er nicht«, klärte sie ihn auf. »Jetzt kommt die gute Nachricht! Die Plattenfirma hatte ihm das Geld noch nicht gezahlt, weil er noch höher pokern wollte. Und dann hat ihm Chrissis Video einen gewaltigen Strich durch die Rechnung gemacht. Julien, ich fürchte, Chrissi hat dafür gesorgt, dass du dir finanziell keine großen Gedanken mehr machen musst. Jetzt bekommst du das Geld.«

Sie grinste ihn an.

»Was? Die zahlen das *mir*?«

»Es ist dein Lied, Julien. Und stell dir vor, sie haben gefragt, ob du den Song performen willst. Sie dachten, es sei eine gute Idee, eine Version mit dir zu machen. Und eine zusammen mit Vincent Fox, du weißt schon, dem Sänger von ›Any Religion‹.«

»Oh, fuck«, japste Julien. »Das ist ja der Hammer! ›Any Religion‹! Das ist die Band überhaupt! Chrissi steht total auf die! Da hab ich ja noch mehr Chancen bei ihr!«

Stella lachte lauthals. »Sag mal, und das mit Sam macht dir wirklich nichts aus?«

»Es wäre schöner gewesen, wenn er es nicht getan hätte. Aber ich weiß nicht, Mama, ich bin so glücklich. Ich habe so viel. Warum soll ich mich jetzt unglücklich machen, weil ein anderer was Falsches tut?«

»Na ja«, sagte Stella bewegt von seiner Einstellung. »Weil er dein Vater ist. Und weil Väter sich nicht so verhalten sollten. Aber ich weiß genau, was du damit sagen willst, und ich finde deine Einstellung grandios. Wenn du seine Liebe bräuchtest, dann hätte es dir wehgetan. Aber du fühlst so viel Liebe in dir, dass dir das gar nicht wehtun kann. Ist das so richtig?«

»Besser hättest du's nicht ausdrücken können«, strahlte Julien. »Perfekt!«

»Na, dann«, schmunzelte Stella. »… wünschen wir Sam alles Gute. Wünschen wir ihm Einsicht. Wünschen wir ihm, dass er das für sich entdeckt, was du schon längst weißt.«

Stella fühlte sich leicht. Juliens Einstellung hatte auch sie von jedem Groll befreit.

♫♫♫ Ibiza ♫♫♫

Die Tage waren heiß und die Nächte warm. Stella und Julien waren auf Ibiza.

Alisa und John waren außer sich vor Freude, als sie Julien wiedersahen, außer sich vor Freude, dass er wieder gesund war, und sie hatten ein behutsames Programm aufgestellt, was sie mit ihm unternehmen wollten. Und auch Julien freute sich wie verrückt und versank in der Liebe und Fürsorge der beiden.

Abends deckten Stella und Alisa den großen Tisch unter einer Gruppe von Bäumen, der sich vor Essen und Leckereien fast bog. Die Dorfgemeinschaft kam zusammen und jeder brachte etwas mit. Es waren Abende voller Musik, Abende, an denen die alten Lieder erklangen, die sich Stella in ihrem ersten Sommer auf Ibiza so eingeprägt hatten. Sie lachten und tanzten, erzählten sich Geschichten und träumten in die Zukunft. Es waren wunderbare, sorglose Tage. Alisa und John unternahmen mit Julien eine Dreitagestour nach Formentera und Stella holte Jeremy vom Flughafen ab. Er war mit seinen Eltern unterwegs gewesen und hatte seine Anreise verschieben müssen.

»Wie geht es Isabelle?«, fragte Stella.

»Mehr als gut. Sie strahlt nur noch. Sie ist für jede Sekunde dankbar … und so glücklich. Es ist wirklich eine Freude, mit ihr zusammen zu sein. Wir reden viel. Und für mich ist es so schön, meine Eltern vereint zu sehen.«

»Ja, das ist wirklich schön«, sagte sie. »Und stell dir vor: Alex ist wieder mit seiner Sabine zusammen.«

»Ich kann immer noch nicht glauben, dass du diese gute Partie hast sausen lassen«, grinste er. »Und mit mir vorliebnimmst! Übrigens, wo fahren wir denn hin? Nach Sant Joan? Zu John? Wie wär's, wenn wir erst in Eivissa einen Cocktail trinken?«

»Können wir, wenn du Lust hast, aber ich habe eine kleine Überraschung für dich!«, erklärte sie. »Und ich fürchte, ich kann nicht warten. Also, hm, wenn ich es mir recht überlege, wäre es super, wenn wir den Cocktail danach trinken könnten.«

»Dann hoffe ich ja, dass die Überraschung das ist, was ich mir so vorstelle«, gab er mit einem anzüglichen Grinsen zurück.

»Mann, Jeremy! Das wäre doch keine Überraschung!«

»Kommt drauf an … hast du neue Reizwäsche gekauft?«

»Das wäre auch keine echte Überraschung!«

»Wer weiß, vielleicht überrasche ich ja dich?« Jeremy zog die Augenbrauen hoch.

»Wie das denn? Hast du dir etwa Reizwäsche gekauft? Das wäre ja wirklich mal was Neues, wobei dein Beamtenhintern ohne Wäsche sicher verlockender ist.«

Sie flachsten hin und her und waren nach einer halben Stunde in Sant Miquel angekommen. Stella durchquerte den Ort, hielt zwei Minuten später an der Finca und stellte den Motor ab.

»Oh mein Gott, die Finca«, murmelte Jeremy, als er ausstieg. Beiden zog wieder der aromatische Duft von Thymian und Rosmarin in die Nase und weckte Erinnerungen. Der weiße Vorhang an der Terrassentür wehte wie damals einladend nach außen und der Garten stand in voller Blütenpracht.

Stella nahm Jeremy an die Hand und zog ihn, rückwärts laufend, Richtung Eingang.

»Therapiestunde, mein Schatz!«, grinste sie.

Jeremy lachte, ließ sich mitziehen und legte seinen Arm um sie. Aber als Stella die Haustür öffnete, stoppte er.

»Was ist?«, fragte sie lächelnd. »Willst du nicht reinkommen?«

»Ähm, warte, weil du das mit der Therapie ansprichst … Hat Sam dich nicht damals über die Schwelle getragen?«

»Ähm … ja, hat er.«

»Na, dann …«

»Jeremy!«

»Sag nichts«, flüsterte er, hob sie hoch und trug sie ins Haus, ins Schlafzimmer, wo er sie sanft herunterließ. Stella hatte überall Kerzen aufgestellt, Rosenblüten auf dem Bett verteilt und einen Eiskübel mit Champagner auf das Nachttischchen gestellt. Sie begann, die Flasche zu öffnen.

»Perfekt«, sagte Jeremy und funkelte sie an. »Jetzt kann ich endlich mit dir machen, was ich damals schon immer machen wollte.«

Er zog sein T-Shirt über den Kopf, warf es in die Ecke und kam auf sie zu.

»Aber … aber wir haben doch schon gemacht, was du schon immer mit mir machen wolltest«, stotterte sie, weil er einen so ernsten Blick draufhatte.

»Das wollen wir heute noch ein wenig steigern«, erwiderte er, zog den Reißverschluss ihres Kleides auf und schob den Stoff über ihre

Schultern. Stella schloss die Augen. Jedes Mal, wenn er sie berührte, glühte sie. Sie hatte so oft gebrannt, aber mit Jeremy war es anders, weil es aus einer abgrundtiefen Liebe zu ihm geschah, frei von allen Ängsten, frei von falschen Gedanken. Sein Finger strich über ihren Busen, er zog den BH herunter, sein nackter Oberkörper schmiegte sich an den ihren, fühlte ihre pralle Wölbung an seiner Brust. Sanft nahm er ihr Gesicht in seine Hände, küsste sie mit immer stärker werdender Begierde, drängte sie aufs Bett und ließ seiner Leidenschaft freien Lauf. Stella stöhnte unter seinen Liebkosungen, genoss seine Erregung, spielte mit ihm, bis auch er sich nicht mehr beherrschen konnte und sie in einer Wildheit und Zügellosigkeit nahm, die ihr den Atem raubte.

Schweißgebadet und erschöpft lag sie danach in seinen Armen. Ihr Herz klopfte heftig und sie kuschelte ihr Gesicht an seine Brust, noch immer bebend, noch immer im Nachhall dieses gewaltigen Höhepunktes.

»Ich bin so glücklich mit dir«, flüsterte Stella. »So glücklich! Ich bin so froh, dass es dich gibt! Ich liebe dich so sehr!«

Er lachte leise. »Ich dich auch«, flüsterte er. Sein Arm lag um ihren Körper, auch sein Herz klopfte.

»Und dass wir in der Finca sind …«, murmelte sie, »ist für mich besonders schön.«

»Ja, du hast dieses Haus schon immer geliebt, nicht?«

»Das stimmt. Von der ersten Sekunde an.«

»Das ging mir auch so«, sagte Jeremy. »Und daher habe ich es gekauft.«

Stella stockte, stützte sich auf ihren Ellbogen und sah ihn ungläubig an. »Du hast es gekauft?«

»Ja, war ganz schön teuer! Die Preise auf Ibiza sind echt gesalzen, also eine gewinnbringende Investition ist das schon mal nicht.«

Stella starrte ihn an. »Und das kannst du dir leisten?«

»Gerade so«. Schelmisch grinste er sie an. »Alex wäre wohl doch die bessere Partie gewesen.«

»Kann gar nicht sein«, lächelte sie und schlang ihre Arme um ihn. »Ich hoffe ja nicht, dass du jetzt meinetwegen am Hungertuch nagst.«

»Hey, Stella! Sag mal, ist dir nicht bewusst, dass ich nicht nur ein Beamtenarsch, sondern auch Sohn bin? So einer, der nicht unbedingt arbeiten müsste, wenn er nicht wollte?«

»Ähm … nein«, brachte sie stotternd hervor. »Um ehrlich zu sein, habe ich das irgendwie völlig verpeilt. Ich habe die Firma deines Vaters nicht gegoogelt.«

»Solltest du tun. Ich bin nämlich Alleinerbe. So irgendwann, wenn meine Eltern nicht mehr da sind.«

Er grinste sie an. »Ist zwar kein so großes Ding wie Alex' Firma, aber es reicht zum Leben. Übrigens – du kannst dir nicht vorstellen, wie froh mein Vater ist, dass ich jemanden heirate, der Ahnung vom Management hat, nachdem sich sein Sohn entschlossen hat, ein kleiner Beamter zu werden. Und Isabelle kriegt sich nicht mehr ein bei der Vorstellung, dass Julien ihr Enkel wird.«

»Wie bitte ...?«, stammelte sie.

Sie wurde bleich, dann wurde sie rot. Jeremy beobachtete sie. Da lag sie, wie Gott sie erschaffen hatte, im weichen Kerzenlicht – seine Eva, seine Femme fatale, seine rote Zora – und schaute ihn entgeistert an. Er erhob sich, holte seine Jeans ans Bett, nestelte einen fetten Brillantring aus der Hosentasche und setzte sich, nackt wie er war, an den Bettrand.

»Willst du meine Frau werden, Stella? Wenn du ja sagst, erkläre ich meine Therapie hiermit für erfolgreich beendet.«

»Ob ich ...« Ihr Mund stand offen und sie sog die Luft ein. »Ja!«, jubelte sie eine Sekunde später und fiel ihm um den Hals. »Ja! Ja! Ja! Ich kann dir versichern, ich bin vollständig geheilt!«

Jeremy lachte, warf sie auf den Rücken und stupste sie an die Nase.

»Hey Dancing Queen«, flüsterte er. »Wie wär's dann mit nem zweiten Tanz?«

♫♫♫

Let us be united
Let us speak in harmony
Let our minds apprehend alike
Common be our prayer
Common be our resolution
Alike be our feelings
unified our hearts
and perfect be our unity

– aus dem Rig Veda

♫♫♫

Weitere Bücher:

Absturz nach oben, Band 1, Aufbruch
Absturz nach oben Band 2, Durchbruch, Band 3,
Ausbruch – Sammelband
Try hard to love me, versuch doch, mich zu lieben –
Michael Jackson
Tropfen im Ozean
Life Chat – sag mir, wer du bist
Herzbauchgefühl
Herzschlagfinale
Hey Baby – irgendwann gehörst du mir
Weil du meine Seele streichelst ...
Herzgoldstaub
Moonlight-Radio – auf einer Frequenz mit dir
Sterne gibt es überall
Verrat mir deine Träume
Maisies Garten
Das Licht in deinem Herzen
Die Magie der Liebe
Solange wir zu träumen wagen

Ich wünsche Ihnen ein Leben voller Mut, Glaube, Liebe und Hoffnung mit der festen Überzeugung, dass eine lebens- und liebenswerte Welt in unseren Händen liegt.

Mögen die Worte in diesem Buch Flügelschläge für uns alle sein.

Ihre
Subina Giuletti

♫♫♫

In dieser Sekunde sterben Menschen und Kinder werden geboren, hat
sich die Erde ein wenig gedreht, Planeten sich verschoben, Menschen
gelacht und geweint, Orgasmen gehabt, Frust erlebt, Freude gefühlt,
Müll produziert, Höchstleistungen erbracht, sich zu Tode gegrämt
oder gelangweilt. In jeder Sekunde werden Myriaden an Gedanken in
die Welt gesetzt. Wie viele werden in einer Sekunde im Durchschnitt
von einem Menschen gedacht? Wie viele Samen sinken damit in den
Boden der Welt, bereit, Realität zu werden?
Achte auf Deine Gedanken.
Achte auf Deine Worte.
Achte auf das, was du tust – Du bist wichtig.

***

**You are here to
enable the divine purpose
of the universe to unfold.
That is how important you are.** [4]

- Eckhart Tolle aus
The Power of Now

Kleines Nachwort – und eine Bitte

Liebe Leserinnen und Leser,

ich weiß, dass ich Julien Worte in den Mund gelegt habe, die Sie vielleicht als unrealistisch für einen Zwölfjährigen empfinden. Aber zum einen habe ich selbst erfahren, dass es solche Kinder gibt, zum anderen geht es mir in erster Linie um die Aussagen Juliens. Vielleicht können Sie das Buch unter diesem Aspekt sehen.

Aber zunächst großen Dank, dass Sie mein Buch gekauft und gelesen haben! Ich hoffe sehr, dass es Ihnen gefallen hat, und würde mich freuen, wenn Sie sich die Mühe machen und eine Rezension bei Amazon verfassen. Es muss nichts Großes sein, aber eine Bewertung hilft nicht nur uns Autoren - sie hilft auch anderen Lesern. Nur eine Bitte dazu: Bitte verraten Sie darin nicht die unerwarteten Wendungen … gönnen Sie auch den anderen Lesern die Spannung und eigene Gedankengänge.

Die Playlist der Songs finden Sie übrigens bei Deezer unter dem Titel des Buches „Zeit für Engel … Zeit für dich".

Falls Sie eine Meinung äußern wollen oder Fragen haben, können Sie auch gerne über meine Facebook-Seite oder über meine Homepage Kontakt mit mir aufnehmen:

www.subina-giuletti.de
Mail: **info@subina-giuletti.de**

Diese E-Mail-Adresse wird nur ausschließlich von mir verwaltet und von niemand anderem eingesehen.

Ich freue mich immer über einen Austausch, Feedback und Anregungen!
Alles Liebe,

Ihre
Subina Giuletti

Nachweise

1 Siegel, Daniel J.: Mindsight: die neue Wissenschaft der persönlichen Transformation. Frankfurt am Main: Goldmann, 2012.

2
https://www.sein.de/kritische-masse-10-prozent-fuer-ein-neues-paradigma/

3 https://meditation.de/maharishi-effekt-studie-2016/

4 From the book The Power of Now. Copyright © 2004 by Eckhart Tolle. Reprinted with permission of New World Library, Novato, CA. www.newworldlibrary.com